Verantwortung im Dialog

Sven Lüder

Verantwortung im Dialog

Eine hermeneutische Studie zur Autofiktion bei Elfriede Jelinek

BRILL
FINK

Umschlagabbildung: Jan Vermeer, *Briefschreiberin in Gelb*, 1665-1670, Öl auf Leinwand, 45 × 39,9 cm, National Gallery of Art, Washington, D.C.

Bibliografische Information der Deutschen Nationalbibliothek

Die Deutsche Nationalbibliothek verzeichnet diese Publikation in der Deutschen Nationalbibliografie; detaillierte bibliografische Daten sind im Internet über http://dnb.d-nb.de abrufbar.

Zugl. Dissertation an der Friedrich-Schiller-Universität Jena, 2021.

www.fink.de

Einbandgestaltung: Evelyn Ziegler, München
Herstellung: Brill Deutschland GmbH, Paderborn

ISBN 978-3-7705-6754-6 (hardback)
ISBN 978-3-8467-6754-2 (e-book)

Inhalt

KAPITEL 1

Einleitung

Zur Reflexion auktorialer Verantwortung

„Performance. / I am the object. / During this period I take full responsibility.“[1]

Souverän bestimmte Elfriede Jelinek 1984 in einem häufig zitierten Essay ihr Schreiben als angriffslustige Satirepraxis: „Ich schlage sozusagen mit der Axt drein, damit kein Gras mehr wächst, wo meine Figuren hingetreten sind.“[2] Wenige Jahre später ließ sich ihrem Roman *Lust* (1989) in einer selbstreflexiven Passage jedoch entnehmen, dass sie als Autorin „wie Wachs in der Hand des Papiers“[3] sei. Von der selbstmächtigen Arbeit „am Schneidetisch“[4] zur Abhängigkeit vom Medium: Was war da passiert? Mit anderem Akzent setzt *Ein Sportstück* (1998) die Reflexion ihrer Autorschaft fort, wenn die Autorintention schon in der ersten Regieanweisung für irrelevant erklärt wird: „Machen Sie was Sie wollen.“[5] Geht es hier aber um einen ernstgemeinten Autoritätsverzicht oder reagierte die Autorin vielmehr ironisch auf den allzu freimütigen Umgang mit ihren Texten, den Regisseure in früheren Inszenierungen gezeigt haben? Gilt ihr Wort oder das der Anderen? Jelineks bis dato letzter Roman *Neid* (2007/2008) gibt eine vorläufige Antwort: „[S]o, jetzt ist mir die blöde Axt zerbrochen, das haben allein Sie zu verantworten“.[6] Als Leser/in ist man nun

1 Abramović, Marina, *Walk through Walls. A memoir*, New York 2016, S. 68. Das Zitat ist den Instruktionen zur Performance *Rhythm 0* (1974) entnommen, bei der sich Marina Abramović in der Neapolitanischen Galeria Studio Morra für sechs Stunden dem Publikum als „Objekt“ zur Verfügung stellte. Vor ihr befand sich ein Tisch mit 72 Gegenständen, alltäglichen Dingen, aber auch Waffen, die „man nach eigenem Belieben an ihr anwenden“ durfte (ebd., Übers. S.L.).

2 Jelinek, Elfriede, *„Ich schlage sozusagen mit der Axt drein“*, in: *TheaterZeitSchrift* 7 (1984), S. 14-16, hier: S. 14.

3 Jelinek, Elfriede, *Lust*, Reinbek bei Hamburg 1989, S. 135 (im Folgenden mit der Sigle L zitiert).

4 Jelinek, *„Ich schlage sozusagen mit der Axt drein“*, S. 15.

5 Jelinek, Elfriede, *Ein Sportstück*, Reinbek bei Hamburg 2004, S. 7 (im Folgenden mit der Sigle S zitiert).

6 Jelinek, Elfriede, *Neid*, 2007/2008, S. 97. Wenn nicht anders angegeben, zitiere ich *Neid* nach der online verfügbaren PDF-Fassung: www.elfriedejelinek.com/NEID.pdf (im Folgenden mit der Sigle N zitiert).

© BRILL FINK, 2022 | DOI:10.30965/9783846767542_002

angesprochen.[7] Hat man es aber wirklich zu verantworten, wenn die Autorin über ihre Unfähigkeit zu erzählen klagt, und zwar ausgerechnet, nachdem sie den Nobelpreis für Literatur erhalten hat? Von was für einer Verantwortung ist hier eigentlich die Rede?

Diese Untersuchung wird solchen mehrdeutigen und irritierenden Formulierungen, wie sie sich im Werk der österreichischen Schriftstellerin immer wieder finden, große Aufmerksamkeit zukommen lassen. In ihnen profiliert sich ein Dialog zwischen der Autorin und den Akteur/innen ihrer Rezeption, der mit den einschlägigen Konzepten von Autorschaft, die den/die Autor/in für tot erklärt haben bzw. für zurückgekehrt halten, kaum zu fassen ist. Allgemein zeichnet sich Jelineks Werk dadurch aus, dass Fragen zum Komplex der Autorschaft darin nicht nur am Rande, in Essays oder Interviews, sondern im Rahmen der literarischen Texte selbst auf reflexive Weise verhandelt werden. So charakterisiert es die Form vieler ihrer Texte und trägt nicht wenig zu deren provokanter Wirkung bei, dass in ihnen der Status einer auktorialen Instanz problematisiert und eine Verantwortung für das Gesagte zurückgewiesen wird. Mittels autofiktionaler Verfahren, die Jelinek seit Ende der 1980er-Jahre zunehmend eingesetzt hat, wird diese Eigenheit ihres Werkes entscheidend zugespitzt. Die Autorschaftsreflexionen, die sich im Einsatz solcher Verfahren manifestieren, zu rekonstruieren und damit zu einem besseren Verständnis ihrer Texte beizutragen, stellt das primäre Ziel dieser Arbeit dar. Insofern Autorschaftsreflexionen über spezifische Interpretationsfragen hinausgehen, laden Jelineks Texte außerdem zu einer literaturtheoretischen Erkundung ein, Autorschaft auf eine andere Weise zu denken, als es die bekannten Konzepte vorgeben, die den/die Autor/in entweder für irrelevant oder aber allzu ausschlaggebend halten. Bei Jelinek deutet sich eine Zwischenoption an, der zufolge die Bedeutung von Texten nicht von einer einzelnen Instanz, Autor/in oder Leser/in, kontrolliert wird, sondern von beiden gemeinsam verantwortet werden muss. Ein solches Autorschaftsverständnis als Grundlage der weiteren Auseinandersetzung auch theoretisch zu profilieren, ist das zweite Ziel dieser Untersuchung.

In der hermeneutischen Überzeugung, dass sich Allgemeines und Besonderes – hier: der Zusammenhang von Autorschaft und Verantwortung sowie die Deutung von Jelineks Autofiktion – nicht nur stets bedingen,

7 Ich habe mich in diesem Buch bewusst gegen die Verwendung des generischen Maskulinums entschieden, dessen normative Kraft meiner Ansicht nach nicht durch eine das Gegenteil behauptende Fußnote zu relativieren ist. Wenn manche Abschnitte durch die geschlechtsneutrale Sprache schwerer zu lesen sein mögen, so wird ihre Komplexität doch immerhin der Wirklichkeit etwas gerechter.

sondern auch wechselseitig erhellen können, verfolgt diese Untersuchung also zwei Anliegen. Was im Hauptteil enggeführt wird, soll in einem thematischen Überblick zunächst getrennt behandelt werden. Dabei geht die Erörterung der grundlegenden Frage nach der Konzeption von Autorschaft voran.

1.1 Autorschaft und Verantwortung

Bekanntlich hat kaum ein anderes literaturwissenschaftliches Konzept in den letzten Jahrzehnten so grundlegende Paradigmenwechsel erlebt wie das der Autorschaft. Zunächst wurde die Idee vom (in der Regel männlich gedachten) Autor als sinnstiftender Instanz kritisiert und, damit einhergehend, eine Interpretationsweise, die emphatisch auf Schriftstellerbiographien Bezug nimmt und so die Bedeutungsvielfalt literarischer Texte einschränkt. Dann wurde diese Kritik mit dem Argument, dass man in der interpretativen Praxis unweigerlich auf den Autor Bezug nehmen müsse (und tatsächlich auch nie aufgehört habe, auf ihn zu referieren), wiederum kritisiert, sodass etwa 30 Jahre nach dem ausgerufenen „Tod des Autors" um das Jahr 2000 dessen „Rückkehr" bekanntgegeben werden konnte.[8] Seitdem sich dieses prägnante Narrativ in der häufig polemisch geführten Fachkontroverse durchgesetzt hat, gruppiert sich der Großteil auch der erst in jüngerer Zeit erschienenen Forschungsbeiträge zum Thema im Grunde um zwei Gemeinplätze, die hinsichtlich der jeweils anderen Auffassung von verschiedenen Missverständnissen zeugen.[9] Zwar konnten in

8 Gemeinhin werden mit diesen beiden Schlagwörtern zum einen zwei um 1970 erschienene Aufsätze von Roland Barthes und Michel Foucault, zum anderen zwei um das Jahr 2000 erschienene germanistische Sammelbände assoziiert. Vgl. Barthes, Roland, *Der Tod des Autors*, in: Ders., *Das Rauschen der Sprache (Kritische Essays IV)*, Frankfurt a. M. 2006, S. 57-63; Foucault, Michel, *Was ist ein Autor? (Vortrag)*, in: Ders., *Schriften in vier Bänden. Dits et Écrits*, Bd. 1: 1954-1969, Frankfurt a. M. 2001, S. 1003-1041; Jannidis, Fotis et al. (Hg.), *Rückkehr des Autors. Zur Erneuerung eines umstrittenen Begriffs*, Tübingen 1999; Detering, Heinrich (Hg.), *Autorschaft. Positionen und Revisionen*, Stuttgart/Weimar 2002. Die erste Arbeit, die das Narrativ prominent im Titel einsetzte, war: Burke, Seán, *The Death and Return of the Author. Criticism and Subjectivity in Barthes, Foucault and Derrida*, Edinburgh 1992.

9 Zu einem ähnlichen Befund vgl. Spoerhase, Carlos, *Autorschaft und Interpretation. Methodische Grundlagen einer philologischen Hermeneutik*, Berlin/New York 2007, bes. S. 11f. An dieser Stelle soll es genügen, mit drei Stichworten eine Andeutung der Missverständnisse zu geben, die in der Debatte kursieren. 1) Dass Barthes noch heute vor allem mit dem Schlagwort vom „Tod des Autors" assoziiert wird, wird ihm nicht gerecht. Schon 1971 in seiner Studie *Sade, Fourier, Loyola*, also nur vier und nicht erst knapp 30 Jahre später, und in der Folge dann auch immer wieder, sprach Barthes immerhin von einer „freundschaftlichen Wiederkehr des Autors", welche seine polemisch zugespitzte Rede von der Totsagung zurücknimmt. (Barthes, Roland, *Sade, Fourier, Loyola*, Frankfurt a. M. 2002, S. 12.) 2) Die Totsagung des Autors wird

den letzten Jahren verschiedene Fragestellungen zur Autorschaft (weiter-) entwickelt werden; der grundlegende Dualismus der Positionen aber blieb weitgehend unhinterfragt.[10] So erstaunt es nicht, dass jene, die die genannten Auffassungen vertreten, weiter denn je davon entfernt scheinen, nochmals ein offenes Gespräch miteinander zu suchen. In der Hoffnung, dieser fachinternen Entfremdung entgegenzuwirken, sollen die sich widersprechenden Positionen hier einmal nicht einzeln und nacheinander, sondern gemeinsam adressiert werden. Mit dem Hinweis auf eine beiden Auffassungen inhärente Struktur wird folglich zunächst ein Mediationsversuch gewagt.

Um die Struktur kenntlich zu machen, die den beiden konkurrierenden Positionen der Autorschaftsdebatte gemeinsam ist, bietet es sich an, ihren Dissens zunächst in einfacher Weise zu bestimmen. Entsprechend seien die Positionen auf die entgegengesetzten Antworten reduziert, die sie auf die so zentrale wie schlichte Frage geben, ob der/die Autor/in eine Rolle bei der Interpretation literarischer Texte spielt bzw. – Feststellung und Forderung gehen bei grundlegenden Fragestellungen oft Hand in Hand – spielen sollte. Wenn diese Frage von der einen Position so klar verneint wird, wie sie die andere bejaht, so gehen doch beide von der Annahme aus, dass es eine Instanz geben muss, welche die Bedeutung eines Werkes zu verantworten hat. Die Position vom zurückgekehrten Autor kann sich auf die Etymologie berufen, wenn sie den Autor als alleinigen Verantwortlichen ansieht,[11] bezeichnet doch „[l]ateinisch

---

sehr häufig als Element poststrukturalistischer Theorie gesehen. Dabei geht sie auf ein Verständnis des Textes zurück, das diesen als „eine den Autor überschreitende *Struktur*“ begreift. (Barthes, Roland, *Die Vorbereitung des Romans. Vorlesung am Collège de France 1978-1979 und 1979-1980*, Frankfurt a. M. 2008, S. 320 [Herv. i. O.].) Die Auffassung ist mithin strukturalistisch (was auch ihre Kompatibilität mit der Narratologie erklärt) und nicht poststrukturalistisch oder gar dekonstruktiv. 3) Dass unter der französischen Autorkritik gemeinhin Texte von Barthes und Foucault zusammengefasst werden, ist irreführend, da sich Foucault in seinem Vortrag *Was ist ein Autor?* und in der anschließenden Diskussion sogar mehrfach kritisch auf Barthes bezogen hatte. Vgl. Foucault, *Was ist ein Autor? (Vortrag)*, S. 1010f., 1036, 1041.

10 Vgl. einerseits den Sammelband zu einer 2002, offenbar als Gegenreaktion zur Tagung über die „Rückkehr des Autors“ angelegten Konferenz, und hier besonders: Kleinschmidt, Erich, *Autor und Autorschaft im Diskurs*, in: Thomas Bein/Rüdiger Nutt-Koforth/Bodo Plachta (Hg.), *Autor – Autorisation – Authentizität*, Tübingen 2004, S. 5-16, hier: S. 7; andererseits einen Band, der explizit den Anschluss an die Sammelbände der Autorrückkehr sucht, immerhin aber auch den Versuch macht, die pauschalisierende Rede von poststrukturalistischer Autorkritik zu differenzieren. Vgl. Schaffrick, Matthias/Willand, Marcus (Hg.), *Theorien und Praktiken der Autorschaft*, Berlin/Boston 2014.

11 Explizit wird das etwa bei Martinez: „Obwohl noch weitere Personen an der Veröffentlichung eines literarischen Textes beteiligt sind (Literaturagenten, Lektoren, Rechtsanwälte, Setzer, Buchbinder usw.), so wird doch in der Regel allein der Autor für die Bedeutung seines Werkes verantwortlich gemacht.“ Martinez, Matias, *Einführung: Autor*

auctor [...] einen Bürgen oder Urheber, der etwas autorisiert. Als Autorin oder Autor bürgt man für jemanden oder für eine Sache, man haftet dafür, trägt die Verantwortung."[12] Zwar ist es genau diese Vorstellung vom Autor, von einem „Urheber des Werkes, der seine väterliche Verantwortlichkeit übernimmt",[13] gegen die Roland Barthes in seinem berühmten Aufsatz polemisierte. Jedoch ging es ihm dort ausdrücklich nicht darum, diesen „Mythos des Schreibens" zu dekonstruieren; vielmehr wollte er ihn „umkehren", um so den Leser in sein Recht zu setzen.[14] Denn es sei eben der Leser, und nicht der Autor, der die „Einheitlichkeit eines Textes" garantiere.[15] Damit ergibt sich als Ausgangsbeobachtung, dass den beiden Positionen in der Autorschaftsdebatte die Struktur gemeinsam ist, jeweils ein Subjekt zu entwerfen, dem die volle Verantwortung für die Bedeutung literarischer Werke zukommen soll. – Warum aber sollte man diese Verantwortung auf nur ein Subjekt begrenzen, wo doch völlig außer Frage steht, dass es für die kulturelle Praxis literarischer Sinnerzeugung sowohl ein schreibendes als auch ein lesendes Subjekt braucht?

Da es allgemein gute Gründe gibt, einem Konzept von Verantwortung im Sinne einer Pflicht, die Einzelne auszeichnet und aus ihrem Beziehungsgefüge isoliert, skeptisch gegenüber zu sein, ist es hilfreich, diese Frage zunächst von der Seite der Ethik her zu beleuchten. Hier finden sich bereits Vorschläge, Verantwortung als etwas zu denken, das einem nur vom Anderen her zukommen kann. Dass sich Ver*antwort*ung allein in dialogischen Verhältnissen konstituiert, wird schon durch das Wort nahegelegt, wobei sich nicht nur im Deutschen, sondern in fast allen europäischen Sprachen zahlreiche Belege für eine ursprüngliche Synonymie von ‚verantworten' und ‚(be-)antworten' finden.[16] Zwar ist eine auf diesem Befund aufbauende „sprachpragmatische Deutung" von Verantwortung in der Begriffsgeschichte insgesamt eher

---

und Medien, in: Fotis Jannidis et al. (Hg.), *Rückkehr des Autors. Zur Erneuerung eines umstrittenen Begriffs*, Tübingen 1999, S. 433-441, hier: S. 434.

12 Schaffrick, Matthias, *In der Gesellschaft des Autors. Religiöse und politische Inszenierungen von Autorschaft*, Heidelberg 2014, S. 14 [Herv. i. O.].

13 So definierte Barthes in einer späten Vorlesung den „Auctor". Barthes, *Vorbereitung des Romans*, S. 325.

14 Barthes, *Tod des Autors*, S. 63. Vgl. Nieberle, Sigrid, *Rückkehr einer Scheinleiche? Ein erneuter Versuch über die Autorin*, in: Fotis Jannidis et al. (Hg.), *Rückkehr des Autors. Zur Erneuerung eines umstrittenen Begriffs*, Tübingen 1999, S. 255-272, hier: S. 260f.

15 Barthes, *Tod des Autors*, S. 63.

16 Vgl. Seeger, Stefan A., *Verantwortung. Tradition und Dekonstruktion*, Würzburg 2010, S. 42; Kluge, Friedrich, *Etymologisches Wörterbuch der deutschen Sprache*, Berlin/Boston 2011, S. 950; Derrida, Jacques, *Politik der Freundschaft*, Frankfurt a. M. 2000, S. 337-340; Pfeifer, Wolfgang (Hg.), *Etymologisches Wörterbuch des Deutschen*, Berlin 1993, S. 48f.

marginal geblieben;[17] vor allem in einer jüdisch geprägten Denktradition finden sich jedoch Überlegungen zu Verantwortung, die das dialogische Moment betonen. Schon in den 1920er-Jahren entwickelten die Philosophen Karl Löwith[18] und Martin Buber[19] erste Konzepte in dieser Richtung.[20] In der Gegenwart hat Judith Butler an eine solche Verantwortungskonzeption prominent angeknüpft. Insbesondere ihre Überlegungen lassen sich aufgrund ihrer Einsicht in eine fundamentale Bezogenheit auf den Anderen auch auf die Autorschaftsthematik übertragen.[21] Butler zufolge gehe es „bei

---

17 Werner, Micha H., *Verantwortung*, in: Ders./Marcus Düwell/Christoph Hübenthal (Hg.), *Handbuch Ethik*, Stuttgart/Weimar 2011, S. 541-548, hier: S. 544.

18 Bei Löwith wird Sprechen selbst zu einem ethischen Geschehen, wobei verantwortliches Sprechen für ihn immer ‚mit-einander-sprechen' bedeutet. Nur „in der Rolle des Mitmenschen", genauer: als Sprecher oder Hörer, könne das Individuum zur verantwortlichen Person werden. Verantwortlich sei die Rede, die der Antwort des Anderen wiederum antworte und für sich einstehe; eine Rede, die sich dem Anderen aussetzt, also auf ihn hört und zurückkommt. Die ethische Dimension zeigt sich in der Öffnung gegenüber dem Anderen im Dialog – ein konkreter Anspruch, der, insofern er sich nicht an öffentlichen Instanzen orientieren kann, niemals einzulösen ist. Vgl. Löwith, Karl, *Das Individuum in der Rolle des Mitmenschen*, Darmstadt 1962.

19 Buber entwickelte ein Konzept des Dialogischen, das über die bloße Zwiesprache deutlich hinausgeht, indem es jegliche Form von Ansprüchen umgreift, die an ein Ich gestellt werden. Verantwortlich zu sein heißt hier, sich im Sinne eines Antwortens zu verhalten, das nicht vollständig formalisiert werden kann, sondern durch ein Aufmerken bestimmt ist, in dem sich der Antwortende seines Gegenübers erst recht bewusst wird. Nachdem im Aufmerken die Sphäre des Zwischenmenschlichen eröffnet wird, kommt sie im „Dialogischen", gemäß den Verantwortungseinstellungen der Zuwendung und Hingabe, zur Entfaltung. Vgl. Buber, Martin, *Das dialogische Prinzip*, Heidelberg 1984.

20 Vgl. allgemein zu Konzeptionen der Verantwortung die vorzügliche Dissertation von Seeger, *Verantwortung. Tradition und Dekonstruktion*, hier bes.: S. 242-272. Im Bereich der dialogischen Verantwortung ist Seeger zusätzlich auf die stärker an Heidegger angelehnte Form des Konzepts bei Wilhelm Weischedel sowie auf deren totalitätskritische Radikalisierung bei Emmanuel Levinas eingegangen. Während Weischedel sich in *Das Wesen der Verantwortung* (1933) zwar noch am Dialog orientiert, den Bezug zum Anderen aber letztlich vernachlässigt habe (vgl. ebd., S. 249), werde der Andere bei Levinas in solcher Weise absolut gesetzt, dass sich Verantwortung ihm gegenüber noch vor jedem Dialog ergebe.

21 Butler skizzierte ihren Verantwortungsbegriff zunächst in einem Essay zur ideologischen Ausrichtung der USA nach 9/11 und hielt darin fest: „Ich kann die Frage der Verantwortung nicht allein, isoliert vom Anderen, denken; wenn ich das tue, habe ich mich aus dem Beziehungsgefüge entfernt, welches das Problem der Verantwortung von Anfang an strukturiert." Butler, Judith, *Gewalt, Trauer, Politik*, in: Dies., *Gefährdetes Leben. Politische Essays*, Frankfurt a. M. 2005, S. 36-68, hier: S. 64. In ihrer *Kritik der ethischen Gewalt* plädierte Butler sodann dafür, das Selbst nicht als Grundlage der Ethik, sondern als deren zentrales Problem anzusehen. Den Perspektivwechsel forderte sie aufgrund eines besonderen Subjektbegriffs ein: Das Subjekt kann ihr zufolge nicht als souverän und

der Verantwortung nicht darum, unseren Willen zu kultivieren, sondern darum, eine ungewollte Empfänglichkeit als Ressource zu nutzen, um für den Anderen ansprechbar zu sein und auf ihn zu reagieren."[22] Verantwortung meint in diesem Sinne schlicht die Bereitschaft zum Dialog bzw. zu jeglicher Reaktion auf den Anderen. Die Anerkennung einer solchen Bereitschaft hat für Butler auch Folgen für die Theorie des Schreibens und Erzählens. Statt als selbstgenügsame, in Autonomie vollzogene Tätigkeit versteht Butler Erzählen als „eine Art des Handelns", die „mit einem allgemeinen oder spezifischen Adressaten vollzogen [wird], der bereits in ihr impliziert ist."[23] Entsprechend könnte man auch für jede Form der Autorschaft sagen, dass sie immer schon in einen Dialog eingelassen ist. Dieser für gewöhnlich verdeckte Dialog kann sich dabei nicht nur in den Entstehungszeugnissen von Texten abzeichnen, sondern wird, zumindest potentiell, auch in den Fällen öffentlicher Rezeption erkennbar, wo berufsmäßig Lesende in Form von Rezensionen oder Aufsätzen wiederum schriftliches Zeugnis ihrer Lektüre ablegen und so explizieren, was – vor allem: wen – sie meinen, verstanden zu haben. Wenn in einer solchen öffentlich vollzogenen Rezeption die Bedeutung eines Textes verhandelt wird, so wäre die Verantwortung dafür, statt sie nur einseitig Autor/in oder Leser/in zuzuschreiben, als eine geteilte bzw. gemeinsame zu entwerfen. Es wird zu klären sein, ob mit Jelineks Texten nicht an genau solche Überlegungen angeknüpft werden kann.

Zunächst sollen die theoretischen Zusammenhänge weiter beleuchtet werden: Worum geht es bei dieser Art von Verantwortung in Bezug auf Literatur? Grundlegend ist die Annahme, dass das Lesen das Denken beeinflusst, weshalb Autor/innen eine Verantwortung für die Folgen der Lektüre ihrer Texte übernehmen sollten. Schon Fotis Jannidis merkte an, dass die „Zuschreibung von Gedanken oder Einstellungen als Folge der Lektüre [verbreitet ist], besonders wenn sie als unliebsam betrachtet wird: Unmoralisches Schreiben ist verantwortlich für vorgefundene Unmoral, oder die revolutionäre Schrift hat die Revolution verursacht."[24] Eine solche Sichtweise haben sich auch die

---

zu freier Entscheidung bemächtigt gefasst werden, was sie mit psycho- und diskursanalytischen Theoremen aus seinen gesellschaftlichen Entstehungsbedingungen ableitet. Da das Subjekt schon seine Selbstformung nur innerhalb eines Beziehungsgefüges erlebe, könne es sich nicht unabhängig vom Anderen begreifen und damit auch nie sich selbst ganz durchsichtig werden. Vgl. Butler, Judith, *Kritik der ethischen Gewalt*, Frankfurt a. M. 2007, S. 147, 15.

22 Ebd., S. 124.

23 Ebd., S. 111.

24 Jannidis, Fotis, *Einführung: Der Autor in Gesellschaft und Geschichte*, in: Ders. et al. (Hg.), *Rückkehr des Autors. Zur Erneuerung eines umstrittenen Begriffs*, Tübingen 1999, S. 297-301, hier: S. 298f.

Autor/innen selbst zu eigen gemacht.[25] Anke-Marie Lohmeier zufolge ist bereits seit der Aufklärung die „Selbstzuschreibung von ‚Verantwortung' – Verantwortung des Künstlers für Denken und Normenbildung der Gesellschaft – fester Bestandteil schriftstellerischer Identitätskonzepte".[26] Die einseitige und alleinige Zuschreibung von Verantwortung nur für Autor/innen, nicht auch ihre Leser/innen (sowie die Instanzen der Literaturvermittlung), ist, gemessen an den Normen der offenen Gesellschaft, aber nur wenig überzeugend, kommt die damit unterstellte Verführbarkeit von Leser/innen doch einer Entmündigung gleich.[27] Darüber hinaus impliziert sie eine Passivität auf Seiten der Rezeption, die schon deshalb nicht gegeben ist, weil man im Normalfall ja nicht gezwungen wird, bestimmte Texte zu lesen, es, anders gesagt, also eine Wahl oder Entscheidung gegeben hat. Im Sinne Butlers ist schon die Betroffenheit, die Lesende empfinden, wenn sie sich von einem spezifischen Text ‚angesprochen fühlen' und sich während der Lektüre vielleicht auch mit der Hauptfigur identifizieren, Ausdruck einer sich dialogisch vollziehenden Verantwortung, die Autor/innen und Lesende miteinander verbindet.

Besonders relevant und sichtbar wird der Zusammenhang von Verantwortung und Literatur in jenen Fällen, wo auf die Veröffentlichung provokanter Texte mit einem „Literaturskandal" reagiert wird.[28] Dabei geht es zumeist um Autor/innen, denen vorgeworfen wird, in ihren Texten bestimmte Gewalterfahrungen zu leugnen bzw. zu verherrlichen und dabei antisemitische, rassistische, sexistische, homophobe etc. Denkmuster aufgegriffen und reproduziert zu haben. Ich möchte betonen, dass mir nicht daran liegt, Autor/innen, was den konkreten Inhalt solcher Vorwürfe betrifft, einen pauschalen Freispruch zu erteilen, denn ob Vorwürfe dieser Art gerechtfertigt

---

25 Vgl. ebd.

26 Lohmeier, Anke-Marie, *Schriftstellers ‚Verantwortung' und Autors ‚Tod'. Autorkonzepte und offene Gesellschaft am Beispiel des deutsch-deutschen Literaturstreits*, in: Heinrich Detering (Hg.), *Autorschaft. Positionen und Revisionen*, Stuttgart/Weimar 2002, S. 557-569, hier: S. 557.

27 Zu einem ähnlichen Ergebnis kam auch Lohmeier, die am Beispiel des deutsch-deutschen Literaturstreits gezeigt hat, dass die widersprüchlichen Konzepte vom „verantwortungsvollen Dichter" einerseits und „toten Autor" andererseits, welche die Debatte entscheidend prägten, beide „eine traditionsreiche Reserve gegen die offene Gesellschaft und ihre Ansprüche an die Freiheitsfähigkeit des Subjekts" aufrechterhalten. Ein den Normen der offenen Gesellschaft angemessener Begriff vom Autor, so Lohmeier, fehle bislang. Vgl. ebd., S. 558, 569.

28 Vgl. Neuhaus, Stefan (Hg.), *Literatur als Skandal. Fälle – Funktionen – Folgen*, Göttingen 2009; Bartl, Andrea/Kraus, Martin (Hg.), *Skandalautoren. Zu repräsentativen Mustern literarischer Provokation und Aufsehen erregender Autorinszenierung*, Bd. 1, Würzburg 2014.

sind, lässt sich nur am Einzelfall und auf der Grundlage genauer Textlektüre verhandeln. Außerdem erhält die Literatur, gerade indem sie immer wieder solche Verhandlungen anregt, die etwa dazu führen, dass moralische Fragen eine schärfere Kontur enthalten, auch einen besonderen gesellschaftlichen Wert. An dieser Stelle kommt es nur darauf an, wie in solchen Debatten über die Verantwortung von Autor/innen verhandelt wird, weil sich daran gut illustrieren lässt, dass die Vorstellung, Autor/innen seien für ihre Werke allein verantwortlich, zu kurz greift. So stehen im Zentrum von Literaturskandalen immer Autor/innen und nicht auch jene Akteure und Instanzen, die diesen Autor/innen ihre Aufmerksamkeit schenken.[29] Weiter gefasst, lässt sich auch problematisieren, dass provokante Texte häufig sogar ein besonders großes Publikum erreichen. Solange Provokation aber ein Erfolgsrezept darstellt, sollte man Autor/innen in einer insgesamt erfolgsorientierten Gesellschaft kaum mehr als eine Mitschuld an den Zuständen geben, wenn sie selbst eine Skandalisierung suchen. Am wichtigsten ist schließlich die Bemerkung, dass die Aussagen, aufgrund derer Autor/innen moralisch verurteilt werden, häufig nicht unmittelbar ihren literarischen Werken zu entnehmen sind, sondern Zuschreibungen darstellen, die selbst das Ergebnis von Interpretation sind und daher zumindest diskutabel bleiben.

Das Bewusstsein um eine dialogisch geteilte Verantwortung für die Literatur wird aber nicht erst mit Blick auf Fachkontroversen oder gesellschaftliche Debatten relevant, in denen der Ruf eines Autors/einer Autorin – häufig mit gravierenden persönlichen Folgen für die Betroffenen – verhandelt wird. Es ist vielmehr von grundlegender Bedeutung für jeden Versuch, eine/n Autor/in richtig zu verstehen und im Rahmen der Interpretation seines/ihres Textes angemessen zu vertreten. Insbesondere gilt dies für die Auseinandersetzung mit noch lebenden Autor/innen, deren Texte vordergründig die Frage aufwerfen, wie sie gemeint sind. In diesem Sinne lässt sich Verantwortung im Dialog als genuin hermeneutische Denkfigur umschreiben, sofern man unter Hermeneutik nicht nur eine Disziplin der Pflege und Bewahrung von Wissen versteht, sondern vielmehr jenen Theoriezusammenhang, der das Verstehen problematisiert sieht, ohne darum den Versuch preiszugeben, stimmige Deutungen zu erreichen. Spezifisch wird hier eine Auffassung von Hermeneutik vertreten, die einem faktischen Intentionalismus entspricht.

---

29 So war etwa in der Kontroverse um die Literaturnobelpreisverleihung an Peter Handke die Kritik an der Schwedischen Akademie für ihre Entscheidung nur verhalten, vergleicht man sie mit den Vorwürfen, die dem Autor im Jahr 2019 erneut für über 20 Jahre alte Texte gemacht wurden, deren kontroverse Thematik zudem schon länger als gut erforscht gelten kann. Vgl. Sexl, Martin, *Poesie als Medienkritik. Die Jugoslawien-Kriege im Werk Peter Handkes*, in: *Handke Online* (4.3.2013).

Wesentlich ist dafür die Annahme, dass Textbedeutungen – vor allem hinsichtlich ihrer Anspielungen, einer fraglichen Ironie und möglicher autobiographischer Bezüge – unterbestimmt bleiben, solange lediglich versucht wird, sie immanent oder mit Bezug auf sprachliche Konventionen, und nicht auch mit Bezug auf die von dem/der Autor/in verfolgte Intention zu erschließen.[30] Dieser Zugriff ist nicht zuletzt dadurch motiviert, dass nur faktisch, und nicht etwa rein hypothetisch existierende Personen auch als Subjekte von Verantwortung in Betrachtung kommen. Aus dieser hermeneutischen Perspektive geht es beim Verstehen eines Textes darum, den vergangenen Produktionsakt zu rekonstruieren und die Intention eines nun abwesenden Anderen zu vergegenwärtigen. Dass dieser Prozess nicht ohne Spannungen abläuft und kaum objektiv zu gestalten ist, liegt auf der Hand. Denn was man als Bedeutung eines Textes rekonstruiert, soll zwar ganz und gar dem Autor/der Autorin entsprechen, wird letztlich aber immer das eigene Produkt bleiben. Die Problematik, die sich daraus für die Rezeption ergibt, hat schon Klaus Weimar zugespitzt, der hier als Gewährsmann für alle hermeneutischen Fragen angeführt wird: „Das Verstehen produziert [...] Mißverständnis und Unverständnis und hält sie für die Meinung des Autors".[31] Auch wenn sich der Sinn von Texten während ihrer Rezeption also als der von dem/der Autor/in gemeinte zu entfalten scheint, muss dennoch eine nicht auszuschließende eigene Aktivität beim Lesen und Deuten von Texten berücksichtigt werden, um nicht eine „selbstvergessene, sondern selbstbewußte Rezeption"[32] zu vollziehen. Zusätzlich zur von Autor/in und Leser/in geteilten Verantwortung für die Bedeutung und Wirkung literarischer Texte ergibt sich demnach eine hermeneutische Verantwortung des Lesers/der Leserin, ein möglichst angemessenes Verständnis des Autors/der Autorin zu erreichen und diese/n entsprechend zu vertreten.[33]

Eine hermeneutische, am Verstehen des Anderen orientierte Perspektive auf literarische Texte erscheint nach den im Fach geführten Methodendiskussionen heute natürlich nicht mehr alternativlos. Auch die skizzierte Autorschaftsdebatte kann aus einem hermeneutischen Blickwinkel kaum neutral beschrieben werden. Es sei darum versucht, den Gegenstand der Streitigkeiten

---

30 Diese Annahme entspricht dem Ausgangsproblem von Eric D. Hirschs Interpretationstheorie in der prägnanten Form, in der Spoerhase sie rekonstruiert hat. Vgl. Spoerhase, *Autorschaft und Interpretation*, S. 106. Für eine ausführliche Differenzierung der verschiedenen einschlägigen hermeneutischen Positionen vgl. ebd., S. 57-185.

31 Vgl. Weimar, Klaus, *Enzyklopädie der Literaturwissenschaft*, München 1980, S. 172.

32 Weimar, Klaus, *Doppelte Autorschaft*, in: Fotis Jannidis et al. (Hg.), *Rückkehr des Autors. Zur Erneuerung eines umstrittenen Begriffs*, Tübingen/Berlin 1999, S. 123-133, hier: S. 133.

33 Es wäre eine lohnenswert zu untersuchen, wie diese beiden Aspekte historisch vermittelt sind.

nach diesem Einblick in den Verantwortungszusammenhang noch einmal in allgemeiner Weise zu rekapitulieren. Wie bei jeder Mediation, so ist auch hier die zentrale Annahme, dass sich scheinbar unversöhnliche Auffassungen einander annähern können: Die Positionen vom Tod und der Rückkehr des Autors bilden demnach keinen Dualismus, sondern sollten besser als Polarität verstanden werden. Dabei beschreiben sie ein Verhältnis, das zentral nicht nur von einem, sondern von zwei Faktoren abhängt, wird doch die Polarität von Autorschaft sowohl vom schreibenden wie vom lesenden Subjekt bestimmt, die sich beide mehr oder weniger passiv oder aktiv verhalten können. In diesem Zusammenhang ist die maßgeblich vom Strukturalismus vertretene Vorstellung, dass literarische Rede mit Kommunikation gleichgesetzt werden kann, in Zweifel zu ziehen. Bei der Applikation von Kommunikationsmodellen auf literarische Texte werden Produktions- und Rezeptionsakt, Schreiben und Lesen, nämlich immer gelingend aufeinander bezogen. Ein/e Autor/in aber kann die an ihn/sie, allgemein: an ‚die Literatur' gestellten Erwartungen erfüllen oder enttäuschen, und ebenso kann ein/e Leser/in versuchen, den/die Autor/in hermeneutisch zu verstehen (bzw. sich laienhaft-empathisch in ihn/sie hineinzuversetzen) oder aber eigene Überlegungen zum Text anstellen. Darüber hinaus lässt sich von „künstlerisch ambitionierte[n] Text- und Kunstpraktiken" nicht nur sagen, dass sie eine „Tendenz zu bewußter Störung der Intentionsgemeinschaft" haben;[34] vor allem muss „die *Selbstvergewisserung* des Lesens und Verstehens" als „unmöglich"[35] gelten, sodass das Mittel fehlt, das Gelingen der eigenen Lektüre zu überprüfen. Schließlich ist auch die Möglichkeit, einfach bei dem Autor/der Autorin nachzufragen, was er/sie gemeint hat, im literarischen Dialog kategorisch ausgeschlossen.[36] Und dennoch findet – in Abgrenzung zu der genannten Vorstellung gesicherter und gelingender Kommunikation – ein Dialog statt, den keine isolierten Monaden, sondern füreinander empfängliche Subjekte führen.[37] Dass sie aufeinander

---

34 Kleinschmidt, *Autor und Autorschaft im Diskurs*, S. 7.

35 Weimar, Klaus, *Lesen: zu sich selbst sprechen in fremdem Namen*, in: Heinrich Bosse/Ursula Renner (Hg.), *Literaturwissenschaft. Einführung in ein Sprachspiel*, Freiburg i. Br./Berlin/Wien 2010, S. 53-65, hier: S. 64 [Herv. i. O.].

36 „Was der Autor *des* Textes allenfalls später über seine Meinung beim Schreiben sagt, das sagt er aus der Erinnerung daran oder als Leser seines eigenen Textes. Und die Erinnerung, wie man weiß, kann täuschen, während er als Leser des Textes die Fremdheit des Textes erlebt wie jeder andere Leser, sich also in derselben Lage befindet wie ich und mir daher auch keine kompetente Auskunft geben kann." Weimar, *Enzyklopädie*, S. 188 [Herv. i. O.].

37 Die Anerkennung dieses Dialogs, der den Rahmen eines hermeneutischen Verstehens bildet, ist zumal für die Jelinek-Forschung relevant, die eine Einsicht zur Theaterästhetik der Autorin, die Maja Sibylle Pflüger zufolge den Wechsel „vom Dialog zur Dialogizität" vollzogen habe, bisweilen zu pauschal verallgemeinert. Auch wenn der Dialog – zum

eingestellt sind, heißt, dass sie nicht so tun können, als wüssten sie nicht um den Anderen. Ihre eigentümliche Begegnung ist das Ergebnis einer gemeinsamen Verantwortung für die Bedeutung des literarischen Textes.

Die theoretische Rahmung dieser Untersuchung soll es nicht nur ermöglichen, ethische Reflexionen über Autorschaft anzustoßen, sondern auch eine Reihe spezifischer Textphänomene zu fokussieren, die meist nur wenig Beachtung finden. So trägt die Annahme, dass Autorschaft im Zeichen einer geteilten Verantwortung steht, dem Umstand Rechnung, dass es zwischen der Produktion und der Rezeption von Literatur zu Interferenzen kommt, die sich im Werk manifestieren. Um nur einige Beispiele zu nennen: zu Überlagerungen von Erwartungen, wechselseitigen Einflussnahmen, Antizipationen, Vorurteilen und Respekt. Beschäftigt man sich mit der Literatur noch lebender Autor/innen, ist dies offensichtlich besonders relevant: „Mit einer [...] Forschung zu Lebzeiten ergibt sich auch die Möglichkeit beschleunigter Rezeptions- und [F]eedback-Schleifen, in denen Gegenwartsautoren und Gegenwartsliteraturforscher [...] aufeinander reagieren [...].“[38] Auch die Veränderungen des Literaturbetriebs resultieren in einem noch intensivierten Austausch zwischen den unterschiedlichen Instanzen. Dass etwa Hochschulen, die eine kommende Generation von Schriftsteller/innen kreatives Schreiben lehren, an Konventionen orientiert sind, die zu einem gewissen Grad dem Publikumsgeschmack angepasst sind, lässt sich genauso wenig von der Hand weisen wie die Anpassung an manche literaturwissenschaftlichen Normen, die das Halten von Poetikdozenturen für das weitere Werk von Autor/innen mit sich bringt. Allein der Nachweis, dass zwischen der Produktion und Rezeption von Literatur eine wechselseitige Prägung stattfindet, ist normalerweise schwer zu erbringen. Eine Ausnahme davon mag ein literarisches Phänomen darstellen, bei dem schon der Zeitpunkt, als im deutschen Sprachraum das erste Mal von ihm die Rede war, erhebliche Interferenzeffekte nahelegt. Im deutschen Diskurs hörte man nämlich just in dem

---

Teil – aus dem Werk verbannt ist, steht das Werk selbst doch weiterhin in dialogischen Zusammenhängen. Vgl. zum hermeneutischen Dialog-Begriff etwa Najdek, Kamilla, *Dialog und Gespräch – kritisch gesehen*, in: Paweł Piszczatowski (Hg.), *Diálogos: Das Wort im Gespräch*, Göttingen 2018, S. 13-21.

38 Griem, Julika, *Standards für Gegenwartsliteraturforschung*, in: *Germanisch-Romanische Monatsschrift*, Neue Folge 65/1 (2015), S. 97-114, hier: S. 103. Griem hat verschiedene Herausforderungen für die Gegenwartsliteraturforschung anschaulich zusammengefasst. Vgl. Albrecht, Andrea/Differding, Annika/Spoerhase, Carlos, *Editorial: „Nachtaster eines Tastenden“? Zur Geschichte der germanistischen Gegenwartsliteraturwissenschaft*, in: *Internationales Archiv für die Sozialgeschichte der deutschen Literatur* 41 (2016), S. 412-430.

Moment das erste Mal von „Autofiktion“, als die „Rückkehr des Autors“ gerade lanciert war.[39]

Für Autofiktion – was auch immer man darunter zunächst verstehen mag: eine Gattung, eine Schreibweise oder eine neue Art zu lesen – ist der Bezug auf den/die Autor/in von entscheidender Bedeutung.[40] Insofern erscheint das Phänomen als eine Transposition der literaturtheoretischen Frage nach Autorschaft auf die Ebene literarischer Praxis.[41] Das vermehrte Aufkommen und die seither wachsende Popularität von Autofiktion deshalb als literarische Einmischung in die literaturwissenschaftliche Diskussion zu interpretieren aber wäre vorschnell – zumindest wäre die Art der Parteinahme nicht hinreichend klar, bleibt doch der Status der von autofiktionalen Texten repräsentierten Autor/innen fragwürdig. So lässt sich vorderhand gar nicht erkennen, ob es bei der hybriden Form um eine Fiktionalisierung der Autobiographie oder umgekehrt eine Rückbindung der Fiktion an das Leben der Autor/innen geht. Weil sie sich dieser grundlegenden Alternative gegenüber ambivalent zeigt, stellt sich die Frage nach Verantwortung bei Autofiktion auf eine besonders vielschichtige Weise.

Dass sich immer mehr Autor/innen namentlich in ihre ausdrücklich nicht als Autobiographien gekennzeichneten Werke einschreiben, heißt, der prominenten Deutung von Gérard Genette zufolge, dass diese sich hinter einer behaupteten Fiktionalität verstecken, um die Konsequenzen der eigenen Aussagen nicht tragen zu müssen. Demnach hätten Lesende es bei Werken dieses Typs mit „uneingestandenen Autobiographien“[42] zu tun. Manche Literaturtheoretiker/innen gehen gar so weit, die Autofiktion als „unethische Gattung“ oder als literarischen Inbegriff von „Verantwortungslosigkeit“ darzustellen.[43]

---

39 Die meines Wissens erste deutschsprachige Studie zur Autofiktion stammt von der Romanistin Claudia Gronemann, die auch in den folgenden Jahren wichtige Veröffentlichungen zum Thema vorgelegt hat. Vgl. Gronemann, Claudia, *‚Autofiction‘ und das Ich in der Signifikantenkette: Zur literarischen Konstitution des autobiographischen Subjekts bei Serge Doubrovsky*, in: *Poetica* 31/1-2 (1999), S. 237-262.

40 Vgl. Gronemann, Claudia, *Autofiktion. Zur Entstehung und Fortschreibung eines Textmodells mit Autorbezug*, in: Michael Wetzel (Hg.), *Grundthemen der Literaturwissenschaft: Autorschaft*, Berlin/Boston 2022, S. 332-349.

41 Diese treffende Formulierung verdanke ich Alice Stašková.

42 Gérard Genette, hier zit. n.: Zipfel, Frank, *Autofiktion. Zwischen den Grenzen von Faktualität, Fiktionalität und Literarität?*, in: Fotis Jannidis et al. (Hg.), *Grenzen der Literatur. Zu Begriff und Phänomen des Literarischen*, Berlin/New York 2009, S. 285-314, hier: S. 302.

43 Als „*genre sans éthique*“ bezeichnete sie Philippe Vilaine; von einer „irresponsabilité autofictionelle“ sprach Arnaud Schmitt. Vilain, Philippe, *Defense de Narcisse*, Paris 2005, S. 47; Schmitt, Arnaud, *Je réel/Je fictif. Au-delà d’une confusion postmoderne*, Toulouse 2010, S. 77; beide hier zit. n.: Acker, Marion/Fleig, Anne, *Die Aufrichtigkeit der Mehrsprachigkeit: Autofiktion, Autonarration oder das Konzept dialogischer Autorschaft bei Yoko Tawada*, in:

Die Autorin Chloé Delaume hat die Etiketten ausbuchstabiert, die Autofiktion in dieser Sichtweise aufgeprägt bekommt:

> Exhibitionismus. Zurschaustellung. Narzissmus. Nabelschau. Individualismus. Egozentrismus. Hochstapelei, Abkapselung. Verhärtung. Gleichgültigkeit gegenüber der Welt. Unberührtheit angesichts des Sozialen. Politikverdrossenheit. Autofiktion: Syndrom des Neoliberalismus, die Große Schwester vom *Reality-TV*.[44]

Autofiktionale Texte sehen sich also einer beachtlichen Reihe von Vorurteilen ausgesetzt. Allerdings sind diese nicht nur angesichts der Schwierigkeit zu hinterfragen, das Phänomen der Autofiktion überhaupt als Gattung zu bestimmen. Auch die Ansicht, bei der autofiktionalen Schreibweise handele es sich um eine Methode, mit deren Hilfe Autor/innen Verantwortung vermeiden, ist problematisch, wirkt sie doch nur insofern plausibel, als man Autofiktion als deviante Autobiographie begreift, die mit dem der Gattung traditionellerweise zugeschriebenen Aufrichtigkeitspostulat bricht. Ob man generell heutzutage noch eine autobiographische Aufrichtigkeit in der Form erwarten sollte, in der ihr Fehlen von einigen Literaturtheoretiker/innen bei der Autofiktion moniert wird, ist diskutabel.

Ebenso gut wie mit negativen könnte man Autofiktion auch mit positiven Vorurteilen belegen. In diesem Sinne könnte man den Einsatz autofiktionaler Verfahren, umgekehrt, auch als eine Strategie begreifen, die Autor/innen einsetzen, um damit eine größere Verantwortung für ihre literarischen Werke zu beanspruchen. Einerseits wäre dies vor dem Hintergrund eines Literaturbetriebes sinnfällig, der von Autor/innen mediale Präsenz verlangt, obwohl vor allem andere Akteure – Verleger/innen, Journalist/innen etc. – über die Gestaltung ihres Bildes bestimmen. Wie schon Jutta Weiser argumentiert hat, stellt die „Selbstinszenierung und Neuerfindung der Autoren in ihren eigenen Romanen […] eine Möglichkeit der partiellen Rückeroberung der Autorität

---

Sonja Arnold et al. (Hg.), *Sich selbst Erzählen. Autobiographie – Autofiktion – Autorschaft*, Kiel 2018, S. 19-36, hier: S. 27.

44 Delaume, Chloé, *La Règle du Je. Autofiction. Un essai*, Paris 2010, S. 28, hier zit. n.: Stemberger, Martina, *„L'autofiction […] un geste politique"? Poetik und Politik der Autofiktion im Zeitalter des Storytelling*, in: *Lendemains* 38/149 (2013), S. 29-45, hier: S. 30 [Übers. S.L.]. Mit Blick auf den deutschen Literaturbetrieb kam Felix Philipp Ingold zu einem ähnlichen Urteil, als er festhielt, „mit welcher Selbstverständlichkeit Texte heute in unverstellter Ich_Perspektive [sic!] dahergeschrieben werden, im Gedicht ebenso wie im Essay, in der Erzählung, woraus abzuleiten ist, dass Schreiben in erster Instanz als Autoinszenierung praktiziert wird". Ingold, Felix Philipp, *Ego_Firmen im Alltagsdiskurs* [07.07.2008], online verfügbar: www.perlentaucher.de/artikel/4757.html.

über das eigene Image in der Öffentlichkeit dar."[45] Andererseits ließe sich in der Wahl autofiktionaler Verfahren mit Blick auf die Literaturdiskurse in Wissenschaft und Schule auch eine Reaktion auf die allgemeine Durchsetzung erzähltheoretischer Prämissen erkennen, die literarische Werke dem Einflussbereich ihrer Autor/innen entzogen haben. In der Erzähltheorie behilft man sich konventionell mit der strikten Unterscheidung von Autor/in und Erzählinstanz, damit man vom Autor/der Autorin nicht sagen muss, dass er/sie im Text etwas behauptet, was gar nicht stimmt. Demnach ist „[d]er Autor", wie Frank Zipfel im Zusammenhang von Autofiktion rekapitulierte, zwar „verantwortlich für den Text, weil er ihn produziert hat, aber der Erzähler zeichnet sozusagen verantwortlich für die Behauptungen."[46] Ähnlich fasste es auch schon Genette zusammen, auf den sich die meisten Erzähltheoretiker/innen grundlegend berufen:

> In der Erzählung, oder eher hinter oder vor ihr, gibt es jemanden, der erzählt, den Erzähler. Jenseits des Erzählers gibt es jemanden, der schreibt und für alles, was diesseits von ihm liegt, verantwortlich ist. Dies ist, welche große Neuigkeit, schlicht und einfach der Autor, und mir scheint, wie schon Platon sagte, daß dies genügt.[47]

Ursprünglich übernahm der Erzähler in der Interpretationspraxis die Funktion eines Stellvertreters für den/die Autor/in.[48] Diese Form von Repräsentanz aber wurde, wie die letzten Zitate belegen, zugunsten einer autorindifferenten Behandlung literarischer Texte aufgegeben.[49] Wenn ein zentrales Kennzeichen autofiktionaler Texte nun darin besteht, die Unterscheidung zwischen

---

45 Weiser, Jutta, *Der Autor im Kulturbetrieb: Literarisches Self-Fashioning zwischen Selbstvermarktung und Vermarktungsreflexion*, in: *Zeitschrift für französische Sprache und Literatur* 123/3 (2013), S. 225-250, hier: S. 229.

46 Zipfel, *Zwischen den Grenzen*, S. 291. Vgl. Martinez, Matias/Scheffel, Michael, *Einführung in die Erzähltheorie*, München 2009, S. 17.

47 Genette, Gérard, *Implizierter Autor, implizierter Leser?*, in: Fotis Jannidis et al. (Hg.), *Texte zur Theorie der Autorschaft*, Stuttgart 2000, S. 233-246, hier: S. 244.

48 Vgl. Grüne, Matthias, *Das vergessene Erbe. Zur Konzeption einer Geschichte der Erzähltheorie*, in: *DIEGESIS. Interdisziplinäres E-Journal für Erzählforschung/Interdisciplinary E-Journal for Narrative Research* 3/2 (2014), S. 50-65, hier bes.: S. 57-62.

49 Auch der Erfolg, der derzeit der Theorie des hypothetischen Intentionalismus zukommt, unterstreicht diese Tendenz, wird die Perspektive von realen Autor/innen hier doch schlicht für irrelevant erklärt. Wie Spoerhase anschaulich rekonstruiert hat, ist der hypothetische Intentionalismus auf die Rezeptionsinstanz fixiert und baut auf der Annahme auf, dass die (Re-)Konstruktion einer Autorintention im Rahmen der Interpretation zwar notwendig sei, diese Intention aber nicht genetisch sein müsse. Vgl. Spoerhase, *Autorschaft und Interpretation*, S. 123. Es handelt sich also um eine Variante der Auffassung, dass der/die Leser/in allein für die Werkbedeutung verantwortlich ist.

Autor/in und Erzählinstanz in ihrer strikten Form zu unterlaufen, so könnte man sagen, dass damit eine Revision des vom Strukturalismus geprägten Vorurteils gefordert wird, dass „der Text ein vom Autor losgelöstes und ganz unabhängiges Gebilde sei“[50]. Mithin wäre Autofiktion ein Mittel für Autor/innen, um die Signifikanz gerade ihrer Perspektive zu verdeutlichen, die man sich als Leser/in nur dann erschließen kann, wenn man danach fragt, wer den Text geschrieben hat und wie dieser angemessen zu verstehen ist.

Autofiktion ist der zentrale Gegenstand dieser Untersuchung, anhand dessen dem Zusammenhang von Autorschaft und Verantwortung weiter nachgegangen werden soll. Dazu wird in einem ersten Schritt eine literaturtheoretische Diskussion unternommen, in der die herkömmlichen Untersuchungsansätze zu autofiktionalen Texten, die fiktions- und gattungstheoretisch geprägt sind, einer kritischen Prüfung unterzogen werden (Kap. 2.1 und 2.2). Mit der theoretischen Fundierung dieser Ansätze geht einher, dass sie das Phänomen Autofiktion entweder von Seiten der Rezeption oder der Produktion her bestimmen. In dieser jeweils einseitigen Perspektivierung lässt sich eine Analogie zu den Positionen der Autorschaftsdebatte erkennen, die die Verantwortung für das Werk entweder dem zurückgekehrten Autor oder aber dem ‚geborenen‘ Leser zusprechen. Das Phänomen der Autofiktion, das in seiner Ambivalenz die Frage nach der Verantwortung in besonderer Weise aufwirft, widersetzt sich dieser scheinbaren Alternative. Entsprechend weisen rezeptions- bzw. produktionszentrierte Untersuchungsansätze bestimmte Erklärungsdefizite auf, die in ihren konkreten Deutungen autofiktionaler Texte zutage treten. In Form eines Dilemmas lässt sich die Problematik grob umreißen: Während rezeptionszentrierte Ansätze die Verantwortung von Autor/innen für ihre Texte unterschätzen und in der Folge vernachlässigen, dass die Bedeutung eines autofiktionalen Verfahrens von der Poetik, also bestimmten individuellen Stilprinzipien, abhängt, beachten produktionszentrierte Ansätze nicht hinreichend die Verantwortung der Leser/innen, von deren theoretischem Horizont und auf die konkrete Biographie bezogenem Kenntnisstand ebenfalls abhängt, in welcher Weise sie Autofiktionen deuten.

Als Ausweg aus diesem Dilemma soll im Anschluss ein hermeneutisches Konzept von Autofiktion entwickelt werden, die davon ausgeht, dass Autor/innen und Leser/innen eine gemeinsame Verantwortung für die Bedeutung eines

50 Jannidis, Fotis, *Zwischen Autor und Erzähler*, in: Heinrich Detering (Hg.), *Autorschaft. Positionen und Revisionen*, Stuttgart/Weimar 2002, S. 540-556, hier: S. 548. Jannidis stellte in seinem Aufsatz Überlegungen zur Praxis der narrativen Kommunikation an, die, der zentralen These nach, historisch und kulturell variabel sei. Insbesondere sei die Unterscheidung zwischen Autor und Erzähler bzw. deren Beziehung eine nur auf Konventionen beruhende Variable, die „systematisch noch kaum erforscht ist“ (ebd., S. 540, 555).

Werkes tragen (Kap. 2.3). Ein hermeneutischer Ansatz folgt zunächst der Prämisse, dass sich Autofiktion nicht übergreifend als Gattung oder Schreibweise, sondern nur induktiv anhand einzelner Werke untersuchen lässt. Im Sinne einer Leitfrage, die nur in Abhängigkeit von der spezifischen Poetik eines Autors/einer Autorin beantwortet werden kann, bietet sich eine Klärung der grundsätzlichen Irritation an, warum der Unterschied zwischen Autobiographie und Roman im autofiktionalen Text verwischt wurde. Da diese Frage in entscheidender Weise vom Bild des Autors/der Autorin abhängt, das man sich als Leser/in gemacht hat, ist die Imago dabei zu explizieren. So zeigt sich Autofiktion als ein konstellatives Phänomen, das von der Begegnung bestimmter Autor/innen mit bestimmten Lesenden abhängt. Ihre Bedeutung hängt von den Intentionen ab, die diese stimmig jenen zuschreiben können, wobei gerade diese Stimmigkeit im Verstehensprozess erst verhandelt werden muss.

1.2 Elfriede Jelineks Autofiktion

Die literaturtheoretische Perspektive, die den Zusammenhang von Autorschaft und Verantwortung fokussiert, hängt, wie eingangs dargestellt wurde, eng mit Fragen zusammen, die das Werk der österreichischen Autorin Elfriede Jelinek aufwirft. In diesem Sinne stellen Jelineks Texte eine Herausforderung bekannter Konzepte von Autorschaft dar. Gleichzeitig kann eine revisionsbereite Autorschaftstheorie aber auch zu deren besseren Verständnis beitragen. Vor diesem Hintergrund stellt Jelineks Werk einen privilegierten Gegenstand dar, um den bislang abstrakt behandelten Themenkomplex zu konkretisieren. Dabei lässt sich zugleich zeigen, dass die Verhandlung von Verantwortung ein zentrales Thema ihrer Texte darstellt. Zwar besteht ein großer Unterschied zu anderen Themen, die einschlägig mit dem Werk der Autorin verbunden sind, denn während das Patriarchat, die Rolle Österreichs im Nationalsozialismus oder die Macht der Medien in offensichtlicher Weise den Stoff von Jelineks Texten bilden, wurde Verantwortung nur selten explizit von ihr behandelt.[51] Als Reflexionsgegenstand, an dem sich ihre Autorschaftskonzeption orientierte,

51 Eine Ausnahme findet sich in einem Band, der unter dem Titel „Strukturierte Verantwortungslosigkeit" verschiedene „Berichte aus der Bankenwelt" versammelt, die von einem Epilog Jelineks abgeschlossen werden. Bei Jelineks Text handelt es sich jedoch nur um einen Abdruck des Epilogs, den sie schon für ihre „Wirtschaftskomödie" *Die Kontrakte des Kaufmanns* geschrieben und zuvor bereits auf ihrer Homepage veröffentlicht hatte. Der Begriff „Verantwortung" kommt in diesem Text nicht vor. Vgl. Jelinek, Elfriede, *Schlechte Nachrede: Und jetzt?*, in: Claudia Honegger/Sighard Neckel/Chantal Magnin (Hg.), *Strukturierte Verantwortungslosigkeit. Berichte aus der Bankenwelt*,

ist vor allem die Zurückweisung von Verantwortung dennoch vielen ihrer Texte eingeschrieben und motiviert deren unkonventionelle Form. Angelegt ist diese Reflexion schon in der für die Autorin charakteristischen intertextuellen Verfahrensweise. Mittels autofiktionaler Verfahren, deren Einsatz und Weiterentwicklung sich als Tendenz des Werkes bereits seit 1989 (dem Erscheinungsjahr von *Lust*) beobachten lässt, wird sie entscheidend zugespitzt.

Es mache die „Sprengkraft" von Jelineks Werken aus, dass diese die Frage nach der sprechenden Instanz aufwerfen.[52] So pointierte es die Theaterwissenschaftlerin Evelyn Annuß, an deren Studien, die die Form der Texte in den Mittelpunkt stellen, ich wesentlich anknüpfe. Auch die Autorin selbst hat dieses Charakteristikum als besonders relevanten, ja untersuchungswürdigen Zug ihrer Poetik herausgestellt. Müsste sie eine Doktorarbeit über sich schreiben, sagte sie 1995 in einem Interview, würde sie „wahrscheinlich die Bedeutung des [...] auktorialen Kommentars in der Erzählung[] analysieren, der ja ständig seine Perspektive ändert", weshalb man „immer herausfinden [muss], wer, welches Wer da spricht."[53] Dass sich in ihren Werken die Frage nach der sprechenden Instanz stellt, hängt zunächst mit ihrer charakteristischen Art zusammen, „ohne Anführungszeichen zu zitieren".[54] Ihr intertextuelles Verfahren ist aber nicht nur dadurch ausgezeichnet, dass es in der Verantwortung der Lesenden liegt, zentrale Prätexte und mithin auch den spezifischen Modus ihrer Verarbeitung durch Jelinek zu erkennen; es präsentiert zudem, wie Juliane Vogel es ausdrückte, eine „Stimmenvielfalt [...], in der sich die Stimme der Autorin ebenso verliert wie die Fiktion souveräner und präsentischer Autorschaft."[55] Demnach lässt das grundlegende Schreibverfahren, mit dem Jelinek eine österreichische, durch Johann Nestroy und Karl Kraus geprägte Tradition radikalisiert hat, schon seit langer Zeit „keine Ansprüche auf Textherrschaft" erkennen.[56]

Berlin 2010, S. 317-332; Dies., *Schlechte Nachrede: Und jetzt?*, 2009, online verfügbar: www.elfriedejelinek.com/fepilog.htm.

52 Annuß, Evelyn, *Elfriede Jelinek. Theater des Nachlebens*, München 2005, S. 11.

53 Jelinek, hier zit. n.: Meyer, Adolf-Ernst, *Elfriede Jelinek im Gespräch mit Adolf-Ernst Meyer*, in: Elfriede Jelinek/ Ders./Jutta Heinrich, *Sturm und Zwang. Schreiben als Geschlechterkampf*, Hamburg 1995, S. 7-74, hier: S. 28. Vgl. Annuß, *Theater des Nachlebens*, S. 11.

54 Annuß, *Theater des Nachlebens*, S. 137 passim.

55 Vogel, Juliane, *Intertextualität*, in: Pia Janke (Hg.), *Jelinek-Handbuch*, Wien 2013, S. 47-55, hier: S. 50. In der Terminologie klassischer Rhetorik kam Ursula Geitner zu einem ähnlichen Befund, als sie die Amplifikation als Jelineks zentrales rhetorisches Verfahren identifizierte. Vgl. Geitner, Ursula, *„The real thing". Selbst, Leben, Schreiben bei Elfriede Jelinek*, in: Jörg Dünne/Christian Moser (Hg.), *Automedialität. Subjektkonstitutionen in Schrift, Bild und neuen Medien*, München 2008, S. 99-125, hier: S. 112-115.

56 Vogel, *Intertextualität*, S. 48.

Für die Lektüre sowohl ihrer Prosa als auch ihrer Arbeiten fürs Theater ergeben sich dadurch weitreichende Konsequenzen. Einerseits lässt sich mit Annuß in der Problematisierung der sprechenden Instanz das spezifische politische Potential von Jelineks Texten erkennen, insofern eine Formkritik von personaler Darstellung erkennbar wird, die auf deren Instrumentalisierbarkeit abzielt.[57] Andererseits bewirkt Jelineks Schreibverfahren, betrachtet man sie in einer hermeneutischen Perspektive, aber auch erhebliche Schwierigkeiten, ihre Texte richtig zu verstehen. Die bloße Vorführung eines – häufig abgründigen – Sprechens lässt offen, ob dessen Aussagen in affirmativer oder satirischer, mithin kritischer Absicht wiedergegeben werden. Die daraus resultierende Ambivalenz hat in der Öffentlichkeit immer wieder zu Kontroversen über die Autorin und ihre Texte geführt.[58] Den Sachverhalt zuspitzend, schrieb Björn Hayer: „Ihre Literatur lädt in ihrer plastischen Gewaltsamkeit und Provokation geradezu dazu ein, sie misszuverstehen."[59] Nun muss man, um ein Missverständnis beklagen zu können, natürlich ein bestimmtes Verständnis voraussetzen. Insofern ist es ein bemerkenswerter Befund, dass Aussagen wie diese in der akademischen Jelinek-Rezeption keinen Einzelfall, sondern die Regel darstellen. Sie wird von Interpretationen bestimmt, die den provokanten Gehalt der Texte immer schon mit einem aufklärerisch-ironischen Vorzeichen versehen. Das exzessiv Gewalttätige von Jelineks Texten wird – so die geläufigen Ausdrücke – als „zynisch", „parodistisch", „überspitzt", „karikiert" oder „denunziatorisch" eingehegt. Die für ihr politisches und feministisches Engagement bekannte Jelinek, so lautet offenbar das Credo, kann es nicht anders gemeint haben.[60] Schon Ralf Schnell hat auf die besondere Konstellation zwischen den Rezeptionsvorurteilen über die Autorin und einer ihrer irritierenden Aussagen aufmerksam gemacht:

> Elfriede Jelinek möchte seicht sein – so behauptet sie jedenfalls. Doch einer Autorin, von der man weiß, daß sie Theaterwissenschaft, Kunstgeschichte

---

57 Vgl. Annuß, Evelyn, *Flache Figuren – Kollektive Körper*, in: Thomas Eder/Juliane Vogel (Hg.), *Lob der Oberfläche. Zum Werk von Elfriede Jelinek*, München 2010, S. 49-71, hier: S. 55; vgl. Dies., *Theater des Nachlebens*, S. 252f.

58 Vgl. Meyer, Anja, *Elfriede Jelinek in der Geschlechterpresse. „Die Klavierspielerin" und „Lust" im printmedialen Diskurs*, Hildesheim et al. 1994; Janke, Pia (Hg.), *Die Nestbeschmutzerin: Jelinek & Österreich*, Salzburg et al. 2002.

59 Hayer, Björn, *Elfriede Jelinek – Die ewige Provokateurin. Macht, Ideologie und Faschismus: Skandalösität zwischen Schreibweise und dekonstruktiver Rezeption*, in: Andrea Bartl/Martin Kraus (Hg.), *Skandalautoren. Zu repräsentativen Mustern literarischer Provokation und Aufsehen erregender Autorinszenierung*, Bd. 1, Würzburg 2014, S. 185-200, hier: S. 193.

60 Vgl. Wilke, Sabine, *Dialektik und Geschlecht. Feministische Schreibpraxis in der Gegenwartsliteratur*, Tübingen 1996, S. 115.

> und Musik studiert und es zur staatlich geprüften Organistin gebracht hat; die dafür bekannt ist, daß sie sich einst nicht nur in der Kommunistischen Partei engagiert, sondern mit avantgardistischer Verve auch unerbittlich Mythendestruktion betrieben hat, an Goofy und Micky Maus wie an Robin, Batman und Jerry Cotton; deren literarisches Werk darüber hinaus erkennen läßt, daß sie souverän Hegel und Fichte, Sigmund Freud und Martin Heidegger, Johannes vom Kreuz und Friedrich Hölderlin, Heinrich von Kleist und E.T.A. Hoffmann, Theodor W. Adorno und Roland Barthes, Georges Bataille und Jean-Paul Sartre nicht nur zu zitieren, sondern auch diskursiv und poetisch gegeneinander zu führen, wenn nicht auszuspielen weiß – einer solchen Autorin rechnet man den programmatischen Anspruch auf Seichtheit offenbar als Koketterie zu.[61]

Vor allem die weit verbreitete Interpretationshaltung, der zufolge Jelineks Texten „gleichsam automatisch eine kritische Botschaft entspringt",[62] hat sich von der offenbleibenden Frage, wer in ihnen spricht, also nicht irritieren lassen. Vielmehr ist die der Autorin unterstellte kritische Intention das Apriori der in der Forschung einschlägigen Lesart ihrer Texte, die sich im Anschluss an die Arbeiten von Marlies Janz und deren Diktum, Jelinek entfalte in ihren Werken „Gesellschaftskritik als Sprachkritik",[63] gebildet hat. Es ist die Frage aufzuwerfen, wie es dazu kommen konnte (und warum es dabei blieb), dass Jelinek in der verbreiteten Interpretationshaltung stets als Autorin verstanden wird, die ausschließlich in gesellschaftskritischer Absicht immer wieder verkommene Zustände aufgezeigt hat – wenn doch gleichzeitig ihre Texte, aufgrund von deren hochgradig intertextueller, Auktorialität problematisierender Anlage, einer solchen Positionierung keinen Halt geben und sich vielmehr als konsequent ambivalent zeigen.

Diese Frage erhält zusätzliches Gewicht durch eine Beobachtung, die Georg Stanitzek als erster festgehalten hat. Ihm zufolge unterlaufen Jelineks Arbeiten allgemein die konventionalisierte „Unterscheidung von Werk und Kommentar, gefaßt als Unterschied von fiktionalem oder poetischem Text einerseits und ‚direkter' Autorenaussage andererseits."[64] Tatsächlich ließ Jelinek nicht nur in

---

61 Schnell, Ralf, *„Ich möchte seicht sein" – Jelineks Allegorese der Welt: „Die Kinder der Toten"*, in: Waltraud Wende (Hg.), *Nora verläßt ihr Puppenheim. Autorinnen des zwanzigsten Jahrhunderts und ihr Beitrag zur ästhetischen Innovation*, Stuttgart 2000, S. 250-268, hier: S. 250f.

62 Runte, Annette, *Postfeministisches Schreiben? Zu Elfriede Jelineks satirischer Prosa*, in: Katharina Baisch et al. (Hg.), *Gender Revisited*, Stuttgart 2002, S. 75-97, hier: S. 77f.

63 Janz, Marlies, *Elfriede Jelinek: Die Klavierspielerin*, in: o. Hg., *Interpretationen. Romane des 20. Jahrhunderts*, Bd. 3, Stuttgart 2003, S. 108-135, hier: S. 108; vgl. dies., *Elfriede Jelinek*, Stuttgart 1995.

64 Stanitzek, Georg, *„Elfriede Jelinek": Fiktion und Adresse*, in: Heinz Ludwig Arnold (Hg.), *Text + Kritik. Zeitschrift für Literatur* 117 (1999) (= *Sonderheft Elfriede Jelinek*, 2. erw. Aufl.), S. 8-16, hier: S. 9. Christian Schenkermayr hat im *Jelinek-Handbuch* allgemein festgehalten,

ihren literarischen Werken, sondern auch im Rahmen öffentlicher Auftritte – vor allem in Interviews, die sie in erstaunlicher Anzahl gegeben hat – kaum einmal eine eindeutige auktoriale Positionierung erkennen.[65] Weder machte sie unmissverständliche Aussagen darüber, wie ihre Texte gemeint seien, noch präsentierte sie sich selbst performativ unzweideutig. Statt dem schlichten Orientierungsbedürfnis entgegenzukommen, das ihre ambivalenten Werke entstehen lassen, verschärfte sie also deren Ambivalenz noch durch ihre medialen Auftritte. Vogel, die als eine der ersten Jelineks erstaunliche Praxis ihrer öffentlichen Selbstinszenierung untersuchte, hat in dieser eine „Dramaturgie des Mißverständlichen"[66] erkannt, die in der „doppelte[n] Widerlegungsstruktur [ihr]er Antworten"[67] gründe. So sei etwa zu beachten, dass Jelineks Selbstaussagen nur auf der ungeschützten Bühne medialer Öffentlichkeit um Schutz und Scham kreisen würden; und während ihre Inszenierungspraxis auf Fotografien im Umfeld von *Lust* auch „Schaulust" befriedige, behandele sie in den dazugehörigen Interviews ganz sachlich – und damit den Erwartungen des begehrenden Blicks zuwiderlaufend – bevorzugt abstrakte Identitätsfragen. Vergleichbar hat Carolin John-Wenndorf von einer „doppelt gebrochenen Simulation" gesprochen, die „den Betrachter bewusst im Unklaren lässt, ob es sich um Mimesis oder Parodie handelt."[68] Auch Jelineks Praxis der öffentlichen Selbstinszenierung lässt sich also als ambivalent charakterisieren. Mit Blick auf das Phänomen der Autofiktion ist bemerkenswert, dass ihre medialen Auftritte außerdem „die Grenze zwischen biografischer Realität und Fiktion bzw. Leben und Werk bewusst zu destabilisieren [versuchen]."[69] Wie Sigrid Löffler resümierte, lässt sich „[a]lles, was man über diese Autorin sagen kann, [...] so unterschiedlich pointieren, dass immer auch das Gegenteil stimmen

---

dass die „Interviewaussagen als Fort- bzw. Weiterschreibungen des medialen Diskurses über die Person und das Werk der Autorin zu sehen" seien. Schenkermayr, Christian, *Interviews und Porträts*, in: Pia Janke (Hg.), *Jelinek-Handbuch*, Wien 2013, S. 341-347, hier: S. 341.

65 Den Großteil dieser Interviews hat Janz erfasst. Vgl. Janz, Marlies, *Arbeitsbibliographie zu Elfriede Jelinek 1986-2008*, online verfügbar: www.geisteswissenschaften.fu-berlin.de/v/jelinek/primaerliteratur/interviews/index.html.

66 Vogel, Juliane, *Oh Bildnis, oh Schutz vor ihm*, in: Christa Gürtler/Alexander von Bormann (Hg.), *Gegen den schönen Schein. Texte zu Elfriede Jelinek*, Frankfurt a. M. 1990, S. 142-156, hier: S. 145.

67 Ebd., S. 147f.

68 John-Wenndorf, Carolin, *Der öffentliche Autor. Über die Selbstinszenierung von Schriftstellern*, Bielefeld 2014, S. 147f.

69 Fleig, Anne, *Die Stimme der Autorin – Elfriede Jelinek zum 70. Geburtstag*, in: *blog feministische studien* (Oktober 2016), online verfügbar: https://blog.feministische-studien.de/2016/10/die-stimme-der-autorin-elfriede-jelinek-zum-70-geburtstag.

könnte".[70] Erstaunlicherweise wurde die Bewertung von Jelineks Autorschaft und, damit verbunden, die Deutung ihrer literarischen Texte von dieser Einsicht jedoch kaum beeinflusst.[71]

Beleuchtet man die Rezeption Jelineks auf die Frage hin, weshalb die Forschung das Ambivalente ihrer Texte bisher kaum als solches anerkannt hat,[72] zeigt sich, dass die fehlende auktoriale Positionierung in Texten über Texte von Elfriede Jelinek fast immer auf die eine oder andere Weise nachgetragen wurde. Indem stets ein bestimmtes Bild von der Autorin aufgerufen und reproduziert wird, das gleichsam als ideologisches Korrektiv wirksam ist, wurde die Ambivalenz ihrer Texte also getilgt. Erst im Angesicht dieses Bildes können an den Zuschreibungen, die in den Interpretationen vorgenommen werden, keine Zweifel mehr bestehen. Dieser Rezeptionsmechanismus hat sich mittlerweile so weit verschärft, dass selbst neue Texte der Autorin, eben weil sie ‚von Jelinek' geschrieben wurden, im Forschungsdiskurs praktisch immer schon als verstanden gelten. Dabei sollte zu denken geben, dass in der Rezeption wirksame starke Vorurteile – freilich unter umgekehrten Vorzeichen – auch die österreichische Boulevardpresse, namentlich die *Kronen Zeitung*, in ihrem

70 Löffler, Sigrid, *Die Masken der Elfriede Jelinek*, in: Heinz Ludwig Arnold (Hg.), *Text + Kritik. Zeitschrift für Literatur* 117 (2007) (= *Sonderheft Elfriede Jelinek*, 3. Aufl.: Neufassung), S. 3-14, hier: S. 4. Im Zuge der Nobelpreisverleihung hat Löffler Jelineks Leben gar ein vierfaches Porträt gewidmet: als Erfolgsstory, Chronik des Scheiterns, österreichisches Hass- und Verfemungsdrama sowie als „Neidundwutgeschichte". Vgl. Löffler, Sigrid, *Herrin der Unholde und der Gespenster*, in: *Literaturen* 12 (2004), S. 6-15.

71 Eine Ausnahme stellt eine kürzlich erschienene Studie von Uta Degner dar, die „Jelineks Verweigerung einer ‚festschreibbaren' Position" erkannt hat und mit der ich auch sonst manche Beobachtungen teile. Degner, Uta, *Eine ‚unmögliche' Ästhetik – Elfriede Jelinek im literarischen Feld*, Wien 2022, S. 173. Auch Degner hat sich hauptsächlich mit dem Prosawerk der Autorin beschäftigt; das Phänomen der Autofiktion oder ethische Fragen spielen bei ihr allerdings nur am Rande eine Rolle. Im Rahmen ihrer feldtheoretischen Analyse zielte sie vor allem auf eine präzise Bestimmung der formalen Innovativität von Jelineks Texten ab. Vgl. Lüder, Sven, [Rez.] *Uta Degner: Eine ‚unmögliche' Ästhetik – Elfriede Jelinek im literarischen Feld. Böhlau Verlag, Wien 2022, 371 S.*, in: *Zeitschrift für Germanistik* Neue Folge XXXIII/1 (2023) [im Erscheinen].

72 Eine Ausnahme stellt ein Aufsatz von Nicolai Busch dar. Er wies darauf hin, dass sich in Jelineks Interviews und Essays schon in den 80er- und 90er-Jahren „aus der Sprachskepsis direkt resultierende und zwischen Engagement und Resignation balancierende, politisch-ethische Aussagen" zu verschiedenen Themen finden. In Bezug auf das Stück *Stecken, Stab und Stangl* und orientiert an Derridas Ethik der Gabe betonte er eine bestimmte Ambivalenz auch in Jelineks literarischem Werk. Einer einschlägigen Lesart, die das subversive Potential des Textes hervorhebt, hielt er entgegen, dass sich ebenso ein „selbstreflektiert dystopisches" Potential erkennen lasse. Vgl. Busch, Nicolai, *Ethische Ambivalenz bei Elfriede Jelinek*, in: *Sprachkunst. Beiträge zur Literaturwissenschaft* 47/1 (2016), S. 53-67, hier: S. 56, 65.

Verhältnis zu Jelinek bestimmt haben. Hier wie dort determiniert seit langer Zeit ein bestimmtes Bild der Autorin die Wahrnehmung ihrer Texte.

Erst vor diesem Hintergrund, so die grundlegende Annahme dieser Untersuchung, ist Jelineks Autofiktion zu verstehen. Demnach ist signifikant, dass autofiktionale Verfahren erst im Anschluss an die kontroverse Rezeption ihres Romans *Die Klavierspielerin* Eingang in ihr Werk gefunden haben. Der Autorin musste sich hier deutlich zeigen, wie wesentlich die Bedeutung ihrer Texte auch davon abhängt, welches Bild man sich im öffentlichen Diskurs von ihr machte und welche Intentionen ihr folglich zugeschrieben werden konnten. Um auf diese Zuschreibungen wiederum Einfluss zu nehmen, so meine zentrale These, hat sich Jelinek mit den im Rezeptionsprozess entstandenen Vorstellungen von ihr als Autorin in späteren literarischen Texten selbst auseinandergesetzt und diese autofiktional verarbeitet. Anders gesagt: Mittels einer in die Literatur ausgeweiteten Selbstinszenierung hat sie verbreitete Autorimagines von sich motivisch behandelt. In diesem Sinne stellen Jelineks Autofiktionen produktive Auseinandersetzungen mit Rezeptionszeugnissen dar. So lässt sich auch die irritierende Hybridität der Autofiktion im Falle Jelineks erklären. Da sich die Autorimagines vor allem in Reaktion auf ihre literarischen Werke verfestigt haben, sodann für die Autorin aber auch zum Bezugspunkt ihres Selbstverständnisses geworden sind, bestehen sie klarerweise aus fiktiven ebenso wie autobiographischen Elementen.

Eine Untersuchung der literarischen Selbstinszenierung Jelineks ist über biographische und interpretative Interessen hinaus relevant, weil darin Reflexionen von Autorschaft manifest werden, die eine allgemeine Aussagekraft hinsichtlich der Rahmenbedingungen des literarischen Diskurses beanspruchen können. Eingebettet in den literarischen Text und gerahmt durch das autofiktionale Verfahren unterscheiden sich diese Autorschaftsreflexionen deutlich von poetologischen Überlegungen, wie sie sich etwa in Essays oder Poetikvorlesungen finden. Indem in ihnen schon die Position der Autorin zur Interpretationsfrage wird, thematisieren und befragen sie auf eine existentiell grundierte Weise die Abhängigkeitsverhältnisse, welche zwischen den Seiten der Produktion und Rezeption literarischer Texte in Form von Erwartungen und Vorurteilen herrschen. Sie zeigen Autorschaft anders denn als souveräne Praxis und geben damit Denkanstöße zum Stellenwert der über den Text vermittelten Beziehung zwischen Autor/in und Leser/in.

Diese Perspektive auf Jelineks Autorschaft knüpft an eine These an, die Ursula Geitner vor allem in Hinblick auf ihre Interviewtätigkeit entwickelt hat. Geitner zufolge führe Jelinek ein modernes Konzept literarischer Autorschaft vor und distanziere sich von diesem: Das „ursprünglich und wesentlich männlich codiert[e]“ Konzept von Autorschaft, von dem sie sich wegschreibe, sei

„ich-zentriert, ‚unmittelbar', sprachlos, ja grundsätzlich amedial gedacht[]".[73] Dieser plausibel an einzelnen Texten Jelineks zu erhärtende Befund lässt sich durch eine historische Betrachtung, bei der die Entwicklung ihrer Autorschaftskonzeption in den Blick genommen wird, noch spezifizieren. Wenn ich mit Geitner die Annahme teile, dass Jelinek ihre Autorschaft auf eine nichtsouveräne Weise praktizierte, so erkenne ich im Unterschied zu ihr darin doch keinen „Rekurs auf ein vormodernes Autorschaftsverständnis", das auf einem ‚Verfahren" gründet, „das sich [...] in allen Jelinek-Texten wiederfindet".[74] Hingegen wird durch die hier zu leistende diachron verfahrende Untersuchung der von Jelinek zur Autorschaftsreflexion eingesetzten autofiktionalen Verfahren gerade deren Unterschiedlichkeit betont. Sodann ist es weniger die Verwendung von autofiktionalen Schreibverfahren an sich als vielmehr ihr Wandel in Jelineks Œuvre, der untersuchungswürdig erscheint, weil sich in diesem ein dezidiert dialogisches Moment ihrer Autorschaftskonzeption abzeichnet. Fokussiert man diesen Wandel, so wäre auch die Aussage Geitners zu revidieren, dass Jelineks Texte „keine persönliche Verantwortung erkennen lassen".[75] Im Einklang mit der theoretisch schon skizzierten Perspektive zeugen ihre Texte vielmehr von einer geteilten Verantwortung, die die Autorin mit ihren Lesenden bzw. den Akteur/innen ihrer Rezeption verbindet. Die von den wirkmächtigen Imaginationen der Rezeption kontaminierte und dennoch nicht rein fiktional zu verstehende Figur einer Autorin, die in Jelineks autofiktional gerahmten literarischen Selbstinszenierungen auftritt, kann in diesem Sinne als eine Allegorie von Verantwortung betrachtet werden, die eine Reflexion über ihre im Dialog fundierte Autorschaft verkörpert.

Dem Zusammenhang von Autorschaft und Verantwortung, wie er sich bei Jelinek darstellt, soll in dieser Arbeit systematisch nachgegangen werden. Eine seiner wesentlichen Pointen hatte schon Stanitzek angedeutet, als er festhielt, dass bei Jelinek die „Autorimago [...] als Moment einer Fiktion [kenntlich wird] – Fiktion, an der wir, Leser, mitarbeiten, für die wir verantwortlich sind."[76] Ebenso von Stanitzek angeregt, nahm auch Annuß diese Pointe in den Blick, als sie ihre Untersuchung mit folgendem Ausblick abschloss:

> [Jelineks] Texte [...] übergeben die Frage, welches Wer *da* – im Hier und Jetzt – für wen spricht, den Kommenden. Deren Arbeit besteht keineswegs in einem beliebigen Spiel mit kontingenten Sinnbezügen. Sie besteht vielmehr in selbst zu verantwortenden und zugleich niemals finalen Entscheidungen darüber, wie

73 Geitner, *„The real thing"*, S. 100, 102.

74 Ebd., S. 115, 111.

75 Ebd., S. 111.

76 Stanitzek, *Fiktion und Adresse*, S. 14, vgl. S. 9.

> und in welchem Kontext man ‚Jelinek' zukünftig ein Nachleben verleiht. Folgt man dieser Einsicht, tritt die Selbstverständigung über den eigenen Standort, von dem aus im Namen Jelineks gesprochen wird, an die Stelle der fiktiven Konstruktion auktorialer Souveränität. Im Wissen um die Unhaltbarkeit der eigenen Rede öffnet sich diese, flüchtig wie sie nun einmal ist, für zukünftige ‚Antworten' von einer anderen, unabsehbaren Szene.[77]

Auch diese Untersuchung versteht sich in diesem Sinne als eine ‚Antwort'. Sie reagiert auf eine bei der Lektüre von Jelineks Werken erfahrene Ansprache, ebenso wie auf die Stimmen der Forschung, die darin mittlerweile resonieren, und wendet sich ihnen wiederum zu. Um die Geschichte von Jelineks Autofiktion lesbar werden zu lassen, werde ich den Konstitutionsprozess der wirkmächtigen Bilder der Autorin rekonstruieren. Dass ich dabei auch selbst von einem bestimmten Bild von ihr ausgehe, das ich, auch im Versuch, ihm nichts Eigenes hinzuzufügen, doch eigensinnig prägen werde, kann ich nicht verhindern. Entsprechend kommt auch mir Verantwortung zu. In diesem Sinne zielt auch meine mit den Werkinterpretationen jeweils enggeführte Auseinandersetzung mit der Forschung darauf ab, den Beitrag hervorzuheben, den einzelne Literaturwissenschaftler/innen geleistet haben, indem sie etwa eine bestimmte Kritik aus Jelineks Werken herausarbeiteten. An der Verantwortung, die die Autorin in ihrem Schreiben vermeintlich allein wahrgenommen hat, haben sie entscheidenden Anteil.

1.3 Vorgaben der Durchführung

1.3.1 *Forschungsstand*

Angesichts der vielen Veröffentlichungen, die sich mit Konzentration auf der Gegenwartsliteratur der jüngeren Diskursgeschichte von Autorschaft widmen, fällt auf, dass Jelinek für die theoretische Diskussion kaum eine Rolle spielt und höchstens anmerkungsweise auf einen ihrer Texte verwiesen wird.[78] Mit

---

77 Annuß, *Theater des Nachlebens*, S. 256 [Herv. i. O.]. Bemerkenswert ähnlich hat auch Degner ihre Studie abgeschlossen. Vgl. Degner, *Eine ‚unmögliche' Ästhetik*, S. 332.

78 In folgenden Bänden wird Jelinek höchstens erwähnt: Jannidis et al. (Hg.), *Rückkehr des Autors*; Detering (Hg.), *Autorschaft. Positionen und Revisionen*; Bein, Thomas et al. (Hg.), *Autor – Autorisation – Authentizität*, Tübingen 2004; Hartling, Florian, *Der digitale Autor. Autorschaft im Zeitalter des Internets*, Bielefeld 2009; Gisi, Lucas M. (Hg.), *Medien der Autorschaft: Formen literarischer (Selbst-)Inszenierung von Brief und Tagebuch bis Fotografie und Interview*, München 2013; Schaffrick/Willand (Hg.), *Theorien und Praktiken der Autorschaft*; Kyora, Sabine (Hg.), *Subjektform Autor. Autorschaftsinszenierungen als Praktiken der Subjektivierung*, Bielefeld 2014.

Einschränkungen gilt dies auch für die dezidiert Autofiktion untersuchenden Sammelbände wie Monographien.[79] Für das Werk einer Literaturnobelpreisträgerin, das große Affinitäten zu den genannten Themen aufweist, würde man anderes erwarten. Umso wichtiger ist es, diesen Befund selbst zu reflektieren, und mögliche Vorbehalte, sich mit Jelineks Werk zu beschäftigen, ebenso zu berücksichtigen wie potentielle Widerstände, die es einer Übertragung in allgemeinere Diskurse entgegenbringt. Zweifellos hängt das eine wie das andere damit zusammen, dass die Autorin vor allem im Kontext eines politisch engagierten Feminismus rezipiert wird.[80]

Obwohl schon früh die These einer Gattungsindifferenz von Jelineks Texten aufgestellt wurde,[81] zeigt sich, dass die Forschungsliteratur an der konventionellen Strukturierung des Werkes in dramatische, narrative und essayistische Texte festgehalten hat. Eine gattungsübergreifende Einsicht in die Autorschaftsthematik bei Jelinek wurde damit verstellt. Zwar liegen, wie soeben angedeutet, einige Untersuchungen zu Jelineks öffentlichen Selbstinszenierungen vor; diese betreffen jedoch vor allem Interview-Äußerungen

---

79 Vgl. Pellin, Elio/Weber, Ulrich (Hg.), „... *all diese fingierten, notierten, in meinem Kopf ungefähr wieder zusammengesetzten Ichs". Autobiographie und Autofiktion*, Göttingen 2012; Röhnert, Jan (Hg.), *Autobiographie und Krieg: Ästhetik, Autofiktion und Erinnerungskultur seit 1914*, Heidelberg 2014; Krumrey, Birgitta, *Der Autor in seinem Text. Autofiktion in der deutschsprachigen Gegenwartsliteratur als (post-)postmodernes Phänomen*, Göttingen 2015; Arnold, Sonja (Hg.), *Sich selbst erzählen: Autobiographie – Autofiktion – Autorschaft*, Kiel 2018. Die Einschränkungen gelten zum einen für die beiden von Wagner-Egelhaaf herausgegebenen Sammelbände: *Auto(r)fiktion. Literarische Verfahren der Selbstkonstruktion* (Bielefeld 2013) sowie *Handbook of Autobiography/Autofiction* (3 Bde., Berlin/Boston 2019), die je einen Aufsatz zu einem Werk Jelineks enthalten (*Neid* bzw. *Ein Sportstück*). Des Weiteren stellt Jörg Pottbeckers' *Der Autor als Held. Autofiktionale Inszenierungsstrategien in der deutschsprachigen Gegenwartsliteratur* (Würzburg 2017), das ebenfalls *Neid* behandelt, eine Ausnahme dar. Leider sehe ich keine Möglichkeit, auf Pottbeckers' Arbeit aufzubauen, da sie neben theoretischer Kohärenz auch interpretative Sorgfalt vermissen lässt. In Kap. 2.2 gehe ich auf einige Widersprüche ein, die sich in seiner Arbeit ergeben.

80 Die Gliederung des *Jelinek-Handbuchs* benennt deutlich, woran sich die Rezeption der österreichischen Autorin orientiert: In der ersten Rubrik von Beiträgen zu „Leben und Öffentlichkeit" folgt auf „Biographische Aspekte und künstlerische Kontexte" sogleich das Stichwort „Politisches und feministisches Engagement". Vgl. Janke, Pia (Hg.), *Jelinek-Handbuch*, Stuttgart 2013, S. V. Auch ein Blick in das Inhaltsverzeichnis des Bandes *Weiblichkeit als politisches Programm*, der zum größten Teil Beiträge zum Werk Jelineks versammelt, spricht für die Beobachtung. Vgl. Gruber, Bettina (Hg.), *Weiblichkeit als politisches Programm? Sexualität, Macht und Mythos*, Würzburg 2005.

81 Vgl. Janz, *Jelinek*, S. IX.

oder Preisreden.[82] Eine Übertragung der Erkenntnisse aus diesen Untersuchungen auf die Interpretation ihrer literarischen Werke ist bislang weitgehend ausgeblieben. Im Unterschied zu Jelineks öffentlicher Selbstinszenierung stellt eine systematische Untersuchung ihrer literarischen Selbstinszenierung noch immer ein Forschungsdesiderat dar.[83]

Allgemein fielt das Interesse der Jelinek-Forschung in den letzten Jahrzehnten zu Gunsten des (post-)dramatischen Werkes aus, was sicherlich mit dem Publikationsschwerpunkt der Autorin zusammenhängt. Fragen der Autorschaft Jelineks wurden denn auch primär anhand der Theatertexte verhandelt. Richtungsweisend war dabei die Arbeit von Evelyn Annuß, die in ihrer Untersuchung *Theater des Nachlebens* die zentrale Bedeutung der Prosopopöie für Jelineks Ästhetik herausstellte, also jener „Gedankenfigur, durch die wir einen Text im Akt des Verstehens einer Person zuschreiben, diese also in unserem Sinn erfinden."[84] Das theoretische Fundament dieser Einsicht bezog Annuß maßgeblich aus Paul de Mans Aufsatz *Autobiographie als Maskenspiel*, der seitdem häufiger bei Analysen von Jelineks Texten herangezogen wurde. Da Annuß' Untersuchung drei frühen Theaterstücken galt, konnte sie ihre Einsichten zur Wirkung dieser Gedankenfigur noch nicht auf die später geschriebenen autofiktionalen Texte übertragen. Andere Forscher/innen haben damit begonnen, bei den Theatertexten den Aspekt der literarischen Selbstinszenierung und die damit zusammenhängende Reflexion von Autorschaft unter dem Begriff der „Autorinnenfigur" zu untersuchen.[85] Während es diesen Arbeiten bislang an

---

82 Vgl. Vogel, *Oh Bildnis*; John-Wenndorf, *Der öffentliche Autor*; Tacke, Alexandra, *‚Sie nicht als Sie'. Die Nobelpreisträgerin Elfriede Jelinek spricht „Im Abseits"*, in: Christine Künzel/Jörg Schönert (Hg.), *Autorinszenierungen. Autorschaft und literarisches Werk im Kontext der Medien*, Würzburg 2007, S. 191-208.

83 Vgl. Fleig, Anne, *Elfriede Jelinek:* Ein Sportstück *(1998)* [Sports Play], in: Martina Wagner-Egelhaaf (Hg.), *Handbook of Autobiography/Autofiction, Volume* III*: Exemplary Texts*, Berlin/New York 2019, S. 1989-2001, hier: S. 1994; Clar, Peter, *Selbstpräsentation*, in: Pia Janke (Hg.), *Jelinek-Handbuch*, Stuttgart 2013, S. 21-26, hier: S. 22.

84 Annuß, *Theater des Nachlebens*, S. 11f.

85 Vgl. Janz, Marlies, *Mütter, Amazonen und Elfi Elektra. Zur Selbstinszenierung der Autorin in Elfriede Jelineks ‚Sportstück'*, in: Bettina Gruber (Hg.), *Weiblichkeit als politisches Programm? Sexualität, Macht und Mythos*, Würzburg 2005, S. 87-96; Clar, Peter, *‚Der Rest ist aber auch nicht von mir'. Die Autorinnenfigur in Elfriede Jelineks ‚Bambiland' und ‚Babel'*, in: Herbert Bannert/Elisabeth Klecker (Hg.), *Autorschaft. Konzeptionen, Transformationen, Diskussionen*, Wien 2013, S. 295-316; Clar, Peter, *‚Da ist die eine Wirklichkeit, die der Zeit, da ist die andere: ich'. Die Autorinnenfigur in Elfriede Jelineks ‚Winterreise'*, in: Ders. et al. (Hg.), *Zeitgemäße Verknüpfungen. Ergebnisse des DoktorandInnenworkshops der Wiener Germanistik, 10.11.-12.11.2012*, Wien 2014, S. 287-310; Fleig, *Sports Play*; Fleig, Anne, *Zitierte Autorität – Zur Reflexion von Autorschaft in* Rosamunde, Ulrike Maria Stuart

einer systematischen und theoretisch fundierten Perspektive fehlt, mangelt es an entsprechenden Untersuchungen zu Jelineks Prosawerken fast vollständig.

In jüngster Zeit haben sich diesem offenkundigen Desiderat zwei Dissertationen angenommen, die eine ähnliche Ausrichtung wie diese Untersuchung aufweisen. Beide widmen sich Autorschaftsreflexionen in Jelineks Literatur anhand ausgewählter Werke: zum einen die Arbeit von Jeanine Tuschling-Langewand, die „Autorschaft und Medialität in Elfriede Jelineks Todsündenromanen *Lust, Gier* und *Neid*" untersuchte; zum anderen die von Peter Clar, der sich „Dekonstruktionen der AutorInnenfigur(en)" annahm, und zwar anhand der Theatertexte aus dem Zyklus *Der Tod und das Mädchen* sowie der *Winterreise* und der Essays *Jelineks Wahl* und *Textflächen*.[86] Im grundlegenden Befund, dass Autorschaft in Jelineks Texten zunehmend zu einem Gegenstand der Verhandlung geworden ist, stimme ich mit beiden Arbeiten überein. Darüber hinaus kann ich mich ihren Erkenntnissen und Beobachtungen jedoch nur punktuell anschließen. Ihnen gegenüber profiliert sich diese Untersuchung einerseits durch die Berücksichtigung weiterer literarischer Texte Jelineks, die dem systematischen Anspruch folgt, die Entwicklung der autofiktionalen Verfahren und die damit verbundenen Ziele bei Jelinek herauszustellen; andererseits durch die weiter gefasste theoretische Rahmung, die den

und den Sekundärdramen, in: Aline Vennemann/Delphine Klein (Hg.), *„Machen Sie was Sie wollen!": Autorität durchsetzen, absetzen und umsetzen*, Wien 2017, S. 148-157.

86 Auch wenn der Umfang und die Unabgeschlossenheit von Jelineks Werk es notwendig machen, eine Textauswahl vorzunehmen, sei kritisch bemerkt, dass diese in den genannten Arbeiten nur schwach motiviert wird. So kann man die Kohärenz der sogenannten Todsündentrilogie aus verschiedenen Gründen in Zweifel ziehen. Der Tatsache, dass Jelinek selbst die Zusammengehörigkeit der Romane unter diesem Namen behauptete, sollte vielleicht nicht zu viel Gewicht beigemessen werden. Ein skeptischer Einwand wäre schon, dass die Lust gemeinhin gar keine Todsünde bezeichnet und ein klarer Unterschied zu *luxuria*, der Wollust, besteht; ein Unterschied im Übrigen, auf dem Barthes' oft mit Jelineks Text in Verbindung gebrachtes Werk *Die Lust am Text* (1973) explizit aufbaut. Vor allem setzen die drei Romane eine Beschäftigung mit Themen der Geschlechterverhältnisse und der kapitalistischen Ökonomie fort, die auch schon für ältere Romane Jelineks wie *Die Liebhaberinnen* und *Die Klavierspielerin* zentral war. In dieser Sichtweise erscheint die Zusammengehörigkeit der drei Romane weniger evident als vielmehr die Ausnahmestellung des zwischenzeitlich veröffentlichten „opus magnum" *Die Kinder der Toten* aus dem Jahr 2000. – Was die Arbeit von Peter Clar betrifft, so ist dort überhaupt kein systematisch-repräsentativer Anspruch der Textauswahl erkennbar. Irritierenderweise ist es gerade die Gattungsindifferenz, mit der die Beschränkung auf Theatertexte und Essays bei ihm gerechtfertigt wird. Die Romane, so Clar, seien im Sprechen über jene „mitgemeint". Vgl. Clar, Peter, *„Ich bleibe, aber weg." Dekonstruktionen der AutorInnenfigur(en) bei Elfriede Jelinek**, Bielefeld 2017, S. 18.

Zusammenhang von Autofiktion mit grundlegenden Fragen der Autorschaft in den Blick nimmt.[87]

Es ist bemerkenswert, dass beide Dissertationen ebenso wie viele weitere Forschungsarbeiten, die sich mit den Aspekten der Autorschaft oder der Selbstinszenierung bei Jelinek befasst haben, den Begriff der Autofiktion vermeiden.[88] Da sich diese Vermeidung natürlich nicht dazu eignet, auch das durch den Begriff bezeichnete Phänomen zu übergehen, stellt sich die Frage, was die Auslassung des Autofiktionsbegriffs im Diskurs der akademischen Jelinek-Rezeption eigentlich motiviert. Um die sich zunehmend in Jelineks Werk manifestierenden Verfahren, die die Grenze von Fiktion und Autobiographie verwischen, möglichst präzise zu fassen, stellt sich diese Untersuchung, bevor sie sich den literarischen Texten Jelineks zuwendet, der literaturtheoretischen Herausforderung, zunächst ein Autofiktionskonzept zu erarbeiten, das dessen Mehrdeutigkeit begrifflich differenziert und es somit auch im Rahmen eines hermeneutischen Untersuchungsansatzes belastbar macht. Nicht zuletzt mit diesem Anspruch auf eine theoretische Fundierung des Konzepts soll diese Untersuchung den ersten systematischen Beitrag zu Jelineks Autofiktion und zur Frage der in und mit ihr reflektierten Autorschaft darstellen.

---

87 Letzteres versteht sich auch als Kritik an methodologischen Defiziten, die bei den Arbeiten auszumachen sind. So reflektierte Tuschling-Langewand an keiner Stelle ihre Autorimago von Jelinek als Kritikerin. Autorschaft wurde hier als Thema angesehen, das sich vollständig objektivieren lässt, wie sich etwa an der in den Analysen beibehaltenen strikten Trennung von der Erzählinstanz und der realen Autorin zeigt. Das Spezifikum von Autofiktionen, ebendiese Trennung zu unterlaufen, wurde mithin nicht ernst genommen und dessen ästhetisches wie ethisches Potential verfehlt. Bei der Arbeit von Clar ist Konträres zu monieren: Dem theoretisch reflektierten Umgang mit Autorschaft – im Anschluss an Annuß griff Clar vor allem auf das Autobiographiekonzept de Mans zurück – wurde hier so viel Gewicht beigemessen, dass die Auseinandersetzung mit Jelineks literarischen Texten in den Hintergrund trat. Wo es aber primär um die dekonstruktive Auflösung binärer Oppositionen geht, wird die Einzigartigkeit eines literarischen Textes (und seiner Autorin) preisgegeben. In der allzu prozessorientierten Arbeit von Clar wurden mithin die – allen Paradoxien zum Trotz – wirksamen Formen der Repräsentation unterschätzt. Dass Jelinek nicht irgendwer ist, sondern als eine bestimmte Autorin schreibt und wahrgenommen wird, hat seine Arbeit aus dem Blick verloren. Zusätzlich wird das Verständnis von Clars Arbeit durch einen stark manieristischen Stil und die idiosynkratische Argumentationsweise erschwert, die deren Erkenntniswert bisweilen fraglich machen.

88 Bei Tuschling-Langewand, die vor ihrer Dissertation den ersten Aufsatz zum Thema der Autofiktion bei Jelinek veröffentlicht hatte, ist diese Vermeidung besonders auffällig: Mit der Dissertation hat sie den Begriff, der ihr zuvor noch zur Auszeichnung der spezifischen Erzählstrategien von *Neid* gedient hatte, praktisch getilgt. Vgl. Tuschling, Jeanine, *„Ich, eine Figur, die zu nichts taugt?" Autofiktionale Erzählstrategien in Elfriede Jelineks Internetroman „Neid"*, in: Martina Wagner-Egelhaaf (Hg.), *Auto(r)fiktion. Literarische Verfahren der Selbstkonstruktion*, Bielefeld 2013, S. 235-260.

1.3.2 *Textauswahl*

Jelinek hat, wie bereits deutlich geworden ist, nicht nur einen Text verfasst, der die für Autofiktionen konstitutive Verunsicherung bewirkt. Vielmehr kann man den Einsatz und die Weiterentwicklung autofiktionaler Verfahren als eine Tendenz ihres Werkes bezeichnen, die sich schon seit Langem beobachten lässt. Durch die Wahl der hier untersuchten Texte sollen die entscheidenden Etappen im Wandel der autofiktionalen Schreibverfahren Jelineks abgebildet werden. Grundlegend ist dabei immer die als irritierend erlebte Geste eines bewussten Konventionsbruches, wenn die Grenze von Fiktion und Autobiographie verwischt wird. Insofern richtet sich die Auswahl nach dem komplexen Kriterium, das die Spezifik von Autofiktion ausmacht, und nicht nach bestimmten Themenkomplexen wie Erinnerung oder Zeugenschaft, die sich mit autofiktionalen Verfahren behandeln ließen oder auch anders.

Autofiktionale Verfahren finden sich, von einer Erprobung im experimentellen Frühwerk abgesehen, in Jelineks Texten ab Ende der 80er-Jahre.[89] In deutlicher Gestalt lässt sich Autofiktion das erste Mal in ihrem Roman *Lust* erkennen. Für den Zusammenhang erscheint mir signifikant, dass dem die kontroverse Rezeption des 1983 erschienenen Romans *Die Klavierspielerin* (Kap. 3) vorausgegangen war. In deren Zuge haben sich die maßgeblichen Autorimagines von Jelinek etabliert, die sie zum einen als perverse Künstlerin, zum anderen als satirisch schreibende Gesellschaftskritikerin verstehen. Dass sich erst mit der *Klavierspielerin* ein allgemeines Interesse an der Biographie der Autorin einstellte, hängt dabei, wie ich argumentieren möchte, weniger mit Interview-Aussagen Jelineks als vielmehr mit der für ihre späteren Texte insgesamt charakteristischen Poetik der Ambivalenz zusammen, die an einer zentralen Passage des Romans exemplarisch aufgezeigt werden soll. Demnach manifestiert sich in den einschlägig gewordenen Deutungen des Romans ein Reflex auf dessen Ambivalenz, da die offenbleibende Frage, mit welcher Intention die durchaus verstörende Handlung dargestellt wurde, als unbehaglich erlebt wird, mit Bezug auf bestimmte Vorstellungen von der Autorin aber irritationslos entschieden werden kann. Jelinek wiederum – um die zentrale These noch einmal aufzugreifen – hat solche Imagines von sich sowie deren Konstitutionsprozess zunächst in Interviews, später auch in ihren Texten literarisch verarbeitet.

Während bei der *Klavierspielerin* höchstens eine gewisse Ähnlichkeit zwischen der Hauptfigur und der Autorin auffallen kann und die Form des Romans keinerlei Hinweise auf eine autobiographische Bedeutung gibt, hat

---

89 In Jelineks 1968 entstandenem, aber erst viele Jahre später veröffentlichtem Prosadebüt *bukolit* hatte „elfriede j." bzw. das „fräulein j." zwei marginale Auftritte, die zunächst aber noch folgenlos blieben. Vgl. Jelinek, Elfriede, *bukolit. hörroman*, Wien 1979, S. 55, 90.

Jelinek in *Lust* (Kap. 4) nicht nur explizit verschiedene Stichworte ihrer Biographie aufgegriffen, sondern auch in mehreren Passagen eine literarische Selbstinszenierung figuriert, die es nahelegt, die Rede der Autorin im Stimmengewirr des Textes auszumachen. Warum und auf welche Weise genau sie sich in diesem Roman dargestellt hat, gilt es zu ergründen. Für meine Interpretation ist dabei die Annahme wesentlich, dass Jelineks erste autofiktionale Selbstdarstellung auch in einem Zusammenhang mit den häufigen Leser/innenansprachen zu sehen ist, die der Roman enthält. Beide Verfahren zeichnet aus, dass sie die diegetische Ebene in Richtung der Rezeption transzendieren und mithin auf eine dialogische Fundierung der Autorschaft verweisen. Dem Thema der Verantwortung kommt dabei ausdrücklich Bedeutung zu, insofern von der Beurteilung ihrer Autorschaft auch die moralische Bewertung ihres Schreibens abhängt. Gerade in dieser Hinsicht entfaltet sich die Selbstreflexion von *Lust*, einem erstaunlich drastischen Roman, der seinen (anti-)pornographischen Gehalt ambivalent zur Debatte stellt, statt sich klar zu positionieren.

In den auf *Lust* folgenden Romanen *Die Kinder der Toten* (1995) und *Gier* (2000) hat Jelinek autofiktionale Verfahren ebenfalls eingesetzt. Da ich diese Verfahren vergleichbar deuten würde, verzichte ich allerdings auf eine eigenständige Analyse dieser Texte. Interessanter wirkt der Befund, dass Jelinek nicht nur in der Prosa, sondern auch in ihren Theaterstücken zunehmend auf Autofiktion gesetzt hat. Stefanie Carp zufolge hat Jelinek einen „enorme[n] Wechsel im Umgang mit Texten [am Theater]“ herbeigeführt.[90] So wird im Zuge des Postdramatischen Theaters, für das die Theaterästhetik Jelineks als maßgeblich gilt, vor allem der konstruktive Charakter von Aufführungen herausgestellt. Die Arbeit auf der Bühne zielt nicht mehr auf die Präsentation einer Handlung, sondern auf die Vorführung all jener Prozesse, von denen sie abhängt. Auch der Verfasstheit der den Aufführungen zugrunde liegenden Texte kommt ausdrücklich Bedeutung zu, ebenso wie ihren Autor/innen, was es sinnfällig macht, dass es im Rahmen des Postdramatischen Theaters auch zum Einsatz autofiktionaler Verfahren kommt. In Jelineks Fall lässt sich seit Frank Castorfs Inszenierung von *Raststätte oder Sie machens alle* (UA: Hamburger Schauspielhaus, 1995) eine intensive Auseinandersetzung der Regie mit der Autorin beobachten.[91] Jelinek-Puppen oder zumindest -Frisuren,

---

90 Carp, Stefanie, *Die Entweihung der heiligen Zonen*, in: Brigitte Landes (Hg.), *stets das Ihre. Elfriede Jelinek* (= *Theater der Zeit. Arbeitsbuch*), Berlin 2006, S. 48-52, hier: S. 50.

91 Vgl. Klein, Delphine/Vennemann, Aline, *Einleitung*, in: Dies. (Hg.), *„Machen Sie was Sie wollen!“ Autorität durchsetzen, absetzen, umsetzen. Deutsch- und französischsprachige Studien zum Werk Elfriede Jelineks*, Wien 2017, S. 8-19, hier: S. 13.

die den Gedanken an die Autorin präsent halten, gehören inzwischen fest zum Requisitenbestand neuerer Inszenierungen ihrer Theatertexte.

In *Ein Sportstück* (Kap. 5) antwortete Jelinek auf Castorfs Arbeit mit einer rigorosen literarischen Selbstinszenierung, wobei es zur Ironie ihrer Aufführungsgeschichte zählt, dass diese in der prominenten ersten Inszenierung von Einar Schleef (UA: Burgtheater, 1998) fast komplett gestrichen wurde. Der wahrscheinlich bekannteste Theatertext Jelineks ist mittlerweile als Paradebeispiel eines postdramatischen Stückes kanonisiert. Dort hat sie nicht nur im Nebentext, sondern auch im insgesamt kaum noch dialogisch aufgeteilten Haupttext die Rolle einer mehrstimmigen Autorin eingeführt. Diese komplexe Autorinnenfigur steht in einer agonalen Beziehung zu den anderen Figuren und sieht sich von deren Seite zunehmend Aggressionen ausgesetzt. Ihr Einsatz lässt im Zusammenhang mit der Komposition des *Sportstücks*, das auch einen Pro- und Epilog aufweist, die Gestaltung eines metadramatischen Konfliktes erkennen, in dem Jelinek ihre eigene Geltung als Autorin verhandelt hat. Auf ähnliche Verfahren selbstreflexiver Einschreibung in ihre Stücke hat Jelinek in späteren Arbeiten zwar immer wieder zurückgegriffen,[92] nirgendwo sonst in ihren Texten fürs Theater ist die Autorschaftsreflexion aber so zentral wie im *Sportstück*.

Als Jelinek 2004 den Literaturnobelpreis erhielt, kam es noch einmal zu einer grundlegenden Veränderung ihres Autorschaftsverständnisses. Die Auszeichnung hatte zur Folge, dass ihr skandalträchtiges Werk eine Neutralisierung erfahren musste. Durch die mediale Inszenierung wie auch den Text ihrer Preisrede *Im Abseits* (Kap. 6) reflektierte Jelinek das problematische Verhältnis von Wirklichkeit und Schreiben und behandelte damit exponiert ein Thema, das für den Autofiktionszusammenhang von zentraler Bedeutung ist. Dabei erscheint der Status ihrer poetologischen Überlegungen unsicher, sofern sich diese nicht nur künstlerisch überformt, sondern auch autobiographisch grundiert zeigen. Das autofiktionale Verfahren von *Im Abseits*, das die Wirkung, die der Nobelpreis auf das Werk hat, exzeptionell reflektiert, ist aber nicht nur für sich genommen untersuchungswürdig; Jelineks literarische Selbstinszenierung nimmt zudem ein Grundmotiv ihres bis dato letzten

92 Eine Autorinnenfigur tritt etwa auch in den „Prinzessinnendramen" *Rosamunde* und *Die Wand* (UA: 2002) auf, in *Das Werk* (UA: 2003), *Ulrike Maria Stuart* (UA: 2006), *Winterreise* (UA: 2011), *Schatten* (*Eurydike sagt*) (UA: 2013), *Wut* (UA: 2016), *Am Königsweg* (UA: 2017) und *Schnee Weiß* (UA: 2018). Ausdrückliche Ansprachen der Autorin, die auch *Ein Sportstück* charakterisieren, finden sich in *Wut* wieder, wo auch die Rede von „Elfi" wiederaufgegriffen wird. Vgl. Jelinek, Elfriede, *Wut*, in: Dies., *Die Schutzbefohlenen. Wut. Unseres. Theaterstücke*, Reinbek bei Hamburg 2018, S. 227-405.

veröffentlichten Prosawerks *Neid* vorweg und ist daher für dessen Verständnis wichtig.

Neid (Kap. 7) kann als entscheidende Radikalisierung von Jelineks autofiktionalen Verfahren betrachtet werden, denn für den Roman sind Äußerungen charakteristisch, die eine autobiographische Lesart provozieren. Eine Analyse von *Neid* ist dabei nicht nur aufgrund der größeren Bedeutung autofiktionaler Mittel, sondern auch wegen des exemplarischen Werkstatus des Textes wichtig für diese Untersuchung. Jelineks „Privatroman" ist ausschließlich über die Homepage der Autorin zu beziehen, wo er 2007/2008 kapitelweise von ihr hochgeladen wurde und seither direkt gelesen oder kostenlos heruntergeladen werden kann. *Neid* hat darum aber nicht nur den Charakter einer Fortsetzungsgeschichte; dem Text ist auch eine potentielle Unfertigkeit eingeschrieben, insofern er zu Lebzeiten der Autorin jederzeit von ihr geändert, erweitert oder gar entfernt werden kann. So sprengt der Text durch seine mediale Spezifik Vorstellungen von Ganzheit und Abgeschlossenheit, die Romanen konventionell eignen. Auch aufgrund dieser besonderen Publikationsart ist *Neid* als derjenige ihrer Texte anzusehen, der am stärksten auf die Verleihung des Literaturnobelpreises bezogen ist. Zentral behandele ich an dem Roman, den ich als autofiktionale Fortschreibung ihrer Nobelpreisrede deute, die Frage, wie sich Jelineks Erfolg als Schriftstellerin in ihrem Autorschaftsverständnis ausgedrückt hat.

Die Textauswahl demonstriert, dass die Gattungsindifferenz von Jelineks Werk auch in Bezug auf Autofiktion zutrifft, weil gezeigt werden kann, dass das Verfahren nicht nur in der Prosa auszumachen ist, sondern auch Stücke und poetologische Texte charakterisiert. Dabei können alle behandelten Texte, mit Ausnahme von *Neid*, als besonders intensiv rezipierte Werke gelten, wobei es wiederum ein untersuchungswürdiger Befund ist, dass der erste Roman, den Jelinek nach ihrer Nobelpreisauszeichnung veröffentlichte, von der Literaturkritik wie -forschung praktisch nicht besprochen oder untersucht wurde (vgl. Kap. 7.4.1). Dass zu allen anderen Texten viele Rezeptionsquellen vorliegen, belegt nicht nur deren Relevanz, sondern macht es möglich, belastbare Aussagen zum Bild zu treffen, das man sich in der Öffentlichkeit und Forschung von der Autorin gemacht hat.

1.3.3 *Methode und Erkenntnisziele*

Die zentrale Wirkung eines autofiktionalen Textes ist eine Irritation und Verunsicherung über die Person des Autors/der Autorin. Es ist vor allem sein/ihr Bild, das im autofiktionalen Grenzgebiet von Fiktion und Autobiographie verhandelt wird. Da dieses Bild im Unterschied zur klassischen Autobiographie nicht souverän behauptet, sondern zweifelhaft dargestellt wird, können das gezeigte und das von der Rezeption wahrgenommene Bild erheblich voneinander abweichen. Die Selbstinszenierung kann unglaubwürdig oder authentisch wirken, was im Zweifelsfall von der individuellen Lektüre abhängt. Was in jedem Falle angestoßen wird, ist die Frage, was für eine Person der/die Autor/in ist. Das Phänomen der Autofiktion prononciert damit eine Frage, die auch den Konvergenzpunkt der Ethik von Judith Butler und der Hermeneutik von Klaus Weimar ausmacht. So liegt nach Butler die ethische Haltung darin, die Frage, „Wer bist Du?“ weiter zu stellen, „ohne eine vollständige oder abschließende Antwort zu erwarten.“[93] Weimar zufolge stellt es das „Zentralproblem der Rezeption“ dar, den/die Autor/in nicht zu kennen, das „nur mit der Frage ‚*Wer ist Autor?*‘ anvisiert wird.“[94] Für diese Untersuchung stellt sich die Herausforderung, diese grundlegende Frage zu operationalisieren, um so die in Autofiktionen forcierte Verhandlung über das Bild des Autors/der Autorin analysieren zu können.

Nach der Person des Autors/der Autorin zu fragen ist aus literaturtheoretischer Sicht ein heikles Unterfangen, nicht zuletzt, weil die „Beziehung zwischen dem außertextlichen empirischen Verfasser und dem literarischen Text durch die strikte Trennung von Autor und Sprecherinstanzen im Text verstellt [ist]“.[95] Der bekannteste Versuch, diese Trennung zu relativieren, stammt von Wayne C. Booth, der im Rahmen seiner *Rhetorik der Erzählkunst* das Konzept des impliziten Autors entwickelt hat.[96] Dem allgemeinen Verständnis nach bezeichnet das Konzept „das Bild des realen Autors […], insoweit es aus dem Text zu erschließen ist.“[97] Handelt es sich bei diesem Bild aber um eine vom realen Autor verantwortete Textinstanz oder nur um die Vorstellung, die sich ein/e Leser/in während des Lektüreprozesses vom Autor und seinen moralischen Anschauungen macht? Wie in der Forschungsdiskussion zurecht eingewandt wurde, hat Booth mit seinem Konzept verschiedene Aspekte auf nicht immer klare Weise zusammengedacht.[98]

---

93 Butler, *Kritik der ethischen Gewalt*, S. 60.

94 Weimar, *Doppelte Autorschaft*, S. 124 [Herv. i. O.].

95 Heinrich Detering, zit. n.: Lubkoll, Christine, *Einführung in die IV. Sektion*, in: Heinrich Detering (Hg.), *Autorschaft. Positionen und Revisionen*, Stuttgart/Weimar 2002, S. 455-460, hier: S. 456f.

96 Vgl. Booth, Wayne C., *Die Rhetorik der Erzählkunst 1*, Heidelberg 1974. Die wesentlichen das Konzept betreffenden Passagen aus Booths Werk sind zusammengefasst in: Booth, Wayne C., *Der implizite Autor*, in: Fotis Jannidis et al. (Hg.), *Texte zur Theorie der Autorschaft*, Stuttgart 2000, S. 142-152.

97 Jannidis, Fotis et al., *Einleitung. Wayne C. Booth: Der implizite Autor*, in: Dies. (Hg.), *Texte zur Theorie der Autorschaft*, Stuttgart 2000, S. 138-141, hier: S. 139.

98 Vgl. Genette, *Implizierter Autor, implizierter Leser?*, S. 244. Für ein kritisches Resümee der problematischen Aspekte am Konzept vgl. Heinen, Sandra, *Literarische Inszenierung von*

Die begrifflichen Schwierigkeiten scheinen in der Sache begründet: Die Autor/innen entwerfen beim Schreiben unweigerlich – im Falle autofiktionaler Texte sogar explizit – ein bestimmtes Bild von sich; zugleich aber bleibt es den Leser/innen überantwortet, dieses Bild einzuschätzen. Fragt man, wer Autor/in ist, orientiert man sich an gegebenen Aspekten, sodass ein gewisser Rahmen für die Antwort vorgegeben wird; entschieden aber wird die Frage von dem/der sie stellenden Leser/in. Entsprechend handelt es sich beim Bild des Autors/der Autorin um eine komplexe Kategorie, in die sowohl Selbst- als auch Fremdzuschreibungen eingehen. Um die Konstitution des Autor/innenbildes analysieren zu können, differenziere ich zwischen der Rezeptions- und der Produktionsperspektive. Während ich unter *Autorimago* die abstrakte interpretationsleitende Vorstellung von einem Autor/einer Autorin verstehe, wie sie sich in Rezeptionszeugnissen manifestiert, untersuche ich als *literarische Selbstinszenierung* Formen konkreter Selbstdarstellung im literarischen Text. Das *Bild des Autors* wird als bewusst vager Überbegriff beibehalten, der die wechselseitige Prägung von Autorimagines und literarischen Selbstinszenierungen fassen soll. Seine Unterbestimmtheit soll also verdeutlichen, dass beide Elemente beständig aufeinander verweisen und sich nicht klar voneinander isolieren lassen. Ebenso wie der Differenz zwischen Rezeptions- und Produktionsperspektive kommt derjenigen zwischen Autorimago und literarischer Selbstinszenierung vor allem heuristischer Wert zu. Das damit verbundene Erkenntnisziel ist die Einsicht in die dialogische Konstitution von Autorschaft im Zeichen einer geteilten Verantwortung für die Bedeutung der Literatur.

Die Ordnung der Analysekapitel ergibt sich, von Seitenblicken abgesehen, chronologisch. Methodisch sind in allen Kapiteln, die sich mit Werken beschäftigen, in denen autofiktionale Verfahren die zentrale Rolle spielen, jeweils drei Schritte vorgesehen:

In einem interpretierenden ersten Teil soll zunächst der werkimmanente Kontext der literarischen Selbstinszenierung bestimmt werden: In welche Szenerie trägt sich die Autorin mittels autofiktionaler Verfahren ein? Welche Beziehungen ergeben sich zwischen dem allgemein verhandelten Themenkreis und ihrer Selbstinszenierung? Dieser Teil soll auch dazu dienen, die

---

Autorschaft. Geschlechtsspezifische Autorschaftsmodelle in der englischen Romantik, Trier 2006, S. 34-48. Für einen Überblick zum Bedeutungsspektrum des Konzepts sowie eine kurze rezeptionsgeschichtliche Skizze seiner Verwendung vgl. Kindt, Tom/Müller, Hans-Harald, *Der ‚implizite Autor'. Zur Explikation und Verwendung eines umstrittenen Begriffs*, in: Fotis Jannidis et al. (Hg.), *Rückkehr des Autors. Zur Erneuerung eines umstrittenen Begriffs*, Tübingen 1999, S. 273-287; Dies., *The Implied Author. Concept and Controversy*, Berlin/New York 2006.

Ambivalenz der Texte, die ich als allgemeinen Zug von Jelineks Poetik herausgestellt habe, zu konkretisieren. Die Frage der Autorschaft wird durch sie relevant: Erst, wo man nicht sicher sein kann, wie etwas zu verstehen ist, stellt sich nachdrücklich die Frage, wer gesprochen hat.

In einem zweiten Teil, der analytisch-deskriptiv gehalten ist, geht es im Anschluss darum, die autofiktionalen Verfahren als solche präzise zu bestimmen. Maßgeblich wird hier die literarische Selbstinszenierung zu untersuchen sein. Um die Differenz zur abstrakten Autorimago möglichst scharf zu ziehen, bin ich bei der Identifikation dieser Selbstinszenierungen an formalen Charakteristika orientiert. Literarische Selbstinszenierungen erkenne ich in Textpassagen, in denen Jelinek auf ihren Namen referiert, auf Biographeme anspielt oder in Ich-Perspektive auf den Prozess des Schreibens oder Sprechens verweist. Solche Passagen werden einem *close reading* unterzogen, das an der Leitfrage orientiert ist, welches Subjektverständnis der Inszenierung zugrunde liegt. Wird Souveränität inszeniert oder werden Abhängigkeitsverhältnisse artikuliert? Baut die Selbstinszenierung auf Selbst- oder Fremdzuschreibungen auf? Handelt es sich eher um ein sich selbst einsichtiges oder entfremdetes Subjekt? Insofern das den literarischen Selbstinszenierungen zugrunde liegende Subjektverständnis eng mit einer Konzeption von Autorschaft zusammenhängt, manifestiert sich in deren Wandel eine kontinuierliche Autorschaftsreflexion, die es zu analysieren gilt.

Im dritten Teil schließlich, der auch selbstreflexiv an literaturtheoretischen Fragen orientiert ist, werden die Einsichten aus der Interpretation und Analyse mit dem übergreifenden Thema der Verantwortung verbunden, das hier Ansätze zu einer Konkretisierung erhalten soll. Die Frage ‚Wer spricht?', die das autofiktionale Verfahren provoziert, erfährt hier eine Nuancierung: „Wer verantwortet?" Spezifisch werfen Jelineks Texte die Frage auf, wer eine Verantwortung für jenen negativen bis destruktiven Diskurs übernimmt, der in ihnen zur Darstellung kommt. Reproduzierte Jelinek in Romanen wie *Die Klavierspielerin* nicht auch den Frauen verachtenden phallischen Diskurs? Schrieb sie mit *Lust* nicht selbst eine Pornographie, die die patriarchalische Ordnung, statt ihr kritisch entgegenzuwirken, sogar noch bekräftigte? Die Beantwortung solcher Fragen hängt davon ab, welches Bild der Autorin die Lektüre beeinflusst. Daher ist in diesem Abschnitt die Kategorie der Autorimago zentral. Anhand wichtiger Rezeptionszeugnisse werde ich untersuchen, welche Vorstellungen von Jelinek die bestimmenden Lesarten der Werke geprägt haben.

Die Frage nach Verantwortung wurde aber nicht erst durch die Rezeption aufgeworfen, sondern wird bereits in den Werken selbst thematisch, die – auch dies ist eine Facette von Jelineks Autofiktion – zunehmend dialogische

Momente zwischen der Autorin und ihren Lesenden erzeugen. Neben der Verantwortung für das Schreiben wird so auch die für das Lesen, zumal jenes, das sich in Rezeptionszeugnissen manifestiert, literarisch verhandelt. Meiner These zufolge forderte Jelinek in ihren Texten dazu auf, die Art und Weise zu reflektieren, wie man sich über sie als Autorin ein Urteil bildet. Anders gesagt: Ihre Texte forcieren eine kontinuierliche Überprüfung, ob man jenes Bild der Autorin, das einem vor der Lektüre präsent war, noch verantworten kann.

Mit dem Fokus auf Verantwortung verbindet sich das übergreifende Ziel, das Verhältnis von Jelineks Literatur und ihrer Rezeption als eines von wechselseitiger Prägung in den Blick zu nehmen.[99] Es soll sich zeigen, dass Urteile über ihre Autorschaft auf das Selbstverständnis der Autorin und ihre Poetik nachhaltigen Einfluss genommen haben und insbesondere die Entwicklung autofiktionaler Schreibverfahren in ihrem Werk motivierten. Vor diesem Hintergrund sind nicht nur neue interpretative Einsichten in einige ihrer bekanntesten Werke zu erwarten. Was die grundlegende Ebene der Autorschaft betrifft, machen die sich wandelnden autofiktionalen Verfahren anschaulich, wie sich Autorschaft anders denn als souveräne Praxis entwerfen lässt; oder in anderen Worten: wie man Verantwortung im Dialog denken kann. Dies könnte auch der literaturtheoretischen Debatte um Autorschaft einen neuen Impuls geben.

---

99 Anregungen für diese Perspektive habe ich auf einer Tagung erhalten, wo über Jelinek vor dem Hintergrund von Autoritäts- und Autorschaftskonzepten diskutiert wurde. Insbesondere zwei inzwischen publizierte Beiträge seien hervorgehoben: Sarah Neelsen verfolgte das Ziel, „aus Autorität Geschichte zu machen“: Sie untersuchte Jelineks Autorschaft genealogisch, wobei sie die Wechselwirkungen zwischen der Autorin und anderen Akteur/innen im literarischen Feld betonte. Noch wichtiger war Anne Fleigs vor allem auf *Ulrike Maria Stuart* bezogener Vorschlag, bei Jelinek nicht nur die Problematisierung einer männlichen Autorschaftskonzeption zu erkennen, sondern auch eine Kritik der dieser Problematisierung zugrunde liegenden strukturalistisch geprägten Positionen zur Autorschaft, die selbst eine Anfälligkeit zur Mythifizierung entwickelt hätten. Vgl. Neelsen, Sarah, *Genealogie der Autorschaft: Elfriede Jelinek, die 1968er-Generation und das literarische Feld Österreichs*, in: Aline Vennemann/Delphine Klein (Hg.), *„Machen Sie was Sie wollen!“: Autorität durchsetzen, absetzen und umsetzen*, Wien 2017, S. 32-44; Fleig, *Zitierte Autorität*.

KAPITEL 2

Nach Verantwortung fragen: Konzeptionen von Autofiktion

Schon seit längerer Zeit lassen sich in der Literatur irritierende poetische Verfahren beobachten, in deren Rahmen sich Autor/innen persönlich in ihre Romane einschreiben. Zumeist, wenn auch nicht ausschließlich, treten sie als Hauptfiguren ihrer ausdrücklich nicht als Autobiographien gekennzeichneten Texte auf. Nachdem eine ganze Reihe von Begriffen vorgeschlagen wurde, um die durch dieses Verfahren erreichte Hybridisierung zweier Gattungen zu fassen, hat sich zur Bezeichnung der so beschaffenen literarischen Werke im deutschsprachigen Raum der Terminus ‚Autofiktion' etabliert.[1] Was die Begriffsgeschichte betrifft, ist bemerkenswert, dass das Interesse für Autofiktion hierzulande um die Jahrtausendwende und damit fast zeitgleich mit der Rede von der „Rückkehr des Autors" aufkam. In Frankreich dagegen, wo der Literaturwissenschaftler und Autor Serge Doubrovsky den Begriff als Wortspiel, aber auch in Anlehnung an die Autobiographietheorie Philippe Lejeunes prägte, hörte man schon 1977, also gut zwanzig Jahre früher, im Klappentext seines Romans *Fils* das erste Mal von jener – so Doubrovskys Definition – „Fiktion strikt realer Ereignisse und Fakten" (*Fiction, d'événements et de faits strictement réels*).[2] Und während der Begriff für einige französische Autor/innen bereits

1 Als Beleg sei auf ein schon im Umfang von über 2000 Seiten beachtliches Handbuch mit internationaler wie interdisziplinärer Ausrichtung verwiesen, in dem Autofiktion gleichberechtigt mit Autobiographie behandelt wird, vgl. Wagner-Egelhaaf (Hg.), *Handbook of Autobiography/Autofiction*.

2 Doubrovsky, Serge, *Fils*, Paris 1977, S. 10; Übersetzung zit. n.: Ders., *Nah am Text*, in: *Kultur & Gespenster* 7 (2008), S. 123-133, hier: S. 123. Zu Doubrovskys Autofiktion in seinen Romanen *Fils* (1977) und *Le livre brisé* (1989) vgl. Krumrey, *Der Autor in seinem Text*, S. 68-75. Zu den unterschiedlichen Begriffen von Autofiktion, die sich in Frankreich und Deutschland etabliert haben, vgl. Glauser, Nina-Maria, *Bewegtes Sprachleben. Zum poetologischen Stellenwert des Autofiktionskonzepts im Werk Paul Nizons*, in: Matthias Schaffrick/Marcus Willand (Hg.), *Theorien und Praktiken der Autorschaft*, Berlin/Boston 2014, S. 439-460; Pontzen, Alexandra, *Autofiktion als intermediale Kommunikation: Französische und deutschsprachige Ich-Narrationen der Gegenwart im Vergleich (M. Houellebecq, T. Glavinic, G. Grass, F. Hoppe, M. Köhlmeier, D. Leupold und C.J. Setz)*, in: Heribert Tommek/Christian Steltz (Hg.), *Vom Ich erzählen. Identitätsnarrative in der Literatur des 20. Jahrhunderts*, Frankfurt a. M. 2016, S. 275-302, hier bes.: S. 282-285; Gronemann, *Entstehung und Fortschreibung eines Textmodells mit Autorbezug*, S. 333-341. Im englischsprachigen Forschungsdiskurs spielen Konzepte von Autofiktion interessanterweise nur eine marginale Rolle, vgl. Wagner-Egelhaaf, Martina,

 | DOI:10.30965/9783846767542_003

negative Konnotationen erhalten hat – Christine Angot etwa will ihre Werke nicht mehr mit dem „Etikett ‚Autofiktion'" versehen, da es die Aufmerksamkeit vor allem auf vermeintlich enthüllte pikante biographische Details lenke, was deren literarische Qualität infrage stellen würde –,[3] scheint die Autofiktion im deutschsprachigen Raum immer populärer zu werden.[4]

Angesichts von Doubrovskys auf den ersten Blick so paradoxer Bestimmung und der von Ungleichzeitigkeiten geprägten Begriffsgeschichte in zwei durch die sprachliche Differenz getrennten, wenngleich nicht isolierten Literaturdiskursen überrascht es nicht, dass man es bei Autofiktion mit einem eigentümlich unscharfen Phänomen zu tun hat. Einerseits ist festzuhalten, dass sehr unterschiedliche Werke und Autor/innen mit Autofiktion assoziiert werden (immer mehr ältere Werke auch retrospektiv), versteht man darunter doch „ganz unterschiedliche ‚Mischungszustände' zwischen ‚Fiktion' und ‚Autobiographie'".[5] Andererseits, damit zusammenhängend, divergieren auch die Untersuchungsansätze zur Autofiktion auf eine extreme und nicht immer klare Weise.[6] Schon 2003 hat Ivan Farron darum die These aufgestellt, dass das Phänomen gerade wegen seiner Unschärfe und Mehrdeutigkeit eine erhebliche Konjunktur erfahren hat.[7] Vergleichbar charakterisierte Martina Wagner-Egelhaaf, die

---

Preface: The Concept of this Handbook, in: Dies. (Hg.), *Handbook of Autobiography/Autofiction*, Volume I: *Theory and Concepts*, Berlin/Boston 2019, S. XV-XVIII, hier: S. XVII. Für erste Überlegungen zur soziokulturellen Einordnung des Phänomens vgl. Tholen, Toni, *Facetten autofiktionalen Schreibens seit den 1970er Jahren – die Automelanchographie*, in: Ders./Patricia Cifre Wibrow/Arno Gimber (Hg.), *Fakten, Fiktionen und Fact-Fictions*, Hildesheim 2018, S. 39-57.

3 Vgl. Stemberger, *„L'autofiction [...] un geste politique"?*, S. 32.

4 Vgl. Abenstein, Edelgard, *Die große Lust am Versteckspiel*, in: *Deutschlandfunk Kultur* (13.03.2019). Im deutschsprachigen Raum wurden in den letzten Jahren zahlreiche Romane als Autofiktionen rezipiert. Eine Auswahl: Thomas Glavinic: *Das bin doch ich* (2007), Milena Michiko Flašar: *Ich bin* (2008), Hans-Ulrich Treichel: *Anatolin* (2008), Hanns-Josef Ortheil: *Die Erfindung des Lebens* (2009), Helene Hegemann: *Axolotl Roadkill* (2010), Andreas Maier: *Das Zimmer* (2011), Navid Kermani: *Dein Name* (2011), Peter Kurzeck: *Vorabend* (2011), Wolf Haas: *Verteidigung der Missionarsstellung* (2012), Felicitas Hoppe: *Hoppe* (2012), David Wagner: *Leben* (2013), Katja Petrowskaja: *Vielleicht Esther* (2014), Angela Krauß: *Eine Wiege* (2015), Thomas Meinecke: *Selbst* (2016), Saša Stanišić: *Herkunft* (2019), Olivia Wenzel: *1000 Serpentinen Angst* (2020), Christian Kracht: *Eurotrash* (2021).

5 Wagner-Egelhaaf, Martina, *Einleitung: Was ist Auto(r)fiktion?*, in: Dies. (Hg.), *Auto(r)fiktion. Literarische Verfahren der Selbstkonstruktion*, Bielefeld 2013, S. 7-21, hier: S. 9; vgl. Zipfel, Frank, *Autofiktion*, in: Dieter Lamping (Hg.), *Handbuch der literarischen Gattungen*, Stuttgart 2009, S. 31-36, hier: S. 31; Pontzen, *Autofiktion als intermediale Kommunikation*, S. 280.

6 Vgl. eine frühe Typologie der verschiedenen Definitionsansätze zur Autofiktion: Colonna, Vincent, *Autofiction & autres mythomanies littéraires*, Paris 2004, S. 227-242.

7 Vgl. Farron, Ivan, *Die Fallen der Vorstellungskraft*, in: *Neue Zürcher Zeitung* (31.05.2003).

zum Thema vielfältig publiziert hat, den Begriff unlängst als „*umbrella term*".[8] Von einer „Theorie der Autofiktion" oder auch nur einem klar umrissenen „analytische[n] Konzept", das damit aufgerufen wäre, lässt sich darum nicht sprechen.[9] Im deutschsprachigen Diskurs, wo in diesem Zusammenhang vor allem fiktions- und gattungstheoretische Ansätze konkurrieren,[10] besteht etwa eine grundlegende Uneinigkeit darüber, wie Autofiktion zu konzeptualisieren ist: als neuer Lesemodus (im Sinne einer Kombination oder Variation aus autobiographischem Pakt und Fiktionspakt) oder aber als neue Gattung bzw. Schreibweise.[11]

Die genannten Diskrepanzen in der literaturtheoretischen Rahmung und der literaturhistorischen Etablierung von Autofiktion, wie sie zwischen dem französischen und dem deutschen Diskurs auszumachen sind, werden mit Blick auf das Werk der österreichischen Autorin Elfriede Jelinek und dessen Rezeption signifikant. Jelinek hat die französische Theoriebildung vor allem um Roland Barthes und Julia Kristeva schon früh aufmerksam verfolgt.[12] Dabei kann gerade Barthes mit seinem Essay *Vom Werk zum Text* (1971) sowie *Über*

---

8 Wagner-Egelhaaf, Martina, *Introduction: Autobiography/Autofiction Across Disciplines*, in: Dies. (Hg.), *Handbook of Autobiography/Autofiction*, Volume I: *Theory and Concepts*, Berlin/Boston 2019, S. 1-7, hier: S. 2.

9 Zur „Theorie der Autofiktion" vgl. Schaffrick, Matthias/Willand, Marcus, *Autorschaft im 21. Jahrhundert. Bestandsaufnahme und Positionsbestimmung*, in: Dies. (Hg.), *Theorien und Praktiken der Autorschaft*, Berlin/Boston 2014, S. 3-148, hier: S. 58; für Autofiktion als „analytisches Konzept" vgl. Delhey, Yvonne/Parr, Rolf/Wilhelms, Kerstin, *Autofiktion als Utopie. Zur Einleitung*, in: Dies. (Hg.), *Autofiktion als Utopie // Autofiction as Utopia*, Paderborn 2019, S. 1-8, hier: S. 4.

10 Vgl. Pontzen, *Autofiktion als intermediale Kommunikation*, S. 279.

11 Die letztgenannte Differenz markiert auch den Unterschied in den Positionen der beiden bekanntesten französischen Theoretiker der Autofiktion. Während Vincent Colonna Autofiktion nur als eine fälschlich im Kontext des Autobiographischen wahrgenommene Schreibweise der Selbstfiktionalisierung (*fabulation de soi*) ansieht, fasst Philippe Gasparini sie als eine weitgehend mit dem autobiographischen Roman synonym gesetzte Gattung auf. Für eine prägnante Zusammenfassung beider Positionen vgl. Kraus, Esther, *Faktualität und Fiktionalität in autobiographischen Texten des 20. Jahrhunderts*, Marburg 2013, S. 82-93, bes. S. 82, 91f.

12 Janz stellte schon 1995 klar, dass „Jelineks Auseinandersetzung mit Barthes' Trivialmythen-Konzept Ende der sechziger Jahre [...] die Initialzündung für die Entwicklung ihrer eigenen ästhetischen Position [war]." Janz, *Elfriede Jelinek*, S. VII. Besonders ihr Roman *Die Liebhaberinnen* (1975) macht die produktive Aneignung dieses Konzepts einsichtig. In ihren Essays *Die endlose Unschuldigkeit* (1980) und *Ich möchte seicht sein* (1983) hat Jelinek auch in anderen Theoriezusammenhängen direkt auf Barthes verwiesen. Vgl. ebd., S. 8-15, 21-30; Jelinek, Elfriede, *Ich möchte seicht sein*, in: Christa Gürtler (Hg.), *Gegen den schönen Schein. Texte zu Elfriede Jelinek*, Frankfurt a. M. 1990, S. 157-161. Ihre Versiertheit mit den theoretischen Positionen aus dem Kontext des poststrukturalistisch inspirierten Feminismus (Julia Kristeva, Luce Irigaray, Eva Meyer) belegt folgendes Interview: Roeder, Anke,

mich selbst (1977) als Theoretiker gelten, welcher der Autofiktion mehrere wichtige Impulse gegeben hat. Berücksichtigt man diesen Zusammenhang, so wirft das ein besonderes Licht auf den Umstand, dass Jelinek schon in ihrem 1989 veröffentlichten Roman *Lust* das erste Mal mit der autofiktionalen Grenzverwischung von Autobiographie und Roman gearbeitet hat – mehr als zehn Jahre bevor in der deutschsprachigen Forschung das erste Mal von dem Verfahren die Rede war. Dass die germanistische Rezeption von Autofiktionen mit solcher Verspätung einsetzte, hatte nicht nur zur Folge, dass die literaturwissenschaftliche Beurteilung des Verfahrens bei Jelinek verzögert wurde.[13] Die ersten Untersuchungen zu Jelineks Autofiktion wurden zudem in einer verzerrten Perspektive durchgeführt, die aus dieser Ungleichzeitigkeit direkt resultierte. Diese Verzerrung ergibt sich zum einen aus einer (für die germanistische Untersuchung von Erzähltexten im letzten Jahrzehnt weithin charakteristischen) narratologischen Verengung, zum anderen aus dem erwähnten Umstand, dass autofiktionale Texte im deutschsprachigen Diskurs im Kontext der „Rückkehr" des Autors wahrgenommen wurden.

Wie Sigrid Nieberle dargelegt hat, überdeckt diese Revitalisierung die Ambivalenz, die der „Frage nach dem Tod der Autor*in*" aus wissenschaftsgeschichtlicher Sicht von jeher anhaftete: „Denn gerade als der Tod des Autors ausgerufen worden war, entspann sich eine sehr lebendige Diskussion um die Autorin, die in Geschichte, Wertung und Rezeption von Literatur immer schon vergessen und auch ausgelöscht worden war."[14] In dieser paradoxen Pointierung hat auch Jelinek Fragen der weiblichen Autorschaft immer wieder in ihrem literarischen Werk verhandelt.[15] In den bisherigen Untersuchungen zur Autofiktion in ihrem Werk wurde dieser Zusammenhang zumeist aus dem Blick verloren. Andersherum lässt sich annehmen, dass das Bewusstsein um die spezifische Problematik von weiblicher Autorschaft, wie sie sich in

---

Ich will kein Theater. Ich will ein anderes Theater. Gespräch mit Elfriede Jelinek, in: Dies. (Hg.), *Autorinnen: Herausforderungen an das Theater*, Frankfurt a. M. 1989, S. 141-160.

13 Bislang liegen lediglich drei Forschungsarbeiten zum autofiktionalen Verfahren in Texten Jelineks vor, wobei jeweils ein Text (zweimal *Neid*, einmal *Ein Sportstück*) untersucht wurde: Tuschling, *Autofiktionale Erzählstrategien in „Neid"*; Pottbeckers, *Autor als Held*, S. 140-166; Fleig, *Sports Play*. Am 26./27. Juni 2015 fand außerdem der von Anne Fleig an der Freien Universität Berlin veranstaltete Workshop *Jelinek Autofiktional – Sprechen, Schreiben, Zitieren* statt, bei dem ich mit einem Beitrag teilnahm und wichtige Anregungen für diese Untersuchung erhalten konnte.

14 Nieberle, *Rückkehr einer Scheinleiche?*, S. 271 [Herv. S.L.].

15 Vgl. Erdle, Birgit R., *„Die Kunst ist ein schwarzes glitschiges Sekret." Zur feministischen Kunst-Kritik in neueren Texten Elfriede Jelineks*, in: Mona Knapp/Gerd Labroisse (Hg.), *Frauen-Fragen in der deutschsprachigen Literatur seit 1945*, Amsterdam/Atlanta 1989, S. 323-341.

Jelineks Werk manifestiert, die Beschäftigung mit ihren autofiktionalen Verfahren verstellt hat und mithin einen wichtigen Grund dafür darstellt, warum dieser wichtige Aspekt ihres Schaffens bislang nur eine geringe Aufmerksamkeit erfahren hat. Der frühe Zeitpunkt, ab dem sich autofiktionale Verfahren in ihrem Werk nachweisen lassen (1989) und deren latente Identifizierung in der Forschung (ab 2013) sprechen jedenfalls dafür, zunächst grundlegend der Frage nachzugehen, wie sich das Phänomen der Autofiktion angemessen konzeptualisieren lässt. Eine Fokussierung nur bestimmter Theoriezusammenhänge, die als Aspekte von Autofiktion bei Jelinek besonders relevant erscheinen, könnte andernfalls leicht anachronistisch und reduktiv geraten.

Im Folgenden soll eine Orientierung über die wesentlichen Forschungspositionen zur Autofiktion gegeben werden, wobei deren Plausibilität und Adäquatheit kritisch zu diskutieren sind. Ich gehe dabei von der Grundunterscheidung zwischen fiktions- und gattungstheoretischen Ansätzen aus, wie sie für den deutschsprachigen Diskurs maßgeblich ist. Die Einschlägigkeit gerade dieser Theorien ergibt sich schon vor dem Hintergrund, dass bereits die Konzeptualisierung von Autobiographie in der zweiten Hälfte des zwanzigsten Jahrhunderts entscheidend von ihnen bestimmt wurde.[16] Da im deutschsprachigen Diskurs immer wieder Anleihen bei einigen französischen Arbeiten gemacht wurden, finden diese hier ebenso Berücksichtigung. Im Ganzen soll sich nicht nur ergeben, dass sowohl fiktions- als auch gattungstheoretische Ansätze, einzeln betrachtet, Erklärungsdefizite aufweisen, sondern, dass beide Ansätze, statt in einem bloßen Konkurrenzverhältnis aufzugehen, auch auf eine kooperative Weise verstanden werden können, da sie für implizite Annahmen in der jeweils anderen theoretischen Konzeption von Autofiktion sensibilisieren. Für ein solches Verständnis ist die Beobachtung wichtig, dass die Ansätze tendenziell komplementäre Perspektiven einnehmen: Während an der Fiktionstheorie orientierte Ansätze von der Rezeption eines Werkes ausgehen (Kap. 2.1), wird bei gattungstheoretischen Ansätzen das Werk selbst und dessen Produktion zentriert (Kap. 2.2). Als Folge davon werden die komplexen Autorschaftsreflexionen, die mit Autofiktion verbunden sind, im ersten Fall unterschätzt, im anderen Fall zu stark verallgemeinert. Im Sinne eines Vermittlungsvorschlags werde ich dafür argumentieren, Autofiktion als ein konstellatives Phänomen zu betrachten, das gerade in der Doppelperspektive auf Produktion *und* Rezeption von literarischen Werken seine spezifische Kontur erhält (Kap. 2.3). Insofern mit autofiktionalen Verfahren ein prekärer autobiographischer Anteil inszeniert wird, konstituiert sich die Bedeutung der

---

16 Vgl. de Man, Paul, *Autobiographie als Maskenspiel*, in: Ders., *Die Ideologie des Ästhetischen*, Frankfurt a. M. 1993, S. 131-146, hier: S. 131f.

durch sie geprägten literarischen Werke einerseits in Abhängigkeit von deren Autor/innen, andererseits aber auch in Abhängigkeit von den Lesenden, da diese es sind, die den autobiographischen Anteil letztlich beurteilen. Aufgrund dieser prononcierten doppelten Abhängigkeit macht das Phänomen der Autofiktion anschaulich, dass Autor/in und Leser/in eine gemeinsame Verantwortung für die Bedeutung literarischer Werke zukommt.

2.1 Fiktionstheoretische Ansätze (rezeptionszentrierte Autofiktion)

Systematische Ausführungen zur fiktionstheoretisch orientierten Konzeptualisierung von Autofiktion findet man bei Frank Zipfel, der ebenso einen längeren Aufsatz zum Thema wie auch den Artikel zur Autofiktion im *Handbuch der literarischen Gattungen* (2009) verfasst hat. Im *Handbuch* unterscheidet Zipfel eine enge von einer weiten Definition von Autofiktion:

> In einer weiten Definition versteht man darunter Erzähltexte, die sich selbst zur Fiktion erklären – z. B. durch die Gattungsbezeichnung ‚Roman' –, in denen jedoch der Autor als Figur auftritt; in einer engen Definition Erzähltexte, die dem Leser sowohl den autobiografischen Pakt als auch den Fiktionspakt anbieten.[17]

Besonders Zipfels enge Definition gibt zu erkennen, dass der fiktionstheoretische Ansatz grundlegend von der Perspektive der Lesenden ausgeht. Insofern hier die Rezeption literarischer Texte zentriert wird, kommt Autofiktion als ein Phänomen in den Blick, das – zumindest auf den ersten Blick – eine Unsicherheit bei Lesenden auslöst, da diese nicht wissen, wie sie einen Text verstehen sollen, der scheinbar durch zwei sich gegenseitig ausschließende Praktiken der Sprachverwendung bestimmt wird.

Entsprechend seiner weiten und engen Definition behandelt Zipfel das Phänomen der Autofiktion auch in seinem im selben Jahr erschienenen Aufsatz. Zusätzlich erwägt er dort ausführlicher die Möglichkeit, Autofiktion als eine besondere Art des autobiographischen Schreibens aufzufassen, sodass sich dort eine dreigliedrige Typologie ergibt, die ich im Folgenden kommentiere.[18]

2.1.1 *Autofiktion als eine besondere Art autobiographischen Schreibens*

Dass der erste Typ in Zipfels Definition aus dem *Handbuch* nicht repräsentiert ist, dürfte damit zusammen, dass sich hinter der Autofiktion im Sinne einer besonderen Autobiographie, so Zipfel, im Grunde nur eine paratextuell

17 Zipfel, *Autofiktion*, S. 31.
18 Vgl. Zipfel, *Zwischen den Grenzen*, S. 298-311.

vorgenommene „List des Autors" verbirgt, die dieser in der Kommunikation mit dem Leser/der Leserin einsetzt.[19] In dieser Weise versteht Zipfel etwa die erste Autofiktion von Doubrovsky, der lediglich durch die paratextuelle Kennzeichnung seines Textes als „Roman" sowie die im Vorwort angestellten Überlegungen den autobiographischen Gehalt von *Fils* in Zweifel ziehe. Zweck dieser List sei es gewesen, seinen Text zum einen interessanter zu machen und zum anderen, indem der Anspruch auf eine Darstellung wirklicher Personen zurückgewiesen wird, eine (Selbst-)Zensur zu umgehen.[20] Weniger der Text selbst wäre in diesem Sinne also als autofiktionaler besonders charakterisiert als vielmehr die Inszenierung des Autors. Wenngleich nachvollziehbar ist, dass sich Zipfel darum auch im Aufsatz auf die beiden anderen Typen von Autofiktion konzentriert, lässt sich doch kritisch einwenden, dass eine List, die vom Gegenüber als solche verstanden wird, als List offenbar nicht funktioniert. Etwas pointierter formuliert: Wer meint, eine List durchschaut zu haben, hat keinen Anlass, über ansonsten irritierende Umstände – was mag es auf sich haben mit einer „Fiktion strikt realer Ereignisse und Fakten"? – weiter zu reflektieren. Als poetologischer Ansatz wird das autofiktionale Verfahren dieses ersten Typs von Zipfel mithin kaum ernstgenommen. Hervorzuheben ist deshalb der interpretative Akt, der in solchen Fällen von dem Leser/der Leserin vorgenommen wird. Indem sich Zipfel dafür entscheidet, Doubrovskys Texte autobiographisch zu lesen, tilgt er die Unsicherheit, welche die autofiktionale Kennzeichnung auszulösen vermag.

2.1.2 *Autofiktion als eine besondere Art fiktionalen Erzählens*

Ähnlich verhält es sich auch mit Zipfels Darstellung des zweiten Typs bzw. der weiten Definition von Autofiktion. Hier werde man mit der „Tatsache" konfrontiert, „dass der Autor unter dem eigenen Namen in das fiktionale Universum seiner Erzählung eintritt".[21] Ein solches Vorgehen lasse sich auf zwei unterschiedliche Arten auffassen, wobei der Ausdruck „Tatsache" Zipfels grundlegende interpretative Entscheidung verdeckt, einen autofiktionalen Text fiktional zu lesen. Die erste Auffassung werde durch die Position von Genette repräsentiert, dem zufolge das autofiktionale Arrangement „nichts anderes [bedeutet], als dass im fiktionalen Universum der Erzählung eine fiktive Figur, die den Namen des Autors trägt (und möglicherweise ein paar Persönlichkeitsmerkmale mit ihm teilt), vorkommt."[22] Die lapidare Feststellung gehört

19 Ebd., S. 306, 299.
20 Vgl. ebd., S. 300f.
21 Ebd., S. 302.
22 Ebd.

zu einer Perspektive, die das autofiktionale Verfahren als unproblematisch für die (erzähltheoretische) Analyse ausweist, weil dem Autor/innennamen keine besondere Bedeutung zugeschrieben wird. Die Frage, warum der Name im Rahmen der Diegese wiederholt wird, bleibt bei dieser Auffassung mithin unbeantwortet. Die zweite Auffassung deutet Zipfel an, wenn er exemplarisch verschiedene Erzählungen von Jorge Luis Borges anführt, in denen eine Figur mit dem Namen des Autors auftritt (*Das Aleph, Der Zahir* und *Der Andere*). Eine von Zipfel wiedergegebene Interpretation dieser Erzählungen versteht sie aufgrund des autofiktionalen Arrangements als poetologische Äußerungen des Autors. Allgemein mag diese Lesart plausibel erscheinen – im Rahmen eines fiktionstheoretischen Ansatzes kann sie dagegen nicht überzeugen, wird damit doch dessen zentrale Voraussetzung, nämlich dass die Aussage des Erzählers nicht mit der des Autors gleichzusetzen ist, zurückgenommen. Indem er der genannten Interpretation zustimmte, hat sich Zipfel in einen methodologischen Widerspruch verstrickt. Hatte er eingangs noch an die „klassische Unterscheidung zwischen Autor und Erzähler" erinnert und festgehalten: „Der Autor ist verantwortlich für den Text, weil er ihn produziert hat, aber der Erzähler zeichnet sozusagen verantwortlich für die Behauptungen",[23] so schrieb er nun doch, vermittelt über eine Allegorese, dem Autor Borges direkt Äußerungen aus seinem fiktionalen Text zu. Nebenbei bemerkt: Dass einem Erzähler nur „sozusagen" die Verantwortung für Behauptungen zugeschrieben werden kann, weist schon auf eine tiefere Problematik hin, auf die Autofiktionen aufmerksam machen können. Was sollte das für eine Verantwortung sein, die von einer fiktiven Erzählinstanz übernommen wird?

Es deutet sich damit ein Dilemma an, in dem sich Vertreter/innen des fiktionstheoretischen Ansatzes angesichts von Autofiktionen dieses zweiten Typs befinden. Versucht man, wie Zipfel, ihrer spezifischen Ambiguität gerecht zu werden, indem man sich die Frage stellt, warum in den fiktionalen Text faktuale Elemente wie der Autor/innenname eingelassen sind, so wird man die Lizenzen des eigenen Ansatzes überschreiten. Sofern sich nämlich eine Autofiktion von einer Autobiographie unterscheiden soll, lassen sich in ihr aus fiktionstheoretischer Sicht nur Behauptungen einer fiktiven Erzählerfigur wahrnehmen. Um die autofiktionale Ambiguität aufzulösen, müssten diese Behauptungen mit denen des Autors/der Autorin in einen Zusammenhang gebracht werden. Hier jedoch zeigt sich ein allgemeines Problem, das auch schon Heinrich Detering auf einer der großen Autorschaftstagungen angesprochen hat: „[B]isher [ist] die Beziehung zwischen dem außertextlichen empirischen Verfasser und dem literarischen Text durch die strikte Trennung

23 Zipfel, *Zwischen den Grenzen*, S. 291.

von Autor und Sprecherinstanzen im Text verstellt".[24] Dieses Problem, das jede auf einer narratologischen Heuristik aufbauende Interpretation hat, wird bei Autofiktionen des zweiten Typs virulent: Bestimmt man den Text als einen fiktionalen, so muss der Bezug zu dem Autor/der Autorin offenbleiben. Man müsste also mit Genette auf der Ebene reiner Textdeskription verbleiben. Wenn man auf diese Weise zu einer kohärenten Analyse gelangt, so wird man das Besondere an der Autofiktion offensichtlich aber gerade verfehlen. Fiktionstheoretische Ansätze sehen sich bei Autofiktionen des zweiten Typs also vor die Alternative gestellt, entweder eine verkürzende Analyse oder eine zu weitreichende Interpretation vorzunehmen, die einer Prämisse der Theorie widerspricht.

Von diesem Dilemma abgesehen, lässt sich als Zwischenfazit festhalten, dass sich die ersten beiden Fälle aus Zipfels Typologie aus einer binären Logik ergeben, die sich der eigentlichen Herausforderung von Autofiktion noch nicht stellt. Dieser Logik entsprechend nutzt ein Text entweder die Fiktions- oder die referenzielle Praxis. Aus fiktionstheoretischer Sicht sollte, wenn man von der Rezeption ausgeht, an Autofiktionen aber gerade die Unsicherheit hinsichtlich der verwendeten Sprachpraxis maßgeblich sein. Ein methodisches Vorgehen, bei dem man sich hypothetisch Autofiktionen vorstellt, indem man annimmt, dass es diese Sicherheit doch gäbe, weil man entschieden hat, dass es sich um autobiographische bzw. fiktionale Texte handelt, wird dem Phänomen nicht gerecht.

2.1.3 *Autofiktion als Kombination von autobiographischem Pakt und Fiktionspakt*

Im Rahmen des fiktionstheoretischen Ansatzes bliebe sodann noch der letzte Konzeptualisierungsversuch, welcher der engen Definition Zipfels entspricht. Demnach ergibt sich das Phänomen der Autofiktion durch eine Kombination von autobiographischem Pakt und Fiktionspakt. Mit dieser Terminologie knüpft Zipfel an Lejeunes weithin rezipiertes Werk *Der autobiographische Pakt* (1975) an. Schon Doubrovsky strich die Bedeutung von Lejeunes Theorie heraus, als er ihm – immerhin zwei Jahre vor der Veröffentlichung von *Fils* – einen Brief schrieb, um ihm mitzuteilen, dass die Poetik seines Romans auf der Verbindung von Romanpakt und autobiographischem Pakt basiere.[25] Die kritische Pointe dieser Mitteilung sollte man indes nicht übersehen. Schon Esther Kraus hat bemerkt, dass Doubrovsky im Diskurs die Rolle eines *„advocatus diaboli"*

24 Heinrich Detering, zit. n.: Lubkoll, *Einführung in die IV. Sektion*, S. 456f.

25 Vgl. Krumrey, *Der Autor in seinem Text*, S. 70.

zukommt, da man seinen Roman „als Synthese aus literarischem Experiment und literaturwissenschaftlicher Provokation" ansehen kann.[26]

Worum geht es in Lejeunes Theorie? Lejeune zufolge sind es nicht primär formale Elemente, welche die Autobiographie von anderen Textsorten unterscheidet; stattdessen würde sie sich dadurch auszeichnen, dass Autor/in und Leser/in einen „Lektürevertrag"[27] miteinander eingingen, der eine referenzielle Lektüre erzwingt. Dieser Vertrag werde durch verschiedene Codes symbolisiert, allem voran: der Namensidentität von Erzähler, Hauptfigur und Autor/in.[28] Wird dieser Code genutzt, so lasse sich der Eigenname auf der Titelseite des Buches als „Signatur" betrachten, durch die der/die Autor/in als *„tatsächlich existierende Person"* seine/ihre Identität im Text behauptet und sich entsprechend für dessen Äußerungen verantwortlich zeigt.[29] Der autobiographische Pakt stehe damit in direkter Opposition zum Romanpakt, in dessen Rahmen die Nicht-Identität von Autor/in und Protagonist/in sowie eine „Bestätigung der Fiktivität" ausgemacht sei.[30] Wie es Zipfel zusammenfasst, werden durch den autobiographischen Pakt und den Roman- bzw. Fiktionspakt allgemein „zwei unterschiedliche soziale Praktiken der Verwendung von Sprache"[31] bestimmt.

Dass Lejeunes Theorie – nicht nur von Zipfel – bei der Konzeptualisierung von Autofiktion herangezogen wird, ist eigentlich erstaunlich. Schließlich hatte dieser festgehalten, dass allein die Tatsache der Namensgleichheit zwischen Autor/in und Protagonist/in die Möglichkeit von Fiktion ausschließe: „Selbst wenn die Erzählung historisch gesehen völlig falsch ist, gehört sie dem Bereich der *Lüge* an (einer ‚autobiographischen' Kategorie) und nicht dem der Fiktion."[32] Dergestalt wurde das typische autofiktionale Arrangement zunächst also von ihm schlicht disqualifiziert. Erst später hat Lejeune die theoretische Möglichkeit eines solchen Grenzfalls zwischen Autobiographie und Fiktion doch noch erwogen und bemerkt, dass sich ihm „interessante Effekte abgewinnen lassen könnten", wenngleich ihm kein konkretes Beispiel einfalle.[33]

Auf welche Art lässt sich nun eine Verbindung der beiden Pakte, wie Doubrovsky sie ankündigte, verstehen? Zipfel zufolge werden Autofiktionen

---

26 Kraus, *Faktualität und Fiktionalität*, S. 82, 89.

27 Lejeune, Philippe, *Der autobiographische Pakt*, Frankfurt a. M. 1994, S. 8.

28 Vgl. ebd., S. 50.

29 Ebd., S. 27, 24 [Herv. i. O.].

30 Ebd., S. 29.

31 Zipfel, *Zwischen den Grenzen*, S. 298.

32 Lejeune, *Der autobiographische Pakt*, S. 32 [Herv. i. O.].

33 Ebd., S. 34.

„dann besonders interessant" – besser sollte man sagen: dann erst erkennbar –, „wenn sie sich nicht mehr auf die eine oder andere Art des Erzählens und des Sprachgebrauchs festlegen lassen."[34] In diesem Zusammenhang hat er die Position von Marie Darrieussecq wiedergegeben, einer französischen Literaturwissenschaftlerin und Autorin, die in einem 1996 veröffentlichten Aufsatz hervorgehoben hat, dass eine Autofiktion *gleichzeitig* Täuschung und Aufrichtigkeit behauptet: „[I]ndem sie sich zugleich als Roman in der ersten Person wie als Autobiographie präsentiert, gibt die Autofiktion dem Leser keinen Schlüssel an die Hand, um Aussagen über die Realität von solchen der Fiktion zu unterscheiden."[35] Diese Verweigerung eines Schlüssels zum richtigen Verständnis, die angesichts des irritierenden Verfahrens auffällt, halte auch ich für eine zentrale Eigenschaft von Autofiktion. Konsequenterweise bleibt für Darrieussecq ein Text nur solange autofiktional, wie er seine zweideutige Wirkung aufrechterhält, indem er seine Leser/innen im Unklaren darüber lasst, ob sie ihn einer referenziellen oder einer fiktionalen Lektüre unterziehen sollen. Tauchen allzu unwahrscheinliche Ereignisse im Handlungsverlauf auf, endet für sie das autofiktionale Spiel, da sich der Text damit als fiktional zu erkennen gibt.[36] Die Autofiktion sei „eine Rede, die sich in der Zweideutigkeit behauptet (*discours assertif ambigu*): zugleich ‚täuschend' und ‚aufrichtig'."[37] Als „unernstes Genre", als welche Darrieussecq die Autofiktion im Titel ihres Aufsatzes ausgewiesen hat, verstand sie sie dabei aus dem Grund, dass mit ihr

34 Zipfel, *Zwischen den Grenzen*, S. 304.

35 Darrieussecq, Marie, *L'autofiction, un genre pas sérieux*, in: *Poétique* 107 (1996), S. 369-380, hier: S. 377 [Übers. S.L.]. Für eine gute Zusammenfassung von Darrieussecqs Position vgl. Kraus, *Faktualität und Fiktionalität*, S. 78-82.

36 Vgl. Darrieussecq, *L'autofiction*, S. 378. Ob unwahrscheinliche Elemente in einem Text als Ausschlussfaktor von Autofiktion angesehen werden können, weil sie die Zweideutigkeit des Textes aufheben, ist diskussionswürdig. Über *Lunar Park* (2005) von Bret Easton Ellis beispielsweise könnte man auch sagen, dass die Ambiguität besonders zugespitzt wird, wenn die mit dem Autor gleichnamige Hauptfigur explizit zu einer autobiographischen Lesart auffordert, bevor die Fiktion in Gestalt eines Monsters allzu haltlose Ausmaße annimmt. Sätze des Romans wie: „Regardless of how horrible the events described here might seem, there's one thing you must remember as you hold this book in your hands: all of it really happened, every word is true." (Ellis, Bret Easton, *Lunar Park*, London 2005, S. 30 [dt. Übers.: Ders., *Lunar Park*, Köln 2006, S. 53.].) antizipieren eine fiktionale Lektürehaltung und versuchen, ihr entgegenzuwirken. Dass derlei Aussagen für das Verhältnis von Literatur und Verantwortung eine besondere Rolle spielen, hat Arnaud Schmitt bereits hervorgehoben: „Es ist schwierig, sich vorzustellen, dass man Ellis für eine solche Anstiftung, den referenziellen Lektürepakt zu unterzeichnen, nicht verantwortlich macht." Schmitt, Arnaud, *La perspective de l'autonarration*, in: *Poétique* 149/1 (2007), S. 15-29, hier: S. 27 [Übers. S.L.]; vgl. Ders., *Je réel/Je fictif. Au-delà d'une confusion postmoderne*, Toulouse 2010, S. 74-77.

37 Darrieussecq, *L'autofiction*, S. 378 [Übers. S.L.].

keine Verpflichtung einhergehe: Der/die Autor/in unterlaufe zwar die Unterscheidung zum Erzähler, wolle dennoch aber nicht die volle Verantwortung für den Erzähldiskurs übernehmen.[38] Indem die Grenze zwischen faktualem und fiktionalem Erzählen aufgelöst wird, stelle die Autofiktion vorhandene literarische Praktiken infrage.[39]

Führen Autofiktionen also vor, dass die Differenz zwischen Autobiographie und Fiktion in Wahrheit nicht so einfach gegeben ist, wie man es etwa mit Lejeune annehmen kann? Darrieussecq, die im Wesentlichen an Lejeunes Terminologie festhält, gibt dazu keine genauere Auskunft. Allerdings schließt diese Frage an eine ältere Diskussion der Autobiographietheorie an, an die auch Zipfel erinnert. Seine Zusammenfassung des kritischen Einwandes, den Paul de Man Lejeune entgegengehalten hatte, wird jenem jedoch nicht gerecht. So hatte de Man in seinem einschlägigen Aufsatz *Autobiographie als Maskenspiel* (1979) nämlich nicht nur die Auffassung vertreten, dass die Unterscheidung zwischen Autobiographie und Fiktion „unentscheidbar" ist[40] – was zudem keineswegs einer „gänzlichen Fiktionalisierung der (Wirklichkeits-) Darstellung" entspricht, mit der Zipfel sie gleichsetzt.[41] Vielmehr zeigt sich die Pointe von de Mans Autobiographiebegriff erst in seinem Hinweis, dass diese Unentscheidbarkeit nicht auszuhalten ist bzw., in seinen Worten, dass sie in einen Zustand mündet, der „höchst unbehaglich" (*most uncomfortable*) sei.[42] Daran gemessen, wie lakonisch etwa Derrida diesem Hinweis beipflichtete

---

38 Vgl. ebd.; Kraus, *Faktualität und Fiktionalität*, S. 81.

39 Vgl. Darrieussecq, *L'autofiction*, S. 373. In ihrem Aufsatz hinterfragte Darrieussecq durch eine Pointierung zumal des ethischen Potentials von Autofiktion Genettes rigide Kriterien zur Bestimmung von Literarizität. Anlässlich eines 2007 in Rom abgehaltenen Kolloquiums zur Autofiktion hat sie ihre theoretischen Ausführungen weiterentwickelt und mit einer bemerkenswerten Zuspitzung die Autofiktion gar zu einem Inbegriff von Literatur erklärt: „Wenn die Autobiographie einen Vertrauenspakt mit dem Leser schließt, dann erfindet die Autofiktion eine neue Art von Pakt, einen Pakt aufrichtigen Misstrauens: ‚Leser, glaube mir nicht. Sei nicht so naiv, [am Leben und der Lebensgeschichte] festzuhalten, lasse Dich nicht täuschen. Das Schreiben ist nicht das Leben.' Daher [steht] bei allen Autofiktionen (wie etwa denen von Guibert) die Kennzeichnung ‚Roman' auf dem Umschlag. In diesem Sinne wird der Begriff der Autofiktion zu einem Synonym für Literatur." Darrieussecq, Marie, *Je est unE autre, Rome 2007* [Manuskript], S. 7 [Übers. S.L.], online verfügbar: www.mariedarrieussecq.com/sites/default/files/2018-01/confe%CC%81rence%20donne%CC%81e%20a%CC%80%20Rome%20a%CC%80%20un%20colloque%20sur%20l%27autofiction.pdf.

40 de Man, *Autobiographie als Maskenspiel*, S. 133.

41 Zipfel, *Zwischen den Grenzen*, S. 306.

42 de Man, *Autobiographie als Maskenspiel*, S. 134; Ders., *Autobiography as De-facement*, in: *Modern Language Notes* 94/5 (1979), S. 919-930, hier: S. 921.

(„diese Unentscheidbarkeit läßt sich selbstverständlich nicht halten"),[43] ist es frappierend zu sehen, wie häufig die Nuancen von de Mans Autobiographiebegriff in der Forschung übergangen wurden.[44]

Tatsächlich geht die Vorstellung von der „Unentscheidbarkeit" von Fiktion und Autobiographie auf Genette zurück und nicht auf de Man, der sich lediglich mit dieser Bestimmung auseinandergesetzt hat. Genette führte mit Bezug auf Marcel Prousts *Auf der Suche nach der verlorenen Zeit* (1913-1927) aus, dass man als Leser/in in eine „endlose Diskussion"[45] darüber kommen könne, ob eine Lektüre des Romans als Fiktion oder als Autobiographie angemessener sei, und schlug vor, diese Ambiguität am besten auszuhalten. De Man hielt diesem Ergebnis einen pragmatischen Hinweis entgegen: Wenn Genettes Beispiel zeigt, dass er mit seinen Begriffen (Fiktion *vs.* Autobiographie) nicht zu einer eindeutigen Entscheidung kommt, so heißt das nichts anderes, als dass das Klassifikationssystem eben nicht als erkenntnisfördernd angesehen werden kann.[46] Die Autobiographie ist für de Man nicht durch eine besondere, im Unterschied zur Fiktion, „einfache" Form von Referentialität bestimmt.

De Mans Auffassung zur Unterscheidung von Autobiographie und Fiktion richtigzustellen, ist hier nicht nur Selbstzweck,[47] sondern ermöglicht es, die

---

43 Derrida, Jacques, *Mémoires. Für Paul de Man*, Wien 2005, S. 41.

44 Innerhalb des Autofiktionsdiskurses scheint das Missverständnis von de Man bereits tradiert. Neben Zipfel übernahmen etwa auch Gasser, Kraus und Wagner-Egelhaaf die eingeschränkte Wiedergabe seiner These. Vgl. Gasser, Peter, *Autobiographie und Autofiktion. Einige begriffskritische Bemerkungen*, in: Elio Pellin/Ulrich Weber (Hg.), *„... all diese fingierten, notierten, in meinem Kopf ungefähr wieder zusammengesetzten Ichs". Autobiographie und Fiktion*, Göttingen 2012, S. 13-27, hier: S. 21; Kraus, *Faktualität und Fiktionalität*, S. 123, Anm. 260; Wagner-Egelhaaf, *Introduction: Autobiography/Autofiction Across Disciplines*, S. 1.

45 Gérard Genette, hier zit. n.: de Man, *Autobiographie als Maskenspiel*, S. 133.

46 Vgl. ebd., S. 134.

47 Auch wenn de Mans theoretische Beschäftigung mit der Autobiographie neben der von Lejeune heute als einschlägig gilt, löst der Verweis auf de Man, gerade im Zusammenhang mit der Theorie der Autobiographie, bei manchen noch immer Unbehagen aus. Das hängt maßgeblich mit einer Debatte über Kollaborationsvorwürfe zusammen, die de Man nach seinem Tod anlässlich einiger von ihm verfasster Zeitungsartikel aus den Jahren 1939-1943 gemacht wurden. Von dem Hinweis abgesehen, dass de Man nicht für eine Ununterscheidbarkeit von Fakten und Fiktionen argumentierte, wie ihm für gewöhnlich unterstellt wird, werde ich mich hier nicht erneut zu dieser äußerst scharf geführten Debatte äußern, bei der nicht nur die Reputation de Mans, sondern die der gesamten Dekonstruktion und ihrer Vertreter/innen neu zu bewerten versucht wurde. Ich verweise hier auf deren umfassende Dokumentation: Hamacher, Werner/Hertz, Neil/Keenan, Thomas (Hg.), *Paul de Man: Wartime Journalism: 1939-1943*, Lincoln et al. 1988; Dies. (Hg.), *Responses. On Paul de Man's Wartime Journalism*, Lincoln et al. 1989, sowie auf die an Klarheit und Differenziertheit meiner Ansicht nach nichts schuldig bleibende

Ausgangsfrage zu pointieren: Ist es möglich, sich als Leser/in eines autofiktionalen Textes *nicht* zu dessen etwaigem autobiographischen Gehalt zu positionieren? Das ist eine Frage, die Zipfel und de Man wohl gleich beantwortet hätten, wobei sich in ihren theoretischen Ausführungen eine marginale, aber wichtige Differenz abzeichnet. Während Wagner-Egelhaaf – womit sie an Genette und nicht, wie sie es ausweist, an de Man anknüpft – sogar einmal die ausdrückliche Empfehlung abgegeben hat, diese Positionierung *nicht* vorzunehmen,[48] hätten sowohl Zipfel als auch de Man, so nehme ich an, die Auffassung vertreten, dass man es als Leser/in praktisch nicht vermeiden kann, einen literarischen Text auf die eine oder andere Art auszulegen. Es lohnt sich, an dieser Stelle ausführlicher auf die unterschiedlichen Begründungen für diese Positionen einzugehen. Von ihnen hängt es nämlich ab, ob man die ethische Dimension der Autofiktion anerkennt.

Für Zipfel besteht „das vom autofiktionalen Text inszenierte Spiel darin [...], dass der Leser von einem Pakt zum andern wechselt und dies mehrmals im Laufe der Lektüre."[49] Seine Sichtweise ist dabei nicht mit einem „Oszillieren" zwischen den Pakten gleichzusetzen, also einer schwingenden oder schwankenden Bewegung, welche den Raum zwischen einer fiktionalen und referenziellen Lektüre auslotet.[50] Vielmehr muss man Zipfel wohl so verstehen, dass die Irritation, die das autofiktionale Verfahren auslöst, seiner Ansicht nach in der Lektüre immer wieder eingehegt wird, da man als Leser/in

---

Stellungnahme: Derrida, Jacques, *Wie Meeresrauschen auf dem Grund einer Muschel ... Paul de Mans Krieg. Mémoires II*, Wien 1988. Für eine aktuelle Aufarbeitung der Affäre vgl. Scholz, Anna-Lena, *Kleist/Kafka. Diskursgeschichte einer Konstellation*, Freiburg i. Br./ Berlin/Wien 2016, S. 253-277.

48 „Autofiktionale Texte sind autobiografisch und fiktional zugleich – je nach Blickpunkt und Lektüreabsicht, aber am besten ist es, man belässt die Unterscheidung im spukhaften Ungefähren [...]." Wagner-Egelhaaf, Martina, *Autofiktion & Gespenster*, in: *Kultur & Gespenster* 7 (2008), S. 135-149, hier: S. 138.

49 Zipfel, *Zwischen den Grenzen*, S. 306.

50 Zipfel wird daher sowohl von Wagner-Egelhaaf als auch Delhey et al. missverstanden, vgl. Wagner-Egelhaaf, Martina, *Kartographische Projektionen: Zur autofiktionalen Medialität der Gegenwartsliteratur*, in: *Gegenwartsliteratur. Ein germanistisches Jahrbuch* 15 (2016), S. 15-39, hier: S. 25; Dies., *Introduction: Autobiography/Autofiction Across Disciplines*, S. 3; Delhey/Parr/ Wilhelms, *Autofiktion als Utopie*, S. 3. – Die Rede vom „Oszillieren der Autofiktion zwischen Fakt und Fiktion" geht im deutschsprachigen Diskurs übrigens nicht auf Zipfel, sondern auf Christina Schaefer zurück, die in ihrer Charakterisierung des Phänomens diese vage bleibende Bestimmung aber letztlich zurückstellte und stattdessen davon sprach, dass eine offengelegte „fiktional-faktuale Ambiguität" für Autofiktionen konstitutiv sei. Schaefer, Christina, *Die Autofiktion zwischen Fakt und Fiktion*, in: Irina O. Rajewsky/Ulrike Schneider (Hg.), *Im Zeichen der Fiktion. Aspekte fiktionaler Rede aus historischer und systematischer Sicht (= Festschrift für Klaus W. Hempfer zum 65. Geburtstag)*, Stuttgart 2008, S. 299-326, hier: S. 307-312.

einzuschätzen vermag, was (wahrscheinlich) erfunden ist und was, im Gegenteil, den Tatsachen entspricht. So zumindest würde sich erklären, wie er zu der Schlussfolgerung kommen kann, dass „[d]ie Grenzen zwischen faktualem und fiktionalem Erzählen" durch Autofiktionen „in letzter Konsequenz eher verdeutlicht als verwischt [werden]."[51] Für Zipfel bleibt „die grundsätzliche Unterscheidung zwischen der Praxis des faktualen und der des fiktionalen Erzählens" also nicht nur „unberührt".[52] Es ist nachgerade das Charakteristikum, mit dem er diese Autofiktionen „im engeren Sinn" versieht, den fundamentalen Unterschied zwischen den beiden Sprachpraktiken zu betonen. Zipfels Position wäre also, dass Leser/innen angesichts von Autofiktionen dieses Typs sich selbst als kompetent darin erfahren, einzuschätzen, welche Textpassagen autobiographisch zu verstehen sind.

Auch wenn sich de Man zu dem Phänomen der Autofiktion selbst nie geäußert hat, hätte er, was diese Charakteristik betrifft, gewiss widersprochen. Eine Pointe seines Aufsatzes *Autobiographie als Maskenspiel* besteht nämlich darin, darauf hingewiesen zu haben, *dass* es Autobiographien gibt, *obwohl* das objektive Kriterium ihrer Unterscheidung von fiktionalen Texten fehlt. Dass es kein formales Kriterium für diese Unterscheidung gibt, war ja schon der Ausgangspunkt, auf dem Lejeune seine Theorie der Pakte im Sinne verlässlicher Sprechakte aufbaute. Dass die Artikulationsformen dieser Sprechakte (etwa die Namensidentität von Autor/in und Figur), wenn nicht gar die Sprechakte selbst, aber nur konventioneller, nicht essenzieller Natur sind, hat Lejeune in der Folge kaum mehr reflektiert. Stattdessen ging er von anthropologischen Annahmen wie derjenigen aus, dass es einen „autobiographischen Drang"[53] bei Autor/innen gäbe, der den Willen zu einem aufrichtigen Bekenntnis miteinschließt.[54] Macht man dagegen geltend, dass es lediglich Konventionen sind, gemäß derer man Texte als autobiographische versteht, so erkennt man, dass der/die Leser/in, wie de Man zurecht einwandte, eine „transzendentale Autorität"[55] erhält, wenn gesagt wird, dass diese/r einzuschätzen vermag, was der Wahrheit entspricht. De Man kritisierte entsprechend an Lejeunes Modell,

51 Zipfel, *Zwischen den Grenzen*, S. 311.

52 Ebd., S. 306.

53 Lejeune, *Der autobiographische Pakt*, S. 30.

54 Zu Lejeunes Verteidigung sei bemerkt, dass er das historische Schwanken des autobiographischen „Vertragseffekt[s]" zum Ende seiner theoretischen Ausführungen betont und im Anschluss festgehalten hat: „Die ganze vorliegende Untersuchung beruht in Wirklichkeit auf den derzeit gängigen Vertragstypen: daher auch ihre Relativität und die Absurdität, sie universell anlegen zu wollen." Ebd., S. 50. Ein solches Bewusstsein für die Historizität des Vertragswesens lassen jene, die sich später auf Lejeune bezogen haben, häufig vermissen.

55 de Man, *Autobiographie als Maskenspiel*, S. 136.

dass darin der „Leser […] zu einem mit Polizeigewalt versehenen Richter [wird], der die *Authentizität* der Unterschrift verifiziert und beurteilt, wie es mit der Konsequenz im Verhalten des Unterzeichners bestellt ist, inwiefern er die von ihm unterschriebene vertragliche Übereinkunft respektiert oder verletzt."[56] Die schon zitierte Stelle aus *Der autobiographische Pakt*, wo Lejeune vermerkt hatte, dass man eine Erzählung, in der Namensidentität gegeben ist, nur als „Lüge" klassifizieren kann, wenn sie sich als historisch falsch herausstellt, belegt, dass de Mans Einwand, wenngleich rhetorisch scharf formuliert, in der Sache doch berechtigt ist. Da sich historische Sachverhalte immer nur bedingt überprüfen lassen, kann man eine unbegründete Autorität ausmachen, wo die grundsätzliche Unsicherheit im Vergleich eines Lebens mit seiner Autobiographie nicht mehr berücksichtigt wird. Die Entscheidung zwischen Autobiographie und Fiktion – so könnte man de Mans Position wiedergeben – wird von dem/der Leser/in vorgenommen, *obwohl* er/sie nicht sicher sein kann, dass sie adäquat ist.

Der Rückblick auf die Autobiographietheorie hat also ergeben, dass man hinsichtlich einer infrage stehenden Referentialität als Leser/in entscheidet, ohne völlig entscheidungskompetent zu sein. Ethisch ausgedrückt: Lesende von Autofiktionen können dem an sie gestellten Anspruch, zwischen referentieller und fiktionaler Lektüre zu entscheiden, nach de Man nicht gerecht werden (was nicht heißt, dass dieser Anspruch zu entkräften wäre). Die Differenz zwischen Zipfels und de Mans Position in Bezug auf die Autofiktion zeigt sich nun deutlich: Während ersterer bei deren Deutung Autonomie beansprucht und Selbstvergewisserung erfährt, lässt sich mit zweiterem erkennen, dass dem/der Leser/in mit der Aufgabe der Deutung eine uneinlösbare Verantwortung übertragen wurde. Mit de Man gewinnt die Diskussion also eine ethische Dimension, weil er dem Wesen der Entscheidung, anders als Genette und Zipfel, nicht aus dem Weg geht. Während für Zipfel gar keine Entscheidung fällig wird und sich Genette der Entscheidung enthält, weist de Man die Unentscheidbarkeit zurück und deutet damit darauf hin, dass es zum Wesen der Entscheidung gehört, zu einem gewissen Grad auf eigene Verantwortung zu geschehen.[57] Dieser Verantwortung ist durch keine Formalisierung zu entgehen.

---

56 Ebd., S. 135 [Herv. i. O.].

57 Ähnlich meinte auch schon Weimar: „‚Unentscheidbarkeit' […] ist ein semantisch leeres und bestenfalls nichtssagendes Wort. Dass es nicht möglich wäre, (sich) zu entscheiden, ist nicht möglich, außer man wäre entscheidungs- und also unzurechnungsfähig wie oder als Buridans Esel." Weimar, Klaus, *Modifikation der Eindeutigkeit. Eine Miszelle*, in: Frauke Berndt/Stephan Kammer (Hg.), *Amphibolie – Ambiguität – Ambivalenz*, Würzburg 2009, S. 53-59, hier: S. 59.

Dieser Zusammenhang aus der Autobiographiediskussion ist bei Autofiktionen aus zwei Gründen besonders virulent: Zum einen werden Autofiktionen, wie Doubrovsky festgehalten hatte, üblicherweise von Autor/innen geschrieben, welche die „anerkannte, offiziell bestätigte Existenz berühmter Leute"[58] nicht haben. Eine Überprüfung der Tatsachen, wie Lejeune sie allgemein forderte, dürfte daher schwerfallen, was die Unsicherheit umso größer werden lässt.[59] Zum anderen wird innerhalb der Paktlogik eine Intentionalität der Autor/innen vorausgesetzt, obwohl diese, wie bereits Claudia Gronemann kritisch gegen Lejeunes Theorie eingewandt hat, von autofiktionalen Texten gerade problematisiert bzw. suspendiert wird.[60] Dieser Einwand hängt ebenfalls mit Doubrovsky zusammen, der Autofiktion auch als Konsequenz aus den Einsichten der Psychoanalyse verstanden hat.[61]

Dass auch Zipfel eine transzendentale Autorität für Leser/innen beanspruchte, ist daran zu erkennen, dass es ihm vorgeblich gelang, souverän zwischen fiktionaler und referenzieller Art der Lektüre zu wechseln. Mithin musste er unterschlagen, dass ihm die Erkenntnis, welcher Pakt in der Lektüre denn nun gerade Geltung habe, nie zweifelsfrei gegeben sein konnte. Genau betrachtet ist Zipfel damit dem ausgewichen, was er selbst als Spezifikum des autofiktionalen Verfahrens vorstellte, nämlich der widersprüchlichen Stellung zwischen autobiographischem und fiktionalem Erzählen. Wie schon bei den anderen beiden Typen von Autofiktion, so hängt auch die Kombination von autobiographischem Pakt und Fiktionspakt bei ihm von der mehr oder weniger motivierten Entscheidung des Lesers/der Leserin ab, den autofiktionalen Text – hier: passagenweise – referenziell oder eben fiktional zu lesen. Die dritte Option eines hybriden Rezeptionsmodus, so wie Darrieussecq sie angedeutet hat, hat Zipfel nicht zugelassen, wobei eingedenk

---

58 Doubrovsky, *Nah am Text*, S. 126.

59 In einem Konferenzbeitrag mit dem Titel *Peut-on innover en autobiographie ?* stellte Lejeune die Autofiktion als ein Phänomen dar, das nur „mangels Vergleichspunkt oder anderweitiger Informationen" bestehe. Zurecht hat Darrieussecq diesen Glauben an eine mögliche, ja „notwendige" Überprüfung als eine Simplifizierung der Autofiktion kritisiert. Vgl. Darrieussecq, *L'autofiction*, S. 378 [Übers. S.L.].

60 Vgl. Gronemann, Claudia, *„lui dire que j'étais [...] un homme comme lui": Autofi(c)ktionales intermediales Schreiben bei Abdellah Taïa*, in: Jutta Weiser/Christine Ott (Hg.), *Autofiktion und Medienrealität. Kulturelle Formungen des postmodernen Subjekts*, Heidelberg 2013, S. 91-106, hier: S. 93f., Anm. 10, 11. Gronemanns Kritik baut auf ihrer Dissertation auf, in deren Rahmen sie sich ausführlich mit den einschlägigen Konzepten von Autobiographie auseinandergesetzt hat, vgl. Gronemann, Claudia, *Postmoderne/Postkoloniale Konzepte der Autobiographie in der französischen und maghrebinischen Literatur. Autofiktion – Nouvelle Autobiographie – Double Autobiographie – Aventure du texte*, Hildesheim 2002.

61 Vgl. Doubrovsky, *Nah am Text*, S. 123.

der theoretischen Voraussetzungen des Paktmodells auch fraglich bleibt, ob es eine solche überhaupt geben kann. Anders als Zipfels dreigliedrige Typologie zunächst vermuten lässt, liegt seiner Konzeptualisierung von Autofiktion bis zum Schluss eine binäre Logik zugrunde. Sein fiktionstheoretischer Ansatz erweist sich im Ganzen als rezeptionszentriert, weil er grundsätzlich von der Fähigkeit des Lesers/der Leserin ausgeht, eine fiktionale von einer faktualen Erzählung zu unterscheiden, ohne die diesbezügliche Unsicherheit zu berücksichtigen. Als Folge davon kommen die für den/die Autor/in spezifischen Gründe, weshalb er/sie diese Unsicherheit provozierte, kaum in Betracht.

Auch wenn der fiktionstheoretische Ansatz, wie ihn Zipfel repräsentiert, damit selbst kein überzeugendes Konzept von Autofiktion vorschlägt, bleibt doch festzuhalten, dass dessen Betrachtung aufschlussreich ist, um das Phänomen besser zu verstehen. So hat sich zum einen ergeben, dass die Grenze von fiktionaler und faktualer (bzw. autobiographischer) Erzählung eine ist, die sich grundsätzlich nicht mit Sicherheit ziehen lässt. Die Besonderheit des autofiktionalen Verfahrens sollte daher weniger darin gesehen werden, diese Grenze zu unterlaufen; vielmehr wird die von jeher bestehende Unsicherheit bezüglich dieser Grenze verdeutlicht, indem gegen literarische Konventionen verstoßen wird, welche die Illusion ihrer schlichten Gegebenheit aufrechterhalten. Zum anderen hat sich gezeigt, dass es rezeptionsseitig einen erheblichen Widerstand gibt, die daraus folgende Offenheit bei der Lektüre zu tolerieren. Zipfels Typologie demonstriert dies, indem sie autofiktionale Texte anhand des Stellenwerts zu differenzieren versucht, dem der exponierte Einsatz von Fiktion in ihnen zukommt.

Zipfels Beschreibung der Wirkung, welche das irritierende Verfahren der Autofiktion auslöst, gilt es daher zu modifizieren: Wenn der/die Autor/in autofiktional gegen die literarischen Konventionen verstößt, indem er/sie die Grenze von faktualer und fiktionaler Erzählung verwischt, dann wird umso deutlicher, wie angewiesen der/die Leser/in auf eine diesbezügliche Demarkation ist. Er/sie wird die referenzielle Lektüre zumindest erwägen und sich dann für die Anerkennung eines nicht vorhandenen, partiellen oder absoluten autobiographischen Gehalts entscheiden, obwohl diese Entscheidung letztlich ungesichert bleiben muss. Will man diesen Zusammenhang, einschließlich seiner angedeuteten ethischen Valenz, weiter untersuchen, bietet sich eine rezeptionsgeschichtliche Perspektive gegenüber einer rezeptionsästhetischen an, da man im Zusammenhang von Autofiktionen nicht davon ausgehen kann, dass gewisse literarische Verfahren zuverlässig Entscheidungen für einen bestimmten Lektüremodus bewirken. Vielmehr erscheint die Unsicherheit ihrer Wirkung – wird der/die Leser/in den Text als (partielle) Autobiographie oder als fiktionalen Text lesen? – als hervorstechende Eigenschaft. Das ist die

Folge davon, dass Autofiktionen, wie Darrieussecq schrieb, den Schlüssel zum richtigen Verständnis verweigern. Aus diesem Grund erscheint die Sichtung der Rezeptionszeugnisse von Autofiktionen generell als ein lohnender Untersuchungsschritt auf dem Weg ihrer Interpretation. Anhand der gegebenen Deutungen ließe sich näher reflektieren, was die Entscheidung für die eine oder andere Art der Rezeption motiviert hat. Die zentrale Frage lautet sodann: Auf welcher Grundlage wurden gewisse (Passagen von) Autofiktionen als autobiographisch und andere als fiktional gelesen?

2.2 Gattungstheoretische Ansätze (werk- und produktionszentrierte Autofiktion)

Man hat die Autofiktion aber nicht nur an der Grenze von faktualem und fiktionalem Erzählen bzw. Autobiographie und Fiktion ausgemacht, sondern auch zwischen Autobiographie auf der einen Seite und Roman, Biographie und Geschichtsschreibung auf der anderen.[62] Der zweite wichtige Konzeptualisierungsversuch der Autofiktion ist mithin gattungstheoretisch orientiert und geht auch mit einer Kritik an der tendenziell ahistorischen Betrachtungsweise der Fiktionstheorie einher.[63] Diejenigen, die diesen Ansatz vertreten, zielen zum einen auf eine Ausdifferenzierung der Textsorten und Gattungen, die zumal zwischen der klassischen Autobiographie und dem Roman anzusiedeln sind; zum anderen verstehen sie Autofiktion als Erneuerung des autobiographischen Paradigmas.[64] Beide (nicht immer trennscharfen) Auffassungen werden im Folgenden, wiederum in kritischer Perspektive, dargestellt.

2.2.1 *Autofiktion als Gattung zwischen Autobiographie und Roman*

Prominente Vertreter eines gattungstypologischen Ansatzes, die sich bemüht haben, die Autofiktion als eine eigenständige Gattung zu konzeptualisieren und damit das Feld zwischen Roman und Autobiographie genauer zu klassifizieren, sind der deutsche Anglist Ansgar Nünning sowie der französische Literaturtheoretiker Philippe Gasparini. Da Gasparini deutlich an Lejeune

62 Vgl. Ott, Christine/Weiser, Jutta, *Autofiktion und Medienrealität. Einleitung*, in: Dies. (Hg.), *Autofiktion und Medienrealität. Kulturelle Formungen des postmodernen Subjekts*, Heidelberg 2013, S. 7-16, hier: S. 16.

63 Vgl. Kraus, *Faktualität und Fiktionalität*, S. 89.

64 Vgl. Gronemann, Claudia, *Autofiction*, in: Martina Wagner-Egelhaaf (Hg.), *Handbook of Autobiography/Autofiction*, Volume I: *Theory and Concepts*, Berlin/Boston 2019, S. 241-246, hier: S. 243.

orientiert ist, insofern die Namensidentität für ihn das entscheidende Kriterium ist, um die Autofiktion von der Autobiographie und anderen Formen abzugrenzen,[65] wären die schon dargelegten Einwände gegenüber der Annahme verschiedener Pakte auch gegen sein Konzept vorzubringen.[66] Einen eigenständigen gattungstheoretisch orientierten Ansatz, Autofiktion zu konzeptualisieren, hat dagegen Nünning im Rahmen seines Aufsatzes über „Metaautobiographien" entwickelt, auf den ich mich im Folgenden konzentriere.

Nünning beobachtete „ein wiedererwachtes Interesse an der Darstellung menschlicher Lebensbeschreibungen und Identitätsdarstellungen", das deshalb zu „neue[n] Erscheinungsformen" der Gattung der (Auto-)Biographie geführt habe, weil sich darin „eine prononcierte Tendenz zu Metaisierung bzw. Selbstreflexion" ausmachen lasse.[67] Diese Tendenz rechtfertigt für ihn die Annahme einer neuen Gattung namens Autofiktion, für die er synonym auch den etwas sperrigen Begriff der „fiktionalen Metaautobiographie" gebrauchte.[68] Dabei ist einzuschränken, dass Nünnings Ausführungen letztlich offenlassen, ob diese Tendenz wirklich als neues und eigenständiges Phänomen anzusehen ist. Einerseits hob er hervor, dass die „Gattung der Autobiographie und die Praxis des autobiographischen Schreibens sich *zunehmend* durch eine selbstreflexive Auseinandersetzung mit den Konventionen und Traditionen der eigenen Gattung [...] auszeichnet"; andererseits schränkte er aber auch ein, dass „Selbstreflexivität *seit langem* zur Gattungsgeschichte der Autobiographie

---

65 Während in der Autobiographie die Namensidentität gegeben sei, sei diese bei der fiktionalen Autobiographie (*roman-mémoire*) nicht vorhanden, beim autobiographischen Roman partiell, bei der Autofiktion fakultativ. Vgl. Gasparini, Philippe, *Est-il je ? Roman autobiographique et autofiction*, Paris 2004; Gasser, *Autobiographie und Autofiktion*, S. 22.

66 Ähnliches gilt auch für Alexandra Pontzen, die Autofiktion als ein „eigene[s] Genre" versteht, „zu dessen Charakteristika Zweifel und Irritation gehören sowie Reflexion auf und ‚Aufmerksamkeit' für ‚die Spezifik der beiden Pakte'." Pontzen, *Autofiktion als intermediale Kommunikation*, S. 281.

67 Nünning, Ansgar, *Metaautobiographien: Gattungsgedächtnis, Gattungskritik und Funktionen selbstreflexiver fiktionaler Autofiktionen*, in: Christoph Parry/Edgar Platen (Hg.), *Autobiographisches Schreiben in der deutschsprachigen Gegenwartsliteratur*, Bd. 2: *Grenzen der Fiktionalität und der Erinnerung*, München 2007, S. 269-292, hier: S. 271. Ähnlich fasste es auch Christian Benne auf, der Autofiktion als eine „Gattung" definiert hat, „die den teilweisen oder vollständigen fiktionalen Status des autobiographischen Schreibens selbstreflexiv in besonderem Maß thematisiert". Benne, Christian, *Was ist Autofiktion? Paul Nizons erinnerte Gegenwart*, in: Christoph Parry/Edgar Platen (Hg.), *Autobiographisches Schreiben in der deutschsprachigen Gegenwartsliteratur*, Bd. 2: *Grenzen der Fiktionalität und der Erinnerung*, München 2007, S. 293-303, hier: S. 294.

68 Vgl. ebd., S. 270. Nünnings Begriff ist angelehnt an eine für ihn grundlegende Studie, vgl. Nadj-Guttandin, Julijana, *Die fiktionale Metabiographie. Gattungsgedächtnis und Gattungskritik in einem neuen Genre der englischsprachigen Erzählliteratur. Theorie, Analysemodell, Modellinterpretationen*, Trier 2006.

[zählt]".[69] Was den von ihm beobachteten „Paradigmenwechsel in der Theorie und Praxis der Autobiographik"[70] als solchen ausmacht, bleibt daher fraglich. Bevor ich auf diese Unterbestimmtheit zurückkomme, sollen zunächst die Spezifika angeführt werden, mit denen Nünning Autofiktionen im Weiteren als Gattung bzw. Genre (Nünning nutzte die Ausdrücke synonym) charakterisierte.

Kennzeichnend für die neuen Spielarten autobiographischen Schreibens sei neben der selbstreflexiven auch die „kritische Auseinandersetzung mit grundlegenden Fragestellungen (auto-)biographischer Sinnstiftung".[71] Dabei komme es zu einer Reflexion grundlegender Einsichten poststrukturalistischer Subjekt- und Literaturkritik sowie dekonstruktivistischer Sprachkritik: Autofiktionen würden die Konventionalität der Gattungsschemata bewusstmachen und außerdem ihre Intertextualität ausstellen, wodurch sie die Authentizität und den Zeugnischarakter des autobiographischen Schreibens unterminierten.[72] Das Aufrichtigkeitspostulat, das Autobiographien traditionell zugeschrieben wird, gilt für diese Texte also nicht mehr.[73] Ein wichtiges Merkmal sei darüber hinaus, dass sie die „Lücke zwischen Leben und Schreiben", die traditionelle Autobiographien kaschierten, in den Vordergrund stellten, um auf die „Kluft [...] zwischen dem (vergangenen) Leben und dessen narrativer oder dramatischer Repräsentation" hinzuweisen.[74] In diesem Zusammenhang werde etwa die Unzuverlässigkeit der Erinnerung oder eine Skepsis an der Auffassung eines autonomen und sich seiner selbst bewussten Subjekts artikuliert. Autofiktionen verlagerten damit den Akzent von den geschichtlichen Ereignissen auf die „oft metafiktionale Auseinandersetzung mit epistemologischen, methodischen oder darstellungstechnischen Problemen der Rekonstruktion und narrativen Wiedergabe eines Lebenslaufes."[75]

In einem Versuch der typologischen Ausdifferenzierung des Phänomenbereichs zwischen Roman und Autobiographie hat Nünning Autofiktion als eine von insgesamt vier Untergattungen der fiktionalen Autobiographie

69 Nünning, *Metaautobiographien*, S. 270, 272 [Herv. S.L.].

70 Ebd., S. 269.

71 Ebd., S. 271.

72 Vgl. ebd., S. 274f.

73 Das Konzept der „Autonarration", das Schmitt kritisch von der Autofiktion absetzte, weil der/die Autor/in hier „im Unterschied zur Autofiktion ethische Verantwortung übernimmt", setzt demgegenüber, wie Anne Fleig und Marion Acker überzeugend argumentierten, das „autobiographische Aufrichtigkeitsparadigma erneut ein[...]." Es ist darum nicht davon auszugehen, dass Schmitts Autonarration noch größere theoretische Bedeutung erlangt. Vgl. Acker/Fleig, *Aufrichtigkeit der Mehrsprachigkeit*, S. 27.

74 Nünning, *Metaautobiographien*, S. 276, 279.

75 Ebd., S. 278.

beschrieben.[76] Neben ihr gebe es noch die dokumentarische, die realistische sowie die revisionistische fiktionale Autobiographie. Während die ersten beiden reale historische Ereignisse (dokumentarische fiktionale Autobiographie) bzw. eine historische Persönlichkeit (realistische fiktionale Autobiographie) repräsentierten, gehe es bei den anderen beiden Formen um die Re-Interpretation autobiographischer Informationen vor dem Hintergrund veränderter formaler Konventionen. Was dabei die fiktionale Metaautobiographie (also die Autofiktion) gegenüber der revisionistischen fiktionalen Autobiographie auszeichne, sei „ein illusionsdurchbrechendes Element, mit welchem entweder der Prozess der autobiographischen (Re-)Konstruktion respektive die Fiktionalität des Textes bewusst gemacht werden."[77] Diese Bewusstmachung könne entweder explizit durch eine entsprechende Thematisierung oder implizit durch die Nutzung bestimmter literarischer Darstellungsverfahren erfolgen.[78] Abschließend heißt es dazu: „Das Erzählen selbst bzw. der Schreibakt oder der Prozess der narrativen oder textuellen Konstitution des autobiographischen Selbst oder Subjekts wird dadurch vielfach zum zentralen Thema dieser Romane."[79]

Im Vergleich mit der fiktionstheoretischen Konzeptualisierung von Autofiktion fällt bei Nünnings gattungstheoretischem Ansatz auf, dass es für diesen keine Schwierigkeit darstellt, die Konstruktivität bzw. Fiktionalität autobiographischen Erzählens zu denken. Die diesbezügliche Hybridität des Autobiographischen, das hier nicht im Rahmen von Lejeunes Pakttheorie verstanden wird, kann speziell für die angloamerikanische Literaturwissenschaft vielmehr als ausgemacht gelten. In der Folge war es für Nünning auch unproblematisch, mögliche Gründe anzugeben, welche die Wahl eines autofiktionalen Verfahrens für Autor/innen motivieren, was er in seiner gattungstypologischen Ausdifferenzierung entsprechend spezifizieren konnte.

Dennoch stellt sich die Frage, ob die Bestimmung einer Gattung fiktionaler Metaautobiographien auf Grundlage der genannten Kriterien überzeugend ist. Schließlich überschreiten diese Texte das Gattungskonzept selbst, insofern sie, wie Nünning festgehalten hat, die Konventionalität von Gattungen herausstellen und gerade dadurch ihr kritisches und selbstreflexives Potential entfalten. Lässt sich aber eine Gattung von Texten konstituieren, die das Konzept von Gattung überschreiten? Nünning begegnete diesem paradoxen Zusammenhang, indem er auf eine Weise argumentierte, die der Zipfels ähnelt,

76 Vgl. ebd., S. 279f.
77 Ebd., S. 280.
78 Vgl. ebd.
79 Ebd., S. 287.

der meinte, dass Autofiktionen die Grenze zwischen faktualem und fiktionalem Erzählen nicht verwischen, sondern sogar verdeutlichen würden. Analog ging Nünning nicht davon aus, dass eine Gattungsüberschreitung das Konzept der Gattung infrage stellt; vielmehr zeige sich, „dass gerade durch die Gattungsüberschreitungen meta-autobiographischer Romane das Gattungskonzept an Bedeutung gewinnt".[80] Nicht nur würden Autofiktionen also eine eigenständige Gattung bilden; sie verdeutlichten auch die Grenzen von Gattungen allgemein. Auch wenn diese beiden Thesen miteinander zusammenhängen, bietet es sich an, sie einzeln nachzuvollziehen.

Unter der Voraussetzung eines deskriptiven Gattungsbegriffs ist der Ansicht sicherlich zuzustimmen, dass Autofiktionen Gattungskonzepte, zumal die von Autobiographie und Roman, *nicht* infrage stellen. Anders als bei der Grenze von fiktionalem und faktualem Erzählen, die keinen Zwischenraum lässt, bleibt aus gattungstheoretischer Perspektive eine erhebliche Grauzone bestehen, in der sich Texte verorten lassen, die durch eine Erläuterung ihres spezifischen Mischungsverhältnisses romanhafter und autobiographischer Elemente näher charakterisiert werden können. Allgemein wird dieses Argument auch von Klaus Hempfer umschrieben, der in einem Handbuchartikel zum Lemma „Gattung" festgehalten hat:

> Versteht man Gattungen nicht präskriptiv, sondern ermittelt deskriptiv, welche generischen Gemeinsamkeiten unterschiedlicher Allgemeinheit sich aufgrund historisch immer schon vorgängiger Textgruppenbildungen (re-)konstruieren lassen, dann entfällt nicht nur das Hauptargument nominalistischer Theorien gegen die Annahme von Gattungsbegriffen, sondern auch das Reden vom ‚Tod' der Gattungen in der Moderne erweist sich als – selbst präskriptives – Mißverständnis, das die Mischung und Aufhebung vorgegebener Gattungen mit dem Ende von generischen Differenzen identifiziert, während doch gerade die Wahrnehmung von Mischung und Aufhebung ein Wissen um solche Differenzen voraussetzt.[81]

Was das (deskriptive) Gattungskonzept allgemein betrifft, ist es also unproblematisch, dass sich Autofiktionen als Mischungen von Roman und Autobiographie wahrnehmen lassen, und es ist sogar schlüssig, dafür zu argumentieren, dass Autofiktionen die Bedeutung von Gattungsgrenzen verstärken. Dies gilt besonders aus Rezeptionsperspektive, wo man auf die Konzepte von Roman und Autobiographie zurückgreift, um deren spezifisches Mischungsverhältnis im Falle einer Autofiktion zu beschreiben, aber auch

80 Nünning, *Metaautobiographien*, S. 277.

81 Hempfer, Klaus W., *Gattung*, in: Klaus Weimar (Hg.), *Reallexikon der deutschen Literaturwissenschaft*, Band I, Berlin/ New York 2007, S. 651-655, hier: S. 654.

aus Perspektive der Produktion, insofern manche Autor/innen nach Experimenten mit der Autofiktion zu einer unmissverständlichen Entscheidung für eine der beiden Gattungen zurückkehren.[82]

Reicht die Beobachtung, dass Autofiktionen uneindeutige Mischungsverhältnisse von Autobiographie und Roman ins Werk setzen, aber aus, um daraus nun selbst eine Gattungsbestimmung abzuleiten? Diese Frage ist komplexer, als es zunächst den Anschein hat, denn sie verbindet zwei verschiedene Gattungsbegriffe miteinander. Wenn man nämlich an einem Werk ein Mischungsverhältnis beschreibt, ist man zwar klarerweise an einem deskriptiven Gattungsbegriff orientiert; die Beschreibungskategorien selbst jedoch sind normativer bzw. präskriptiver Art (‚Romanhafte Elemente des Werkes sind …'; ‚Was dem Werk zu einem Roman fehlt, ist …'). Werden die unterschiedlichen Ansprüche daran, was der Gattungsbegriff leisten soll, nicht differenziert, führt das zu Unklarheiten in der Argumentation, was, bei genauerer Betrachtung auch Nünnings Gattungsbestimmung betrifft. Liegt die Stärke seines Ansatzes darin, erkennen zu können, dass die Grenze von Autobiographie und Roman von fiktionalen Metaautobiographien problematisiert wird (deskriptives Merkmal), so stellt sich nämlich die Frage, was deren Fiktionalität dann eigentlich ausmacht. Hier zeigt sich ein Widerspruch, denn es wird als besondere Leistung dieser Texte ausgewiesen, für die Problematik eines Unterschieds zu sensibilisieren, auf dem ihre Identifikation beruhte. Es liegt ein Zirkelschluss vor, bei dem Lesende durch eine bestimmte Annahme (‚es handelt sich um einen fiktionalen Text') auf etwas aufmerksam gemacht werden, das ihrer Annahme widerspricht (‚die Grenze von faktualen und fiktionalen Texten lässt sich nicht so einfach ziehen'). Insofern Fiktionalität vorausgesetzt werden muss, um eine Autofiktion etwa von einer wissenschaftlichen Abhandlung über Autofiktion zu unterscheiden, lässt sie sich in Nünnings Typologie als präskriptives Merkmal ansehen: Anders als bei Zipfel wird diese Eigenschaft hier also nicht erst im Nachhinein durch Lesende beurteilt, um den Text zu charakterisieren. Vielmehr ist sie konstitutiv für dessen grundlegende Zuordnung zu einer Gattung und damit auch für dessen Verständnis.

82 Es ist wohl kein Zufall, dass ein Autor wie Ellis mit *White* sein erstes „Non-Fiction"-Werk vorgelegt hat, gerade nachdem er zuvor „a mock memoir wrapped within a horror novel, and […] a condensed autobiographical noir" veröffentlicht hatte. (Ellis, Bret Easton, *White*, London 2019, S. U4, 4 [dt. Übers.: Ders., *Weiss*, Köln 2019, S. 12].) Nachdem Ellis also im Rahmen zweier Romane mit autofiktionalen Unschärfen arbeitete, legte er wieder Wert auf die Kennzeichnung aufrichtiger Rede. Der gegenteilige Fall lässt sich bei Angot beobachten, welche inzwischen betont, dass es sich bei ihren Werken um Romane handele. Vgl. Stemberger, *„L'autofiction […] un geste politique"?*, S. 32.

Nünning scheint sich dieser Problematik seines gattungstheoretischen Ansatzes auch selbst bewusst gewesen zu sein. Zum Ende seines Aufsatzes hielt er fest:

> Erstens mangelt es an einer befriedigenden Definition des Gattungsbegriffs der fiktionalen Metaautobiographie [...]. Zweitens ist die Frage der Abgrenzungen zu benachbarten Genres autobiographischen Schreibens – sowohl fiktionalen [...] als auch nicht-fiktionalen Textsorten – bislang noch nicht hinreichend geklärt. In dem Zusammenhang bedarf es einer Systematisierung des breiten Spektrums von Fiktionalitätsindikatoren und von fiktionalen Privilegien bei der Selektion und Darstellung von Lebensgeschichten in literarischen (Meta-)Autobiographien. Dabei wäre zu zeigen, dass sich dieses Genre – entgegen der vorherrschenden Tendenz zur Nivellierung des Gegensatzes zwischen Literatur und Geschichtsschreibung – deutlich von wissenschaftlichen und anderen nichtfiktionalen Autobiographien unterscheidet.[83]

Was Nünning hier optimistisch als Desiderata formulierte, sind keine speziellen Lösungen für Sonderfälle der von ihm vorgeschlagenen Gattung, sondern die basalen Kriterien, welche die Annahme dieser Gattung erst rechtfertigen würden. Primär betreffen diese Kriterien die Bestimmung bzw. den Ausschluss der infrage stehenden Fiktionalität. Wenn aber die Fiktionalität autofiktionaler Texte unterbestimmt bleibt, so gilt dies im Umkehrschluss auch für diejenigen ihrer Elemente, die autobiographisch bzw. faktual erscheinen. Das von Nünning benannte Alleinstellungsmerkmal fiktionaler Metaautobiographien, ihr „illusionsdurchbrechendes Element", muss damit seine Spezifik verlieren. Wenn man nicht allgemein postuliert, was eine Autobiographie als solche ausmacht, dann lässt sich auch nicht angeben, wodurch ihre Grenze zum Roman überschritten wird. Wenngleich Nünnings Beschreibung von fiktionalen Metaautobiographien die binäre Logik von Fakt und Fiktion transzendiert, bleibt sein Versuch, diese Texte als eigenständige Gattung auszuweisen, letztlich also der Problematik verhaftet, welche auch schon den fiktionstheoretischen Ansatz auszeichnete. Hier wie dort lässt sich keine sichere Erkenntnis darüber gewinnen, welche Texte (bzw. Textpassagen) als fiktional und welche als autobiographisch anzusehen sind. Da die Fiktionalität für Nünning ein zentrales Gattungskriterium für Autofiktionen darstellt, ist seine Gattungsbestimmung nicht hinreichend.

Es ist aufschlussreich, nachzuvollziehen, auf welche Weise der Mangel an einer vollständigen Liste von Fiktionalitätsindikatoren und -privilegien von Nünning kompensiert wird. Während es bei Zipfel interpretative Entscheidungen sind, welche die Unsicherheit bezüglich der angemessenen Art

83 Nünning, *Metaautobiographien*, S. 290f.

der Lektüre verdecken, lässt sich bei Nünning an den neuralgischen Punkten ein Perspektivwechsel in seiner Analyse wahrnehmen. Grundsätzlich verfolgte er eine (für gattungstheoretische Ansätze obligatorische) textzentrierte Perspektive, um Form, Inhalt und Darstellungsart von Autofiktionen zu charakterisieren. An bestimmten Verben, die er nutzte, um Besonderheiten festzuhalten, manifestiert sich allerdings ein Wechsel in das rezeptionsästhetische Register: Die Werke „lenken die Aufmerksamkeit", „machen etwas bewusst", ja „schärfen das Bewusstsein".[84] Mithin kann Nünning die zentrale Texteigenschaft nur in Form einer besonderen Wirkung artikulieren.

Diese Beobachtung erlaubt es nun, zu klären, was es mit der oben beschriebenen Unterbestimmtheit auf sich hat: Gehört das Merkmal der Selbstreflexivität schon lange zur Gattung der Autobiographie oder hat es sich als Tendenz in solcher Weise verstärkt, dass es die Annahme einer neuen Gattung namens Autofiktion rechtfertigt? Hat man die Relevanz des rezeptionsästhetischen Registers für Nünnings Argumentation erkannt, so erscheint sein Schwanken hinsichtlich dieser Frage bezeichnend. Was sich mit Sicherheit sagen lässt, ist ja, dass sich autofiktionale Verfahren (im Sinne einer Schreibweise) zunehmend *auffällig* in literarischen Texten zeigen. Wenn die Selbstreflexivität hinter diesen Verfahren, welche die Unsicherheit der Grenze zwischen Roman und Autobiographie betreffen, von den Leser/innen erkannt wird, so kann deren Einsicht auch auf die Betrachtung älterer, vermeintlich konventioneller autobiographischer Texte zurückwirken. Auf den zweiten Blick sieht es dann so aus, als würden auch diese Texte seit Langem eine solche Reflexivität entfalten – nur dass dies eben für lange Zeit unbemerkt blieb. Kurz: Das Merkmal der Selbstreflexivität hängt zu stark vom jeweiligen Verständnis der Lesenden und ihrem Theoriehorizont ab, um für eine Gattungscharakteristik geeignet zu sein. Ein Konzept von Autofiktion, das die Selbstreflexivität betont, wie es etwa auch Elio Pellin und Ulrich Weber in ihrem Band zugrunde legen, wenn sie von einem „sich seiner Problematik bewusste[n] autobiographische[n] Schreiben"[85] sprechen, ist daher nicht nur als vage zu kennzeichnen, sondern stellt auch vermeintlich konventionelle autobiographische Texte pauschal als naiv dar. Die Autobiographieforscherin Almut Finck gelangte schon 1995 zu einem in diesem Zusammenhang wichtigen Fazit: „Nicht die Geschichte der Autobiographie – die Geschichte

84 Ebd., S. 279, 280, 284.

85 Pellin, Elio/Weber, Ulrich, *Einführung*, in: Dies. (Hg.), *„… all diese fingierten, notierten, in meinem Kopf ungefähr wieder zusammengesetzten Ichs". Autobiographie und Autofiktion*, Göttingen 2012, S. 7-11, hier: S. 7.

der Autobiographietheorie ist als zunehmende Problematisierung ihrer Wahrheitsfähigkeit zu verstehen.“[86]

Nünning hat sich in der Aporie, in der er steckte, als er zwischen einer neuen Art von autobiographischen Texten und einer neuen Art, autobiographische Texte zu lesen, eigentlich nicht mehr unterscheiden konnte, durch einen Trick beholfen. Denn überraschenderweise ist es weder die Zäsur in der Tradition autobiographischen Schreibens noch die bestimmte Art der Konstellation von Autobiographie, Fiktion und Reflexion, die er nutzte, um das Phänomen zu fassen. Entscheidend ist ein viel diffuseres Kriterium, das sich allein auf eine rezeptive Wertung bezieht. So werden von Nünning nur „*innovative Ausprägungen* von selbstreflexiven fiktionalen Autobiographien als ‚autobiographische Metafiktion‘ bzw. ‚fiktionale Metaautobiographien‘“[87] bezeichnet. Seine Terminologie erläutert er wie folgt:

> Diese Begriffe sollen signalisieren, dass sich die Aufmerksamkeit in solchen fiktionalen Autobiographien von der *Darstellung von* Ereignissen aus dem Leben einer historischen Persönlichkeit auf die Metaebene der *Reflexion über* deren Aneignung, Rekonstruktion und Repräsentation im Medium der (fiktionalen) Autobiographie verlagert. Nicht die Darstellung des Lebens selbst steht somit im Zentrum, sondern die nachträgliche Beschäftigung des Autobiographen mit seiner Lebensgeschichte und den Problemen der retrospektiven Sinnbildung und des autobiographischen Schreibens.[88]

In Nünnings gattungstheoretischem Ansatz wird also nicht primär der Stellenwert der Fiktion bzw. die autobiographische Wahrheit dieser Texte beurteilt, sondern es steht ihr kritisch-selbstreflexiver Gehalt im Vordergrund – unter der Bedingung, dass sie eine innovative Darstellung aufweisen. Es stellt sich hier die Frage, wer anhand welcher Kriterien einschätzen sollte, was eine „innovative“ Autofiktion ist und wo die selbstreflexive Beschäftigung im Zusammenhang mit der Autobiographie die schlichte Lebensbeschreibung als „Zentrum“ des Werkes übersteigt. Wiederum sind es rezeptionsästhetisch anmutende Formulierungen, die Nünnings Bestimmung als allgemeine Gattungscharakteristik von Autofiktion als zu ungenau erscheinen lassen. Schon die von ihm vorgeschlagenen Begriffe sollen nicht im substanziellen Sinne einen bestimmten Inhalt fassen, sondern innerhalb des Diskurses etwas „signalisieren“, und zwar eine Verlagerung von „Aufmerksamkeit“. Ist es aber die

86 Finck, Almut, *Subjektbegriff und Autorschaft: Zur Theorie und Geschichte der Autobiographie*, in: Miltos Pechlivanos et al. (Hg.), *Einführung in die Literaturwissenschaft*, Stuttgart 1995, S. 283-294, hier: S. 291.

87 Nünning, *Metaautobiographien*, S. 274 [Herv. S.L.].

88 Ebd. [Herv. i. O.].

Aufmerksamkeit von Autor/innen, die sich vermehrt selbstreflexiven Fragen zugewandt haben, oder die der Lesenden, die dem reflexiven Anteil in neueren Werken mehr Gewicht beimessen als in älteren Autobiographien? Anders gefragt: Wer verantwortet den kritischeren Umgang mit den Gattungskonventionen der Autobiographie? Die Schwierigkeiten, auf die Nünning in seinem Versuch gestoßen ist, Autofiktion als eigenständige Gattung zu profilieren, deuten darauf hin, dass dies eine relevante Frage ist. Dass nur manche Texte, in denen autofiktionale Verfahren zum Einsatz kommen, ein reflexives Potential für Lesende bergen, ist dabei allerdings ein Umstand, der durch seine terminologische Ausdifferenzierung nicht erhellt, sondern im Gegenteil eher verdeckt wird. Nicht das Phänomen der gattungsüberschreitenden Reflexion, sondern eine spezifische Konstellation von autofiktionalem Text und Rezipient/in bewirkt offenbar, dass Reflexionen angestoßen werden. Der textzentrierten Perspektive Nünnings kann sich das Charakteristische dieser Konstellation, das weniger auf einer poetologischen, vielmehr auf dialogischer Ebene zu verorten wäre, nicht erschließen. Wird der Fokus auf gattungsmäßige Kriterien eingeschränkt, lässt sich nicht umfassend erkennen, was das Phänomen der Autofiktion ausmacht.

2.2.2 *Autofiktion als Erneuerung des autobiographischen Paradigmas*

Gerade weil Nünning auch auf ein vages rezeptionsästhetisches Kriterium zur Bestimmung der Autofiktion angewiesen ist, ist die Annahme einer neuen Gattung, die doch allein auf interpretationsunabhängigen Texteigenschaften aufbauen müsste, letztlich nicht überzeugend. Augenscheinlich ist die Unabhängigkeit von Interpretationen gerade bei autofiktionalen Texten, die häufig kontrovers diskutiert werden, nicht gegeben. Damit rückt die zweite gattungstheoretische Position in den Vordergrund, die Autofiktion, was die Frage der Gattungsgrenzen betrifft, offener bestimmt. Hier wird Autofiktion als Erneuerung des autobiographischen Paradigmas angesehen.

Wie sich bereits gezeigt hat, klingt diese im Vergleich schwächere Position auch in Nünnings Aufsatz hin und wieder an. Eine der beiden zentralen Thesen, die er verfolgte, lässt sich für diese Position sogar besser adaptieren. Ihr zufolge mache es die Spezifik von Autofiktion aus, „als Gattungsgedächtnis und Gattungskritik der Autobiographie [zu fungieren].“[89] Damit ist gemeint, dass sich Texte dieser Art „als ein fiktionaler Explorationsraum für die selbstreflexive Auseinandersetzung mit den Konventionen traditioneller Autobiographien, den Möglichkeiten des autobiographischen Schreibens und der

89 Ebd., S. 270.

Grenzen der Erinnerung [erweisen].“[90] Insofern autofiktionale Verfahren auf der Bekanntheit der Gattungskonzeption aufbauen und deren Bedeutung stärken, erscheint die Metapher des Gattungsgedächtnisses treffend gewählt.

Was hingegen den Stellenwert von Autofiktion als „Gattungskritik“ angeht – eine für Nünnings Auffassung, wie gezeigt, zentrale Eigenschaft –, so divergieren die Ansichten in der Forschung. In Anlehnung an die bereits zitierte Erkenntnis von Finck lässt sich diese Divergenz auf unterschiedliche Einschätzungen zur Wahrheitsfähigkeit von Autofiktionen zurückführen. Der ersten Auffassung zufolge, die auch Nünning repräsentiert, schreiben Autofiktionen die Kritik am traditionellen Autobiographieverständnis fort, indem sie die Annahme eines sich selbst einsichtigen und souveränen Subjekts zurückweisen und damit auch dessen Möglichkeit negieren, über eine autobiographische Wahrheit zu verfügen. Die Wahrheitsfähigkeit autofiktionaler Texte ist für diese Auffassung ex negativo also noch relevant. Demgegenüber steht für die zweite, modernere Auffassung von Autofiktion vor allem der „‚spielerische‘[] Umgang eines Autors mit der eigenen Biographie“[91] im Vordergrund. Hier kommt der Frage der Wahrheitsfähigkeit von Autofiktionen, wenn überhaupt, nur noch eine mindere Bedeutung zu.

Besonders einschlägig hat Wagner-Egelhaaf das spielerische Moment an der (neueren) Autofiktion betont. Als Autofiktion bezeichnete sie einmal „ein autobiographisches Schreiben, das sich seines sprachlichen Konstruktcharakters bewusst ist, ihn geradezu inszeniert und mit ihm auch spielt.“[92] Dabei sollte ihr zufolge die Tendenz des zunehmenden Schreibens autofiktionaler Texte als epochale Zäsur verstanden werden. Man sei inzwischen in einer „Epoche nach der Kritik“ angekommen, in der sich Texte „nicht mehr an der Grenze abarbeiten, die vermeintlich zwischen fiktionaler und autobiographischer Darstellung“ besteht.[93] In letzter Zeit haben Birgitta Krumrey und Jörg Pottbeckers in ihren Dissertationen an Wagner-Egelhaafs Position angeknüpft. So hat Krumrey, die sich mit deutschsprachigen, nach 2000 veröffentlichten Texten mit homodiegetischem Erzähler beschäftigt hat, im

90 Ebd.

91 Krumrey, *Der Autor in seinem Text*, S. 13.

92 Wagner-Egelhaaf, Martina, *Autofiktion – Theorie und Praxis des autobiographischen Schreibens*, in: Johannes Berning/ Nicola Keßler/Helmut H. Koch (Hg.), *Schreiben im Kontext von Schule, Universität, Beruf und Lebensalltag*, Berlin et al. 2006, S. 80-101, hier: S. 97.

93 Wagner-Egelhaaf, Martina, *Autofiktion oder: Autobiographie nach der Autobiographie. Goethe – Barthes – Özdamar*, in: Ulrich Breuer/Beatrice Sandberg (Hg.), *Grenzen der Identität und der Fiktionalität* (= *Autobiographisches Schreiben in der deutschsprachigen Gegenwartsliteratur*, Bd. 1), München 2006, S. 353-368, hier: S. 366, 368.

Jahr 2015 die These von einem „Funktionswandel“ der Autofiktion vertreten: „Zielen ‚postmoderne Autofiktionen‘ im Kern darauf ab, die Grenzen einer auf Wahrheit angelegte[n] Lebensbeschreibung zu problematisieren, nutzen die gegenwärtigen Autofiktionen den (möglichen) Bezug zum Verfasser vielmehr für eine textinterne Stilisierung bzw. Inszenierung ihrer Person.“[94] Auch Pottbeckers hat, so der Untertitel seiner Arbeit, „autofiktionale Inszenierungsstrategien in der deutschsprachigen Gegenwartsliteratur“ untersucht. Seiner Ansicht nach würden die deutschsprachigen Autofiktionen allesamt eine autobiographische Lesart negieren.[95]

Erklärt sich die divergente Art und Weise, wie die Wahrheitsfähigkeit von Autofiktionen eingeschätzt wird, schlicht dadurch, dass jene, die Autofiktion kritisch akzentuieren, an einer veralteten Programmatik orientiert sind? Da Nünnings Aufsatz *nach* dem von Wagner-Egelhaaf publiziert wurde, diesen sogar zitiert, ist davon nicht auszugehen. Dennoch sei umgekehrt gefragt, ob man das autobiographische Paradigma, wie Wagner-Egelhaaf und Krumrey es andeuten, tatsächlich in der Weise historisieren kann, dass auf eine Zeit, in der nur konventionelle Autobiographien geschrieben wurden, zunächst eine Phase mit postmodernen kritischen Autofiktionen und schließlich eine mit „postpostmodernen“[96] spielerischen Autofiktionen folgt. Bei Wagner-Egelhaaf

94 Krumrey, *Der Autor in seinem Text*, S. 13.

95 Vgl. Pottbeckers, *Der Autor als Held*, S. 16. Es sei darauf hingewiesen, dass Pottbeckers Arbeit größere methodische Defizite aufweist. Seine Ausgangsbeobachtung ist noch schlüssig (wenngleich sie weiterer Belege bedürfte): So wird Autofiktion von Pottbeckers vor dem Hintergrund einer neuartigen Rezeptionssituation charakterisiert, vor der sich Gegenwartsautor/innen zu behaupten hätten: „Der zeitgenössische Boom der Autofiktion ist eine Reaktion auf eine allgegenwärtige *Sehnsucht nach Authentizität*, […] eine parodistische (Gegen-)Reaktion auf einen allgegenwärtigen medialen Voyeurismus und Exhibitionismus […] [sowie] Resultat eines umkämpften Buchmarktes, auf dem der Autor sich so markant positionieren *muss*, dass er möglichst viel Aufmerksamkeit erzielt.“ (Ebd., S. 15 [Herv. i. O.].) Was das Parodistische von „Autofiktion als […] textuelle[r] Inszenierungspraktik“ (Ebd., S. 14) ausmachen sollte, bleibt jedoch offen, wird Inszenierung doch nicht als Gegenbegriff zu Authentizität verstanden, sondern „als eine gleichermaßen grundlegende anthropologische *und* ästhetische Kategorie in der menschlichen Interaktion“ (Ebd., S. 13 [Herv. i. O.]). Im Rückgriff auf Erika Fischer-Lichte wird Inszenierung also als notwendige Bedingung gefasst, um überhaupt in Erscheinung treten zu können. Das aber hieße – frei nach Erving Goffman –, dass sich ohnehin alle zu jeder Zeit inszenieren würden. Wie aber sollte eine universelle Praxis als Kriterium zur Bestimmung einer Textgattung taugen? Bei genauerer Hinsicht bestätigt sich diese Skepsis, denn die verschiedenen Inszenierungstypen, die Pottbeckers allgemein ausmacht und für seine Typologie der Autofiktion nutzt, erweisen sich letztlich einfach als Gruppen von offenbar willkürlich ausgewählten Texten, die der Autor jeweils ähnlich interpretieren würde.

96 Krumrey, *Der Autor in seinem Text*, S. 21.

steht eine solche Periodisierung in Abhängigkeit von Veränderungen des Wahrheitsbegriffs. Im Übrigen bestätigt sich hier, dass gattungstheoretische Ansätze noch vor der Text- eine Produktionszentrierung aufweisen. Wagner-Egelhaafs Rekonstruktion folgend wird Wahrheit in der ersten Phase, repräsentiert durch Goethes *Dichtung und Wahrheit* (1811-1833), als symbolische Bedeutung gesehen, die einem Geschehen in einem individuellen Lebenszusammenhang zukommt, also als „Wahrhaftigkeit", „Aufrichtigkeit und Ernsthaftigkeit" oder „Authentizität".[97] In der zweiten Phase, in welcher der Begriff der Autofiktion zum ersten Mal auftritt und für die Barthes' *Über mich selbst* beispielhaft angeführt wird, gehe man hingegen von der „Unverfügbarkeit autobiographischer Wahrheit" aus.[98] Das Aufkommen einer dritten Phase wird schließlich mit Bezug auf das Werk von Emine Sevgi Özdamar angedeutet, das „offensichtlich ganz unbekümmert eine Lebensgeschichte erzählt", ohne dabei den autobiographietheoretischen Reflexionszusammenhang explizit zu bedenken.[99] Wagner-Egelhaaf zufolge lässt sich hier dennoch eine Weiterentwicklung des autobiographischen Paradigmas erkennen. Erst aus der poststrukturalistischen Einsicht in die sprachliche Konstitution der Wirklichkeit leitet sie nämlich die Lizenz ab, das (eigene) Leben zum Roman zu machen, und ebendieses poetologische Programm sieht sie bei Özdamar verwirklicht, wo die Inszenierung wichtiger als der autobiographische Gehalt sei.[100]

Auch wenn Wagner-Egelhaafs Beobachtung sicherlich zutrifft, dass sich mehr Autor/innen denn je in ihren Werken oder bei öffentlichen Auftritten inszenieren, muss das Unterfangen ihrer Periodisierung doch als heikel bezeichnet werden. In der Diskussion von Nünnings Aufsatz hat sich bereits ergeben, dass eine strikte Differenzierung von konventionellen Autobiographien und kritischen bzw. selbstreflexiven Autofiktionen methodisch unzuverlässig erscheint. Bei der Unterscheidung von kritischen und spielerischen Autofiktionen wäre wohl eine ähnliche Abhängigkeit von den Interpretationen der Lesenden bzw. ihrem Theoriehorizont in Rechnung zu stellen. Mit anderen Worten: Weniger die Autor/innen als die Lesenden, welche Autor/innen bestimmte theoretische Lizenzen gewähren, müssen erst einmal die Kritik am traditionellen Autobiographieverständnis vollzogen haben, bevor sie Texte dafür goutieren können, auf dieser Diskussion spielerisch aufzubauen.

In diesem Zusammenhang stellt sich auch die Frage nach der Repräsentativität der von Wagner-Egelhaaf exemplarisch behandelten Werke. So können

97 Wagner-Egelhaaf, *Autobiographie nach der Autobiographie*, S. 354f.

98 Ebd., S. 359f.

99 Ebd., S. 366.

100 Vgl. ebd., S. 368.

etwa einige Texte Jelineks, in denen autofiktionale Verfahren zum Tragen kommen und die lange nach denen Özdamars geschrieben sind, obwohl sie den Reflexionszusammenhang nachweislich bedenken, nicht als indifferent gegenüber der Grenze von fiktionaler und autobiographischer Darstellung bezeichnet werden.[101] Um noch ein zweites Gegenbeispiel anzuführen, könnte man auch an den von Wagner-Egelhaaf angeführten Roland Barthes denken, der bereits in seinem kurzen Essay *Vom Werk zum Text* erwogen hatte:

> Nicht daß der ‚Autor' nicht in den ‚Text', in seinen Text, ‚zurückkehren' könne; dann aber, sozusagen, als Gast; ist er Romancier, so schreibt er sich als eine der Figuren ein, als Motiv im Teppich; seine Einschreibung ist nicht mehr vorrangig, väterlich, deontisch, sondern spielerisch: Er wird sozusagen zu einem Papierautor […].[102]

Wenn Barthes schon 1971 – also vier Jahre nach der Veröffentlichung von *Der Tod des Autors* und sechs Jahre vor *Über mich selbst* – die spielerische Rückkehr des Autors in seinen Text bedachte, war er nicht nur den Diskussionen um Autorschaft und Autofiktion sichtlich voraus. Vor allem demonstriert das Zitat, dass eine einheitliche Charakterisierung seines späteren Werkes – als einem gerade nicht spielerischen, sondern (noch) kritischen Werk – skeptisch zu betrachten ist.

Über einzelne Gegenbeispiele hinaus wäre der Einteilung des autobiographischen Paradigmas in getrennte Epochen eine Einsicht entgegenzuhalten, die Wagner-Egelhaaf auch selbst formulierte, wenngleich sie sie im Folgenden nicht weiter berücksichtigt hat: „Autobiographie nach der Autobiographie bedeutet zunächst Vielfältigkeit, Nebeneinander unterschiedlicher Modelle und Konzepte."[103] Die Art und Weise, wie Wagner-Egelhaaf ihr Wissen um die Heterogenität autobiographischer Formen zugunsten einer exemplarischen Periodisierung zurückstellte, ist problematisch – nicht zuletzt, weil sie vorgab, nicht hinter die poststrukturalistischen Einsichten zurückfallen zu wollen, letztlich aber doch nichts anderes tat, als eine ‚große Erzählung' zu entwerfen, indem sie die Entwicklung der theoretisch reflektierten Autobiographie mit veränderten Einschätzungen zur autobiographischen Wahrheitsfähigkeit enggeführt hat.[104]

---

101 Vgl. dazu meine Analysen von *Ein Sportstück* und *Neid* (Kap. 5 und 7).

102 Barthes, Roland, *Vom Werk zum Text*, in: Ders., *Das Rauschen der Sprache. Kritische Essays IV*, Frankfurt a. M. 2006, S. 64-72, hier: S. 69f.

103 Wagner-Egelhaaf, *Autobiographie nach der Autobiographie*, S. 361.

104 Vgl. ebd.; zum Konzept der großen Erzählung vgl. Lyotard, Jean-François, *Das postmoderne Wissen*, Wien 2012.

Zu der Frage, was man von der eigentümlichen Divergenz zwischen den Auffassungen halten soll, welche die Autofiktion einerseits als kritisch, andererseits als spielerisch charakterisieren, ist schließlich festzuhalten, dass die sich scheinbar ausschließenden Betrachtungen im Einzelfall auch als kompatibel angesehen werden können. Wenn Christine Ott und Jutta Weiser etwa über Frédéric Beigbeder und Michel Houellebecq schreiben, dass „[d]ie Autoren [...] geradezu mit authentischen und fiktiven Facetten ihres Images [spielen]; damit wird dieses aber auch als medialer Effekt bewusst gemacht",[105] so wird klar, dass sich die Lesarten des Spiels und der Kritik nicht ausschließen müssen.[106] Ott und Weiser haben hervorgehoben, dass mit dem autofiktionalen Verfahren auch der Entwurf neuer Autorschaftskonzepte verbunden sein kann, welche etwa die „Medienrealität" kritisch reflektieren, also die Bedingung von Medienpräsenz, die Autor/innen erfüllen müssen, wenn sie überhaupt wahrgenommen werden wollen.[107]

> [W]ir [können] das Werk eines Gegenwartsautors kaum mehr unabhängig von dem Bild, das die Medien uns vom Autor vermitteln, rezipieren [...]. Die Autofiktion, die durch ihre Infragestellung der Grenzen zwischen Fakt und Fiktion sowohl herkömmliche Produktions- als auch Rezeptionsgewohnheiten in Frage stellt, ist auch die Konsequenz der unvermeidlichen Medienpräsenz der Autoren.[108]

Autofiktionale Verfahren lassen sich also auch so bewerten, dass sie die Bedingung der Medienpräsenz in derselben Bewegung, wie sie sie spielerisch vorführen auch kritisch reflektieren.[109] Damit verlieren jedoch

105 Ott/Weiser, *Autofiktion und Medienrealität. Einleitung*, S. 12.

106 Bei Houellebecq ist hier besonders an den Roman *La carte et le territoire* (*Karte und Gebiet*) zu denken, dessen Protagonist Jed Martin der Figur des Autors begegnet. Dass der Roman-Houellebecq im Handlungsverlauf ermordet wird, der „Tod des Autors" mithin buchstäblich in Szene gesetzt wird, ist offenbar auch für das weitere Œuvre von Bedeutung, schließlich ist der folgende Roman *Soumission* (*Unterwerfung*) aus Perspektive eines Literaturwissenschaftlers erzählt. Frédéric Beigbeder hat schon in *99 Francs* (*39,90*) offensiv mit biographischen Anekdoten gespielt. Vgl. Houellebecq, Michel, *La carte et le territoire*, Paris 2010 [*Karte und Gebiet*, übers. v. Uli Wittmann, Köln 2011]; Ders., *Soumission*, Paris 2015 [*Unterwerfung*, übers. v. Norma Cassau und Bernd Wilczek, Köln 2015]; Beigbeder, Frédéric, *99 Francs*, Paris 2000 [*39,90*, übers. v. Brigitte Grosse, Reinbek bei Hamburg 2001].

107 Ott/Weiser, *Autofiktion und Medienrealität. Einleitung*, S. 12.

108 Ebd., S. 15.

109 Mandy Dröscher-Teille profilierte diesen Zusammenhang kürzlich für die Inszenierungspraxis einer bestimmten Form weiblicher Autorschaft: „Indirekt kritisieren sie [Bachmann, Streeruwitz und Jelinek] den ‚autobiographischen Pakt', indem sie bewusst Widersprüche zwischen Text und Biographie herstellen, ihre alleinige Autorschaft

beide Auffassungen des gattungstheoretischen Ansatzes, der Autofiktion als Erneuerung des autobiographischen Paradigmas versteht, unweigerlich ihr Profil. Es handelt sich bei diesen Charakterisierungen ja um die Kernbegriffe jener beiden Auffassungen – hier im Wesentlichen durch die Aufsätze von Nünning und Wagner-Egelhaaf repräsentiert –, mit denen sie sich nicht nur voneinander unterscheiden, sondern auch grundlegend konturieren, welcher Art die Selbstreflexivität sei, durch die sich eine Autofiktion von einer Autobiographie abhebt. Nur zu sagen, *dass* in autofiktionalen Texten die Form der Autobiographie selbstreflexiv verhandelt wird, reicht in gattungstheoretischer Hinsicht nicht aus, um eine Differenzierung des Paradigmas vorzunehmen. Gerade die retrospektiv vorgenommenen Identifizierungen von Autofiktionen verdeutlichen dies: Welcher autobiographische Text wäre denn nicht selbstreflexiv?

Es sei an dieser Stelle noch einmal an den Ausgangspunkt von gattungstheoretisch orientierten Ansätzen erinnert: Sie fokussieren nicht das einzelne Werk, sondern eine Textgruppe als Autofiktion. Zwar beschäftigen sich die diesem Ansatz verpflichteten Literaturwissenschaftler/innen in ihren Argumentationen mit Einzelwerken (wie etwa denen von Barthes oder Özdamar), ihre Schlussfolgerungen gelten am Ende aber immer einem allgemeinen Konzept von Autofiktion. Gegen dieses Vorgehen möchte ich vorschlagen, Autofiktion nicht als einheitliches Phänomen zu begreifen, sondern in einer konstitutiven Abhängigkeit sowohl vom jeweiligen Text bzw. dessen/deren Autor/in als auch von dem/der jeweiligen Leser/in zu sehen. Autofiktion lässt sich als ein Phänomen betrachten, das seine Konturen nur in bestimmten Konstellationen erhält. Dies sei abschließend noch einmal verdeutlicht.

Rechnet man bei der Konzeptualisierung von Autofiktion einerseits mit einer wesentlichen Abhängigkeit von dem/der Leser/in, so können die divergenten Perspektiven auf das Phänomen als Interpretationsunterschiede aufgelöst werden. Zumal nach der Beobachtung von Ott/Weiser ist dies plausibel, denn ob ein/e Autor/in spielerisch mit seiner/ihrer Biographie umgeht oder aber in kritischer Absicht die Möglichkeiten und Grenzen ihrer Darstellung hervorhebt, ist ein Unterschied, der sich nicht unbedingt in formalen Eigenschaften manifestiert, die sich im Rahmen einer Textanalyse feststellen ließen. Anders gesagt: Ob sich eine Autofiktion als Spiel mit der Autobiographie oder als

relativieren oder – im umgekehrten Verhältnis – bewusst Zusammenhänge zwischen Text und Biographie provozieren, um diese jedoch sogleich zu unterlaufen. Ihre Inszenierungen haben in diesem Sinne essayistischen Charakter, insofern sie ein spielerisches Changieren zwischen Selbst- und Fremdbildern, Fiktion und Realität initiieren, um auf diese Weise kritisch Bezug auf kulturelle Prozesse und Ungleichgewichte zu nehmen." Dröscher-Teille, Mandy, *Autorinnen der Negativität. Essayistische Poetik der Schmerzen bei Ingeborg Bachmann – Marlene Streeruwitz – Elfriede Jelinek*, Paderborn 2018, S. 56.

kritische Arbeit an ihren Voraussetzungen versteht (oder ob gar beide Lesarten legitim sind), wird als eine interpretationsabhängige Frage immer von einzelnen Lesenden entschieden. Wenn der Begriff des Spiels ebenso wie der der Kritik als allgemeinere Gattungskriterien auch ungeeignet erscheinen, so können sie doch als Leitmotive angesehen werden, die Interpretationen eines autofiktionalen Textes im Einzelnen bestimmen.[110]

Andererseits hilft die Annahme, dass es kein universelles Autofiktionskonzept gibt, dabei zu erkennen, dass die Bedeutung autofiktionaler Verfahren in hohem Maße von bestimmten Werken bzw. Autor/innen abhängt (wobei sich diese Abhängigkeit in Form der Textauswahl natürlich wiederum auf Seiten der Rezeption niederschlagen kann). So mag es etwa der Poetik Özdamars entsprechen, wenn Wagner-Egelhaaf ihre Autofiktion „im produktiven Sinne einer möglichen Selbstsetzung" versteht, „die es einem Subjekt erst erlaubt, sich mittels der und im Spiegel der Sprache zu positionieren."[111] Darüber hinaus passt eine solche Auffassung sicherlich zum Werk des Schweizer Autors Paul Nizon, der seit seinem Prosadebüt *Canto* (1963) die eigene Schriftstellerwerdung literarisch verhandelt und sich selbst noch in seinen Frankfurter Poetikvorlesungen als „vorbeistationierende[n] Autobiographie-Fiktionär" bezeichnet hat.[112] Nizons Werk hat die Diskussion um autofiktionale Schreibweisen im deutschsprachigen Raum wesentlich angeregt,[113] wurde sogar als „emblematisch"[114] für die Autofiktion gesehen – das heißt aber nicht, dass es sinnvoll ist, das durch ihn repräsentierte Autofiktionskonzept zu universalisieren und als Maßstab für andere Werke zu nehmen.

Diese Einschränkung lässt sich noch mit einer weiterreichenden Überlegung verknüpfen. Es mag legitim sein, eine durch den Text nahegelegte autobiographische Lesart lediglich als eine Option neben anderen anzusehen, wenn diese Rezeptionsweise (wie im Falle Nizons) durch poetologische Aussagen gestützt wird. Wo sich derlei Aussagen nicht finden, wäre jedoch zu fragen, ob die weitgreifende Charakterisierung gegenwärtiger Autofiktionen als

110 Vgl. meine Analyse von *Ein Sportstück* (Kap. 5).

111 Wagner-Egelhaaf, *Autobiographie nach der Autobiographie*, S. 361.

112 Nizon, Paul, *Am Schreiben gehen. Frankfurter Vorlesungen*, Frankfurt a. M. 1985, S. 133.

113 Das *KLL* führt zu Nizon aus: „Nizon will Leben nicht literarisch reproduzieren, nicht mimetisch nacherzählen, sondern er erhebt den Anspruch, das Leben selbst zur Sprache zu bringen, es sinnlich-lebendig zu vergegenwärtigen und sprachlich zu verwirklichen, fern von jeglichen Abstraktionen. […] Das subjektzentrierte, autobiographisch geprägte und gleichzeitig literarisch fiktionalisierte Schreiben Nizons ist die Konsequenz der wirklichkeitsskeptischen und romankritischen Position des Autors." Vollmer, Hartmut, *Nizon, Paul. Das erzählerische Werk*, in: Heinz Ludwig Arnold (Hg.), *Kindlers Literatur Lexikon*, Bd. 12, Stuttgart/Weimar 2009, S. 152-154.

114 Farron, *Fallen der Vorstellungskraft*.

indifferent gegenüber der Grenze von autobiographischer und fiktionaler Darstellung wirklich angemessen ist. Kommt die Charakterisierung, wie Wagner-Egelhaaf, Krumrey und Pottbeckers sie vornehmen, nicht einfach der Erklärung gleich, dass der etwaige autobiographische Gehalt der von ihnen untersuchten Texte *für sie* nur von nachrangiger Bedeutung, wenn nicht irrelevant ist? Ein solcher Befund lässt sich jedenfalls nur schwer verallgemeinern. Es mag manchmal kaum von Gewicht erscheinen – doch wer dürfte darüber entscheiden? –, ob ein im Rahmen der Autofiktion geschilderter Sachverhalt nun einem Fakt oder aber einer Fiktion entspricht. Ebenso sicher gibt es Passagen, bei denen die Vorstellung, dass sie der Wahrheit entsprechen, zu einer – um das Mindeste zu sagen – delikaten Angelegenheit wird. Man denke an die Schilderung von Verbrechen, die nicht ohne Grund ein typisches Motiv von Texten darstellen dürften, die sich autofiktionaler Verfahren bedienen.[115] Hier stößt man als Leser/in im Angesicht der in Zweifel gezogenen Unterscheidung von Fakt und Fiktion bzw. Autor/in und Figur, auf ein Dilemma, das die Frage einer Verantwortung im Prozess der Lektüre berührt: Weder lässt sich die möglicherweise aufrichtige Schilderung einfach als Fiktion abtun, noch kann man sie unproblematisch dem Autor/der Autorin zuschreiben. Würde man die Grenze zwischen fiktionaler und autobiographischer Darstellung pauschal für irrelevant erklären, so spräche dies Autofiktionen a priori neben ihrem kritischen Gehalt auch das in ethischer Hinsicht reflexive Potential ab, das dieses Dilemma mit sich bringt. Dass *manche* Autofiktionen dieses Potential für *manche* Lesenden bergen, andere aber nicht, ist ein weiteres Argument dafür, nicht den autofiktionalen Text zu zentrieren, sondern die Konstellation in den Blick zu nehmen, die sich dialogisch zwischen dem/der Autor/in und den Lesenden ergibt.

2.3 Ein hermeneutischer Ansatz (Autofiktion als konstellatives Phänomen)

Um ein knappes Zwischenfazit zu ziehen: Die etablierten Ansätze zur Konzeptualisierung von Autofiktion können methodisch nicht überzeugen und weisen bestimmte Erklärungsdefizite auf. Die tendenziell komplementären Zugriffe auf das Phänomen beleuchten dabei wechselseitig zentrale Schwachstellen der jeweils anderen Konzeption.

---

115 Jelineks *Neid* gibt dafür eindringliche Beispiele (vgl. Kap. 7). Daneben könnte man etwa auch an *L'inceste* (1999, *Inzest*) von Angot, *Lunar Park* von Ellis oder *Histoire de la violence* (2016, *Im Herzen der Gewalt*) von Édouard Louis denken.

Fiktionstheoretische Ansätze erkennen die spezifische Bedeutung von Autofiktion in der Verunsicherung, ob nun der autobiographische oder der fiktionale Pakt gelten soll. Dieser klare Fokus zeichnet sie gegenüber gattungstheoretischen Ansätzen aus. Auf die zentrale Frage, warum ein Text den autobiographischen und den fiktionalen Pakt kombiniert bzw. variiert, können sie aber keine befriedigende Antwort geben. So ist etwa Zipfels fiktionstheoretische Typologie, die wesentlich auf den autobiographietheoretischen Arbeiten Lejeunes aufbaut, an einer binären Logik orientiert, die zwischen faktualem und fiktionalem Erzählen keinen Zwischenraum lässt und den/die Leser/in mit der Autorität versieht, zu entscheiden, welcher der Pakte jeweils gelten soll. Da fiktionstheoretische Ansätze die Rezeption zentrieren, gehen sie schon bei der typologischen Bestimmung eines Werkes von verdeckten Interpretationsentscheidungen aus, statt die primäre Verunsicherung durch das autofiktionale Verfahren anzuerkennen und über deren Anlass, wie es wiederum gattungstheoretische Ansätze vermögen, zu reflektieren. Hinzu kommt, dass fiktionstheoretische Ansätze bei Autofiktionen – sofern sich diese von Autobiographien (im traditionellen Verständnis) unterscheiden sollen – nur Behauptungen einer fiktiven Erzählinstanz wahrnehmen können. Um die Paktindifferenz zu erklären, müssten sie diese Behauptungen mit denen des Autors/der Autorin in einen Zusammenhang bringen. Dieser Zusammenhang aber wird durch die strikte ontologische Unterscheidung von Autor/in und Erzählinstanz verstellt.

Gattungstheoretische Ansätze können Autofiktionen demgegenüber als hybride Formen ansehen, die die Konstruktivität und Fiktionalität autobiographischen Erzählens ausstellen. Indem sie die Poetik einer bestimmten Autorschaft und, damit zusammenhängend, ein spezifisches Sprach- und Subjektverständnis berücksichtigen, können sie erläutern, was autofiktionale Verfahren motiviert. Inwiefern der Einsatz dieser Verfahren das autobiographische Paradigma erneuert bzw. zu dessen typologischer Ausdifferenzierung beiträgt, können sie jedoch nicht hinreichend klären. Ihr Anspruch, Aussagen nicht nur über einzelne Texte zu treffen – wie es fiktionstheoretische Ansätze überzeugenderweise unternehmen –, sondern über die (epochal differenzierte) Gesamtheit autofiktionaler Texte, erweist sich dabei nicht nur in methodischer Hinsicht als problematisch. Die von der Gattungstheorie betriebene Verallgemeinerung autofiktionaler Verfahren vernachlässigt zudem, wie sehr deren Wirkungen auch vom theoretischen Horizont der Lesenden abhängt. Dass sie die maßgebliche Unsicherheit und Irritation, die autofiktionale Verfahren bewirken, nicht anerkennen, hängt also nicht damit zusammen, dass sie die Poetik von Autor/innen zu wenig beachten würden. Vielmehr ist es der ihren Interpretationen eingeschriebene Verstehenshorizont, der sie dazu führt, ihre Einschätzung zur Bedeutung dieser Verfahren zu stark zu verallgemeinern. Während der fiktionstheoretische Ansatz das autofiktionale Verfahren eines literarischen Textes letztlich passagenweise beurteilt, sodass dessen allgemeinerer Kontext (Bezüge zum Gesamtwerk, zur Poetik, zur bisherigen Rezeption etc.) außer Acht gerät, fällt die Bewertung durch gattungstheoretische Ansätze im Gegenteil pauschalisierend aus. Da gattungstheoretische Ansätze auf den Text und dessen Produktion zentriert sind, verpassen sie es, Rechenschaft darüber abzulegen, warum sie Autofiktionen auf eine bestimmte Weise deuten. Dass Nünning und Wagner-Egelhaaf das gleiche Gattungsspezifikum, die Reflexivität von Autofiktionen, mit konträren Bedeutungen (Kritik bzw. Spiel) versehen haben, unterstreicht in dieser Hinsicht beispielhaft die Verantwortung, welche den Lesenden im Interpretationsprozess zukommt, wenn sie ihre (immer auch mit positiv oder negativ konnotierten Bewertungen einhergehenden) Deutungen öffentlich mitteilen und so an der Konstitution von einem bestimmten Bild eines Autors/einer Autorin teilhaben.

Als Synthese lässt sich festhalten: Die von Autofiktionen hervorgerufenen Effekte gehen über bloße Fragen der Gattungszugehörigkeit oder der Wahl des richtigen „Paktes" für die Lektüre hinaus.[116] Das Phänomen kann nicht ausschließlich als neue Schreibweise konzeptualisiert werden, ebenso wenig wie als Text, der einen neuen Lesemodus fordert. Angemessener erscheint darum ein Ansatz, der die Produktions- und die Rezeptionsperspektive miteinander verbinden kann, ohne die eine gegen die andere auszuspielen. Wie eine solche Doppelperspektive allgemein aussehen kann, hat etwa Jutta Zimmermann angedeutet. Sie hielt fest, dass generell in der Begegnung mit Literatur, insbesondere der erzählenden, „zwei gegensätzliche Erfahrungen stattfinden. Zum einen trägt der Leser die Verantwortung für den Text, indem er Kohärenz und Bedeutung schafft, zum anderen bleibt er auf den Text und dessen formale Struktur angewiesen und muß somit zwischen diesen beiden Kräften

116 In diesem Fazit stimme ich mit Gronemann überein, die festgehalten hat: „Autofiktionen füllen keine ungenutzte Leerstelle zwischen Roman und Autobiographie, sie erneuern oder komplettieren den Kanon nicht, sondern setzen sich von der Gattungslogik gezielt ab. Die Autofiktion als Diskursmodell konzipiert die Beziehung zwischen Subjekt, Text und Medialität in kritischer Absetzung von repräsentationslogischen Traditionen neu." Vor allem an Lacan orientiert, analysierte Gronemann die Autofiktion als „spezifischen Diskurs der Subjektkonstitution". Gronemann, *Autofi(c)ktionales intermediales Schreiben*, S. 94.

vermitteln.“[117] Die Auseinandersetzung mit den beiden konkurrierenden theoretischen Ansätzen hat ergeben, dass Autofiktionen in besonderer Weise zu einer solchen Vermittlung auffordern, da sowohl die Zentrierung der Rezeption wie auch die des Textes bzw. die seiner Produktion wichtige Aspekte des Phänomens verfehlen. Weil es sich nicht isoliert auf der Seite der Produktion oder der der Rezeption verorten lässt, möchte ich im Folgenden ein Konzept von Autofiktion als einem konstellativen Phänomen vorschlagen. Der Begriff der Konstellation soll hervorheben, dass erst das Zusammentreffen eines Textes mit bestimmten Eigenschaften einerseits und eines bestimmten Rezeptionsmodus andererseits dafür sorgt, dass das Phänomen in seiner Eigenständigkeit erscheint. Autofiktional ist in dieser Perspektive also eine spezifische Schreibweise nur in Verbindung mit einem bestimmten Wirkungszusammenhang, ohne dass eine rezeptionsästhetische Kausalität das eine fest mit dem anderen verbände. Konkret zeigt sich die Besonderheit des Phänomens dort, wo eine Schreibweise, welche die Grenze zwischen Autobiographie und Roman bzw. faktualem und fiktionalem Erzählen verwischt, auf einen dadurch anhaltend verunsicherten Lesemodus trifft. Kurz: Autofiktion bezeichnet literarische Verfahren, welche die Grenze zwischen der Literatur und dem Leben von Autor/innen verwischen, sofern sie die Interpretation verunsichern.

Die Bestandteile dieser Definition schränken sich gegenseitig ein. Einerseits kann eine solche gattungshybride Schreibweise die genannte Wirkung nur dort entfalten, wo allgemein eine hermeneutisch angemessene Vermittlung von Text- (bzw. Autor/innen-) und Leser/innenhorizont angestrebt wird. Lässt der autofiktionale Text offen, welche Aussagen autobiographisch bzw. fiktional zu verstehen sind, so ist die Beurteilung des autobiographischen Gehalts gleichsam den Lesenden überantwortet. Folgt man de Man und Zipfel, so kann diese Beurteilung bei der Lektüre nicht ausbleiben. Für Leser/innen geht es also nicht darum, *nicht* zu entscheiden, welche Aussagen als autobiographische dem Autor/der Autorin direkt zuzurechnen sind; vielmehr gilt es, wahrzunehmen, welche Entscheidungen man im Lesen trifft, und die Unsicherheit bezüglich der getroffenen Entscheidungen zu reflektieren. Wo nicht in dem Bewusstsein gelesen wird, dass man selbst den Text auslegt, kann es leicht passieren, dass die autofiktionale Unschärfe nicht wahrgenommen wird. In diesem Fall wird zumeist nur ein bestimmtes Bild von dem/der Autor/in des Textes bestätigt, indem alle Aussagen, die diesem Bild widersprechen,

117 Zimmermann, Jutta, *Einleitung: Ethik und Moral als Problem der Literatur und Literaturwissenschaft*, in: Dies./Britta Salheiser (Hg.), *Ethik und Moral als Problem der Literatur und Literaturwissenschaft*, Berlin 2006, S. 9-23, hier: S. 16.

kurzerhand dem fiktionalen Anteil des Werkes zugerechnet und somit als inauthentische abgetan werden.

Andererseits erscheint ein Lektüremodus, der die eigene Unsicherheit bei der Interpretation berücksichtigt, aber auch nicht grundsätzlich angebracht, was schon aus pragmatischen Gründen einsichtig sein sollte. Gerechtfertigt erscheint ein solcher Lesemodus nur dort, wo die von den autofiktionalen Verfahren aufgeworfene Frage, warum die Grenze zwischen Autobiographie und Fiktion verwischt wurde, als eine relevante erlebt wird. Wo es für die Lesenden keinen signifikanten Unterschied macht, ob ein Text (zumindest teilweise) autobiographisch zu verstehen ist oder nicht, werden die autofiktionalen Verfahren diese spezifische Wirkung nicht erzielen. Darum zeigt sich der für die Autofiktion im konstellativen Sinne spezifische Zusammenhang nur dort, wo ein Text seine/n Autor/in auf eine Weise ambivalent erscheinen lässt, die für den/die Leser/in von Bedeutung ist.[118] Nur dann nämlich wird man als Leser/in auch mit einer signifikanten Unsicherheit konfrontiert, im Rahmen der Interpretation eines literarischen Werkes zu entscheiden, wo sich der/die Autor/in auf eine bestimmte Weise positioniert und wo man selbst ihm/ihr lediglich etwas zuschreibt. Auf einer reflexiven Ebene lässt sich dann zudem die weitergehende Frage verhandeln, wer für den autofiktionalen Text bzw. dessen Deutung verantwortlich zeichnet. Die Interpretationsfrage nach dem Grund der autofiktionalen Grenzverwischung und die daran anknüpfende ethische Frage nach der Verantwortung für das Werk sind die beiden Leitfragen meiner Analysen von Jelineks Werken.

Autofiktion als Konstellation zu betrachten heißt, anzuerkennen, dass das Phänomen die Grenze zwischen der Rezeptions- und Produktionsperspektive transzendiert, oder anders gesagt: dass es sich nur in einer Begegnung konstituiert. Nimmt man diese Begegnung ernst, so lässt sich die meist einseitig bestimmte Verantwortung des Autors/der Autorin in ein Verhältnis zu den ihm/ihr gemachten Zuschreibungen setzen. Standardformeln, die in der interpretativen Praxis dazu dienen, gewonnene Erkenntnisse zu resümieren (‚Der Autor macht mit seinem Text bewusst, dass …‘; ‚Die Autorin unternimmt mit ihrem Text eine kritische Reflexion der …‘), wären demgemäß zu relativieren. Aber auch die gegenteilige Position, der zufolge allein der/die Leser/in für die Bedeutungskonstitution des Textes verantwortlich ist, lässt

118 Diese Ambivalenz wäre also keine Texteigenschaft im strengen Sinne, sondern eine auch von den Lesenden abhängige Wirkung. Weimar betonte eine solche Rezeptionsabhängigkeit auch schon beim weiter gefassten Begriff der Ambiguität: „Genügt es nicht, zu sagen, Ambiguität sei ein Ereignis oder Phänomen, das sich bei der Lektüre von Texten einstellen kann und bisweilen auch einstellt, jedesmal abhängig von Kenntnisstand und Sprachkompetenz derer, die lesen?“ Weimar, *Modifikation der Eindeutigkeit*, S. 56.

sich in dieser Perspektive nicht halten. Das stärkste Argument dafür liegt in dem gegen eine autonomieästhetische Behandlung der Werke gerichteten Kalkül, das man hinter dem bewussten Einsatz autofiktionaler Verfahren vermuten darf. Die Autonomie des Ästhetischen wurde im literaturwissenschaftlichen Diskurs der letzten Jahrzehnte vor allem durch die Trennung zwischen Autor/in und Erzählinstanz gesichert,[119] welche historisch mit der Durchsetzung strukturalistischer Positionen verbunden ist. Wenn die Erzählinstanz eines Romans den Autor/innennamen trägt, was die einfachste autofiktionale Schreibweise ist, wird diese Trennung aber gerade infrage gestellt. Es lässt sich daher schlussfolgern, dass eine autonome, also von moralischen und ethischen Parametern freie Behandlung der Werke bewusst durch die so verfahrenden Autor/innen preisgegeben wird, was sich auch als implizite Aufforderung deuten lässt, diesen Aspekten bei der Rezeption von Literatur wieder (mehr) Rechnung zu tragen.

2.3.1 *Zur ethischen Orientierung der hermeneutischen Perspektive*

Als konstellatives Phänomen lässt sich Autofiktion im Rahmen einer hermeneutischen Perspektive betrachten. Die allgemeinen gattungstheoretischen Vorurteile gegenüber *der* Autofiktion können sodann bei der Interpretation einzelner literarischer Texte kritisch geprüft werden, um zu sehen, wo sie sich bewähren und wo sie revidiert werden müssen. Gegenüber der fiktionstheoretischen Betrachtung einzelner Texte ist dabei auch auf eine historische sowie poetologische Kontextualisierung der autofiktionalen Verfahren zu achten. Darüber hinaus verspricht eine extensive Betrachtung von Rezeptionszeugnissen nicht nur Aufschluss über die Wirkung von Autofiktion (gerade hinsichtlich der Differenzen, die auf individuelle Lektüren zurückgehen), sondern bietet auch eine Grundlage zur Bearbeitung des weiterführenden ethischen Fragekomplexes. Letzteres kann als selbstreflexive Grundintention dieser Arbeit verstanden werden, für deren Verfolgung ein hermeneutischer Ansatz ebenso prädestiniert ist.[120]

Im autobiographischen Diskurs ist der Bezug zu ethischen Begriffen wie Verantwortung und Rechenschaft fest verankert. Dass auch autofiktionale Texte

---

119 Vgl. Nebrig, Alexander, *Neue Studien zu Moral und Ethik der Literatur und ihrer Kritik*, in: *Orbis Litterarum* 71/6 (2016), S. 549-560, hier: S. 552.

120 Auf ihre selbstreflexive Grundintention hat etwa Nobert Altenhofer besonderes Gewicht gelegt, als er die Hermeneutik im Rahmen des ersten Modellanalysenbandes allgemein repräsentierte. Vgl. Altenhofer, Norbert, *Der erschütterte Sinn. Hermeneutische Überlegungen zu Kleists „Das Erdbeben in Chili"*, in: David Wellbery (Hg.), *Positionen der Literaturwissenschaft. Acht Modellanalysen am Beispiel von Kleists „Das Erdbeben in Chili"*, München 1985, S. 39-53, hier: S. 40.

für ethische Fragestellungen Anknüpfungspunkte bieten können, wurde im Forschungsdiskurs zwar häufiger erwähnt; eingehend behandelt wurden die ethisch relevanten Aspekte von Autofiktion bislang jedoch noch nicht. Bevor ich auf diese im Einzelnen eingehe, soll zunächst allgemein geklärt werden, was hier unter Ethik bzw. der ethischen Orientierung einer hermeneutischen Perspektive verstanden wird. Das ist auch deshalb wichtig, weil unter dem Schlagwort *ethical turn* mittlerweile eine ganze Reihe verschiedener Ansätze subsummiert werden, die Ethik und Ästhetik auf je spezifische Weise in Verbindung bringen, ohne dass von einem zugrunde liegenden kohärenten Theoriekonzept gesprochen werden kann.[121]

Es ist wichtig, klar zwischen Ethik und Moral zu unterscheiden. Wie schon Zimmermann ausgeführt hat, verbindet sich mit Ethik „die theoretische und kritische Reflexion der Gültigkeit und Verbindlichkeit von Werten und Handlungsvorgaben", während Moral „stärker auf ein spezifisches Wertesystem bzw. auf konkrete Regeln und Handlungsvorgaben [verweist]".[122] Bei moralischen Fragestellungen wird also ein bestimmtes Wertesystem vorausgesetzt, das als Maßgabe zur Beurteilung guter oder kritikwürdiger Handlungen dient, während sich eine ethische Reflexion auf eine abstraktere und offenere Weise, auf Fragen darüber einlässt, welche Werte überhaupt handlungsorientierend wirken, bis zu welchem Grad sie es sind und ob sie eine universelle oder eingeschränkte Gültigkeit haben. Ähnlich hat auch Susanna Frings die Ethik als eine den Modus der Frage nie verlassende reflexive Praxis bestimmt, die sich nur an der eigenen subjektiven Perspektive orientieren kann (im Gegensatz zur Moral als normativem und kollektivem Antwortkatalog auf die Frage nach dem guten Leben).[123] Im Unterschied etwa zu

---

121 Vgl. Frings, Susanna, *„A la recherche de l'homme perdu". Literarische Ethik in den Romanen von Jean Echenoz, Jean-Philippe Toussaint und Michel Houellebecq*, Heidelberg 2014, S. 39. Rüdiger Heinze zufolge, an den auch schon Frings anschloss, lassen sich die verschiedenen Ansätze, die den *ethical turn* vollziehen, grob typologisieren: Ansätze, die ethische Implikationen der Ästhetik herausarbeiten (Wolfgang Welsch, Christoph Wulf); Ansätze, die Literatur in den Dienst der Veranschaulichung und Vermittlung guten Handelns und moralischen Empfindens stellen, wobei das Moralische dem Ästhetischen übergeordnet wird (Wayne C. Booth, Martha C. Nussbaum); Ansätze, die das Ästhetische in der Ethik untersuchen; sowie Ansätze narrativer Ethik, die sich im Rahmen des weiter greifenden *narrative turns* verstehen, also im Erzählen eine anthropologische Konstante erkennen, deren Dispositiv alles Handeln und Denken einschließlich ihrer ethischen Dimension konfiguriert (James Phelan, Zachary Newton). Vgl. Heinze, Rüdiger, *‚The return of the repressed'. Zum Verhältnis von Ethik und Literatur in der neueren Literaturkritik*, in: Jutta Zimmermann/Britta Salheiser (Hg.), *Ethik und Moral als Problem der Literatur und Literaturwissenschaft*, Berlin 2006, S. 265-281, hier: S. 265-275.

122 Zimmermann, *Ethik und Moral*, S. 16.

123 Vgl. Frings, *„A la recherche de l'homme perdu"*, S. 36f.

Wayne C. Booth und Martha C. Nussbaum, die im jüngeren literaturwissenschaftlichen Diskurs wohl am stärksten mit einer ethischen Perspektive assoziiert werden, soll es hier gerade nicht um eine normative Verpflichtung der Literatur gehen, bestimmte ‚gute' Inhalte und Werte zu vermitteln.[124] Dem skizzierten Verständnis zufolge wäre dies ein moralisches Projekt. Ethik fragt vielmehr nach der „unumgänglichen Verantwortung des Schreibenden für das von ihm praktizierte literarische Handeln, sprich für seine formalen, stilistischen aber auch seine inhaltlichen Entscheidungen sowie [...] der des Lesers für den Umgang mit der in ihm wirksamen ästhetischen Erfahrung."[125] In Anlehnung an Frings soll es auch hier darum gehen, in der „individuellen und jeweils konkreten Textbegegnung einen Ort ethischer Konfrontation bzw. ethischer Handlung [zu] erkennen. So wie dasjenige der Figuren impliziert nämlich auch das Handeln des Lesers stets eine Entscheidung: die bewusste oder unbewusste Wahl zwischen alternativen Rezeptionshaltungen."[126]

Dass die Wahl einer bestimmten Rezeptionshaltung mit einer Entscheidung des Lesers/der Leserin einhergeht, wurde bei der Darstellung der fiktionstheoretischen Unterscheidung verschiedener Typen von Autofiktion bereits mehrfach hervorgehoben, wobei sich zeigte, dass Zipfel diese Entscheidungen nicht reflektiert hat. Dass die Wahl einer Rezeptionshaltung unbewusst erfolgen kann, bedeutet aber nicht, dass man keine Verantwortung für sie zu übernehmen hätte. Dies lässt sich etwa an Zipfels Aussagen über Doubrovsky und dessen Werk *Fils* verdeutlichen, das er als besondere Art des autobiographischen Schreibens wertete und dessen Behauptungen er dem Autor folglich eins zu eins zuschreiben würde. Wäre es richtig, dass seine typologische Zuordnung des Werkes ohne interpretativen Akt auskäme, so müsste die

---

124 Vgl. Booth, Wayne C., *The Company We Keep. An Ethics of Fiction*, Berkeley 1988; Nussbaum, Martha C., *Love's Knowledge. Essays on Philosophy and Literature*, New York 1990. Für eine Einführung in den maßgeblich durch die beiden Autor/innen geprägten *Ethical Criticism* vgl. Davis, Todd F./Womack, Kenneth (Hg.), *Mapping the Ethical Turn. A Reader in Ethics, Culture and Literary*, Charlottesville/London 2001. Dass dieser Ansatz, ethische Fragestellungen in die Literaturwissenschaft (wieder-)einzuführen auch in den USA nicht alternativlos ist, zeigt ein anderer, stärker von poststrukturalistischen Überlegungen geprägter Band, der ebenfalls zur Jahrtausendwende erschien, vgl. Garber, Marjorie/Hanssen, Beatrice/Walkowitz, Rebecca L. (Hg.), *The Turn to Ethics*, New York/London 2000.

125 Frings, *„A la recherche de l'homme perdu"*, S. 35.

126 Ebd., S. 44. Frings legte ihrer Untersuchung zunächst eine weit gefasste Leitfrage zugrunde: „Wo verbindet sich das Wesen der Literatur mit ethischen Prämissen?" (ebd., S. 44f.) Die von ihr vorgelegten Romananalysen machen indes deutlich, dass sie vor allem am Ansatz der narrativen Ethik orientiert war, um anhand der formalen Verfahren und Strukturen literarischer Texte ethische Aussagen über deren Wirkung zu fällen.

Wahl seiner Rezeptionsweise alternativlos bleiben – was nicht der Fall ist.[127] Entsprechend muss Zipfel aufgrund seiner Wahl einer bestimmten Lektürehaltung als verantwortlich für seine Aussagen über *Fils* gelten.

Ist eine Verantwortung dieser Art aber überhaupt von Gewicht? Diese Frage lässt sich kaum pauschal beantworten. Immerhin kann darauf verwiesen werden, dass Rezeptionsaussagen nicht nur Erkenntnisse, sondern immer auch eine bestimmte Weltsicht vermitteln, die ihrerseits bestimmte Werte repräsentiert. Zudem lässt sich festhalten, dass im Falle der Deutung von Autofiktionen, wo man nicht nur Aussagen zu autonom verstehbaren Werken trifft, sondern immer auch über das Leben ihrer – zumeist noch lebenden – Autor/innen spricht, die Verantwortung der Lesenden für die von ihnen getroffenen Zuschreibungen schwerer wiegt als bei anderen Texten.[128] Durch eine öffentliche Rezeption (in Gesprächen, Seminardiskussionen, sozialen Medien, Rezensionen, wissenschaftlichen Aufsätzen etc.) können Lesende einen signifikanten Anteil an der Konstitution einer interpretationsrelevanten Autorimago erhalten – eine Praxis, die sich wegen der zugrunde liegenden Rezeptionsentscheidungen pointiert als Co-Autorschaft beschreiben ließe. Daher ergibt sich auch die Wichtigkeit von Rezeptionszeugnissen für diese Untersuchung, da sich die angedeutete ethische Konfrontation nur im Falle einer publik gemachten Rezeption betrachten lässt. Auch wenn hier zumeist allgemein von Lesenden die Rede ist, sind damit also primär jene Akteure und Akteurinnen gemeint, die aktiv am Rezeptionsdiskurs teilnehmen.

---

127 So äußerte sich Kentaro Kawashima, sogar mit direktem Bezug auf Zipfel, ebenfalls über Doubrovskys Werk und schlug in dessen Terminologie eine andere Lesart vor. Vgl. Kawashima, Kentaro, *Dekonstruktion und Autofiktion – Über Paul de Mans Theorie zur Autobiographie*, in: Leopold Schlöndorff (Hg.), *Autofiktion heute. Zur literarischen Konstitution des autobiographischen Subjekts in der deutschen Gegenwartsliteratur* (= *Studienreihe der japanischen Gesellschaft für Germanistik* 122/05 (2017)), S. 7-21, hier: S. 14, Anm. 12. Überzeugenderweise merkte Kawashima an, dass ihre unterschiedlichen Einschätzungen wohl damit zusammenhängen, dass Zipfel einen poetologischen Essay Doubrovskys nicht berücksichtigt hat. Wie gezeigt wurde, hängt es mit den Voraussetzungen der Fiktionstheorie zusammen, poetologische Texte, für die Autor/innen als verantwortlich gelten, nicht mit Erzähltexten verbinden zu können.

128 Dies ließe sich als Herausforderung für die Gegenwartsliteraturforschung ergänzen, die allgemein in einer „institutionellen Gemengelage statt[findet], die Rollenkonflikte und Distanzprobleme produziert: Wenn Autoren im Hörsaal über Poetik dozieren und an Fachtagungen teilnehmen, wenn Philologen diese Autoren moderieren, ihre neuen Titel rezensieren und eigens erstelltes Interview-Material in Aufsätzen zitieren, ergeben sich Fragen nach den Prämissen und Verfahren philologischer Wissensproduktion, und damit auch nach deren Kriterien und Standards." Griem, *Standards für Gegenwartsliteraturforschung*, S. 101.

Schon der Anerkennung verschiedener möglicher Rezeptionshaltungen ist auf einer Metaebene eine ethische Reflexion eingeschrieben, bei der es um die Frage nach dem Ziel interpretativer Praxis geht: Soll man den Erkenntnissen der eigenen Arbeit eine möglichst objektive, thetische Form geben, um ihre weitere Operationalisierung im wissenschaftlichen Diskurs zu begünstigen? Oder soll man auch die Abwägungen und Zweifel betonen, die im Arbeitsprozess subjektive Entscheidungen erforderlich machen, welche den Erkenntnissen zugrunde liegen? Reicht es aus, Entscheidungen (etwa hinsichtlich der Einschränkungen des Textkorpus, der Wahl der Untersuchungsperspektive und Rezeptionshaltung) explizit zu fällen, oder soll man – wenn ja, bis zu welchem Grad? – auch deren Motivierung reflektieren? Soll man sich eher an der Form von positiven Erkenntnissen orientieren oder aber ihre Relationalität in Bezug auf den Forschenden betonen? Gilt es, bestimmte Tatsachenbehauptungen aufzustellen oder einen (selbst-)reflexiven Prozess zu beschreiben? Kurzum: Wie lässt sich der wissenschaftliche Anspruch, allgemeingültige Erkenntnisse zu erarbeiten, mit dem Wissen um die Irreduzibilität der eigenen Perspektive vermitteln? Insofern es bei dieser, im Kern sicherlich erkenntnistheoretischen Reflexion, auch um Redlichkeit geht, hat sie einen klaren Bezug zur Ethik.[129]

Unter der Annahme, dass es beim Lesen eines Textes zu einer Begegnung kommt, lässt sich darüber hinaus die spezifische ethische Dimension der Beziehung der Lesenden zum Text – und damit zu den Autor/innen, deren Rede man versucht, richtig zu verstehen – näher beleuchten.[130] Diese Beziehung kann nämlich unterschiedlicher Art sein und es macht offensichtlich einen Unterschied, ob man ein literarisches Werk als einen „Freund"[131] oder als einen

---

129 Diese Reflexion knüpft an Fragen an, die Derek Attridge aufgeworfen hat: „Wie können wir die unerschöpfliche Nachfrage nach Innovation in der kulturellen Praxis verstehen? Wie verhält sich die Verpflichtung, im künstlerischen Schaffen innovativ zu sein, mit der Verpflichtung, erfinderisch auf kulturelle Produktionen zu reagieren? Wie ist die Beziehung zwischen letzterer Verpflichtung und der scheinbar widersprüchlichen Verpflichtung, auf kulturelle Artefakte mit Treue und Gerechtigkeit zu reagieren? Haben diese Verpflichtungen die Kraft ethischer Verantwortung, und wenn ja, in welcher Beziehung stehen sie zu ethischen Anforderungen im Bereich der persönlichen und sozialen Interaktion? Und haben die hier gestellten Fragen eine besondere Wertigkeit im Bereich der Kunst und insbesondere in der Institution oder Praxis, die wir Literatur nennen?" Attridge, Derek, *Innovation, Literature, Ethics: Relating to the Other*, in: *MLA* 114/1 (1999), S. 20-31, hier: S. 20 [Übers. S.L.].

130 Zur Ethik als Beziehung vgl. Buell, Lawrence, *What We Talk About When We Talk About Ethics*, in: Garber, Marjorie/ Hanssen, Beatrice/Walkowitz, Rebecca L. (Hg.), *The Turn to Ethics*, New York/London 2000, S. 1-13, hier: S. 6f.

131 So heißt der zweite Teil von Booths *Ethics of Fiction*: „The Making of Friends and Commonwealths: Criticism as Ethical Culture", vgl. Booth, *The Company We Keep*, S. 157-373.

„Fremden"[132] behandelt. Geht man von Texten als Studienobjekten aus, über die man ohne persönlichen Affekt Aussagen treffen kann, oder betrachtet man sie als Lebenszeugnisse, denen man eine gewisse diskrete Anteilnahme zukommen lassen sollte? Steht einem Leser, wie de Man mit Blick auf Lejeunes Pakt-Theorie zu denken gegeben hatte, die Rolle eines „Richters"[133] zu, der das Verhalten seines Vertragspartners beurteilt? Verkompliziert werden diese Fragen nach dem ethischen Charakter der Beziehung von Lesenden und den Autor/innen noch, wenn man in Rechnung stellt, dass es schon vor der Rezeption eines literarischen Textes zu Interferenzen zwischen seiner Produktion und seinem Publikum kommen kann. Autor/innen können eine spezifische Rezeptionshaltung in ihren Werken immer auch schon antizipieren. Alexander Nebrig zufolge haben deutschsprachige Autoren den Erwartungshorizont von Germanist/innen bereits ab 1910 mitgedacht.[134] Im Zeitalter der Medienrealität ist davon auszugehen, dass sich die Interferenzen zwischen der Produktion und Rezeption von literarischen Werken noch verstärkt haben.

Man könnte dafür argumentieren, dass sich eine literaturwissenschaftliche Untersuchung mit einer solchen ethischen Perspektive allgemein auf die hermeneutische oder geisteswissenschaftliche Tradition berufen kann. Schon Michail Bachtin hat von einer „besondere[n] Zweischichtigkeit und Bisubjektivität des geisteswissenschaftlichen Denkens"[135] gesprochen. In einer Ausfaltung seines Dialogizitätstheorems, das allgemein die „Interferenz von zwei individuellen Sprechweisen und der durch sie artikulierten Sinnpositionen (‚Stimmen') in einem Wort bzw. in einer Äußerung"[136] meint, hielt er fest: Jeder Text habe ein Subjekt, den/die Autor/in, das nur von einem zweiten Subjekt verstanden werden kann, „das den (fremden) Text (für dieses oder jenes Ziel, beispielsweise zum Zweck der Untersuchung) wiedergibt und einen (kommentierenden, wertenden, widersprechenden usw.) Rahmentext schafft."[137] Darum komme es, Bachtin zufolge, im geisteswissenschaftlichen Denken zur „Begegnung zweier Subjekte, zweier Autoren."[138] Bezogen auf die hermeneutische Praxis sprach mit einem vergleichbaren Ausdruck auch Klaus

132 Attridge, *Relating to the Other*, S. 26 [Übers. S.L.].

133 de Man, *Autobiographie als Maskenspiel*, S. 135.

134 Vgl. Nebrig, Alexander, *Disziplinäre Dichtung. Philologische Bildung und deutsche Literatur in der ersten Hälfte des 20. Jahrhunderts*, Berlin/Boston 2013, S. 4.

135 Bachtin, Michail M., *Das Problem des Textes*, in: Stephan Kammer/Roger Lüdeke (Hg.), *Texte zur Theorie des Textes*, Stuttgart 2005, S. 172-183, hier: S. 175.

136 Lehmann, Jürgen, *Dialogizität*, in: Klaus Weimar (Hg.), *Reallexikon der deutschen Literaturwissenschaft*, Band I, Berlin/ New York 2007, S. 356f., hier: S. 357.

137 Bachtin, *Das Problem des Textes*, S. 175.

138 Ebd., S. 177.

Weimar, der sich im Verlauf einer größeren Zeitspanne immer wieder mit dem Thema einer Ethik des Lesens und Verstehens beschäftigt hat, von einer „doppelten Autorschaft".[139]

Bachtin und Weimar seien hier als zwei Literaturwissenschaftler angeführt, die den ethischen Rahmen im Verstehensprozess von Texten fokussiert haben, noch bevor die Rede vom *ethical turn* aufkam. Ihre Annahme einer geteilten bzw. doppelten Autorschaft mit den daraus abgeleiteten ethischen Folgerungen für das Lesen kann allerdings nicht als allgemein anerkannt gelten.[140] Bei genauerer Betrachtung zeigt sich, dass die Vermittlung geisteswissenschaftlichen und insbesondere hermeneutischen Denkens mit ethischen Reflexionen, obschon der Sache nach scheinbar evident, im Einzelnen nur schwer zu überblicken ist.[141] Dies spiegelt sich auch in einer Vielzahl homonymer Konzepte

---

139 Weimar, *Doppelte Autorschaft*. – Zwar bewertete Weimar die Möglichkeit, eine Ethik des Lesens zu formulieren, zum Ende seiner Reflexion skeptisch; die Art und Weise, wie er davon sprach, passt jedoch eher zum oben dargelegten Verständnis von Moral: „Lesen geschieht und vollzieht sich zwangshaft [sic!] und automatisch, ist zwar um seiner selbst willen lebhaft daran interessiert, keine Missgriffe zu begehen, lässt sich aber durch keine Ge- oder Verbote daran hindern und davor schützen, es doch zu tun. Eine Ethik des Lesens könnte es nur geben, wenn Theorien auch gegenstandslos sein dürften." (Weimar, Klaus et al., *Über die Ethik des Verstehens. Ein schriftliches Gespräch zwischen Heinrich Bosse, Ursula Renner und Klaus Weimar*, in: *Der Deutschunterricht. Beiträge zu seiner Praxis und wissenschaftlichen Grundlegung* LXII/4 (2010), S. 14-25, hier: S. 16.) Ethik, wie ich sie verstehe, geht es nicht darum, Ge- oder Verbote aufzustellen, sondern die Legitimität des eigenen Handelns gerade in den Fällen zu bedenken, in denen moralische Gesetze nicht greifen.

140 Das machen z. B. die von Weimar angeführten Negativbeispiele von Rezeptionshaltungen einsichtig, die jede Verantwortung von sich weisen. Vgl. Weimar, Klaus, *Literaturwissenschaftliche Texte als Modelle des Sozialverhaltens*, in: Heinrich Bosse/Ursula Renner (Hg.), *Literaturwissenschaft. Einführung in ein Sprachspiel*, Freiburg i. Br./Berlin/Wien 2010, S. 367-380, hier: S. 370-373.

141 Zum Verhältnis von Ethik und Hermeneutik insbesondere bei Friedrich Schleiermacher vgl. die instruktiven Ausführungen von Gunter Scholtz, der dargelegt hat, wie dessen Hermeneutik als technische Disziplin ihre theoretischen Grundlagen in der Ethik als philosophischer Disziplin findet. Scholtz erinnerte daran, dass Schleiermachers „strengere Praxis" der Auslegung davon ausgeht, dass das Verstehen „auf jedem Punkt muß gewollt und gesucht werden", also eine sittliche Einstellung der Interpretierenden zu dem/der Autor/in gefordert ist. Hans-Georg Gadamer dagegen bekannte, dass ebendieses Verhalten nichts mit Ethik zu tun habe. Vgl. Scholtz, Gunter, *Ethik und Hermeneutik*, in: Ders., *Ethik und Hermeneutik. Schleiermachers Grundlegung der Geisteswissenschaften*, Frankfurt a. M. 1995, S. 126-146, hier: S. 133, 140; Schleiermacher, Friedrich D.E., *Hermeneutik und Kritik*, Frankfurt a. M. 1977, S. 92; Gadamer, Hans-Georg, *Und dennoch: Macht des Guten Willens*, in: Philippe Forget (Hg.), *Text und Interpretation*, München 1984, S. 59-61, hier: S. 59. – Mit allgemeinem Aussageanspruch und vor dem Hintergrund einer geisteswissenschaftlichen Legitimationskrise hat etwa Hubert Zapf dargelegt, dass „ethische Fragestellungen zu den genuinen Aufgaben der Geisteswissenschaften […] gehören, die mit ihrem spezifischen Erkenntniszugang zusammenhängen und von anderen Disziplinen

wie „Literarische Ethik" oder „Ethik der Lektüre" wieder, die von verschiedenen Autor/innen unterschiedlich eingesetzt werden.[142] Um Missverständnisse zu vermeiden, soll schlicht festgehalten werden, dass, wenn im Folgenden von Hermeneutik die Rede ist, damit eine dezidiert ethisch orientierte kritische Umgangsform gemeint ist, in Abgrenzung zu ethisch indifferenten Untersuchungspraktiken, für die die Frage der eigenen Perspektive keine Rolle spielt. Auf diese Weise kann auch die intrikate Frage ausgeklammert werden, ob nicht die „Wendung von einer ‚ethischen Hermeneutik' ein Hendiadyoin" (oder präziser: einen Pleonasmus) darstellt.[143]

Es sind vor allem Weimars Ausführungen, die den hier angestrebten Vermittlungsversuch zwischen einer rezeptions- und einer produktionszentrierten Perspektive auf Autofiktion wesentlich angeregt haben. In seinem zuerst 1993 veröffentlichten Aufsatz mit dem vielsagenden Titel „Lesen: zu sich selbst sprechen in fremdem Namen" hat er den Akt des Lesens als einen geteilten entworfen. Dieser Akt prozediere als „ein Versprachlichen der Schrift einerseits und ein Vernehmen der Sprache andererseits, und zwar

---

nicht in gleicher Weise erfüllbar sind." Zapf, Hubert, *Zur Epistemologie und Ethik der Geisteswissenschaften*, in: Christine Lubkoll/Oda Wischmeyer (Hg.), *‚Ethical Turn'? Geisteswissenschaften in neuer Verantwortung*, München 2009, S. 57-78, hier: S. 60.

142 Frings „Literarische Ethik" hat beispielsweise wenig zu tun mit dem, was Edgar Platen anhand des gleichen Begriffs untersuchte. Vgl. Platen, Edgar, *Perspektiven literarischer Ethik. Erinnern und Erfinden in der Literatur der Bundesrepublik*, Tübingen/Basel 2001. Beide Ansätze unterscheiden sich wiederum von dem „ethischen Dialog", mit dem Stephanie Waldow im Anschluss an Walter Benjamin und Michel Foucault den Akt des Erzählens in einem existenziellen Sinne aufwerten wollte (bei genauerer Hinsicht erscheint dies mehr als interpretativer Fokus denn als theoretische Perspektive). Vgl. Waldow, Stephanie, *Mich kümmert's, wer spricht. Literaturwissenschaft als ethischer Dialog*, in: Christine Lubkoll/Oda Wischmeyer (Hg.), *‚Ethical Turn'? Geisteswissenschaften in neuer Verantwortung*, München 2009, S. 119-135. Differenzen zeigen sich auch zwischen den Ansätzen von Werner Hamacher, J. Hillis Miller und Ludo Verbeeck/Bart Philipsen, die jeweils eine „Ethik der Lektüre" bzw. *„the Ethics of Reading"* entwerfen. Vgl. Hamacher, Werner, *Das Beben der Darstellung. Kleists „Erdbeben in Chili"*, in: Ders., *Entferntes Verstehen. Studien zu Philosophie und Literatur von Kant bis Celan*, Frankfurt a. M. 1998, S. 235-279, bes. S. 279; Miller, J. Hillis, *The Ethics of Reading. Kant, de Man, Eliot, Trollope, James, and Benjamin*, New York 1987, bes. S. 43; Verbeeck, Ludo/Philipsen, Bart (Hg.), *Die Aufgabe des Lesers. On the Ethics of Reading*, Leuven 1992. Schließlich, um ein letztes Beispiel zu geben, ist auch David Martyn, der die poststrukturalistische Diskussion um eine „Ethik des Lesens", wie sie vor allem im angloamerikanischen und französischen Raum geführt wurde, mit einer *Faust*-Lektüre für die Germanistik erschlossen hat, wiederum nur „weitgehend" an Miller orientiert. Martyn, David, *Unmögliche Notwendigkeit (Die Ethik des Lesens)*, in: Jürgen Fohrmann/Harro Müller (Hg.), *Literaturwissenschaft*, München 1995, S. 311-329, hier: S. 327, Anm. 40.

143 Nebrig, *Neue Studien zu Moral und Ethik*, S. 549.

nicht abwechslungsweise, sondern stets untrennbar zugleich".[144] Der/die Leser/in sei insofern Sender und Empfänger gleichzeitig, ja sogar noch mehr: Produktion und Rezeption von Sprache und Schrift ließen sich nie deutlich differenzieren, ihre „strikte Trennung und Entgegensetzung" sei „schlecht abstrakt und prinzipiell unzulänglich."[145]

Weimars Konzeption des Lesens hat entscheidende Konsequenzen für die Frage der Zurechnung gelesener Aussagen sowie die Konstitution der interpretationsrelevanten Autorimago. Zwar impliziere Schrift, dass sie von jemandem geschrieben sei, um Sprache zu vertreten, und dieser Implikation liege die konventionell betriebene „Zurechnung" einer schriftlichen Aussage zu ihrem/ihrer Autor/in zugrunde.[146] Gleichzeitig aber sei darauf zu insistieren, dass Sprache, Schreiben und jene Person, die man für den/die Autor/in hält, in der Schrift radikal abwesend sind, ja, relativ zu ihr „das schlechthin Fremde" darstellen, denn „sie können nicht in die Schrift hinein, die trotzdem beständig von ihrer Abwesenheit zeugt und sie dadurch als Abwesende anwesend sein läßt."[147] Der Akt der Zurechnung gelesener Aussagen zu ihrem/ihrer Autor/in muss darum grundsätzlich ein ungesicherter bleiben – was allerdings nicht heißt, dass das Lesen darauf verzichten könnte. Vielmehr sei es gerade

> der fundamentale Anspruch des Lesens, [...] in fremdem Namen zu handeln und ohne eigene Zutat allein Schrift in Sprache zu verwandeln und nicht etwa aus Anlaß der Schrift frei und aus sich selbst Sprache zu produzieren. Diesen Anspruch, den das Lesen durch sich selbst erhebt und den es um seiner selbst willen erheben muß, kann es grundsätzlich nicht einlösen bzw. als eingelöst erweisen.[148]

Der Anspruch des Lesens bleibt also Repräsentation – auch wenn diese unter prekären Vorzeichen steht.[149] Lesende sind, mit anderen Worten, unsichere

144 Weimar, *Lesen*, S. 58 [Herv. i. O.].
145 Ebd., S. 59.
146 Ebd., S. 60.
147 Ebd., S. 61 [Herv. i. O.].
148 Ebd., S. 62 [Herv. i. O.].
149 Weimars Konzeption des Lesens begegnet hier de Mans Verständnis von Autobiographie, das ja zentral auf der rhetorischen Trope der Prosopopöie aufbaut: „Die *Prosopopoiia*, die Gesichts-Verleihung, die das Lesen vornimmt, ‚sagt', indem sie mit einer Maske oder einem ‚Gesicht' versieht, auch, daß dort zuvor keines war – ebenso wie (und gerade insofern) sie diesen Mangel verstellt." (Menke, Bettine, *Prosopopoiia. Stimme und Text bei Brentano, Hoffmann, Kleist und Kafka*, München 2000, S. 229.) Mit Martyn könnte man sagen, dass die Repräsentation, die das Lesen durch die Trope der Prosopopöie leistet, eine „unmögliche Notwendigkeit" darstellt; mithin also jene Gedankenfigur vollzieht, die

„*Vertreter* des Fremden."[150] Das bei dieser Vertretung entscheidende „unlösbare Problem" stellt sich Weimars Ausführungen zufolge als durch keine Operation zu transzendierender hermeneutischer Zirkel dar: Denn während „ich das Fremde im Zuge der Versprachlichung vollgültig nur dann vertreten kann, wenn ich es schon kenne", so ist andererseits einsichtig, „daß ich es nur kennenlernen kann, indem ich sein Statthalter im Versprachlichen der Schrift bin."[151]

Weimar kommt auch auf den Begriff der Verantwortung zu sprechen, wenn er kritisch die Versuche beurteilt, sich trotz dieses unabschließbaren Zirkels der Legitimität der eigenen Vertretung des Fremden im Lesen zu versichern. Er halte diese Versuche „für mehr oder weniger triste Fälle von Selbstentfremdung, von Unfähigkeit oder fehlender Bereitschaft, das Handeln in fremdem Namen als das eigene zu erkennen, das es ist, oder, in anderer Terminologie, die Verantwortung für eben dieses eigene Handeln in fremdem Namen zu übernehmen."[152] Zum Ende seines Aufsatzes wird diese Einsicht von ihm positiv gewendet:

> Ein Lesen und Verstehen im Bewußtsein der Unmöglichkeit einer Selbstvergewisserung ist um seiner selbst willen verpflichtet zur radikalen Selbstverfremdung als der einzigen Möglichkeit, der Verantwortung für das eigene Handeln in fremdem Namen vielleicht gewachsen zu sein. Das ist der Grundsatz einer Ethik des Lesens und Verstehens.[153]

Auch wenn er dafür kein Beispiel angab, lässt sich aus Weimars Ausführungen schließen, dass er bei der geforderten Selbstverfremdung an die hermeneutische Praxis der Revision der eigenen Vorurteile dachte und emphatisch an diese appellieren wollte. In einem anderen Text zum gleichen Problemkreis stellte er eine Frage, die man vielleicht als Veranschaulichung einer radikalen Selbstverfremdung in Bezug auf das eigene Lesen ansehen darf: Ist ein Text wie „*Faust I*", heißt es dort, „eine Darstellung dessen, was ist, oder dessen, was sein sollte, oder dessen, was *nicht* sein sollte?"[154] Mit anderen Worten: Vertritt man eine/n Autor/in, der/die der Welt den Spiegel vorhält, ihr utopische Potentiale aufzeigt oder sie in satirischer Weise kritisiert? In so grundlegender Hinsicht ist

---

er als charakteristisch für die Ethik des Lesens ausmacht. Vgl. Martyn, *Unmögliche Notwendigkeit*, S. 323-327.

150 Weimar, *Doppelte Autorschaft*, S. 127 [Herv. i. O.].

151 Weimar, *Lesen*, S. 62.

152 Ebd., S. 65.

153 Ebd.

154 Weimar, *Über die Ethik des Verstehens*, S. 24f. [Herv. i. O.]. Für eine Klärung ähnlich grundlegender Fragen am *Faust*-Beispiel vgl. Martyn, *Unmögliche Notwendigkeit.*

das eigene Textverstehen meist schon immer entschieden. Sich auch nur vorzustellen, dass man den allgemeinen Aussagemodus eines Textes bzw. seines Autors/seiner Autorin falsch eingeschätzt haben könnte, wirkt unmittelbar befremdlich. Dieser Befremdung zumindest versuchsweise nachzugeben, kann eben darum eine Distanz zur eigenen Deutungspraxis schaffen, von der das Textverstehen – so man es in seiner ethischen Herausforderung als Vertretung eines/einer Fremden annehmen will – nur profitieren kann.

Weimar hat allgemein, nicht einmal nur auf literarische Texte bezogen, über die Ethik des Lesens und Verstehens reflektiert. Ich möchte dafür argumentieren, dass seinen Überlegungen im Zusammenhang mit Autofiktion ein besonderer Stellenwert zukommt. Auf den ersten Blick mag dies kontraintuitiv erscheinen, schließlich haben manche Literaturtheoretiker/innen die Autofiktion bereits als unverantwortliche Gattung schlechthin gebrandmarkt. Was einem Fiktionstheoretiker wie Genette schlicht als „uneingestandene Autobiographie"[155] erscheinen mag, wirft aus Perspektive einer ethisch orientierten Hermeneutik jedoch viele Fragen auf. Wie soll man im Prozess des Lesens und Verstehens eine/n Autor/in vertreten, der/die das Paradigma der Repräsentation generell infrage stellt, wenn er/sie die Grenze zwischen Autobiographie und Roman bzw. faktualem und fiktionalem Erzählen verwischt? Was Martina Stemberger zum Ende eines Aufsatzes einmal konstatiert hat, „dass die Autofiktion – in der literarischen Praxis, aber auch als Stimulans theoretischer Diskurse – trotz aller (teilweise nicht unbegründeten) Skepsis gegenüber dem ‚mauvais genre' nach wie vor ein gewisses kritisches Potential besitzt",[156] kann in dieser Perspektive grundlegend aufgezeigt werden. Das Werk von Elfriede Jelinek, das auch paradigmatisch als Geschichte der Entwicklung autofiktionaler Verfahren gelesen werden kann, bietet sich dabei in besonderer Weise für eine Untersuchung an. In den Einzelanalysen werde ich ausführen, worin genau sich das kritische Potential von Jelineks autofiktionalen Texten erkennen lässt. In allgemeinerer Hinsicht seien hier abschließend drei Gründe angeführt, die für die besondere Virulenz von Weimars Überlegungen im Kontext der Autofiktion sprechen.

2.3.2 *Ethisch relevante Aspekte von Autofiktion*

Konflikthafte Repräsentation: Zunächst lässt sich hervorheben, dass literarische Texte, in denen autofiktionale Verfahren eingesetzt werden, häufig von Subjekten handeln, die sich in ihrer Existenz als gefährdet erleben.[157] Man hat darum in der Forschung bereits eine Affinität zwischen der Nutzung

155 Genette, hier zit. n.: Zipfel, *Zwischen den Grenzen*, S. 302.

156 Stemberger, *„L'autofiction [...] un geste politique"?*, S. 41.

157 Vgl. ebd., S. 33.

autofiktionaler Verfahren und einer inter- bzw. transkulturellen Thematik ausgemacht.[158] Allgemein betrachtet, eigne sich die autofiktionale Schreibweise besonders für die Darstellung von marginalisierten oder in ihrer Identität mit Gegensätzen konfrontierten Lebensweisen.[159] Dabei macht sie kenntlich, dass mit der Repräsentation von Subjekten immer auch Konflikte einhergehen können. Die ethische Schwierigkeit einer angemessenen Vertretung von Subjekten, die mit Repräsentationsformen im Konflikt stehen, liegt auf der Hand. Wie soll man über jemanden sprechen, der sich vom Symbolsystem der Sprache ausgeschlossen empfindet? Besonders Gronemann hat den Aspekt der Problematisierung und Reflexion des Subjektbegriffs in ihren Arbeiten zur Autofiktion hervorgehoben. So hat sie etwa *Une mélancolie arabe* (2008) von Abdellah Taïa als einen Text analysiert, in dem „sich die sprachliche Modellierung eines Selbst [vollzieht], das sich nicht als Einheit wahrnimmt, sondern – im Sinne Lacans – im Diskurs des Anderen immer wieder verschiebt und neu konstituiert."[160]

Auf den Forschungen der feministischen Literaturwissenschaft aufbauend gilt es in diesem Zusammenhang auch, den besonderen Status von Autor*innen* zu bedenken. Die Bedingungen, unter denen diese sprechen, schreiben und veröffentlichen, unterscheiden sich von denen männlicher Autoren.[161] Die marginalisierte Redeposition, die weiblicher Autorschaft zugewiesen wurde (und häufig noch immer zugewiesen wird), hat sich bereits in der Geschichte der Autobiographie auch formal eindrücklich niedergeschlagen. Man denke etwa an die Beobachtung von Carola Hilmes, dass „insbesondere Frauen die dialogische Form der Autobiographie bevorzugen".[162] Schon solche Überschreitungen der klassischen Selberlebensbeschreibung verzichteten auf eine souveräne Redeposition, die historisch als männliche markiert ist. Autofiktionen können demgegenüber noch einen Schritt weitergehen, indem sie

158 Vgl. Schenk, Klaus, *Autofiktionale Aspekte in der gegenwärtigen Migrationsliteratur*, in: Jean-Marie Valentin (Hg.), *Migrations-, Emigrations- und Remigrationskulturen. Multikulturalität in der zeitgenössischen deutschsprachigen Literatur*, Bern et al. 2007, S. 355-362; Acker/Fleig, *Aufrichtigkeit der Mehrsprachigkeit*, S. 21-24.

159 Vgl. Zipfel, *Zwischen den Grenzen*, S. 309.

160 Gronemann, *Autofi(c)ktionales intermediales Schreiben bei Abdellah Taïa*, S. 105.

161 Vgl. den Überblicksartikel: Kroll, Renate, *Autorin, weibliche Autorschaft, Frauenliteratur. Betrachtungen zu schreibenden und „geschriebenen" Frauen*, in: Corinna Schlicht (Hg.), *Genderstudies in den Geisteswissenschaften. Beiträge aus den Literatur-, Film- und Sprachwissenschaften*, Duisburg 2010, S. 39-53, hier: S. 41, 51; vgl. ferner: Dröscher-Teille, *Autorinnen der Negativität*, S. 53-65.

162 Hilmes nannte die Autobiographien von Bettina von Arnim, Gertrude Stein, Nathalie Sarraute und Christa Wolf. Vgl. Hilmes, Carola, *Das inventarische und das inventorische Ich. Grenzfälle des Autobiographischen*, Heidelberg 2000, S. 405.

das Subjekt der Autorin nicht nur als von anderen Sprechenden abhängig zeigen, sondern die Referenz auf dieses Subjekt gänzlich prekär werden lassen. Der Einsatz autofiktionaler Verfahren, der nicht auf die Konstitution eines kohärenten Bildes des Autors/der Autorin abzielt, kann in diesem Sinne auch als Infragestellung einer männlichen Autorschaftsposition bewertet werden.[163]

Nichtsdestoweniger stellt sich aus Sicht der Rezipierenden dann aber die Frage nach einem angemessenen Umgang mit einer Literatur, die von solchen Verfahren Gebrauch macht. Als Vertreterin der feministischen Literaturwissenschaft merkte Genia Schulz 1991 an, wir könnten „nicht *über* Autoren/ Autorinnen schreiben, ohne auch *in* ihnen zu schreiben".[164] Als Autorin über andere Autor/innen zu schreiben sensibilisierte Schulz für den Prozess ihres eigenen Umgangs mit der fremden Sprache. Dieser Umgang betrifft in der Spezifik seiner Aneignung – „als Räuber, Vampire, Diener, Verwalter oder Herrscher"[165] – immer auch jene Autor/innen, auf deren Verständnis es einem ankommt. Nieberle nannte, damit an Schulz anknüpfend, die „Innenschau der wissenschaftlichen Autorschaft [...] eines der Differenzkriterien für feministische Wissenschaft".[166]

---

163 Vgl. Fleig, *Sports Play*, S. 1998. Mit dem prekären Status von Frauen oder Autorinnen hat sich Jelinek vielschichtig in ihrem Werk auseinandergesetzt. Schon im Titel griff sie die Thematik etwa in ihrem Theaterstück *Krankheit oder Moderne Frauen* auf. Das diesem Text vorangestellte Zitat der Philosophin Eva Meyer adressiert denn auch die Problematik weiblicher Autorschaft. Vgl. Jelinek, Elfriede, *Krankheit oder Moderne Frauen*, in: Dies., *Theaterstücke*, Reinbek bei Hamburg 1992, S. 191-265, hier: S. 192. Meyers Gedankenfigur, dass eine Künstlerin, weil sie kein großer Meister sei, nicht in ihren Werken verschwinden könne, sondern immer wieder auftauchen müsse, wurde von Jelinek nicht nur in diesem Stück motivisch aufgegriffen, sondern auch in *Ein Sportstück* zentral verarbeitet (s. Kap. 5.2 und 5.4).

164 Schulz, Genia, *Anmerkungen zum Verschwinden des Autors und zum Erscheinen der Autorin*, in: Inge Stephan/Sigrid Weigel (Hg.), *‚Wen kümmert's, wer spricht'. Zur Literatur- und Kulturgeschichte von Frauen aus Ost und West*, Köln/Wien 1991, S. 57-62, hier: S. 57 [Herv. i. O.].

165 Ebd.

166 Nieberle, S. 257. Mich irritiert allerdings, dass es in diesem Zusammenhang ausgerechnet der *New Historicism* ist, den Nieberle beispielhaft angeführt hat, um die feministische Literaturwissenschaft von seiner Arbeitsweise abzugrenzen. Zumindest die Arbeiten von Stephen Greenblatt erscheinen mir im Gegenteil von einer bewundernswerten Selbstreflexion auszugehen, wie es dessen Verständnis von Literaturgeschichte anschaulich macht: „In der Literaturgeschichte geht es immer um die Beziehungen zwischen den Bedingungen, die das literarische Werk für diejenigen, die es schufen, möglich machten, und den Bedingungen, die es für uns selbst möglich machen." Greenblatt, Stephen, *Was ist Literaturgeschichte?*, in: Ders., *Was ist Literaturgeschichte?*, Frankfurt a. M. 2000, S. 9-50, hier: S. 29.

Auch die *Ambivalenz der Autorimago*, mit der autofiktionale Texte konfrontieren, ist für das ethisch orientierte Verstehen von Bedeutung. Um diesen komplexeren Zusammenhang aufzuhellen, ist es sinnvoll, zunächst Ambivalenz vom weitergefassten Begriff der Ambiguität zu unterscheiden, handelt es sich bei letzterem doch viel eher um eine Grundeigenschaft der Literatur als um ein Spezifikum von Autofiktion.[167] Während Ambiguität die Mehrdeutigkeit literarischer Texte bezeichnet, charakterisiert Ambivalenz eine widersprüchliche Haltung oder Verhaltensweise von Figuren oder Personen. Betrachtet man Autofiktion als Konstellation, so liegt deren Spezifik darin, dass nicht nur der Text, in dem autofiktionale Verfahren erkannt werden, mehrdeutig scheint, sondern auch die grundlegende Haltung des Autors/der Autorin als ambivalent erfahren wird. Der Grund dafür ist in der Verbindung eines konventionellen Rezeptionsmodus mit der autofiktionalen Schreibweise zu sehen.

Wie in alltagssprachlicher Kommunikation wird die virtuelle Ambiguität von Texten in der Interpretationspraxis zumeist durch Kontextwissen über den Autor/die Autorin aufgelöst.[168] Mehrdeutige Texte werden praktisch unvermeidlich in Abhängigkeit von der (politischen, religiösen, kulturellen, ethnischen etc.) Verortung des Autors/der Autorin interpretiert. Veranschaulichen lässt sich dieser Rezeptionsmodus durch die rhetorische Analyse von ironischer Rede, bei der man ohne „Bezug auf den Autor als Sprecher, der etwas ‚Eigentliches' meint, aber etwas anderes sagt", nicht auskommt.[169] Umgekehrt bedeutet das: Bei der Rezeption von ironischen oder anders betont

---

167 So heißt es im *Reallexikon*: „Ambiguität kann […] als charakteristischer und notwendiger Effekt der tendenziellen Selbstbezüglichkeit literarischer Sprache aufgefasst werden: Der literarische Text ist essentiell ambig, die uneigentliche Sprache der Dichtung immer mehrdeutig." Bode, Christoph, *Ambiguität*, in: Klaus Weimar (Hg.), *Reallexikon der deutschen Literaturwissenschaft*, Band I, Berlin/New York 2007, S. 67-70, hier: S. 68. Allgemein muss der Begriff der Ambiguität (ebenso wie die verwandten Begriffe Amphibolie und Ambivalenz) in seiner Bedeutung als eigentümlich unbestimmt gelten. Vgl. Berndt, Frauke/Kammer, Stephan, *Amphibolie – Ambiguität – Ambivalenz. Die Struktur antagonistisch-gleichzeitiger Zweiwertigkeit*, in: Dies. (Hg.), *Amphibolie – Ambiguität – Ambivalenz*, Würzburg 2009, S. 7-30.

168 Vgl. Bode, *Ambiguität*, S. 67. Die „Funktion", die der/die Autor/in hier ausübt, pointierte übrigens schon Foucault in einer Variante für die amerikanische Übersetzung seines berühmten Textes *Was ist ein Autor?*, als er nicht ohne theoretisches Pathos festhielt: „Der Autor ist demnach die ideologische Figur, mit der man die Art und Weise kennzeichnet, in der wir die Vermehrung von Bedeutung fürchten." Foucault, Michel, *Was ist ein Autor?*, in: Fotis Jannidis et al. (Hg.), *Texte zur Theorie der Autorschaft*, Stuttgart 2000, S. 198-229, hier: S. 229.

169 Jannidis, Fotis et al., *Rede über den Autor an die Gebildeten unter seinen Verächtern. Historische Modelle und systematische Per-spektiven*, in: Dies. (Hg.), *Rückkehr des Autors. Zur Erneuerung eines umstrittenen Begriffs*, Tübingen 1999, S. 3-35, hier: S. 30.

mehrdeutigen Texten wird sichtbar, wie die Autorimago (das Bild, das man sich vom Autor/der Autorin gemacht hat) die Interpretation seines/ihres Werkes determiniert. Gerade diese Autorfunktion der Disambiguierung sieht sich durch autofiktionale Verfahren nun jedoch zumindest potentiell infrage gestellt. Das Verwischen der Grenze zwischen dem/der Autor/in und der Erzählinstanz im Text kann in der autofiktionalen Konstellation nämlich gerade auch die Autorimago des Lesers/der Leserin betreffen. In diesen Fällen entspricht die literarische Selbstinszenierung, die man dennoch für aufrichtig hält, nicht der Vorstellung, die man sich von dem Autor/der Autorin gemacht hat. Die Autorimago erfährt also eine Irritation und muss entsprechend korrigiert werden. Paradoxerweise erscheint dieser Rezeptionsprozess zugleich als Wirkung der besonderen literarischen Verfahren wie auch als Bedingung ihrer Wahrnehmung. Denn die Unfähigkeit des Lesers/der Leserin, verlässlich zu entscheiden, welche Passagen fiktional, welche autobiographisch zu verstehen sind, rührt ja gerade daher, dass das ambivalent gewordene Bild des Autors/der Autorin nicht mehr als Korrektiv der eigenen Deutung funktionalisiert werden kann. Dass sich Produktion und Rezeption von Sprache, wie Weimar es zu denken gab, nicht auf strikte Weise trennen lassen, wird hier deutlich.

Im Hinblick auf die ethische Herausforderung beim Verstehen autofiktionaler Texte ist am Aspekt der Ambivalenz entscheidend, dass für die Lesenden in der autofiktionalen Konstellation unsicher wird, was der/die Autor/in ‚eigentlich' gemeint hat, oder in anderer Terminologie: welches Bild des Autors/der Autorin als authentisch gelten kann. Das autofiktionale Verfahren hat in diesem Sinne die gegenteilige Wirkung von einem Interview, in dem ein/e Autor/in unmissverständlich auf die Frage antwortet, was er/sie mit dem Text sagen wollte. Darum ist es sicher auch kein Zufall, dass öffentliche Auftritte von Autor/innen von Autofiktionen häufig als Inszenierungen erlebt werden. Schon Jutta Weiser hat mit Blick auf Autofiktionen allgemein die Zunahme von Interferenzen zwischen dem literarischen Text und dem medialen Kontext konstatiert:

> Gegenwärtige Auto(r)fiktionen weisen eine Tendenz zur intertextuellen und intermedialen Metalepse auf, d. h. die Fiktionalisierung von Autorschaft geht über die Ränder des literarischen Textes hinaus, indem sie in Epitexten wie Interviews, Autorenporträts und Pressemeldungen ebenso wie in den Foren des Social Network und in anderen audiovisuellen Medien fortgeführt wird. [...] Daraus resultiert eine Zunahme der Rückkopplungseffekte und Metalepsen zwischen dem Text und seinem medialen Kontext, die auf eine Ununterscheidbarkeit von Fakten und Fiktion und eine prinzipielle Durchlässigkeit der Textgrenzen hinauslaufen.[170]

170 Weiser, Jutta, *„Fiktion streng realer Ereignisse und Fakten" – Tendenzen der literarischen Autofiktion von „Fils" (1977) bis „Hoppe" (2012)*, in: Monika Fludernik/Nicole Falkenhayner/

Das autofiktionale Verfahren hat demnach die Tendenz einer doppelten Grenzüberschreitung. So lassen sich die Einschreibungen eines Autors/einer Autorin in seinen/ihren Roman einerseits als literarische Selbstinszenierungen auffassen, während seine/ihre sichtlich von Fiktion affizierten Auftritte (z. B. im Rahmen von Interviews) andererseits als öffentliche Selbstinszenierungen gelten können. Für die Analyse ist dabei wichtig, nicht nur die Differenzen der spezifischen Aussagekontexte zu beachten, sondern darüber hinaus auch deren Vergleichbarkeit nicht aus den Augen zu verlieren. Gegenüber der strikten Unterscheidung von Autor/in und Erzählinstanz gewährleistet der Begriff der (literarischen) Selbstinszenierung diese Vergleichbarkeit. Dabei ist allerdings darauf zu achten, dass Inszenierung weiterhin als Gegenbegriff zur authentischen Erscheinung einer Person verstanden wird, denn „[v]on Inszenierung zu reden ist nur sinnvoll, wenn zugleich etwas unterstellt wird, das nicht Inszenierung ist."[171] Dies sei gerade vor dem Hintergrund betont, dass sich, wie Christine Künzel bemerkt hat, bei einigen Autor/innen die Frage scheinbar erübrigt, *ob* sich diese inszenieren, sodass lediglich zu klären ist, *wie* sie dies tun.[172]

Der Versuch, sich eines authentischen Bildes von Autor/innen zu versichern, wird durch deren ambivalente Erscheinung in der autofiktionalen Konstellation im Verbund mit öffentlichen Inszenierungen sichtlich erschwert. Nichtsdestotrotz ist man auf ein solches Bild angewiesen, wenn man versucht, autofiktionale Texte zu verstehen, die sich mitunter gegensätzlichen Lesarten anbieten. Kurzum: Die allgemein bestehende Ungewissheit, ob man den/die Autor/in richtig versteht, wird durch den Aspekt einer ambivalenten Autorimago potenziert, wodurch sich auch die ethische Problematik einer angemessenen Vertretung des/der Fremden verschärft.

Verantwortung im Dialog: Schließlich könnte man sagen, dass Autor/innen durch das Schreiben autofiktionaler Texte, welche die Beurteilung ihres autobiographischen Gehalts den Lesenden überantworten, an die Akteure und Akteurinnen der Rezeption appellieren, die Verantwortung, die ihnen bei der

---

Julia Steiner (Hg.), *Faktuales und fiktionales Erzählen. Interdisziplinäre Perspektiven*, Würzburg 2015, S. 159-180, hier: S. 177.

171 Früchtl, Josef/Zimmermann, Jörg, *Ästhetik der Inszenierung. Dimensionen eines gesellschaftlichen, individuellen und kulturellen Phänomens*, in: Dies. (Hg.), *Ästhetik der Inszenierung. Dimensionen eines gesellschaftlichen, individuellen und kulturellen Phänomens*, Frankfurt a. M. 2008, S. 9-46, hier: S. 20f.

172 Künzel nannte Benjamin von Stuckrad-Barre, Rainald Goetz und Christian Kracht, deren „provokante Posen" ihre Stilisierung evident mache. Vgl. Künzel, Christine, *Einleitung*, in: Dies./Jörg Schönert (Hg.), *Autorinszenierungen. Autorschaft und literarisches Werk im Kontext der Medien*, Würzburg 2007, S. 9-23, hier: S. 13f.

Auslegung zukommt, anzuerkennen. Dies wäre eine Deutungsperspektive für Autofiktionen, der zufolge Autor/innen eine Ethik des Verstehens einfordern. Dabei kann es nicht darum gehen, Autor/innen von ihrer eigenen Verantwortung für die von ihnen mit einem Text getroffenen Entscheidungen zu befreien. Allerdings müssen die Grenzen dieser Verantwortung reflektiert werden, und es lohnt sich, zu bedenken, was jene, die sich über ihre Texte äußern, ihrerseits zu deren Bedeutung und Wirkung sowie zum Bild des Autors/der Autorin beitragen.

Dieser Aspekt zielt vor allem auf eine Kritik von Konzepten und Praktiken im literaturwissenschaftlichen Diskurs, welche die Vorstellung „starker Autorschaft"[173] fundieren bzw. die Verantwortung für die Literatur einseitig bestimmen. Wie in der Einleitung ausgeführt, lassen sich die beiden konträren Positionen in der Autorschaftsdebatte so profilieren, dass sie die Verantwortung für die Bedeutung eines Werkes jeweils einseitig, zum einen dem/der Leser/in („Tod des Autors"), zum anderen dem/der „zurückgekehrten" Autor/in zuschreiben (s. Kap. 1.1). Auch die konventionellen Kommunikationsmodelle evozieren die Vorstellung einer gelingenden Verständigung, die nur in eine Richtung verläuft. Besonders in Bezug auf Gegenwartsliteratur ist die verbreitete Annahme, man würde literarische Werke aus einer neutralen Beobachterperspektive verstehen und beurteilen, jedoch problematisch. Stattdessen befindet man sich unter Umständen sogar in einem wirklichen Gespräch. Unter der Voraussetzung, dass Autor/innen, mit denen man sich beschäftigt, noch leben, kann alles, was man über sie formuliert, von ihnen auch wieder gelesen oder auf vermittelte Weise rezipiert werden. Zumindest potentiell kann sich damit das, was Rezipient/innen über ein Werk äußern, schon in das nächste einschreiben, weil Autor/innen durch die Texte, die über sie geschrieben werden (nicht weniger als durch Kommentare bei Lesungen und dergleichen) wiederum beeinflusst werden können: sei es, dass sie vorgeschlagenen Deutungen widersprechen wollen, indem sie dem nächsten Text eine andere Richtung geben, sei es, dass sie den Versuch, sie zu vertreten, durch eine Inszenierung reiner Differenz zu delegitimieren versuchen.[174]

Die öffentliche Rezeption ihrer Werke kann sich also progressiv auf die Poetik von Autor/innen auswirken. In Abgrenzung zur Vorstellung einseitiger Kommunikation spreche ich von einem literarischen Dialog, um die

173 Vgl. Herrmann, Britta, *„So könnte dies ja am Ende ohne mein Wissen und Glauben Poesie sein?" – Über ‚schwache' und ‚starke' Autorschaften*, in: Heinrich Detering (Hg.), *Autorschaft: Positionen und Revisionen*, Stuttgart/Weimar 2002, S. 479-500.

174 Als ein Widerspruch gegen die Rezeption lassen sich die meisten Autofiktionen Jelineks interpretieren; was die Inszenierung reiner Differenz angeht vgl. meine Deutung von Jelineks Nobelpreisrede *Im Abseits* (Kap. 6).

Zirkelhaftigkeit des Verstehens und die Möglichkeit wechselseitiger Bezugnahme von Autor/innen und Lesenden hervorzuheben. In diesem Zusammenhang zeigt sich eine weitere Besonderheit autofiktionaler Texte darin, nicht nur dem/der Leser/in bewusst machen zu können, dass sie Sender und Empfänger zugleich sind; häufiger inszenieren sich auch Autor/innen in ihnen auf eine Weise, die verdeutlicht, dass sie ebenso als Empfänger wie als Sender agieren. Meiner Hypothese zufolge ist Autofiktion für manche Autor/innen (wie etwa Jelinek) ein Mittel, um diesen Zusammenhang auszustellen. Ihre literarische Selbstinszenierung spiegelt dann – mit gewissen Widerständen – nichts anderes wider als die verbreitete Autorimago, welche im Rezeptionsdiskurs ihres Werks konstituiert wurde. Dass sich eine solche Selbstinszenierung nur aus gleichermaßen autobiographischen wie fiktiven Elementen zusammensetzen kann, liegt nahe. Man hat es dann mit einer buchstäblichen Umsetzung der im literarischen Dialog wirksamen doppelten Autorschaft durch die Autofiktion zu tun.

Zusammenfassend lässt sich festhalten, dass sich die Affinität der Autofiktion für eine ethisch orientierte Hermeneutik auf drei Ebenen zeigt: auf einer thematischen Ebene (Konflikthafte Repräsentation), einer Ebene, welche die Struktur der Interpretation betrifft (Ambivalenz der Autorimago) sowie schließlich einer Ebene, die den Zusammenhang von literarischer Produktion und Rezeption fokussiert (Verantwortung im Dialog). Auf umfassende Weise verlangt das Phänomen der Autofiktion somit nach einer Reflexion der durch literarische Texte gestifteten Begegnung. In dem ausgestellten Konventionsbruch, der die Grenze zwischen Autobiographie und Roman verwischt und zu einer anhaltenden Irritation führen kann, wurde mithin ein genuin ethisches Moment freigelegt: Autofiktion weist bewährte Konzepte der Textdeskription und -interpretation, die einen universellen Gültigkeitsanspruch postulieren, zurück und fordert zu ihrer Beurteilung einen anderen Blick. Sowohl ein gattungstheoretischer Zugriff auf Autofiktion als auch eine fiktionstheoretische typologische Differenzierung können dem nicht entsprechen. Letztlich ist ihr nur mit einer induktiv verfahrenden Methode gerecht zu werden. Für jede/n Autor/in und jedes Werk sind daher die Fragen, was eine autofiktionale Schreibweise veranlasst haben mag, was sie bewirken soll und wie sie zu bewerten ist, eigens zu beantworten. Nur so lässt sich dem Begegnungscharakter, den die Auseinandersetzung mit dem Text annimmt, wenn man Autofiktion als Konstellation ansieht, Rechnung tragen. Dies gilt es nun, anhand zentraler Werke von Elfriede Jelinek konkreter nachzuvollziehen.

KAPITEL 3

(Auto-)Biographismus als Reflex und Medium einer Poetik der Ambivalenz: *Die Klavierspielerin* (1983) im Zusammenhang mit ihrer Rezeption

Die Klavierspielerin von 1983 zählt formal noch zu den konventionelleren Texten von Elfriede Jelinek. Spezifisch der Autofiktion zuzurechnende Verfahren finden sich hier noch keine. Trotzdem kann eine genaue Betrachtung des Romans im Zusammenhang mit seiner Rezeption Aufschluss darüber geben, weshalb Jelinek in ihren späteren Texten solche Verfahren eingesetzt hat. Es soll im Folgenden gezeigt werden, dass das große Interesse an Jelineks Biographie nicht zufällig gerade mit der Veröffentlichung der *Klavierspielerin* aufkam – und dass das nicht unbedingt mit Jelineks Interview-Aussagen zusammenhängt, welche die autobiographische Bedeutung des Romans häufiger, wenngleich auf widersprüchliche Weise, hervorgehoben haben, sondern mit einer sich im Roman abzeichnenden Poetik der Ambivalenz. Diese für viele von Jelineks späteren Texten charakteristische Poetik soll anhand einer Analyse der für den Roman zentralen Briefpassage zunächst aufgezeigt werden (Kap. 3.1). Für *Die Klavierspielerin* ist sie von großer Bedeutung, weil sie zweifelhaft erscheinen lässt, welche Darstellungsintention hinter der zum Teil verstörenden Handlung steht. Dass der Roman deshalb eine kontroverse Wirkung entfaltete, dokumentieren die beiden einschlägig gewordenen Lesarten des Romans anschaulich. Beide Lesarten, die zum einen die Psychologie der Figuren, zum anderen eine sprachliche Mythenkritik der Autorin fokussieren, zeichnen sich durch Strategien aus, die grundlegende Ambivalenz des Romans zu verarbeiten. Sie gehen von zwei unterschiedlichen Vorstellungen über die Autorin aus und beteiligen sich mithin an der Konstruktion bestimmter Autorimagines von Jelinek (Kap. 3.2). Vor dem Hintergrund der Romananalyse sowie der Rezeptionszusammenhänge sollen abschließend auch Jelineks eigene Aussagen über die autobiographische Dimension der *Klavierspielerin* noch einmal genauer betrachtet werden. Grundlegend werde ich ihre öffentliche Selbstinszenierung zu dieser Zeit als Versuch bewerten, die Ambivalenz des Romans aufrechtzuerhalten (Kap. 3.3).

© BRILL FINK, 2022 | DOI:10.30965/9783846767542_004

3.1 Jelineks Poetik der Ambivalenz

Anhand der *Klavierspielerin* lässt sich die in der Einleitung angesprochene Deutungsschwierigkeit von Jelineks Texten gut illustrieren. Beschränkt man sich wie die meisten Interpretationen auf eine Analyse des Stoffes und bezieht nicht auch die rhetorische Dimension des Romans mit ein, lässt sich diese Deutungsschwierigkeit allerdings leicht übersehen. Sie liegt in der uneinheitlich figurierten Erzählperspektive, genauer: in der Problematisierung eines konsistenten und souveränen auktorialen Subjekts. Aufgrund dieser Problematisierung erscheint die Bewertung vieler Aussagen und Ereignisse im Roman zweifelhaft. Eine größere Signifikanz erhält die Gestaltung der Erzählperspektive in der zentralen Passage, die nicht nur den handlungsleitenden Konflikt zwischen der Lehrerin Erika Kohut und ihrem Schüler Walter Klemmer entscheidend zuspitzt, sondern die selbstreferentiell auch das Thema der Legitimität von Interpretationen behandelt. Die Rede ist von der Briefpassage, die sich im Roman über viele Seiten erstreckt.[1] Vom Inhalt her besehen, geht es hier um Widerstände, die die Verständigung über ein schambehaftetes und gesellschaftlich tabuisiertes Thema erschweren. So kann Erika gegenüber Walter nicht direkt sagen, in welcher Weise sie ihn begehrt, und teilt ihm dies deshalb schriftlich in Form eines Briefes mit. Erst nachdem sie ihn viele Male nachdrücklich darum gebeten hat, liest Walter in Erikas stummem Beisein endlich diesen Brief, zeigt sich sodann jedoch erschüttert, als er erfährt, was sie von ihm verlangt. Statt der von ihm erhofften romantischen Bekenntnisse liest er, dass er Erika dabei helfen soll, ihre sadomasochistischen Neigungen auszuleben. Formal gesehen, sind in der Briefpassage die von Marlies Janz bereits allgemein für den Roman herausgestellten „Überkreuzungen und Verdopplungsstrukturen von Figuren- und Erzählperspektive"[2] besonders deutlich gestaltet.

Schon in der ersten Erwähnung des Briefes, den Erika Kohut, Klavierlehrerin am Wiener Konservatorium, ihrem Schüler Walter Klemmer schreiben will, ist eine solche Überkreuzung von Perspektiven angelegt. So heißt es nach der ersten sexuellen Annäherung auf einer der Toiletten des Konservatoriums: „Erika nimmt das Gerät [Klemmers Penis; S.L.] wieder aus dem Mund und belehrt dessen Besitzer, daß sie ihm in Zukunft alles aufschreiben werde, was er mit ihr anfangen dürfe. Meine Wünsche werden notiert und Ihnen jederzeit zugänglich gemacht." (K 183) Durch das Weglassen von Anführungszeichen und *verba dicendi* ist der Übergang von der indirekten in eine direkte

---

1 Vgl. Jelinek, Elfriede, *Die Klavierspielerin*, Reinbek bei Hamburg 1983, S. 215-235 (im Folgenden mit der Sigle K zitiert).

2 Janz, *Elfriede Jelinek: Die Klavierspielerin*, S. 129.

Figurenrede hier unmittelbar und erzeugt rezeptionsästhetisch einen Moment der Irritation, bis man sich Klarheit darüber verschafft hat, wer sich vor und nach dem Sprecherwechsel äußert. Ist die Zuordnung der Rede zu bestimmten Subjekten in diesem Zitat noch unproblematisch, so erscheint sie in der Briefpassage selbst häufig mehrdeutig. Die Auseinandersetzung der Figuren über die richtige Deutung des Briefes spiegelt sich in Fragen, welche die Lektüre des Romans aufwirft. Es sind diese Deutungsschwierigkeiten, auf der Handlungsebene einerseits, in Gestalt einer Aporie der Lektüre andererseits, welche die Ambivalenz des Romans begründen. Dieser Ambivalenz wird zunächst auf der Handlungsebene und im Anschluss auf der Ebene der Rhetorik nachgegangen.

3.1.1 *Die Ambivalenz der Handlung*

Auf der Ebene der Handlung werden den beiden Beteiligten im Interpretationsstreit, Erika und Walter, unterschiedliche kommunikative Mittel zugeordnet. Während Walter Klemmer sich gegen die Schrift als das Tote im Vergleich zur „lebendige[n] Frau Erika" (K 201, vgl. 205, 217, 234) richtet und er „in der glücklichen Lage [ist], alles nur Erdenkbare auch jederzeit laut aussprechen zu können" (K 193), findet Erika im Schreiben ihre einzige Ausdrucksmöglichkeit: „Erika spricht nicht, sie schreibt." (K 220, vgl. K 193, 198) Die Ursache für diese mediale Limitierung Erikas bleibt vage: Bisweilen scheint es so, als würde sie Klemmer am Sprechen hindern; doch Erika erteilt sich auch selbst keine Erlaubnis zu sprechen (vgl. K 195, 221). Es würde daher zu kurz greifen, nähme man an, dass Schreiben einerseits und Lesen bzw. Sprechen andererseits im Roman eine geschlechtsspezifische Konnotation erhalten. Das sich scheinbar ergebende Machtverhältnis zwischen einer schweigend-passiven und einer interpretierend-aktiven Figur zeigt sich an anderen Stellen des Romans auch umgekehrt, etwa wenn von Erika gesagt wird: „Sie wird in ihm [Klemmer] wie in einem langweiligen Buch blättern. Sie wird ihn möglicherweise bald weglegen." (K 186)

Es wirkt wie eine Versuchsanordnung: Walter interpretiert, was die stumme Erika ihm aufgeschrieben hat. Warum schweigt sie und erklärt sich nicht? Da weder eine klare Ursache noch eine mögliche Allegorese nahegelegt werden, kommt es hier offenbar auf den Effekt an, den Erikas Schweigen für die weitere Handlung hat. Erst aufgrund ihres Stummbleibens nämlich stellt sich die Frage, ob man Klemmers späteren Übergriff als Erfüllung ihres Wunsches oder als dessen Gegenteil deuten soll.[3] Erika äußert sich zu ihren eigenen Wünschen nicht und gibt Klemmer, der sie immer wieder fragt, ob sie diesen Brief denn

---

3 Vgl. Renz, Thilo, *Elfriede Jelinek. Die Klavierspielerin*, in: Claudia Benthien/Inge Stephan (Hg.), *Meisterwerke. Deutschsprachige Autorinnen im 20. Jahrhundert*, Köln 2005, S. 176-200, hier: S. 192.

tatsächlich ernst meine, keinen Hinweis darauf, wie er ihn zu verstehen hat. Dabei ist die Liste der im Brief ausgedrückten Wünsche so umfassend, dass keine von Klemmers späteren Taten, weder das brutale Eindringen in Erikas Wohnung noch ihre Misshandlung, nicht von ihr gedeckt wäre. Selbst die Vergewaltigung am Ende war buchstäblich von ihr erbeten worden (vgl. K 229).[4] Mithin liegt die vordergründige Provokation des Romans darin, dass Jelinek eine Vergewaltigung legitim erscheinen lässt.

Alternativlos erscheint eine solche Deutung allerdings nicht, denn als Leser/in der Briefpassage erfährt man neben den für Walter aufgeschriebenen auch noch von anderen Wünschen Erikas. So ergibt sich eine große Diskrepanz zwischen dem Bild von Erika, das für Klemmer durch das Lesen des Briefs entsteht, und dem Bild, das sich Lesenden des Romans präsentiert. Inneneinsichten geben nämlich den Blick darauf frei, dass Erikas sadomasochistisches Begehren keineswegs, wie es Klemmer annehmen muss, ungebrochen ist. Will man den Brief richtig deuten, darf man ihn, diesen Einsichten zufolge, nicht ernst nehmen. Stattdessen sollte man sich über ihn hinwegsetzen: „Erika zwingt Klemmer zum Lesen eines Briefs und fleht innerlich dabei, daß er sich über den Inhalt des Briefs, kennt er ihn erst, hinwegsetzen möge bitte." (K 216)

3.1.2 *Die Verarbeitung der Ambivalenz durch die beiden einschlägigen Interpretationen*

Wie soll man den Brief nun verstehen? Wie ist mit der Ambivalenz umzugehen, dass es zum extremen Widerspruch zwischen den aufgeschriebenen und den stummen Wünschen der Protagonistin kommt? Neben dem im Roman geschilderten ‚symbiotischen' Verhältnis Erikas zu ihrer Mutter dürfte es vor allem diese Frage sein, die zu einer Vielzahl psychologisch und psychoanalytisch orientierter Interpretationen des Romans geführt hat.[5] Dieser Perspektive zufolge liegt der Ambivalenz von Erikas Verhalten eine

---

4 Vgl. Heselhaus, Herrad, *‚Textile Schichten'. Elfriede Jelineks Bekenntnisse einer Klavierspielerin*, in: Markus Heilmann/ Thomas Wägenbaur (Hg.), *Im Bann der Zeichen. Die Angst vor Verantwortung in Literatur und Literaturwissenschaft*, Würzburg 1998, S. 89-103, hier: S. 95. Heselhaus verfolgte die These, dass es im Roman um „den Umgang mit Texten, um die Nachwirkungen theoretischer und literarischer Sinnstiftungen, mit einem Wort[:] um […] Interpretation" (ebd., S. 97) gehe; verblieb in ihrem Aufsatz aber überwiegend in einem negativen Modus der Kritik an psychoanalytischen Interpretationen des Romans, statt ihre These anhand von Belegen auszuführen.

5 Vgl. Mahler-Bungers, Annegret, *Der Trauer auf der Spur – Zu Elfriede Jelineks „Die Klavierspielerin"*, in: Johannes Cremerius (Hg.), *Masochismus in der Literatur*, Würzburg 1988, S. 80-95; Appelt, Hedwig, *Die leibhaftige Literatur. Das Phantasma und die Präsenz der Frau in der Schrift*, Weinheim 1989, S. 111-132.

sadomasochistische Begehrensstruktur zugrunde. Derartige Interpretationen resümieren die Briefpassage etwa wie folgt:

> Erika diktiert Klemmer in einem Brief Fesselungs- und Vergewaltigungsphantasien, möchte aber eigentlich, dass er diese aus Liebe ignoriert. Ihr Versuch, Forderungen auszusprechen und Unausgesprochenes zu bekommen, ihr Wunsch, zugleich Subjekt und Objekt zu sein, Domina und liebesbedürftiges Mädchen, hat die brutale Züchtigung durch Klemmer zur Folge.[6]

> Sie [Erika] möchte zwei nicht miteinander zu vereinbarende Positionen einnehmen, um die vollkommene Unterdrückung zu erlangen, als Kommandierte (,bestraft' von ,ihm') und als Kommandierende (als ,Befehlsgeberin' des ,du') – das klassische masochistische Manöver.[7]

Diese Lesart wird auch vom Rowohlt-Verlag nahegelegt, der aus den vielen, unterschiedliche Akzente setzenden Kommentaren zur *Klavierspielerin* einen ausgewählt und auf dem Buchumschlag reproduziert hat, welcher den Roman als Illustration eines besonderen pathologischen Falles versteht. Das Zitat aus der Rezension der *Frankfurter Rundschau* stellt klar: „Wichtig ist das Buch nicht, weil es die (auch pornographischen) Phantasien des lesenden Voyeurs stimuliert, sondern weil der Roman ein besseres Verstehen über perverse Formen ,abweichenden' Verhaltens bewirkt."[8] Sicherlich hatte die Verwendung dieses Kommentars eine rezeptionslenkende Wirkung, die dazu beitrug, dass sich Einschätzungen dieser Art verbreiteten.[9] Die bekannte Verfilmung des Romans durch Michael Haneke (2001) verstärkte diese Wirkung noch: Auch wenn der Film auf seine eigene Weise künstlerisch überzeugend gestaltet ist, lässt sich festhalten, dass er den Plot weitgehend auf eine verfehlte Liebesgeschichte zwischen Erika und Walter reduziert.[10] Der Aufkleber „Obszön, Skandalös, Pervers!" auf der DVD-Hülle des Filmes markiert in diesem Sinne

---

6 Mayer, Verena/Koberg, Roland, *Elfriede Jelinek. Ein Porträt*, Reinbek bei Hamburg 2006, S. 116f.

7 Wright, Elizabeth, *Eine Ästhetik des Ekels. Elfriede Jelineks Roman ,Die Klavierspielerin'*, in: Heinz Ludwig Arnold (Hg.), *Text + Kritik. Zeitschrift für Literatur* 117 (1993) (= *Sonderheft Elfriede Jelinek*), S. 51-59, hier: S. 56.

8 Schachtsiek-Freitag, Norbert, *Perversionen der Liebe*, in: *Frankfurter Rundschau* (02.07.1983).

9 So bezeichnete auch Barthofer den Roman als „psychotherapeutic narrative", vgl. Barthofer, Alfred, *Vanishing in the Text, Elfriede Jelinek's Art of Self-Effacement in ,The Piano Teacher' and ,Children of the Dead'*, in: Nicholas J. Meyerhofer (Hg.), *The Fiction of the I. Contemporary Austrian Writers and Autobiography*, Riverside, CA 1999, S. 138-163, hier: S. 143.

10 Vgl. Bönnighausen, Marion, *Die Klavierspielerin*, in: Heinz Ludwig Arnold (Hg.), *Kindlers Literatur Lexikon*, Bd. 8, Stuttgart/Weimar 2009, S. 333f.

überdeutlich, woran sich die Adaption orientiert. Die Konsequenz dieser und anderer psychologisch ausgerichteter Deutungen ist, dass *Die Klavierspielerin* selbst in der Briefpassage, die den Widerspruch von Erikas ambivalenten Wünschen (Tu mir weh/Tu mir nicht weh) offensiv in Szene setzt, keine Fragen aufwirft, sondern lediglich ein von vornherein als deviant markiertes Begehren präsentiert. Die Ambivalenz verliert so ihre Fragwürdigkeit und damit auch ihr reflexives Potential.

Allgemein müssen sich Deutungen, die das Verhalten von Figuren psychologisch erklären, den Vorwurf gefallen lassen, die rhetorische Dimension von Texten aus dem Blick zu verlieren. Figuren, die zunächst einmal fiktive Gestalten sind, werden von ihnen gleichsam als reale Patienten behandelt (die gegenüber leibhaftigen Patienten den Vorzug besitzen, einen vermeintlich unmittelbaren Einblick in ihre Gedankenwelt zu geben). Die richtige Deutung des Briefes fällt psychologisch oder psychoanalytisch orientierten Lesarten also nicht schwer, weil sie ausblenden, dass das Wissen über die Figuren auf spezifische Weise sprachlich vermittelt ist.[11] Die psychologische Deutung eines Werks wie *Die Klavierspielerin* möchte ich dabei als besonders problematisch kennzeichnen, wird von Erikas Verfassung doch nur in einer ausgesprochen elaborierten literarischen Form gesprochen, die man auch als „anti-psychologische Charakterzeichnung"[12] auffassen kann. In diesem Sinne urteilte schon Janz 20 Jahre nach Erscheinen der *Klavierspielerin* über die unzureichenden Interpretationsansätze, welche die sprachliche Verfasstheit der fokussierten Motive und Figuren nicht hinreichend beachten: „Die spezifische literarische Verfahrensweise Jelineks, die darin besteht, Gesellschaftskritik als Sprachkritik zu entfalten, blieb unerkannt."[13] Diese Beobachtung fand große Resonanz und hat in der Forschung zu einem neuen Deutungsparadigma geführt, dessen Lesart der *Klavierspielerin* bis heute einschlägig ist.[14]

---

11 Eine Ausnahme bildet die an Lacan orientierte, psychoanalytische Lektüre des Romans von Elizabeth Wright, welche die multiperspektivische Darstellung in ihrer Deutung berücksichtigte. Vgl. Wright, *Ästhetik des Ekels*, S. 51-59.

12 Tacke, Alexandra, *Die Klavierspielerin*, in: Pia Janke (Hg.), *Jelinek-Handbuch*, Stuttgart 2013, S. 95-102, hier: S. 96.

13 Janz, *Klavierspielerin*, S. 108. Uneingestandenerweise betrifft dieses Urteil auch Janz' eigene erste Interpretation des Romans aus ihrer Einführung zum Werk der Autorin, in der sie noch nach einer „adäquate[n] psychoanalytische[n] Interpretation" suchte. Janz, *Elfriede Jelinek*, S. 86.

14 So nannte Konstanze Fliedl „Janz' Befund, bei Jelineks sprachlichen Verfahren handle es sich um die ‚Verwandlung von Objektsprache in Metasprache' […] ein unverzichtbares Diktum". Fliedl, Konstanze, *Narrative Strategien*, in: Pia Janke (Hg.), *Jelinek-Handbuch*, Stuttgart 2013, S. 56-61, hier: S. 60.

Dieser zweiten wichtigen Lesart zufolge handelt es sich bei Jelineks Texten um Mythenkritiken. Demnach habe sich die Autorin das Verfahren, das Roland Barthes in seinen *Mythen des Alltags* entwarf, für ihre literarische Arbeit angeeignet. In Bezug auf *Die Klavierspielerin* heißt das, dass der Roman nicht von einem pathologisch zu fassenden Individuum handele, sondern vielmehr Kritik an den gesellschaftlichen Diskursformationen übe, die dieses Individuum prägten. Jelineks Kritik ziele dabei auf die Entlarvung von in der alltäglichen Sprache sedimentierten Klischees und Mythen, welche die patriarchalen Machtverhältnisse stabilisieren. Gegen die „entpolitisierende Jelinek-Rezeption", welche durch die psychologische Lesart repräsentiert wird, hebt diese zweite Lesart eine marxistische Ideologiekritik der Texte hervor.[15]

Allerdings – und damit berührt auch diese Lesart den Aspekt der Ambivalenz des Romans – beinhaltet der Nachvollzug dieser Ideologiekritik, Janz zufolge, einen prekären Zug:

> Der Angriffspunkt des Romans, der Wirklichkeit nicht nur darstellt, sondern sie deutet und bedeutet, ist die Affirmation gesellschaftlicher Gewaltverhältnisse in bestimmten Ideologien der Figuren wie auch in den Formen ihrer Sprache, etwa in den naturalisierenden Metaphern, den Feststellungen, Tautologien, Maximen, Wiederholungen und Zitaten kultureller ‚Autoritäten'.[16]

Die kritische „Denunziation" bestimmter Weltanschauungen, allen voran die des Patriarchats, welche Jelineks Roman hier zugeschrieben wird, erscheint aufgrund der als notwendig erachteten Reproduktion des Kritisierten also zu einem gewissen Grad ambivalent. Bemerkenswerterweise wird diese Ambivalenz durch die Deutung aber sogleich relativiert. So hat Janz keinen Zweifel daran gelassen, zu welchem Zweck neben der Kritik auch eine Affirmation gesellschaftlicher Gewaltverhältnisse in der *Klavierspielerin* zum Ausdruck kommt: „Jelineks mythenkritisches Verfahren als *sprachliches* Verfahren greift die mythisierenden Redeformen auf, reproduziert sie, um sie auszustellen und als ‚angeschaute Naivität' erscheinen zu lassen."[17] Hinsichtlich des reflexiven Erkenntnisinteresses ist diese Lesart überzeugend formuliert; was die Methode betrifft, scheint sie allerdings problematisch: Die vorgebliche Fokussierung auf das sprachliche Verfahren legt eine immanente Textlektüre nahe, die jedoch nicht immer eingehalten wird. Hingegen ist der mythenkritischen Lesart (und zwar noch stärker als der psychologischen) eine bestimmte Vorstellung über die Autorin eingeschrieben, die ihre vermeintliche

15 Vgl. Janz, *Jelinek*, S. VII.
16 Janz, *Klavierspielerin*, S. 132.
17 Ebd. [Herv. i. O.].

Intention, die angesichts des ambivalenten Textes zweifelhaft erscheinen muss, vereindeutigt.

Erikas Brief erscheint dieser an einer Kritik orientierten Lesart nur vordergründig als Zeugnis masochistischer Perversionen. Wesentlicher sei es dagegen, in ihm den Versuch wahrzunehmen, „ein (Gegen-)Bild von Weiblichkeit zu entwerfen und den kulturell bedingten Blick auf Weiblichkeit und Sexualität umzudrehen".[18] Dieser Versuch wird als entscheidend angesehen, obwohl er letztlich scheitert, weil Erika feststellen muss, dass innerhalb der durch die Sprache vermittelten gesellschaftlichen Rahmenbedingungen die Möglichkeit, als Frau Subjekt zu sein und etwa sexuelle Selbstbestimmung einzufordern, nicht vorgesehen ist. Janz führte dazu aus:

> Mit Erikas ‚Herrschaftsanmaßung' im Brief an Klemmer und der dadurch provozierten Vergewaltigung wird die Inferiorität der weiblichen Position und die Unmöglichkeit einer Überschreitung der Geschlechterrollen betont. Das narrative Verfahren macht darüber hinaus die Redeweisen, die Rhetorik und die Aussagen zu seinem Gegenstand, in dem klassen- und geschlechterspezifische Hierarchien wie die autoritären Strukturen der sozialen Beziehungen festgeschrieben und fortgesetzt werden.[19]

Im Vergleich zur psychologischen Lesart fällt auf, dass die Möglichkeit einer gelungenen Umsetzung der sexuellen Selbstbestimmung Erikas von der kritischen Lesart gar nicht in Betracht gezogen wird. Diese Möglichkeit lässt sich aber nur dann ausschließen, wenn man die Ambivalenz von Erikas Wünschen nicht wahrnimmt, sich also nicht mehr die Frage stellt, wie ihr Brief richtig zu deuten ist. Stattdessen erscheinen die stummen Wünsche Erikas („Bitte tu mir nicht weh", K 230) als Maßgabe, der zufolge Klemmers Vergewaltigung Erikas Scheitern bedeutet. Sitzt eine solche Interpretation aber nicht der Tautologie auf, tatsächlich aufrechtzuerhalten, was in seiner Unabänderlichkeit beklagt wird: „die Inferiorität der weiblichen Position"? Es ist nachvollziehbar, dass es Janz in ihrer Interpretation Mitte der 90er-Jahre vor allem darauf ankam, die Gewalt zu reflektieren, die Frauen durch Männer aufgrund symbolischer Machtverhältnisse widerfährt. Auch heute noch ist diese reflexive Arbeit, wie die *#metoo*-Bewegung demonstrierte, von großer Bedeutung. Gleichzeitig ist es aber auch wichtig, das Bild der unterlegenen Frau nicht alternativlos erscheinen zu lassen, um die Mühe, etwas an den Verhältnissen zu ändern, nicht von vornherein als vergebliche zu denunzieren.

---

18 Bönnighausen, *Die Klavierspielerin*, S. 333f.

19 Janz, *Klavierspielerin*, S. 132. Für eine ähnliche Einschätzung vgl. Renz, *Klavierspielerin*, S. 193.

Auch auf den Roman lässt sich noch eine andere Perspektive werfen, die der weiblichen Hauptfigur zumindest potentiell mehr Macht in der Durchsetzung ihrer Wünsche zubilligt. Demnach lässt sich auch die einschlägige kritische Lesart des Romans einer Revision unterziehen. Die Ebene der Rhetorik der *Klavierspielerin*, auf der die Poetik der Ambivalenz ebenso prozediert wie auf Handlungsebene, soll bei dieser Revision größere Geltung erhalten.

Um ein Zwischenfazit zu ziehen: Die im Roman und insbesondere in dessen Briefpassage manifeste Poetik der Ambivalenz wurde in ihrer irritierenden Wirkung bislang noch nicht zur Kenntnis genommen.[20] Die akademische Rezeption der *Klavierspielerin* dokumentiert, dass die Ambivalenz des Romans als solche offenbar nicht toleriert werden konnte, weshalb die beiden einschlägigen Lesarten spezifische Strategien zu ihrer Verarbeitung erkennen lassen. Die Interpretationen nahmen der Ambivalenz jeweils ihre irritierende Wirkung, indem sie sich einerseits an der Psychologie der Figuren, andererseits an einer Mythen- bzw. Ideologiekritik der Autorin orientierten.

3.1.3 *Die Ambivalenz der Rhetorik als Aporie der Lektüre*

Die Auseinandersetzung über die richtige Deutung des Briefes lässt sich nicht nur auf der Ebene der Handlung, sondern auch auf der Ebene der Rhetorik analysieren. Rechtfertigung findet eine solche Analyse insbesondere durch das allgemein in der *Klavierspielerin* erkennbare Verfahren, die Figurenkonstitution lesbar zu machen. Dieses Verfahren geht nicht darin auf, dass es im Rahmen einer insgesamt multiperspektivischen Darstellung – anders als in einer kohärenten, von nur einem Blickwinkel strukturierten Erzählung – eine identifikatorische Lesart ausschließt.[21] Im Übrigen lassen sich solche Lesarten, auch wenn sie nicht selten die Handlung banalisieren und die formale Gestaltung missachten, auch gar nicht ausschließen.[22] Allgemein kann von Autor/innen zwar beeinflusst, nicht aber kontrolliert werden, wie sich die Rezeption ihrer Texte vollzieht.

---

20 In einem Aufsatz, dessen Titel anderes nahelegt, wurde die Ambivalenz der *Klavierspielerin* lediglich darin gesehen, dass der Roman eine Gemeinsamkeit von Musik (Schuberts *Winterreise*) und Gewalt herausstelle. Vgl. Schirrmacher, Beate, *Ambivalenz verspüren. Musik, Gewalt und der Körper in Elfriede Jelineks „Die Klavierspielerin“ und Anthony Burgess' „A Clockwork Orange“*, in: Dagmar von Hoff/Brigitte E. Jirku/Lena Wetenkamp (Hg.), *Visualisierungen von Gewalt. Beiträge zu Film, Theater und Literatur*, Berlin 2018, S. 125-143, hier: S. 126.

21 Vgl. Janz, *Klavierspielerin*, S. 118, 132.

22 So heißt es in Jelineks Biographie etwa: „*Die Klavierspielerin* ist ein Roman, in dem sich jeder wiederfinden kann, weil er die archaischste aller Beziehungen wiedergibt – die zwischen Eltern und Kind.“ Mayer/Koberg, *Porträt*, S. 117.

Zu einer überzeugenderen Deutung der spezifischen literarischen Form der *Klavierspielerin*, welche die Rhetorizität der Figuren thematisch werden lässt, gelangt man, indem man Einsichten, die Evelyn Annuß zu anderen Texten Jelineks gewonnen hat, auf den Roman überträgt. Fokussiert man die Rhetorizität von Romanfiguren, so geht es darum, deren sprachliche Verfasstheit und ihre Einbettung in übergreifende Diskurse zu bedenken. Annuß zufolge lässt sich Jelineks Einsatz sprachlicher Verfahren, in denen die Figuren als solche (und nicht als Charaktere mit eigener Psyche) behandelt werden, als „reflexive Arbeit an den Voraussetzungen personaler Darstellung“[23] verstehen. Die sichtbar gemachte Rhetorizität verweist also nicht nur darauf, dass die Figuren von den Verhältnissen, sondern eben auch von der Autorin Elfriede Jelinek gemacht wurden, die mit diesem Verfahren eine „Absage an ein Fingieren von Substanzialität“[24] artikuliert habe.

Dass Erika in Klemmer „wie in einem langweiligen Buch blättern [wird]“ (K 186), wurde schon erwähnt. Auch an anderen Stellen des Romans wird die Rhetorizität der Figuren explizit, ohne dass auf den ersten Blick klar wäre, wer auf diese Weise spricht. So heißt es über Klemmer auch: „Ein unbeschriebenes Blatt ist er bisher gewesen, das auf die Schwärze eines ihm unbekannten Druckers wartete, und niemand wird etwas ähnliches je gelesen haben.“ (K 240) Oder: „Klemmer ist ein Motiv für einen großen Roman.“ (K 267f.) Auch Nebenfiguren sind von diesem Verfahren betroffen. So wird über einen von seiner Mutter malträtierten „Kinderkopf“, den Erika auf dem Weg zu einer Peepshow beobachtet, gesagt, er sei „mit unsichtbarer Tinte gezeichnet“ (K 50). Im Einzelnen mag die metaphorische Figuration noch weitere Konnotationen eröffnen; gemeinsam ist den genannten Beispielen, dass sie eine Selbstreferentialität des Romans belegen, weil die Charakterisierung der Figuren jeweils mit dem Verweis auf die Arbeit der Autorin verbunden wird. Wo sich aber die konkrete Autorin zu erkennen gibt, wird die Annahme eines neutralen auktorialen Subjekts hinterfragbar. In einer gewöhnlichen Erzählung mit auktorialer Perspektive finden Leser/innen keinen Anlass, darüber zu reflektieren, wenn sie die Gedanken der Figuren genauso unvermittelt wie deren Äußerungen lesen können, weil die Fähigkeit, einen solchen Einblick zu geben, zu den konventionalisierten Kompetenzen eines auktorialen Subjekts gehört. Das gleiche aber von Autor/innen zu sagen, die eben nicht erzählen, sondern schreiben, wäre widersinnig. Autor/innen können die Gedanken ihrer Figuren nicht lesen; sie erfinden sie. Wenn, wie es in der *Klavierspielerin* der Fall ist, die Autorin erkennbar wird, stellt sich darum weniger die Frage,

---

23 Annuß, *Flache Figuren*, S. 52.

24 Ebd., S. 50.

warum eine Figur etwas Bestimmtes denkt oder erlebt, als vielmehr die Frage nach der Motivation dieser Schilderung: Warum hat die Autorin ihre Figur auf eben jene Weise gestaltet? Meine Hypothese ist, dass der selbstreferentielle Verweis auf das Schreiben der Autorin durchsichtig macht, dass es sich bei der Annahme eines auktorialen Subjekts um eine Fiktion handelt, an der die Lesenden partizipieren. Insofern problematisiert diese Selbstreferentialität noch entschiedener als der unvermittelte Multiperspektivismus Auktorialität im Roman. In der Briefpassage erreicht dieses Verfahren seinen Höhepunkt. Dabei erschwert die Verunsicherung über den Standpunkt des auktorialen Subjekts die Deutung des Briefes noch auf eine andere Weise, als dies auf der Handlungsebene beobachtet werden konnte.

In der Briefpassage ist die ausgestellte Selbstreferentialität im Vergleich zu den soeben zitierten Sätzen noch potenziert. Hier nämlich hat Jelinek nicht den Vorgang des Schreibens, sondern den des Lesens verdoppelt.[25] Auf der Handlungsebene zeigt sich Erika lediglich als schweigende Figur. Betrachtet man dagegen die rhetorische Ebene, wo nicht die Figuration selbst, sondern der Modus ihrer Produktion fokussiert wird, so kann man in vielfacher Hinsicht eine gelesene Figur in ihr erkennen. Was diese Passage in rhetorischer Hinsicht auszeichnet, ist nämlich, dass Erikas Brief nicht nur von Walter, sondern eben auch dem vermeintlichen auktorialen Subjekt gelesen und gedeutet wird. Eine Interview-Äußerung Jelineks, der zufolge sie den Brief nicht selbst geschrieben, sondern zu großen Stücken dem „Originalbrief" eines Masochisten entnommen habe,[26] macht diese bemerkenswerte Erzähl-, oder besser gesagt: Rezeptionsperspektive sinnfällig. Demnach hat man es nämlich mit der schwachen Markierung eines intertextuellen Verfahrens zu tun, wenn es heißt: „Bitte tu mir nicht weh, *steht unleserlich zwischen den Zeilen.*" (K 230; Herv. S.L.) Indem sie ausbuchstabiert, was lediglich „zwischen den Zeilen" des Briefes stehe – anders gesagt: von ihr hinzufügt wurde –, hat Jelinek ihren deutenden Eingriff in dessen Wortlaut hervorgehoben. Somit geht es hier nicht um die Fiktion souveräner Einsicht in eine erzählte Welt, in deren Mittelpunkt Erika steht, sondern um die Auszeichnung der Begrenztheit auktorial vermittelten Wissens.

Die Versuchsanordnung der Briefpassage führt auf dieser Ebene zu einer Potenzierung von Zuschreibungen. Noch bevor die Lesenden des Romans

25 Vgl. Scholz, Anna-Lena, *Sprechende Blicke. Entwürfe zu einer Poetik und Grammatik des Blicks* (*Elfriede Jelinek: ‚Die Klavierspielerin'*), in: Kenneth S. Calhoon et al. (Hg.), *„Es trübt mein Auge sich in Glück und Licht". Über den Blick in der Literatur*, Berlin 2010, S. 242-256, hier: S. 252.

26 Vgl. Meyer, *Elfriede Jelinek im Gespräch*, S. 60.

das ihre dazutun, haben sie es mit den Zuschreibungen einer Figur sowie der Autorin zu tun, die eben nur scheinbar zuverlässig berichtet.[27] So liest einerseits Klemmer Erikas Brief und legt ihn, nach diversen Zweifeln und Rückfragen, als buchstäblich zu verstehenden aus. Sein Lesen wird als eine Übersetzung oder auch Filterung von Erikas Sprache dargestellt, wobei die Präsentation ihrer Rede variantenreiche Formen durchläuft. Das lässt sich schon mit dem Beginn der Beschreibung von Klemmers Brieflektüre veranschaulichen:

> „Ihr sehnlichster Wunsch ist es, liest der angebetete Herr Klemmer, daß du mich bestrafst. Sie möchte, daß Klemmer ihr als Strafe beständig auf dem Fuße folgt. Erika zieht sich Klemmer als Strafe zu. Und zwar in der Art, daß er sie mit Genuß so derart fest, stramm, gründlich, ausgiebig, kunstgerecht, grausam, qualvoll, raffiniert mit den Stricken, die ich gesammelt habe, und auch den Lederriemen und sogar Ketten!, die ich ebenfalls habe, fesselt, ver- und zusammenschnürt und zusammenschnallt, wie er es nur kann. Er soll ihr seine Knie dabei in den Leib bohren, bitte sei so gut. Klemmer erheitert sich lauthals darüber. Er hält es für einen Witz, daß er ihr seine Fäuste in den Magen schlagen und sich so fest auf Erika draufsetzen soll, daß sie wie ein Brett daliegt und sich in seinen grausam süßen Fesseln gar nicht rühren kann. […]“ (K 218f.)

Andererseits stellt sich auch die vermeintliche Vermittlung von Erikas Gedanken als ein Lesen heraus, nämlich als eine übertragene und der von Klemmer entgegengesetzte Lektüre von Erikas Brief. Anders als Klemmer dies später tun wird, versteht die Autorin das Geschriebene nicht buchstäblich, sondern speist ihrer Interpretation, wie schon angedeutet, explizit einen Zusatztext ein. Im Kontrast zu anderen denkbaren Formulierungen wie: ‚Bitte tu mir nicht weh, *denkt Erika.*‘, oder: ‚Bitte tu mir nicht weh, *erwartet Klemmer zu lesen.*‘, weist der Ausdruck: „Bitte tu mir nicht weh, *steht unleserlich zwischen den Zeilen.*“ auf den prekären Status der vermeintlichen Einsicht hin. Jenseits

---

27 Vgl. zur Problematik erzähltheoretischer Bestimmung von Jelineks Prosa (am Beispiel von *Gier*): Grabienski, Olaf/ Kühne, Bernd/Schönert, Jörg, *Stimmen-Wirrwarr? Zur Relation von Erzählerin- und Figuren-Stimmen in Elfriede Jelineks Roman „Gier“*, in: Andreas Blödorn/Daniela Langer/Michael Scheffel (Hg.), *Stimme(n) im Text. Narratologische Positionsbestimmungen*, Berlin/New York 2006, S. 195-232. Ich möchte hervorheben, dass das Erkenntnisinteresse der Autoren klar über die Narratologie hinausweist, wenn sie schreiben: „Unsere typologisierende Analyse hat zum Ziel, das ‚Gewirr‘ der Stimmen zu ordnen, um zu klären, wo die Erzählerin ‚auf eigene Rechnung‘ spricht und wo sie zum Zweck der Kritik imitiert und parodiert, wo sie provoziert, sich selbst inszeniert oder sich mit Literaturkritik und Leserschaft auf ironische Weise solidarisiert.“ (Ebd., S. 216) Was sollte die „eigene Rechnung“ der „Erzählerin“ sein? Was hätte eine Figur zu verlieren oder zu gewinnen? Wie sollte sie „sich selbst inszenier[en]“? Es ist allzu deutlich, dass hier nicht der Status der Rede einer „Erzählerin“, sondern die Haltung der Autorin zur Disposition steht.

der Markierung von Intertextualität stellt der hervorgehobene Satzteil eine metasprachliche Kommentierung dar, durch welche die Rhetorizität der Hauptfigur hervorgehoben und zugleich eine stereotype Zuschreibung expliziert wird. Analog heißt es auch kurz darauf: „Sag mir etwas Liebes und setze dich über den Brief hinweg, *erbittet sie unhörbar*." (K 232; Herv. S.L.) Die schlichte Annahme eines auktorialen Subjekts, das eben auch Unhörbares hören kann, lässt sich angesichts der ausgestellten Selbstreferentialität, die gleichsam die gesamte Sprache des Romans kontaminiert, nicht aufrechterhalten.

Jelineks Schreibweise, die sich durch die Problematisierung von Auktorialität charakterisiert, hat ein reflexives Potential. Wird die Macht, die einer auktorialen Sprechinstanz normalerweise zugestanden wird, wie hier, als Fiktion demaskiert, so ist man beim Lesen nicht nur punktuell, sondern durchgängig mit der Frage konfrontiert, wem die Aussagen zuzuschreiben sind. Diese Frage der Zuschreibung zielt dabei weniger auf den schlichten Akt des Aufschreibens als vielmehr auf die dahinterstehende Intention. Jelinek schrieb die Sätze – wie aber sind sie gemeint? Schon wegen des hochgradig intertextuellen Verfahrens der Autorin ist diese Frage virulent. Mit Blick auf die Briefpassage ergibt sich darüber hinaus noch eine spezifischere Reflexion, die allgemein für multiperspektivisches Erzählen konstitutiv ist: Ohne auktoriale Perspektive fehlt einem Roman gleichsam der Hegemon, der im Falle widerstreitender Äußerungen einer Partei das Recht zuspricht. Entsprechend lassen sich die unterschiedlichen Ansichten, die über Erikas Wünsche bestehen, nicht hierarchisieren. Sucht sie den Schmerz oder will sie ihn eigentlich vermeiden? Die Konsequenz eines solchen Verfahrens ist, dass sich aus Rezeptionsperspektive generell kein neutrales Urteil über die Figuren fällen lässt. Von welcher Aussage man auch ausgeht, immer schon zeigt man sich parteilich.

Was Erika will, wird also nicht von Klemmer falsch eingeschätzt, während es von einem auktorialen Subjekt richtig erkannt wird; vielmehr finden sich hier wie dort nur Deutungen. Diese Einsicht ist noch zu bekräftigen, wenn man sich Klemmers anfängliche Skepsis über die Aufrichtigkeit von Erikas Wünschen vergegenwärtigt. Bekanntlich hatte er etwas anderes erwartet: „Klemmer bezweifelt sehr, was er liest, und schiebt es auf schlechte Beleuchtungsverhältnisse. Die Frau kann es so nicht gemeint haben, die derartig Chopin spielt." (K 229) Klemmer konnte den masochistischen Gewaltphantasien, von denen er lesend erfährt, also zunächst keinen Glauben schenken, weil sie nicht zu seinem Bild von der gelehrten Frau passten. Seine Vorbehalte entstammen dem kulturellen Stereotyp, dem zufolge die „Gelehrte […] eine Kopfgeburt"[28] sei, im Grunde also über keinerlei körperliche Triebe verfügt – erst recht keine

28 Bovenschen, Silvia, *Die imaginierte Weiblichkeit*, Frankfurt a. M. 2003, S. 92.

als pervers angesehenen Neigungen. Revidiert Klemmer in der fortgesetzten Brieflektüre schließlich seine Vorstellung von der gebildeten Erika, so übernimmt das vermeintliche auktoriale Subjekt danach exakt seine Rolle, wenn es die diskutable Zuschreibung anstellt, dass Erika ‚eigentlich' nur „etwas Liebes hören" wolle. Das Verfahren illustriert nicht nur die eigensinnige Hartnäckigkeit stereotyper Vorbehalte. Perfide ist dabei, dass Klemmer gerade in dem Moment zum Gewalttäter wird, in dem er die patriarchale Logik des kulturellen Stereotyps gegenüber einer Gebildeten verlässt. Demgegenüber zeigt sich der scheinbare auktoriale Einblick in Erikas Gefühle nur deshalb ‚einfühlsam', weil dabei ihr möglicher Versuch nicht ernst genommen wird, eine sexuell emanzipierte Position einzunehmen. Eine noch ambivalentere Konstellation ist kaum vorstellbar.

Statt einer ‚Wahrheit über die Frau' werden in der Briefpasssage also lediglich Interpretationen darüber präsentiert, was Erika mit ihrem Brief gemeint haben könnte. Pointiert gesagt, verhandelt die zentrale Szene des Romans damit allgemein die Legitimität von Interpretationen. Da Erika selbst nicht spricht und eine der Interpretationen zurückweist bzw. affirmiert, ist eine ‚richtige' Deutung ihres Briefs von vornherein ausgeschlossen. Theoretisch zugespitzt: Auf der rhetorischen Ebene zeigen sich Erikas Wünsche deshalb als ambivalent, weil sie lediglich als Disjunktion zwischen einer buchstäblichen und einer übertragenen Lesart ihres Briefes erscheinen. Mit Paul de Man, der in seinen *Allegorien des Lesens* vergleichbare Textstrukturen analysiert hat, lässt sich diese Disjunktion als Aporie kennzeichnen: als „das unwiderrufliche Eintreten zumindest zweier sich […] gegenseitig ausschließender Lektüren", welche eine „Unmöglichkeit wirklichen Verstehens sowohl auf der Ebene der Figuration wie auf der der Themen [behauptet]."[29] Mithin, so spitzte de Man es zu, führten solche Aporien zu „Unlesbarkeit".[30]

Um nochmals ein Zwischenfazit zu ziehen: Die in der Briefpassage gestaltete Auseinandersetzung über die Frage der richtigen Deutung ist komplex. Die schlichte auf der Handlungsebene erkennbare Deutungsschwierigkeit, entscheiden zu müssen, ob Klemmer Erikas Brief richtig gedeutet hat und ob es sich darum in der Folge um eine gewollte Vergewaltigung handelt oder nicht, lässt sich auch auf Ebene der Rhetorik nicht neutral lösen. Entsteht der Konflikt der Deutung von Erikas Brief auf der Handlungsebene dadurch, dass sie das

29 de Man, Paul, *Allegorien des Lesens*, Frankfurt a. M. 1988, S. 105; vgl. Schenk, Klaus, *Erzählen – Schreiben – Inszenieren. Zum Imaginären des Schreibens von der Romantik zur Moderne*, Tübingen 2012, S. 84-87.

30 Hamacher, Werner, *Unlesbarkeit*, in: Paul de Man, *Allegorien des Lesens*, Frankfurt a. M. 1988, S. 7-26.

Gegenteil von dem wollte, was sie schrieb, so erweist sich das, was sie wollte, auf der rhetorischen Ebene lediglich als eine der buchstäblichen Lesart entgegensetzte Deutung. Wesentlich ist: Ein direkter Einblick in Erikas Wünsche und Verlangen ist nicht gegeben. Gerade darin aber muss die Besonderheit von Jelineks Verfahren gesehen werden: Statt eine auktoriale Wahrheit über die Figuren zu vermitteln, wird durch den Verweis auf die Arbeit der Autorin die fiktive Perspektive von Auktorialität problematisiert. Die Möglichkeit ‚zuverlässigen' Erzählens stellt ein solches Schreibverfahren generell in Abrede.

Vor allem in rezeptionsästhetischer Hinsicht hat die Problematisierung von Auktorialität gravierende Folgen, da man sich als Leser/in nicht in ein klares Verhältnis zum Text setzen kann.[31] Man ist der Ambivalenz ausgesetzt, denn es fehlt eine verlässliche Grundlage, um zu entscheiden, ob Klemmers Tat als Vergewaltigung oder als Erfüllung von Erikas Wunsch aufzufassen ist – weiter gefasst: ob der Roman Kritik an der patriarchalen Kultur übt oder diese qua Reproduktion nicht vielmehr (auch) stärkt. Der Roman, der Urteilsbildungen herausfordert, entzieht sich zugleich selbst einem unproblematischen Urteil. Im Hinblick auf ihre Wirkung ist das die Essenz einer Poetik der Ambivalenz, wie sie sich nicht nur in diesem Werk Jelineks erkennen lässt.

3.2 (Auto-)Biographismus als Reflex auf die ambivalente Poetik

Direkt nach dem Erscheinen der *Klavierspielerin* wurde über dessen autobiographischen Gehalt spekuliert. Allein die Titel einiger Rezensionen wie: „Ein musikalisches Opfer" (*Der Spiegel*), „Inszenierung eines privaten Infernos" (*Wiener Zeitung*) oder „Mütterdämmerung. Frauen schreiben über die Mutter-Tochter-Beziehung" (*Die Zeit*) geben die Richtung dieser Spekulationen an.[32] In der Forschung wurde zu diesem Rezeptionsphänomen vermerkt, dass „Jelinek solche Spekulationen selbst durch Interviewäußerungen über die mütterliche Dominanz, die väterliche Geisteskrankheit, die musikalische Ausbildung sowie eigene psychische Dispositionen [angeregt hat]".[33] Auf den ersten Blick wird dieser Eindruck durch eine Betrachtung von Jelineks öffentlicher Selbstinszenierung zu dieser Zeit bestätigt (vgl. Kap. 3.3). Betrachtet man jedoch nur Jelineks Antworten, so ist noch nicht zu erklären, weshalb ihr nach der

31 Vgl. Wright, *Ästhetik des Ekels*, S. 52.

32 Vgl. Riedel, Nicolai, *Elfriede Jelinek. Eine Auswahlbibliographie 1967-1992*, in: Heinz Ludwig Arnold (Hg.), *Text + Kritik. Zeitschrift für Literatur* 117 (1993) (= *Sonderheft Elfriede Jelinek*), S. 104-115, hier: S. 111.

33 Tacke, *Klavierspielerin*, S. 95; vgl. Vogel, *Oh Bildnis*, S. 148f.

Veröffentlichung gerade dieses Romans überhaupt zum ersten Mal gehäuft Fragen in dieser Richtung gestellt wurden. Warum kam mit der *Klavierspielerin* ein solches Interesse an möglichen biographischen Parallelen auf?

Auf Basis der bisherigen Analyse lässt sich annehmen, dass das biographische Interesse einen Reflex auf die ambivalente Poetik und die im Roman betriebene Problematisierung von Auktorialität darstellt. Da der Roman aufgrund seiner verunsichernden rhetorischen Verfassung keinen Halt bietet, wurde außerhalb des Werkes ein Fixpunkt für die Interpretation gesucht. Das Leben der Autorin sollte also über ihre Darstellungsintention informieren. Mit Bezug auf die Blickinszenierung in der *Klavierspielerin* hat schon Sabine Wilke eine ähnliche Vermutung geäußert. Obwohl Wilke die in der Forschung verbreitete Annahme teilte, dass Jelineks Verfahren als ironisierende Verfremdung zu bestimmen ist, machte sie darauf aufmerksam, dass das Verfahren, wo es allzu radikal eingesetzt wird, ambivalent erscheint. Was „intentional" als Zerrbild kulturell geprägter Vorstellung erscheinen solle, könne demnach nicht klar von einer Detailbeschreibung pornographischer Akte getrennt werden, die letztlich die patriarchale Gewalt stützt, statt sie zu denunzieren.

> Gerade, was diesen Text anbetrifft, der der erste Text dieser Art von vielen ist, schlägt die Radikalität der Blickinszenierung in ihr Gegenteil um und kommt an den Stellen, wo Jelineks satirischer Ton in eine untergeordnete Rolle gedrängt wird und wo die Blickrichtung der Leser mit der der betrachtenden Person verschmilzt, der Tradition der pornographischen Darstellung gefährlich nahe, obwohl das ja durch die Stilmittel der ironisierenden Verfremdung gerade verhindert werden sollte.[34]

Innerhalb der akademischen Rezeption des Romans stellt Wilkes Hinweis, dass Jelineks Rhetorik ambivalent erscheint, einen raren Einspruch gegen die vorherrschende Lesart dar, der zufolge Jelinek ein mythenkritisches Verfahren entwickelt habe, das (eindeutig) das, was es reproduziert, als „angeschaute Naivität"[35] ausstellt. Dass diese Lesart zumindest diskutabel ist, so folgerte auch schon Wilke, zeigt sich an der Aufmerksamkeit für autobiographische Aspekte, welche zur Aufhebung der Ambivalenz funktionalisiert werden:

---

34 Wilke, Sabine, *‚Ich bin eine Frau mit einer männlichen Anmaßung': Eine Analyse des „bösen Blicks" in Elfriede Jelineks „Die Klavierspielerin"*, in: *Modern Austrian Literature* 25/1 (1993), S. 115-144, hier: S. 139.

35 Janz, *Klavierspielerin*, S. 132. Janz' Interpretationen erwecken nicht selten den Eindruck, dass es sich bei Jelineks Texten eher um wissenschaftliche als literarische Veröffentlichungen handelt, so häufig werden die „sprachlichen Analysen" hervorgehoben, die diese enthielten. Vgl. Janz, Marlies, *‚Die Geschichte hat sich nach 45 entschlossen, noch einmal ganz von vorne zu beginnen …'. Elfriede Jelineks Destruktion des Mythos historischer ‚Unschuld'*, in: Daniela Bartens/Paul Pechmann (Hg.), *Dossier extra: Elfriede Jelinek. Die internationale Rezeption*, Graz 1997, S. 225-238, hier: S. 226.

„Wäre die Blickinszenierung in *Die Klavierspielerin* durch die Sprache wirklich so durchgängig gebrochen […], wäre das ganze Problem der autobiographischen Dimension, das die gesamte journalistische Aufarbeitung dieses Textes beherrscht, niemals so hochgespielt worden."[36] Mit Blick auf die Poetik der Ambivalenz lässt sich diese Einsicht bekräftigen. Die Wirkung dieser Poetik manifestiert sich auch in der akademischen Rezeption. In Analogie formuliert: Wäre die Ambivalenz der *Klavierspielerin* nicht so tiefgreifend, dass die Darstellungsintention des Romans darüber zweifelhaft erscheinen muss, hätten sich niemals so wirkmächtige Autorimagines etabliert.

Vor diesem Hintergrund ist bemerkenswert, dass ein Teil der Forschung im Gegensatz zur Literaturkritik oder auch den Biographen der Autorin, die sich dem Urteil angeschlossen haben, es handele sich bei der *Klavierspielerin* um einen autobiographischen Roman,[37] in dieser Frage eine skeptische bis deutlich ablehnende Haltung einnimmt.[38] Speziell aus Perspektive der feministischen Literaturwissenschaft lässt sich diese Ablehnung teilweise als Ressentiment erklären, insofern der Biographismus als Abwertung des Schreibens von Schriftstellerinnen eine lange Tradition hat.[39] Die expliziten Einwände gegen eine biographistische Deutung verdecken jedoch nur, dass die beiden für die akademische Rezeption einschlägigen Lesarten der *Klavierspielerin* sich ebenfalls nur vor dem Hintergrund eines bestimmten Bildes der Autorin verstehen lassen. So bauen die psychologisch bzw. psychoanalytisch orientierten Lesarten auf dem Bild „einer ‚genialen'[,] aber ‚verletzlichen', ‚zerstörten' Künstlerin" auf, das, Peter Clar zufolge, durch „Interviews mit der Autorin über ihr Verhältnis zur Mutter" gefestigt wurde, und erkennen in Erika Kohut darum häufig eine Inszenierung der Person Jelineks.[40] Genau gegen dieses Bild opponieren die Vertreter/innen der kritischen Lesart. In diesem Sinne konstatierte Daniela Bartens, es sei „ein häufiger Mechanismus in der Jelinek-Rezeption, die in patriarchatskritisch-denunziatorischer Absicht montierten Sprechweisen ihrer Figuren der Autorin selbst als Perversion

---

36 Wilke, *Analyse des „bösen Blicks"*, S. 139f.

37 Vgl. Mayer/Koberg, *Porträt*, S. 8, 116.

38 Vgl. Tacke, *Klavierspielerin*, S. 96; Riedle, Gabriele, *They call her Elfie*, in: *Literatur Konkret* 12 (1987/88), S. 6-9.

39 In dieser Abwertung lässt sich eine Folge der Ende des 18. Jahrhunderts einsetzenden Autonomiesetzung der Kunst sehen. Diese hatte geschlechtsspezifische Konsequenzen, da die Entwicklung der Literatur zum Berufsfeld in Widerspruch zur Arbeitsteilung trat, die Frauen zumeist in den privaten, erwerbsfreien Raum verwies. Auch darum wurde ihr Schreiben „pauschal als autobiografisch abgewertet". Vgl. Rinnert, Andrea, *Körper, Weiblichkeit, Autorschaft*, Königstein 2001, S. 13.

40 Vgl. Clar, *Selbstpräsentation*, S. 22.

an[zu]laste[n]."[41] Wie die Rede von der „Absicht" bezeugt, kommt auch diese Lesart nicht ohne eine bestimmte Vorstellung von der Autorin aus. So orientieren sich die Vertreter/innen der kritischen Lesart an dem Bild einer politisch und feministisch engagierten Autorin, die eine marxistische Gesellschaftskritik vertritt. Nur deshalb kann für sie die sich in der *Klavierspielerin* zeigende „Darstellungsintention [...] zweifelsohne ironisierend und damit kritisch [sein]".[42] Die Ambivalenz des Textes und mithin das Unbehagen, das er auszulösen vermag – affirmiert er nicht auch patriarchale Gewalt? –, wurde vor dem Hintergrund dieser Autorimago unterdrückt.

3.3 Der Beginn einer „zwiespältigen medialen Erfolgsstory": (Auto-)Biographismus als Medium einer ambivalenten Poetik

Im Rückblick ist die Frage, ob die autobiographische Lesart der *Klavierspielerin* ihre entscheidenden Impulse von Jelinek selbst oder von den Akteuren der öffentlichen Rezeption ihres Romans erhalten hat, gewiss müßig zu beantworten. Entsprechend der in der Einleitung skizzierten Perspektive, dass Autor/innen und ihre Leser/innen eine gemeinsame Verantwortung für die Bedeutung der Literatur übernehmen, würde ich sogar argumentieren, dass sich solche Fragen gar nicht eindeutig klären lassen. Daher soll es weniger darauf ankommen, den Ursprung dieser Lesart ausfindig zu machen, als vielmehr den literarischen Dialog zu rekonstruieren, in dessen Fortgang sie sich nachhaltig etablieren konnte. Wichtig für das Verständnis dieses Dialogs ist neben der Poetik des Romans und dessen öffentlicher Rezeption auch die öffentliche Selbstinszenierung der Autorin, die nun eingehender betrachtet werden soll.

Mit Erscheinen der *Klavierspielerin* lässt sich nicht nur ein deutliches Interesse an der Person der Autorin beobachten – „ab diesem Zeitpunkt setzte auch eine sich bis 1989 [also bis zum Erscheinen von *Lust;* S.L.] zunehmend intensivierende Interviewtätigkeit der Autorin ein."[43] Seitdem rotiert, Bartens zufolge, die PR-Maschine um Jelinek derart heftig, dass sie „das Verschwinden, nicht dasjenige des Autors in seinem Werk, sondern jenes des Werks hinter der überlebensgroßen Ikone seiner Autorin vorantreibt".[44] Als Protagonistin

41 Bartens, Daniela, *Vom Verschwinden des Textes in der Rezeption. Die internationale Rezeptionsgeschichte von Elfriede Jelineks Werk*, in: Dies./Paul Pechmann (Hg.), *Dossier extra: Elfriede Jelinek. Die internationale Rezeption*, Graz 1997, S. 28-51, hier: S. 41.

42 Wilke, *Analyse des „bösen Blicks"*, S. 132.

43 Bartens, *Vom Verschwinden des Textes*, S. 40.

44 Ebd., S. 37f.

einer „zwiespältigen medialen Erfolgsstory“[45] profitierte Jelinek zwar von der medialen Aufmerksamkeit, die ihr vor dem Hintergrund der „damals boomenden Frauenliteratur“ zukam,[46] sodass man es auch als verkaufsfördernde Maßnahme werten kann, dass Jelinek in den Ankündigungen zum Buch und den Interviews nach der Veröffentlichung autobiographische Bezüge betont hat.[47] Schaut man genauer hin, ist jedoch zu erkennen, wie die Produktion klischierter medialer Bilder von der Autorin zu Lasten ihres Werkes ging, weil die dabei entstehenden wirkmächtigen Imagines dessen ästhetische und reflexive Komplexität reduzierte.

Es ist interessant zu beobachten, wie sich Jelinek selbst angesichts der Tendenz, ihr literarisches Werk autobiographisch zu rezipieren, verhalten hat. Im Jahr 1990 äußerte sie sich dazu folgendermaßen:

> Die Biographie der Frauen, auch ihr biologisches Äußeres, ihr Aussehen, die Art, wie sie sich kleiden, wird sehr viel stärker zur Beurteilung ihrer Produkte herangezogen, als das bei Männern der Fall ist. Dann wurde auch bei der *Klavierspielerin*, die wirklich etwas autobiographischer ist – eigentlich eine Ausnahme von meinen sonstigen Sachen –, immer wieder versucht[,] das biographische Element, also meine Person[,] in meine Arbeit hineinzuziehen und beide zu einem Brei zu verrühren, daß man nicht mehr wußte, was das eine und was das andere war. Ich habe mich immer sehr dagegen gewehrt. Aber in dem Bemühen mich zu wehren, bin ich immer nur tiefer hineingeschlittert.[48]

Die „Dramaturgie des Mißverständlichen“,[49] die Jelineks Praxis ihrer öffentlichen Selbstinszenierung auszeichnet, ist auch hier zu erkennen: Jelinek behauptete, sich „immer sehr dagegen gewehrt“ zu haben, dass ihr Roman autobiographisch rezipiert bzw. das Biographische mit dem Fiktiven „verrührt“ wurde; gleichzeitig aber hielt sie fest, dass *Die Klavierspielerin* „wirklich etwas autobiographischer“ sei. Indem sie die Vermengung von Biographie und Fiktion bezeichnete, versuchte sie scheinbar auch in diesem Interview, sich dagegen zu wehren. Da sie die Gelegenheit jedoch nicht nutzte, zu klären, „was das eine und was das andere war“, könnte man ebenso sagen, dass sie die Grenze von Biographie und Fiktion auch hier nur weiter verwischte. Mit dem Einsatz autofiktionaler Verfahren ab *Lust* wird dieser Zug zum poetologischen

45 Ebd., S. 38.

46 Ebd., S. 40.

47 Vgl. Wortmann, Thomas, *Elemente einer negativen Ästhetik des Obszönen: Jelinek, Haneke, die Klavierspielerin und das pornographische Sujet*, in: Paul M. Lützeler (Hg.), *Gegenwartsliteratur. Ein germanistisches Jahrbuch* 14 (2015), S. 197-222, hier: S. 201.

48 Lamb-Faffelberger, Margarete, *Valie Export und Elfriede Jelinek im Spiegel der Presse. Zur Rezeption der feministischen Avantgarde Österreichs*, New York 1992, S. 184f.

49 Vogel, *Oh Bildnis*, S. 145.

Prinzip. Zugespitzt könnte man hier darum von einer Art ‚Urszene' der Autofiktion in ihrem Schaffen sprechen. An dieser Stelle – wie auch in vielen weiteren Interviews – begann die Autorin damit, auf die Einnahme einer Wahrheitsposition zu verzichten und sich klar von ihren fiktiven Figuren zu distanzieren.

Eine von Jelineks interessantesten, aber keineswegs „unmißverständlich[en]"[50] späteren Aussagen zur Frage des autobiographischen Gehalts der *Klavierspielerin* findet sich im Gespräch mit Günter Kaufmann: „Es ist natürlich kein autobiographisches Buch, aber es ist ein Buch, in dem im Gegensatz zu den meisten meiner anderen Bücher etwas weniger verschlüsselt ist. Ich würde das eine eingeschränkte Biographie nennen."[51] Obwohl die beiden Sätze häufiger zitiert werden, wurde meines Wissens noch nicht zur Kenntnis genommen, dass Jelinek hier nicht nur den autobiographischen Gehalt einschränkte, sondern sich vor allem gegen den Begriff der *Auto*biographie aussprach. Ihre Rede von einer „eingeschränkten Biographie" legt nahe, sie habe gerade nicht über sich selbst, sondern über einen Anderen geschrieben. Wenn gleichzeitig sicher ist – zumindest ist nichts Gegenteiliges bekannt –, dass sie nicht im geläufigen Sinn über einen Anderen geschrieben hat, lässt sich folgern, dass sie über sich selbst als Andere geschrieben hat. Anders gesagt: ‚Sie nicht als sie' ist (eingeschränkt) Protagonistin der Erzählung. Ihre Aussage umschreibt die Bedeutung der *Klavierspielerin* damit als eine frühe Vorwegnahme der Reflexion, die 1998 im Titel ihres Stückes *er nicht als er* zu erkennen ist.[52] Wie ist diese Reflexion einer scheiternden Repräsentation („nicht als") zu deuten? Was das spätere Stück betrifft, ließe sich zum einen argumentieren, dass Robert Walser im Akt der Figuration zu einer Papierfigur geworden ist, also dasselbe Schicksal wie etwa auch Erika und Klemmer erlitten hat. Zum anderen lässt sich in dem Titel aber auch die Reflexion erkennen, dass das Stück Walsers Sprache eine neue Bedeutung einträgt, indem bzw. obwohl es sich lediglich als Montage von Zitaten seiner Texte zeigt. Allein aufgrund der neuen Rahmung und Komposition seiner Sätze zeigt das Stück in diesem Sinne einen maskierten Walser. Eine Fortschreibung dieses Ansatzes lässt sich im Übrigen auch im Titel der englischen Übersetzung des Stücks erkennen, der, wiederum gegen den im englischen Sprachraum weniger bekannten Schweizer Autor, die Maskierung Jelineks betont: *„her not all her"*.[53]

---

50 Meyer, *Geschlechterpresse*, S. 36.

51 Elfriede Jelinek, hier zit. n.: ebd.; vgl. Meyer, *Elfriede Jelinek im Gespräch*, S. 35.

52 Vgl. Jelinek, Elfriede, *er nicht als er. (zu, mit Robert Walser). Ein Stück*, Frankfurt a. M. 1998.

53 Vgl. Jelinek, Elfriede, *Her not all her. on/with Robert Walser*, London/Paris 2012.

Überträgt man diese Einsichten aus der Titelreflexion auf Jelineks Äußerung, die *Klavierspielerin* sei eine „eingeschränkte Biographie“, lässt sich das so deuten: Allein die Notwendigkeit der Komposition, in der biographische Fakten einem Text angepasst werden, verhindert die Möglichkeit eines (auto-) biographischen Schreibens. Ein theoretisch elaborierter Ausdruck dieses Gedankens findet sich bei Paul de Man, der die Frage gestellt hat, ob „nicht alles, was der Autor einer Autobiographie *tut*, letztlich von den technischen Anforderungen der ‚Selberlebensbeschreibung‘ beherrscht und daher in jeder Hinsicht von den Möglichkeiten seines Mediums bestimmt“[54] werde. Wollte man dieser Frage – die von de Man allerdings nur rhetorisch gestellt wird – zustimmen, hätte das zur Folge, „daß das ‚Referenzobjekt‘ [also der/die Autor/in einer Autobiographie] überhaupt kein klares und einfaches Bezugsobjekt mehr“ wäre, „sondern in die Nähe einer Fiktion rückt[e].“[55]

Dass Jelinek an der Möglichkeit zweifelte, ein Leben in einem Buch zusammenzufassen, haben auch ihre Biographen berichtet.[56] Dazu passend hat man in der Forschung nicht nur die Künstlichkeit und Zitathaftigkeit ihrer Selbstaussagen früh herausgestellt,[57] sondern auch den Autorinnenkult parodiert, der anstatt sich die literarischen Texte genauer anzusehen, nur autobiographischen Finten gefolgt sei.[58] Dennoch hat sich der Biographismus, gestützt auf die medialen Bilder, welche sich in den beiden rekonstruierten Imagines manifestieren, als hartnäckig erwiesen: „Daß Jelineks Interviews ebenso kunstvoll gestylt sind wie sie selbst und das, was sie schreibt, und daß sie zuerst ihren autobiographischen Roman [gemeint ist *Die Klavierspielerin*; S.L.] verfaßt und anschließend die passende Biographie dazu bastelt, […] stört dabei wenig.“[59]

So ist die Briefpassage der *Klavierspielerin* auch aufgrund einer Homologie paradigmatisch für die Deutungsschwierigkeiten, vor die Jelineks Texte stellen:

54 de Man, *Autobiographie als Maskenspiel*, S. 133 [Herv. i. O.].

55 Ebd.

56 Vgl. Mayer/Koberg, *Porträt*, S. 8.

57 „Doch keine Autobiographie, die sich, wie es der Stegreif-Forscher gern hätte, ‚durch den Strom ehemaliger Erlebnisse und Erfahrungen treiben‘ ließe. Ihre Ausführungen lassen die Farbigkeit vermissen, an deren Abglanz wir das Leben ermessen. Die in verschiedene ‚Belegerzählungen‘ zerfallene Lebensgeschichte ordnet sich teils soziologischen, teils psychoanalytischen, teils feministischen Perspektiven unter. Kein Ereignis, das nicht zugleich Modell wäre. Ursache und Wirkung dergestalt verschränkend, daß das Pathos des gelebten Augenblicks zunichte wird.“ Vogel, *Oh Bildnis*, S. 149.

58 „Keine(r) schreibt Dissertationen über Elfriede Jelinek, alle wollen sie sie nur immer und immer wieder interviewen: Ihre Sprache […] soll gefälligst heim ins Leben geholt werden […].“ Riedle, *They call her Elfie*, S. 8.

59 Ebd.

Auf der Handlungsebene kann Erika Kohut, solange sie schweigt, die Deutung ihres Briefes durch Walter Klemmer ebenso wenig kontrollieren, wie Jelinek dies in Bezug auf ihre Texte vermag. Dies ist immer zu beachten, wenn man ihr Interview-Verhalten als allzu kalkuliert einschätzt und festhält, dass sie „nicht nur als Autorin von Romanen und Theatertexten in Erscheinung getreten [ist], sondern zu einem erheblichen Maß auch als Produzentin der Autorinnen-Persona Elfriede Jelinek.“[60]

Will man Jelineks Praxis ihrer öffentlichen Selbstinszenierung im Zusammenhang mit der *Klavierspielerin* abschließend bewerten, ist vor allem festzuhalten, wie widersprüchlich ihre Aussagen zum autobiographischen Gehalt des Romans ausgefallen sind. Ihr Wort, dass der Roman autobiographisch sei, steht unvermittelt neben dessen Negation wie auch der späten Bezeichnung von der „eingeschränkten Biographie“, wobei die Kontexte, in denen sich diese Aussagen finden, deren Glaubwürdigkeit jeweils unterminieren. Gestützt auf die erwähnten Untersuchungen zu Jelineks Inszenierungspraxis lässt sich verallgemeinern, dass deren Pointe nicht in bestimmten Positionierungen, sondern in einem spielerischen Zerstreuen der vorgefertigten Auffassungen über ihre Werke oder ihre eigene Person lag.

Jelinek wies die Frage nach dem autobiographischen Gehalt des Romans nicht etwa zurück, sondern hielt ihre Antwort in den Interviews in der Schwebe. Regelmäßig affirmierte sie bei diesen Gelegenheiten zunächst die Meinungen über sich, um diesen Bekräftigungen jedoch sogleich performativ den Boden zu entziehen. Man könnte ihre Strategie als kopfschüttelndes Ja-Sagen umschreiben. Denkt man an das von Annuß herausgestellte spezifisch politische Potential der Formkritik von Jelineks Kunst,[61] so lässt sich annehmen, dass die Autorin mittels dieser Strategie das Ziel verfolgte, die Bilder und Narrative zu subvertieren, die ihr eine allzu klare Agenda unterstellten, um sie für bestimmte Zwecke zu instrumentalisieren. In diesem Sinne können Jelineks zwiespältige öffentliche Selbstinszenierungen, welche die verbreiteten Vorstellungen von ihrer Person und Autorschaft in Zweifel ziehen, als Versuche verstanden werden, die Ambivalenz der *Klavierspielerin* gegen die vereindeutigenden Lesarten aufrechtzuerhalten. Angedeutet hat diesen Zusammenhang auch schon Nicole Kandioler:

> Das Interesse am autobiographischen Detail zieht sich spätestens seit der *Klavierspielerin* durch die Rezeptionsgeschichte des Werkes Elfriede Jelineks. Und mit diesem Interesse geht interessanterweise eine emotionale Debatte rund um die Bedeutung Elfriede Jelineks als öffentliche Person – Jelinek als Feministin, Jelinek als Tochter – einher. Man könnte meinen, dass die Autorin

60 Renz, *Klavierspielerin*, S. 176.

61 Vgl. Annuß, *Flache Figuren*, S. 55; vgl. Annuß, *Theater des Nachlebens*, S. 252f.

> auf diese Übergriffe […] mit der ultimativen Inszenierung ihrer (privaten) Figur reagiert.[62]

In der Tat haben die beiden von Kandioler genannten Aspekte von Jelineks biographischer Existenz bis heute einen maßgeblichen Niederschlag in der Interpretation ihres Werkes gefunden: Dass Jelinek als Feministin zu verstehen ist, vergisst keine der kritischen Lektüren klarzustellen; die Besonderheiten des Jelinekschen Mutter-Tochter-Verhältnisses dagegen interessieren die psychologisch bzw. psychoanalytisch fundierten Deutungen. Das, was den beiden Autorimagines, von denen die Interpretationen ausgehen, zugrunde liegt, als Aspekte der „öffentliche[n] Person" Jelineks zu charakterisieren, ist allerdings irreführend. Schon der Umstand, dass Jelinek „als Tochter" gerade nicht öffentlich agierte, weist darauf hin, dass sich die Produktion ihres Autorinnenbildes ihrer Kontrolle entzieht. Über die Frage, welche biographischen Fakten die Interpretation ihrer literarischen Texte maßgeblich beeinflussen, konnte die Autorin nicht allein entscheiden. Worauf es vorerst ankommt, ist, dass sie offenbar trotzdem versuchte, auf die Wahl und Geltung dieser Fakten durch ihre Selbstinszenierung Einfluss zu nehmen.[63]

Es ist aufschlussreich, dass sich Jelinek schon im Erscheinungsjahr der *Klavierspielerin* für die Prozesse sensibel zeigte, welche die Rezeptions- und damit auch Produktionsbedingungen ihrer Literatur veränderten. Eine Bemerkung zu einer ihrer Lesungen 1983 macht das deutlich: „Kein Zwang zur Rechtfertigung mehr, kein Fragen nach der politischen Relevanz, wie vor zehn Jahren. Die Rezeption der Literatur ist anders geworden."[64] Aufgrund dieser Sensibilität für die Prozesse, welche die Wahrnehmung und Bewertung ihrer Texte veränderten, muss es für Jelinek abzusehen gewesen sein, dass auch die Interpretationen ihrer nach der *Klavierspielerin* erscheinenden Werke von den so eigentümlich produzierten Imaginationen über ihre Autorschaft reguliert werden würden. Sie reagierte darauf, indem sie ihr Meinungen zerstreuendes Verfahren öffentlicher Selbstinszenierung fortan auf ihre literarischen Texte ausweitete, um die Bilder von sich als Autorin zukünftig auch dort zu bearbeiten. War der (Auto-)biographismus, der in den Rezeptionszeugnissen zur *Klavierspielerin* dokumentiert ist, zunächst ein Reflex auf die Deutungsschwierigkeiten des Romans, wurde er sodann zum Medium, mit dem die Autorin, wie ich sie verstehe, die Ambivalenz ihres Schreibens aufrechtzuerhalten versucht hat.

---

62 Kandioler, Nicole, *Radikales und mimetisches Ich des Kollektivs. Elfriede Jelinek und Christine Angot*, in: Françoise Rétif/Johann Sonnleitner (Hg.), *Elfriede Jelinek. Sprache, Geschlecht und Herrschaft*, Würzburg 2008, S. 141-151, hier: S. 144.

63 Vgl. Clar, *Selbstpräsentation*, S. 25; Heinen, *Literarische Inszenierung von Autorschaft*, S. 49.

64 Elfriede Jelinek, zit. n.: Mayer/Koberg, *Porträt*, S. 101.

KAPITEL 4

Wessen *Lust* (1989)? Erste autofiktionale Verfahren in einem skandalösen Roman

4.1 Vorspiel: Jelineks öffentliche Selbstinszenierung im Vorfeld von *Lust*

Die Praxis der widersprüchlichen öffentlichen Selbstinszenierung, die sich Elfriede Jelinek nach Veröffentlichung der *Klavierspielerin* zu eigen machte, hat im Kontext von *Lust* eine Radikalisierung erfahren. So war es kein Wunder, dass die Aufnahme des neuen Romans entscheidend von den provokanten Ankündigungen der Autorin geprägt wurde. Ähnlich wie man es schon bei der Frage nach den autobiographischen Bezügen der *Klavierspielerin* beobachten konnte, haben sich „die von Jelinek gelegten Spuren in Form von Erwartungen und impliziten Bildern" auch in den Rezeptionsdiskurs von *Lust* eingeschrieben, wo sie – einer Dynamik folgend, die John-Wenndorf schon allgemein für Jelinek herausstellte – „weitgehend unreflektiert die Anschlusskommunikation" beeinflussten.[1]

Schon knapp drei Jahre bevor *Lust* erschien, hatte Jelinek angekündigt, einen erotischen Roman, „vielleicht ein[en] weibliche[n] Porno, eine Art Gegenentwurf zu Batailles ‚Geschichte des Auges'" schreiben zu wollen.[2] Da die Autorin seit den Kontroversen um *Die Klavierspielerin* ohnehin unter Pornographieverdacht stand, wirkte ein solches Vorhaben nicht weiter überraschend. Dabei war die Ankündigung, ähnlich vielen weiteren, durchaus ambivalent zu verstehen. Schließlich wurde die aus der autobiographischen Lesart der *Klavierspielerin* erwachsene Zuschreibung, dass die Autorin „pervers" sei,[3] durch solche Aussagen weder bekräftigt noch zurückgenommen. Für die einen bewahrheitete ihre Aussage, was sie ohnehin schon geahnt hatten, während sie für die anderen nur eine weitere satirische Überspitzung darstellte.

Dass Jelineks vorauseilende Kommentierung ihres Romans gar keine eindeutigen Botschaften erzeugte, wurde in dessen anschließender Rezeption

1 John-Wenndorf, *Der öffentliche Autor*, S. 48.

2 Diese Ankündigung druckte die *Frankfurter Rundschau* (07.07.1986), hier zit. n.: Mayer/Koberg, *Porträt*, S. 157; vgl. Gross, Roland, *Nichts ist möglich zwischen den Geschlechtern. Ein Gespräch mit Elfriede Jelinek*, in: *Süddeutsche Zeitung* (20.01.1987).

3 Janke, Pia, *Debatten und Skandalisierungen*, in: Dies. (Hg.), *Jelinek-Handbuch*, Stuttgart 2013, S. 335-340, hier: S. 337.

 | DOI:10.30965/9783846767542_005

zumeist übersehen. Dabei erscheint weder der konkrete Bezug auf den vermeintlichen Prätext deutlich – was hat *Lust* eigentlich mit Batailles obszöner, von der Psychoanalyse angeregter Erzählung zu tun? –, noch ist auch nur sicher, dass sich Jelinek immer auf ihren neuen Roman bezog.[4] Zumal, wenn man ihre Kommentare im Zusammenhang betrachtet, bleibt deren Aussage unklar, wie schon Ina Hartwig herausstellte:

> Erotischer Roman, weiblicher Gegenentwurf zu Batailles *Geschichte des Auges*, weiblicher Porno, Anti-Pornographie: Das ist das schwankende Spektrum, mit dem Jelinek das Genre des Prosatextes *Lust* etikettiert. […] Ein ganzes Arsenal von irritations- und widerstandlos vorgetragenen Selbstauslegungen fällt auf die interessierte Leserschaft nieder.[5]

Hartwig legte auch dar, wie fehlleitend der Vergleich mit Batailles Erzählung war, und hielt fest: „Dieser Rekurs weckt eine Erwartungshaltung, die dann absichtlich, so steht zu vermuten, enttäuscht wird."[6] Dass auch der Titel des neuen Romans in diesem Sinne irreführend ist, wurde häufiger bemerkt. *Lust* sei vor allem „lustvoll zelebrierte[] Lektürequal und eine[] medial organisierte[] Publikumstäuschung von beeindruckendem Erfolg."[7] Ob Jelinek es auf diese Täuschungen absah, lässt sich zwar nicht klären (häufiger gab sie an, ihre Bekanntmachungen später bereut zu haben); als Ergebnis ist jedoch unbestreitbar, dass sie dem Roman mit ihren Ankündigungen nicht nur eine Werbung verschaffte, die den „bis dahin kurz- und mittelfristig größten Verkaufserfolg Jelineks"[8] begründete, sondern eben auch für eine besonders zwiespältige Aufmerksamkeit sorgte.[9]

---

4 Möglicherweise hatte sich Jelinek anfangs noch auf ein anderes Schreibprojekt bezogen. 1986, im Jahr des vermeintlich ersten Interviews zu *Lust*, erschien ihr kurzer Text *Begierde & Fahrerlaubnis*, der den Untertitel „(eine Pornographie)" trägt. Vgl. Jelinek, Elfriede, *Begierde & Fahrerlaubnis*, in: *Manuskripte* 93 (1986), S. 74-76; online verfügbar: www.elfriede-jelinek.com/fbegierd.htm.

5 Hartwig, Ina, *Sexuelle Poetik. Proust. Musil. Genet. Jelinek*, Frankfurt a. M. 1998, S. 229f.

6 Ebd., S. 247.

7 Pontzen, Alexandra, *„Lust – keine Lust." Der weibliche Körper im erotischen Roman von Ulla Hahn bis Elfriede Jelinek*, in: Wieland Freund/Winfried Freund (Hg.), *Der deutsche Roman der Gegenwart*, München 2001, S. 53-76, hier: S. 59.

8 Wolf, Norbert Christian, Lust *im journalistischen Feld, Unlust an der Lektüre. Zur Funktion der Werkpolitik und Kritik an Jelineks Roman*, in: Uta Degner/Christa Gürtler (Hg.), *Elfriede Jelinek: Provokationen der Kunst*, Berlin/Boston 2021, S. 133-161, hier: S. 134.

9 Zuletzt hat sich Norbert Christian Wolf ausführlich mit der literaturkritischen Aufnahme des Romans befasst. Seiner Analyse zufolge belegen die Besprechungen nicht nur die rezeptionssteuernde Wirkung der öffentlichen Selbstinszenierung der Autorin, sondern illustrieren auch, wie die damit zusammenhängende Skandalisierung des Romans dessen adäquate Rezeption verhinderte. Vgl. ebd., S. 145, 157.

Die Veröffentlichung selbst wurde von zahlreichen Interviews begleitet, die vor allem auf ein persönliches Porträt der Autorin setzten. Im Rahmen dieser Interviews erreichte die von Vogel beobachtete „Dramaturgie des Missverständlichen" ein drastisches Niveau. Im Vorfeld von *Lust* wirkte es nämlich besonders brisant, dass Jelinek, wie Gabriele Riedle einmal bemerkt hat, „wie ihre Texte [aussieht]."[10] Gekleidet „als Direktorinnen-Gattin"[11] gab sie dem *Stern* ein von Fotografien begleitetes Interview mit dem Titel: „Männer sehen in mir die große Domina". Auf einem der Bilder, das jedoch nur als Geschichte – um nicht zu sagen: als Mythos – existiert, weil Jelinek dessen Veröffentlichung nie autorisiert hat, soll die Autorin zu sehen gewesen sein, wie sie in sadomasochistischer Pose auf das Bett im Hotel Sacher gefesselt war.[12]

Im begleitenden Text schrieb die Autorin des *Stern*-Interviews, Birgit Lahann: „Ja, sie läßt es geschehen. [...] [Sie] liegt mit ihrem schönen kantigen Gesicht da wie die ironisierte ‚Justine', die bestrafte Tugend des Marquis de Sade – im Hemd, im Kostüm, in Leder."[13] Jelineks Intention, sich so darstellen zu lassen, mag ironisch gewesen sein. Das Bild, so wie man es sich vorstellen muss, transportiert eine solche Ironie jedoch eher nicht. (Wahrscheinlich war das auch der Grund, weshalb Jelinek dessen Abdruck nicht erlaubte.) Markant an dieser öffentlichen Selbstinszenierung ist, wie schon Cécile Chamayou-Kuhn bemerkt hat, vor allem die Fiktionalisierung, der die Autorin in ihr unterlag.[14] Zum einen nahm Jelinek Posen ein, mit denen sie der weiblichen Hauptfigur ihres Romans ähnelte, zum anderen wurde sie von Lahann mit Justine aus Sades gleichnamigem Roman verglichen. Was Jelinek „geschehen ließ", war also, dass man sie als Kunstfigur präsentierte. Ihre mythisch überlieferte Selbstdarstellung gleicht dabei einer *mise en abyme*. Man hat es also mit einer Vertauschung von Realität und Fiktion zu tun, die offen lässt, was Original und was Abbild ist. Wollte sie darauf aufmerksam machen, dass man sich die Autorin als Abbild ihrer Figur vorstellte, um diese Vorstellung als bloße Phantasie ihrer Leser/innen zu entblößen? Genauso gut konnte einem nach dem *Stern*-Interview auch umgekehrt die Hauptfigur aus *Lust* als ein Abbild

---

10 Riedle, Gabriele, *Sie nicht als sie*, in: *Du. Zeitschrift der Kultur* 700 (= *Elfriede Jelinek. Schreiben. Fremd bleiben*), Zürich 1999, S. 26-28, hier: S. 28.

11 John-Wenndorf, *Der öffentliche Autor*, S. 145.

12 Zum Kontext des Bildes vgl. Mayer/Koberg, *Porträt*, S. 160; Chamayou-Kuhn, Cécile, *Darstellung der Autorität bei Elfriede Jelinek im Lichte zweier Selbstinszenierungsformen*, in: Delphine Klein/Aline Vennemann (Hg.), *„Machen Sie was Sie wollen!" Autorität durchsetzen, absetzen, umsetzen. Deutsch- und französischsprachige Studien zum Werk Elfriede Jelineks*, Wien 2017, S. 200-216, hier: S. 204.

13 Lahann, Birgit, *„Männer sehen in mir die große Domina"*, in: *Stern* (08.09.1988), S. 76-81, hier: S. 78.

14 Vgl. Chamayou-Kuhn, *Darstellung der Autorität bei Elfriede Jelinek*, S. 206.

der Autorin erscheinen, zumindest als ein Wunschbild ihrer Vorstellung. Wirkungsästhetisch steht der (ironischen) Fiktionalisierung der eigenen Erscheinung als Autorin also eine Authentifizierung der eigenen Romanfiktionen gegenüber. Wie auch immer man diese Ambivalenz für sich auflösen mag: Jelinek nutzte die Gelegenheit nicht, durch ein seriöseres Porträt die bestehenden Zweifel an ihren Intentionen als Autorin zu zerstreuen. Entsprechend polarisierten sich die von ihr bestehenden Bilder durch öffentliche Selbstinszenierungen wie diese noch weiter. Woran sollte man sich halten? Jelinek, die feministische Kritikerin, oder Jelinek, die perverse Pornographin? Im Jahr 1989 waren diese Rollen noch nicht miteinander vereinbar.[15] So war die Kontroverse, die *Lust* auslöste, als der Roman veröffentlicht wurde, bereits abzusehen.[16]

Jelineks öffentliche Selbstinszenierung im Vorfeld der Romanveröffentlichung ist in einem Zusammenhang mit dem Umstand zu sehen, dass die Autorin auch im Text selbst ein Bild von sich entworfen hat. Auf den ersten Blick erscheinen die literarische und die öffentliche Selbstinszenierung komplementär aufeinander bezogen: Während die Autorin bei der Gelegenheit von Interview-Auftritten ein fiktionalisiertes Bild von sich entwarf, erhielt ihre Romanfiktion durch eine selbstreferentielle Einschreibung einen autobiographischen Anteil. In welchem Umfang genau *Lust* autobiographisch zu verstehen ist, lässt sich jedoch nicht ohne Weiteres sagen. Allgemein ist im Roman anstelle einer einheitlichen Erzählperspektive ein ständiger Wechsel der Aussagesubjekte zu beobachten, der sich in schwankenden Personalpronomen manifestiert. Neben konventionell auktorial erscheinenden Schilderungen in der dritten Person (er/sie; sie) kommt es zu Kollektiväußerungen (wir; ihr), die wiederum unterschiedliche Gruppen repräsentieren können; schließlich wird nicht nur eine Ich-Perspektive beansprucht, die stellenweise als jene der Autorin angesehen werden kann, sondern es werden zunehmend auch die Lesenden des Romans angesprochen. Die beiden zuletzt genannten Charakteristika sind grundlegend für die folgende Analyse des Textes.

Um die Bedeutung des autofiktionalen Verfahrens in *Lust* beurteilen zu können, gilt es zunächst, jene Ambivalenz zu konturieren, die im Anschluss

---

15 Sicherlich gab es auch im feministischen Diskurs schon immer unterschiedliche Positionen zur Pornographie. Dass sich die Haltungen gerade in dem Zeitraum seit Erscheinen des Romans verändert haben, machen allerdings zwei Daten anschaulich: 1987 startete Alice Schwarzer ihre PorNO-Kampagne; 2009 wurde zum ersten Mal beim PorYes Award der „Feministische Pornofilmpreis Europa" vergeben.

16 Der im Vorfeld der Veröffentlichung entfachten Kontroverse hat sich Schlich ausführlich gewidmet. Vgl. Schlich, Jutta, *Phänomenologie der Wahrnehmung von Literatur. Am Beispiel von Elfriede Jelineks „Lust" (1989)*, Tübingen 1994, S. 7-12.

an die skizzierte öffentliche Selbstinszenierung der Autorin wesentlich zur kontroversen Aufnahme des Romans beigetragen hat. Thematisch ähnlich gelagert wie bei der *Klavierspielerin*, wobei die Umsetzung in *Lust* weniger subtil ausfällt, lässt sich die Ambivalenz hier auf die Frage zuspitzen, ob der vorgeführte phallische Diskurs vom Roman kritisiert oder nicht doch eher reproduziert wird: Handelt es sich wirklich um eine Anti-Pornographie? (Kap. 4.2) Das Verständnis des phallischen Diskurses, wie er vom Roman in Szene gesetzt wird, bildet den Hintergrund, vor dem sich die literarische Selbstinszenierung im Rahmen von drei kurzen Passagen versteht, die hier im Anschluss einem *close reading* unterzogen werden. Aus dem Bewusstsein heraus, selbst in die drastisch vorgeführten Machtstrukturen verstrickt zu sein – so meine These –, problematisierte Jelinek im Roman ihren Standort als Autorin (Kap. 4.3). Ihre auch selbstkritische literarische Selbstinszenierung lässt sich dabei als Teil einer umfassenden Reflexion von Verantwortung verstehen, in deren Rahmen auch die Leser/innen des Romans zur Rechenschaft gezogen werden. Um diese Reflexion herauszuarbeiten, sollen abschließend auch jene Passagen des Romans genauer betrachtet werden, die explizit einen Dialog figurieren. Es wird sich zeigen, dass Jelinek in diesen Passagen die Rezeption ihres Romans bereits im Text antizipiert hat. Das wirft die Frage auf, um wessen ‚Lust' es hier eigentlich geht: die Lust der Autorin, den Text zu schreiben, oder die Lust der Lesenden bei seiner Lektüre? Mit anderen Worten: Wer hat den ambivalenten Diskurs von *Lust* eigentlich zu verantworten? (Kap. 4.4)

4.2 Eine ambivalente (Anti-)Pornographie

Wer in der gewalttätigen Atmosphäre von *Lust* nach einem Lichtblick oder Trost sucht, muss lange suchen. Von der Handlung her betrachtet, kann man *Lust* als Groteske bezeichnen, die angesichts repetitiver und klischeehafter Schilderungen sexualisierter Gewalt als kalkulierte Provokation erscheint. Im Mittelpunkt des insgesamt eher handlungsarmen Romans steht Gerti, die sich in ständiger Bereitschaft halten muss, ihren Ehemann mit dem sprechenden Namen Hermann zu befriedigen. Seit in dem kleinen, nicht näher bezeichneten österreichischen Ort, wo die Geschichte von *Lust* angesiedelt ist, AIDS als Bedrohung auftauchte, sucht und findet der Omnipotente seine Befriedigung nur mehr zu Hause. Doch nicht nur seine Frau und das einzige Kind, auch seine Angestellten tyrannisiert der Direktor einer Papierfabrik, der sich sogar einen eigenen Werkschor leistet und seine Mitmenschen in ökonomischer Abhängigkeit hält. Als Gerti sich in eine Affäre mit dem Studenten Michael flüchtet, befreit sie dieser nicht etwa aus ihrer Unterdrückung, sondern behandelt sie letztlich ebenso, wie sie es von Hermann bereits gewohnt ist. So gehen auch die Übergriffe ihres Ehemanns weiter, der nicht einmal Rücksicht darauf nimmt, ob das Paar in seinem wüsten Treiben vom Sohn beobachtet wird. Dieser namenlos bleibende Junge, der schon beginnt, sich als würdiger Erbe seines Vaters zu zeigen, und den seine Klassenkameraden entsprechend fürchten, wird schließlich, nachdem Gerti vor dem Haus Michaels von Hermann ein letztes Mal vergewaltigt wird, von seiner Mutter im Fluss ertränkt, also gewissermaßen nachträglich abgetrieben.

Innerhalb des Figurensettings kann es keinen Zweifel über die hierarchischen Verhältnisse geben. Vielmehr wird die diskursive Ordnung auch direkt thematisiert. So wird Gertis Ehemann gleich zu Beginn des Romans metaphorisch wie folgt charakterisiert: „Der Mann. Er ist ein ziemlich großer Raum, in dem Sprechen noch möglich ist." (L 8) Die sexuellen Übergriffe Hermanns, denen Gerti ausgeliefert ist, werden mitunter als Einschreibung, sein Samen als Tinte figuriert.[17] Folgerichtig sieht sich seine Frau zum Objekt reduziert: „Der Mann benutzt und beschmiert die Frau wie das Papier, das er herstellt." (L 68) Sie sei „eine verwöhnte Frau, in der man ruhig bis zu ihrem Ende herumblättern kann." (L 50) Dass sie als Direktorengattin eigentlich gut situiert ist – man denke im Vergleich etwa an die weniger privilegierten Figuren Brigitte und Paula aus Jelineks älterem Roman *Die Liebhaberinnen* (1975) –, gereicht ihr dabei kaum zum Vorteil. Zu gewaltig ist die ökonomische Abhängigkeit von ihrem Mann, der seine Macht ausnutzt, um in buchstäblicher wie symbolischer Hinsicht frei über sie zu verfügen:

> Mit der Hand schreibt die Frau Zeichen in die Luft. Sie muß sich ihren Lebensunterhalt nicht verdienen, sie wird von ihrem Mann unterhalten. Wenn er von der Arbeit nach Hause zurückkommt und es sich verdient hat, daß er, am Ende des Tages, seine Überschrift darüber setzt. (L 64)

Zwar hat sich die Frau mit dem Zustand der Sprachlosigkeit noch nicht abgefunden, aber ihre in die Luft gemalten Zeichen bleiben unleserlich. Was sie schreiben wollte, erlangt keine Persistenz, solange sie es, so lässt sich deuten, nicht auf Papier festhalten kann. Dieses Medium aber, das Schrift erhalten

---

17 „Er zieht das Geschlecht seiner Frau auseinander, ob er sich auch leserlich dort eingeschrieben hat." (L 32); „Der setzt gern ein Zeichen, daß er sich vervielfältigen könnte, auch wenn die Tinte schon knapp wird." (L 165). Vgl. Kremer, Detlef, *Groteske Inversionen. Elfriede Jelineks und Elfriede Czurdas Vernichtung des phallischen Diskurses*, in: Markus Heilmann/Thomas Wägenbaur (Hg.), *Im Bann der Zeichen. Die Angst vor Verantwortung in Literatur und Literaturwissenschaft*, Würzburg 1998, S. 75-88, hier: S. 82.

und die Geschichte tradieren kann (auch die von Geschlechterbeziehungen und Herrschaftsverhältnissen), untersteht vollkommen der Kontrolle ihres Mannes. Dabei könnte kaum deutlicher sein, dass diesem nicht daran gelegen ist, die Mitteilungen (s)einer Frau zu verbreiten. Lieber hat er selbst das Wort und bestimmt mit „seine[r] Überschrift", wovon die Rede ist. Gerti ist also seinen Zuschreibungen ausgesetzt, die er ihr ungeachtet ihrer eigenen Wünsche aufdrückt. Wenn Hermann in seiner Frau „herumblättert", ist das jedenfalls nicht als Beschäftigung mit ihrer Geschichte, sondern als Metapher seiner rabiaten Behandlung zu verstehen, die auch später noch einmal aufgegriffen wird, wenn es heißt: „Es geht doch nicht, daß man einen lebendigen Menschen derart zerfleddert und dann nicht einmal liest!" (L 71f.) Das Desinteresse an seiner Frau wird von einem albern-bitteren Chiasmus schließlich als generisch ausgewiesen: „Die meisten Männer kennen die Biographie ihres Autos besser als die Autobiographie ihrer Frauen." (L 88)

Mit der Thematik der durch die Herrschaft über das Papier vermittelten diskursiven Ordnung zeigt sich der Roman auf eine paradoxe Weise selbstreflexiv. Schließlich ist *Lust* auf der grundlegenden Ebene der Autorschaft selbst ein Zeugnis dafür, dass es, entgegen den fiktional beschriebenen Verhältnissen, einer Frau – nämlich der Autorin Elfriede Jelinek – möglich ist, sich über das eigene Schreiben auszudrücken. Entsprechend ist die im Roman dargestellte Sprachlosigkeit der Frauen offenbar weniger wörtlich, sondern in einer insgesamt patriarchal geprägten Kultur vielmehr symbolisch zu verstehen. Mithin ließe sich deuten, dass Jelinek versucht hat, mit ihrem Roman *Lust* auf Ebene der Autorschaft wie auf jener der Handlung, und bezogen vor allem auf die Felder Ehe, Sexualität und Begehren, eine männlich dominierte Gesellschaftsordnung abzubilden. In diesem Sinne nannte Marlies Janz die „Macht der Medien und der audiovisuellen Pornoindustrie über das Alltagsverhalten" das „eigentliche Thema von *Lust*".[18] Zumal der weibliche Körper erscheint in dieser Perspektive immer schon von pornographischen Texten und Filmen beschriftet, die ihn auf seinen Wert als Objekt des männlichen Begehrens reduzieren. Hermanns Übergriffe lassen sich so als Nachspiel dessen verstehen, was im „Heimkino" (L 125) bzw. „heimlichen Kino" (L 128) des Videos zu sehen ist.[19] Unter diesen Bedingungen lässt sich kein Körper mehr in seiner Einzigartigkeit wahrnehmen. Noch der intimste Anblick ist präfiguriert von einer durch und durch sexualisierten Kultur, die durch die Medien verbreitet wird und in der sich die Macht des Patriarchats widerspiegelt: „Ihre Möse wird nur auseinandergefaltet und, diese Broschüre kennen wir schon, lachend

18 Janz, *Jelinek*, S. 112.

19 Vgl. ebd.

wieder zusammengeklappt." (L 201) Dass Frauen dabei eine unterlegene Position zukommt, ändert nichts daran, dass ihre Haltung – ebenso wie die der Männer – grundlegend von dieser Kultur geprägt wird. Entsprechend erscheint Gerti, auch wenn sie gewisse Formen eines hilflosen Widerstands erkennen lässt, weitgehend als eine „Komplizin ihres Mannes".[20] In der Konsequenz weisen auch die Szenen des Romans, in denen es der Frau gelingt, sich Gehör zu verschaffen, kein utopisches Potential auf. Eine solche Charakterisierung weiblichen Sprechens lässt sich auch auf die Ebene der Autorschaft übertragen. So wird verständlich, weshalb Jelinek keine souveräne auktoriale Position in ihrem Roman eingenommen hat, die einer emanzipativen oder aufklärerischen Rahmung des Geschehens hätte dienen können. Folgt man Jeanine Tuschling-Langewand, so hat Jelinek in ihrem Roman „[a]nhand der Metaphorik des Lesens und Schreibens [...] eine implizite Kritik des männlich dominierten Literaturbetriebs formuliert."[21] Tatsächlich legen Jelineks spätere Erfahrungen mit einigen Protagonisten des späteren Regietheaters eine solche Deutung nahe.[22] Ebenso aussagekräftig ist eine bemerkenswerte Anekdote: Delf Schmidt, Jelineks Lektor, der sie schon zu Zeiten der *Klavierspielerin* verlagsseitig betreute, widerstand während eines Vortrags dem Ethos seines Metiers und äußerte sich öffentlich über gewisse Werkstattgeheimnisse. Dabei verriet er, dass es seine Idee gewesen sei, der ihm von Jelinek angebotenen Geschichte über Erika Kohut noch eine männliche Hauptfigur hinzuzufügen.[23] Demzufolge war es also ein männlicher Lektor, der den Anstoß dazu gab, dass Jelinek der Figur Walter Klemmer ein größeres Gewicht gab, und damit zur Zuspitzung des patriarchalen Diskurses im Roman beitrug.

In der Forschung wurde *Lust* aufgrund der drastisch ausgestellten Herrschaftsverhältnisse weithin als eine Art Thesenroman rezipiert. Exemplarisch für diese Rezeptionshaltung ist Günther Höflers frühe Bestimmung des Romans als „Antipornographie".[24] Höfler machte dabei explizit, dass er sich an einer „These der Autorin" orientierte, der zufolge „das Begehren der Frau annihiliert wird, bzw. dort, wo es eine Chance hat, sich zu äußern, dasjenige

---

20 Ebd.

21 Tuschling-Langewand, *Autorschaft und Medialität*, S. 75.

22 Vgl. Kap. 5.1.1.

23 So äußerte sich Schmidt während seines Vortrages „Das Handwerk des Lektorats" auf dem Internationalen Literaturfestival am 11.09.2016 in Berlin.

24 Höfler, Günther A., *Sexualität und Macht in Elfriede Jelineks Prosa*, in: *Modern Austrian Literature* 23/3-4 (1990), S. 99-110, hier: S. 99. Für weitere Bestimmungen als Antipornographie vgl. Pontzen, *„Lust – keine Lust"*, S. 63; Svandrlik, Rita, *Oh Wildnis, oh Schutz vor ihr; Lust; Gier*, in: Pia Janke (Hg.), *Jelinek-Handbuch*, Stuttgart 2013, S. 102-113, hier: S. 106.

des Mannes auslöscht".[25] Vor dem Hintergrund dieser Autorintention erkannte er im Roman die „Methode eines durchgehend reflexiv satirischen Sprachstils". Demnach steht die Darstellung von „Geschlechtsverkehrspraktiken [...] stets in Verbindung mit illusionszerstörenden Aussagen".[26] Obschon sich für einen solchen Stil zahlreiche Belege finden lassen, sind an der Bewertung von *Lust* als Antipornographie doch Zweifel angebracht. Denn anders als immer wieder behauptet wurde, gibt es in *Lust* keine eindeutig als weiblich zu bestimmende Erzählinstanz. So sind verschiedene Sätze etwa auch aus Perspektive eines männlichen Kollektivs formuliert.[27] In diesen euphorisch auf die Gewalt reagierenden Passagen wird der phallische Diskurs sichtlich ungebrochen reproduziert. Ein „kritische[r] Zeigegestus"[28], wie ihn Susanne Baackmann ausgemacht hat, ist nicht immer erkennbar. Janz zufolge ist es dem umfassenden Anspruch von Jelineks Kritik geschuldet, dass die Autorin keinen Standpunkt außerhalb der von ihr geschilderten Verhältnisse für sich reklamiert hat. Ihrer Ansicht nach kann es „grundsätzlich in einem Diskurs, der die Deformation aller Erfahrung durch die kommerzielle Gewaltpornographie zum Gegenstand hat, keine Wahrheitsposition geben, die einfach jenseits davon wäre."[29] Diese Einsicht plausibilisiert zwar die Problematisierung des auktorialen Standortes, die, wie gesagt, ein allgemeines Charakteristikum von Jelineks Schreibweise darstellt. Hingegen muss die von Janz und anderen Forscher/innen vorgenommene Bewertung von Jelineks Verfahren als „Denunziation" oder „Kritik", die der Bestimmung des Romans als Antipornographie zugrunde liegt, sodann zweifelhaft erscheinen. Schließlich wäre eine solche Haltung auf eine souveräne Behauptung angewiesen – gerade auf diese Souveränität aber verzichtete Jelinek, indem sie keine auktoriale Wahrheitsposition eingenommen hat. Schon Detlef Kremer hat den Zusammenhang in Bezug auf *Lust* pointiert: „Der unausweichlichen Ambivalenz, etwas durchstreichen zu wollen, dessen man sich bedient, entkommt Jelineks [...] Schreiben [nicht]".[30]

---

25 Höfler, *Sexualität und Macht*, S. 102.

26 Ebd., S. 101, 106. Für ähnliche Einschätzungen vgl. Heidemann-Nebelin, Klaudia, *Rotkäppchen erlegt den Wolf. Marieluise Fleißer, Christa Reinig und Elfriede Jelinek als satirische Schriftstellerinnen*, Bonn 1994, S. 254; Baackmann, Susanne, *Erklär mir Liebe. Weibliche Schreibweisen von Liebe in der Gegenwartsliteratur*, Hamburg 1995, S. 182.

27 „Stoßen wir ihr das Knie nach oben und treffen klatschend (Applaus, Applaus!) ihre weichen Futlappen, die sich gleich leise schmatzend öffnen werden, und wir Männer müssen sofort mit dem Maßkrug auf den Tisch hauen. [...] Vielleicht greift der junge Mann jetzt auch ins volle! Mir scheint, er tut's wirklich. Von der Hüfte abwärts gehören wir Männer eben zusammen." (L 41, 244).

28 Baackmann, *Erklär mir Liebe*, S. 181f.

29 Janz, *Jelinek*, S. 119.

30 Kremer, *Groteske Inversionen*, S. 75, 88.

Sollte es Jelinek nur um die literarische Zurschaustellung einer These gegangen sein, ist die Frage berechtigt, warum auch *Lust* eine Poetik der Ambivalenz erkennen lässt, welche der ideologischen Positionierung der Autorin keinen klareren Ausdruck gibt. Gegenüber der *Klavierspielerin* stellt *Lust* dabei in vieler Hinsicht sogar noch eine Verschärfung dar, denn während die Problematik affirmierter Gewaltverhältnisse im älteren Roman nur punktuell auftrat, ist sie hier auf Permanenz gestellt. Nicht zuletzt hängt das große Irritationspotential von *Lust* dabei mit dem Umfang des Romans zusammen: Auf seinen knapp 250 Seiten nehmen die Exzesse sexueller Gewalt so erheblichen Raum ein, dass sie einen skeptisch werden lassen sollten, was die vermeintlich antipornographische Intention betrifft. Dass im Vollzug der schwer erträglichen Gewalteskapaden von einer Handlungsentwicklung kaum gesprochen werden kann, sich vielmehr immer die gleichen Abläufe wiederholen und steigern, ist außerdem als Merkmal geradezu konstitutiv für die Gattung der Pornographie.[31] Schließlich ist auch an die öffentliche Selbstinszenierung der Autorin zu denken, die der ambivalenten Wirkung von *Lust* erheblich zugearbeitet hat.

Dass der Roman weniger auf eine ideologisch eindeutige Wirkung, vielmehr auf eine Verunsicherung der Lesenden abzielt, ist eine Einsicht, die sich mit Blick auf seine Form erhärten lässt. Die groteske und provokante Anlage der Handlung geht mit einer ausgesprochen artifiziellen Schreibweise einher. Maßgeblich trägt dazu das hochgradig intertextuelle Verfahren bei, mit dem Jelinek Klassikerzitate entstellt und parodiert hat. Neben dem schon häufiger untersuchten Umgang mit „dem Höhenkamm der erhabenen Männer-Literatur", von Goethe über Hölderlin zu Rilke und Heidegger,[32] tritt außerdem noch ein anderer Aspekt der Rhetorik hervor. Was in der *Klavierspielerin*

---

31 Zu einer ähnlichen Einschätzung kam auch der Schriftsteller Lucas Cejpek, der in direkter Adressierung Jelineks schrieb: „*Lust* wirkt pornografisch. Das wissen Sie, daß das Wissen nicht hilft. Lust läßt sich durch Übersteigerung nicht ins Gegenteil verkehren, abtöten. Lust erfüllt sich im Tod. Mit *Lust* erfüllen Sie das Gesetz der Pornographie, Wiederholung bis zum Exzeß." Cejpek, Lucas, *UND SIE. Jelinek in „Lust"*, Graz/Wien 1991, S. 22. Allgemein zur Pornographie vgl. Sontag, Susan, *Die pornographische Phantasie*, in: Dies., *Kunst und Antikunst. 24 literarische Analysen*, Frankfurt a. M. 1982, S. 48-87; sowie die im selben Jahr wie *Lust* erschienene grundlegende Studie zum pornographischen Film: Williams, Linda, *Hard Core. Power, Pleasure, and the „Frenzy of the Visible"*, Berkeley/Los Angeles/London 1989, hier bes.: S. 120-152.

32 Kremer, *Groteske Inversionen*, S. 81. Die Funktion der Hölderlin-Zitate wurde ausführlich etwa von Degner untersucht, die zeigen konnte, dass Jelineks intertextuelles Verfahren im Roman über ein (entstellendes) Zitieren hinausgeht, insofern auch Hölderlin späte Poetik konsequent von ihr übernommen wurde. Vgl. Degner, *Eine ‚unmögliche' Ästhetik*, S. 256-273, hier: S. 263.

noch verhältnismäßig subtil angedeutet wurde, der Konstruktcharakter der Figuren, wird in *Lust* nämlich drastisch vorgeführt. Nicht nur werden, dem älteren Roman vergleichbar, die Figuren als Papiergeschöpfe gekennzeichnet, wie etwa Hermann, der „[i]n seiner Urfassung [...] besser ausgesehen [hat]" (L 133). Vor allem verzichtete Jelinek hier völlig auf eine psychologische Motivation ihrer Figuren und stellte deren Typisierung klar heraus. Inneneinsichten in die Protagonisten erhält man kaum. Stattdessen wird variantenreich die Erzählung als Erzählung kommentiert. So lässt sich deuten, dass es weniger um die geschilderten Ereignisse als um deren Vorführung geht. Die theatrale Rahmung des Textes illustriert diese Reflexivität: „Vorhängeschleier", das erste Wort im Roman, lässt auch an einen Theatervorhang denken, der zu Beginn aufgeht; der letzte Satz: „Aber nun rastet eine Weile!" (L 255) entlässt die adressierten Lesenden als entsprechende Zuschauer/innen.[33] Auffällig sind auch die vielfältigen Kommentierungen des Romangeschehens, die der Vorstellung von Auktorialität offen spotten: „glaube ich" (L 163, 219, 244, 253); „mir scheint" (L 65, 243, 244); „ich weiß nicht" (L 92, 121); „möchte ich wissen" (L 139); „fürchte ich" (L 160, 226); „bestimme ich jetzt" (L 164); „wie ich sehe" (L 196). Ähnlich wie im Fall der *Klavierspielerin* verweisen diese formalen Besonderheiten nicht nur allgemein auf die Konstruktion des Geschehens, sondern auch selbstreferenziell auf die Arbeit der Autorin. In *Lust* werden diese Referenzen aber nicht mehr nur angedeutet, sondern es kommt auch zur ersten expliziten literarischen Selbstinszenierung Jelineks. Diesen Selbstinszenierungen möchte ich mich im Folgenden zuwenden, um der Frage nachzugehen, welches Bild von der Autorin im Text selbst gezeichnet wird.

4.3 Wer spricht? Jelineks literarische Selbstinszenierung: Schreiben in Abhängigkeit vom Papier

Schon die ansonsten unmotivierte Nennung von Jelineks Geburtsort,[34] die Anspielungen auf ihr Alter (vgl. L 178, 191) und auf die Hauptfiguren zweier früherer Romane[35] sollten dafür sensibilisieren, auch die Rede der Autorin

33 Vgl. Jezierska, Agnieszka, *Die passionierten LeserInnen: Lust an Elfriede Jelineks „Lust"*, in: Paweł Piszczatowski (Hg.), *Diálogos: Das Wort im Gespräch*, Göttingen 2018, S. 127-138, hier: S. 133f.

34 „Das Schifahren kennen die Menschen, die ursprünglich hier wuchsen wie Gras, an seinem Ursprung (in Mürzzuschlag/Stmk. ist das berühmteste Schimuseum der Welt!), nur vom Anschauen her." (L 67)

35 Es sind Anspielungen auf *Die Klavierspielerin* („Erotik – dieses Wort ist nach einer Erika, nicht nach einer Gerti benannt.", L 151) und *Die Liebhaberinnen* („Doch der Mann verlangt,

im Stimmengewirr von *Lust* auszumachen. Darüber hinaus ist signifikant, dass Hermann im Roman nicht Direktor irgendeiner Fabrik ist – nicht einer Textilfabrik beispielsweise, wie es sie in *Die Liebhaberinnen* gab, die einen besonderen Fokus auf die Arbeitsbedingungen der traditionell vor allem weiblichen Arbeiterinnen gelegt hatte[36] –, sondern einer Fabrik, in der Papier hergestellt wird. In drei Passagen des Romans wird die Rede vom Papier bzw. der Fabrik mit dem Schreiben des Romans enggeführt. In ihnen hat sich die Autorin autofiktional in die von ihr geschaffene Szenerie eingetragen. Diese Passagen kommen hier als literarische Selbstinszenierungen in den Blick, in denen Jelinek ihre Autorschaft reflektierte.

Der für eine Papierfabrik spezifische Prozess der Ver- und Entwertung der Ressourcen und Erzeugnisse klingt zunächst in der folgenden Passage an:

> Das Holz wird unkenntlich verkleinert und kommt in die Zellulosefabrik, und dann kommt die Zellulose in die Papierfabrik, wo bis zur Unkenntlichkeit Verkleinerte sie bearbeiten, habe ich zumindest gehört und bin zufrieden, daß ich, die ich frei bin, in der Mittagshitze mein Echo in den stillen Wald erbrechen kann. Das Heer der, wie ich, Verantwortungslosen, die in den Latrinen Zeitung lesen, sie schaffen aus dem Wald die Bäume fort, damit sie sich selber an deren Stelle hinsetzen und das Essen aus dem Papier wickeln können. (L 80)

Die Passage lässt sich zunächst als satirische Beschreibung des Prozesses der Papierherstellung und -nutzung ansehen. Zum einen wird eine rücksichtslose Ausbeutung der Natur beschrieben. Zum anderen kann man eine lakonische Kritik an den Produktionsbedingungen erkennen, unter denen die Arbeiter/innen der Papierfabrik zu leiden haben. Metaphorisch der Holzspäne angeglichen, werden sie als „bis zur Unkenntlichkeit Verkleinerte" entworfen. Diesen Gesichtslosen steht das „Heer der [...] Verantwortungslosen" gegenüber, welche als Konsumenten des Erzeugnisses die entstellende Ausbeutung dulden. So gesehen stellt sich diese Passage als eine Konkretion der marxistischen Ideologiekritik dar, der sich Jelinek in Interviews und früheren Werken immer wieder verpflichtet hat.[37]

Allerdings ist der Sinn dieser Passage damit noch nicht erschöpft, wie eine vergleichende Lektüre verdeutlichen kann. In Karl Kraus' Theaterstück *Die letzten Tage der Menschheit* hält der NÖRGLER den folgenden kurzen Monolog:

---

daß sie ihm und den Bewohnern des Landkreises in ihren kleinen Vorhöfen der Hölle noch ein wenig Unterhaltung bieten möge bitte, Brigitte, ach nein, Gerti.", L 251).

36 Die beiden Protagonistinnen Paula und Brigitte verdingen sich als Miederwarennäherinnen. Vgl. Jelinek, Elfriede, *Die Liebhaberinnen*, Reinbek bei Hamburg 1975.

37 Vgl. Janz, *Jelinek*, S. VII.

> Der Wunsch, die genaue Zeit festzustellen, die ein im Walde stehender Baum braucht, um sich in eine Zeitung zu verwandeln, hat dem Besitzer einer Harzer Papierfabrik den Anlaß zur Ausführung eines interessanten Experiments gegeben. Um 7 Uhr 35 Minuten ließ er in dem der Fabrik benachbarten Walde drei Bäume fällen, die nach Abschälung der Rinde in die Holzstofffabrik transportiert wurden. Die Umwandlung der drei Holzstämme in flüssige Holzmasse ging so schnell vor sich, daß bereits um 9.39 Uhr die erste Rolle Druckpapier die Maschine verließ. Diese Rolle wurde mittels Automobil unverzüglich nach der vier Kilometer entfernten Druckerei einer Tageszeitung geschafft, und bereits um 11 Uhr vormittags wurde die Zeitung auf der Straße verkauft. Demnach hatte es nur eines Zeitraumes von 3 Stunden 25 Minuten bedurft, damit das Publikum die neuesten Nachrichten auf dem Material lesen konnte, das von den Bäumen stammte, auf deren Zweigen die Vögel noch am Morgen ihre Lieder gesungen hatten.[38]

Die Regieanweisung vor dem Monolog gibt an, dass der NÖRGLER diesen Text nicht einfach nur spricht, sondern, wie es durch die Rhetorik des Berichts auch nahegelegt wird, ihn „am Schreibtisch […] liest."[39] Das Papier, das er in der Hand hält, repräsentiert damit zumindest symbolisch jenes, von dessen Herstellungsprozess er erfährt. Ähnlich wie bei Jelinek ergibt sich damit eine Szene, in der zwar eine implizite Kritik enthalten ist (im Rahmen der Papierindustrie wird die Natur zum Experimentierfeld; der Lebensraum der Vögel wird rücksichtslos dezimiert), aus der aufgrund der Beteiligung bzw. Abhängigkeit von den beschriebenen Verhältnissen aber nur schwerlich Schlüsse zu ziehen sind, wie sich eine Veränderung erreichen ließe.

Im Vergleich mit dem Monolog aus Kraus' Stück fällt an der Passage aus *Lust* auf, dass Kritik hier nicht nur vorgebracht, sondern auch eingeschränkt wird, und zwar in Einlassungen, die sich am ehesten der Autorin selbst zuschreiben lassen. Abgeschwächt wird ihre Kritik einerseits von dem Eingeständnis einer Unsicherheit, was die tatsächlichen Arbeitsbedingungen betrifft („habe ich zumindest gehört"); andererseits von dem Bekenntnis, selbst an der unterdrückenden Produktionsmaschinerie Anteil zu haben, insofern sie sowohl als Zeitungsleserin, die sich informieren will, wie auch als Autorin, die ihre Bücher drucken lassen möchte, auf die Papierproduktion angewiesen ist. In einer syntaktisch effektvollen Operation hat Jelinek das gesichtslose Heer der Verantwortungslosen zerteilt, indem sie sich selbst dazwischenschob: „das Heer der, *wie ich*, Verantwortungslosen". Auch wenn sie mit diesem Bekenntnis noch keine Alternative zu den kritisierten Zuständen vorgebracht hat, deutete

38 Kraus, Karl, *Die letzten Tage der Menschheit. Tragödie in fünf Akten* (= *Werke*, Bd. 5), München 1957, S. 670 (V. Akt, 54. Szene).

39 Ebd.

sie damit immerhin an, wie man an dem Zustand der Verantwortungslosigkeit, der schließlich in der Anonymität seinen grundlegenden Ausdruck findet, etwas ändern kann, indem sie ihre Beteiligung explizit werden ließ und sich positionierte.

Die Wirkung eines solchen Bekenntnisses sollte man allerdings nicht überschätzen. Zum einen hatte Jelinek (als Schriftsteller*in*, vor dem Erhalt der großen Preise) noch eine vergleichsweise geringe Autorität. Zum anderen war damals noch keine Alternative absehbar, die es ihr ermöglichen würde, auch unabhängig vom Verwertungszusammenhang des Papiers arbeiten zu können. Die Produktionsbedingungen von *Lust* waren noch nicht diejenigen ihres (bislang) letzten Romans *Neid*. Erst nach dem Erhalt des Nobelpreises war sie auf die Verkaufseinnahmen ihrer Bücher nicht mehr angewiesen und konnte sich durch eine Publikation auf der eigenen Internetseite von den ökonomischen Strukturen lösen, die an eine herkömmliche Buchveröffentlichung gebunden sind. 1989 waren dieser Erfolg und die damit einhergehende Autorität als Schriftstellerin jedoch noch nicht in Sicht. Entsprechend skeptisch musste sich die Autorin hinsichtlich der Wirkung ihrer kritischen Bemerkungen zeigen.

Die bizarre Metapher für das eigene Schreiben, „mein Echo in den stillen Wald erbrechen", weist denn auch auf die Enttäuschung, gar den Ekel über die Verstrickung des Kritisierten mit dem eigenen Schreiben sowie dessen Wirkungslosigkeit hin. Dabei legt das Wort „Echo" den Fokus auf die Rezeption und nicht die Produktion ihrer Aussagen. Es ist nicht nur Symbol der unkreativen, nicht-schöpferischen Sprache und gehört einer gespenstischen, weil körperlosen Stimme, sondern hat in Anlehnung an die mythologische Figur auch eine spezifisch weibliche Konnotation. Hier verhallt es ungehört, weil der „stille", zur Gewinnung des Papiers schon abgeholzte Wald, in dem ein Echo erst hörbar würde, ihm keine Resonanz mehr bietet. Die Aussichten des eigenen Schreibens werden also ausgesprochen pessimistisch eingeschätzt. Wie der Vergleich mit Kraus' Monolog einsichtig gemacht hat, zeigt sich in einer solchen Bewertung des eigenen Schreibens auch ein Unterschied zwischen einem weiblichen und einem männlichen (Selbst-)Verständnis als Autor/in. Ähnlich hat es auch schon Anja Meyer bewertet, die bei Jelinek eine dezidierte Absage an ein männliches Künstlerbild wahrnahm:

> Die Ambivalenz in der Bewertung von Kulturleistungen anstelle einer ursprünglichen Natur oder die Thematisierung der Freiheit des Künstlers/der Künstlerin als Zwang und Gefängnis wie auch die Funktionsanalyse des ‚Ichs' zeigt eine ‚weibliche' Einstellung, die sich ‚männlichen' Definitionen des KünstlerInnenbildes versagt.[40]

---

40 Meyer, *Geschlechterpresse*, S. 48.

Dass Jelinek in den literarischen Selbstinszenierungen von *Lust* – was man von der Erzählsituation im Ganzen nicht behaupten kann – Nachdruck darauf legte, als Autor*in* verstanden zu werden, wird in einem zweiten selbstreferentiellen Kommentar noch deutlicher. Zuvor allerdings führte sie die Beschreibung des Verwertungszusammenhanges, in dem das Papier steht, noch weiter aus:

> Ja, die Fabrik hat es mit Hilfe ihrer Bewohner und Beweger erzeugt, Papier, unser Düngemittel, auf das wir, blutige Falten in unsre Sofas liegend, unsre Gedanken auch noch aufschreiben können. (L 99)

Der Satz lässt offen, was hier mit dem Papier gedüngt wird. Die ambige Formulierung lässt zunächst an einen ewigen Kreislauf denken, in dem Bäume zur Papierherstellung abgeholzt werden, bevor mithilfe des neuen Erzeugnisses wiederum neue gepflanzt werden können. Die Satzführung macht aber auch noch eine weitere, allegorische Lesart möglich: dass „wir", die wir Papier konsumieren, als Schößlinge in die am Ort des Kulturgenusses selbst gefertigten Samenrillen gesetzt, an den aufgeschriebenen Gedanken Anderer gedeihen; dass also auch der Prozess der Bildung im übertragenen Sinne als eine Düngung bezeichnet werden kann, die über das Papier geleistet wird. (Dass dieser Prozess schmerzhaft ist, wovon die „blutige[n] Falten" zeugen, wird auch an einer anderen Stelle deutlich, wenn es heißt: „Niemand lernt schließlich lesen ohne zu leiden.", L 150) Das Ende des Satzes ließe sich sodann vereindeutigen zu: ‚*auch noch wir* schreiben unsere Gedanken auf'. In diesem Sinne geht es nicht darum, dass wir unsere Gedanken haben und dann „auch noch" aufschreiben, sondern darum, dass Bildung iterativ strukturiert ist. Was man gelernt hat, gibt man weiter, und hat so Anteil an jenen Dispositiven, die dazu geschaffen sind, dass gesellschaftliche Herrschafts- und Abhängigkeitsverhältnisse aufrechterhalten bleiben. So gesehen gibt es keinen Ausweg aus der Reproduktion des phallischen Diskurses, der die patriarchale Gewalt motiviert und legitimiert; nicht einmal für Frauen, denen in ihm eine unterlegene Position zugewiesen wird. Diese Sichtweise mag heute fatalistisch erscheinen. Historisch versteht sie sich vor allem als Kritik am Utopismus und jenen feministischen Bestrebungen, die eine andere, weibliche Sprache entwerfen wollten.[41] Von solchen Positionen hob sich Jelinek in dieser literarischen

41 Verena Stefans Roman *Häutungen* (1975) ist heute wohl das bekannteste Beispiel für diese Bestrebungen. Vgl. Schulz, Kristina, *„wort um wort, begriff um begriff". Weibliches Schreiben als Praxis der Veränderung. Überlegungen zu den kulturellen Wirkungen der neuen Frauenbewegung*, in: *Internationales Archiv für Sozialgeschichte der deutschen Literatur* 37/2 (2012), S. 307-322.

Selbstinszenierung entschieden ab. Der emanzipatorische Wert ‚unserer' aufgeschriebenen Gedanken wird hier eher in Abrede gestellt als bekräftigt.

Dass sich Jelinek als Schriftstellerin in Abhängigkeit des gewaltsamen phallischen Diskurses inszenierte und damit ihr Schreiben zum Zeitpunkt von *Lust* selbst als ambivalent charakterisierte, lässt sich auch aus der dritten und zentralen literarischen Selbstinszenierung des Romans folgern. Dort heißt es, anfangs noch über Hermann:

> Dem Mann ist sehr an seinem Werk gelegen, in dem Papier erzeugt wird, damit es uns gutgeht. Und damit wir wissen warum. Ich schreibe es jetzt deutlich auf: Ich bin wie Wachs in der Hand des Papiers. So einen Menschen möchte ich auch einmal kennenlernen, der die Macht hat, mich in dem, was ich sage, neu herzustellen. (L 135)

Der Wechsel der Erzählperspektive, der sich an den Personalpronomen manifestiert, erfolgt hier unmittelbar, aber nicht zusammenhanglos. Ein nicht näher gekennzeichnetes Kollektiv, das sowohl die Gemeinschaft der Fabrikarbeiter/innen als auch die Familie des Mannes im engeren Sinne umfassen kann, stellt die Relevanz der Fabrik für den Mann in einen kausalen Zusammenhang mit seiner sozialen Rolle und Verantwortung. Das Papier, dessen Produktion er kontrolliert, ist hier zugleich als Medium der paternalen Fürsorge wie auch als Medium der Geschichte figuriert, das diese Sorge überliefert. Nicht zuletzt ist es das Material, auf dem Jelinek ihren Text festhält, wodurch sich eine Verbindung der Abhängigkeit zwischen ihr und der von ihr erdachten Figur Hermann ergibt.[42] Somit perpetuiert die autofiktionale Selbstinszenierung, in der die von ihr erfundene Figur kontrolliert, was sie schreibt, die Auffassung von der Wirkungsmacht des phallischen Diskurses auf Ebene von Jelineks eigenem Schreiben. Zu einer solchen metaleptischen Verquickung zwischen der Figurenebene und der Ebene der Autorschaft kommt es auch später noch einmal, wenn Hermann die Verantwortung seiner Handlungen, eben weil sie von der Autorin „erdacht" sind, zurückzuweisen scheint: „Der Obmann dieses Vereins schreit zornig seine Entscheidung: daß sie alle drei zwar von einem Vater gemacht, aber von mir erdacht sind!" (L 225)

Das Verhältnis von Autorin und Schreibmedium wird in der autofiktionalen Passage auf den Kopf gestellt: Geht man für gewöhnlich davon aus, dass das Papier in der Hand des Menschen liegt, so zielt Jelineks Vergleich auf das Gegenteil: „Ich bin wie Wachs in der Hand des Papiers." Er macht auf die

---

42 Auch Kremer hat den „selbstreferenten Kommentar der Schriftstellerin" bemerkt, „die den männlichen Diskurs zwar abnutzt, aber eben auch benutzt, und zwar auf dem Papier aus der Fabrik von Direktor Hermann, besser Herr Mann." Kremer, *Groteske Inversionen*, S. 83.

Formbarkeit einer Person unter dem Einfluss des Papiers aufmerksam. Mithin wird auch das traditionelle Verständnis von Autobiographie invertiert. Um das nachzuvollziehen, könnte man erneut an die Frage de Mans denken, ob „nicht alles, was der Autor einer Autobiographie *tut*, letztlich von den technischen Anforderungen der ‚Selberlebensbeschreibung' beherrscht und daher in jeder Hinsicht von den Möglichkeiten seines Mediums bestimmt"[43] wird. Gegenüber der *Klavierspielerin*, wo dieses Theorem zur Deutung herangezogen wurde, zeigt sich die Reflexion des eigenen Schreibens in *Lust* an dieser Stelle aber noch nuancierter. Das „Papier", in dessen Hand die Autorin wie Wachs sei, kann metonymisch auch als Träger all jener Artikel und Aufsätze verstanden werden, die – wie es sich in der Kontroverse um *Die Klavierspielerin* gezeigt hatte – so widersprüchliche Bilder der Autorin entwerfen. So gesehen, erschiene der ansonsten nur abstrakt behauptete phallische Diskurs hier im Verständnis seiner konkreten Wirksamkeit: Die Vorstellung von der weiblichen Autorin wird im Rahmen der symbolischen Ordnung geformt, die sich in der öffentlichen Rezeption manifestiert. Mit anderen Worten: Die zentrale Aussage dieser Selbstinszenierung lässt sich als Erkenntnis deuten, in welchem Maße sie den Zuschreibungen ausgeliefert ist, die im Rezeptionsdiskurs über sie verbreitet werden.

Haben die Akteur/innen der Rezeption aber wirklich die Macht, einen Menschen neu herzustellen, indem sie über ihn schreiben? Diese Auffassung mag strapaziert erscheinen; über André Müller, der mehrere berüchtigte Interviews mit ihr führte, hat Jelinek in einem Nachruf später aber etwas ganz Ähnliches geschrieben: „Der Interviewer André Müller wird sie [die Menschen; S.L.] schon fertigmachen, nein, nicht fertig machen, er ist vielleicht so einer, der diese bereits Geschaffenen, wobei er sich ebenfalls oft glänzend amüsiert, noch einmal schafft […]."[44] Der Wunsch, jemanden „kennen[zu] lernen, der die Macht hat, mich in dem, was ich sage, neu herzustellen", lässt sich demnach so verstehen, dass Jelinek einem/einer Kritiker/in bzw. Interpreten/Interpretin ihrer Texte begegnen möchte, der/die in der Lage ist, diese auf eine neue Weise lesbar zu machen.[45] Offenbar artikulierte sie hier also – ironisch oder aufrichtig? – den Wunsch nach einem ‚konstruktiven' Dialog, wobei auch eine gewisse Enttäuschung über die bisherigen Deutungen zu ihrem Werk mitschwingt.

---

43 de Man, *Autobiographie als Maskenspiel*, S. 133 [Herv. i. O.].

44 Jelinek, Elfriede, *Wer oder was? (zu André Müllers Interviews)* [2011], online verfügbar: www.elfriedejelinek.com/fandremuller.htm.

45 Zu einer anderen Deutung der Textstelle kam Tuschling-Langewand, der zufolge es sich hier um eine misslingende Geste der Selbstermächtigung der Erzählerin handelt, welche schreibend zum Subjekt werden will. Vgl. Tuschling-Langewand, *Autorschaft und Medialität*, S. 92.

Um Jelineks literarische Selbstinszenierungen in *Lust* im Zusammenhang zu bewerten, sollte man zunächst betonen, auf was für eine eigensinnige Art sich die Autorin hier dargestellt hat. Bei den angeführten Passagen handelt es sich nicht um essayistische Einschübe, die klar vom restlichen Text abgegrenzt wurden. Vielmehr wirken die selbstreferentiellen Passagen wie eingesprengt und sind, statt die Deutung des gesamten Textes zu erleichtern, selbst besonders deutungsbedürftig. Jelinek entwarf hier das Bild einer sich selbst enteigneten Autorin. Sie behauptete ihre eigene Stimme nicht selbstbewusst, sondern problematisierte, indem sie auf die Bedingungen für ihr Schreiben verwies, ihre Möglichkeiten, sich auszudrücken. Als Schriftstellerin inszenierte sie sich in ihrem Roman in einer über das Papier vermittelten doppelten Abhängigkeit von der durch es getragenen Sprache und dem durch die Besitzverhältnisse geklärten dezidiert männlichen Diskurs. Diese Abhängigkeit relativiert ihre Kritik am phallischen Diskurs, insofern sie sich diesem gegenüber machtlos zeigte. Was das autofiktionale Verfahren betrifft, ist hervorzuheben, dass Jelinek sich infolge der auch sie selbst betreffenden dargestellten Abhängigkeitsverhältnisse als sprachlos bzw. fremden Deutungen ausgeliefert inszenierte. Mithin bezog die Autorin die allgemein in *Lust* dargestellte Sprachlosigkeit der Frauen auch auf sich selbst. Was sie in ihrer Romanfiktion darstellte, erhielt so einen autobiographischen Anteil und wurde durch die Autorin gewissermaßen authentifiziert.

Was aber bedeutet es eigentlich, wenn sich Jelinek in ihrem eigenen Roman als sprachlos darstellte? Dieses kuriose Paradoxon, das einem größeren Topos der Sprachlosigkeit bei Jelinek zugeordnet werden kann, lässt sich unterschiedlich bewerten. Angesichts von Jelineks variierten Behauptungen, nicht sprechen zu dürfen; keine eigene Stimme zu haben; mit dem Schreiben von *Lust* gescheitert zu sein, weil es keine weibliche Sprache für das Obszöne bzw. das Begehren gebe, usw., habe Jelinek – so wird es mal mit negativen, mal mit positiven Vorzeichen vermerkt – doch erstaunlich viel zu Papier gebracht. Gerade ihre Behauptung, nicht sprechen zu dürfen, so wird darum häufiger zugespitzt, erlaube es Jelinek zu sprechen. In der vorgeblichen Stimm- bzw. Sprachlosigkeit artikuliere sich also ihre genuin eigene Stimme. Als Beobachtung zweifellos richtig, erscheint der Aussagewert dieses Paradoxons recht zweifelhaft; vor allem, wenn damit belegt werden soll, dass Jelineks vermeintlich „schwache" Autorschaft sich in Wahrheit als „starke" Autorschaft erweise.[46] Soll das heißen, Jelinek könne als souveräne Autorin in Erscheinung treten, weil sie es wagt, sich beständig zu widersprechen?

46 Vgl. Svandrlik, Rita, *„Die Autorin ist weg. Sie ist nicht der Weg". Vom vergeblichen Verschwinden der Autorin („Gier" und „Im Abseits")*, in: Aline Vennemann/Delphine Klein

Ich möchte hier einen anderen Vorschlag machen, wie Jelineks Selbstinszenierung als sprachlose Autorin gedeutet werden kann: Meiner Auffassung nach handelt es sich dabei um eine Allegorie auf den Textverstehensprozess, in dessen Rahmen die Autorin prinzipiell abwesend bleibt. Es ist konstitutiv für das hermeneutische Verstehen, dass das Urteil darüber, was sie als Autorin sagen wollte, Anderen überantwortet bleibt. So gesehen verwies Jelinek in den literarischen Selbstinszenierungen von *Lust* weniger auf sich selbst als vielmehr auf das dialogische Moment im Konstitutionsprozess jener Imago, die sie in der fremden Lektüre verkörpert. Ihr Verfahren lässt dabei die Deutungsparadigmen einer patriarchal geprägten Kultur sichtbar werden, die ihre Erscheinung im Rezeptionsprozess zuallererst figurierten und denen sie sich ausgesetzt sah. Wie bereits angedeutet, kann man dieses Verfahren als Reaktion auf die Rezeption der *Klavierspielerin* begreifen, in der die Autorin mit biographistischen Interpretationen ihrer Texte und den vor allem von Männern geschriebenen Rezensionen konfrontiert war, welche nicht selten „die Autorin als Person treffen und diskreditieren wollten".[47] Die ambivalente Poetik kann demnach auch als das von Jelinek gewählte Mittel verstanden werden, um die Zuschreibungen, denen weibliche Autorschaft ausgesetzt ist, sichtbar zu machen – gerade indem sie sich diesen beständig entzieht. Dieses Verfahren wird durch die drei analysierten Passagen des Romans pointiert, wenn diese das Bild einer sich selbst enteigneten Autorin zeichnen. Mithin hat Jelinek eine gewisse Notwendigkeit, unverstanden zu bleiben, in ihre Poetik integriert. Aus Perspektive der Ethik lässt sich das auch positiv formulieren: Die Frage, wie Jelineks Texte zu deuten sind, die durch das autofiktionale Verfahren unauflöslich mit der zweiten Frage verbunden ist, wer Jelinek ist, kann darum nicht abschließend beantwortet werden. Will man den Zusammenhang zuspitzen, könnte man sagen: Es geht darum, anzuerkennen, dass der Andere fremd bleiben wird, so gut man ihn auch zu kennen meint. Ähnlich hat auch Judith Butler festgehalten, dass sich in der Frage „Wer bist Du?" die ethische Haltung schlechthin manifestiert. Ihr zufolge geht es darum, diese Frage immer weiter zu stellen, „ohne eine vollständige oder abschließende Antwort zu erwarten."[48]

(Hg.), *„Machen Sie was Sie wollen!": Autorität durchsetzen, absetzen und umsetzen*, Wien 2017, S. 85-95.

47 Klettenhammer, Sieglinde, *Welcome to Pornotopia? Literarische Sexualästhetik und Skandal seit 1968*, in: Stefan Neuhaus (Hg.), *Literatur als Skandal. Fälle – Funktionen – Folgen*, Göttingen 2009, S. 412-428, hier: S. 420.

48 Butler, *Kritik der ethischen Gewalt*, S. 60. Weiter heißt es dort: „Wenn wir danach verlangen, den Anderen zu kennen, oder wenn wir fordern, dass der Andere endlich oder endgültig sagt, wer er ist, dann dürfen wir keine Antwort erwarten, die uns je zufrieden stellt. Indem wir auf diese Befriedigung verzichten und die Frage offen lassen, ja, indem

Das Kennenlernen des Anderen gestaltet sich dieser Perspektive nach als ein unendlicher Prozess, in dem jede Aussage provisorischen Charakter hat. Die Poetik der Ambivalenz in Jelineks Texten zu betonen, lädt in diesem Sinne dazu ein, die Art und Weise zu reflektieren, wie man sich (nicht nur) über die Autorin ein Urteil bildet.

Die auch selbstkritische literarische Selbstinszenierung Jelineks kann so als Teil einer umfassenden Reflexion von Verantwortung verstanden werden. Meiner Ansicht nach zeigte sich Jelinek grundsätzlich an der Rezeption der eigenen Werke und dem Prozess des Textverstehens orientiert. Das von ihr artikulierte Selbstverständnis ihrer Autorschaft scheint mir allgemein immer auf jene Bilder bezogen zu sein, welche die Art und Weise, in der sie wahrgenommen und mithin ihre Texte verstanden wurden, entscheidend regulierten. *Lust* weist eine Vielzahl von Leser/innenansprachen auf, die für diese These sprechen und auf die zum Abschluss dieses Kapitels noch ein genauerer Blick geworfen werden soll.

4.4 … und „wer deutet uns das?" Zur Reflexion von Verantwortung in den dialogischen Passagen

Neben den Thematisierungen des Schreibakts, die auf eine literarische Selbstinszenierung abzielen, sind im Roman auch jene Aussagen markant, durch welche die Lesenden vielgestaltig in den Diskurs von *Lust* involviert werden. In den bislang vorliegenden Romaninterpretationen wurden diese häufig irritierenden Publikumsanreden, die sich mit einem der Dramentheorie entlehnten Terminus am besten als Parabasen bezeichnen lassen, kaum berücksichtigt. Wurde bislang lediglich festgestellt, dass ihrem Einsatz eine ambivalente Funktion zukommt, weil damit hinsichtlich einer umstrittenen Position mal eine Solidarisierung mit den Lesenden, mal deren deutliche Provokation angestrebt wird,[49] so gilt es, diese Charakterisierung im Folgenden noch zu präzisieren.

Im Sinne der mythenkritischen Lesart lässt sich zunächst die Geste hervorheben, mit der die Handlung als solche vorgeführt und ausgestellt wird. Zwischen Beschreibungen von Gertis Torturen und der Verknechtung der

wir ihr ihre Virulenz lassen, lassen wir den Anderen leben, denn das Leben ließe sich als eben das verstehen, was über jeden unserer Erklärungsversuche hinausgeht." (Ebd.) Butler hat an dieser Stelle auf *Relating Narratives: Storytelling and Selfhood* von Adriana Cavarero verwiesen.

49 Vgl. Heidemann-Nebelin, *Rotkäppchen erlegt den Wolf*, S. 253.

Fabrikarbeiter heißt es etwa: „Ja, Sie haben ganz richtig gesehen! Und Sie sehen noch mehr" (L 33). Oder auch: „Er ist gut gefedert, wie er da behende mit seinem warmen Henkelmann gegen ihr Euter schlägt, haben Sie gesehn, wie er ihn ihr jetzt in den Mund gestopft hat?" (L 146) Wer der freimütig ausgesprochenen Einladung, „sich das anzuschauen!" (L 156), folgt, darf allerdings nicht erwarten, dass sein Handeln unbewertet bleibt. So wird auch der/die Leser/in in *Lust* zur Rechenschaft gezogen. Neben klaren Beleidigungen (vgl. L 107, 198) findet sich auch der Vorwurf, man bleibe der Handlung gegenüber zu indifferent (vgl. L 136). Des Weiteren wird man verschiedentlich aufgefordert, mehr Initiative zu ergreifen: „Trauern Sie nicht, trauen Sie sich endlich was!" (L 195; vgl. L 79, 117, 174) Jelineks Strategie zielt erkennbar darauf ab, den Lesenden eine aktive Rolle zuzuschreiben. Da kein Zwang besteht, weiterzulesen – „Gehen Sie doch nach Haus, wenn Sie dessen müde sind!" (L 79) –, werden die Empfindungen, die sich im Fortlauf der Lektüre einstellen mögen, als selbstgewählte dekuvriert. So wird hervorgehoben, dass man sich den zunehmend brutalen Gewaltdarstellungen letztlich freiwillig aussetzt. Dabei weist schon die Verspottung, die man als Leser/in erfährt, wenn es etwa lakonisch heißt: „Vielen Dank, dass Sie meinen Beleidigungen zugehört haben." (L 144), über eine einfache rezeptionsästhetische Aufforderung zu einer kritischen Lektürehaltung hinaus. Mit einer rhetorischen Frage schien Jelinek nichts weniger als ein vorzeitiges Ende der Lektüre zu empfehlen: „Haben Sie noch immer Lust zu lesen und zu leben? Nein? Na also." (L 170) – Ja, die Lust, *Lust* zu lesen, kann einem vergehen. Nicht zuletzt die explizite Demoralisierung trägt ihren Teil dazu bei.

Was ist der Sinn der Parabasen? Unter der Voraussetzung, dass man sich Jelinek als Gesellschaftskritikerin vorstellt, wirkt es, als sei die Autorin durch eine gezielte Ansprache ihrer Leser/innen möglichen Vorwürfen zuvorgekommen. In diesem Sinne hätte sie in den Parabasen eine Empörung antizipiert, die sich beim Lesen etwa als Abwehrreaktion einstellen kann.[50] Eine solche Absicht wird etwa in der folgenden Passage nahegelegt:

> Die Frau z. B. kann oft mit dem Mund ein Rohr bilden, in das sie das Glied des Direktors kniend aufnimmt. *Tun Sie nicht so, als hätten Sie das noch nie in ihrem heimlichen Kino gesehen!* So wie Sie ging angeblich auch Jesus, dieser ewig durch Österreich und dessen Vertreter Fernreisende, durch seine Umgebung und

---

50 Frank Schirrmacher hat diese Reflexion in seiner Besprechung des Romans aufgegriffen: „Wer ‚Lust' verreißt – und da ist die Falle –, muß damit rechnen, daß man sich mit seiner Motivation befaßt: Ablehnung ist der klassische Fall von Abwehr, und hinter dem Verriß baut sich die Angstreaktion des Mannes auf – was schließlich zu erweisen war." Schirrmacher, Frank, *Jelinek, Elfriede: Lust*, in: *Frankfurter Allgemeine Zeitung* (22.04.1989).

> blickte nach, ob etwas zu verbessern oder bestrafen oder betreffen war. Und dabei traf er auf Sie, und er liebt Sie wie sich selbst. Und Sie? Nur das Geld lieben, das die andren haben? Ja, Sie schauen dem ähnlich, *schreiben Sie daher einen Brief an die ‚Presse' und schimpfen Sie auf diejenigen, die keinen Gott haben bzw., wenn sie ihn hätten, kein Verhältnis mit ihm anfangen könnten!* (L 128; Herv. S.L.)

Möglicherweise bezog sich Jelinek mit dieser Parabase auf einen Leserbrief, der in der österreichischen Tageszeitung *Die Presse* veröffentlicht wurde. Zumindest lässt sich festhalten, dass die Autorin mit erregten Stellungnahmen dieser Art zu rechnen hatte und sie darum auch antizipieren konnte.[51] *Die Presse*, von Jelinek hier direkt genannt, ist in Österreich neben der *Kronen Zeitung* das zentrale Medium, in dem man nach dem Skandal um das Stück *Burgtheater* auf die öffentliche Verunglimpfung Jelineks zielte.[52] Zwar wurden ihre frühen Werke von zwei Kritikerinnen der Zeitung, Karin Katrein und Annemarie Weber, positiv besprochen. Nach einem ersten Verriss zum Roman *Oh Wildnis, oh Schutz vor ihr* (1985) durch den Rezensenten Wolfgang Hofer wurde die Autorin von der Zeitung jedoch heftig attackiert. So erschien zwei Jahre vor der Veröffentlichung von *Lust* zum Stück *Krankheit oder Moderne Frauen* die „Oh Jelinek, oh Schutz vor ihr" überschriebene Kritik von Robert Stauffer. Darin heißt es unter anderem: „Durch den oberflächlichen Situationswitz [...] zieht sich eine Ideologie und ein pessimistisches Weltbild, das eine fatale Verwandtschaft zu Otto Weiningers Metaphysik der Geschlechter herstellt."[53] Indem Jelinek in *Lust* antizipativ auf solche Anschuldigungen anspielte, hat sie sich, so ließe sich deuten, im Vorhinein gegen den Vorwurf der Misogynie absichern wollen.

---

51 Da Leserbriefe als Teil der öffentlichen Rezeption Jelineks kaum dokumentiert sind, konnte ich leider keine derartige Quelle ausfindig machen. Dafür ist bei einer anderen Autorin, die in vieler Hinsicht prägend für Jelinek war, ein solcher Text überliefert. Schon Ingeborg Bachmann nämlich war dem Vorwurf ausgesetzt, von Gott *verlassen* zu sein – man beachte die Konnotation zum Beziehungsstand, die Jelinek aktivierte. Hans Weigel schrieb Bachmann 30 Jahre zuvor einen „Offene[n] Brief in Sachen Unterschrift", den er in *Forum* veröffentlichte. Darin heißt es: „Bist Du ganz und gar von Gott verlassen, dass Du Deine Kompetenzen als Lyrikerin und als Österreicherin derart überschreitest?" (Hans Weigel, hier zit. n.: Hartwig, Ina, *Wer war Ingeborg Bachmann?*, Frankfurt a. M. 2017, S. 71.) Dass Weigel seine Empörung publik gemacht hat und trotzdem eine vertraute Ansprache beibehielt, strich die patriarchalische Geste überdeutlich heraus: Der ältere Mann wies die jüngere Frau zurecht. Veranlasst wurde Weigels Empörung übrigens davon, dass Bachmann zuvor einen von Hans Werner Richter initiierten Protestaufruf gegen die atomare Aufrüstung der Bundesrepublik mitunterzeichnete. Wie konnte sie nur.

52 Vgl. Janke, *Debatten und Skandalisierungen*, S. 336.

53 Stauffer, Robert, „Oh Jelinek, oh Schutz vor ihr", in: *Die Presse* (20.02.1987), hier zit. n.: Lamb-Faffelberger, *Spiegel der Presse*, S. 98.

Wenn man meint, dass sich die Autorin auf diese Weise gegen die Kritik, patriarchale Gewalt zu affirmieren, immunisierte, so muss man allerdings auch sehen, dass dann – als Kehrseite der defensiv verstandenen Geste – die Lesenden umso mehr in den gewaltsamen phallischen Diskurs verstrickt werden. Mit anderen Worten: Will man die Autorin von der Verantwortung für die Gewaltdarstellung ihres Romans freisprechen, überträgt man sie zugleich auf die Lesenden. Auch dies liegt im Kalkül des Romans, denn *Lust* lesend wird man immer wieder als Voyeur/in denunziert: „Er schwenkt's [sein Glied; S.L.] vor der Frau. Haben Sie eben den Donner gehört? Na also, warum treten Sie dann nicht zurück und lassen mich auch einmal im Video zornig ihre Geschlechter aufplusternde Menschen anschauen?" (L 198; vgl. L 105, 203) An einer Stelle sehen sich Lesende gar metaleptisch auf die Ebene der Figuren versetzt: „Von ihrer Muschi führt nur noch ein schmales Wegerl weg, wo er, der Student, mit all meinen Lesern steht und wartet, daß er, gebildet, mild in seiner Witterung, wieder herein darf." (L 145) Dass den Lesenden unterstellt wird, die Begierde der Romanfigur zu teilen, kann man auch als implizite Kollektivanklage auffassen. Demzufolge kann sich das Lesen von *Lust* nicht als unschuldig verstehen; vielmehr stellt es einen Akt der Kollaboration dar, mittels dessen man am Exzess der patriarchalen Gewalt partizipiert.[54] Die im Roman dargestellten Vergewaltigungen müssten in diesem Sinne dazu führen, dass sich die Lesenden von *Lust* auch die Frage nach ihren eigenen Motiven bei der Lektüre stellen; zumindest wird man aufgefordert, sich zu positionieren. Wer also der Meinung ist, es handele sich bei *Lust* um gewaltverherrlichende Pornographie und daran (zurecht) Anstoß nehmen will, sähe sich auch der Frage ausgesetzt, warum er/sie dieses Buch denn überhaupt lesen wollte: Wusste er/sie denn nicht, worauf er/sie sich einlässt?

Jelineks Einsatz von Parabasen erscheint so gesehen zugleich als ein durchtriebenes Spiel mit den eigenen Autorimagines, wo *die Perverse* und *die Kritikerin* gegeneinander ausgespielt werden, zugunsten freilich der letzteren.

---

54 Für eine ähnliche Deutung vgl. Larrivée, Stéphane, *La lecture coupable*, in: *Salon double. Observatoire de la littérature contemporaine* (25.06.2010), online verfügbar: http://salon-double.contemporain.info/lecture/la-lecture-coupable. Larrivée erinnerte in dem Zusammenhang an einen Passus aus Barthes' *Lust am Text*, der mit dem „Text der Wollust" (!) *avant la lettre* eine treffende Charakteristik von Jelineks Roman enthält: „Text der Lust: der befriedigt, erfüllt, Euphorie erregt; der von der Kultur herkommt, nicht mit ihr bricht, an eine *behagliche* Praxis der Lektüre gebunden ist. Text der Wollust: der in den Zustand des Sich-verlierens versetzt, der Unbehagen erregt (vielleicht bis hin zu einer gewissen Langeweile), die historischen, kulturellen, psychologischen Grundlagen des Lesers, die Beständigkeit seiner Vorlieben, seiner Werte und seiner Erinnerungen erschüttert, sein Verhältnis zur Sprache in eine Krise bringt." Barthes, Roland, *Die Lust am Text*, Frankfurt a. M. 1974, S. 22 (Herv. i. O.).

Doch die mythenkritische Lesart, die Jelinek die Rolle zuschreibt, in gesellschaftskritischer Absicht drastische Gewalt- und Herrschaftsverhältnisse vorzuführen, um daran weniger ihre Partizipation als vielmehr die der Lesenden zu denunzieren, kommt in den dialogischen Romanpassagen an ein Ende. So gibt es auch noch andere Passagen, die es – betrachtet man lediglich ihre grammatische Form – nahelegen, in ihnen die Autorin selbst zu verstehen. Im Gegensatz zu den bislang angeführten dialogischen Passagen bleibt bei diesen allerdings fraglich, wie sie sich zu einer kritischen Intention verhalten sollten. Was etwa soll man von den folgenden Sätzen halten, zumeist losgelöst vom restlichen Textkorpus? „Ich fordere Sie ernstlich auf: Luft und Lust für alle!" (L 105); „Ich begreife, und Sie fühlen sich ganz warm an." (L 204); „Es wippt beim Gehen an Ihnen, meine Herren, im schwachen Gezweige versuchen die Männer viel, ich aber bin allein." (L 218); „Ich glaube mir, aber ich glaube nicht an mich!" (L 222) Die angeführten Aussagen passen nur schlecht zum Bild der kritischen Autorin. Kann man sie aber deshalb bei der Betrachtung des Romans außen vorlassen? Weshalb sollte man in der Deutung jene Aussagen aus *Lust* privilegieren, die das Bild der engagierten Gesellschaftskritikerin unterstützen?

Auf einem Umweg lässt sich eine Antwort wagen: Der Satz „Mir ist kalt." (L 209) taucht inmitten einer längeren Beschreibung der Machenschaften der Figuren auf. Man muss ihn nicht auf die Autorin beziehen und könnte ihn, tut man es doch, nicht nur in einem übertragenen Sinne, sondern auch ganz banal verstehen (nicht warm genug angezogen?). Wenn Janz diesen Satz zitiert, so wird er jedoch zum (einzigen) Beleg ihrer vermeintlich deskriptiven Aussage, dass „*Lust* punktuell eine Ebene der Betroffenheit zuläßt".[55] Zu einer ähnlichen Einschätzung, wiederum ohne Janz' Interpretation zu erwähnen, kam auch Max Graff, der denselben Satz als Abschluss seiner Analyse von *Lust* zitierte, um seinen Eindruck zu stützen, dass die „Erzählerin [...] bedrückend resigniert [wirkt]".[56] Dass die abstrakte narrative Instanz von Graff geschlechtlich der Autorin angepasst wird, macht deutlich, dass diese für ihn als kaum verhüllte Stellvertreterin Jelineks fungiert. Offenbar wurde Graffs Lektüre ebenso wenig von der Imago der Perversen beeinflusst wie von jener der Kritikerin, die „sich auf das Grauen einläss[t]".[57] Dagegen hat es offenbar der Kontext bzw. die Intention seiner Untersuchung zu „literarischen Dimensionen der

55 Janz, *Jelinek*, S. 119.

56 Graff, Max, *Literarische Dimensionen der Menschenwürde: Exemplarische Analysen zur Bedeutung des Menschenwürdebegriffs in der deutschsprachigen Literatur seit der Frühaufklärung*, Tübingen 2017, S. 446.

57 Janz, *Jelinek*, S. 119.

Menschenwürde" nahegelegt, die Autorin in einem Moment der Resignation zu erkennen.

Der österreichische Autor Lucas Cejpek, der schon 1991 mit einem eigenständigen Essay auf *Lust* geantwortet hat, scheint seine eigene Involvierung bei der Lektüre zumindest geahnt zu haben – auch wenn seine nicht-argumentative, ins Hermetische reichende Schreibweise insgesamt undeutlich bleibt. Der Titel seines Essays, „UND SIE?", fragt in diesem Sinne nicht nur nach dem Ort und der Haltung Jelineks, sondern auch nach dem Publikum des Romans, in das sich Cejpek eingeschlossen weiß. Mit eingeschobenem Jelinek-Zitat schrieb er: „Sie als Mensch sind Akteur und Voyeur, Ihr eigenes Opfer. [...] ‚Haben Sie immer noch Lust zu lesen und leben? Nein? Na also.' Wir lesen weiterleben. Für jeden gibt's schließlich was fällt schon ab. [...] Sie? Ich les mich in Sie hinein verlesen. [sic!]"[58] Cejpeks Essay endet mit einem längeren Zitat aus dem Roman, das er sich beim ersten Lesen angestrichen habe: „‚[...] Überhaupt, die Männer würden uns über den Kopf wachsen, wenn wir sie nicht manchmal in uns einschlössen, bis sie klein und still von uns umgeben sind.'"[59] Die Umwertung der aktiven Handlung im sexuellen Akt (von der Penetration zur Einschließung), die Cejpek hier prominent zitiert, entspricht wiederum einer Autorimago Jelineks, die nicht Betroffenheit, sondern emanzipative Stärke betont. Auch sein Bild der Autorin wirkt als Filter ihrer Sprache, macht sie in manchen Passagen ihres Romans erkennbar, wohingegen sie in anderen ausgeblendet bleibt.

Gleiches gilt auch, um ein letztes Beispiel zu nennen, für den Schriftsteller und Übersetzer Leopold Federmair, der 2005 einen Essay über *Lust* veröffentlicht hat. Federmair distanzierte sich hier von jenen Rezipienten und Rezipientinnen, die Jelinek eine kritische Absicht unterstellen. Demgegenüber hielt er selbstbewusst fest: „Wer einen Text wie *Lust* nicht als Totalsatire liest, liest ihn falsch. Wer ihn ohne zu lachen liest, hat sich von ihm schon düpieren lassen."[60] Woher die Sicherheit, keine andere Lesart gelten zu lassen? Liest man Federmairs Essay auf diese Frage hin, so zeigt sich, dass seine Einschätzung weniger auf der genauen Analyse dreier Textfragmente aufbaut, durch die er das „Bewegungsprinzip des Romans" erhellen wollte; dagegen ist es auch bei ihm vor allem der Rekurs auf ein bestimmtes Bild der Autorin, das seine Deutung absichert. Nicht nur hielt er fest, dass „‚Spott und Hohn', ‚Häme', ‚Sarkasmus'" die „eigentümlich[e] Haltung der Autorin" ausmachen würden, die er mit der

---

58 Cejpek, *UND SIE*, S. 26f.

59 Ebd., S. 29.

60 Federmair, Leopold, *Sprachgewalt als Gewalt gegen die Sprache. Zu Jelineks „Lust"*, in: *Weimarer Beiträge* 52/1 (2006), S. 50-62, hier: S. 60, 62.

ich-sagenden Erzählerin gleichsetzte.[61] Darüber hinaus stellte er klar: „Ich für meinen Teil glaube die Spontaneität dieser Äußerungen zu spüren und ein verschämtes, skizzenhaft angedeutetes Selbstporträt der angeblich nur kalten, objektiven, vivisezierenden Autorin wahrzunehmen."[62] Betrachtet man *Lust* im Zusammenhang mit solchen ausführlicheren Rezeptionszeugnissen, so erscheint der Roman wie ein Prisma, in dem sich Jelineks Stimme vielgestaltig brechen konnte.

Vor dem Hintergrund der verschiedenen Beispiele von identifikatorisch gedeuteten Romanzitaten zeichnet sich eine noch umfassendere Reflexion von Verantwortung ab, als sie zunächst in der Rekonstruktion der dialogischen Passagen entsprechend der Autorimago von Jelinek als Kritikerin zu erblicken war. Nicht nur lassen sich einzelne Sätze, die als Aussagen der Autorin verstehbar sind, immer unterschiedlich deuten, wenn sich beispielsweise die Frage stellt, ob sie ironisch zu verstehen sind oder nicht; allgemeiner (und schwerer nachzuvollziehen) sind es sogar unterschiedliche Aussagen, in denen die Leser/innen Positionierungen der Autorin erkennen. Im Sinne einer objektiven Textinstanz weist *Lust* damit ebenso wenig einen „impliziten Autor" auf, wie es sinnvoll scheibt, von einem „impliziten Leser" zu sprechen. Nimmt man die Gesten der Solidarisierung, Provokation, Beleidigung, Anklage, Betroffenheit usw. im Zusammenhang wahr, so ergeben sich weder auf Produktions- noch auf Rezeptionsseite des Textes kohärente Subjekte. Dass diese Gesten – in der selektiven Weise, die zur jeweiligen Autorimago passt – dennoch wahrgenommen wurden, verdeutlicht daher den subjektiven Anteil der Interpretationen, die zu einem gewissen Grad auf Zuschreibungen beruhen. Dadurch und weil sich die Interpret/innen des Textes zugleich an der Produktion des Bildes der Autorin beteiligen, tragen sie zusammen mit der Autorin Verantwortung für seine Bedeutung. Wichtig ist, dass sich eben nicht in der „Sprache selbst" manifestiert, in welcher Art und Weise man sich durch den Roman angesprochen fühlt, wie man ihn zu lesen hat und entsprechend über die Autorin zu urteilen geneigt ist. Das ist die zentrale Einsicht, die man aus der Betrachtung der so vielgestaltigen dialogischen Passagen von *Lust* gewinnen kann.

Betrachtet man die akademische Jelinek-Rezeption, so gewinnt diese Einsicht an Profil. Statt von Poetik der Ambivalenz und dialogischer Verantwortung ist hier zumeist die Rede von „einer radikalen Denunzierung des Zusammenhanges von Sexualität, Gewalt und Machtlosigkeit der Frau", der

---

61 Ebd., S. 59.
62 Ebd., S. 61f.

Lust angeblich diene.[63] Wie deutlich geworden sein sollte, ist die hinter dieser Ansicht stehende mythenkritische Lesart in vielerlei Hinsicht überzeugend. Als problematisch ist jedoch die allzu überzeugte wie selbstvergessene Rezeptionshaltung zu kennzeichnen, die sich dabei häufiger zeigt. Unzulänglich überzeugt erscheint sie, da Lektüren des Romans, die ihn pornographisch rezipieren, in der Regel als „oberflächliche Lesart" und „Missverständnis" abgetan werden.[64] Selbstvergessen ist diese Rezeptionshaltung dagegen dort, wo sich ihr Verständnis auf eine vermeintlich textimmanente Deutung stützt, welche die subjektive Abhängigkeit von einer bestimmten Autorimago verkennt. Als Beleg kann, repräsentativ für viele ähnliche Interpretationen des Romans, hier noch einmal die Deutung von Janz angeführt werden. Die Art und Weise, wie sie einen vielzitierten Satz des Romans – „Die Sprache selbst will jetzt sprechen gehen!" (L 28) kommentiert hat, ist in dieser Hinsicht aufschlussreich.

> Das Verfahren ist denn auch in *Lust*, [...] sich auf das Grauen der kommerziell vorgefertigten Bilder von weiblicher Sexualität einzulassen, sie durch Übertreibungen, Verdinglichungen, Brechungen und Zitatmontagen ‚auszustellen' und eben auf diese Weise zu denunzieren. So reproduziert das ‚Auge' des erzählenden Subjekts in *Lust* den Video-Blick auf die weibliche Sexualität, macht aber gleichzeitig die Gewalttätigkeit dieses Blicks deutlich und läßt ihn auf diese Weise zerfallen. Die pornographische Darstellung wird sozusagen von innen heraus und durch Nachahmung destruiert. Nichts anderes ist wohl gemeint mit dem Projekt, die ‚Sprache selbst' sprechen zu lassen, das auf die mythendestruierende Kraft der Sprache selbst zu setzen scheint.[65]

Wie gelingt es Jelineks Texten, Janz zufolge, als Denunziation wahrgenommen zu werden? Wie wird sichergestellt, dass Übertreibungen von den Leser/innen als solche wahrgenommen werden, obwohl hyperbolische und amplifizierende Ausdrucksweisen für den pornographischen Diskurs allgemein konstitutiv sind? Für Janz' Interpretation, dass es sich bei *Lust* um eine

---

63 Svandrlik, *Oh Wildnis, oh Schutz vor ihr; Lust; Gier*, S. 106. – Eine Ausnahme, die ich hervorheben möchte, dagegen die Lektüren von Hartwig dar, der ich beipflichten möchte, wenn sie festhält: „Für mich [...] ist Elfriede Jelinek schon aufgrund ihrer radikal artifiziellen, an der Sinnlosigkeitsgrenze arbeitenden Sprache kaum zur Denunziation im einfachen Sinne zu haben [...]." Hartwig, Ina, *Erscheinung aus dem Dunkel*, in: Brigitte Landes (Hg.), *stets das Ihre. Elfriede Jelinek* (= *Theater der Zeit. Arbeitsbuch*), Berlin 2006, S. 70-71, hier: S. 70.

64 So urteilte kürzlich etwa Jezierska über die Deutung von Joanna Bator und die verbreiteten Rezeptionshaltungen in Spanien und Italien. Vgl. Jezierska, *Die passionierten LeserInnen*, S. 128.

65 Janz, *Jelinek*, S. 119.

Medienkritik handelt, ist die Metapher vom „‚Auge' des erzählenden Subjekts" von entscheidender Bedeutung. Demzufolge wird in *Lust* nämlich nur wiedergegeben, was der „Video-Blick auf die weibliche Sexualität" zeigt, wobei mit der Metapher auch auf Batailles vermeintlich vorbildhafte Erzählung angespielt wird. Gegen die Augen-Metapher spricht indes, dass der Roman gar keine einheitliche Erzählperspektive aufweist und das Erzählen kaum als passiver Vorgang aufgefasst werden kann. Betrachtet Jelinek denn nur, ganz ohne eigenes Zutun? Wenn es schon ausreichen würde, auf die Gewalttätigkeit der Perspektive zu verweisen, um sie zu zerstören, so wäre doch zu fragen, wie diese Perspektive überhaupt aufkommen, geschweige sich als herrschende etablieren konnte. Mit anderen Worten: Hätte die Sprache, die lediglich von einer neutralen Instanz aufgezeichnet wird, selbst mythendestruierende Kraft, so bliebe doch unklar, wie es überhaupt zur Bildung von Mythen kommen sollte. Janz' nachdrückliche Zuspitzung, dass „Nachahmung und Destruktion [...] in eins [fallen]",[66] leugnete nicht nur die Aktivität der Autorin, sondern auch ihr eigenes Wissen davon, wer Jelinek ist. Für Janz stand offenbar außer Zweifel, dass Jelineks Absicht „mythenkritisch" ist, weshalb es in *Lust* nur um Entmystifizierung und Denunziation gehen könne. Aber für wie viele andere Leser/innen werden etwa die dem Roman vorangestellten Verse eines Mystikers, „die von der Ekstase der Seele handeln", „bereits darauf hin[weisen], daß die Entmystifikation des ‚heiligen Eros' bzw. der Heiligung von (männlicher) Sexualität das eigentliche Programm von *Lust* ist"[67]? Mir geht es nicht darum, diese Lesart als irrtümlich zu überführen; worauf es im Gegenteil ankommt, ist darauf hinzuweisen, wie groß der Beitrag gewesen ist, den Janz zur Bedeutung von Jelineks Text geleistet hat, indem sie ihn auf diese Weise lesbar gemacht hat. In diesem Sinne muss die mythenkritische Bedeutung von Jelineks Werk gemeinsam von der Autorin und einer ihrer wichtigsten Interpretinnen verantwortet werden.

Es ist eine Besonderheit von Jelineks Werk, dass es Deutungsmuster wie das soeben angeführte transparent werden lässt. Dies ist dem Umstand geschuldet, dass unterschiedliche Imagines der Autorin nebeneinander bestehen, was wiederum mit der Ambivalenz von Jelineks Poetik und Selbstinszenierung zusammenhängt. Sichtbar wird, dass die Leser/innen, die sich imaginativ ihr je eigenes Bild von der Autorin gemacht haben, an der Bedeutungskonstitution des Werkes beteiligt sind. Aus literaturkritischer Perspektive lässt sich pointieren: Die Komposition des Romans, besonders auch in seinen dialogischen Passagen, machte aus dem Gegenstand der Beurteilung zugleich

66 Ebd., S. 120.

67 Ebd., S. 116.

einen Maßstab, um Urteile zu charakterisieren. In diesem Sinne verstand auch Sigrid Löffler schon *Lust*. Sie antizipierte in einer ihrer Besprechungen des Romans (für den ORF am 02.04.1989) die folgende Kontroverse und meinte treffend, „daß sich jeder, der diesen Text in den nächsten Tagen klassifizieren wird, damit auch selbst klassifiziert.“[68]

4.4.1 *Wo geht die Sprache jetzt hin?*

Zum Abschluss dieser Auseinandersetzung mit *Lust* sei noch einem naheliegenden Einwand gegen die vorgetragene Deutung begegnet. Gegen den grundlegenden Vorschlag, auch die Autorin selbst in manchen Äußerungen von *Lust* zu vernehmen, scheinen jene Sätze des Romans zu sprechen, welche die Frage, wer hier spricht, explizit anders beantworten. Ein besonders häufig zitierter Satz lautet: „Die Sprache selbst will jetzt sprechen gehen!“ (L 28) Dass es sich dabei um eine poetologische Äußerung handelt, scheint evident – wie sie zu verstehen ist, darüber herrscht jedoch große Uneinigkeit. Handelt es sich um ein Bekenntnis zur „Performanz der Sprache“?[69] Ist der Satz – was auch immer das genau heißen mag – als ein „höhnischer, aber peripherer Metakommentar einer destruktiv-narrativen Technik“[70] zu sehen? Oder wird, wie soeben erwähnt, hier Jelineks Intention explizit, dass sich die Sprache in ihrer Gewalttätigkeit selbst überführen möge?[71] Diese exemplarischen Deutungen illustrieren, dass der Satz, „Die Sprache selbst will jetzt sprechen gehen!“, Interpretationen sichtlich vor Probleme stellte. Ungeachtet dessen prägte er die wissenschaftliche Rezeption von Jelineks Werk auch über *Lust* hinaus.[72]

---

68 Weiter heißt es bei Löffler, worauf Schirrmacher mit seiner weiter oben zitierten Reflexion vielleicht Bezug genommen hat: „Ein halbherziges Vorbeimogeln ist bei diesem Roman nicht möglich. Was das Patriarchat dazu zu sagen hat, werden wir ja bald zu hören kriegen […].“ Löffler, Sigrid, zit. n.: Lamb-Faffelberger, *Spiegel der Presse*, S. 107.

69 Höckner, Gloria, *Queeres Nomadentum*, in: *Syn. Magazin für Theater-, Film- und Medienwissenschaft* 6 (2013), S. 67-76, hier: S. 69.

70 Pontzen, Alexandra, *Beredte Scham – Zum Verhältnis von Sprache und weiblicher Sexualität im Werk von Elfriede Jelinek und Marlene Streeruwitz*, in: Bettina Gruber (Hg.), *Weiblichkeit als politisches Programm? Sexualität, Macht und Mythos*, Würzburg 2005, S. 21-40, hier: S. 34. Pontzen zitierte den Satz im Zusammenhang nicht korrekt.

71 Vgl. Janz, *Jelinek*, S. 119.

72 Auch in Bezug auf *Gier* und *Ein Sportstück* wurde davon gesprochen, dass der Text nicht vom Subjekt der Autorin, sondern dem der Sprache hervorgebracht worden sei. Vgl. über *Gier*: Detering, Heinrich, *Mit dem Hammer erzählt. Elfriede Jelinek komponiert den Soundtrack einer mopsfidelen Bestialität*, in: *Literaturen* 11 (2000), S. 15-18; über *Ein Sportstück*: Fleig, Anne, *Zwischen Text und Theater. Zur Präsenz der Körper in „Ein Sportstück“ von Jelinek und Schleef*, in: Dies./Erika Fischer-Lichte (Hg.), *Körper-Inszenierungen. Präsenz und kultureller Wandel*, Tübingen 2000, S. 87-104, hier: S. 87; Fleig, *Sports Play*, S. 1997.

Betrachtet man den Satz genauer, ist zunächst festzuhalten, dass sich die Prägnanz (oder Rätselhaftigkeit), die er in einigen Deutungen gewonnen hat, vor allem seiner Dekontextualisierung verdankt. Im Zusammenhang heißt es bei Jelinek:

> Das Kind weiß alles. Es ist weiß und hat ein braunes Gesicht von der Sonne. Am Abend wird es dann sattgebadet sein und gebetet und gearbeitet haben. Und sich an die Frau kleben, an ihr weiden, sie in die Brustwarzen beißen zur Strafe, daß vorher der Vater ihre Tunnels und Röhren ausweiten durfte, hören Sie! Die Sprache selbst will jetzt sprechen gehen! (L 28)

Liest man den Satz im Anschluss an die Parabase, die den/die Leser/in zu hören auffordert, so lässt er sich am ehesten als Hinweis auf das paronomastische Konstruktionsverfahren der Sätze verstehen, das semantisch nicht verwandte, aber phonetisch oder graphematisch ähnliche Wörter verbindet.[73] Dass das Kind alles „*weiß*", führt hier zur Nennung seiner Hautfarbe; dann folgt eine Aufzählung, welche die benediktinische Regel *ora et labora* noch erweitert: „satt*gebadet* […] *gebetet* […] *g*e*arbeitet*"; schließlich zieht ein „*weiden*" ein „aus*weiten*" nach sich. Scheinbar ergibt sich die Folge der Beschreibungen nicht primär nach einem Sinnzusammenhang, sondern als Spiel der Signifikanten. Die Konsekution der Sätze ist also weder logisch noch narrativ plausibel, sondern wird – wie man „hören" kann, wenn man sie nachspricht – vom sprachlichen Material motiviert.

Versteht man den Satz „Die Sprache selbst will jetzt sprechen gehen!" in diesem Sinne als Negation einer souveränen Autorschaft, könnte man daraus den Schluss ziehen, dass Jelinek jede Verantwortung für das Gesagte zurückweisen wollte. Wo Sprache als handelnder Akteur aufzutreten scheint, können Personen für das, was sie sagen bzw. schreiben, nicht mehr verantwortlich gemacht werden. Wäre ein solches Sprachverständnis aber nicht fatal? Wo sollte es denn hinführen, wenn man das sprechende Subjekt zugunsten eines angenommenen eigenständigen Sprachwesens auflösen würde? Das Konzept des isoliert handelnden, souveränen Subjekts, das mit guten Gründen zu hinterfragen ist, würde so doch nur auf die Sprache projiziert. Das Ergebnis wäre, dass unterschiedliche Sprecher/innen nicht mehr zu unterscheiden

---

73 Ich habe mich mit der Paronomasie als einer für Jelineks Schreibverfahren wesentlichen Trope schon einmal im Rahmen meiner Untersuchung ihres Stückes *Die Kontrakte des Kaufmanns* beschäftigt. Vgl. Lüder, Sven, *(Mit) Autorität Beanstanden: „Die Kontrakte des Kaufmanns" von Elfriede Jelinek oder: Vom Wert des Werkes*, in: Delphine Klein/Aline Vennemann (Hg.), *„Machen Sie was Sie wollen!" Autorität durchsetzen, absetzen, umsetzen. Deutsch- und französischsprachige Studien zum Werk Elfriede Jelineks*, Wien 2017, S. 170-178.

wären und auf Gesagtes nicht mehr Bezug genommen werden könnte. Ein Dialog, in dem man sich Rede und Antwort steht, wäre nicht mehr möglich.

Um dieser trostlosen Aussicht etwas entgegenzuhalten, entscheide ich mich für eine andere Lesart. Außerdem widerspricht schon die Praxis, mit der auf den Satz Bezug genommen wird, der Vorstellung einer selbstverantwortlichen Sprache, die er zu behaupten scheint. Wie er auch gedeutet wird – im Zitat weisen bestimmte Interpret/innen ihn als Satz einer bestimmten Autorin aus. Dabei wird Jelineks Satz in verschiedenen literaturwissenschaftlichen Arbeiten zum Ausgangspunkt für weitere Sätze. Der Satz aus *Lust* hat sich den Weg in andere Texte gebahnt, wo auf ihn reagiert, fast könnte man sagen, wo der Aufforderung, zu hören, entsprochen wurde. So aber zeigt sich Sprache noch in einem anderen Sinn in Bewegung. Die Etymologie des Wortes „Diskurs" klingt hier an, das, dem Lateinischen *discurrere* entlehnt, wörtlich „auseinanderlaufen" heißt.[74] Man kann sich demnach fragen: Wohin *geht* die Sprache, wenn sie spricht? Die vorangestellte Parabase („[...], hören Sie!") – Standardbeispiel der phatischen Sprachfunktion nach Jakobson[75] – gab darauf schon Antwort, denn immer findet die Sprache, wo sie zitiert wird, jemanden, der sie empfängt. Gerade dann aber, wenn der/die Leser/in erreicht ist, zeigt Sprache sich beweglich. Dabei erreicht eine literarische „Botschaft" ihren „Empfänger", anders als die Modelle literarischer Kommunikation es nahelegen, nicht in der Form, in der sie vom „Sender" abgeschickt wurde. Wie es Klaus Weimar mit Bezug auf den hermeneutischen Verstehensprozess einmal fasste, ist es sinnvoller von einer „doppelten Autorschaft" auszugehen: „Lesend versprachlichen *wir* die Schrift in fremdem Namen und *als Vertreter des Fremden*."[76]

Jelinek schrieb: „Die Sprache selbst will jetzt sprechen gehen!" – Welche Form dieser Satz in der beim Lesen erfolgenden Versprachlichung angenommen hat, lässt sich anhand der Deutungen konkret nachvollziehen. Dabei hängt die Art und Weise, wie man ihn versteht, davon ab, wen man zu vertreten meint. *In nuce* zeigt sich so noch einmal, dass das Bild, das man von der Autorin hat, die Interpretation anleitet. Wer sich Jelinek als konstruktivistische Theoretikerin denkt, sieht sie die reine Handlungsmacht der Sprache ausstellen; wer sich die Autorin als Satirikerin vorstellt, hört sie hier höhnen; und für wen sie primär engagierte Kritikerin ist, für den setzt sie hier auf eine mythendestruierende Kraft der Sprache. Für mich liegt die Besonderheit von Jelinek als Autorin darin, dass sie sich an der Rezeption ihrer Werke orientiert zeigte. Darum

---

74 Vgl. Kluge, *Etymologisches Wörterbuch*, S. 146.

75 Vgl. Jakobson, Roman, *Linguistik und Poetik* [1960], in: Ders., *Poetik. Ausgewählte Aufsätze 1921-1971*, Frankfurt a. M. 1979, S. 83-121, hier: S. 91.

76 Weimar, *Doppelte Autorschaft*, S. 127 [Herv. S.L.].

deute ich den Satz als einen Hinweis auf die dialogische Verbindung, die durch die Sprache ihres Romans zwischen der Autorin und ihren Leser/innen gestiftet wird. In dieser Perspektive gewinnt man noch einen anderen Blick auf die Frage nach der Verantwortung. Denn wenn man einen Dialog fokussiert, macht es wenig Sinn, von einem isolierten Verantwortlichen auszugehen. Vielmehr kann Ver*antwort*ung, die das Responsive schon im Begriff aufweist, dialogisch nur als geteilte gedacht werden. Wie auch sollte Jelinek allein verantworten, was doch so unterschiedlich gedeutet wurde?

Für die Deutung lassen sich noch weitere Belege anführen. Knapp 100 Seiten stößt man zunächst auf eine bemerkenswert ähnliche Wendung:

> Langsam beruhigt sich das Zucken der Frau, das der Mann in dieser Form bezweckt hat. Sie hat ihre Portion erhalten und bekommt vielleicht noch eine. *Ruhig! Jetzt sprechen allein die Sinne*, doch wir verstehen sie nicht, denn sie haben sich unter unsrer Sitzfläche in etwas Unbegreifliches verwandelt. (L 114; Herv. S.L.)

Was ist dieses Unbegreifliche, das „wir“ nicht verstehen können? Man mag das Sprechen der Sinne als Anspielung auf eine Triebtheorie lesen, die das Rationale in ihre Schranken zu weisen versteht. Schlichter könnte man hier jedoch auch eine Unbegreiflichkeit des Handlungsmoments erkennen, die von der Autorin selbst ausgewiesen wird. Prägnant formuliert: Handelt es sich hier um eine Bitte um Deutung? In diese Richtung weist auch das folgende Zitat:

> Ungestört betrachten die Arbeiter einander in der Kantine. Vor dem Licht singen sie wie Vögel, um ihr Leben vollkommen und dem Direktor eine Freude zu machen. *Wo ist hier der Sinn verborgen?* In ihren sinnlichen Frauen, in denen sich das Leben vollkommen ausgedrückt hat? (L 161; Herv. S.L.)

Die Frage nach dem Sinn kann aus Perspektive des Fabrikchors verstanden werden, aber auch allgemeiner als eine Frage der Autorin an ihre Leser/innen, denen es selbst überlassen bleibt, ob sie sie als rhetorische oder ernst gemeinte verstehen. Vor diese Alternative sieht man sich auch kurz vor Ende des Romans noch einmal gestellt:

> Längst sind Gertis Geheimnisse gelüpft, ihre versperrtesten Türen stehen offen, man gibt ihr jetzt noch Schläge auf den Sitz und ins Kreuz, so begrüßt man sich unter Freunden, und so verfehlen wir uns nicht. Auch mit der Zunge Kraftfahrzeug fährt der Direktor hinein, *wer deutet uns das?* (L 245; Herv. S.L.)

Die zitierten Passagen belegen in meinen Augen eindrücklich, dass neben dem Prozess des Schreibens auch der des Lesens in *Lust* eine entscheidende thematische Rolle spielt. Auch einige durch Zeilensprünge vom Textfluss abgesetzte Aussagen können als Belege dieser Deutung fungieren. Losgelöste Sätze wie „Das gehört alles uns!“ (L 128) oder „Wir sehen und hören voneinander.“ (L 224) evozieren eine Gemeinschaft zwischen Autorin und Lesenden.

Mit einem (klassisch männlichen) Konzept von Autorschaft, das auf Originalität, Individualität und den alleinigen Eigentumsrechten am Werk aufbaut, bricht die Vorstellung einer solchen Gemeinschaft deutlich.[77] Statt eine Deutungshoheit für den Roman zu beanspruchen, wird dem Umstand Rechnung getragen, dass jede/r Leser/in an seiner Bedeutungskonstitution teilhat: Text ist nicht nur, was ein/e Autor/in hat schreiben wollen, sondern auch, was man zu lesen bereit ist. Im Akt der Vertretung, der sich im versprachlichenden Lesen ereignet, kommt einem Verantwortung zu. Darum ist die Verantwortung für die Bedeutung des Textes – handelt es sich dabei um einen gewaltverherrlichenden Roman oder um Antipornographie? – als geteilte anzuerkennen.

4.4.2 *Nachspiel: Von der „entgleisten Rezeption“*

Ähnlich wie schon bei der Rezeption der *Klavierspielerin* zeigte sich auch nach der Veröffentlichung von *Lust*, dass Jelinek trotz ihrer elaborierten literarischen Verfahren und ihrer Selbstinszenierung die Art, wie sie wahrgenommen wurde, nicht kontrollieren konnte. Die Wahrnehmung des Romans, von der bis 1989 zunehmend intensivierten Interview-Tätigkeit der Autorin vielseitig beeinflusst, hat die Geltung der medialen Bilder, die von Jelinek zirkulierten, und damit auch den Prozess einer Personalisierung ihrer Literatur noch potenziert. Diese Einschätzung wird auch in der Biographie laut: „*Die Klavierspielerin* hatte Elfriede Jelinek bekannt gemacht, durch *Lust* war sie zur Marke geworden.“[78] Die Wahrnehmung dieses Wandels ist auch für die später erschienenen Texte von Bedeutung – gerade deshalb, weil sich keineswegs eindeutig sagen lässt, wofür Jelinek denn als Marke stehen sollte.

Pia Janke hat betont, dass sich mit *Lust* „das Bild Jelineks als (ekelerregender) ‚Pornographin‘ [verfestigte], die in ihren Büchern ihre eigenen sexuellen Perversionen verarbeiten würde“.[79] Besonders im Feuilleton wurde der Autorin darüber hinaus das Werk häufig als Zeugnis eines

77 Vgl. Geitner, *„The real thing“*, S. 102.
78 Mayer/Koberg, *Porträt*, S. 167.
79 Janke, *Debatten und Skandalisierung*, S. 337.

mangelnden Einfühlungsvermögens zur Last gelegt.[80] Bemerkenswert ist dabei, dass die kontroverse Besprechung des Romans im Zeitungsfeuilleton eine Geschlechterpolarisierung aufweist: Anders als man vermuten könnte, stammten die meisten positiven Artikel von männlichen Rezensenten, die meisten Verrisse von Rezensentinnen.[81] Margarete Lamb-Faffelberger zufolge konnten sich die Männer für die formale und sprachliche Virtuosität begeistern; die Schablonenhaftigkeit der Figuren, die jegliche Identifikationsmöglichkeit eliminiert habe, hätte eine Bedrohung ihrer männlichen Integrität von vornherein ausgeschaltet. Rezensentinnen hingegen hätten mit einer starken Aversion gegen die satirische Überzeichnung des Ehepaars und der Alltagssituation der Frau reagiert. Die Mehrheit der Feuilletonistinnen hätte sich bewusst von der provokanten Kompromisslosigkeit der Schriftstellerin zu distanzieren versucht, indem sie sich gegen eine zu eindimensional dargestellte Opferrolle der Frau wehrten. Das Porträt weiblicher Hilflosigkeit und Passivität sei von ihnen abgelehnt worden.[82]

Gegenüber dieser allgemeinen Rezeption hat sich in der Forschung, wie gezeigt, die Autorimago von Jelinek als engagierter Kritikerin durchgesetzt. Einen pointierten Ausdruck findet diese Imago in der Gleichsetzung von Jelineks literarischem Schreiben mit einer kritischen Untersuchung.[83] Anhänger/innen dieser Lesart vertreten die Ansicht, *Lust* lasse sich klar als Anti-Porno[84] charakterisieren bzw. der Versuch, *Lust* als Porno zu lesen, müsse scheitern.[85] Wie vehement das hinter dieser Lesart stehende Bild von Jelinek gegen andere behauptet wird, illustrieren einige Forschungsbeiträge, die sich zu einem weithin wahrgenommenen Interview äußern, das die Autorin ein Jahr nach der Romanveröffentlichung mit André Müller geführt hat.[86] Schon die Tatsache, dass Jelinek nach diesem Gespräch noch drei weitere mit Müller führte und diesem nach seinem Tod im Jahr 2011 einen anerkennenden Nachruf widmete, spricht dagegen, alle Antworten Jelineks als selbstironische abzutun, gar als „schablonenhafte Antworten, die das ganze Interview zu einer

80 Vgl. Lamb-Faffelberger, *Spiegel der Presse*, S. 61-66; Klettenhammer, *Welcome to Pornotopia?*, S. 421.

81 Vgl. Lamb-Faffelberger, *Spiegel der Presse*, S. 116.

82 Vgl. ebd.

83 So heißt es im *Jelinek-Handbuch*: „Um der Sexualität ihre politische Dimension und ihre Geschichte zurückzugeben, wollte Jelinek auch die Pornographie kritisch untersuchen […]." Svandrlik, *Wildnis; Lust; Gier*, S. 105; vgl. Janz, *Jelineks Destruktion des Mythos historischer ‚Unschuld'*, S. 226.

84 Vgl. Svandrlik, *Wildnis; Lust; Gier*, S. 106.

85 Vgl. Pontzen, *„Lust – keine Lust"*, S. 63.

86 Vgl. Müller, André, [Interview mit E.J.] *Ich lebe nicht*, in: *Die Zeit* (22.06.1990), online verfügbar: www.elfriedejelinek.com/andremuller/elfriede%20jelinek%201990.html.

lächerlichen Farce entstellten."[87] In ihrem Nachruf würdigte Jelinek Müller dafür, die Menschen, die er interviewte, gefragt zu haben, *wer* und nicht *was* sie waren.[88] Bei Tuschling-Langewand, die einen ganzen Aufsatz zu Jelineks Interviews mit Müller vorgelegt hat, wird aus Müllers Fragen dagegen ein „Angriff" und „Kreuzverhör".[89]

Was Jelinek selbst anbelangt – und das unterstreicht noch einmal, was zu ihrer ambivalenten Poetik und Inszenierungspraxis schon festgehalten wurde –, ist markant, dass sie die Interviews nach der Romanveröffentlichung nicht für Klarstellungen genutzt hat. Selbst wo sie um Klärung gebeten wurde oder explizit von Missverständnissen der Rezeption sprach, klärte sie diese nicht auf. Beispielsweise kann man anhand eines Interviews, das Alice Schwarzer einige Monate nach Erscheinen von *Lust* mit Jelinek geführt hat, nachvollziehen, dass Jelinek den Unterschied zwischen Pornographie und Anti-Pornographie, nach dem Schwarzer sie fragte, eher verwischt als verdeutlicht hat.[90] Viele Jahre später hat sie in einem anderen Gespräch festgehalten, der Roman sei „in der Rezeption furchtbar entgleist".[91] An diesem Umstand konzedierte sie zwar eine Mitschuld; worin ihre Einschätzung gründete – wie also der Roman richtig zu verstehen gewesen wäre –, verschwieg sie jedoch auch hier.[92]

Es passt zu der hier vorgeschlagenen Lektüre, dass Jelinek, soweit ich sehen kann, keiner der Deutungen ihres Romans je unmissverständlich widersprochen hat. Wollte man die Art und Weise, wie sie auf Vorurteile reagierte, auf den Punkt bringen, könnte man am ehesten von einer weniger in kritischer

---

87 Lamb-Faffelberger, *Spiegel der Presse*, S. 117; vgl. Riedle, *Sie nicht als sie*, S. 28.

88 Vgl. Jelinek, *Wer oder was?*.

89 Tuschling, Jeanine, *Im Sprechen nachdenken. Elfriede Jelineks Zwiesprachen mit André Müller*, in: Torsten Hoffmann (Hg.), *Echt inszeniert. Interviews in Literatur und Literaturbetrieb*, Paderborn 2014, S. 257-274, hier: S. 259, 261. Der Erkenntnisgewinn dieses Aufsatzes muss als fragwürdig eingestuft werden. Es handelt sich um einen der Beiträge zu Jelinek, die in allen Äußerungen der Autorin kritische Äußerungen erkennen, und das obwohl sie darauf hinweisen, dass es die ‚echte' Jelinek gar nicht gebe. (Wer verbürgt dann aber die Kritik?) Problematisch in methodischer Hinsicht ist darüber hinaus, dass einerseits moniert wurde, verschiedene Porträts der Autorin würden biographisches Material mit literarischen Textauszügen verquicken und so zur Verwischung von Biographie und Werk beitragen, die Verfasserin andererseits von ebendiesem Verfahren aber selbst Gebrauch machte, indem sie ein Zitat aus *Gier* als authentische Äußerung Jelineks ausgewiesen hat. Vgl. ebd. S. 267.

90 Vgl. Schwarzer, Alice, *Ich bitte um Gnade. A. Schwarzer interviewt Elfriede Jelinek*, in: *Emma* 7 (1989), S. 50-55, online verfügbar: www.aliceschwarzer.de/artikel/ich-bitte-um-gnade-264784.

91 Elfriede Jelinek, zit. n.: Meyer, *Elfriede Jelinek im Gespräch*, S. 32.

92 Vgl. ebd.

als in literarischer Absicht forcierten Überspitzung sprechen. Statt Vorstellungen von sich zurückzuweisen, mit denen sie, wie man meinen sollte, nicht einverstanden sein konnte, suchte sie einen produktiven Umgang mit diesen. Diese Tendenz wird sich auch in ihren kommenden Werken zeigen. So lässt sich etwa in der mehrstimmigen Autorinnenfigur, die Jelinek in ihrer literarischen Selbstinszenierung von *Ein Sportstück* gestaltet hat, ein Echo auf die in der allgemeinen Rezeption von *Lust* so seltsam nebeneinander bestehenden Imagines der Autorin erkennen.

KAPITEL 5

Konflikt um Geltung: Jelineks autofiktionale Autorschaftsreflexion in *Ein Sportstück* (1998)

5.1 Vorgeschichten von Jelineks Autorschaftsreflexion im Theater

Dass Elfriede Jelinek auch in ihren Theatertexten autofiktionale Verfahren eingesetzt hat, ist nicht selbstverständlich. Die dadurch vollzogene Autorschaftsreflexion, welche *Ein Sportstück* (1998) rahmt, lässt sich nicht verstehen, ohne die Geschichte der bis dahin erfolgten Jelinek-Aufführungen sowie die Inszenierung insbesondere eines älteren von Jelinek fürs Theater geschriebenen Textes zu berücksichtigen.

5.1.1 *Frank Castorfs Inszenierung von* Raststätte *(1995)*

Angesichts der zahlreichen Auszeichnungen, die Jelinek seit vielen Jahren als bedeutendste deutschsprachige Dramatikerin der Gegenwart ausweisen, ist es wichtig, sich zunächst in Erinnerung zu rufen, dass sie für eine lange Zeit keinen guten Stand im Theater hatte. Nachdem der Rowohlt Verlag zunächst kein Interesse an ihren Stücken zeigte, ging sie beim kleinen Theaterverlag Nyssen & Bansemer unter Vertrag, der, zugespitzt formuliert, so hohe Ansprüche an die Aufführungen von Jelineks Texten stellte, dass es anfangs kaum zu welchen kam.[1] Dies illustrierend vermerkte die Autorin noch 1984, ein Jahr nach ihrem Prosadurchbruch mit der *Klavierspielerin*, in der DDR-Zeitschrift *M. Das Magazin*, sie schreibe ihre Stücke lediglich „als Hobby".[2]

Aus heutiger Sicht ist ebenfalls bemerkenswert, dass Jelineks erste Theatertexte formal noch vergleichsweise konventionell konzipiert waren, während jenes Stück, mit dem sie ihren ersten größeren Erfolg auch auf der Bühne feierte, auffällig mit Konventionen des dramatischen Schreibens brach: *Wolken. Heim.*, geschrieben 1988, enthält keinerlei Angaben zu *dramatis personae* und ist als große Zitatmontage lediglich in 24 Absätze aufgeteilt. Auch hier stellte sich der Kritikererfolg allerdings nicht sofort ein, sondern verdankte sich erst der Zusammenarbeit mit einem Regisseur, dem es gelang, eine überzeugende theatrale Umsetzung für die postdramatische Form zu finden. Die prämierte *Wolken.Heim.*-Inszenierung von Jossi Wieler (UA: Deutsches Schauspielhaus Hamburg, 1993) entstand nicht nur erst mehrere Jahre nach der Fertigstellung

1 Vgl. Mayer/Koberg, *Porträt*, S. 186.
2 Elfriede Jelinek, zit. n.: ebd., S. 187.

 | DOI:10.30965/9783846767542_006

und der Uraufführung des Stückes am Schauspiel Bonn (1988, Regie: Hans Hoffer), sondern ist auch von wesentlichen Entscheidungen des Regisseurs geprägt.[3] Insofern hatte Jelineks erste wichtige Auszeichnung für eine Theaterarbeit einen zwiespältigen Charakter.

Betrachtet man heute die Inszenierungen von Jelineks Stücken aus den 1990er-Jahren, muss man anerkennen, dass das sogenannte Regietheater damals noch immer sehr erfolgreich war. Pointiert lässt sich dieses dadurch charakterisieren, dass sich (in aller Regel männliche) Theaterregisseure gegenüber den von ihnen inszenierten Texten alle erdenklichen Freiheiten herausnahmen, insbesondere in Form von starken Kürzungen der ursprünglichen Fassungen wie auch Einspeisungen von zusätzlichem Text. Neben Jossi Wieler oder auch Peter Zadek zählt Frank Castorf zu den bekanntesten deutschsprachigen Repräsentanten dieses Regiestils. Wie oft kritisch eingewendet wurde, strebten diese Regisseure kaum eine ‚werktreue' Inszenierung an und waren vielmehr daran interessiert, eigene ästhetische Visionen umzusetzen, als sich in den Dienst einer bestimmten Autorintention zu stellen. Freilich muss eine allzu pauschale Kritik dieses Regiestils auch den Erfolg der genannten Regisseure in Rechnung stellen.[4]

Den Jelinek-Biographen Verena Mayer und Roland Koberg zufolge war es denn auch vor allem der Erfolg von Wielers Inszenierung, der Jelinek ermutigte, den Regisseuren, die sich ihrer Stücke annahmen, maximale Freiheit zu gewähren.[5] Nachdem die Wiener Uraufführung ihrer Komödie *Raststätte oder Sie machens alle* (UA: Burgtheater, 1993, R: Claus Peymann) bei der Kritik durchgefallen war, habe sie den schon damals auch als Intendanten der Berliner Volksbühne tätigen Castorf für eine Auftragsarbeit am Deutschen Schauspielhaus in Hamburg sogar explizit aufgemuntert, „eine gewisse Respektlosigkeit" walten zu lassen.[6] Ob der Regisseur einer solchen Ermutigung im Vorfeld bedurfte oder sich durch diese bevormundende Geste erst recht provoziert fühlte, sei dahingestellt. Gabriele Dürbeck zufolge war

---

3 Vgl. Geier, Andrea, *„Was aber bleibt, stiften die Dichter"? Über den Umgang mit der Tradition in Text und Inszenierungen von „Wolken.Heim."*, in: Inge Arteel/Heidy Margrit Müller (Hg.), *Elfriede Jelinek – Stücke für oder gegen das Theater*, Brüssel 2008, S. 143-154, hier bes.: S. 150.

4 Vgl. Mayer/Koberg, *Porträt*, S. 193f.

5 Vgl. ebd., S. 190.

6 Vgl. Dürbeck, Gabriele, *„Machen Sie was Sie wollen". Zum Verhältnis von Autorin und Regietheater in den Inszenierungen von Elfriede Jelineks „Raststätte" (Castorf), „Ein Sportstück" (Schleef) und „Das Werk" (Stemann)*, in: Inge Arteel/Heidy Margrit Müller (Hg.), *Elfriede Jelinek – Stücke für oder gegen das Theater*, Brüssel 2008, S. 107-122, hier: S. 111.

seine Inszenierung jedenfalls geprägt von einem „Konkurrenz- und Überbietungskonzept gegenüber Jelineks Text".[7]

Was Frank Castorf initiierte, war „ein neuartiges Verhältnis zwischen Autorin und Regietheater": In satirischer Weise habe er die moralisierende und anleitende Attitüde der Autorin auf der Bühne thematisiert und zum Spielmaterial gemacht.[8] So ließ er etwa eine längere Regiebemerkung, die, versehen mit mehreren Ausrufezeichen, deutlich appellativen Gestus hatte, von einer Schauspielerin aufsagen, die den Text („[...] Bitte sich von der Ästhetik der kommerziellen Pornofilme inspirieren lassen! [...]"[9]) karikierend lehrerhaft mit erhobenem Zeigefinger sprach.[10] Castorfs Regiearbeit zielte aber nicht nur darauf ab, die Differenz zwischen Haupt- und Nebentext bewusst zu unterlaufen. Ihren drastischen Höhepunkt erfuhr die Inszenierung erst zum Ende durch den Auftritt einer grotesken Sexpuppe, deren Gesicht dem der Autorin nachgebildet war. Vorlage bei der Gestaltung war eines der Bilder aus dem schon erwähnten *Spiegel*-Interview, das Birgit Lahann mit Jelinek vor der Veröffentlichung von *Lust* geführt hatte.[11] Auf der Fotografie von Karin Rocholl ist die Autorin mit Zigarillo im Mundwinkel zu sehen. Dem Bild dieser öffentlichen Selbstinszenierung wurde mit zwei Zöpfen dabei noch ein neues Element hinzugefügt, das Weiblichkeit zur Mädchenhaftigkeit vom Typus „deutsche Gretel"[12] reduzierte. Die spezifische Dynamik von Autorbildern wird hier handgreiflich: Die nicht zufällig wiederaufgegriffene, sondern bewusst ausgewählte Fotografie dient als Beleg einer Zuschreibung von Charaktereigenschaften (hier: dass Jelinek zugleich streng und lasziv sei), die zum einen im neuen Kontext ergänzt (mit den Zöpfen entspricht sie auch einem bestimmten Weiblichkeitstypus) und zum anderen bekräftigt werden, sodass vor dem Hintergrund eines neuerlichen pornographischen

---

7 Ebd., S. 109.

8 Ebd., S. 107.

9 Jelinek, Elfriede, *Raststätte oder Sie machens alle*, in: Dies., *Stecken, Stab und Stangl. Raststätte oder Sie machens alle. Wolken.Heim. Neue Theaterstücke*, Reinbek bei Hamburg 1997, S. 69-134, hier: S. 121.

10 Vgl. Dürbeck, *Zum Verhältnis von Autorin und Regietheater*, S. 110.

11 Vgl. Mayer/Koberg, *Porträt*, S. 191. Im zweiten Bildteil des *Porträts* sind die Fotografien aus dem *Lust*-Interview sowie von der Jelinek-Puppe direkt untereinander angebracht, sodass man sie gut vergleichen kann.

12 Jelinek, Elfriede, *Ich muß noch weg*, in: Susanne Breuss (Hg.), *Mit Haut und Haar. Frisieren, Rasieren, Verschönern*, Wien 2018, S. 315-318, hier: S. 316; vgl. die beiden Fotografien, die Rocholl von ihr gemacht hat: Rocholl, Karin, *Bilderlust. Lustbilder*, München 2002, S. 93f. (Die zweite Aufnahme, die Jelinek am Bahnhof Wien-Hütteldorf zeigt, ist offensichtlich nicht, wie angegeben, aus demselben Jahr wie die erste, sondern dürfte aus dem Jahr 1999 stammen.)

Exzesses auch die entsprechende Imago gestärkt wird. Indem Castorf dann auch noch dafür sorgte, dass zwei Schauspielende der Puppe ihre Kleider wegrissen, sodass in Peep-Show-Ästhetik deren rot blinkende Brustwarzen und ihr Schambereich sichtbar wurden, hat er die Autorin nicht nur buchstäblich bloßgestellt, sondern auch einen klaren Kommentar zu den primär sexuellen Motiven gegeben, die er hinter ihrem Schreiben vermutete. Der Auftritt der Puppe wurde durch eine vom Band kommende Stimme begleitet, die ihren mechanisch immerfort auf- und wieder zuklappenden Mund synchronisierte. In der Aufführung endete dieser ununterbrochene Redeschwall erst in dem Moment, da er durch den Schlussapplaus des Publikums übertönt wurde.[13]

Die Biographen hielten fest, dass Jelinek betroffen auf diese Darstellung ihrer Person reagierte, und stellten heraus, dass die Art und Weise, wie die Autorin hier auf der Bühne behandelt wurde, singulär war: „Der Auftritt der Autorin als Sexpuppe war ein einmaliger Vorgang. Kein anderer Dramatiker [...] ist jemals von der Regie zum Watschenmann eines seiner Stücke gemacht worden."[14] Andererseits berichtete Stefanie Carp in ihrer Laudatio zur Verleihung des Heinrich-Heine-Preises an Jelinek im Jahr 2002 von einer Anekdote, der zufolge sie die Inszenierungsidee nicht nur toleriert, sondern geradezu beeindruckt darauf reagiert habe. Als sie die Puppe auf der Hauptprobe der Inszenierung das erste Mal zu Gesicht bekam, habe Jelinek sich zum Regisseur umgedreht und geflüstert: „‚Genial!' – und nach einer kleinen Pause: ‚Aber so gut seh' ich doch gar nicht aus.'"[15]

Hat Jelinek durch Castorfs Inszenierung mit der überlebensgroßen Puppe eine Kränkung erfahren oder hatte sie genug selbstironische Distanz, um den Regieeinfall künstlerisch zu würdigen? In Bezug auf ihr Urteil zur Inszenierung von *Raststätte* wäre das eine rein biographische Frage, deren Beantwortung aufgrund der widersprüchlichen Anekdoten von Jelineks Reaktion spekulativ bleiben müsste. Mit Blick auf *Ein Sportstück*, in dem Jelinek, einer geläufigen Interpretation zufolge, „romantisch-ironisch" auf Castorf „antwortet[e]",[16] erwächst aus diesen Spekulationen allerdings eine Deutungsfolie, die ein

---

13 Vgl. Dürbeck, *Zum Verhältnis von Autorin und Regietheater*, S. 111.

14 Mayer/Koberg, *Porträt*, S. 192. – Iris Radisch, auf die später noch zurückzukommen sein wird, radikalisierte mit Bezug auf diese Darstellung ihren persönlichen Angriff gegen die Autorin: „Die züchtige Gouvernante, die Frank Castorf in seiner Hamburger Inszenierung von *Raststätte oder sie tun es alle* [sic!] in Gestalt einer bezopften übergroßen blinkenden Jelinek-Puppe auf die Bühne rollen ließ, war noch ein liebevoller Kommentar zur Engstirnigkeit des geheimnisvollen Originals." Radisch, Iris, *Die Heilige der Schlachthöfe*, in: *Die Zeit* (14.10.2004), S. 44.

15 Carp, *Entweihung der heiligen Zonen*, S. 48.

16 Stanitzek, *Fiktion und Adresse*, S. 9; vgl. Fleig, *Sports Play*, S. 1997.

zentrales Element des Stückes auf eine eindeutige Interpretation hin belichtet. Abhängig davon, wie man Jelineks Reaktion auf die *Raststätte*-Inszenierung einschätzt, lassen sich nämlich unterschiedliche Motive hinter der literarischen Selbstinszenierung vermuten, der hier erstmals ein zentraler Stellenwert zukommt. Der Gestus, mit dem sich Jelinek im *Sportstück* inszenierte, lässt sich als resignativ, aber auch als provokant verstehen. Insofern ist grundlegend zu fragen, ob das Stück, in dessen erster Regieanweisung es so prominent heißt: *„Machen Sie was Sie wollen."* (S 7), als Kapitulation vor dem Theater oder, im Gegenteil, als dessen Herausforderung zu sehen ist.

5.1.2 *Frühe Autorschaftsreflexionen im dramatischen Werk*

Erste Spuren einer selbstreferentiellen Einschreibung der Autorin lassen sich auch innerhalb von Jelineks dramatischem Werk bereits ab der Entstehungszeit von *Lust* finden. Anfangs war diese Einschreibung noch auf den Paratext beschränkt und reflektierte allgemeine Voraussetzungen weiblicher Autorschaft. Erst später individualisierte sich der Fokus dieser Reflexion. Ab *Ein Sportstück* kann man davon sprechen, dass es Jelineks eigene Autorschaft ist, deren Geltung im Text verhandelt wird. Der Wandel dieser Reflexion ist, auch im Detail betrachtet, aufschlussreich.

Interessant ist etwa zu beobachten, wie sich die Formulierungen verändert haben, mit denen Jelinek auf ihre intertextuelle Poetik in verschiedenen Stücken hingewiesen hat. Schon bei *Clara S.* (UA: 1982) findet sich ein solcher Hinweis, ist dort allerdings rein informativ gehalten.[17] Demgegenüber ist eine vergleichbare Bemerkung aus *Krankheit oder Moderne Frauen* (UA: 1987) erkennbar stilisiert.[18] Vor der Auflistung der *dramatis personae* und mithin klar vom Rest des Textes getrennt, steht sie dort in Form einer Danksagung an die zitierten Autoren. Dabei ist auffällig, dass der Dank explizit nur an Männer ergeht, obwohl etwa auch ein Gedicht von Emily Brontë verwendet wurde. Statt diese jedoch ebenfalls in ihre Danksagung aufzunehmen, hat Jelinek nur vermerkt, dass Brontës Gedicht von Arno Schmidt übersetzt wurde; eine Information, die bei den anderen fremdsprachigen Autoren fehlt. Es lässt sich deuten, dass Jelinek damit auf subtile Weise die Absenz von Autorinnen in der Literaturgeschichte kommentierte, die nicht etwa daher rührt, dass Frauen nicht geschrieben hätten, sondern daher, dass sie nicht zitiert wurden, man sich also nicht im Sinne von Autoritäten auf sie berief. Paradoxerweise ist

---

17 „Für die musikalische Tragödie ,Clara S. [sic!] wurden u. a. Zitate aus folgenden Werken in den Text eingeflochten: [...]." Jelinek, Elfriede, *Clara S. – Musikalische Tragödie*, in: Dies., *Theaterstücke*, Köln 1984, S. 63-101, hier: S. 101.

18 Vgl. Jelinek, *Krankheit oder Moderne Frauen*, S. 192.

es gerade das ebenfalls vor dem Personenverzeichnis abgedruckte Zitat der Philosophin Eva Meyer, das diese Deutung bekräftigt. Darin heißt es, die Frau könne, weil sie kein großer Meister sei, nicht in ihre Bilder hineingehen und verschwinden.[19] Da es auch für *Ein Sportstück* eine Rolle spielt, werde ich mich dem Zitat später ausführlicher widmen; hier genügt es festzuhalten, dass die Autorschaft von Künstlerinnen, diesem Denkbild zufolge, der von Männern gegenüber defizitär bleibt. Jelinek hat diese Sichtweise durch die ausbleibende Ehrung der von ihr zitierten Autorinnen sowie durch das Motiv der Untoten in ihrem Stück aufgegriffen. Dass sie ihre Perspektive auf weibliche Autorschaft von 1987 indes nicht für immer beibehalten sollte, macht 15 Jahre später etwa der Beginn von *Jackie* (UA: 2002) deutlich: Geschlechtergerecht und unprätentiös werden hier eine „Mitarbeiterin und Mitarbeiter" angeführt.[20]

Stärker als die zitierte Danksagung betonen andere Hinweise dieser Art vor allem die Eigensinnigkeit von Jelineks poetologischem Ansatz. Nachdem die Angabe anderer verwendeter Texte bei *Wolken.Heim.* (UA: 1988) neutral gehalten ist und in den beiden folgenden Texten sogar fehlt,[21] erscheint sie erneut bei *Stecken, Stab und Stangl* (UA: 1996), wo es selbstbewusst und provokant zum Ende heißt: *„Die Autorin hat wieder einmal Zitate hereingelegt. Sagt aber nicht welche. Raten Sie! Keine Preise zu gewinnen!"*[22] Im Tonfall an die letzte Figurenrede anschließend, weist die saloppe Bemerkung nicht nur auf die intertextuelle Poetik hin, die hier „wieder einmal" zur Anwendung gekommen ist, sondern charakterisiert sie im Wortspiel auch näher als ein intransparentes Verfahren.

Stecken, Stab und Stangl ist auch das erste Stück, in dem die „Frau Autorin", neben dem „Herr[n] Regisseur", ausdrücklich von einer Figur im Haupttext

---

19 Vgl. ebd.

20 Jelinek, Elfriede, *Der Tod und das Mädchen IV (Jackie)*, in: Dies., *Der Tod und das Mädchen I-V. Prinzessinnendramen*, Berlin 2003, S. 63-100, hier: S. 65.

21 Bei *Wolken.Heim.* heißt es da nur: *„Die verwendeten Texte sind unter anderem von: Hölderlin, Hegel, Heidegger, Fichte, Kleist und aus den Briefen der RAF von 1973-1977."* Jelinek, Elfriede, *Wolken.Heim.*, in: Dies., *Stecken, Stab und Stangl. Raststätte oder Sie machens alle. Wolken. Heim. Neue Theaterstücke*, Reinbek bei Hamburg 1997, S. 135-158, hier: S. 158. Die beiden zwischen *Wolken.Heim.* und *Stecken, Stab und Stangl* geschriebenen und aufgeführten Stücke *Raststätte* (UA: 1994) und *Totenauberg* (UA: 1992) weisen keinen vergleichbaren Kommentar auf.

22 Jelinek, Elfriede, *Stecken, Stab und Stangl*, in: Dies., *Stecken, Stab und Stangl. Raststätte oder Sie machens alle. Wolken.Heim. Neue Theaterstücke*, Reinbek bei Hamburg 1997, S. 15-68, hier: S. 68 [Herv. i. O.].

aufgerufen (und beleidigt) wird.[23] Die Figur des FLEISCHERS[24] echauffiert sich dabei über eine Schuldzuweisung, welche sie nicht auf sich nehmen will. Dass die Schuldfrage (im Bezug auf den im Stück verhandelten Bombenanschlag gegen vier Roma am 4. Februar 1995 im österreichischen Oberwart) nicht nur eine Reihe etwaiger Täter adressiert, sondern, reflexiv gewendet, auch die Autorität jener Richtenden, die über die Schuld entscheiden, infrage stellen kann, war zu Beginn des Stücks bereits deutlich geworden. Thematisiert wurde dies in dem auf die erste längere Regieanweisung folgenden Monolog, der auch die Stimme der Autorin durchscheinen lässt. Zwar ist die Rede einer männlich-indifferenten Figur zugeordnet (EINER, EGAL WER), jedoch ändert sich im Laufe ihres Sprechens die geschlechtliche Codierung und es kommt zu einem klaren Selbstbezug Jelineks:

> Das Paket mit dem Explosivstoff hat, kaum daß es erwacht war, Menschen nachgestellt, und ich versuche, sie im letzten Moment noch zu retten, indem ich sie hier wieder nachstelle, genau so wie sie zusammengehört haben und wie sie auch auf dem Foto drauf sind. Ich bin vielleicht nicht die Richtige dafür, weil ich immer gleich richte, aber wer hat schon mehr als drei, vier Richtige?
> Egal. Auch durch meine Gunst werden diese Toten nicht leben.[25]

Es kommt hier zum ausdrücklichen Vollzug einer Ekphrasis, einem Verfahren, dem man in späteren Texten Jelineks, etwa in *Gier* oder *Neid*, immer wieder begegnet: Die Autorin bezieht sich auf ein Foto und vergegenwärtigt, was darauf abgebildet ist, indem sie es im Stück nachstellt. In dem Eingeständnis, dass *sie* „vielleicht nicht die Richtige dafür" ist, liegt dabei auch ein Bekenntnis zu einer Autorschaft als Praxis der Verurteilung: Sie richte immer gleich (wobei offenbleibt, ob das heißt, sie urteile immer sofort oder immer auf dieselbe Weise). Der Einwand, sie sei aufgrund ihrer Autorschaft vielleicht nicht geeignet, die Thematik zu bearbeiten („nicht die *Richtige*"), wird paronomastisch zuerst begründet („weil ich immer gleich *richte*") und dann entkräftet („aber wer hat schon mehr als drei, vier *Richtige*?"). Die Selbstreflexion bleibt schließlich ergebnislos angesichts der Einsicht, dass die theatrale Bearbeitung des Mordes

---

23 Ebd., S. 48. Im Gesamtwerk Jelineks findet sich die erste dieser eigenwilligen Selbstobjektivierungen m. W. in *Die Kinder der Toten* (1995): „Jetzt aber aufhören, Frau Autor, sich in so triumphierender Wärme auszubreiten! Keiner muß soviel Unfruchtbarkeit sehen[,] wie Sie sie enthalten. Besser, Sie halten sich ein wenig zurück." Jelinek, *Die Kinder der Toten*, S. 282. Ebenso wie in *Stecken, Stab und Stangl* blieb diese Selbstreferenz als einmaliges Einsprengsel im Text jedoch nebensächlich.

24 Um Bezüge auf Figuren in Theatertexten zu verdeutlichen, werden diese hier und im Folgenden in Kapitälchen geschrieben.

25 Jelinek, *Stecken, Stab und Stangl*, S. 18f.

ihn nicht ungeschehen machen kann. Die Wirkung ist also ohnehin auf die Be- oder Verurteilung des Falles beschränkt: auf das Richten der Verantwortlichen, also jener, die die Paketbombe gebaut haben, deren Bau anstifteten oder das Verbrechen als solches in Abrede stellten.[26] Da sich die Autorin bei dieser Sachlage offenbar in ihrem Zuständigkeitsbereich weiß, kann das Stück, von der genannten selbstkritischen Einlassung abgesehen, ohne weitere Autorschaftsreflexionen ablaufen. So blieben die Spuren einer ausdrücklichen Einschreibung der Autorin in den Text von *Stecken, Stab und Stangl* insgesamt noch marginal.

***

Anders stellt sich dies für *Ein Sportstück* dar, das im Jahr 1998 sowohl im Burgtheater unter der Regie von Einar Schleef uraufgeführt als auch im Rowohlt Verlag als Text veröffentlicht wurde. Hier ist die literarische Selbstinszenierung der Autorin nicht mehr nur mit einem besonderen inhaltlichen oder poetologischen Aspekt verbunden. Wie schon Anne Fleig beobachtete, wurde Jelineks Spiel mit der Autorfunktion durch die Einführung einer in sich gebrochenen Autorinnenfigur hier vielmehr massiv auf den Haupttext ausgeweitet.[27] Noch weitergehend lässt sich sagen, dass die Autorschaftsthematik den integralen Bestandteil der Komposition bildet. Jelineks literarische Selbstinszenierung zieht sich so deutlich und kontinuierlich durch den Text, dass es gerechtfertigt ist, *Ein Sportstück* als autofiktionales Metadrama anzusehen.[28] Meiner Interpretationsthese zufolge handelt es im Wesentlichen von einem Konflikt um die Geltung seiner Autorin.

In einem ersten Schritt möchte ich diese These anhand von allgemeineren Ausführungen zur Komposition und zum Titel erläutern. Insbesondere die Rekonstruktion einer selbstreflexiven Rahmenhandlung, die in der Forschung

26 Dem Stück ist ein Zitat Jörg Haiders vorangestellt: „Wer sagt, daß es nicht um einen Konflikt bei einem Waffengeschäft, einen Autoschieberdeal oder um Drogen gegangen ist." Ebd., S. 15.

27 Vgl. Fleig, *Sports Play*, S. 1994.

28 Ich lege dabei ein weites Verständnis des Begriffs zugrunde. Demzufolge meint Metadrama oder auch Metatheater „alle Formen und Verfahren dramatischer und theatraler, d. h. den dramatischen Text und die szenische Realisierung betreffende, Selbstbewusstheit, Selbstreflexivität und Selbstreferentialität." Schultze, Brigitte, *Meta-Theater*, in: Erika Fischer-Lichte/Doris Kolesch/Matthias Warstat (Hg.), *Metzler Lexikon Theatertheorie*, Stuttgart/Weimar 2014, S. 210-212, hier: S. 210. In anderen Fällen mag es produktiv sein, zwischen Metadrama und Metatheater zu unterscheiden; da Jelineks *Sportstück* jedoch viele typische Differenzierungen unterläuft, welche dieser Unterscheidung zugrunde liegen, wäre es an dieser Stelle nicht sinnvoll.

bislang unentdeckt geblieben ist, soll meine Deutung stützen. Wie schon in den vorherigen Kapiteln werde ich meine Interpretation mit der Hervorhebung einer grundlegenden Ambivalenz im Text verbinden. Diese kann hier auf die bereits angedeutete Frage zugespitzt werden, ob sich Jelineks Stück als Resignation oder Provokation angesichts eines Theaters versteht, das sich ihr in älteren Inszenierungen als patriarchal dominierte Institution gezeigt hat, in der sie als Autorin lächerlich gemacht wurde. Wie schon in den zuvor analysierten Texten betrifft die Ambivalenz auch hier die Interpretation in ihrem Kern. Anders jedoch als bei den Romanen *Die Klavierspielerin* und *Lust* wurde diese Ambivalenz hier weniger durch eine provokante öffentliche Selbstinszenierung der Autorin angeregt. Vielmehr wurde das ambivalente Bild der Autorin selbst zu einem wesentlichen Element des Stückes erhoben. Um dies zu belegen und damit die Grundlage für weitere Überlegungen zu schaffen, wird der dargestellte Konflikt um ihre Geltung zunächst skizziert (Kap. 5.2).

Das metadramatische Verfahren, eine Autorinnenfigur im Stück auftreten zu lassen, zielt darauf ab, sonst implizit bleibende Voraussetzungen bzw. Vorurteile einer Autorschaft zu Gegenständen des dramatischen Geschehens zu erheben. Jelinek reflektierte durch dieses Verfahren hier u. a. ihre Autorität als Schriftstellerin. Dabei wirft die spezifische Gestaltung der autofiktional grundierten literarischen Selbstinszenierung viele Fragen auf. Im Rahmen der Rede einer mehrstimmigen Autorinnenfigur – von der Mehrstimmigkeit *einer* Figur auszugehen, scheint mir letztlich plausibler als von *mehreren* Autorinnenfiguren – sowie durch die Ansprache der anderen Figuren, die sich nicht nur singulär wie in *Stecken, Stab und Stangl*, sondern ständig und zumeist beleidigend über die Autorin mokieren, zeichnete Jelinek ein äußerst komplexes wie irritierendes Selbstbild. Zentral an dessen ästhetischer Rahmung ist, dass die Souveränität auktorialer Rede hier sichtlich infrage gestellt wird. Aus diesem Grund werde ich verschiedene Elemente ihrer literarischen Selbstinszenierung im *Sportstück* als Formen unsouveräner Rede analysieren. Fehlende Souveränität wird dabei konkret als eine Manifestation von Abhängigkeitsstrukturen verstanden. Es wird dargelegt, dass das Bild, das die Autorin von sich im Stück entwirft, nur bestimmt werden kann, indem gleichzeitig auf ihr Verhältnis einerseits zu dem/der Regisseur/in, andererseits zum Publikum bzw. den Lesenden reflektiert wird (Kap. 5.3).

Auf die Analyse der literarischen Selbstinszenierung folgt sodann auch hier die Untersuchung von Rezeptionszeugnissen, die es erlauben, jene Autorimago zu rekonstruieren, die der Aufnahme des *Sportstücks* zugrunde liegt. Da *Ein Sportstück* weniger breitenwirksam als die vorher untersuchten Texte, dafür aber vor allem im theater- und literaturwissenschaftlichen Diskurs als exemplarisches Stück rezipiert wurde, beschränke ich mich bei der

Rekonstruktion der Autorimago auf diesen Diskurs. Dabei will ich herausstellen, wie homogen, ja starr das Bild ist, das hier von Jelinek gezeichnet wird. Ihrer ambivalenten Selbstinszenierung entgegen wurde in der akademischen Rezeption des *Sportstücks* einzig das Bild von Jelinek als engagierter Kritikerin anerkannt (Kap. 5.4).

5.2 Umsetzung: „egal"? *Ein Sportstück* als ambivalentes Metadrama

Wie bei vielen von Jelineks Texten kann eine genaue Deutung des Titels erhellende Einsichten geben. Zumeist wird der Titel „Ein Sportstück" als ein thematischer aufgefasst. Dem zufolge mache er deutlich, dass Jelinek ihr mythenkritisches Verfahren hier auf den Bereich des Sports angewandt hat.[29] Auch auf die dem Verfahren eignende intertextuelle Poetik kann man im Titel schon eine Anspielung erkennen, insofern dabei verschiedenen Prätexten Stücke entnommen werden. Dass ein ‚Stück' nicht nur die dramatische Form denotiert, sondern sich allgemein auch als Teil eines Ganzen versteht, ist eine Bedeutungsfacette, die durch die graphische Darstellung des Titels unterstützt wird, in der je zwei Buchstaben durch größere Abstände voneinander getrennt sind:

Ein
Sp or ts tü ck

Im *Sportstück* ist das intertextuelle Verfahren besonders markant, weil dabei unterschiedliche Sprachstile miteinander in Berührung gebracht wurden: Neben den wichtigsten Intertexten, Elias Canettis *Masse und Macht* und Herbert Jägers Untersuchung *Makrokriminalität*, finden sich Zitate und Anspielungen auf diverse Dramen (etwa der *Orestie* des Aischylos und Kleists *Penthesilea*) sowie Versatzstücke aus der Werbung und Zeitungen. All diese Prätexte wurden mit Bezug auf den Sport ‚zerstückelt'.

Schließlich ließe sich der Titel von *Ein Sportstück* zumal aufgrund des auffälligen unbestimmten Artikels, vergleichbar einem Rühr- oder Lehrstück, aber auch als rhematischer bestimmen. Anders als thematische Titel beziehen sich solche nicht direkt auf den Inhalt, sondern lassen sich vielmehr als Gattungsbezeichnungen verstehen.[30] Entsprechend wäre davon auszu-

29 Vgl. Fleig, *Zwischen Text und Theater;* Janz, *Mütter, Amazonen und Elfi Elektra*; Haß, Ulrike, *Ein Sportstück*, in: Pia Janke (Hg.), *Jelinek-Handbuch*, Stuttgart 2013, S. 162-167.

30 Vgl. Genette, Gérard, *Paratexte. Das Buch vom Beiwerk des Buches*, Frankfurt a. M./New York 1992, S. 80-89.

gehen, dass Sport zwar die Form des Stückes bestimmt, man es jedoch nicht zwangsläufig mit einem Stück *über* Sport zu tun hat. Dazu passt die agonale Figurenkonstellation, wie sie auch für Sportwettkämpfe typisch ist. Auch die ausgefallene Bedingung, die in der ersten Regieanweisung des Stücks postuliert wird, passt zu der Erwartung, dass Sport die Form des Stücks betrifft: *„Das einzige, was unbedingt sein muß“*, sind demnach griechische Chöre in Sportbekleidung (S 7). Der Chorführer bzw. die Chorführerin soll über die gesamte Dauer des Stücks mit dem Sportkanal verbunden sein und hat den Auftrag, alle aktuellen Ereignisse und Ergebnisse zu verkünden, die daraufhin vom Chor wiederholt werden sollen. *„Und zwar so,“* wie salopp und zugleich paradox präzisiert wird, *„daß die Handlung eben dadurch unterbrochen wird, es gibt eh keine.“* (S 7) Als wäre damit noch nicht genügend Ablenkung vom Bühnengeschehen geboten, wird zudem vorgeschlagen, die Bühne insgesamt als *Tri*büne zu gestalten, in der sich zwei verfeindete Fangemeinden gegenüberstehen. Von *„ihren Übergriffen“*, so heißt es schließlich, *„handelt im Grunde das ganze Stück, vielleicht aber auch von was ganz andrem.“* (S 8)

Die Frage, ob *Ein Sportstück* von etwas handelt und, wenn ja, wovon, wird im Nebentext also nicht nur direkt aufgegriffen und negiert, sondern widersprüchlich beantwortet. Die Akteure von gleich zwei Nebenschauplätzen, Chöre zum einen, Fangemeinden zum anderen, erhalten das Recht, sich derart aufzudrängen, dass ihr fanatisches Treiben als eigentliche Handlung erscheinen kann. Wie die genannten Akteure – von schlichter Unterbrechung abgesehen – mit dem anderen Bühnengeschehen verbunden sind, bleibt allerdings offen. Einem „Chor“ (im Singular) ist im Text nur eine einzige Redepartie zugewiesen. Da sich diese zehn Seiten im Gesamttext gering ausnehmen, ist festzuhalten, dass die große Bedeutung des Chores, die die Forschung immer wieder für den Text herausgestellt hat, eher für einzelne Inszenierungen gilt (allen voran für die von Schleef), die sich an die genannte Bedingung halten, dass es unbedingt griechische Chöre geben müsse.

Die ersten Vorgaben des *Sportstücks* zeichnen sich dadurch aus, dass sie bühnentechnisch schwer umzusetzen sind. Den Regisseur/innen, von denen kaum erwartet werden kann, alle Vorgaben zu realisieren, bleibt demnach maßgebliche Gestaltungsfreiheit. Darüber hinaus wird durch die gewünschte Einbindung aktueller Sportnachrichten ein Akzent auf die Gegenwärtigkeit der Szene gelegt,[31] der durch die spiegelbildliche Konstellation von Tribünenbühne und Zuschauerraum noch verstärkt wird. Prägnant formuliert: Die Präsenz des äußeren Kommunikationssystems kann, hält man sich an diese

31 Vgl. Fleig, *Zwischen Text und Theater*, S. 90.

Anweisungen, die des inneren leicht übersteigen.[32] Das an eine sportliche Großveranstaltung angelehnte Bühnenarrangement, das der Nebentext entwirft, eröffnet so augenscheinlich ein Spiel, das die theatrale Form reflektiert. „Sportlich" im übertragenen Sinne ist dabei nicht zuletzt auch die Länge des Stückes, das selbst bei der siebenstündigen Uraufführung noch Kürzungen enthielt und Schauspielende wie Zuschauende an ihre körperlichen Grenzen brachte.

Vor allem die ersten Regieanweisungen unterstützen die rhematische Lesart, indem sie letztlich selbstreflexives Theater versprechen. Die erste Anweisung wird von den befremdlichen Sätzen eingeleitet: *„Die Autorin gibt nicht viele Anweisungen, das hat sie inzwischen gelernt. Machen Sie was Sie wollen."* (S 7) Hier wird eine Gleichgültigkeit artikuliert, die man als Resultat von Jelineks konflikthaftem Verhältnis zu jenen Regisseuren verstehen kann, die sich in der Vergangenheit ihrer Theatertexte angenommen haben. Dass die Autorin gesteht, belehrt worden zu sein, legt nahe, dass es sich bei diesen Sätzen vor allem um eine Antwort auf Castorf handelt.[33] Wie genau aber wäre diese Antwort zu verstehen? Sollte der Autorin die *Raststätte*-Inszenierung tatsächlich eine solche Lehre gewesen sein, dass ihr in der Folge die Umsetzung ihres neuen Stückes „egal" gewesen ist?

„Machen Sie was Sie wollen." Dieser Satz liest sich, wie Gabriele Dürbeck es pointierte, als „Freibrief für das Regietheater".[34] Zwar wird die Erlaubnis, frei über den Text zu verfügen, an dieser Stelle paradoxerweise sogleich an eine Bedingung geknüpft; dass ihr die Umsetzung ihres Stückes gleichgültig wäre, betonte die Autorin in ihrem später folgenden Nebentext aber noch mehrfach. Ostentativ erklingt dies etwa im Anschluss an den ersten Monolog:

> *Die Texte, die folgen, werden von Männerstimmen irgendwie gesprochen, ist ja egal, während die auf der Bühne Anwesenden, vorerst, die Lippen synchron dazu bewegen oder auch nicht. Man kann es aber auch ganz anders machen. Das ist nur eine Möglichkeit unter vielen anderen, jede ist mir recht.* (S 17)

Eine spätere Regieanweisung zum „Zwischenbericht" wirkt dagegen entschiedener. Hier wird zunächst gefordert, die poetologischen Prinzipien der Mehrstimmigkeit und Intertextualität explizit zu machen, indem in einem Dialog die eine Figur eine andere stereotyp unterbrechen soll mit den Worten: *„Hallo, wer spricht? Hallo, wer spricht!"* (S 75). Doch auch hier wird zum

---

32 Für dramentheoretische Begriffe wie inneres/äußeres Kommunikationssystem vgl. Schößler, Franziska, *Einführung in die Dramenanalyse*, Stuttgart/Weimar 2012, hier: S. 1f.

33 Vgl. Stanitzek, *Fiktion und Adresse*, S. 9.

34 Dürbeck, *Zum Verhältnis von Autorin und Regietheater*, S. 111.

Abschluss salopp zugestanden, dass man es auch anders machen könne, *„je nach Lust und Liebe"* (S 75). Was ist von diesen Formeln einer so ausgestellten Gleichgültigkeit zu halten?

Im Rezeptionsdiskurs finden sich zu dieser Frage zwei konträre Deutungsansätze. Ihr Gegensatz illustriert wieder einmal die Wirkung der ambivalenten Poetik. Einerseits hat etwa Franziska Schößler den Nebentext, der *Ein Sportstück* eröffnet, als „Botschaft an den ‚selbstherrlichen Regisseur' und die Marketingstrategien der Theater" gedeutet. Ihrer Ansicht nach markiere Jelineks Stück das Theater „als männlich dominierten Machtraum", wie die „lakonisch-resignativen Regieanweisungen" signalisierten.[35] Ähnlich schätzte es offenbar auch Sigrid Löffler ein, die in ihrer Rezension zur Wiener Premiere des Stückes meinte, Jelinek gegen die Inszenierung des *Sportstücks* verteidigen zu müssen: „‚Machen Sie was Sie wollen.' Schleef nahm's als Freibrief, die Autorin [...] zu eliminieren, ihren Text um die Ecke zu bringen und von ganz was anderem zu reden."[36] – Andererseits wurde die kuriose (Nicht-)Anweisung aber auch als Ausdruck von Jelineks „ironischere[m] Umgang mit dem Theaterapparat"[37] gesehen und die vermeintliche Abgabe der Textherrschaft als „Ohnmachtskoketterie"[38] der Autorin gedeutet. In diesem Sinne lässt sich *Ein Sportstück* als eine Herausforderung des Theaterbetriebs in seiner bestehenden Form begreifen, insofern im Text keine Rücksicht mehr auf dessen inszenatorische Umsetzung genommen wurde. Demnach hat Jelinek in der selbstbewussten Entgegnung auf Regisseure wie Castorf eine neue Form theatralen Sprechens entworfen: nicht resignativ, sondern ironisch und provokant.

Während sich beide Deutungsansätze in dem Punkt einig sind, dass sich in den Gesten der Gleichgültigkeit eine kritische Haltung manifestiert, geben sie also konträre Einschätzungen davon ab, welche Art von Affekt dem zugrunde liegt. Mithin stellt sich aufgrund der Regieanweisungen die denkwürdige Frage, ob *Ein Sportstück* als Zeichen der Über- oder der Unterlegenheit seiner Autorin zu sehen ist. Diese Frage stellt sich auch aufgrund der an einer Stelle auch kommentierten Länge des Textes. Angesichts der immerhin 180 Seiten scheint es zweifelhaft, dass es der Autorin, wie es gegen Ende im *Sportstück* heißt, „überhaupt keine Mühe gemacht [hat], dies alles da hinzuschreiben" (S 167). Andererseits kann die Dramatikerin durch diese vorgebliche

35 Schößler, Franziska, *Elfriede Jelinek – Aporien der Kritik und der Kampf um Rederechte,* in: Ingrid Gilcher-Holtey (Hg.), *Eingreifende Denkerinnen,* Tübingen 2015, S. 187-198, hier: S. 192.

36 Löffler, *Um die Ecke gedacht.*

37 Fleig, *Zwischen Text und Theater,* S. 90.

38 Fleig, *Sports Play,* S. 1997 [Übers. S.L., auf Grundlage eines unveröffentlichten Manuskripts].

Mühelosigkeit aber auch ihre eigene Stärke behaupten. Über- oder unterlegen: Um die Beobachtung, dass sich die selbstreflexive Dimension des *Sportstücks* dermaßen aufdrängt, konstruktiv zu wenden, fasse ich sie als ein erstes Indiz dafür auf, dass man es mit einem metadramatischen Werk zu tun hat, das von der Geltung der Autorin nicht nur abhängt, sondern diese selbst zum Thema macht.

Das entscheidende Argument für die Bestimmung des *Sportstücks* als Metadrama ist indes, dass die Geltung der Autorin nicht nur in den Regieanweisungen, sondern auch im Haupttext verhandelt wird. Eine mehrstimmige Autorinnenfigur befindet sich in einem über das gesamte Stück reichenden Dialog mit verschiedenen Figuren, wobei sich letztere zumeist nur beleidigend über die Autorin äußern. Da es sich bei den sonstigen Figuren um von der Autorinnenfigur erdachte handelt, wird ersichtlich, dass sich im Stück zwei eigentlich getrennte Fiktionsebenen überlagern. Die metaleptische Strategie, welche die Trennung der beiden Fiktionsebenen verwischt und tendenziell aufhebt, dürfte der Hauptgrund dafür sein, dass die Struktur des *Sportstücks* als Metadrama in der Forschung bislang unentdeckt blieb.

Der Typologie Manfred Pfisters folgend, kann man im *Sportstück* den Fall eines Metadramas erkennen, in dem „das Spiel im Spiel [...] quantitativ und qualitativ [dominiert], wodurch [...] die übergeordneten Sequenzen auf den Status einer Rahmenhandlung [...] reduziert werden."[39] Wie Pfister weiter schreibt, dient die Rahmenhandlung in solchen Fällen „dominant der Herstellung einer potenzierten Fiktionalität und damit der Verfremdung der dramatischen Form und eröffnet [...] zusätzlich die Möglichkeit einer Kommentierung des zentralen Spiels im Spiel durch dessen Zuschauer und Darsteller."[40] Mithin erfülle die Rahmenhandlung die Funktion eines episch vermittelnden Kommunikationssystems, das zwischen das Spiel im Spiel und das reale Publikum eingeschoben ist.[41] Während sich diese allgemeine Charakteristik auf *Ein Sportstück* übertragen lässt, besteht dessen Besonderheit darin, die Spiel-im-Spiel-Struktur zu radikalisieren. Die hierarchische Organisation der Fiktionsebenen wird dabei in solcher Weise verkompliziert, dass diese Ebenen nicht immer differenzierbar scheinen. Eine Figur des Stückes pointiert diese Komplexität der Komposition, wenn sie bemerkt: „Wir sind hier in einem Stück von einem Stück von einem Stück." (S 115) Hinsichtlich dieser verschachtelten Struktur kann Ludwig Tiecks *Die verkehrte*

---

39 Pfister, Manfred, *Das Drama. Theorie und Analyse*, München 1997, S. 303.

40 Ebd., S. 304.

41 Vgl. ebd.

Welt (1798) als Vorbild des *Sportstücks* gelten.[42] Wie in Tiecks historischem Schauspiel autonomisiert sich das Spiel im Spiel auch im *Sportstück*, wodurch die Hierarchie der Fiktionsebenen verunklart wird.[43] Bei Jelinek lösen sich die Figuren augenscheinlich von den Vorgaben der Autorinnenfigur aus der Rahmenhandlung. Dabei gipfeln ihre beleidigenden Ausfälle in einer gewalttätigen Aktion, in der die Autorin auf die Bühne gezerrt wird (vgl. S 167). Die Parallele zu Castorfs Inszenierung von *Raststätte* ist deutlich.

Dass die Grenze zwischen den über- und untergeordneten Sequenzen im Laufe des Stückes immer wieder verwischt wird, erschwert die Analyse. Als Spiel im Spiel fasse ich im Folgenden das um das zentrale Themenfeld Sport kreisende Geschehen auf. Unter Rahmenhandlung sei dagegen das Ensemble von Situationen gefasst, in denen reflexiv auf das Spiel im Spiel Bezug genommen wird. Im *Sportstück* umfassen diese Situationen neben den Regieanweisungen alle Auftritte, in denen eine Autorinnenfigur eine Rolle spielt, diese also entweder selbst spricht oder von anderen Figuren be- oder angesprochen wird. Um die komplexe metadramatische Konzeption des *Sportstücks* nachvollziehen zu können und die Unterscheidung zwischen Rahmenhandlung und Spiel im Spiel zu konkretisieren, werde ich zunächst eine Kompositionsanalyse vornehmen.

5.2.1 *Zur Komposition*

Um die Komposition des umfangreichen Stückes zu erfassen, bietet es sich an, eine Art Auftrittsschema zu erstellen. Da das Stück jedoch über keine Akt- oder Szeneneinteilung verfügt und Auftritte daher nur schwach als solche markiert sind, lässt sich eine Strukturübersicht am besten anhand der jeweils redenden (farbig markiert) bzw. anwesenden (grau) Figuren erstellen.

Selbst die Erstellung eines Auftrittsschemas ist im Falle von *Ein Sportstück* interpretationsabhängig, da grundsätzlich nicht angegeben ist, ob Figuren zwischen zwei Repliken auf der Bühne anwesend bleiben, und die Figurennamen nicht immer kohärent sind. Wenn eine neue Figur als EIN ANDERER TÄTER eingeführt wird, ohne dass zuvor eine Figur namens Täter aufgetreten ist, lässt sich beispielsweise folgern, dass DER MANN (der, dem Nebentext zufolge, beständig das OPFER drangsaliert) allgemein als Täter gilt und daher auch bei einem späteren Auftritt als SCHLÄGER erscheinen kann. Wie viele

---

42 Vgl. Tieck, Ludwig, *Die verkehrte Welt. Ein historisches Schauspiel in fünf Aufzügen*, Stuttgart 1996. Für eine Strukturanalyse von Tiecks Stück vgl. Durst, Uwe, *Realitätssystemisch einfache und komplexe Varianten der Spiel-im-Spiel-Struktur*, in: *Neohelicon* 37 (2010), S. 489-507.

43 Vgl. ebd., S. 497.

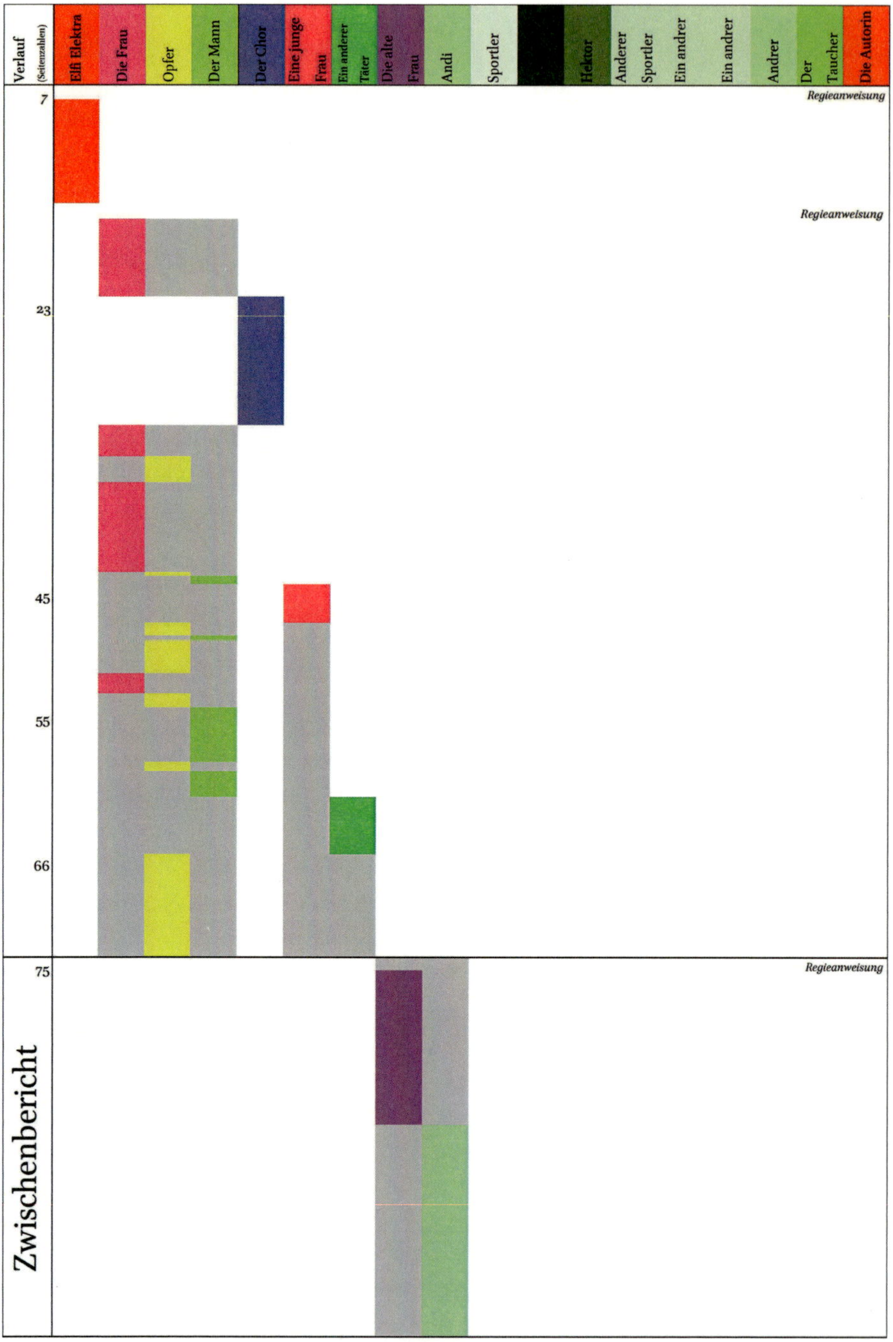
Verlauf
(Seitenzahlen)
Elfi Elektra
Die Frau
Opfer
Der Mann
Der Chor
Eine junge Frau
Ein anderer Täter
Die alte Frau
Andi
Sportler
Hektor
Anderer Sportler
Ein andrer
Ein andrer
Andrer
Der Taucher
Die Autorin
7
Regieanweisung
Regieanweisung
23
45
55
66
75
Regieanweisung
Zwischenbericht

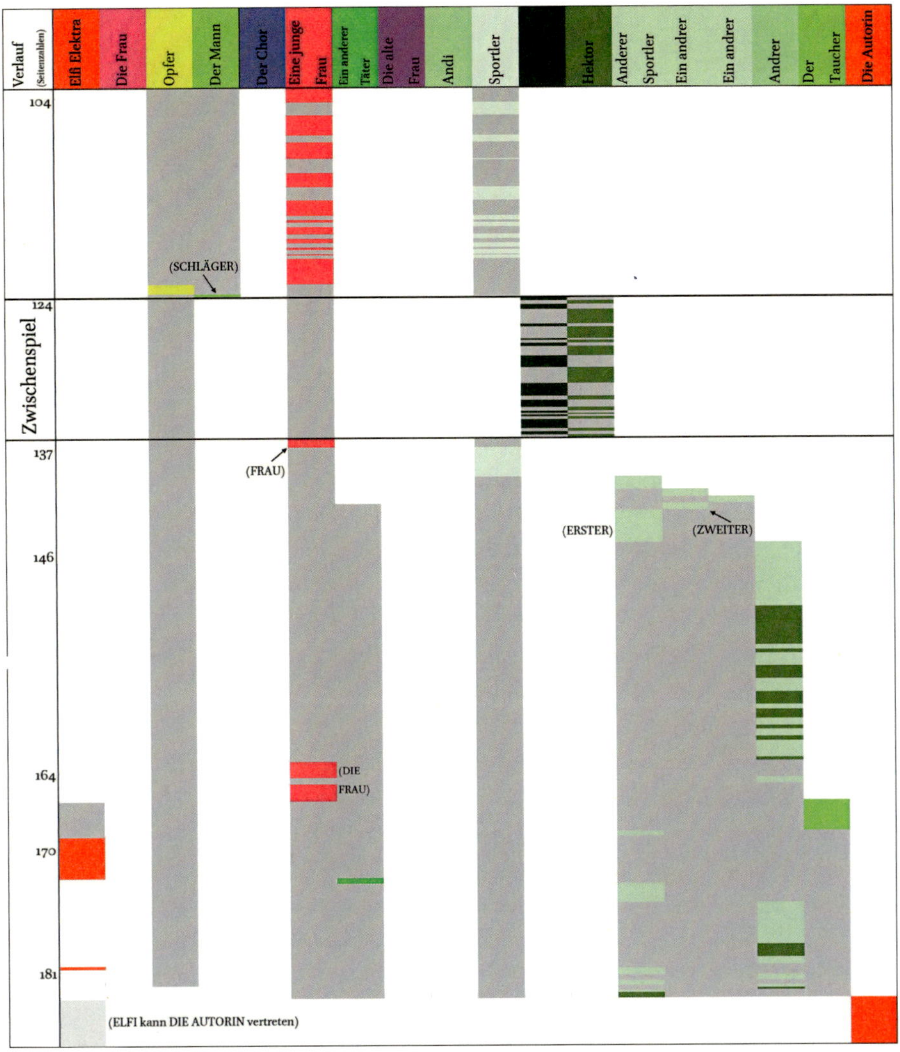

Abb. 1 Auftrittsschema von *Ein Sportstück* (Figurenkonfigurationen mit Repliken).

Täterfiguren insgesamt vorgesehen sind, bleibt offen. Das liegt vor allem daran, dass zum Ende des Stücks viele Repliken von EINEM ANDREN aufeinanderfolgen, ohne dass ersichtlich wird, ob hier drei, vier oder zwanzig Figuren eigene Repliken erhalten sollen. Eine irritierende Unschärfe entsteht außerdem an wenigen Stellen, an denen die Figurenbezeichnungen von Nebentextkommentaren präzisiert werden. So versteht man etwa durch einen entsprechenden Kommentar, dass in einer Szene anstelle von der FRAU, welche die Figurenbezeichnung nennt, die *„jüngere Frau von vorhin“* gemeint ist (S 104), also die Figur namens EINE JUNGE FRAU. Die eigentümliche Schwierigkeit, manche Figuren des Stückes zu identifizieren, ist bei der weiteren Analyse zu berücksichtigen.

Trotz dieser Schwierigkeiten ist die schematische Darstellung in verschiedener Hinsicht hilfreich, um sich einen Überblick zur Komposition von *Ein Sportstück* zu verschaffen.[44] Da das Stück von einem „Zwischenbericht“ sowie einem „Zwischenspiel“ unterbrochen wird, erscheint es in fünf Abschnitte eingeteilt, worin sich eine Anlehnung den klassischen Tragödienverlauf erkennen lässt. Entsprechend begänne *Ein Sportstück* mit einer Exposition und mündete schließlich in die Katastrophe. Tatsächlich bemerkte Jelinek in einem Interview einmal, es wäre ihr darum gegangen, „daß der Sport als Organisationsform der größten Banalität auf das Höchste trifft, was es gibt: auf die Form der antiken Tragödie“.[45]

Bezüglich der literarischen Selbstinszenierung lässt das Schema nicht nur erkennen, dass Jelinek durch die Figurenreden von ELFI ELEKTRA (offenbar einer Synthese aus einem Kosenamen der Autorin und der mythologischen Figur) und der AUTORIN das erste und das letzte Wort behält. Darüber hinaus erscheint die Rede der Autorin in sich gebrochen, weil sie auf mehrere Stimmen aufgeteilt ist.[46] Ob es am Ende wirklich zu einem Auftritt der AUTORIN kommt – und damit zu einer weiteren, noch übergeordneten Rahmenhandlung –, lässt der Nebentext offen, heißt es doch, diese könne sich

---

44 Nicht zuletzt hilft das Schema dabei, in der Sekundärliteratur zu findende Aussagen zu widerlegen, die die Komposition des Stückes ungenau bis falsch charakterisieren. In der Jelinek-Biographie heißt es etwa: „Das Stück ist wie eine antike Tragödie gebaut, einzelne, statische Sprecher wechseln sich mit dem Chor ab.“ Mayer/Koberg, *Porträt*, S. 220. Bei nur einem einzelnen Choreinsatz kann von dessen Abwechslung mit einzelnen Figuren keine Rede sein. Auch die Beobachtung von Janz, dass jene Figur, die „[a]ls junge bzw. jüngere Frau eingeführt [wird], [...] im Verlauf des Stücks [altert]“, die ein wichtiges Argument für ihre Interpretation ist, lässt sich angesichts des Schemas nicht halten. Janz, *Mütter, Amazonen und Elfi Elektra*, S. 91.

45 Elfriede Jelinek, zit. n.: Fleig, *Sports Play*, S. 1992.

46 Vgl. Fleig, *Sports Play*, S. 1993.

auch von ELFI ELEKTRA vertreten lassen (vgl. S 184).[47] Unabhängig von dieser eigentümlichen Vertretungsoption lässt sich festhalten, dass durch die Figurenbezeichnungen explizit gemachte selbstreflexive Auftritte das restliche Stück umschließen. Auch dieser Umstand spricht dafür, hier eine Rahmenhandlung zu erkennen.

Neben den beiden eindeutigen Stellvertreterfiguren Jelineks gibt es nur drei weitere Figuren, die durch ihre Namen individuell ausgezeichnet sind: ANDI, der seinem Vorbild „Arni", Arnold Schwarzenegger, gleich sein will (und damit der Geschichte des österreichischen Bodybuilders Andreas Münzer nachgezeichnet ist), sowie die ebenfalls der griechischen Mythologie entlehnten ACHILL und HEKTOR, die im Zwischenspiel als Tennis spielende Wirtschaftsfunktionäre auftreten. Auffällig ist außerdem, dass ein CHOR zu Beginn einen einzelnen Auftritt hat. Die restlichen Figuren tragen allgemeine Bezeichnungen. Neben weiteren antagonistisch angelegten Paaren wie DIE FRAU und DER MANN, OPFER und TÄTER(N) sowie einem kontrastiven Figurenpaar (DIE JUNGE FRAU und DIE ALTE FRAU) ist noch eine Reihe von Sportlerfiguren – Gegenspieler von Natur aus – involviert, die zum Ende des Stückes unterschiedslos als ANDERE auftreten.

Überraschenderweise erhält die antagonistische Figurenkonstellation keine handlungsgestaltende Funktion. So wie die Todfeinde aus der *Ilias*, ACHILL und HEKTOR, zu Gegnern im Tennisspiel degenerieren, so werden auch „Täter und Opfer", wie Ulrike Haß prägnant festgehalten hat, „hier nicht als antithetische Figuren gezeigt, sondern als antinomische Reste aus einer zerfallenen sozialen Ordnung."[48] Das OPFER versucht gar nicht erst, sich vom TÄTER rhetorisch abzugrenzen und hat dessen Ideologie offenbar vollständig übernommen. Dass sich ihre Reden nicht wesentlich unterscheiden, wird spätestens evident, wenn sich das OPFER wünscht, selbst Täter zu sein. (vgl. S 67) Zu einem Streitgespräch zwischen ihnen kommt es an keiner Stelle. Im Rahmen von Jelineks intertextueller Poetik sind die Figuren, wie Petra Meurer festhielt, „automatisierte Redeproduzenten, die verschiedene Diskurse aufgreifen und wieder

---

47 Was es mit dieser Vertretungsoption auf sich hat, ist schwer zu sagen. Hält man sich an Rita Thiele, die Dramaturgin, die mit Schleef zusammengearbeitet hat, lässt sich vermuten, dass sie einer Auftrittsangst Jelineks geschuldet ist: „Schleef wollte von Anfang an, daß die Jelinek den Schlußmonolog selber spielt. Sie hat aber sofort gesagt, daß sie das nicht kann, sie sei zu aufgeregt dazu. Das könne sie wirklich nicht, zumal bei einer solch wichtigen, schon im Vorfeld viel besprochenen Uraufführung." Rita Thiele, zit. n: Kerlin, Alexander, *Hand in Hand durch den Text – Zur Zusammenarbeit von Elfriede Jelinek und Einar Schleef. Ein Gespräch mit der Dramaturgin Rita Thiele*, in: *Thewis* (2006) (= *Schleefblock I*), online verfügbar: www.theater-wissenschaft.de/hand-in-hand-durch-den-text-zur-zusammenarbeit-von-elfriede-jelinek-und-einar-schleef.

48 Haß, *Ein Sportstück*, S. 165.

fallen lassen, die überflüssig werden, wenn sie aufgehört haben[,] ‚irgendwie' zu sprechen."[49] Juliane Vogel hat nicht zuletzt deshalb im *Sportstück* das „Ende allen subjektiven theatralen Sprechens"[50] angedeutet gesehen.

Das Schema der Repliken verdeutlicht, dass sich das Stück weitestgehend durch das Fehlen von Dialogen auszeichnet, in denen Figuren wechselseitig aufeinander Bezug nehmen. Es ist vor allem in ausufernde Monologpartien gegliedert.[51] Davon auszunehmen sind nur die Dialoge zwischen der JUNGEN FRAU und dem SPORTLER im Mittelteil, zwischen HEKTOR und ACHILL sowie die ununterscheidbare Redeabfolge der ANDEREN gegen Ende. Mithin erweist sich am Schema, das transparent macht, wie die Figuren einander ablösen statt aufeinander zu reagieren, dass von einer Handlung im Sinne eines Ereigniszusammenhangs nicht gesprochen werden kann. Es gibt keine Aktionen und Ereignisse, die sich kontinuierlich auf den weiteren Verlauf auswirken. Auch die einzelnen Reden bleiben zumeist ohne direkte Folge. Mehr noch: Folgenlosigkeit lässt sich regelrecht als ein bestimmendes Prinzip des Stückes ansehen, das in mehreren Aktionen zur Schau gestellt wird. So wird in einer grotesken Szene etwa von der FRAU gesagt, sie *„steckt sich ein Bajonett oder ein Messer in die Seite, spricht aber weiter, mit wippender Waffe*" (S 37). Später wird diese Tat – eine offenkundige Anspielung auf Kleists *Penthesilea* – von der [JUNGEN] FRAU sogar noch einmal wiederholt. (vgl. S 108) Außerdem treten in einer Art Basisaktion des Stückes verschiedene Täterfiguren beständig das OPFER, was dieses freilich nicht davon abbringt, verschiedenen Haushaltstätigkeiten nachzugehen (vgl. S 16, 49, 66, 123). Die malträtierende Behandlung findet erst zum Schluss ein Ende, wenn das OPFER erstochen wird, woraufhin das *„Bündel* [...] *endlich liegen* [*bleibt*]." Bis auf den lakonischen Kommentar: „Das wäre jetzt doch aber nicht nötig gewesen." (S 183) bleibt auch dieser Mord folgenlos.

Mit der Darstellung der Gewalt ist im Stück wie auch in früheren Texten Jelineks ein Element gegeben, an dem ihre ambivalente Poetik deutlich wird.

---

49 Meurer, Petra, *Theatrale Räume. Theaterästhetische Entwürfe in Stücken von Werner Schwab, Elfriede Jelinek und Peter Handke*, Berlin 2007, S. 120.

50 Vogel, Juliane, *Harte Bandagen. Vorläufige Anmerkungen zu Elfriede Jelineks „Ein Sportstück"*, in: Markus Knöfler/Peter Plener/Péter Zalán (Hg.), *Die Lebenden und die Toten. Beiträge zur österreichischen Gegenwartsliteratur*, Budapest 2000, S. 171-181, hier: S. 172.

51 Vergleichbar resümierte Katharina Pewny: *„Ein Sportstück* liest sich über lange Strecken wie ein Monolog." Pewny, Katharina, *Das Prekäre lesen. Ein kontextanalytischer Zugang zu Elfriede Jelineks* Ein Sportstück, in: Hans-Peter Bayerdörfer (Hg.), *Vom Drama zum Theatertext? Zur Situation der Dramatik in Ländern Mitteleuropas*, Tübingen 2007, S. 142-150, hier: S. 145. Bei Franziska Schößler ist sowohl von „Scheindialogen" als auch von „Metadialogen" die Rede. Schößler, Franziska, *Augen-Blicke: Erinnerung, Zeit und Geschichte in Dramen der neunziger Jahre*, Tübingen 2004, S. 69.

Auf der einen Seite erscheint der ebenso unmotivierte wie folgenlose Einsatz von Gewalt, wenngleich sie ins Groteske überformt wird, provokant. So kann man nicht sagen, dass die Regieanweisungen, wo sie gewalttätige Handlungen fordern, eine kritische Absicht durchscheinen lassen, welche die Gewaltdarstellung rechtfertigen würde. Auf der anderen Seite wird mehrfach die Frage aufgeworfen, ob denn solche kritischen Absichten in einer Zeit, in der engagierte Autorinnen nichts zu sagen haben (vgl. S 19 passim), selbst wenn sie verlautbart werden, überhaupt mehr als Phrasen sein könnten. Dadurch entsteht eine diskursive Rahmung für die dargestellte Gewalt, der zufolge engagierte Künstlerinnen nicht die nötige Autorität haben, um sie zu unterbinden.[52] Entsprechend ließe sich argumentieren, dass auch der Einsatz von Stichen, Schlägen und Tritten im Stück resignativ zu verstehen ist, insofern ihm die Autorin nichts entgegenzusetzen weiß.

5.2.2 *Eine selbstreflexive Rahmenhandlung*

Obwohl die Folgenlosigkeit die Erwartung eines Ereigniszusammenhangs parodiert, wäre es falsch zu sagen, dass sich im *Sportstück* überhaupt keine Handlung zeigt. Denn es gibt die schon angedeutete Rahmenhandlung, in der sich eine Autorinnenfigur zu dem Stück positioniert, das hier als Spiel im Spiel erscheint.[53] Dabei beschränken sich die Passagen, die von der Autorin handeln, nicht auf Beginn und Ende, sondern ziehen sich kontinuierlich durch das Stück. Was am Auftrittsschema nicht sichtbar wird, ist, dass neben den beiden durch ihre Namen als Repräsentantinnen Jelineks ausgezeichneten Figuren auch noch weitere als Autorin sprechen, nämlich sowohl DIE FRAU als auch EINE JUNGE FRAU. Darüber hinaus ist schließlich eine spezifische Form der Parabase für den Zusammenhang von Bedeutung: Äußerungen, nicht *ad spectatores*, sondern *ad auctorem*. Verschiedentlich und zumeist unvermittelt wird die Autorin von den Figuren angesprochen.

Die von Pfister benannte Möglichkeit, dass eine Rahmenhandlung ein Spiel im Spiel kommentieren könne, wird im *Sportstück* auf zwei Arten erfüllt. Zum einen versteht sich ELFI ELEKTRAS erster Auftritt als eine Exposition für das Spiel im Spiel, bei der die Themenwahl dargelegt und motiviert wird.

---

52 So sagt EIN ANDERER TÄTER: „Noch heute, Jahre nach meiner ersten schweren Körperverletzung, damals noch ohne Todesfolge, übt diese Tätigkeit einen besonderen Reiz auf mich aus. Ich werde ihrer nie müde und würde selbst Bestrafung und andere Nachteile dafür in Kauf nehmen. Hören Sie an dieser Stelle die üblichen engagierten Künstlerinnen plärren? Na, ich habe sie nicht engagiert!" (S 63).

53 Dass die Autorinnenfigur ELFI ELEKTRA ihr Stück aufführen lässt, kann als intentionale Situationsveränderung aufgefasst werden, die nach Pfister Handlung von bloßem Geschehen unterscheidet. Vgl. Pfister, *Das Drama*, S. 270.

Eine intrikatere Form der Kommentierung lässt sich zum anderen in einer bestimmten Entwicklung im Geschehen erkennen. So verschlechtert sich der Zustand von ELFI ELEKTRA, wie einige Regieanweisungen indizieren, zum Ende des Stückes rasant. Nachdem die *„sehr widerstrebende“* (S 167) ELFI von einem TAUCHER, vielleicht auch mehreren, zurück auf die Bühne gezerrt wird, erscheint sie zunächst *„etwas ramponiert“* (S 170). Das nächste Mal wird sie als „[*w*]*acklig*“ (S 174) beschrieben, bevor sie schließlich bei ihrem letzten Auftritt *„kriecht“* (S 181). Dass auch die AUTORIN (wenn sie sich nicht von ELFI vertreten lässt) sodann *„hinkend und desolat“* (S 184) auftritt, lässt sich dabei als zusätzlicher Hinweis ihrer personalen Einheit mit ELFI ansehen. Um die im Nebentext zum Ausdruck gebrachte Entwicklung der Autorinnenfigur, welche Handlung als Miss-Handlung präsentiert, nachzuvollziehen, muss man die Rahmenhandlung genauer in ihrem Verlauf betrachten. Dabei stellt sich zentral die Frage, wie die Widersprüche in den von unterschiedlichen Figuren getroffenen Aussagen über die Autorin zu bewerten sind. Gilt die Rede einer Figur mehr als die einer anderen? Kann sich am Ende eine Figur durchsetzen? Was passiert im Laufe des Stückes mit ELFI ELEKTRA, das ihre sich verschlechternde Verfassung erklärt? Und was hat es überhaupt mit ihrer Rückkehr auf sich?

Im Rahmen einer eigenwilligen *Captatio benevolentiae* beginnt ELFI ELEKTRA mit einem längeren Monolog das Stück. Dabei erweist sich schon nach wenigen Worten, wie vieldeutig ihre Rede ist. Denn wenn sie auf die Konvention anspielt, zu Beginn eines Theaterstückes um Ruhe zu bitten, muss das zugleich als Kommentar auf ihre Auseinandersetzung mit der eigenen Familiengeschichte verstanden werden, auf die sie in der Folge eingeht: „Endlich Ruhe.“ (S 8) Ihre Eingangsbemerkung lässt sich aber nicht nur ebenso auf das verstummte Publikum wie auf ihr persönliches Familiendrama beziehen, dessen Erschütterungen sie überwunden zu haben glaubt; zudem kommt es zu einer in ihrem Namen angelegten Überlagerung von einer autobiographisch gefärbten Rede Jelineks (Elfi) mit der von Agamemnons Tochter (Elektra). Ihr lakonischer Kommentar verweist also mehrdeutig auf die Vorgeschichte der dramatischen Situation, in die hier eingeführt wird, und deutet darüber hinaus an, dass sie ein klares Bewusstsein davon hat, auf einer Bühne zu stehen. Damit legt schon ihr erster Einsatz nahe, sie als Protagonistin eines Metadramas anzusehen.

ELFIS Vorgeschichte wird sodann minimal ausgeführt: „Die Flüsse, die das Blut von meinem Vater rot gefärbt hat, sind wieder sauber, oder fängt jetzt gleich ein neuer Krieg mit Mama an?“ (S 8) Dies soll nun keine Rolle mehr spielen („Mir doch egal.“). Statt ihre persönliche Geschichte weiterzuverfolgen, präsentiert sie, wie es scheint, ein hiervon unabhängiges Thema: „Inzwischen zieht längst das Verhalten von Massen meine viel größere Aufmerksamkeit auf sich." (S 8) Dieses Massenverhalten, das sie vor allem im Zusammenhang mit Sportveranstaltungen beobachtet, soll im Zentrum stehen und wird von ihr, die hier, wie man im Folgenden erfährt, als eine Autorin spricht, dramatisch bearbeitet. Dieser Bearbeitung entspricht das Spiel im Spiel im *Sportstück*.

Wenn ELFI ELEKTRA dieses Spiel nun aufführen lassen will, stellen sich jedoch Probleme ein. Statt ihr gerade gefundenes Thema zu entwickeln, driftet sie schon nach wenigen Sätzen ab und verliert sich in Anschauungen zu einem Fluss (vgl. S 8-10), einem Gegenstand, der sie, nachdem schon die kathartische Bilanz des Vaterverlusts mit dem Bild eines Flusses einsetzte, wohl nicht zufällig ablenkt. Demnach kann ihre Familiengeschichte doch noch nicht als verarbeitet angesehen werden. Immer wieder wird ihre Rede vom Gedanken an ihren „Papi" heimgesucht (S 11, 14, 16), sodass sie kaum dazu kommt, das genannte neue Thema zu entfalten. Ein weiteres, mit ihren Abschweifungen zusammenhängendes Problem ist, dass sie um die Wirkungslosigkeit ihrer eigenen Rede weiß: „Alle hören mir nicht mehr zu, weil ich mich beim Sprechen wehleidig winde [...]." (S 10, vgl. 9, 11) „Egal" scheint aber auch dies. Wenn ohnehin niemand mehr zuhört, dann kann sich auch niemand mehr an ihrer Rede stören. So spricht sie stoisch weiter, obgleich sie beim Sprechen immer häufiger auf sich selbst als Autorin zurückgeworfen wird. Weil sie unfähig ist, den kreativen Akt einfach zu vollziehen, nennt sie sich „eine Göttin, die nicht und nicht gebären kann" (S 10). Da sie selbst nichts schaffen kann, weiß sie sich immerhin als „Dieb" zu helfen, wie es – nachdem sie einen als Zitat gekennzeichneten Satz aus Elias Canettis *Masse und Macht* anführt – in einer poetologischen Anspielung auf die intertextuelle Fundierung ihrer Rede heißt (S 10, vgl. 16).

„Göttin" und „Dieb" können als in der Wertung entgegengesetzte Metaphern ihrer Autorschaft verstanden werden. Von diesen beiden Ausdrücken angestoßen, entfaltet ELFI im Folgenden eine Selbstcharakterisierung, die auf bestimmten Erwartungen aufbaut. So bemerkt sie, nachdem sie verkündet hat, dass von einer Reihe von Kriegsverbrechern und Massenmördern im Stück keine Rede mehr sein wird, dass von ihr „eigentlich mehr Engagement zu erwarten gewesen wäre!" (S 11). Weiter heißt es, es sei ihr „Markenzeichen", Vorwürfe zu machen (S 12), und es falle ihr leicht, Bedenken und Einwände zu formulieren (vgl. S 10, 12). Wenngleich ihr durchgehend ironischer Duktus Zweifel aufkommen lässt, wie ernst ihre Aussagen im Einzelnen gemeint sind, fällt dennoch auf, dass sie sich allgemein affirmativ gegenüber jeglichen Erwartungen zeigt. Lediglich der Erwartung von Engagement hält sie schnippisch entgegen: „So. Jetzt engagiere ich mich extra nicht!" (S 11) Mit der Mehrdeutigkeit dieser Aussage wird im Folgenden gespielt. Sie versteht sich als Distanzierung von engagierten Autorinnen bzw. deren Literatur; als Ankündigung, keine direkten politischen Auseinandersetzungen mehr zu suchen (vgl. S 12, 14); sowie als Ausdruck, sich weniger Mühe beim Schreiben zu geben (vgl. S 13, 16).[54] Schließlich motiviert das vorgeblich mangelnde Engagement die Stoffwahl: Nicht um bedeutende politische Figuren, sondern um Sportler als neue Helden soll es gehen (vgl. S 12). Wenn sie ihr Thema festhält, stellt sie infrage, ob sie geeignet ist, es zu behandeln. So kommt es zu einer ausdrücklichen Reflexion ihrer Autorschaft:

> Es wäre vielleicht besser, über die nächsten, die bereits zum Krieg drängen, würden dann andere berichten. Meine eigene Reihe ist schließlich gelichtet durch Krankheit, Verlust – am Beispiel von meinem Papi könnte ich das gut erläutern und werde es vielleicht noch tun –, Demütigung, Niedergeschlagenheit. Unaufhörliches Beleidigtsein. Verantwortungslosigkeit. (S 12)

Die beachtliche Reihe an Eigenschaften wird durch weitere ergänzt: ihren Zorn (vgl. S 13, 14, 15); den Hedonismus, der sich in ihrer Wahl „elegante[r] Kleider" zeigt (S 14); sowie ihre Misogynie: „[…] ich habe Geschmack und hasse Rivalinnen, die ihn ebenfalls haben. Frauen gibt es leider überall. Es ist entsetzlich, daß ich nicht die einzige bin." (S 15) Im Ganzen betrachtet, lässt das repetitive (und zitierende) Verfahren, das ihren Anfangsmonolog bestimmt, die Rahmenhandlung stetig anwachsen, bewirkt also einen wachsenden Aufschub ihres Stücks, wie sie auch explizit bemerkt: „Bis einmal was passiert[,] sage ich alles zur Sicherheit noch einmal und noch einmal." (S 16) Dass es überhaupt weitergeht und kurz darauf das Spiel im Spiel tatsächlich beginnt, wirkt fast überraschend.

Zusammengefasst lässt sich ELFI ELEKTRAS Anfangsmonolog als Exposition im mehrfachen Sinne verstehen. Einerseits stellt sie mit ihren Ausführungen zum Massenverhalten und der Makrokriminalität ausdrücklich das Thema des Spiels im Spiel vor. Andererseits werden auch die in ihrer Selbstcharakterisierung benannten Motive – unabhängig davon, ob man sie nun ironisch versteht oder nicht – im weiteren Verlauf des Stückes wiederholt durch die anderen Figuren aufgegriffen. Darüber hinaus ist es außerdem sie

---

54 Die schlechte Qualität des Stückes wird im weiteren Verlauf von verschiedenen Figuren konstatiert: von der FRAU, die zugibt: „Oh je, jetzt habe ich mich verfranzt, macht ja nichts." (S 40), dem MANN, der sich echauffiert: „Das ist entsetzliches, quälendes Theater, es scheint nicht zu enden." (S 45) oder EINER JUNGEN FRAU, die schuldbewusst eingesteht: „Dies alles ist nicht gut ausgedrückt, ich weiß […]." (S 47) Allgemein lässt sich festhalten, dass die explizite Bemerkung erzählerischen Unvermögens ein Topos von Jelineks späteren Texten ist. In *Neid* lässt sich das scheiternde Erzählen gar als zentrales Motiv ansehen (vgl. Kap. 7.2).

selbst, die sich hier auch noch in einem anderen Sinne exponiert zeigt, nämlich einer besonderen Aufmerksamkeit sowie möglichen Gefahren ausgesetzt. Schließlich, und für die metadramatische Lesart des Stückes besonders relevant, erfüllt ELFI ELEKTRA, indem sich ihre Selbstcharakterisierung als veritable Autorschaftsreflexion zu erkennen gibt, auch die klassische Funktion der Exposition im Drama. Letztere hat Pfister bestimmt als „die Vergabe von Informationen über die in der Vergangenheit liegenden und die Gegenwart bestimmenden Voraussetzungen und Gegebenheiten der unmittelbar dramatisch präsentierten Situationen".[55] Verstanden als metadramatische Rede macht der Anfangsmonolog des *Sportstücks* mithin deutlich, dass die Eigenschaften, welche Autor/innen eines Dramas auszeichnen (ihre emotionale und geistige Verfassung, politische Haltung etc.), entscheidende Voraussetzungen für das zu erwartende dramatische Geschehen sind.

Erstaunlicherweise endet die Rahmenhandlung nicht mit dieser Exposition. Und es ist umso erstaunlicher, dass nach ELFI ELEKTRA plötzlich auch DIE FRAU als Autorin spricht. Deren allgemeiner Name reduziert die Figur auf ihr Geschlecht und wirkt einer individuellen Auszeichnung zunächst entgegen, wenngleich die Regieanweisung für ihre Darstellung jene *„spießig elegante*[] *Kleidung*" (S 17) fordert, von der ELFI ELEKTRA soeben noch schwärmte und die sie von den anderen Figuren, die Sportbekleidung tragen sollen, abhebt. Zu Beginn ihres Auftrittes grenzt sie sich noch deutlich von „[e]rfolgsgekrönte[n] Dichterinnen" und „[d]iese[r] andere[n] engagierte[n] Frau" (S 19) ab, die durch den Kontext als ELFI ELEKTRA zu erkennen ist. Auch spricht sie mit einem Sohn, den die gebärunfähige Göttin natürlich nicht hat. Es liegt deshalb nahe, sich zu fragen, ob auch ihr ‚Outing' als Autorin nicht vielleicht erst als Reaktion auf die beiden männlichen Figuren zu verstehen ist, welche sich unmittelbar vor ihr an die Autorin wandten.

Zunächst war es DER MANN, der sie in einem fingierten Dialog um einen Rat bittet, der in gespielter Enttäuschung („Was, Sie wissen es nicht? Das habe ich mir gedacht!") und Verurteilungen gipfelt: „Frau Autorin, [...] Sie denken nicht gesund und sind wohl auch nicht ganz gesund." (S 49) Diese Anrede wird im Anschluss auch vom OPFER weitergetrieben, das vom MANN malträtiert wird. Allgemein wird im Namen des OPFERS auf intrikate Weise der poetologische Ansatz reflektiert, mit der Literatur denjenigen eine Stimme zu verleihen und Gehör zu verschaffen, die im gesellschaftlichen Diskurs sonst ausgeschlossen bleiben. Das OPFER hebt hervor, es sei eine Anmaßung, dass die Autorin für es sprechen wolle. (vgl. S 50, 67) Sein Vorurteil, „Sie sind ja immer so für die Opfer", geht mit einer Unterstellung einher: „Sie wollen ja nur

55 Pfister, *Das Drama*, S. 124.

berühmt werden!“ (S 50) Weder für den TÄTER noch für das OPFER kann die Autorin offenbar unverfänglich sprechen.

Es ist signifikant, dass sich die FRAU erst gegen diese beiden Figuren als Autorin behauptet:

> Moment! Ruhe bitte! Heute bin wieder einmal ich dran, die Mörder total zu verurteilen. Ich bin jederzeit bereit, sie zu ächten und auszupfeifen. Meine Lampe drehe ich immer zu ihnen hin, weil ich ein Leuchtturm bin, der jedes Licht auf angenehme Art weitergibt, selbst aber natürlich am meisten sieht. Ich leide so entsetzlich unter dem, was dauernd passiert! Ich schare die tiefsten Anteilnehmer um mich, damit ich endlich auch einmal zu mehreren bin. Ich möchte zu den Guten dazugehören, das ist ein zutiefst menschliches Bedürfnis. Ich möchte richten und berichten. [...] Ich bin berufen und beruflich hier, und zwar als Autorin. (S 52)

In ihrer Redeweise an den Monolog ELFI ELEKTRAS anschließend, versucht die FRAU, sich zu wehren. Ihr Erfolg scheint jedoch nur mäßig und so hält sie zum Ende ihres Auftrittes, der im Stück ihr letzter bleiben wird, fest: „Ich werde es derweil aber noch mit mir zu tun haben.“ (S 54)[56] Ist das ein Verweis auf ebenjene Zurückgeworfenheit auf die eigene Autorschaft, die schon ELFI ELEKTRA bei der Behandlung ihres eigentlichen Themas im Wege stand? Fest steht, dass die Grenze zwischen der Rahmenhandlung und dem Spiel im Spiel nun zunehmend porös wird, und sich die Ansprachen der männlichen Figuren an die „Frau Autorin“ daraufhin mehren.

Häufiger provoziert das OPFER im Folgenden die Autorin: „Ist das nicht wieder ein schönes großes Thema für Sie, Frau Schriftführerin?“ (S 55, vgl. S 54) und macht sich lustig über das engagierte „Kämpferinnengebrüll“ einer Dame, die keiner hört. (S 63) Die Wirkungslosigkeit ihres Schreibens stellt auch DER MANN (der prototypische Täter im *Sportstück*) heraus, der sich zwar mit einer älteren literarischen Darstellung von ihr identifizieren kann, sich angesichts der Kritik an seinem Handeln jedoch ungerührt zeigt. Es stört ihn nicht, dass ihr Buch ihn, wie er sagt, „zwischen den Zeilen böse an[schaut]“:[57]

> Mein Hemmungsmechanismus ist zur Zeit außer Kraft gesetzt, weil gruppendynamische Kräfte auf mich einwirken, wie Sie in Ihr Buch geschrieben haben, ich wundere mich übrigens, wie moderat. Wo Sie doch sonst immer so übertreiben. Ihr Buch schaut mich zwischen den Zeilen böse an, weil ich im Unrecht

---

56 Zwar hat eine „FRAU“ genannte Figur auch im dritten und fünften Abschnitt des Stückes noch Auftritte, aufgrund der diese Auftritte einleitenden Regieanweisungen nehme ich allerdings an, dass es die JUNGE FRAU ist, die hier sprechen soll (vgl. S 104, 137).

57 Denkt man an *Die Klavierspielerin* zurück, so weist die Formulierung „zwischen den Zeilen“ zugleich auf seine eigenmächtige Lesart hin (vgl. Kap. 3.1).

> bin und es trotzdem aufgeschlagen habe. Glauben Sie, es macht mir was aus, wie Ihr Buch mich sieht? (S 55)

Immer wieder wird die Autorin von unterschiedlichen Figuren beleidigt, wie etwa von EINEM ANDEREN TÄTER, der sich mokiert: „Was fuchteln Sie dermaßen rum, Sie Frau, aus Ihrer längst ungültigen Autorinnenverfassung heraus, wo hat man denn Sie herausgelassen?" (S 62) Später beschimpft er sie als „eine Gelbkreuzviper!", was Assoziationen zum Giftgaseinsatz im Ersten Weltkrieg aufkommen lässt, und setzt im Nachsatz vulgär hinzu: „Diese Frau mit ihrem lauten Blähhals." (S 65) Kurzum: Die männlichen Figuren legen es in diesem Teil des Stückes darauf an, die Autorin offen anzugreifen.

Der „Zwischenbericht" bietet eine Pause von dem metadramatischen Konflikt. Thematisch sind die beiden hier gehaltenen *„großen Monologe"* (S 75) dennoch nicht losgelöst von ihm zu sehen. DIE ALTE FRAU und ANDI, die beide reale Vorbilder haben,[58] verhandeln maßgeblich Identitätsfragen und thematisieren, wie Vogel es prägnant gefasst hat, das „Scheitern der Körper vor den Bildern".[59] Die auf Erwartungen und Vorurteile bezogene Selbstcharakterisierung ELFI ELEKTRAS, nicht weniger als der Verweis der FRAU, sie hätte es noch mit sich selbst zu tun, sind sichtlich an diese Thematik anschließbar, wenn sie nicht gar deren Ausgangspunkt darstellen.

Nach dem „Zwischenbericht" geht es ähnlich weiter wie zuvor. Nun ist es EINE [JUNGE] FRAU, die als Autorin spricht und darüber klagt, es interessiere niemanden, was sie „in [ihr] Heft hinein kritz[elt]" (S 104f.). Zwischen ihr und dem SPORTLER kommt es in diesem Teil – wenn man sich an dem klassischen Tragödienmodell orientieren will: dem Höhepunkt des Dramas – zum ersten wirklichen Dialog des Stückes. Zwar haben die Figuren noch immer eine Tendenz zum längeren Monologisieren, grundsätzlich sprechen sie hier jedoch aufeinander bezogen. Das wird schon an der ersten Entgegnung des SPORTLERS deutlich, in der dieser das Bild der Autorin kommentiert. (Vgl. S 106) Maßgeblich diskutieren sie in den folgenden Passagen über den Stil der Autorin:

[JUNGE] FRAU:	Ich bin eine sich gern beklagende Verwirrerin der Dinge.
SPORTLER:	Na, dann sei halt deutlicher!
[JUNGE] FRAU *eifrig*:	Also beklage ich mich jetzt darüber, was deine Väter gemacht haben [...].

(S 110)

58 Vgl. Haß, *Ein Sportstück*, S. 163f.

59 Vogel, *Harte Bandagen*, S. 179.

Wie der Ausschnitt ihres Gesprächs andeutet, versucht die [JUNGE] FRAU durchaus, auf die zunehmend enervierten Ratschläge des Mannes einzugehen. In der Folge spielt sie verschiedene Möglichkeiten durch, wie sie ihre Schreibweise ändern könnte. Dabei werden Erwartungen an den Ausdruck der Autorin thematisiert, die auch auf dieser Ebene deutlich machen, dass sie nicht souverän und eigenmächtig, sondern nur unter bestimmten Bedingungen schreiben kann. In diesem Abschnitt spitzt sich die selbstreflexive Problematik von Wirkungslosigkeit und Unverstandenheit für die Autorin weiter zu.

Zwar spricht auch der SPORTLER stellenweise beleidigend mit der Autorin (vgl. S 115), verglichen mit den im „Zwischenspiel" auftretenden Figuren HEKTOR und ACHILL ist seine Rede jedoch noch zugewandt. Diese beiden Tennisspieler greifen die Rhetorik der Anschuldigung wieder auf, welche schon die männlichen Figuren im ersten Abschnitt charakterisierte, und machen keinen Hehl aus ihrer selbstbewussten Ignoranz. So gibt sich etwa ACHILL nur scheinbar fragend:

> Sie, Frau Autor, warum sind Sie denn so aggressiv? Wir haben Ihnen doch nichts getan. Was plustern Sie sich denn dermaßen auf? Am liebsten gehn ja doch wir ins Theater. Und uns interessiert nicht[,] was Sie sagen. Wir! (S 130)

ACHILLS Desinteresse geht sichtlich mit heftigen Anschuldigungen einher. Nicht zufällig erinnert dabei die Art, wie zum Ende des zitierten Abschnitts das Personalpronomen isoliert stehen kann, an Jelineks älteren Theatertext *Wolken.Heim.*, in dem exzessiv von der ersten Person Plural Gebrauch gemacht wird. Kurz darauf spielt HEKTOR auch noch auf ein anderes ihrer Stücke an, nämlich *Stecken, Stab und Stangl*, wo über das Symbol des Schäferhundes die Angst von KZ-Insassen, dass Hunde auf sie gehetzt werden, enggeführt wird mit dem vulgär vertrauensheischenden Fernsehhund Kommissar Rex: „Es kommen die Hunde[,] die Hunde! Rex kommt! Unser Rexi kommt! Bravo!"[60] Bei HEKTOR, der der Autorin Verleumdung vorwirft, heißt es nun:

> Unsere Hunde führen wir an der Leine und lassen sie brav im Rinnstein koten. Die zerreißen keinen! Schreien Sie nicht so! [...] Wenn Sie dauernd öffentlich behaupten, daß wir die Besitzer dieses Schäferhundes sind, der Sie zerrissen hat, dann tun Sie das auf eigene Verantwortung. (S 132)

Jeder Zweifel, dass *Ein Sportstück* nur die Situation einer exemplarischen Dramatikerin verhandelt und nicht die konkrete von ebenjener Autorin, die auch diesen Text geschrieben hat, wird im direkten Fortgang seiner Rede

60 Jelinek, *Stecken, Stab und Stangl*, S. 60.

zerstreut: „Jaja, wir sehen schon: Ihr Geweih verrät Sie als eine Jelinek, kein Wunder, daß Sie vor Hunden im allgemeinen Angst haben! Und ein Bogen oder mehrere sind überhaupt nicht gespannt auf Sie!“ (S 132) Zweifellos sind es kunstvolle rhetorische Operationen, die diese Namensnennung motivieren.[61] Deren ungeachtet lässt sich jedoch festhalten, dass das Drama um Autorschaft, das natürlich die ganze Zeit schon, mehr oder weniger deutlich, nicht von irgendeiner Autorin handelte, durch die explizite Nennung des Namens an dieser Stelle eine Intensivierung seiner Selbstreferentialität erfährt. Kurz zuvor klang die selbstreferentielle Verhandlung der Wirkung von Jelineks Werk auch schon in der rhetorischen Frage des SCHLÄGERS an: „Lieben Sie zu alldem auch noch einen Angehörigen Ihres eigenen Geschlechts?“ (S 124) Unmissverständlich spielt er damit auf die bekannte FPÖ-Kampagne an, in der Jelinek neben anderen österreichischen Kulturschaffenden öffentlich diffamiert wurde.[62]

Nachdem ACHILL noch den Vorwurf des OPFERS aufgreift, es würde der Autorin primär um ihre eigene Berühmtheit gehen (vgl. S 132f.), endet das „Zwischenspiel“ bald. Die [JUNGE] FRAU, die ihm zugesehen hat, kommentiert es nach dem Abtritt der Tennisspieler wie folgt:

> Jetzt habe ich etwas Entsetzliches beobachtet und werde es nicht vergessen. Trotz meiner Fehler versuche ich aber, an etwas Angenehmeres, Freundlicheres zu denken. Ich will ja nicht einseitig urteilen! (S 137)

Dass die [JUNGE] FRAU dies in direktem Anschluss an die Rede der Tennisspieler sagt, danach für eine längere Zeit jedoch nicht mehr sprechen wird, lässt vermuten, dass sie von ihnen eingeschüchtert wurde. Zumindest würde das erklären, weshalb sie versucht, an etwas anderes zu denken. Damit wird hier zum ersten Mal angedeutet, dass sie sich als Autorin nicht gegenüber den aggressiv auftretenden männlichen Figuren behaupten kann.

Es finden sich noch weitere Belege dafür, dass sich die Autorin im Widerstreit der Meinungen letztlich als unterlegen erweist. In der Rahmenhandlung erscheinen in einem gewissermaßen entzerrten Dialog nämlich verschiedene

---

61 Einerseits handelt es sich dabei um eine intertextuelle Verarbeitung eines weiteren *Penthesilea*-Zitats. Bei Kleist ist es MEROE, die teichoskopisch davon berichtet, wie die Amazonenkönigin „gleich einem Jäger“ ACHILL entdeckt und bezwingt: „Ha! sein Geweih verrät den Hirsch, ruft sie, / Und spannt mit Kraft der Rasenden, sogleich / den Bogen an […].“ Kleist, Heinrich von, *Penthesilea*, in: Ders., *Sämtliche Werke und Briefe*, 1. Bd., München 2008, S. 321-428, hier: S. 413. Andererseits wird hier mit der slawisch-tschechischen Abstammung des Namens Jelinek gespielt: „jelen“ bedeutet Hirsch, „-nek“ ist ein diminuierendes Suffix. Vgl. Meurer, *Theatrale Räume*, S. 137f.

62 Das FPÖ-Plakat stellte im Wahlkampf 1995 die rhetorische Frage: „Lieben Sie Scholten, Jelinek, Häupl, Peymann, Pasterk … oder Kunst und Kultur?“

Kommentare der Autorinnenfigur und der männlichen Figuren aufeinander bezogen. So behauptet die JUNGE FRAU anfangs noch von sich, während sie *„federnd Übungen ausführ*[*t*]", sie sei eine schöne Frau (S 45f.). Etwas später hält der MANN dagegen: „Wir haben wirklich die schöneren Frauen. Fällt mir gerade ein, wo ich Sie sehe, Autorin! Wie schauen Sie denn wieder aus?" (S 58) Diese Widerrede geht nicht ohne Spuren an ihr vorüber. Bei ihrem nächsten Auftritt wird die [JUNGE] FRAU *„ihre Brüste* [...] *wie einen Rucksack auf dem Rücken* [*tragen*]" (S 104). Auf eine groteske Weise arbeitet sie mithin an ihrer eigenen Entstellung, die später, wenn sie ihre Brüste auch noch mit einem Messer traktieren wird, zunehmend autodestruktive Züge annimmt.[63] Ihre Selbstverstümmelung lässt sich dabei auch als Reaktion auf die Ablehnung durch den MANN begreifen. Was ihre Schönheit betrifft, hat sie ihr positives Selbstbild jedenfalls verloren. In einem ihrer nächsten Auftritte bekennt sie: „Nein, es lohnt sich nicht, mich anzuschauen." (S 109) Im Mittelteil des Stückes versucht sie sodann, diesen Verlust zu sublimieren: „Dafür bin ich diejenige, welche sich in diesen fünfzig Jahren, die dem Krieg gefolgt sind, zu größter Gewissenhaftigkeit im Sagen und Fragen und Schauen verpflichtet gefühlt hat." (S 109) Doch auch die Rolle einer, wenn schon nicht schönen, so doch gewissenhaften Autorin, die als moralische Instanz aufzutreten versucht, wird ihr nicht widerspruchsfrei zugebilligt. Zunächst ist es der SPORTLER, der ihre Gewissenhaftigkeit einschränkt: „Meist [...] wird die Massensituation von dir etwas übertrieben dargestellt." (S 138) Offensiv abwertend heißt es später von einem ANDREN: „Und da heult diese Frau die ganze Zeit, daß es heute keine Werte mehr gibt." (S 158) Schließlich, und noch deutlicher auf das Selbstbild der Autorin bezogen, hält ein ANDRER salopp fest: „Tja, wenn ich mir das Gewissen in Gestalt dieser Frau so ansehe, dann muß ich ehrlich zugeben: da hab ich lieber gar keins!" (S 162) Dass auch diese Angriffe nicht ohne Folge bleiben, wird einsichtig, wenn die [JUNGE] FRAU vermerkt:

> Na, nehmen Sie mir schon meinen Wertekatalog ab, ich kann ihn ja kaum noch halten! Diese Kataloge sind heute ebenfalls schon zu gewichtig geworden, kein Wunder, daß in erster Linie Wichtigtuerinnen wie ich sich ihrer annehmen. (S 166)

Wenngleich ihr Tonfall spöttisch klingt, zeigt sie sich doch gleichzeitig erneut „entsetzt" (ebd.) von dem vorausgehenden Geschehen. Ihr folgendes Fazit, verziert von einem bemerkenswerten Freudschen Versprecher, fällt hoffnungslos aus: „Wir leben ja gänzlich unter der totalitären Herrschaft von

---

63 Diese Behandlung ist ebenfalls an Kleists Beschreibung von den „Amazonen oder Busenlosen" angelehnt. Kleist, *Penthesilea*, S. 389.

Mikroprozessoren, ich meine Mikroprozessen." (ebd.) Das Spiel im Spiel, in dem sie als Autorin das Massenverhalten behandeln wollte, könnte damit enden. Demnach haben die häufigen, gegen sie gerichteten Invektiven einzelner Täter zu ihrer Kapitulation geführt. Was eigentlich Thema sein sollte, könnte erst in einem neuerlichen Versuch angegangen werden, der jedoch kaum bessere Aussichten auf eine wirksame Entfaltung hätte: „Makroprozesse nächstes Buch, nächste Halle." (S 167)

Doch *Ein Sportstück* endet an dieser Stelle nicht. Die Figuren aus dem Spiel im Spiel haben offenbar eine Autonomie von der Autorin erlangt. Die sich anschließende Szene ist von großer Bedeutung, leitet sie doch den überraschenden erneuten Auftritt von ELFI ELEKTRA ein. Zunächst bilanziert die [JUNGE] FRAU noch einmal ihre eigene Leistung:

> Es hat mir überhaupt keine Mühe gemacht, dies alles da hinzuschreiben, aber jetzt möchte ich es doch gerne wieder loswerden.
> Es zeichnet den Moralisten aus, daß er sich heute über dies, morgen über jenes aufregt und nirgendwo Vorzeichen für eine kommende und doch verhüllende Antwort findet. (S 167)

In dieser Rede lässt sich ein neuerlicher Versuch erkennen, die Verantwortung für das Gesagte zurückzuweisen. Was die Autorin mühelos hingeschrieben habe, wolle sie nun also loswerden. Ihr Verhalten sei dabei typisch für Moralisten, deren kritische, sich immer wieder neuen Gegenständen zuwendende Aufmerksamkeit als opportunistisch denunziert wird. Waren es in diesem Buch letztlich Mikro-, werden es dann im nächsten Buch Makroprozesse sein. Waren es gestern noch die „Helden der Geschichte", sind es hier die „neuen [Helden]" (S 11) gewesen, über die sie sich aufregte. Bei all dieser Aufregung jedoch, so merkt sie nun, habe sie etwas übersehen: gewisse „Vorzeichen" einer Antwort. Diese werden ihr jetzt offenbar bewusst: „Ich Trottel, im Wasser liegt wahrscheinlich die Antwort, in einem solchen Dunkel." (S 167)

Auf diesen Satz hin taucht ELFI ELEKTRA buchstäblich wieder auf, denn sie wird von einem aus dem Boden kommenden TAUCHER – oder auch mehreren, das lässt die Regieanweisung offen – wieder auf die Bühne gebracht.[64] Ist sie also die Antwort aus dem Wasser? Wenn ja, könnte sie als solche auch geborgen werden? Dass der TAUCHER eine Figur ist, dem der „Sinn für Tiefe" noch nicht abhandenkam (S 13), wie ELFI anfangs beiläufig bemerkte, legt

---

64 Janz' Lesart zufolge taucht ELFI ELEKTRA aus ebenjenem Fluss wieder auf, von dem sie zu Beginn gesprochen hat (vgl. S 9) und in den sie, figuriert als Amazone, zuvor von EINEM ANDREN geworfen wurde (vgl. S 158). Vgl. Janz, *Mütter, Amazonen und Elfi Elektra*, S. 93.

zumindest nahe, dass seine Bergung einen tiefsinnigen Hintergrund hat. Dazu passt jedenfalls, dass der TAUCHER kurz darauf von ihr sagt: „Ihr Sport besteht eben darin, nichts Verbergendes an seinem Platz lassen zu können." (S 168) Auch diese vermeintliche Auszeichnung ist allerdings schon wieder in einen diffamierenden Rahmen gestellt. Wenn der TAUCHER sie zu Beginn seines singulär bleibenden Redeauftritts als „meine Schwester Elfi Elektra aus Bregenz" (ebd.) anspricht, gibt er sich nicht nur als ihr brüderlicher Vormund aus (also als Orest), sondern gefällt sich auch in einer Verballhornung ihres Namens, handelt es sich bei „Elektra Bregenz" doch um einen österreichischen Haushaltsgerätehersteller. Darüber hinaus mokiert sich auch der TAUCHER über ihre Wirkungslosigkeit (vgl. S 169).

ELFIS Rückkehr auf die Bühne ist jedenfalls erstaunlich und muss genauer betrachtet werden. Dass die [JUNGE] FRAU für ihr Wiederauftauchen „Applaus! Applaus!" fordert, wenngleich scheinbar nur pro forma – „Gut. Danke, Sie können wieder aufhören, ich habe es schon gehört." (S 167) –, deklariert ihr Verschwinden als ovationswürdige Leistung. Wohlgemerkt ist es die [JUNGE] FRAU und nicht ELFI, die den Applaus für sich verlangt. ELFIS Leistung lag in einem „Verschwinden", das, wie sie in ihrem Eingangsmonolog festhielt, „ein Hochleistungssport [ist], sogar der höchste von allen, weil die Leistung bei diesem Bewerb gar nicht mehr gemessen werden kann." (S 14) Zieht man diese Bemerkung für die Deutung der Szene heran, erhellt sich auch, warum der Applaus so schnell abgewiegelt wird, denn wie bei Menschen, die versuchen, unter Wasser möglichst lange die Luft anzuhalten, beendet ihr Auftauchen zugleich die Leistung. Im Falle ELFIS könnte man sogar von einem Scheitern sprechen. Der Regieanweisung zufolge wehrt sie sich heftig gegen die TAUCHER, die sie geborgen haben: *„Sie schleifen die sehr widerstrebende Elfi Elektra hinter sich her, vielleicht in einem Netz."* (S 167)

Die Gestaltung dieser Szene lässt sich als Anspielung auf ein Zitat verstehen, das Jelinek schon ihrem Stück *Krankheit oder Moderne Frauen* voranstellte:

> In chinesischen Legenden steht geschrieben, daß große Meister in ihre Bilder hineingingen und verschwunden sind. Die Frau ist kein großer Meister. Deshalb wird ihr Verschwinden nie vollkommen sein. Sie taucht wieder auf, beschäftigt wie sie ist, mit dem Verschwinden.[65]

Das enigmatische Sinnbild über weibliche Autorschaft, das Jelinek aus Eva Meyers Essay *Versprechen* übernahm,[66] lässt sich als Schlüssel der kuriosen Szene von ELFIS Wiederauftauchen, ja als zentrales Denkbild der

65 Eva Meyer, zit. n.: Jelinek, *Krankheit oder Moderne Frauen*, S. 192.
66 Vgl. Meyer, Eva, *Versprechen. Ein Versuch ins Unreine*, Frankfurt a. M. 1984, S. 54.

Autorschaftsreflexion im Stück verstehen. Falls man die „Bilder" der großen Meister zu Kunstwerken verallgemeinern darf, liest sich das Zitat wie eine Versuchsanordnung zur metadramatischen Konzeption des *Sportstücks*. Wie ausgeführt, interessierte sich ELFI ELEKTRA für ein Thema, das „Verhalten von Massen", das sie (im Rahmen des Spiels im Spiel) literarisch bearbeiten wollte. Weil sie in dieser Bearbeitung aber immer wieder auf sich selbst zurückgeworfen wurde, ihr Verschwinden als „Hochleistungssport" begriffen hat, und vor allem, weil sie als Autorin mit diversen Erwartungen konfrontiert wurde, konnte ihr letztlich kein großes Kunstwerk gelingen. Die Invektiven der männlichen Figuren, gegen die sie sich in der Rede der anderen weiblichen Figuren zu behaupten versuchte, haben zu massiven Selbstzweifeln geführt, die generisch mit ihrer Geltung als Autorin zusammenhängen. An ELFIS Entwicklung manifestiert sich mithin ein Zusammenhang, den schon Ulrike Haß als überzeugende Deutung von Meyers Sinnbild festhielt: „Der Frau kommt die Ebene der symbolischen Repräsentation nicht selbstverständlich zu, sondern sie muß sich darum bemühen. Worum man sich aber bemühen muß, das spricht nicht ‚von selbst', sondern von der Anstrengung, die es hervorbrachte."[67] Dass die Szene ihres Wiederauftauchens als gewaltsame Aktion gestaltet ist, in der sie von einer oder mehreren männlichen Figuren zurück auf die Bühne geschleift wird, veranschaulicht die patriarchalen Strukturen der Theaterwelt, welche eine rein symbolische Repräsentation der Autorin verhindern. Ihr Werk darf nicht für sich selbst stehen. Sie muss wieder auf die Bühne zurück. So versteht man, weshalb die [JUNGE] FRAU nur pro forma einen Applaus für die Leistung der weiblichen Autorin fordert: Gerade dieser Applaus besiegelt ihre Unterlegenheit in der symbolischen Ordnung.

ELFI ELEKTRAS nächster Auftritt passt zu dieser Deutung: Sie „*kommt jetzt freiwillig, etwas ramponiert von vorhin, aber auf ihrem neuen Mountainbike*" (S 170) zurück auf die Bühne. Dass sie nicht nur freiwillig erscheint, sondern sich als Radlerin auch noch in die Sportlergemeinschaft einfügt, ist ein Zeichen ihrer Anpassung an die herrschenden Verhältnisse. Sodann beginnt ihre Rede gerade nicht mit einem Jubel über die eigene Leistung oder die neugewonnene Zugehörigkeit, sondern als *mea-culpa*-Phrase angesichts des Raumes, den sie einnimmt: „Entschuldigung, ich kann leider nicht einmal absteigen, ohne größeren Wirbel zu veranstalten." (S 170) Schließlich breitet sie nun doch ihre zu Beginn des Stückes mehr schlecht als recht zurückgehaltene Familiengeschichte aus. Das klassische gattungspoetische Vorurteil gegenüber der

67 Haß, Ulrike, *Grausige Bilder. Große Musik. Zu den Theaterstücken Elfriede Jelineks*, in: Heinz Ludwig Arnold (Hg.), *Text + Kritik. Zeitschrift für Literatur* 117 (1993) (= *Sonderheft Elfriede Jelinek*), S. 21-30, hier: S. 25.

Literatur von Frauen, die eben nichts anderes als Autobiographien zustande brächten, das ja ebenfalls im Sinnbild von Eva Meyer anklingt, bewahrheitet sie nun pflichtschuldig. Die von den männlichen Figuren im Laufe des Stücks geäußerten Vorwürfe fließen dabei in ihre Rede ein, wenn sie gesteht, etwas „gewaltig übertrieben" (S 172) zu haben, oder sich zur Dreistigkeit ihrer Angriffe und ihrer Gefallsucht bekennt: „Meine Zähne gefallen den Leuten nicht, aber ich bin eine geübte alte Wadenbeißerin, deshalb brauch ich sie noch, die Zähne mein ich, na, die Leute natürlich auch. Immer brauche ich Publikum!" (S 173) Dennoch ist ELFIS Widerstand noch nicht gänzlich gebrochen. Zumindest bemerkt sie im Abgang, dass, so engagiert sie sich auch zeigt, ihr nur Unverständnis begegnet. So beharrt sie immerhin darauf, nicht verstanden worden zu sein, bevor sie die Bühne nach all der Anstrengung *„wacklig"* verlässt: „Und ich sage weiters, daß ich die ganze Zeit rede, Sie hören es ja selbst, aber es ist, als wäre es zu Schlafenden. Auf Wiedersehen." (S 174) Dem Abschiedsgruß zum Trotz wird auch dies noch nicht ihr letzter Auftritt gewesen sein.

Dem Aufschub des Spiels im Spiel zu Beginn des Stückes entspricht die Verzögerung seines Endes zum Schluss. Noch einmal versucht ELFI, sich gegen einen ANDREN zu behaupten, doch sie *„kriecht"* lediglich *„kurz hervor, wird getreten und verschwindet gleich wieder"* (S 181). Der nach ihr sprechende Mann beachtet sie nicht (vgl. S 182). Damit erfährt ELFI zum Ende die gleiche drangsalierende Behandlung, die dem OPFER, das kurz darauf erstochen wird, das ganze Stück über zuteilwurde. Ihre Malträtierung macht anschaulich, weshalb sich ihre Verfassung zum Ende so rapide verschlechtert. Die Katastrophe, wenn man der Orientierung am klassischen Tragödienschema folgen will, ist damit eingetreten. Im immer schärfer ausgetragenen Widerstreit zwischen den männlichen Figuren des Stückes und der Autorin setzten sich erstere eindeutig durch.

Oder doch nicht? Das letzte Wort im *Sportstück* hat – so sie sich nicht vertreten lässt – DIE AUTORIN. Ihr Abschlussmonolog lässt sich als dritte, sowohl dem Spiel im Spiel als auch der Rahmenhandlung übergeordnete Sequenz begreifen. Spricht DIE AUTORIN nun aber „als ‚Subjekt' mit einer ‚Botschaft'"[68] wirklich ein Machtwort? Diese Deutung halte ich nicht für überzeugend. Auffällig an der Rede der AUTORIN ist vor allem, wie wenig sie sich von ELFI ELEKTRA absetzt. Zwar verzichtet sie in ihrer Behandlung des autobiographischen Stoffes auf die mythologischen Bezüge, sodass sich ELFI ELEKTRAS Klage um den toten Vater (Agamemnon) und ihr Kampf mit ihrer Mutter (Klytämnestra) im Schlussmonolog der AUTORIN als eine Maskierung

68 Janz, *Mütter, Amazonen und Elfi Elektra*, S. 96.

von Jelineks eigener Familiengeschichte zu erkennen gibt. Davon abgesehen schließt ihr weitgehend als Ansprache an den toten Vater (Friedrich Jelinek) gestalteter Epilog mit deutlich bekenntnishaften Zügen aber an ELFIS Rede an. Die personale Einheit der beiden Figuren belegt, wie bereits erwähnt, schon die Regieanweisung, die ihren Auftritt als „*hinkend und desolat*" (S 184) charakterisiert. Die Verfassung der AUTORIN ist also als Verschärfung und Endpunkt der negativen Entwicklung zu begreifen, die ELFI als ihre Stellvertreterin zum Schluss erlebte.

Auch der finale Auftritt der AUTORIN ist am ehesten als ambivalent zu bewerten. Einerseits reklamiert sie hier tatsächlich zu einem gewissen Grad jene auktoriale Macht, um die während des Stückes so vehement gestritten wurde. Dabei spricht sie nicht nur scheinbar unverhüllt über sich, sondern gibt auch Hinweise, wie sie zu verstehen ist: „Ich sage das hier, damit Sie es wissen." (S 187f.). Auch steht es offenbar in ihrer Macht, den zwiespältigen Applaus des Publikums zurückzuhalten (vgl. S 187). Und schließlich bleibt ihr Wort tatsächlich das letzte, kann also von keiner anderen Figur mehr entkräftet werden. Andererseits ist dieser Auftritt selbst ein Ohnmachtseingeständnis, denn von ihm muss das gleiche gelten, was schon zum widerstrebenden Wiederauftauchen ELFI ELEKTRAS vermerkt wurde. Insofern ist er gleichzeitig auch das Bekenntnis einer unsouveränen Autorschaft, der es nicht gelungen ist, ein für sich stehendes Werk zu schaffen. Dass nach ELFI ELEKTRA auch noch die AUTORIN scheinbar unverhüllt spricht, unterstreicht also, wie sehr das Werk von seiner Autorin abhängt und diese nicht verschwinden lässt.

Um ein Fazit zu ziehen: Der in der Rahmenhandlung dargestellte Konflikt um die Geltung der Autorin ist das zentrale dramatische Geschehen, das im *Sportstück* verhandelt wird. Dabei kann die Virulenz dieses Konfliktes als maßgeblich dafür angesehen werden, weshalb das Spiel im Spiel keine eigene Handlung entfaltet. Die Figuren fallen nicht nur immer wieder aus ihren Rollen, wenn sie die Autorin in aggressiver Weise direkt ansprechen; sie erheben sich auch über deren Vorgaben und handeln autonom, wie die Szene, in der ELFI ELEKTRA eingefangen in einem Netz auf die Bühne zurückgeholt wird, sichtbar macht. Die metadramatische Konzeption des *Sportstücks* vollzieht sich mithin als Prozess.

***

Zum Zeitpunkt der Uraufführung und Veröffentlichung 1998 galt *Ein Sportstück* als exemplarisch für die Ästhetik des Postdramatischen Theaters, in dem die Dominanz einer dramatischen Handlung zugunsten anderer Elemente der Kommunikation mit dem Publikum aufgegeben wurde.[69] Der Eindruck von Schleefs Inszenierung, deren Textfassung zudem um die Rede von ELFI ELEKTRA gekürzt war, unterstützte diese Rezeption, die weniger am Verständnis als an einer Erfahrung orientiert war. Die metadramatische Komposition des Stücks und insbesondere seine Rahmenhandlung, in der die Geltung der Autorin verhandelt wird, haben unter diesen Vorzeichen zu wenig Beachtung erfahren.

Eine zentrale Beobachtung, die zu der Kennzeichnung als postdramatisches Werk geführt hat, war, dass im Stück keine psychologisch konsistenten Charaktere vorgeführt werden, die sich als Akteure einer dramatischen Handlung begreifen ließen.[70] Diese Beobachtung muss nun auf die Ebene des Spiels im Spiel eingeschränkt werden. Dort werden, mit einem Ausdruck der Autorin gesprochen, vor allem „Textflächen“[71] gegeneinandergesetzt. In der Tat kommt es im *Sportstück* anhand dieser Textflächen, wie Anne Fleig es zusammengefasst hat, zu einer „multiple[n] Vernetzung und assoziative[n] Verschränkung des zentralen Themenfelds ‚Sport‘ mit anderen, teilweise disparat erscheinenden Themen und Diskursen (Krieg, Faschismus, Körperkult und Medien), die das menschliche Gruppenverhalten im Konflikt zwischen Individuum und Masse, Opfern und Tätern verhandeln.“[72] Es sei allerdings hervorgehoben, dass es zu dieser Vernetzung und Verschränkung nicht „[a]nstelle eines Dramas“[73] kommt. Vielmehr ist das unzusammenhängende Geschehen um die Sportlerfiguren eingebettet in die Rahmenhandlung des Stücks. In seiner Gesamtkonzeption wird der gestörte Ereigniszusammenhang des Spiels im Spiel auf metadramatische Weise reflektiert.

Um zur Eingangsfrage zurückzukommen: Hat man die Äußerungen der Autorin, die Umsetzung ihres Stückes sei ihr egal, nun als resignative oder

---

69 Vgl. Fleig, *Sports Play*, S. 1991. Zum Postdramatischen Theater vgl. die grundlegende Studie: Lehmann, Hans-Thies, *Postdramatisches Theater*, Frankfurt a. M. 1999. In den letzten Jahren wurde das Konzept einer Revision unterzogen, vgl. Janke, Pia/Kovacs, Teresa (Hg.), *„Postdramatik“. Reflexion und Revision*, Wien 2015; darin bes.: Fleig, Anne, *Texttheatralität und dramatische Form. Plädoyer für eine historische Perspektivierung von Text und Aufführung bei Elfriede Jelinek*, S. 283-294. Mit Blick auf Jelineks *Die Schutzbefohlenen* hat sich Lehmann in einem publizierten Vortrag auch einmal spezifisch mit Jelineks postdramatischer Poetik beschäftigt, vgl. Lehmann, Hans-Thies, *„Ich mache ja nicht das, was Menschen sind oder tun, zu meinem Thema …“ Postdramatische Poetiken bei Jelinek und anderen*, Göttingen 2017.

70 Vgl. Fleig, *Zwischen Text und Theater*, S. 87.

71 Jelinek, Elfriede, *Textflächen*, 2013, online verfügbar: www.elfriedejelinek.com/ftextf.htm.

72 Fleig, *Sports Play*, S. 1991 [Übers. S.L., auf Grundlage eines unveröffentlichten Manuskripts].

73 Ebd.

ironisch-provokante Aussagen zu verstehen? Nach den letzten Ausführungen lässt sich festhalten, dass beide Deutungsansätze Erklärungsdefizite aufweisen. Die metadramatische Struktur des *Sportstücks* macht dies transparent. Wenn man die Aufforderung „Machen Sie was Sie wollen" nur ironisch versteht, lässt sich nicht erklären, wozu die Rahmenhandlung eigentlich dient; wenn man darin hingegen nur Resignation erkennt, ist nicht nachzuvollziehen, warum die Autorin überhaupt den Versuch gemacht hat, ein Spiel im Spiel auszuarbeiten. Ein erstes Fazit kann daher lauten, dass die (Nicht-) Anweisung *„Machen Sie was Sie wollen"* in einem ambivalenten Doppelsinn begriffen werden muss. Eine ironisch-provokante und eine resignative Sprechhaltung schließen sich hier nicht aus.

Im Sinne der übergreifenden Deutungsthese dieser Untersuchung, dass Jelinek eine Poetik der Ambivalenz verfolgte, lässt sich als allgemeine Geste wiedererkennen, dass sich die Autorin einer einfachen Positionierung entsagt hat. Stattdessen inszenierte sie einen Konflikt um die eigene Geltung als Autorin, in den jene, die das Stück lesen, aufführen oder seiner Aufführung beiwohnen, einbezogen sind. Die metadramatische Komposition hat ihren Fluchtpunkt darin, zu einer Reflexion der theatralen Form selbst zu veranlassen. *Ein Sportstück* fordert dazu auf, das Verhältnis der Autorin zum Regisseur/zur Regisseurin einerseits, zum Publikum bzw. den Lesenden andererseits zu überprüfen und mit einem Akzent auf ihrem Dialog neu zu bestimmen. Im Folgenden wird genauer zu beleuchten sein, wie sich dies in Jelineks literarischer Selbstinszenierung im engeren Sinne niedergeschlagen hat und wie ihr eigener Einsatz bei der Konstruktion ihres Bildes zu bewerten ist.

5.3 Unsouveräne Rede: Zur literarischen Selbstinszenierung durch eine mehrstimmige Autorinnenfigur

Wer spricht im *Sportstück*? Welches Bild zeichnet Jelinek darin von sich selbst? Und warum tritt die Autorin in Gestalt einer mehrstimmigen Figur auf? Für eine Beantwortung dieser Fragen ist die Beobachtung wesentlich, dass Jelinek im *Sportstück* einen Konflikt um ihre eigene Geltung dargestellt hat. So zeigt das Stück dort Widerstreit und Abhängigkeit, wo man eigentlich Souveränität erwarten würde. Jelinek behauptete nicht einfach ihre Autorität als Dramatikerin, sondern stellte sich als Autorin dar, die nicht frei darin ist, über ihren Stoff und die Mittel zu dessen dramatischer Bearbeitung zu verfügen, kurz: als eine unsouveräne Autorin.

5.3.1 *Autofiktion, Intertextualität und Mehrstimmigkeit als Elemente unsouveräner Rede*

Die literarische Selbstinszenierung, die Jelinek in ihr *Sportstück* eingearbeitet hat, ist denkbar umfassend. Wie bereits dargelegt wurde, finden sich verschiedene Verweise auf ihren Namen, variantenreiche Anspielungen auf ihre Werke sowie eine kontinuierliche Reflexion auf den Schreibprozess. Da all dies in das Geschehen des Theaterstücks eingebettet ist, kommt es zu der für Autofiktion konstitutiven Verwischung der Grenze zwischen Autobiographie und Fiktion. Darüber hinaus erscheint ihre Selbstinszenierung im Stück in sich gebrochen, denn die Textpartien, die als ausdrückliche Rede der Autorin gestaltet sind, wurden auf mehrere Figuren aufgeteilt. Diese eigensinnige Konfiguration hat die Forschung sichtlich vor Schwierigkeiten gestellt – wenn man denn überhaupt bereit war, den Stellenwert der literarischen Selbstinszenierung anzuerkennen.[74] Schon die Frage, ob eine solche überhaupt vorliegt, wurde konträr beantwortet.[75] Darüber hinaus haben die drei für den Autofiktionszusammenhang relevanten Forschungsbeiträge die Frage, welche Figuren als Autorinnenfiguren anzusehen sind, unterschiedlich beantwortet.[76] Die Einsicht, dass die Identifizierung der Autorin im Text von der Autorimago der jeweils Lesenden abhängt, macht verständlich, weshalb die Wahrnehmung von literarischen Selbstinszenierungen so differieren kann (vgl. Kap. 4.4).

In Abgrenzung zu diesen Forschungsarbeiten halte ich es nicht für sinnvoll, die verschiedenen Figuren, auf welche die auktoriale Rede aufgeteilt ist, in der Analyse strikt zu differenzieren. Vor allem Janz folgte diesem methodischen Ansatz, um einen nach außen projizierten, inneren Konflikt der Schriftstellerin herauszuarbeiten.[77] Nachdem sich in der genaueren Betrachtung der

---

74 So wird etwa im *Handbuch*-Artikel die literarische Selbstinszenierung im *Sportstück* lediglich erwähnt. Vgl. Haß, *Ein Sportstück*, S. 162.

75 Während Schößler in ELFI ELEKTRA eine „eindeutig fiktive Gestalt" erkannte, sah Edward Muston in ihr „eine Figur, deren Aussagen an die Sichtweise der Autorin heranreichen". Schößler, *Augen-Blicke*, S. 76; Muston, Edward, *Der Teilnehmende Zuschauer: Spectatorship, Community, and Violence in Elfriede Jelinek's „Ein Sportstück"*, in: *Journal of Austrian Studies* 48 (2015), S. 51-71, hier: S. 56 [Übers. S.L.].

76 Während Fleig neben ELFI ELEKTRA und der AUTORIN noch die FRAU als Stellvertreterfigur Jelineks ansah, erkannte Janz eine dritte Erscheinungsform der Autorin in der JUNGEN FRAU. Vogel kam zu noch einer anderen Einteilung und grenzte, neben der AUTORIN, ELFI und ELEKTRA voneinander ab. Vgl. Fleig, *Sports Play*, S. 1994; Janz, *Mütter, Amazonen und Elfi Elektra*, S. 89; Vogel, *Elfriede Jelinek und die Atriden*, S. 443.

77 Grundsätzlich erkannte Janz, wie gesagt, in der JUNGEN FRAU, ELFI ELEKTRA und der AUTORIN drei differente Erscheinungsformen Jelineks. Vgl. Janz, *Mütter, Amazonen und Elfi Elektra*, S. 89. Die beiden ersten Figuren entsprechen ihrer Lesart zufolge zwei Typen, die auf unterschiedliche Weisen am Körpermythos der Sportgesellschaft partizipieren, wohingegen die AUTORIN sich als Subjekt mit einer Botschaft, wenn auch leidlich,

Komposition des Stückes ergeben hat, dass sich die Reden von ELFI ELEKTRA und der AUTORIN nicht wesentlich unterscheiden, halte ich es für das Überzeugendste, nicht von mehreren Autorinnenfiguren auszugehen, sondern von einer einzigen, die mehrstimmig ist. Es wurde ja bereits festgehalten, dass im *Sportstück* generell keine konsistenten Figuren auftreten. Mithin lässt sich darauf schließen, dass verschiedene Figuren eher momentweise in die Rolle der Autorin schlüpfen können, als dass sie unterschiedliche, aber in sich konsistente Erscheinungsformen von ihr repräsentierten. Genauer gesagt: Einerseits kann die Autorin flexibel verschiedene Figuren als Sprachrohre ihrer eigenen Rede gestalten, andererseits kann sie nicht kontrollieren, welche Figuren von den Zuschauenden bzw. Lesenden als ihre Stellvertreter verstanden werden. Für eine solche Unschärfe spricht, dass die Mehrstimmigkeit der Autorin, wie sie in der metadramatischen Konzeption des Stückes angelegt ist, viel eher auf eine chaotische als auf eine analytisch-distinkte Weise organisiert zu sein scheint. Schließlich erschwert es die Unterscheidung der Frauenfiguren erheblich, dass deren Bezeichnung vom Nebentextkommentar mitunter präzisiert bzw. revidiert wird. Einzig, dass es sich ausschließlich um Frauenfiguren handelt, welche die Autorin repräsentieren können, ist evident. Da die Weiblichkeit der Autorin in dem von der Rahmenhandlung präsentierten Geltungskonflikt akzentuiert wird, ist zu folgern, dass die selbstreflexive Verhandlung von Autorschaft in *Ein Sportstück* durchaus mit geschlechtsspezifischem Anspruch erfolgt. Forschungsbeiträge, welche die Bedeutung des Geschlechts ebenfalls betonen, haben diesen Aspekt im Zusammenhang mit der Mehrstimmigkeit verallgemeinert. So konstatierte Meurer: „Dieses vielstimmige, ironisch-auktoriale Sprechen ohne Bestehen auf Ursprung und Zentrum der Rede macht die ‚Autorin' in *Ein Sportstück* als Jelineks poetologisches Modell weiblicher Rede insgesamt lesbar."[78] Leicht nuanciert lässt sich die Signifikanz

---

behaupten kann (vgl. ebd., S. 96). Die JUNGE FRAU, die sowohl als engagierte Schriftstellerin wie auch als Amazone figuriert wird, bleibe mit ihren Vorstellungen vom Frauenstaat aus Models den Körpermythen des Sports und der Medien verhaftet. ELFI ELEKTRA hingegen sei eine Instanz, die „auf ihre autobiographisch-sadomasochistischen Schreibakte reduziert" sei und sich damit in Mythen der Psychoanalyse verstricke (ebd., S. 95). Janz' Interpretation, die wieder darauf abzielte, eine Mythenkritik und -destruktion Jelineks aufzuzeigen, führt aus, dass beide Typen-Figuren als problematische Verkörperungen jener Ideologie vorgeführt werden, die durch eine Vergleichgültigung der Körper auch deren Vernichtung in Kauf nimmt. Von diesen beiden Figuren, in denen Jelinek selbst an dem von ihr kritisierten Mythos der Sportgesellschaft teilhabe, hebe sie sich als DIE AUTORIN positiv ab, wenn sie an die Endlichkeit der Körper und den Mord als Schuld erinnert (vgl. ebd., S. 95).

78 Meurer, *Theatrale Räume*, S. 117. Vergleichbar heißt es auch bei Fleig: „Die Vervielfachung der Autorinnenstimme in *Ein Sportstück* bedeutet […] eine radikale Infragestellung der

der Kategorie Geschlecht auch im Zusammenhang von Autofiktion hervorheben: *Ein Sportstück* zeigt Jelinek, wie sie als Autor*in* wahrgenommen wird. Entscheidende Motivationen für ihre mehrstimmige Figurenkonzeption ließen sich dann nicht nur in einer Spur besonderer Identifikation mit anderen Frauen bzw. der Solidarität zu ihnen erkennen, sondern auch in einer auf die Rezeption zielenden Vorführung der Art und Weise, wie ihre Texte häufig gelesen wurden: so nämlich, dass hinter jeder weiblichen Figur die Autorin vermutet wurde. Der überraschende Moment im *Sportstück*, in dem sich nach den ersten gegen ELFI ELEKTRA gerichteten Pöbeleien der männlichen Figuren auch DIE FRAU als Autorin zu erkennen gibt (S 52), könnte so erklärt werden. Ein drittes Argument für die Annahme der Mehrstimmigkeit lautet schließlich, dass die Autorin nicht nur in Figurenreden, sondern auch am angestammten Platz der auktorialen Rede im Drama, also in den Regieanweisungen spricht. Wie bereits anklang, enthalten diese nicht nur Angaben zur szenischen Umsetzung des Stückes, sondern können auch als Kommentare und Reaktionen auf ihre jüngste Inszenierungsgeschichte verstanden werden. Haupt- und Nebentext haben insofern gleichermaßen Anteil am mehrstimmig strukturierten autofiktionalen Diskurs.[79]

Der grundlegende Befund, dass die Stimme der Autorin auf verschiedene Figuren aufgeteilt ist, korrespondiert mit Jelineks intertextueller Poetik. Pointiert gesagt: Mehrstimmigkeit wird im *Sportstück* sowohl figurativ als auch zitativ hergestellt. Ähnlich argumentierte kürzlich auch Fleig:

> Dem intertextuellen Schreibverfahren liegt eine profunde Skepsis gegenüber der Vorstellung eines eigenen, authentischen Sprechens zugrunde. Die Figuren artikulieren nicht mehr intentionale Sprechakte, sondern produzieren eine Mehrstimmigkeit, in der sich die Stimme der Autorin ebenso verliert wie die Fiktion souveräner und präsentischer Autorschaft. [...] Die dem traditionellen Gattungsverständnis der Autobiographie zugrunde liegende Vorstellung eines souveränen (Autor-)Subjekts, das über die Sprache als transparentes Ausdrucksmedium verfügt, wird durch das Prinzip der Selbstauflösung im Geflecht der Intertextualität unterlaufen.[80]

---

männlichen Autorschaftsposition." Fleig, *Sports Play*, S. 1998 [Übers. S.L., auf Grundlage eines unveröffentlichten Manuskripts].

79 Dass keiner der bisherigen Forschungsbeiträge, die mehrere Autorinnenfiguren unterschieden haben, auch die Instanz, die sich in den Regieanweisungen artikuliert, als Erscheinungsform der Autorin reflektiert hat, stellt einen Hinweis darauf dar, dass das Konzept der Figur bzw. die Methode der Unterscheidung verschiedener Figuren in Hinblick auf *Ein Sportstück* an eine Grenze kommt.

80 Fleig, *Sports Play*, S. 1996 [Übers. S.L., auf Grundlage eines unveröffentlichten Manuskripts].

Diese Darstellung des komplexen Zusammenhangs zwischen der Intertextualität, dem Autorschaftsverständnis und dem Subjektbegriff folgt einem weithin rezipierten Forschungsbeitrag zu Jelineks Theatertexten, den Maja Sibylle Pflüger bereits 1996 vorgelegt hat.[81] Im Anschluss an Theorien Derridas und vor allem Bachtins baute Pflüger auf der Beobachtung auf, dass Jelinek in ihren Theatertexten stets mit vorgefertigtem Sprachmaterial arbeitete und durch ihr spezifisches intertextuelles Verfahren eine Mehrstimmigkeit bzw. Dialogizität der Rede ausgestellt hat. Ihrer These nach taucht der Dialog, der als solcher in Jelineks Theatertexten nicht mehr existiere – was im *Sportstück*, wie dargelegt, jedoch nur eingeschränkt gilt –, „als strukturelles Moment des Textes verändert wieder auf".[82] Weil es keinen Dialog gebe, entfalte sich die Dialogizität der Rede: „Jelineks Theatertexte lassen sich nicht mehr auf die Autorin als einzige Produktionsinstanz beziehen, sondern öffnen sich einer Vielfalt von Beziehungen zu anderen Kontexten, welche die Zitate einbringen."[83] Da die Autorin zugleich Leserin der in ihrem intertextuellen Schreibverfahren adaptierten Texte ist, verschränken sich nicht nur Produktion und Rezeption, sondern es kommt auch zu einem grundlegenden Wandel im Verständnis ihrer Autorschaft: „[D]ie Autorin gebietet nicht als ein Souverän über ihre Sprache, sondern ist letztlich nur eine der an den Texten beteiligten Instanzen."[84]

Während ich mich diesen Ausführungen Pflügers vollständig anschließen kann, erscheint mir eine andere von ihr aus der intertextuellen Poetik abgeleitete Konsequenz als zu radikal: „Der Autor als identisches und eindeutig identifizierbares Sprechersubjekt wird […] aufgelöst. Der Dialog der Texte läßt sich letztlich nicht mehr auf Subjekte zurückführen."[85] Wenn das sprechende Subjekt, das sich eines intertextuellen Verfahrens bedient, nicht mehr als alleinige Produktionsinstanz eines Textes erscheint, sollte besser von seiner Dezentrierung gesprochen werden. Als ein zitierendes Subjekt bleibt der/die intertextuell arbeitende Autor/in jederzeit anwesend, löst sich also nicht auf. Diese Präzisierung ist wichtig, führt die Praxis zumal des unmarkierten Zitierens rezeptionsseitig doch zu einem besonderen Bedürfnis, das zitierende Subjekt zu kennen, um die Motive der Arbeit mit den Zitaten einschätzen zu können. Betrachtet man die autofiktionalen Verfahren des *Sportstücks*, durch die immer wieder betont wird, wer die Autorin dieses Textes ist, wird dieser

81 Pflüger untersuchte in ihrer Studie die Texte *Krankheit oder Moderne Frauen, Totenauberg* und *Wolken.Heim.*, vgl. Pflüger, Maja Sibylle, *Vom Dialog zur Dialogizität. Die Theaterästhetik von Elfriede Jelinek*, Tübingen/Basel 1996.

82 Ebd., S. 50.

83 Ebd., S. 44.

84 Ebd., S. 60.

85 Ebd., S. 57.

Zusammenhang potenziert. Der Effekt dieser Verfahren liegt nicht in der Auflösung der Autorin, sondern vielmehr in der Verunsicherung darüber, welches der verschiedenen Bilder ihr am ehesten entspricht und wie sie daher zu verstehen ist.

Indem Jelinek im *Sportstück* sowohl Biographeme als auch Zitate über sich autofiktional verarbeitete, hat sie jene autobiographische Geste überschritten, die zu einer konventionellen Selbstpräsentation führt und deren performative Botschaft schlicht lautet: ‚So bin ich.' Nicht dass ihr Text diese Botschaft nicht enthalten würde, stellt dabei den entscheidenden Unterschied zur klassischen Autobiographie dar, sondern dass er noch mehr sagt. Die Selbstbeschreibung, die Jelinek im Text gibt, ist nämlich nicht abzugrenzen von einer anderen performativen Aussage: ‚So werde ich gesehen, dafür hält man mich.' Sucht man nach einem allgemeinen poetologischen Prinzip, das den verschiedenen Verfahren zugrunde liegt, die im *Sportstück* zur Anwendung kommen, so findet sich dieses am ehesten in der Verwischung der Grenze zwischen Produktion und Rezeption, zwischen Fremd- und Selbstzuschreibung. Eine Rede, die diese Verwischung betreibt, bezeichne ich als unsouverän. Dies sei nun mit einem erneuten Blick auf den Anfang des *Sportstücks* illustriert.

Wie wichtig der Aspekt der Autofiktion für *Ein Sportstück* ist, wird schon dadurch angezeigt, dass die Autorin hier an allererster Stelle steht. Mit ihrem Auftritt beginnt der Text. Bemerkenswert ist, von ihren konkreten Forderungen nun abgesehen, vor allem der pronominale Wechsel, den die erste lange Regieanweisung in Szene setzt: „*Die Autorin gibt nicht viele Anweisungen, das hat* sie *inzwischen gelernt. Machen Sie was Sie wollen. Das einzige, was unbedingt sein muß, ist: griechische Chöre* [...]. *Was ich vom Chor will, ist folgendes:* [...]" (S 7; Herv. S.L.) Der auffällige Wechsel zwischen Beobachtungs- und Sprechposition markiert den ersten Bruch mit einer konventionellen autobiographischen Rede. Dass Rezeptions- und Produktionsperspektive gleichberechtigt nacheinander figuriert werden, lässt sich dahingehend deuten, dass Jelinek für ihre Selbstbeschreibung keine Souveränität beansprucht. Der Form nach baut die auktoriale Rede auf Fremd- wie Selbstzuschreibungen gleichermaßen auf. Dabei erschüttert der Perspektivwechsel nicht den Inhalt der Anweisungen, sondern dezentriert lediglich das Subjekt, das sie gibt: Spricht die Autorin oder wird über sie gesprochen?

Das poetologische Prinzip, die Grenze zwischen Selbst- und Fremdzuschreibungen zu verwischen, hat Konsequenzen sowohl für die Gattung der Autobiographie als auch für den Begriff des Subjekts. Insbesondere stellt es den hegemonialen Status infrage, der dem „Ich" in der Selbsterzählung für gewöhnlich zugesprochen wird. Im Einzelnen werden hier Fragen wie die folgenden aufgeworfen: Mit welchem Recht wird dem Ich eine erhabene, gar die einzig vollständige Einsicht über die eigene Person zugestanden? Inwiefern ist es legitim, das Urteil der Anderen gegenüber dem eigenen abzuwerten und nur eingeschränkt gelten zu lassen? Hat man irgendein Mittel, die Qualität anderer Urteile über die eigene Person zu bewerten, gar das Recht, negative bis abfällige abzutun? Stellt es nicht immer eine Anmaßung dar, über die Urteile der Anderen zu urteilen, statt einfach eine eigene Ansicht zu präsentieren, selbst dann, wenn das, was beurteilt wird, die eigene Person ist? Kurzum: Warum und mit welchem Recht geht man gemeinhin davon aus, in einer Selbsterzählung sei die Ich-Perspektive gegenüber anderen privilegiert?

Diese Fragen zielen auf die legitime Vormachtstellung des Subjekts ab, das von sich Rechenschaft gibt. Es geht also nicht darum, das über sich selbst Auskunft gebende Subjekt abzulösen oder gar zu ignorieren, sondern lediglich darum, auch die Urteile Anderer über dieses Subjekt anzuerkennen. Nicht zuletzt, weil die Urteile der Anderen auf Selbstreflexionen Einfluss nehmen, ist die Gültigkeit einer Selbstbeschreibung auch in ihrem Licht zu prüfen. Daher kommt es darauf an, ihnen nicht von vornherein eine geringere Geltung zu geben. Wie gesagt: Das Subjekt ist nicht aufgelöst, sondern dezentriert. Jelinek spricht im *Sportstück* über sich, aber sie spricht nicht allein.

In diesem Sinne ließe sich ihre Mehrstimmigkeit auch auf verschiedene Arten zurückführen, wie sie als Autorin angesprochen wird. Nach dem Eingangsmonolog von ELFI ELEKTRA ergreift die Autorinnenfigur im Anschluss und häufig auch in Reaktion auf männliche Figuren das Wort. Dabei hängt ihr Auftritt davon ab, ob sie zuvor beschimpft oder bevormundet wurde. Dass die Autorinnenfigur nicht als ein Charakter, der unterschiedliche Gefühlslagen und Situationen erlebt, sondern dissoziativ dargestellt wird, verweist mithin auf ihre Daseinsweise in Beziehungen.[86] Meiner Deutung zufolge hob Jelinek, indem sie hier ein unsouveränes Bild von sich zeichnete, also hervor, dass sie als Autorin nicht autonom, sondern nur in den Verhältnissen zu Anderen existiert. Dabei sind diese Anderen so unterschiedlich und stellen so unterschiedliche Erwartungen an sie, dass es ihr nicht gelingen kann, allen zugleich zu entsprechen.

Diese abstrakteren Überlegungen seien im Folgenden wiederum am Text konkretisiert. Dazu soll ausgeführt werden, inwiefern sich Jelinek in ihrer literarischen Selbstinszenierung in Abhängigkeit von anderen am Theater beteiligten Akteuren dargestellt hat. Diese Abhängigkeiten können als

---

86 Das Deviante ihres sprachlichen Verfahrens hat Jelinek in ihrem Stück *Schnee Weiß* später auch selbst herausgestellt: „Ich rede irre, ich weiß. Wenn man nicht weiß, wer spricht, ist alles irrsinnig, behaupte ich, weil ich es nicht beschreiben kann." Jelinek, Elfriede, *Schnee Weiß*, 2019, online verfügbar: www.elfriedejelinek.com/fschneeweiss.htm.

normalerweise implizit bleibende Voraussetzungen gelten, die durch die metadramatische Konzeption des *Sportstücks* jedoch zu einem Gegenstand des dramatischen Geschehens erhoben werden. Es wird nun genauer beleuchtet, wie das Verhältnis der Autorin einerseits zum Regisseur/zur Regisseurin, andererseits zum Publikum bzw. den Lesenden charakterisiert wird.

5.3.2 *Jelineks Verhältnis zu dem/der Regisseur/in*

Das Verhältnis, das Dramatiker/innen zu Theaterregisseur/innen haben, ist idealerweise das einer professionellen Kooperation, die auf einem Vertrauensverhältnis mit wechselseitiger Toleranz aufbaut. Dramatiker/innen sollten davon ausgehen können, dass Regisseur/innen, wenn sie sich ihrer Werke annehmen, diese auch in ihrem Sinne inszenieren. Dieser Allgemeinplatz wird hier erwähnt, um hervorzuheben, dass im Falle Jelineks von einem solchen Vertrauensverhältnis zu Zeiten des *Sportstücks* kaum noch gesprochen werden kann. Das Verhältnis, das Regisseure zu ihr als Autorin der von ihnen inszenierten Texte pflegten, scheint bisweilen eher durch agonale als kooperative Züge geprägt gewesen zu sein (vgl. Kap. 5.1.1). Es steht zu vermuten, dass sich diese Agonalität grundlegend auf die Art, wie Jelinek ihre für das Theater bestimmten Texte verfasste, ausgewirkt hat. Insofern ließe sich *Ein Sportstück* auch als eine Verarbeitung jener Erfahrung verstehen, die Jelinek zumal mit der *Raststätte*-Inszenierung von Frank Castorf gemacht hat. Vorschnell darüber urteilen, welchen Charakter diese Verarbeitung hat, sollte man allerdings nicht.

Schon der Name Elfi Elektra lässt sich als Referenz auf die *Raststätte*-Inszenierung und die darin vorgeführte Autorinnenpuppe mit ihrer ikonischen Haartracht verstehen. Die diminuierte Form des Vornamens passt zu den mädchenhaften Zöpfen; Elektra dagegen zum Selbstbewusstsein, das die aufgestellte Tolle repräsentiert. Darüber hinaus lassen sich mehrere Passagen im Text ausmachen, die explizit auf Castorfs Inszenierung Bezug nehmen. Dezidierte Anspielungen finden sich etwa im Mittelteil des Stückes, in dem die [JUNGE] FRAU, die mit dem SPORTLER im Dialog steht, als Autorin spricht. Aus der noch relativ allgemeinen Beleidigung des Mannes: „Du Sinnentblößte, wie monoton du bist, ich höre dich jetzt seit dreißig Jahren immer dasselbe sagen!“ wird hier in einer paronomastischen Variation die konkrete Anschuldigung: „Du unsinnlich Entblößte! […], aber andre Frauen durch Vorwürfe aufhetzen, das kannst du!“ (S 120) Wie eingangs bemerkt, haben Castorfs Schauspieler/innen der Puppe die Kleider weggerissen. Durch die Ausstellung ihres blinkenden Intimbereichs wurde die Autorin in Gestalt dieser Puppe in der Tat unsinnlich entblößt. Auch die [JUNGE] FRAU rekurriert auf diesen Moment in der Inszenierung. Man erinnere sich, dass der Auftritt der Puppe durch eine vom Band kommende Stimme synchronisiert wurde, die mechanisch stereotypisierte Jelinek-Aussagen (‚Aufhetzungen anderer Frauen') wiederholte. Im *Sportstück* heißt es nun: „Weshalb nur schweife ich dauernd ab und blicke zurück, um immer wieder dieses Vorwurfs-Demoband abzuspielen?" (S 116) Die scheinbar selbstkritische Frage der [JUNGEN] FRAU zeigt sich entsprechend gleichzeitig als Ausdruck einer nachhaltigen Kränkung, die der Rückblick auf jene Szene für sie reaktualisiert.

Zum Ende des *Sportstücks* nimmt auch die AUTORIN auf die *Raststätte*-Inszenierung Bezug, wenn sie sagt: „Bitte lassen Sie mich einmal wenigstens ausreden!" (S 184) Bei Castorf bekam die Autorin in Gestalt ihrer Puppe ebenfalls einen Schlussmonolog, der allerdings nur endete, indem das Publikum ihre in Dauerschleife abgespielte Tonbandaufnahme überklatschte. Nun wehrt sich die AUTORIN sichtlich gegen ein solches, nicht von ihr herbeigeführtes Ende:

> Und Sie müssen sich das alles anhören. Tut mir leid. [...] Ich sehe, Sie wollen längst applaudieren, doch mit meinen schrillen Rufen halte ich Sie zurück. Mein Gebrüll übertönt die Menge. Sie haben schon längst Schweigen geboten, und ich will immer noch, daß mich alle hören sollen. (S 187)

Die so eigentümlich zwischen ironischem Spott und verzweifelter Beharrlichkeit oszillierende Publikumsanrede der AUTORIN erweist sich als ein Moment emphatischer Identifikation mit der Puppe. Castorfs Konzept eines überlangen Schlussmonologs wird dabei selbstbewusst und provokant noch einmal überboten.

Diese Anspielungen lassen es legitim erscheinen, auch die schon zitierten ambivalenten Regieanweisungen dezidiert als Reaktionen auf Castorfs Inszenierung zu verstehen. Es sei noch einmal an diese Gleichgültigkeit artikulierenden Kommentare erinnert: *„Machen Sie was Sie wollen."* (S 7); *„Man kann es aber auch ganz anders machen. Das ist nur eine Möglichkeit unter vielen anderen, jede ist mir recht."* (S 17); *„Man kann auch die beiden großen Monologe miteinander verschränken, je nach Lust und Liebe."* (S 75). Im Vergleich zu den vorher angeführten Passagen, die eher spielerisch auf einzelne Momente der *Raststätte*-Inszenierung Bezug nahmen, wird in diesen Regieanweisungen das Verhältnis der Autorin zum Regisseur direkt thematisiert. Selbst wenn diese in ihrem Tonfall ironisch wahrgenommen werden können und sich somit vermuten ließe, dass der Autorin Fragen der inszenatorischen Realisierung ihres Textes keineswegs „egal" sind, bleibt davon doch ihre Einsicht unberührt, dass der Regisseur nicht dazu gezwungen ist, ihre Gestaltungsvorschläge umzusetzen, sondern auch eigene Wege bei der Umsetzung ihres Stückes gehen kann. Die Nebentextkommentare geben mithin zu verstehen, dass der Autorin bewusst ist, dass die Geltung ihres auktorialen Wortes durch das Handeln des Regisseurs beschränkt wird. Kraft seiner eigenen Autorität als einem entscheidend an der Aufführung beteiligten Akteur untergräbt der Regisseur per se die Souveränität der Autorin.

Es ist bemerkenswert, dass die Publikumsanrede der AUTORIN am Ende des Stücks mit einer Ansprache des toten Vaters verknüpft wird.[87] Dass die Art und Weise, wie Jelinek hier Rechenschaft ablegt, auch authentisch verstanden werden kann, dass man ihre Rede also nicht grundsätzlich als ironisch und künstlich desavouieren sollte, macht die folgende Passage klar:

> Hast du eine Ahnung, wie die Leute sich hier für mich genieren! Sie glauben, ich halte mich für Jesus, weil ich keine Ruhe gebe, obwohl auch ich längst tot bin. [...] Ich gehöre auch längst in so ein Haus[,] wo auch du warst, meinen sie. Ich bin so lächerlich, lächerlich, lächerlich. [...] Sie lachen! Sie lachen! Daß du es nur weißt. (S 186)

In einem dezidiert autobiographischen Essay griff Jelinek zwei Jahre später diese Rede wieder auf. Mit allen Zeichen der Aufrichtigkeit hat sie in *Die Puppe* ihre Erfahrung von Castorfs Inszenierung und die daraus erwachsene Reflexion beschrieben, und zwar in einer wiederum dialogischen Form: „[...] das war eine Erfahrung, das kann ich Ihnen flüstern."[88] Ein präzises Selbstzitat aus dem *Sportstück* (hier kursiv hervorgehoben) macht den Zusammenhang des Monologs mit ihrer Erinnerung an die *Raststätte*-Inszenierung evident:

---

87 Denkt man an die in der Einleitung skizzierten Überlegungen von Judith Butler, so erscheint es keineswegs zufällig, dass der Schlussmonolog der AUTORIN in Anredeszenen eingebettet ist. Bei Butler heißt es: „Rechenschaft von uns selbst legen wir stets einem – ob eingebildeten oder realen – Anderen gegenüber ab, und dieser Andere verwandelt die Anredeszene in eine ethische Beziehung, die ursprünglicher ist als der reflexive Versuch, sich selbst darzustellen. [...] Die Begegnung mit einem Anderen bewirkt eine Veränderung des Selbst, für die es kein Zurück gibt. Was im Laufe des Austauschs über ein Selbst erkannt wird, ist, dass das Selbst jene Art Wesen ist, das unmöglich in sich selbst verharren kann. Man wird *aus sich hinaus* genötigt; man stellt fest, dass der einzige Weg zur Selbsterkenntnis über eine Vermittlung führt, die sich außerhalb des eigenen Selbst kraft einer Konvention oder Norm vollzieht, die man nicht gemacht hat und in deren Licht man sich nicht als Autorin oder Handelnde eigenen Rechts verstehen kann." Butler, *Kritik der ethischen Gewalt*, S. 32, 41 [Herv. i. O.].

88 Jelinek, Elfriede, *Die Puppe*, in: *Das allerletzte Schauspielhaus Magazin. Eine Rückschau von Oktober 1993 bis Juni 2000*, Mai 2000, S. 184. Aufmerksam geworden bin ich auf den unbekannten Essay bei: Degner, Uta, *„Non, vous ne pouvez pas dire ça, madame l'auteur". Censure d'auteur chez Elfriede Jelinek*, in: Danièle James-Raoul et al. (Hg.), *La parole empêchée*, Tübingen 2017, S. 402-415.

> Sie [gemeint ist das Publikum bei einer Aufführung von *Raststätte*; S.L.] schlagen sich schon auf die Schenkel, sie hauen sich ab vor Lachen, sie klatschen bereits, dass es endlich aufhört, er ist eindeutig zu lang der Schluss, aber es hört nicht auf, dass sie mich da fahren sehen, von Monica Bleibtreus Stimme auf dem Laufband durchdrungen, tief, guttural, schön, *lächerlich, lächerlich, lächerlich.* [...] *Sie lachen. Sie lachen* nicht über das, was ich sage, sie lachen über mich. Also das ist schon hart.[89]

Jelineks Essay beginnt *in medias res*: „Es war damals sehr zwiespältig für mich, mich in Frank Castorfs genialer Hamburger Inszenierung meines Stückes ‚Raststätte ...' so lächerlich gemacht zu sehen."[90] Im Folgenden beschrieb sie eine Erkenntnis, zu der sie durch das Betrachten der Aufführung gekommen sei. Hatte sie bisher geglaubt, ihr liege nichts an ihrer Selbstdarstellung, so fragte sie sich nun, angeregt durch die Arbeit des Regisseurs, ob ihr nicht im Gegenteil schon immer daran gelegen war, sich zu zeigen, und zwar als Verborgene. Im Hinblick auf *Ein Sportstück* ist es nicht nur wichtig festzuhalten, dass ihr Essay *Die Puppe* statt schlichter Kränkung vielmehr eine ernsthafte Auseinandersetzung mit Castorfs Inszenierung belegt; es ist auch besonders interessant zu sehen, wie ihre Selbstreflexion hier formal gestaltet ist:

> Das interessiert *mich* als Demütigungsspezialistin, [...] dass sich da *eine*, indem sie viel Zeit und Mühe aufwendet, eine Verborgene zu sein, zurückzuweichen, gerade in diesem Zurückweichen plötzlich ‚aufzumachen' scheint, aber dieses aufmachen [sic!] ist nur Aufmachung, man erkennt *mich* ja schon an dieser Haartolle über der Stirn. *Sie* scheint sich also aufzublähen, übergross [sic!] zu werden, diese Expertin für vermischte Demütigungen aller Art [...]. Vielleicht stimmt es eben gar nicht, dass *ich* zurückweichen möchte? Mache ich mir selbst etwas vor, und hat der Regisseur da etwas gesehen, nämlich: Dass das nicht wirklich stimmt [...].[91]

Das markante Changieren zwischen Sprech- und Beobachtungsperspektive erinnert deutlich an den Beginn des *Sportstücks*. An dieser Stelle trägt es der Differenz zwischen der Autorin auf der Bühne und jener „wirkliche[n] Autorin im Publikum"[92] Rechnung, wird gleichzeitig aber auch als paradigmatische Bewegung von Jelineks Selbstreflexion kenntlich. Mithin verdeutlicht der Essay *Die Puppe* nicht nur, dass *Ein Sportstück* zumindest in Teilen als Jelineks Verarbeitung der Erfahrung mit der *Raststätte*-Inszenierung zu sehen ist, sondern auch, dass das poetologische Prinzip des Stückes, die Grenze

---

89 Jelinek, *Die Puppe*, S. 184 [Herv. S.L].
90 Ebd.
91 Jelinek, *Die Puppe*, S. 184 [Herv. S.L.].
92 Ebd.

zwischen Selbst- und Fremdwahrnehmung zu verwischen, ein genuines Charakteristikum der Selbstreflexion der Autorin darstellt. Die pauschale Zurückweisung einer autobiographischen Lesart ist für *Ein Sportstück* also nicht angemessen. Dass im Forschungsdiskurs hinsichtlich der autobiographischen Qualität von Jelineks Schreiben bisher vor allem Zweifel geäußert wurden, muss vor allem als eine reflexartige Abwehr des Vorurteils verstanden werden, dass Schriftstellerinnen nichts anderes als Autobiographien zustande brächten. Man kann sich fragen, ob die damit reproduzierte Abwertung der Gattung der Autobiographie wirklich gerechtfertigt ist.

Dass sich Jelinek im *Sportstück* durch eine mehrstimmige Autorinnenfigur literarisch inszeniert hat, gewinnt durch die Verhältnisbestimmung der Autorin gegenüber dem/der Regisseur/in, die das Stück vornimmt, eine weitere Bedeutungsfacette. Denn der Umstand, dass sie nicht allein spricht, verweist in diesem Sinne auch auf die Wirkmacht anderer an den Aufführungen beteiligter Akteure. Ihr Text macht explizit, dass maßgeblich der/die Regisseur/in die Art, wie sie als Autorin wahrgenommen wird, beeinflussen und lenken kann. Wenn es an Stellen so scheint, als ob die Autorin dadurch gekränkt wäre und versuchen würde, sich gegen diesen Einfluss provokant zu behaupten, so legen andere Stellen nahe, dass sie sich mit vom Regisseur verantworteten Fremdzuschreibungen durchaus identifizieren kann, wenn sie diese für ihre Selbstinszenierung übernimmt. Unter der Voraussetzung, dass ihre Stücke an den großen Bühnen aufgeführt werden sollten, wo das Regietheater zu dieser Zeit vorherrschte, hatte Jelinek letztlich keine Wahl, als sich mit dem Mitspracherecht des Regisseurs/der Regisseurin zu arrangieren. Diese Abhängigkeit von den zumeist männlichen Regisseuren wird von ihrer mehrstimmig angelegten Selbstinszenierung immerhin sichtbar gemacht. Die metadramatische Konzeption stellt in diesem Sinne aus, dass sie im Hinblick auf die Realisation ihres Theaterstücks nicht allein das Sagen hat.

5.3.3 *Jelineks Verhältnis zum Publikum und den Lesenden*

Neben dem Verhältnis zu dem/der Regisseur/in, der/die direkt auf die Art und Weise Einfluss nehmen kann, wie die Autorin eines dramatischen Stückes wahrgenommen wird, zumal wenn sie sich diesem in Form einer Autorinnenfigur autofiktional eingeschrieben hat, wird im *Sportstück* noch ein anderes Verhältnis thematisiert, das eine souveräne Selbstdarstellung ausschließt. Dies ist das Verhältnis der Autorin zum Publikum bzw. den Lesenden, allgemein gesprochen: zu den Akteuren und Akteurinnen der Rezeption. Zentral äußert sich deren Einfluss in Form von Erwartungen an das Schaffen der Autorin, die auf die verbreiteten Autorimagines zurückgehen. Konkret regulieren diese Erwartungen nicht nur retrospektiv, ob autobiographische Darstellungen auch als solche erkannt bzw. anerkannt werden, sondern auch prospektiv die Gestaltung von Werken, insofern sie von Autor/innen antizipiert werden.

Die Darstellung der selbstreflexiven Rahmenhandlung des *Sportstücks* hat ergeben, dass Erwartungen eine große Rolle im Diskurs der mehrstimmigen Autorinnenfigur spielen. Mehrfach expliziert sie solche bezüglich ihrer Autorschaft (Stichwort: Engagement) und geht auf Vorurteile bezüglich ihrer Person ein. Vor diesem Hintergrund lässt sich ebenso schon am Namen der zuerst auftretenden Figur eine Reaktion Jelineks auf Publikumserwartungen erkennen, wie sie schon Fleig in Form einer Frage prägnant zum Ausdruck brachte: „Hat Jelinek nach der großen Abrechnung mit ihrer Mutter in der verklausulierten Autobiographie *Die Klavierspielerin* mit *Ein Sportstück* ein Schlüsseldrama verfasst, in dessen Zentrum nun das Verhältnis zum Vater steht?“[93] Als antike Figur ist Elektra, Tochter von Agamemnon und Klytämnestra, aus der *Orestie* des Aischylos bekannt (etwas später widmeten Sophokles und Euripides ihr eigene Stücke; sehr viel später u. a. Hugo von Hofmannsthal).[94] Ihre Verbindung mit Jelinek wird primär durch die beiden gemeinsame familiäre Konstellation nahegelegt, in der es „einen toten Vater zu beklagen und eine Mutter anzuklagen“[95] gibt, wie es auch in ELFI ELEKTRAS ersten Sätzen anklingt. Insofern geht mit der Namenswahl auch eine thematische Setzung einher, die für die Behandlung ihrer Autobiographie einen klaren Akzent setzt.

Auf die Auseinandersetzung mit dem Verlust des Vaters wird nicht nur zu Beginn angespielt, sie wird auch später wiederaufgegriffen und kann damit als zentrales Motiv des Stückes (bzw. seiner Rahmenhandlung) gelten. Der autobiographische Gehalt dieses Motivs scheint zunächst evident, denn anhand mehrerer Details aus der Beschreibung des Vaters im Stück lässt sich hier Jelineks eigene Geschichte wiedererkennen.[96] Außerdem trägt vor allem der Schlussmonolog der AUTORIN teilweise bekenntnishafte Züge: „Und ich habe

93 Fleig, *Sports Play*, S. 1996 [Übers. S.L., auf Grundlage eines unveröffentlichten Manuskripts].

94 Vogel setzte sich ausführlich mit der *Orestie* als Prätext und dem antiken Vorbild von ELFI ELEKTRA auseinander. Des Weiteren weist sie auch auf Einar Schleefs kurz vor dem *Sportstück* erschienenen Essay *Droge Faust Parsifal* hin, der mit seiner Charakterisierung der antiken Elektra ein weiteres Motiv für Jelineks figuraler Verschränkung geliefert hat: „In Elektra, die allen Drohungen zum Trotz nicht zu reden aufhört, erkennt er [Schleef; S.L.] die Repräsentantin einer dramatischen Kultur, die den Ausschluß der Frau aus dem zentralen dramatischen Konflikt noch nicht als gegeben voraussetzt.“ Vogel, Juliane, *Elektra vor dem Palast. Jelinek und die Atriden*, in: Martin Vöhler/Bernd Seidensticker (Hg.), *Mythenkorrekturen. Zu einer paradoxalen Form der Mythenrezeption*, Berlin/New York 2005, S. 437-448, hier: S. 439.

95 Mayer/Koberg, *Porträt*, S. 220.

96 Vgl. Fleig, *Sports Play*, S. 1995f.

selber dabei mitgemacht, als mein Papa umgebracht worden ist. Das wollte ich Ihnen jetzt, da wir allein gemütlich beieinander sind, noch einmal sagen.“ (S 184) Dass der Schein der Authentizität trügen könnte, wird erst erkennbar, wenn man feststellt, dass auch diese aufrichtig anmutenden Aussagen intertextuell vermittelt sind und teilweise auf fremdem Sprechmaterial beruhen.[97] Ebenso gut könnte man daher sagen, dass das Bekenntnishafte ihres Monologs darauf abzielt, eine Rezeptionshaltung bloßzustellen, die es auf eben solche intimen Verlautbarungen abgesehen hatte.

Indem also wieder einmal zwei konträre Bilder der Autorin aktiviert werden (die authentisch-verletzliche *vs.* die maskiert-kritische Autorin), wird auch an dieser Stelle die für Autofiktion charakteristische Unschärfe realisiert. Entsprechend lässt sich die Authentizität der Aussagen der Autorinnenfigur bezüglich ihres Vaters sehr unterschiedlich einschätzen und hängt wesentlich vom Vorwissen der Rezipierenden ab. Entscheidend ist, dass diese Abhängigkeit wiederum von nachrangiger Bedeutung ist, wenn man in Rechnung stellt, dass Jelinek grundlegend, indem sie ihr Verhältnis zum Vater thematisierte, ein öffentliches, wiederholt an sie herangetragenes Interesse bedient hat.[98] Schon in dem bekannten ersten Interview, das André Müller 1990 mit Jelinek geführt hat, ging es um ihren Vater. Auf Jelineks Aussage, dass die Schuld ihm gegenüber ihr Leben seit zwanzig Jahren bestimme, entgegnete Müller: „Da haben Sie ja das Thema, über das Sie noch schreiben könnten.“, was Jelinek zunächst abwiegelte: „Ja, aber dazu fehlt mir die Kraft.“[99] Den Erwartungen der Leserschaft zu entsprechen ist eine Geste, die dem Konzept souveräner Autorschaft entgegensteht, insofern dieses die Annahme impliziert, dass das Autorsubjekt ein isoliertes Individuum ist, das in seiner künstlerischen Entfaltung, zu der natürlich auch die Wahl des Stoffes gehört, frei ist. Die Darstellung der Publikumsbezogenheit betont dagegen die sozialen Rahmungen, in die das Kunstschaffen eingebettet ist. In ihrem ambivalenten resignativ-provokanten Duktus ist ELFI ELEKTRA, was dies angeht, sehr deutlich: „Immer brauche ich Publikum!“ (S 173)

---

97 Vgl. ebd., S. 1996. Die Verarbeitung des Gedichts *Daddy* (1962) von Sylvia Plath ist an dieser Stelle allerdings marginal. Plath, Sylvia, *Daddy/Papi*, in: Dies., *Ariel. Gedichte deutsch und englisch*, übers. v. Erich Fried, Frankfurt a. M. 1974, S. 106f. Im *Sportstück* ist dieser intertextuelle Bezug weniger auffällig als in Jelineks später geschriebenem Dramolett *Die Wand*, das denselben Prätext variiert. Vgl. Jelinek, Elfriede, *Der Tod und das Mädchen V (Die Wand)*, in: Dies., *Der Tod und das Mädchen I-V. Prinzessinnendramen*, Berlin 2003, S. 101-143.

98 Vgl. Mayer/Koberg, *Porträt*, S. 219.

99 Müller, André, [Interview mit E.J.] *Ich lebe nicht*, in: *Die Zeit* (22.06.1990), online verfügbar: www.elfriedejelinek.com/andremuller/elfriede%20jelinek%201990.html.

Wie weitreichend der Einfluss des Publikums ist, lässt sich auch an dem Dialog zwischen der JUNGEN FRAU und dem SPORTLER aufzeigen. In ihrem Austausch geht es maßgeblich um die Frage des Stils. Nicht nur selbstreflexiv, sondern auch erstaunlich defensiv verteidigt die JUNGE FRAU ihren Stil, der einerseits Ausdruck persönlicher Insuffizienz, andererseits grundlegend auf das Publikum bezogen sei. Die Ausdrucksvariationen, die sie im Dialog mit dem SPORTLER durchspielt, gipfeln in einem humorvollen Kleist-Pastiche, der die allgemein in diesem Abschnitt gehäuften intertextuellen Verweise auf *Penthesilea* zuspitzt:[100]

> Still auch, auf diese Tat, wards. Kein Laut vernahm sich, als der Bogen nur, der aus der Hand, geöffnet im Entsetzen, der Priesterin, wie jauchzend, niederfiel. Das kriege ich nie hin! Er stürzt', der große, goldene, des Reichs, und klirrte, von der Marmorstufe, dreimal, mit dem Gedröhn der Glocken, auf, und legte, stumm wie der Tod, zu ihren Füßen sich. Hierauf ward ihr die Krone aufgesetzt. Wenn ich das versuchen würde, dann zeigten mir die Leute sofort ihre glatten kalten Schultern. (S 119)

Nicht nur die eingeschobene Klage, „Das kriege ich nie hin!", vor allem der Verweis auf das Publikum, das derartige Satzbauten wohl kaum goutieren würde, macht deutlich, dass solche Ausdrucksoptionen keine ernsthafte Alternative für sie darstellen. Auch aus Rücksicht auf den Publikumsgeschmack also versucht sie gar nicht erst, sich epigonal an Kleist zu orientieren. So artikuliert die Autorinnenfigur, dass ihr die Erwartungen an ihren eigenen Ausdruck bewusst sind und sie diesen zu einem gewissen Grad zu entsprechen versucht. Ihr Stil versteht sich also nicht im Sinne einer souveränen Behauptung, da er antizipativ auf Publikumserwartungen bezogen ist. Gerade der Stil, der in der hermeneutischen Tradition immerhin als Manifestation des Individuellen gesehen wird, wird so als Schnittstelle zwischen der Schriftstellerin und ihrem Publikum in Szene gesetzt.

Die Wirkungsabsicht einer Entsprechung lässt sich auch identifizieren, wo sich die Autorinnenfigur selbst charakterisiert. Bei der Darstellung der selbstreflexiven Rahmenhandlung wurde schon darauf aufmerksam gemacht, dass die von ELFI ELEKTRA in ihrer Selbstcharakterisierung benannten Motive im weiteren Stückverlauf durch die anderen Figuren aufgegriffen und variiert werden. Ergänzend ließe sich nun annehmen, dass ELFI diese Urteile über sich in Anbetracht der anderen Figuren praktisch nur vorwegnimmt. Für

100 Zu einer anderen Deutung kam Christina Schmidt, die in dieser Szene eine „Parodie des Geschlechterkampf-Motivs" erkannte. Schmidt, Christina, *Tragödie als Bühnenform. Einar Schleefs Chor-Theater*, Bielefeld 2010, S. 51.

diese Annahme spricht, dass es an jenen Stellen, wo Differenzen zwischen der Selbstwahrnehmung der Autorinnenfigur und den Urteilen anderer Figuren über sie zutage treten, stets zur Unterdrückung ihrer eigenen Auffassung kommt. Den Konflikt um die Geltung der Autorin können, zumindest bis zu ihrem ambivalenten Auftritt zum Schluss, die männlichen Figuren für sich entscheiden.

Wenn man die Annahme teilt, dass Jelinek in Gestalt der Autorinnenfigur ein Bild von sich selbst entwirft, so lässt sich das Verhältnis zwischen der Autorinnenfigur und den männlichen Figuren, die synekdochisch das sie bewertende Publikum repräsentieren, in Analogie setzen zu den realen Akteuren und Akteurinnen dieses Geltungskonflikts. Diese Analogie liegt auf der Hand, sind doch die Eigenschaften, die ELFI ELEKTRA sich selbst zuspricht und die ihr später von anderen Figuren zugeschrieben werden, weitgehend bekannt als Aspekte von Jelineks Bild. So kann der Verdacht aufkommen, dass man es bei der gesamten, auf bestimmten Erwartungen aufbauenden literarischen Selbstinszenierung als ELFI ELEKTRA weniger mit einem authentischen Selbstbild der Autorin als vielmehr mit einer Rückspiegelung der Projektionen zu tun hat, welche die Rezeption von Jelineks Werk im Publikum ausgelöst hat. Zu dieser Einsicht kam jedenfalls Vogel, die konstatierte:

> Elfi Elektra kann als die verkörperte Konsequenz auf das Medienecho Jelinekscher Texte gelesen werden. Voraussetzung ihrer Konzeption ist die Abweisung ihres Werkes durch die Presse, welche der Autorin und ihren Texten in steigendem Maße Nichtigkeit, Wirkungslosigkeit und politischen Anachronismus attestiert.[101]

Diese Einsicht lässt sich dahingehend präzisieren, dass sich jene beiden großen Autorimagines, die sich schon in den Rezeptionszeugnissen zu Jelineks *Klavierspielerin* verfestigt haben, in der Selbstcharakterisierung von ELFI ELEKTRA wiederfinden. Einerseits wird durch die Namenswahl das Bild von Jelinek als Tochter aufgerufen, deren Erziehung in künstlerischer Hinsicht zu Genialität, in psychisch-moralischer jedoch zu Devianz geführt hat. Diesem eher privaten Bild ist andererseits das der Autorin als „öffentliche[r] Anklägerin" (S 64) entgegengesetzt. In der Erwartung ihres Engagements, in ihrem Habitus des

---

101 Vogel, *Elfriede Jelinek und die Atriden*, S. 442. Ähnlich bilanzierte zuvor Karin Cerny in ihrer Rezension: „Die Autorin [...] zieht gewissermaßen das, was sonst außerhalb des Textes passiert, konsequent in den Text hinein: die Beschimpfungen, denen Elfriede Jelinek selbst ausgesetzt war und ist." Cerny, Karin, *Elfriede Jelinek: Ein Sportstück*, in: *Literaturhaus Wien* (28.01.1998), online verfügbar: www.literaturhaus.at/index.php?id=2625.

Vorwürfemachens und Bedenkenäußerns spiegelt sich das Bild von Jelinek als Gesellschaftskritikerin. Mithin, so könnte man meinen, griff Jelinek mit ihrer Selbstcharakterisierung in Gestalt von ELFI ELEKTRA auch das karikierende Verfahren auf, mit dem im öffentlichen Diskurs über sie gesprochen wurde.

Im Vergleich von ELFI ELEKTRAS Selbstcharakterisierung mit Jelineks öffentlichem Bild fällt allerdings auch auf, dass ein prominentes Element fehlt. Etwaige sexuelle Perversionen Jelineks spielen bei ELFI nämlich keine Rolle, obwohl doch gerade dieser Aspekt, der sich mit der Rezeption von *Lust* im Bild der Autorin eingeschrieben hat, durch Castorfs *Raststätte*-Inszenierung betont wurde. Aus diesem Grund scheint es überzogen zu sagen, dass Jelinek für die Gestaltung ihrer Figur ELFI ELEKTRA *nur* Elemente ihres öffentlichen Bildes aufgegriffen hätte. Die Auslassung von Vorurteilen, die in Bezug auf ihre vermeintliche Perversion bestehen, muss als durchaus bewusste Vermeidung der Reproduktion auch dieses Bildes verstanden werden, also als Indiz dafür, dass sich auch ihr Selbstbild hier zu einem gewissen Teil manifestiert hat.

Somit zeigt sich, dass auch die Charakterisierung, welche die Autorin im Stück von sich gibt, als unsouveräne Rede zu betrachten ist. Statt dass darin nur Fremdzuschreibungen übernommen wären, sind diese mit Selbstzuschreibungen verschränkt, wie es die signifikante Auslassung von Eigenschaften zeigt, die ihre Sexualität betreffen. Buchstäblich versteht sich ihr Verfahren einer Rückspiegelung von Projektionen daher als ein Prozess der Reflexion ihr gemachter Vorwürfe, in dem sie sich mit diesen auseinandersetzt, ähnlich wie es schon der Essay *Die Puppe* in Bezug auf Castorfs Bild von ihr zu verstehen gab. Bei dieser Reflexion sind Fremd- und Selbstzuschreibungen letztlich ebenso wenig zu trennen wie später im gesamten Stück, wenn die anderen Figuren die Motive ihrer Charakterisierung wiederaufgreifen. Damit verschärft sich hier jene bereits an der ersten Regieanweisung beobachtete gleichrangige Behandlung von Sprech- und Beobachterperspektive. Während eine souveräne Selbstdarstellung die Vormacht des Selbstbildes und die ausschließliche Geltung dessen, was man sich auch selbst zuschreibt, illustrieren würde, führt Jelineks literarische Selbstinszenierung vor, wie sich eigene und fremde Zuschreibungen in einer Person verbinden können. Theoretisch zugespitzt: Subjektkonstitution wird als Prozess wechselseitiger Prägung sichtbar gemacht. Demnach gibt es sehr wohl eine Autorin; nur ist diese von der Art und Weise, wie sie wahrgenommen wird, nicht unabhängig. Und wenn sie versucht, die Erwartungen der Lesenden zu antizipieren, oder sich gar wünscht, dem Publikum zu entsprechen, so sind dies nur konkretere Formen jener allgemeinen Wirkung, die das Publikum und ihre Lesenden auf sie haben.

***

Das Bild, das Jelinek im *Sportstück* von sich selbst gezeichnet hat, lässt die Autorin nicht einfach verschwinden. Die Verfahren, die ihre literarische Selbstinszenierung kennzeichnen – Autofiktion, Mehrstimmigkeit und Intertextualität –, zielen nicht auf einen „Tod" der Autorin oder ihre „Auflösung" im Geflecht der Zitate. Vielmehr verwischt ihre unsouveräne Rede nur die Grenze zwischen den Perspektiven der Produktion und Rezeption bei ihrer eigenen Darstellung, verschränkt ihr Selbstbild mit den Autorimagines ihrer Lesenden. Zwischen der Art und Weise, wie Jelinek sich selbst sieht, und jener, wie sie gesehen wird, wird also nicht hierarchisch unterschieden, was innerhalb der autobiographischen Gattung eine erhebliche Aufwertung der Urteile Anderer bedeutet. Dass Jelineks Konturen im Text entsprechend vage bleiben, führt das Stück konkret auch auf die Wirkung von Verhältnissen zurück, welche zwischen der Autorin und den anderen am Theater beteiligten Akteuren und Akteurinnen bestehen, die auf ihre Selbstdarstellung Einfluss nehmen. Die Wirkungen dieser Verhältnisse lassen sich im Sinne von Voraussetzungen verstehen, auf deren Sichtbarmachung und Reflexion das Metadrama abzielt.

5.4 Kein Plural. Das Bild Jelineks in der literaturwissenschaftlichen Rezeption von *Ein Sportstück*

Nachdem der vorangegangene Abschnitt Antworten auf die Frage „Wer spricht?" gegeben hat, soll nun wiederum die Perspektive leicht nuanciert werden, um zu fragen: Wer verantwortet den Diskurs des *Sportstücks*? War die Beantwortung jener ersten Frage an der Analyse der literarischen Selbstinszenierung Jelineks orientiert, so zielt die Frage nach der Verantwortung im Unterschied auf eine Bestimmung der Autorimagines, welche den Interpretationen des Textes zugrunde liegen.

Es hat sich bereits ergeben, dass Jelinek in Gestalt der Autorinnenfigur des *Sportstücks* mehrfach das Thema ihrer eigenen Verantwortung verhandelt hat. Prägnant gesagt, charakterisierte sie sich selbst als verantwortungslos bzw. wünschte sich, keine Verantwortung übernehmen zu müssen. Diese Charakterisierung ist auf doppelte Weise mit der Frage nach der Autorimago verbunden: Einerseits beeinflusst sie als Teil der literarischen Selbstinszenierung Jelineks die Konstitution jener interpretationsleitenden Vorstellung von der Autorin; andererseits kann ihre Inszenierung in Gestalt einer verantwortungslosen Autorinnenfigur aber auch als eine Reaktion auf die Rezeption ihrer früheren Werke aufgefasst werden, wenn man annimmt, dass sie die diesen Werken zugeschriebenen Bedeutungen als solche auszuweisen suchte, die sie nicht intendiert hatte. Aufgrund dieser doppelten

Verbindung soll zunächst nochmals konzise beleuchtet werden, wie genau die Zurückweisung von Verantwortung im *Sportstück* dargestellt wird, bevor die Autorimagines im literaturwissenschaftlichen Rezeptionsdiskurs des *Sportstücks* analysiert werden.

Explizit nennt ELFI ELEKTRA „Verantwortungslosigkeit" (S 12) schon zu Beginn des Stückes als letzte ihrer Eigenschaften, deren Aufzählung nahelegt, dass sie als Autorin des Stückes, das sodann als Spiel im Spiel aufgeführt wird, vielleicht nicht geeignet ist. Gemäß der unsouveränen Rede von Jelineks Selbstinszenierung bleibt dabei offen, ob sie sich die Eigenschaft der Verantwortungslosigkeit selbst zuschreibt oder damit (ironisch?) eine Fremdzuschreibung übernimmt. Ähnlich ist später auch die Rede der [JUNGEN] FRAU zu verstehen, die in ihrem Dialog mit dem SPORTLER festhält:

> Auch Unsicherheit und Angst sind aber längst Waren geworden. Super! Ich habe mir das Monopol darauf nämlich rechtzeitig gesichert und erzeuge das Bewährte immer wieder aufs neue, mit dem ich mich wichtig machen kann, weil es in Form, Größe und Haftbarkeit, letztere übernehme ich nicht!, picken Sies sich selber ans Autofenster!, genormt, gekauft und gegessen ist. (S 121)

In Form einer „Haftbarkeit", welche die Autorin nicht übernehmen will, unterliegt Verantwortung hier einer Verballhornung. Ihre Aufforderung, „picken Sies sich selbst ans Autofenster!" aktiviert die Mehrdeutigkeit des Wortes „Haftbarkeit" und bezieht es, statt auf Verantwortung, auf die Fähigkeit des „Bewährten", vergleichbar einem Strafzettel, im Sichtfeld zu verbleiben. Da die konkrete Adressierung hier offenbleibt, kann sowohl der SPORTLER als auch der/die Regisseur/in oder auch irgendein/e andere/r Rezipient/in angesprochen sein, der/die ihren Text liest oder im Publikum sitzt. Entscheidend ist, dass die Frage der Haftbarkeit durch die polysemische Wendung nicht nur banalisiert wird, sondern weiterhin auch als eine Zurückverweisung von Verantwortung, die der/die Adressat/in stattdessen selbst übernehmen soll, verstehbar bleibt.

Schließlich attestiert sich die Autorin als [JUNGE] FRAU[102] noch ein drittes Mal Verantwortungslosigkeit, wobei sie wiederum auf die doppelte Bedeutung von Haftung anspielt. Wie schon früher zitiert, bilanziert sie nach dem undurchsichtigen Redepart der ANDEREN: „Es hat mir überhaupt keine Mühe gemacht, dies alles da hinzuschreiben, aber jetzt möchte ich es doch gerne wieder loswerden." (S 167) Dass sie alles, was sie geschrieben hat, wieder „loswerden", also die Verbindung zwischen der eigenen Autorschaft und dem

102 Aufgrund einer Regieanweisung sehe ich die als „FRAU" bezeichnete Figur hier erneut als JUNGE FRAU an (vgl. S 137).

Geschriebenen lösen möchte, kann als Wunsch interpretiert werden, die Verantwortung für ihren Text abzugeben.

Im Thema der Verantwortungslosigkeit zeigt sich erneut die eingangs aufgezeigte Ambivalenz des Stückes, welche sich allgemein im zweischneidigen Diskurs der Autorinnenfigur manifestiert: So provokant es auch ist, als Autorin keine Verantwortung für den Inhalt und die Bedeutung dieses Textes übernehmen zu wollen – hinsichtlich der Gewaltdarstellung im Stück ist diese Haltung offensichtlich problematisch –, lässt ihre Aussage gleichzeitig doch auch eine Resignation anklingen, wenn man sie als Hinweis deutet, dass die Autorin von ihrem Text selbst nicht überzeugt ist. Sollte sich ihr Stück nur als Konzession an Publikationserwartungen verstehen, denen zu entsprechen ihr leichtgefallen ist, während jenes Theater, das ihren eigenen Ansprüchen gerecht würde, ihr undurchführbar schien? „Ich will […] ein anderes Theater", verkündete Jelinek schon zehn Jahre zuvor programmatisch.[103]

Anders als die Frage „Wer spricht?" lässt sich „Wer verantwortet?" nicht einseitig beantworten. Ob man sprechen will oder nicht, obliegt der eigenen Entscheidung; Verantwortung dagegen wird nicht nur übernommen, sondern muss auch zuerkannt werden. Wer nicht sprechen will, mag schweigen; wer nicht verantworten will, muss einsehen, dass es keine neutrale Handlungsoption jenseits der Verantwortung gibt. Auch im Wunsch nach Verantwortungslosigkeit bleibt man auf Andere angewiesen. Entsprechend lautet die entscheidende Frage, ob es der Autorin denn auch gelingt, ihren Text „loszuwerden" und die Verantwortung für ihn abzugeben. Auf diese Frage, die eigentlich nur von den Akteuren und Akteurinnen der Rezeption entschieden werden kann, wird auch im *Sportstück* selbst schon eine komplexe Antwort gegeben.

Es sei daran erinnert, dass ebenjener Moment, in dem die [JUNGE] FRAU ihren Wunsch nach Verantwortungslosigkeit äußert, auch das Wiederauftauchen ELFI ELEKTRAS einleitet, für die sie daraufhin pro forma Applaus fordert (vgl. S 167). Meiner an dem Denkbild von Eva Meyer orientierten Deutung zufolge zeigt diese Szene, dass der Autor*in* die Möglichkeit rein symbolischer Repräsentation verweigert wird. Mithin bleibt also bedeutend, wer das Stück geschrieben hat. In einem schlichten Sinne kann die [JUNGE] FRAU zwar loswerden, was sie geschrieben hat, indem sie das Spiel im Spiel enden lässt – die Verantwortung dafür aber bleibt ihr zuerkannt. Was im Spiel im Spiel thematisiert wird, steht also nicht für sich, sondern wird auf das Wissen um die Persönlichkeit der Autorin bezogen. Praktisch wird dabei auch die Komplexität der mehrstimmig gestalteten Figurenrede in Abrede gestellt, wenn die verschiedenen Stimmen, die sich im Spiel im Spiel äußern, in diesem

103 Vgl. Roeder, *Gespräch mit Elfriede Jelinek*, S. 156.

Moment auf eine einzige Stimme, nämlich die der Autorin ELFI ELEKTRA, zurückgeführt werden. Zu einem vergleichbaren metaleptischen Bruch kommt es sodann auch zum Ende der Rahmenhandlung noch einmal, wenn ELFI ELEKTRA nachträglich als kaum maskierte Verkörperung der AUTORIN in Szene gesetzt wird.

In der metadramatischen Konzeption des *Sportstücks* wird demnach sogar doppelt jener Moment vorweggenommen, in dem die Frage nach der Verantwortung für das Gezeigte aufkommt und von den Akteur/innen der Rezeption entsprechend der ihre Deutung leitenden Autorimago beantwortet wird. Die Analogie zwischen dem in der Rahmenhandlung dargestellten Geltungskonflikt und dem wirklichen Verhältnis zwischen Jelinek und ihrem Publikum liegt auf der Hand: So wie in der Rahmenhandlung durch die anderen Figuren nicht zur Kenntnis genommen wird, dass die Autorin ELFI ELEKTRA sich wünscht, keine Verantwortung für das von ihr Geschriebene zu übernehmen, wenn sie sie nach dem Ende des Stückes zurück auf die Bühne zerren, so wird, wie Jelinek antizipieren konnte, auch nach dem Ende des *Sportstücks* wieder ein Bild von ihr als Autorin bemüht, um ihr Werk zu deuten. Da sie gegenüber der Struktur dieser Rezeptionsweise machtlos ist, hat sie durch ihre ins Stück integrierte literarische Selbstinszenierung immerhin versucht, sie sichtbar zu machen und damit zugleich das Bild von sich zu zerstreuen. So zumindest lässt sich der massive Einsatz autofiktionaler Verfahren im *Sportstück* erklären.

Es bleibt die Frage, ob man diesen Versuch als erfolgreich ansehen kann. Wie also steht es um die Autorimagines, die sich in der Rezeption etabliert haben? Ich beschränke mich, wie angekündigt, hier auf die Rezeption innerhalb des wissenschaftlichen Diskurses. Nach den Kapiteln zur *Klavierspielerin* und zu *Lust* sowie den vorherigen Ausführungen zum *Sportstück* kann die Antwort hier knapp ausfallen: Wenngleich sich im Forschungsdiskurs die zentrale Ambivalenz des Textes als resignativem und zugleich provokativem Werk abbildet, herrscht, wenn man nach einem allgemeineren Bild der Autorin fragt, doch einhelliger Konsens: Als Autorimago hat sich zum Zeitpunkt des *Sportstücks* das Bild von Jelinek als kritischer Autorin klar durchgesetzt. Mithin zeigt sich hier kein Konflikt um ihre Geltung: Als engagierte und mit den Mitteln der Satire arbeitende Schriftstellerin, die auch sich selbst nicht schont, gilt Jelinek im literaturwissenschaftlichen Diskurs als verantwortlich für ihren Text.

Auch die akademische Rezeption des *Sportstücks* steht in der Tradition der Jelinek-Lektüren, die vor allem eine Mythenkritik und -dekonstruktion in ihrem Werk erkennen. Emphatisch hielt etwa Fleig kurz nach Erscheinen des Textes fest: „In *Ein Sportstück* bilden die fanatische Idealisierung des Sports und die

Allgegenwart des Fernsehens samt der dazugehörigen Werbung als Medium der Banalisierung die Droge, deren Einnahme die Autorin bekämpft."[104] Merklich abgeschwächt konstatierte sie rund 25 Jahre später immerhin noch, der Text verfolge das „Ziel, den strukturellen Zusammenhang zwischen Sport und Gewalt sichtbar zu machen und ideologiekritisch aufzuarbeiten"[105] Ähnlich resümierte es auch Marlies Janz, die prägnant gleich zu Beginn ihres Aufsatzes klargestellt hat, das Stück handele „vom kommerzialisierten Massen- und Hochleistungssport und seiner Ubiquität in den Medien."[106] Es lege offen, dass diese Form des Sports „die alltagskulturelle Enttabuisierung von Gewalt und die Normalisierung einer faschistoiden Körperpolitik" bewirkt.[107] Schließlich, um nur noch einen dritten Beleg für das einhellige Urteil anzuführen, hat auch Franziska Schößler in ihrer Interpretation des Stückes die Darstellung von Gewalttaten zum Zweck einer Gesellschaftsdiagnose und -kritik hervorgehoben.[108] Diesen Interpretationen ist gemeinsam, dass sie zum einen dem Dargestellten eine bestimmte, nämlich kritische Darstellungsintention durch die Autorin unterlegen sowie zum anderen die selbstreflexive Dimension des Stückes, wenn sie seine Thematik bestimmen, nicht berücksichtigen. Vor dem Hintergrund der umfassenden literarischen Selbstinszenierung ist dies ein frappierender Befund, weil man sagen könnte, dass die zur Schau gestellte Gleichgültigkeit der Autorin gegenüber der Umsetzung ihres Stückes auch von solchen Rezeptionszeugnissen plausibilisiert wird.

In der Untersuchung ihrer literarischen Selbstinszenierung konnte gezeigt werden, dass die Selbstcharakterisierung, die Jelinek in Gestalt von ELFI ELEKTRA von sich gibt, auch dieses kritische Bild betrifft. Dass sie immer aggressiv und zornig sei, gegen alles Einwände habe und nur ihre eigenen Werte gelten lasse, wird dabei nicht weniger karikiert als jenes andere Bild der verletzlichen Tochter. Letztlich problematisiert die unsouveräne Rede ihrer Selbstinszenierung, indem sie die Grenze von Fremd- und Selbstzuschreibungen unterläuft, die Vorstellung von einem souveränen Subjekt der Autorin gänzlich, sei sie nun kritisch oder anders zu verstehen. Dass man im wissenschaftlichen Diskurs, trotz der erheblichen Widerstände, mit denen der Text aufwartet, an der kritischen Lesart und damit einem bestimmten Bild der

---

104 Fleig, *Zwischen Text und Theater*, S. 98.

105 Fleig, *Sports Play*, S. 1991. [Übers. S.L., auf Grundlage eines unveröffentlichten Manuskripts].

106 Janz, *Mütter, Amazonen und Elfi Elektra*, S. 87.

107 Ebd.

108 Schößler, *Augen-Blicke*, S. 68, 79. Schößler untersuchte am *Sportstück* das Motiv der kollektiven Gewalt im Zusammenhang mit dem einzigen ausdrücklich von Jelinek genannten Prätext *Makrokriminalität* (1989) von Herbert Jäger.

Autorin festgehalten hat, ist demnach vor allem ein Beleg für die anhaltende Wirkmacht von Autorimagines.

Dass Jelinek den Konflikt um ihre Geltung als Autorin zum dramatischen Kern des Stückes gemacht und sich in dessen Rahmenhandlung auf die dargelegte Weise literarisch inszeniert hat, ist dagegen ein Beleg für die kontinuierliche Weiterentwicklung ihrer Poetik der Ambivalenz, die auch ihre Autorschaftsreflexion betrifft. Für diejenigen, die das Stück rezipieren, bedeutet dies, dass sie dem ambivalenten Bild von Jelinek – ist sie niedergeschlagen oder spottet sie und regt zum Weiterdenken an? – auf potenzierte Weise begegnen, nämlich sowohl in Gestalt der Autorinnenfigur wie auch der tatsächlichen Autorin, ohne noch klar zwischen diesen beiden trennen zu können. Ihre autofiktionale literarische Selbstinszenierung bietet keine Grundlage, um die vielen Negativattribute, die im Diskurs der Autorinnenfigur aufgegriffen werden, lediglich als in selbstironischer Manier wiederholte Fremdzuschreibungen zu beurteilen und damit zu implizieren, Jelinek würde sich (ausgesprochen souverän) in einer kritischen Distanz zu ihrem öffentlichen Bild befinden.[109]

Man muss sich deshalb fragen, worauf sich das eigene Bild stützt, das man sich von dieser Autorin gemacht hat. Da Jelinek im *Sportstück* intensiven Gebrauch von autofiktionalen Verfahren gemacht hat, die schließlich auf die Verunsicherung dieses Bildes abzielen, ist es irritierend zu beobachten, dass man in der literaturwissenschaftlichen Rezeption nichtsdestotrotz auf einem bestimmten Bild der Autorin insistierte. Die kurz nach Veröffentlichung und Uraufführung des *Sportstücks* festgehaltene Bemerkung Fleigs, Jelinek habe sich „*erstaunlich* heiter"[110] in die Reden ihres Stückes eingeschrieben, ist, auch wenn dieses Erstaunen in ihrer ersten Interpretation des Textes letztlich keinen Niederschlag gefunden hat, immerhin ein so wichtiges wie selten gemachtes Zugeständnis an jene Verunsicherung. In den literaturwissenschaftlichen Rezeptionszeugnissen überwiegt demgegenüber die Prätention, die Motive hinter der literarischen Selbstinszenierung der Autorin genau zu verstehen. Um es salopp auszudrücken: Man gibt sich gerne eingeweiht. Auf diese Weise lässt sich etwa Schößlers Zugeständnis charakterisieren, dass ELFI ELEKTRA „sicherlich zu einer autobiographischen Identifikation verführt", wenn als Nachsatz apodiktisch klargestellt wird: „Doch ist die ‚Autorin' Elfi Elektra zu eindeutig fiktive Gestalt, um diese Falle zuschnappen zu lassen."[111] Welchen Sinn eine solche Falle haben sollte, bleibt hier offen. Die rhetorisch

---

109 Vgl. Vogel, *Elfriede Jelinek und die Atriden*, S. 442.

110 Fleig, *Zwischen Text und Theater*, S. 104 [Herv. S.L.].

111 Schößler, *Augen-Blicke*, S. 76.

hergestellte Dominanz einer bestimmten Autorimago firmiert in einem Diskurs auch als ein Widerstand gegenüber abweichenden Bildern. Schließlich erfordert es einigen Mut, einen Weg einzuschlagen, der von einer Autorität bereits als „Falle" gebrandmarkt wurde. Es ist weit wahrscheinlicher, dass sich statt einer Pluralität von Deutungen in einem solchen Diskurs ein allzu starres Bild von der Autorin herausbildet, das auf einem kollektiven Zirkelschluss beruht.

Dass dem Erstaunlichen und Irritierenden von Jelineks literarischer Selbstinszenierung im Stück bisher kaum nachgegangen wurde, lässt darüber hinaus vielleicht noch einen weiteren Schluss in Bezug auf den literaturwissenschaftlichen Diskurs zu, nämlich, dass es sich beim Wissen um den/die Autor/in um ein Wissen mit besonderem epistemischen Stellenwert handelt. Systemtheoretisch betrachtet setzen wissenschaftliche Diskurse, in denen Fragen aufgeworfen und zu beantworten versucht werden, immer ein Nichtwissen voraus. Klarerweise gibt es nur dort, wo etwas noch nicht bekannt ist, auch noch etwas zu erforschen. Es ist überlegenswert, ob das Wissen, *wer* (nicht *was*!) ein/e Autor/in ist, nicht eine Ausnahme von diesem Grundsatz bildet. Die allgemeine Diskreditierung von biographistischen Ansätzen könnte dafürsprechen (was nicht heißen soll, dass die Diskreditierung im Einzelnen nicht auch berechtigt ist). Zumindest im Diskurs der wissenschaftlichen Jelinek-Rezeption ist jedenfalls die Überzeugung wahrnehmbar, dass ein Eingeständnis von Nichtwissen in Bezug auf die Person der Autorin nicht zu tolerieren wäre. Wie sonst soll man verstehen, weshalb die überwiegende Mehrheit der Akteur/innen, die sich in diesem Diskurs äußert, stets ein basales Verständnis darüber artikuliert, wie Jelinek grundlegend zu verstehen ist und welche Intentionen ihrem Schreiben zugrunde liegen? Eine dialogisch profilierte Verantwortung kann sich demgegenüber erst dann einstellen, wenn eine solche Überzeugung fallengelassen wird.[112] Und die unsouveräne literarische Selbstinszenierung Jelineks im *Sportstück* lässt sich am besten verstehen, wenn man sie als Aufforderung begreift, die eigene unweigerlich erzeugte Autorimago einer beständigen kritischen Revision zu unterziehen.

***

„Machen Sie was Sie wollen" – dieser Satz scheint für Jelinek auch über *Ein Sportstück* hinaus gültig gewesen zu sein. Bemerkenswerterweise hat Jelinek

112 In der Bachmann-Forschung markiert die Biographie von Ina Hartwig, die schon im Titel prominent mit der genannten Überzeugung bricht, immerhin den Ansatz eines Paradigmenwechsels. Vgl. Hartwig, *Wer war Ingeborg Bachmann?*

in späteren Theaterarbeiten immer wieder auf ihre berühmte (Nicht-) Anweisung Bezug genommen. So finden sich in *Das Lebewohl* (UA: 2000) zu Beginn einige Vorschläge zur Umsetzung, die zum Teil dezidierte Vorgaben machen („*Nein, Mädchen kann man nicht dafür nehmen.*"), sodann mit dem Verweis auf Alternativen aber nivelliert werden: „*Man kann es aber natürlich auch ganz anders machen.*"[113] Ähnlich verhält es sich auch bei *Der Tod und das Mädchen IV* (*Jackie*) (UA: 2002), wo es zum Ende der ausführlichen einzigen Regieanweisung, in der diverse Vorgaben für die Umsetzung gemacht werden, heißt: „*Aber Sie werden ja sicher was ganz andres machen.*"[114] In dem ein Jahr später uraufgeführten Stück *Das Werk* (2002, UA: 2003) kommt es zu einer neuen Variation. Dort sollen als Figuren „[*e*]*tliche Geißenpeter*" gezeigt werden, die „*brav ihren Job* [*tun*], *aber weil sie ja nicht viel zu tun haben,* [...] *teilen sie sich den folgenden Text untereinander auf. Wie sie das machen, ist mir inzwischen bekanntlich so was von egal.*"[115] Auch eine spätere Regieanweisung verlautbart: „*Das ist mir so was von egal. Aber es hat immerhin lang gedauert, bis es mir egal war. Schließlich hab ich den Anfang verpaßt, das Ende ist mir wurscht, und das Dazwischen ist auch nicht sehr lustig, fürchte ich.*"[116] Einige Jahre später schließt ähnlich auch die Regieanweisung von *Rechnitz* (*Der Würgeengel*) (UA: 2008): „*Man kann das natürlich, wie immer bei mir, auch vollkommen anders machen.*"[117] Noch ein Jahr später, in *Die Kontrakte des Kaufmanns* (UA: 2009), heißt es: „*Der Text kann an jeder beliebigen Stelle anfangen und aufhören. Es ist egal, wie man ihn realisiert* [...]."[118]

Man muss die Litanei dieser Gleichgültigkeitsbekundungen zur Kenntnis nehmen. Dass Jelinek ihr Bekenntnis, dass ihr die Umsetzung ihrer Stücke „egal" sei und sie den Regisseur/innen obliegt, in den auf *Ein Sportstück* folgenden Theatertexten fast schon stoisch wiederholt hat, lässt den Schluss

113 Jelinek, Elfriede, *Das Lebewohl* (*Les Adieux*), in: Dies., *Das Lebewohl. 3 kl. Dramen*, Berlin 2000, S. 7-35, hier: S. 9. Schaffrick hat dies als paratextuelle Markierung der poetischen Offenheit gewertet, die der Sprache der „Machthaber" – bekanntlich handelt es sich bei dem Stück um einen „Haidermonolog" – entgegensteht. Vgl. Schaffrick, Matthias, *„Das wird man ja wohl noch sagen dürfen": Rhetorik und Poetik der populistischen Phrase*, in: Stefan Neuhaus/Immanuel Nover (Hg.), *Das Politische in der Literatur der Gegenwart*, Berlin/Boston 2019, S. 79-108, hier: S. 97.

114 Jelinek, *Jackie*, S. 66.

115 Jelinek, Elfriede, *Das Werk*, in: Dies., *In den Alpen. Drei Dramen*, Berlin 2002, S. 89-251, hier: S. 91.

116 Ebd., S. 240.

117 Jelinek, Elfriede, *Rechnitz* (*Der Würgeengel*), in: Dies., *Drei Theaterstücke*, Reinbek bei Hamburg 2009, S. 53-205, hier: S. 55.

118 Jelinek, Elfriede, *Die Kontrakte des Kaufmanns*, in: Dies., *Drei Theaterstücke*, Reinbek bei Hamburg 2009, S. 207-349, hier: S. 209.

zu, dass Jelinek ab dem *Sportstück* die Autorschaft ihrer Texte grundlegend davon getrennt hat, welche Bedeutungen diesen – sei es durch die Regie, sei es durch Zuschauer/innen oder Leser/innen – zugeschrieben werden. In dieser Hinsicht hatte ihre Autorschaftsreflexion schon 1998 offenbar einen Endpunkt erreicht, nach dem nurmehr eine Wiederholung des schon Gesagten möglich war. Mit einer Fülle an vergleichbaren (Nicht-)Anweisungen hat sie die Realisierung ihrer Stücke Anderen überantwortet; diese Anderen wiederum haben Schlag auf Schlag neue ‚Jelinek-Texte' erhalten – was von diesen zu erwarten ist, scheint seit dem *Sportstück* festzustehen.

KAPITEL 6

Nobelpreis für Literatur. Im Rampenlicht, *Im Abseits* (2004)

Bremer Literaturpreis 1996, Georg-Büchner-Preis 1998, Heinrich-Heine-Preis 2002, Lessing-Preis 2004: In der zweiten Hälfte der 90er-Jahre setzte für Elfriede Jelinek ein Preisregen ein, der seither kaum nachgelassen hat. Dass ein Literaturpreis häufig andere nach sich zieht, ja verschiedene Preise sich regelrecht zu bedingen scheinen, ist ein bekanntes Phänomen. Trotzdem wirkte die Nachricht, dass auch der Nobelpreis für Literatur des Jahres 2004 an die österreichische Autorin gehen sollte, als Überraschung. Das war schon an dem Schweigen bemerkbar, mit welchem das Publikum in der Schwedischen Akademie auf die Verkündigung am 07.10. reagierte: „Gewöhnlich wird die Bekanntgabe von der Gruppe der Wartenden mit dem dreimal wiederholten Ruf ‚endlich' beantwortet, eine Reaktion, die [...] bei der Wahl Jelineks [...] ausblieb."[1] In den folgenden Tagen fielen auch die Berichte über die Akademieentscheidung ungewöhnlich kontrovers aus, was die literaturkritische Beurteilung des ausgezeichneten Werks betrifft.[2] Dazu passt, dass das Bild, das „unzählige Interviews" in Folge der Verkündigung von Jelinek zeichneten, wie Alexandra Tacke vermerkte, „schillernd und facettenreich, aber durchaus auch widersprüchlich" war.[3] Dass die Poetik der Ambivalenz, die sich in Jelineks Werken manifestiert, geradezu darauf ausgerichtet ist, widersprüchliche Bilder der Autorin zu erzeugen, wurde in dieser Untersuchung bereits mehrfach nachgewiesen.

Die Zuerkennung des Literaturnobelpreises markiert einen Einschnitt, der sowohl Jelineks Selbstverständnis als Schriftstellerin als auch die Wahrnehmung ihrer Autorschaft prägte. Noch einmal veränderten sich damit die Produktions- wie Rezeptionsbedingungen ihres Schreibens grundlegend. Was die Produktionsbedingungen betrifft, sind das Preisgeld von über einer Million Euro sowie die unmittelbar gestiegenen Buchverkäufe zu nennen,

1 Dücker, Burckhard et al., *Literaturpreisverleihungen: ritualisierte Konsekrationspraktiken im kulturellen Feld*, in: *Forum Ritualdynamik* 11 (2005), S. 1-63, hier: S. 50.

2 Die journalistischen Reaktionen auf die Preisverleihung wurden mit weiteren damit in Verbindung stehenden Texten und Zeugnissen umfassend dokumentiert. Vgl. Janke, Pia et al. (Hg.), *Literaturnobelpreis Elfriede Jelinek*, Wien 2005.

3 Tacke, *‚Sie nicht als Sie'*, S. 197.

 | DOI:10.30965/9783846767542_007

die ihr ökonomische Unabhängigkeit gegenüber Verlagen sicherten.[4] Die ausschließlich auf der privaten Homepage der Autorin erfolgte Publikation von *Neid* wäre sonst nicht möglich gewesen.[5] Da Jelinek die Bewertung ihrer Texte, wie sich gezeigt hat, generell antizipierte, kann ein womöglich noch stärkerer Einfluss auf ihr Schreiben dem Wandel der Rezeptionsbedingungen zugeschrieben werden. In den folgenden Jahren hat Jelinek ihre neue Autorschaftsposition auch selbst verschiedentlich reflektiert. So sind es in ihrem zeitnah geschriebenen „Königinnendrama" *Ulrike Maria Stuart* (UA: 2005, R: Nicolas Stemann) zumal die weiblichen Macht- und Herrschaftsansprüche der sich im Titel gegenseitig überlagernden historischen Figuren Maria Stuart und Ulrike Meinhof, mit denen sich Jelinek nicht nur stofflich befasste, sondern die sie auch als Kontrastfolie einer Auseinandersetzung mit der eigenen Autorschaft nutzte.[6] Ähnlich wie im *Sportstück* lässt sich die Frage nach der Wirksamkeit ihrer eigenen Arbeit als Subtext des Stückes begreifen. Noch deutlicher auf den Literaturnobelpreis bezogen ist ihr sogenannter „Privatroman" *Neid.* Um diesen Kontext nachvollziehen zu können, soll zunächst die allgemeine Wirkung des Preises genauer beleuchtet werden (Kap. 6.1). Sodann folgt eine kurze Analyse ihrer Preisrede *Im Abseits*, die ein zentrales Motiv des Romans, das problematische Verhältnis von Wirklichkeit und Schreiben, vorwegnimmt und im Rahmen poetologischer Überlegungen entfaltet (Kap. 6.2). Schließlich werde ich exemplarisch auf einige literaturkritische Artikel zur Nobelpreisverkündigung bzw. -verleihung eingehen, auf die Jelinek später in *Neid* explizit Bezug nahm (Kap. 6.3).

6.1 Konsekration durch den Literaturnobelpreis

Die Verleihung des Literaturnobelpreises ist ein wirkmächtiger symbolischer Akt. In Anlehnung an Bourdieus literatursoziologischen Ansatz lässt sich die

4 *Die Neue Vorarlberger Tageszeitung* berichtete am 12.10.2004 über den gesteigerten Marktwert Jelineks, den sie durch eine Statistik zu den Online-Verkäufen ihrer Werke belegte: „4 Jelinek-Texte unter Top 10 von Amazon: 1. Die Klavierspielerin, 4. Lust, 6. Gier, 7. Die Liebhaberinnen." Zit. n. Dücker et al., *Literaturpreisverleihungen*, S. 57.

5 Vgl. Gropp, Rose-Maria, *Dieses Buch ist kein Buch. Gespräch mit Elfriede Jelinek über ihren Internetroman*, in: *Frankfurter Allgemeine Zeitung* (17.04.2007), S. 35.

6 Vgl. Fleig, Anne, *Elfriede Jelinek* (2004), in: Claudia Olk/Susanne Zepp (Hg.), *Nobelpreisträgerinnen. 14 Schriftstellerinnen im Porträt*, Berlin/Boston 2019, S. 193-211; vgl. Dies., *Königinnendrama und Postdramatisches Theater: Zur Eskalation der Rede in Friedrich Schillers Maria Stuart und Elfriede Jelineks/Nicolas Stemanns „Ulrike Maria Stuart"*, in: Nina Birkner/Andrea Geier/Urte Helduser (Hg.), *Spielräume des Anderen und Alterität im postdramatischen Theater*, Bielefeld 2014, S. 143-163.

Preisverleihung als Weihepraxis verstehen, welche die Position des/der Ausgezeichneten auf dem literarischen Feld nachhaltig verändert und stärkt.[7] Den Verfasser/innen der Studie *Literaturpreisverleihungen: ritualisierte Konsekrationspraktiken im kulturellen Feld* zufolge werde die Teilnahme am Ritual werde als eine wertexplizite Handlung wahrgenommen, bei der die institutionelle Wertorientierung auf den/die Autor/in übertragen bzw. von ihm/ihr inkorporiert wird. Der/die Autor/in spreche danach im Namen einer Institution, die sein/ihr weiteres Schaffen legitimiert.[8] Auf Jelinek bezogen: Dass sie seit der Verkündigung als Literaturnobelpreisträgerin spricht, hat sich ihrer öffentlichen Wahrnehmung aufgeprägt und den symbolischen Wert ihrer Auftritte und Texte nachhaltig gesteigert. Nicht nur kam ihr nun, stärker als zuvor, auch international Aufmerksamkeit zu; vor allem hat die Bezeichnung „Nobelpreisträgerin", die ein fester Bestandteil von Jelineks Namen geworden ist, erheblich ihre Streitbarkeit relativiert und sie und ihre Texte zwar nicht unmittelbar, aber doch langfristig gegen kritische Zuschreibungen immunisiert. Zumindest in der allgemeinen Wahrnehmung zählt der Nobelpreis nach wie vor als ein Trumpf, gegenüber dem sich abweichende literaturkritische Meinungen kaum behaupten können.

Eigentlich gilt die Bewertung der preisverleihenden Jury nur dem literarischen Werk. Wenn sich mit der Auszeichnung auch das Bild von dessen Autor/in nachhaltig ändert, illustriert dies, dass der Konsekrationsakt die Differenz zwischen Autor und Werk aufhebt.[9] Aus diesem Grund folgerten die Verfasser/innen der genannten Studie, dass sich an „der außerordentlichen Konjunktur von Literaturpreisgründungen [...] ablesen [lässt], daß sich die literarische Öffentlichkeit nach wie vor und in steigendem Maß für das soziokulturelle Konstrukt des Autor-Image interessiert."[10] Daneben trägt auch die „Medienkultur", in der sich generell, Georg Franck zufolge, eine „Aufmerksamkeitsverschiebung von den (literarischen) Texten hin zu der Person des Autors"[11] beobachten lässt, dazu bei, für einen gesteigerten Inszenierungsdruck prämierter Autor/innen zu sorgen. Die hohe Anzahl von Interviews, die Jelinek nach der Verkündigung gegeben hat, unterstreicht diesen Aspekt.

---

7 Vgl. Dücker et al., *Literaturpreisverleihungen*, S. 45.

8 Vgl. ebd., S. 58; Schaffrick/Willand, *Autorschaft im 21. Jahrhundert*, S. 102.

9 Vgl. Dücker et al., *Literaturpreisverleihungen*, S. 13.

10 Ebd., S. 59.

11 Georg Franck, hier zit. n.: Degner, *Die Kinder der Quoten. Zum Verhältnis von Medienkritik und Selbstmedialisierung bei Elfriede Jelinek*, in: Markus Joch et al. (Hg.), *Mediale Erregungen? Autonomie und Aufmerksamkeit im Literatur- und Kulturbetrieb der Gegenwart*, Tübingen 2009, S. 153-168, hier: S. 160.

Die beste Gelegenheit, diesem Inszenierungsdruck zu entsprechen, wird den ausgezeichneten Autor/innen naturgemäß durch die Preisverleihung geboten. Während sie im Rampenlicht stehen, müssen sie jedoch feststellen, dass viele Parameter ihres Auftritts bereits vorgegeben sind. Auch die Verfasser/innen der Studie legten Nachdruck auf die verschiedenen Vorgaben, die mit einer Preisverleihung einhergehen: „Wer die rituelle Handlung vollzieht, unterwirft sich den vorgegebenen Regeln und Bewegungsmustern, ohne ihre Legitimität anzuzweifeln."[12] Zum kodifizierten Handlungsverlauf der Zeremonien hielten sie allgemein fest:

> Festliche Kleidung ist obligatorisch, das Publikum handverlesen, die Sitzordnung exakt nach den jeweils geltenden Hierarchievorstellungen eingerichtet, externe und interne Zeitrahmen sind genauestens festgelegt; die Auf- und Abgänge, aber auch bestimmte gestische Äußerungen der Akteure werden einstudiert und sind oft Ausdruck der Ehrerbietung gegenüber der Stiftung, den Laureaten, der ausrichtenden Institution sowie dem anwesenden Publikum.[13]

Die Auszeichnung bedingt seitens der Preisträger/innen also ein gewisses konformes Verhalten. Dieser Anpassungsdruck verrät eine symbolische Macht: Selbst wer sich dem Prozedere nicht unterwirft und der Veranstaltung fernbleibt, muss damit rechnen, dass die Wahrnehmung seiner Person und Autorschaft künftig von ihr geprägt wird. Macht man sich diese Dynamik bewusst, wird verständlich, weshalb einige Autor/innen keineswegs positiv auf ihre Ehrung reagierten. Aus ihrer Sicht lässt sich das Handeln der auszeichnenden Institution auch als zwiespältig empfinden, denn

> die von ihnen ausgeteilten Ehren zeichnen zwar den Einzelnen vor allen anderen aus, fügen ihn (bzw. sein Werk) aber auch [...] dem Bestand der als Gemeinbesitz anerkannten kulturellen Güter hinzu. Je arrivierter und angesehener die auszeichnende Institution ist, desto unanfechtbarer erscheint die Konsekration von Werk und Person. Viele Auserwählte, die an die Widerständigkeit des Ästhetischen glauben, stürzt eben dieser Prozeß in ein schmerzhaftes Dilemma.[14]

Mit Bezug auf Bourdieu lässt sich dieses Dilemma zuspitzen: Die Konsekrationspraxis einer Preisverleihung bedingt neben der Kanonisierung und Akademisierung eines Werkes zu einem gewissen Grad immer auch dessen Neutralisierung.[15]

---

12 Dücker et al., *Literaturpreisverleihungen*, S. 8.

13 Ebd., S. 12.

14 Ebd., S. 8.

15 Bourdieu, Pierre, *Die Regeln der Kunst. Genese und Struktur des literarischen Feldes*, Frankfurt a. M. 2001, S. 249; Dücker et al., *Literaturpreisverleihungen*, S. 8.

Jelineks distanzierte Entgegennahme des Preises lässt sich vor diesem Hintergrund auch als eine Strategie verstehen, einer Neutralisierung ihres Werkes entgegenzuwirken. Mit einem Begriff aus der Ritualtheorie Victor Turners ließe sich annehmen, dass Jelinek in der „liminalen Phase“ des Konsekrationsrituals verbleiben wollte: in einem Schwellenzustand des „nicht mehr“ und „noch nicht“, in dem ihre Position nicht zu greifen ist, sich das Bild der Autorin also nicht verfestigen kann.[16] Auf ähnliche Weise hat schon Uta Degner Jelineks Selbstverortung „im Abseits“ – so der Titel ihrer Rede – „als Konsequenz einer *ästhetischen* Positionsnahme“ aufgefasst.[17] Dieser These möchte ich grundlegend beipflichten, sie jedoch anders profilieren als Degner, der zufolge sich die Selbstinszenierung der Autorin im Zeichen eines autonomieästhetischen Anspruchs verstehe, also als Ausdruck einer souveränen Autorschaft. Meiner Deutung nach richtet sich Jelineks Nobelpreisrede im Kern gegen Vereinnahmung, was aber nicht als Forderung einer autonomen Kunstbetrachtung, sondern vielmehr als Fazit zu einem gescheiterten Dialog mit den Akteuren und Akteurinnen ihrer Rezeption zu verstehen ist. Der Nobelpreis besiegelt in diesem Sinne ein Missverständnis ihres Werkes, das nicht mehr zu korrigieren war.

6.2 Die Nobelpreisrede *Im Abseits*

Bekanntlich ist Jelinek zur Preisverleihung nach Stockholm aufgrund einer „sozialen Phobie“[18] nicht persönlich angereist. Die hin und wieder geäußerte Meinung, dass es sich bei dieser Entschuldigung nur um einen Vorwand gehandelt hätte und eigentlich andere Motive hinter ihrer Abwesenheit gestanden hätten,[19] muss dabei als Spekulation gekennzeichnet werden. Immerhin war Jelinek auch schon bei der Verleihung des weniger Aufmerksamkeit generierenden Franz-Kafka-Literaturpreises einige Monate zuvor aus dem gleichen Grund ferngeblieben. Die Art und Weise, wie Jelinek mit ihrer

16 Vgl. Turner, Victor, *Das Ritual. Struktur und Anti-Struktur*, Frankfurt a. M. 2000, bes. S. 94-127.

17 Degner, *Kinder der Quoten*, S. 166 [Herv. i. O.]. Mit Blick auf *Neid* hat Degner diese Deutung später noch ausgeführt. Vgl. Degner, *Eine ‚unmögliche‘ Ästhetik*, S. 313-326.

18 Schwedische Akademie, *Elfriede Jelinek – Facts*, in: *NobelPrize.org* (2004), online verfügbar: www.nobelprize.org/prizes/literature/2004/jelinek/facts.

19 Lena Lang zufolge würde Jelinek ihre Abwesenheit bzw. ihr Verschwinden inszenieren, um damit ein postmodernes Autorschaftskonzept zu verteidigen. Vgl. Lang, Lena, *Elfriede privat?! Elfriede Jelineks digitale Selbstinszenierung*, in: *Textpraxis* 12/1 (2016), S. 1-20, hier: S. 7f.

Verhinderung umgegangen ist, hat allerdings zu einem Auftritt geführt, der kaum spektakulärer hätte ausfallen können. Der Sekretär der Schwedischen Akademie, Horace Engdahl, bereitete das anwesende Publikum darauf vor, indem er sagte, man solle sich vorstellen, einer Szene aus *Star Wars* beizuwohnen, in der „eine Prinzessin [...] zu uns von einem fremden Planeten [spricht]".[20] Um die Auszeichnung auch förmlich anzunehmen, hatte sie ihre Preisrede zu Hause gehalten, aufgenommen und in Form einer Videobotschaft nach Stockholm geschickt.[21] Dieses in der Geschichte des Nobelpreises einzigartige Vorgehen ermöglichte ihr, selbst über die Parameter ihrer Inszenierung im Rahmen der Zeremonie zu bestimmen. Dass sie sich diese Freiheit zunutze machte, deutet der augenfällig selbstreflexive Titel ihrer auch buchstäblich „im Abseits" gesprochenen Rede an.

Schon die kurze Videoeinführung und die Requisiten ihrer Inszenierung wirken bewusst gewählt. Anstelle von Begrüßungs- oder Dankesformeln hört man einige romantische Klavierakkorde. Zunächst erblickt man die Standaufnahme einer österreichischen Alpenidylle, auf die sodann das Bild des Hauses der Autorin folgt, bevor man schließlich Jelinek selbst in ihrer Wohnung sieht. Von außen nähert sich die Kamera also in einem Dreischritt an, bis sie die im privaten Raum getroffene Autorin in einem vermeintlich intimen Porträt direkt erfasst. In den folgenden knapp 39 Minuten sieht man Jelinek, wie sie ihre Rede von einem Notenständer abliest. Die Begründung des Komitees, Jelinek den Preis zu verleihen für „den *musikalischen* Fluss von Stimmen und Gegenstimmen in Romanen und Dramen, die mit einzigartiger sprachlicher Leidenschaft die Absurdität und zwingende Macht der sozialen Klischees enthüllen",[22] so lässt sich annehmen, wurde hier buchstäblich in Szene gesetzt. Degner hat deshalb auch selbst Zweifel an ihrer These formuliert und die Frage aufgeworfen, „ob das autonomieästhetische Pathos vom Abseits [...] ernst gemeint ist oder nicht vielmehr im Genre der Preisrede weiterführt, was die Autorin in ihrem Werk praktiziert: nämlich ein ironisierendes Zitieren von

---

20 Mayer/Koberg, *Porträt*, S. 259.

21 Das von Jelinek vorab aufgezeichnete Video ihrer Preisrede, das am 07.12.2004 in Stockholm auf einer dreiteiligen Leinwand gezeigt wurde, kann auf der Internetseite des Nobelpreises angesehen werden: www.nobelprize.org/prizes/literature/2004/jelinek/lecture; der von Jelinek vorgetragene Text *Im Abseits* (im Folgenden mit der Sigle IA zitiert) ist auf der Internetseite der Nobelakademie (www.nobelprize.org/prizes/literature/2004/jelinek/25215-elfriede-jelinek-nobelvorlesung/) und Jelineks Homepage nachzulesen (www.elfriedejelinek.com/fnobel.htm). Die geringfügigen Abweichungen zwischen dem lesbaren und dem gesprochenen Wort scheinen mir nicht signifikant.

22 Schwedische Akademie, *Der Nobelpreis in Literatur des Jahres 2004 – Pressemitteilung*, in: *NobelPrize.org* (2004), online verfügbar: www.nobelprize.org/prizes/literature/2004/7959-press-release-german/ [Herv. S.L.].

klischeehaften Vorstellungen und Sprechweisen – hier: vom Dichter."[23] Dass Jelineks Video eine selbstreflexiv ironische Struktur aufweist, hat Alexandra Tacke nachgewiesen und in diesem Zusammenhang ebenfalls die Zweideutigkeit der medialen Inszenierung hervorgehoben:

> Diente Elfriede Jelinek wochenlang den Medien als Projektionsfläche, tritt sie nun tatsächlich auf einer Projektionsfläche in Erscheinung. Sie ist ein Bild und gibt sich als solches zu erkennen, indem sie ihr eigenes Bild-Sein wiederholt in ihrer Nobelvorlesung reflektiert oder aber auch einfach nur visuell durch ihre starke Schminke präsent hält. Auf den drei Leinwänden ist sie sie und nicht sie, so als wollte sie das Verwirrspiel noch einen Grad weiter treiben und den Medien einen Zerrspiegel vorhalten, ja dem facettenreichen und schillernden Bild, das in den Medien die Wochen zuvor von ihr entstanden war, noch ein weiteres (bzw. weitere) hinzufügen.[24]

Hält man fest, dass Jelinek in einem tatsächlichen Abseits sprach, zeitlich wie räumlich entfernt vom Stockholmer Publikum, das sie ihre Preisrede vorlesen sah und hörte, und damit einmal mehr Mechanismen der Medienkultur vorführte, so wird dadurch aber nur eine Bedeutungsfacette ihres komplexen Auftritts erschlossen. Ihr Vortrag gibt sich durch die besondere Inszenierung nicht nur als Spiel mit den Vorurteilen der Medien oder gar der Akademie zu erkennen, sondern „begründete", wie Artur Pełka treffend bemerkte, auch „gleichsam poetologisch ihre Abwesenheit während der Feierlichkeiten".[25] Die Frage, mit der ihr Text einsetzt: „Ist Schreiben die Gabe der Schmiegsamkeit, der Anschmiegsamkeit an die Wirklichkeit?" (IA), lässt sich in diesem Sinne auch als Einleitung zu einer allgemeinen Reflexion über das Schreiben verstehen, wie sie für Preisreden nicht ungewöhnlich sind. In diesem Sinne problematisierte sie den Anspruch, Wirklichkeit abzubilden, nicht nur in Bezug auf das in den Medien von ihr erzeugte Bild, sondern auch mit Blick auf das eigene Schreiben, von dem sie zu verstehen gab, dass es nur aus einer Abseitsposition heraus gelinge, weil sich nur „vom Rande der Gesellschaft [...] die für das literarische Schaffen erforderliche Distanz"[26] fände. Insofern sich nicht klar sagen lässt, ob die Autorin in ihrer eigenwilligen Inszenierung ironisch ihre literarische Praxis fortsetzte oder aber poetologisch ernst gemeinte Aussagen

---

23 Degner, *Kinder der Quoten*, S. 167.

24 Tacke, *‚Sie nicht als Sie'*, S. 203.

25 Pełka, Artur, *Elfriede Jelinek. Die österreichische (Literatur-)Insiderin aus dem, über das und im Abseits*, in: Krzysztof Ruchniewicz/Marek Zybura (Hg.), *Die höchste Ehrung, die einem Schriftsteller zuteil werden kann. Deutschsprachige Nobelpreisträger für Literatur*, Dresden 2007, S. 303-326, hier: S. 324.

26 Ebd.

über das eigene Schreiben traf, lässt sich festhalten, dass auch *Im Abseits* die für Autofiktion charakteristische Unschärfe aufweist. Mithin hat Jelinek hier ein neues Format gefunden, das die Bedeutung ihrer Aussagen ambivalent erscheinen lässt.

Anfangs scheint ihre Rede an ältere Formen der Reflexion literarischer Sprache sowie literarischer Sprachskepsis anzuschließen, nicht zuletzt wegen der durchgängig archaisierenden Rede vom „Dichter" (IA), mit der die einzig mögliche Autorschaftsposition zudem als eine männliche markiert wird. Schon Sigmund Freud begann seinen berühmten Vortrag *Der Dichter und das Phantasieren* (1907), indem er das Verhältnis des Dichters zur Wirklichkeit beschrieb. Seine an die Theorie zur Traumdeutung anknüpfenden Überlegungen hoben die eigentümliche Strukturierung hervor, mit welcher der Dichter, wie das spielende Kind, „die Dinge seiner Welt in eine neue, ihm gefällige Ordnung versetzt" und sich dabei doch an die „Dinge der wirklichen Welt an[lehnt]".[27] Jelinek fragte nach dem Anschmiegen an eine „zersaust[e]" Wirklichkeit, die „[k]ein Kamm [...] glätten könnte. Die Dichter fahren hindurch und versammeln ihre Haare verzweifelt zu einer Frisur, von der sie dann in den Nächten prompt heimgesucht werden." (IA) Auch mag einem Hofmannsthals berühmter *Chandos-Brief* in den Sinn kommen, wenn es chiastisch in ihrer Rede heißt: „Das Geschriebene, das vom Geschehen handelt, läuft einem unter der Hand davon wie die Zeit, und nicht nur die Zeit, während der es geschrieben wurde, während der nicht gelebt wurde." (IA) Mithin zeigt sich das Geschriebene bei Jelinek als ähnlich instabil wie die Worte von Hofmannsthals Briefschreiber, die diesem bekanntlich „im Munde wie modrige Pilze zerfielen" und einzeln um ihn schwammen.[28] Im weiteren Verlauf wird jedoch erkennbar, dass Jelinek mit ihrer vitalisierenden Rhetorik auf eine andere Pointe abzielte als die Jungen Wiener um 1900. Beschrieben diese einen einfachen Bruch zwischen Sprache und Wirklichkeit, so wird daraus bei Jelinek eine ausgesprochen komplexe Fraktur, die sämtliche Bezugspunkte, die beim Schreiben eine Rolle spielen, in eine dynamische Relation zueinander setzt. Das Problem bei der Wiedergabe von Wirklichkeit wird von ihr als umfassendes dargestellt, das nicht auf eine einzelne Ursache zurückgeführt werden kann. Fast schon metaphysisch anmutend, wird die Wirklichkeit als eine Kraft

---

27 Freud, Sigmund, *Der Dichter und das Phantasieren*, in: Fotis Jannidis et al. (Hg.), *Texte zur Theorie der Autorschaft*, Stuttgart 2000, S. 35-45, hier: S. 36.

28 Hofmannsthal, Hugo von, *Ein Brief*, in: Ders., *Gesammelte Werke in zehn Einzelbänden*, Band 7: *Erzählungen, erfundene Gespräche und Briefe, Reisen*, Frankfurt a. M. 1979, S. 460-471, hier: S. 465f.

figuriert, die – hier kommt es zu einer bemerkenswerten Gleichsetzung – Frauen und dem Dichter widerfährt:

> Die Wirklichkeit ist das, was unter die Haare, unter die Röcke fährt und sie eben: davonreißt, in etwas anderes hinein. Wie soll der Dichter die Wirklichkeit kennen, wenn sie es ist, die in ihn fährt und ihn davonreißt, immer ins Abseits. Von dort sieht er einerseits besser, andrerseits kann er selbst auf dem Weg der Wirklichkeit nicht bleiben. Er hat dort keinen Platz. Sein Platz ist immer außerhalb. Nur was er aus dem Außen hineinsagt, kann aufgenommen werden, und zwar weil er Zweideutigkeiten sagt. (IA)

Die Passage ist schon deshalb wichtig, weil Jelinek darin ausdrücklich ihre Poetik der Ambivalenz bekräftigt hat, indem sie die „Zweideutigkeiten" dichterischer Rede betonte. Darüber hinaus tritt hier die Abseits-Metapher das erste Mal in ihrem Text auf. Man meint zunächst, in dieser Passage werde ein bestimmtes Verständnis von Wirklichkeit präsentiert, das den noch immer am Realismus orientierten Konventionen entgegensteht, denen zufolge der Dichter diese schlicht abbilden müsse. Wenn die Wirklichkeit metaphorisch als Wind figuriert wird, der die Schreibenden erfasst, selbst aber ungreifbar bleibt, handelt es sich jedoch nur um eine erste Wendung.[29] Der ins Abseits geblasene Dichter bringt sogleich eine zweite bei: Er kann nicht bleiben. Beide Wendungen sind nur scheinbar miteinander kompatibel, denn auch das Abseits, in das die Wirklichkeit den Dichter fortgerissen hat, kann nicht als Ort des Bleibens verstanden werden. Aufgrund der haltlosen Bewegung der Wirklichkeit erscheint das Außen, aus dem der Dichter nur sprechen könne, nicht stabil.

Im Fortgang der Rede tritt neben die zeitliche und räumliche Differenz, die sich zwischen dem Dichter und der Wirklichkeit auftut, sodann auch noch eine sprachliche Differenz. Die Sprache kann, der Rede zufolge, nicht als etwas verstanden werden, was dem Dichter zu eigen wäre oder was er kontrollieren könnte. Da er nicht über sie verfügt, wirkt sie vielmehr zu einem gewissen Grad eigenmächtig, was Jelinek durch die Metaphorisierung der Sprache als „Hund" (IA) verdeutlichte. In ihrer pikaresken Allegorie läuft der Dichter Gassi mit seiner Sprache, führt sie auf verschlungenen Routen, abseits des Hauptpfades, während sie vor- oder zurückeilt und den Dichter hinter sich herzerrt.[30] Die

---

29 Vom „Wind der Realität" war schon in Jelineks frühem Roman *Die Ausgesperrten* die Rede. Jelinek, Elfriede, *Die Ausgesperrten*, Reinbek bei Hamburg 1980, S. 177.

30 Auch in einem etwa einen Monat vor der Rede veröffentlichten Interview nutzte Jelinek den Vergleich der Sprache mit einem Hund: „Ich würde sagen, ich mache diese Sprache, ich stelle sie her. Was ich schreibe, ist ja keine normale Sprache, das ist eben eine Art Kunstsprache, auch in der Montagetechnik, mit der ich zuweilen arbeite. Es ist eigentlich

Sprache, so Jelinek, gehe von ihr weg, sei ihr „davongerannt". (IA) Solche Aussagen passen in der Tat zu Degners Einschätzung, dass die Rede insgesamt als „‚Rückzug' in die autonomieästhetische Position"[31] aufzufassen ist. Allerdings ist es wichtig, auch den Kontext der Allegorie wahrzunehmen, in der die Sprache als Hund erscheint. Im direkten Anschluss heißt es in *Im Abseits*:

> Meine Sprache wälzt sich bereits wohlig in ihrer Suhle, dem kleinen provisorischen Grab auf dem Weg, und sie schaut hinauf zum Grab in den Lüften, sie wälzt sich auf den Rücken, ein zutrauliches Tier, das den Menschen gefallen möchte wie jede anständige Sprache [...]. Sie ist ja süchtig nach Liebkosungen. (IA)

Mit diesen Bemerkungen hat Jelinek nicht nur intertextuell auf das bekannteste Gedicht Paul Celans verwiesen, in dessen *Todesfuge* in der ersten Strophe ebenfalls von einem „Grab in den Lüften", von einem „Grab in der Erde" und von herbeigepfiffenen Rüden im Zusammenhang des Schreibens die Rede ist.[32] Noch wichtiger als dieser sprachlich gestiftete Rückbezug auf einen anderen Dichter ist Jelineks Bemerkung, dass die Sprache „den Menschen gefallen möchte". Keineswegs also ließe sich die Sprache als autonom auffassen, wenn sie auch der Verfügungsgewalt des Dichters nicht immer gehorchen mag und sich der Prozess der Signifikanz seiner Kontrolle entzieht. Die Gefallsucht der Sprache zeigt sich dagegen als Umschreibung ihrer Eigenschaft, jedem, der sie empfängt, ein anderes Antlitz zu präsentieren: Es geht um Sprache als von dem/der Leser/ in gedeutete Sprache.[33] Demzufolge geht es hier nicht um sprachliche Autonomie, sondern um die Dynamik einer sich im Prozess des literarischen Dialogs verändernden Sprache. Damit aber lässt sich an dieser Stelle nicht nur eine zitative, sondern auch eine poetologische Anknüpfung an Celan bemerken, der die „Begegnung" bekanntlich ins Zentrum seines Nachdenkens über Literatur stellte.[34] In dessen eigener Preisrede *Der Meridian*

---

eine Sprachkomposition. Damit es weitergeht, kommt von irgendwoher ein Satz, den ich brauchen kann, und dann reißt mich dieser Satz wieder voran, und schon geht es wieder weiter. Die Sprache ist wie ein Hund, sage ich oft, weil ich immer Hunde gehabt habe, ein Hund, der einen an der Leine hinter sich herzerrt, und man kann nur mitrennen." Gropp, Rose-Maria/Spiegel, Hubert, [Interview mit E.J.] *Ich renne mit dem Kopf gegen die Wand und verschwinde*, in: *Frankfurter Allgemeine Zeitung* (08.11.2004).

31 Degner, *Kinder der Quoten*, S. 166, Anm. 45.

32 Celan, Paul, *Todesfuge*, in: Ders., *Die Gedichte*, Frankfurt a. M. 2005, S. 40f.

33 Jelineks Preisrede hat damit den häufig zitierten Satz aus ihrem Roman *Lust*, „Die Sprache selbst will jetzt sprechen gehen!" (L 28), in jenem buchstäblichen Sinn fortgeschrieben, den ich ihm in meiner Deutung abgewinnen konnte (vgl. Kap. 4.4).

34 Celans Poetik der Begegnung hat Florian Welling mit Blick auf dessen Kafka-Rezeption anschaulich herausgearbeitet. Vgl. Welling, Florian, *„Vom Anblick der Amseln". Paul Celans Kafka-Rezeption*, Göttingen 2019.

heißt es: „Das Gedicht will zu einem Andern, es braucht dieses Andere, es braucht ein Gegenüber. Es sucht es auf, es spricht sich ihm zu."[35] Das Moment der Begegnung bzw. des Dialogs lässt sich bei Jelinek wiedererkennen.[36] Was für ein Kontrast aber zeigt sich, wenn man die konkrete Form betrachtet, die der Dialog bei ihr annimmt: Ihre Sprache wird als dreckiger Köter entworfen, der den Anderen nicht bewusst aufsucht, sondern nur aufgrund seiner „Zutraulichkeit" von diesem gefunden wird. So kommt es in Jelineks Allegorie zu einem Umschlag des von Celan gestifteten Bildes: Ihre Sprache zeigt sich (wie Celans Gedichte) gebannt von den Verbrechen der Shoah; wenn sie das „Grab in den Lüften" betrachtet und sich dazu auf den Rücken wendet, wird das jedoch als Aufforderung, sie zu streicheln, begriffen. Demnach kann der sprachliche Dialog, den Jelinek im Bild des Hundes fasste, wohl kaum als bewusste Suche des Anderen angesehen werden. Die Geste ihrer Sprache wird vom Gegenüber gründlich missverstanden. Es kommt also zu einem Dialog – jedoch ganz anders, als die Autorin ihn sich vorgestellt hatte.

Folgt man der Analyse von Konstanze Fliedl, so ist der sprachkritische Zug von Jelineks Rede zentral. Ihrer Interpretation zufolge, die auf einer profunden Auseinandersetzung mit einigen philosophischen Prätexten aufbaut, drehe sich die Nobelpreisrede „um das unauflösbare sprachkritische Paradox, daß es keinen Ort außerhalb der Sprache gibt, um diese Kritik gültig formulieren zu können."[37] Insofern Fliedls Analyse den Text ausschließlich in seiner intertextuellen Dimension betrachtet, überrascht es nicht, dass auch der Gedanke dieses Paradoxons nur ein paraphrasierter ist, den ähnlich etwa schon Wittgenstein formulierte.[38] Daher ist aber auch ein pragmatischer Einwand gegen ihre Interpretation berechtigt: Wenn man auch zugesteht, dass Jelinek, wie in jedem ihrer Texte, so auch hier erheblich fremdes Sprachmaterial verarbeitet hat, sollte diese Beobachtung doch nicht dazu führen, die Frage nach ihrer eigenen Intention zu übergehen: Warum stellte gerade Jelinek die Vorstellung von Sprache als einem Medium infrage, mit dem sich die Wirklichkeit abbilden lässt? Tatsächlich lässt sich ihre Rede auch als Rechtfertigung verstehen, aus der hervorgeht, wie sie zu ihrer Position gekommen ist. Wenn

---

35 Celan, Paul, *Der Meridian*, in: Ders., *Der Meridian und andere Prosa*, Frankfurt a. M. 1988, S. 40-62, hier: S. 55.

36 In Jelineks Werk finden sich viele Spuren ihrer Celan-Rezeption, prominent vor allem in ihrem Stück *Stecken, Stab und Stangl*. Vgl. Janz, Marlies, *Das Verschwinden des Autors. Die Celan-Zitate in Elfriede Jelineks Stück „Stecken, Stab und Stangl"*, in: Hans-Michael Speier (Hg.), *Celan-Jahrbuch 7 (1997/98)*, Heidelberg 1999, S. 279-292.

37 Fliedl, Konstanze, *Im Abseits. Elfriede Jelineks Nobelpreisrede*, in: Françoise Rétif/Johann Sonnleitner (Hg.), *Elfriede Jelinek. Sprache, Geschlecht und Herrschaft*, Würzburg 2008, S. 19-31, hier: S. 31.

38 Vgl. ebd.

man Jelineks Aussagen jedoch, wie üblich, einen Modus selbstironischer Denunziation attestiert, so wird damit von vornherein die Möglichkeit ausgeschlossen, auch aufrichtig Gemeintes in ihrer Rede zu erkennen. Dass Fliedl etwa schon die Schreibreflexion, mit der die Rede einsetzt, lediglich als satirische Replik auf einen Zeitungsartikel deutet,[39] steht in diesem Sinne beispielhaft für eine überzogene Authentizitätsskepsis in der wissenschaftlichen Jelinek-Rezeption. Dass eine solche Lesart zu kurz greift, wird deutlich, wenn man bemerkt, dass die Sprach- und Schreibreflexionen aus Jelineks Nobelpreisrede an ältere poetologische Überlegungen der Autorin anknüpfen.

Trotz der künstlerischen Überformung ihrer Rede ist darin auch eine autobiographische Auseinandersetzung mit ihrem eigenen Schreiben und dessen Rezeption wahrzunehmen, wenn es etwa heißt:

> Durch den Rückstoß dieser Sprache, die ich selbst erzeugt habe und die mir davongerannt ist (oder habe ich sie zu diesem Zweck erzeugt? Damit sie sofort vor mir davonläuft, weil ich selbst es nicht geschafft habe, rechtzeitig vor mir selbst davonzurennen?), werde ich immer weiter in diesen abseitigen Raum hineingejagt. […] Je mehr Leute also die Aufforderung meiner Sprache annehmen, sie am Bauch zu kratzen, etwas zu zausen, ihre Zutraulichkeit liebevoll anzunehmen, desto weiter stolpere ich davon, ich habe meine Sprache endgültig an die verloren, die sie besser behandeln, ich fliege schon fast, wo war doch gleich dieser Weg, den ich zum Nacheilen brauche? (IA)

Was auf den ersten Blick wie ein ironischer Witz erscheinen mag, dass Jelinek gerade in dem Moment, wo sie im Rampenlicht ihres größten schriftstellerischen Erfolges stand, behauptete, tatsächlich „im Abseits" zu stehen, lässt sich auf den zweiten Blick als Enttäuschung darüber interpretieren, immer weniger verstanden und gesehen zu werden. Die mit der Konsekration durch den Nobelpreis einhergehende Neutralisierung ihres Werkes klingt hier an, die das Missverständnis über ihre Arbeit noch verschärfte. Je mehr Menschen ihre Texte lesen (also die „Aufforderung [ihrer] Sprache annehmen"), desto fremder erschienen diese offenbar ihr selbst. Die autobiographisch-poetologische Reflexion kulminiert in der Aussage, dass sie ihre Sprache „endgültig an die verloren" habe, „die sie besser behandeln". Noch einmal scheint damit das Bild eines malträtierten Köters auf, der sich von seiner Herrin abwendet, weil er sich durch die Streicheleinheiten der Anderen von ihr weglocken lässt. Da es um Sprache geht, entfaltet die Allegorie eine unheimliche Paradoxie: Sprechend gab Jelinek zu verstehen, dass man ihr die Sprache genommen hat. Die Passage lässt sich als Umschreibung eines gescheiterten Dialogs deuten, der nicht zu

39 Vgl. ebd., S. 23.

Verständnis, sondern lediglich zu Vereinnahmung geführt hat. Offenbar fühlte sie sich nicht verstanden von den Deutungen ihrer Texte und konnte sich mit dem Bild, das diese von ihr erzeugten, nicht identifizieren. Jelineks Selbstinszenierung ist an dieser Stelle dabei nicht mehr darauf angelegt, ein anderes Bild zu erzeugen, das die Missverständnisse korrigiert. Vielmehr handelt es sich um eine Inszenierung reiner Differenz, die in einem nur mehr negativen Modus Andersartigkeit behauptet. In diesem Sinne lässt sich Jelineks Selbstverortung im Abseits als Hinweis auf eine Unverstandenheit deuten, mit der sie bis auf Weiteres leben musste.

Bemerkenswerterweise wurde der Umstand, nicht verstanden zu werden, von Jelinek nicht einseitig ihren Leser/innen angelastet. Schon der „Rückstoß" der gleichsam von ihr abgefeuerten Sprache habe sie ins Abseits gedrängt. Klingt dabei nicht auch Reue über die Aggressivität mancher ihrer Werke an? In einer anderen Passage resoniert eine Beschreibung aus *Im Abseits* deutlich mit ihrer autobiographischen Reflexion auf Castorfs Inszenierung von *Raststätte*:

> Mein einziger Schutz vor dem Beschriebenwerden, die Sprache, die, umgekehrt, zum Beschreiben von etwas anderem, das nicht ich bin, da ist – dafür beschreibe ich ja soviel Papier –, mein einziger Schutz kehrt sich also gegen mich. Vielleicht habe ich ihn überhaupt nur, damit er, indem er vorgibt, mich zu schützen, sich auf mich stürzt. Weil ich im Schreiben Schutz gesucht habe, kehrt sich dieses Unterwegssein, die Sprache, die in der Bewegung, im Sprechen, mir ein sicherer Unterstand zu sein schien, gegen mich. [...] Was ist das für eine Tarnung, die dazu da ist, daß man nicht unsichtbar wird, sondern immer deutlicher? (IA)

Ähnliches formulierte sie im vier Jahre zuvor veröffentlichten Essay *Die Puppe*:

> Das interessiert mich [...], also dass sich da eine, indem sie viel Zeit und Mühe aufwendet, eine Verborgene zu sein, zurückzuweichen, gerade in diesem Zurückweichen plötzlich ‚aufzumachen' scheint [...]. Vielleicht stimmt es eben gar nicht, dass ich zurückweichen möchte? Mache ich mir selbst etwas vor [...] also wenn diese Scheu, die ich habe, dazu dient, nicht etwas zu verschweigen, sondern zu reden, zu reden, zu reden, nein, nur nichts verschweigen, alles sagen, denn dann ist man als Sprechende weg, aber eben ganz besonders: da [...].[40]

In beiden Texten beschrieb Jelinek eine paradoxe Bewegung: Hier wie dort hielt sie im Rückblick die Einsicht fest, dass ihr vieles Schreiben für sie eigentlich den Zweck gehabt habe, zu verschwinden. Gerade als diejenige, die diesen Wunsch gehabt hat, sei sie schließlich jedoch erkennbar geworden.

40 Jelinek, *Die Puppe*, S. 184.

Ihre Verortung im Abseits ist darum doppelt motiviert: Sie entspricht zum einen dem resignativen Fazit, selbst keinen Weg gefunden zu haben, um sich sprachlich auszudrücken. Dabei kann man sich fragen, ob im Denken der Autorin, das schon immer auf ein Geschlecht von Autorschaft reflektierte, was *Im Abseits* durch die ausschließliche Rede vom (männlichen) „Dichter" fortführt, diese fatale Bilanz nicht schon immer angelegt war.[41] Zum anderen lässt sich ihre Rede von einer Existenz im Abseits konkreter auf die verbreitete Authentizitätsskepsis ihrer Leser/innen beziehen, die zur Folge hat, dass Jelinek rigoros für eine Abwesende gehalten wird, die nichts von sich zeigt. Repräsentativ für eine Vielzahl vergleichbarer Formulierungen, auf die man in der akademischen Jelinek-Rezeption stößt, steht das folgende Zitat: „Elfriede Jelineks mediale Auftritte [sind] als Theater, als Text, zu verstehen, wobei ihr äußeres Erscheinungsbild nichts weiter als ein besonders raffiniertes Bühnenbild ist, hinter dem allerdings immer wieder nur ein weiteres Bühnenbild zu entdecken ist."[42] Für eine solche resolute Rezeptionshaltung spielt die Frage nach der Person des Autors/der Autorin, die für das hermeneutische Verstehen grundlegend ist, keine Rolle mehr.

Einen weiteren Grund dafür, unverstanden geblieben zu sein, machte Jelinek auch mit Bezug auf das charakteristische intertextuelle Verfahren ihres Schreibens aus:

> Ich habe den Weg verlassen. Ich habe immer nur nachgesagt. Man hat mir vieles nachgesagt, aber das stimmt fast alles nicht. Ich habe selber nur nachgesagt, und ich behaupte: das ist jetzt das eigentliche Sagen. [...] In dieser Hinsicht, die in Wirklichkeit ein Wegschauen ist, auch ein Wegschauen von mir selbst, kann man mir aber nichts nachsagen, da gibts nichts, das gibt nichts her. [...] Ich schaue dem Leben immer nur nach, meine Sprache zeigt mir den Rücken, damit sie fremden Leuten den Bauch zum Liebhaben hinhalten kann [...]. (IA)

41 So postulierte Jelinek schon 1983 in ihrem Essay über Ingeborg Bachmann: „Die Frau hat keinen Ort. Mit dem Blick des sprachlosen Ausländers, des Bewohners eines fremden Planeten, des Kindes [...] blickt die Frau von außen in die Wirklichkeit hinein, zu der sie nicht gehört." Jelinek, Elfriede, *Der Krieg mit anderen Mitteln. Über Ingeborg Bachmann*, in: *Die schwarze Botin* 21 (1983), S. 149-153, hier: S. 151. Im Gespräch mit Anke Roeder bekräftigte sie diese Sichtweise 1989 noch einmal: „[D]ie Frau [ist] diejenige [...], die keinen Ort hat und auch nicht spricht. [...] Man sollte in aller Härte feststellen, daß es die Frau als Sprechende nicht gibt und diesen Zustand des Nicht-sprechen-Dürfens für die Frauen thematisieren." Roeder, *Gespräch mit Elfriede Jelinek*, S. 143f.

42 Tacke, *‚Sie nicht als Sie'*, S. 195f. Zuletzt hat Dröscher-Teille diese Perspektive affirmiert: „Bei Jelinek gewinnen die Interviews [...] fiktiven Charakter und erzählen Geschichten, die zwischen Dichtung und Wahrheit oszillieren, die Autorin dabei aber stets zur fiktiven Kunstfigur stilisieren." Dröscher-Teille, *Autorinnen der Negativität*, S. 62.

Das intertextuelle Verfahren ihrer Rede, gefasst als ein „Nachsagen“, wird hier dekuvriert als eines, das Jelinek vom eigenen Leben abgebracht hat. Als ‚abwegiges‘ Schreibverfahren hat es Jelinek nicht nur davon abgebracht, nach sich selbst zu schauen und sich auszudrücken, sondern es hat auch zu vielen Missverständnissen geführt. Dass sie von ihrer eigenen Sprache auch deshalb inzwischen entfremdet ist, wird durch deren Auszeichnung jedoch überdeckt. Der Nobelpreis bekräftigt, dass ihre ihr selbst fremde Sprache „jetzt das eigentliche Sagen“ ist, weil sie den „fremden Leuten“ gefällt. Ihr Ausschluss vom Leben wird auf diese Weise besiegelt. Der Dialog ist endgültig gescheitert. Die durch die Konsekration bewirkte Neutralisierung ihres Werkes findet in der Abwendung der Sprache von ihrer Autorin einen ausschließlich negativen Ausdruck – auch wenn, oder besser: weil sich ihre Lesenden damit zufriedengeben.

Es ließen sich noch weitere Beispiele dafür geben, dass *Im Abseits* als poetologischer Text fest in Jelineks Œuvre eingelassen ist. Im auf den Nobelpreis folgenden Roman wird die Thematik, sich gleichsam zwischen Leben und Tod zu befinden – auch dabei handelt es sich ja um eine Bedeutung der Existenz im Abseits –, erneut aufgegriffen und im titelgebenden Motiv eines „Neid[s] auf die Lebenden“ (N 198) verankert. Daneben verweist das Abseitsmotiv, das an einer Stelle auch als „Abseitsfalle“ (IA) erscheint, als Fußballvokabel natürlich auf *Ein Sportstück* und appelliert, wenn man der hier vorgeschlagenen Lesart folgt, also an den für Jelineks Autorschaft zentralen Geltungskonflikt. Dabei wird der Erfolg, den ihr das Nobelpreiskomitee zuerkennen wollte, wenn man die Metapher ernst nimmt, gewissermaßen für ungültig erklärt: Ein Tor zählt nicht, wenn man „im Abseits“ steht.

6.3 Jelineks letzter Skandal. Literaturkritische Reaktionen auf die Nobelpreisvergabe

Wie schon angedeutet, fiel die Berichterstattung über die Verkündung und Verleihung des Literaturnobelpreises an Jelinek kontrovers aus. Vor allem im deutschen Feuilleton erschienen mehrere große Schmähtexte auf Jelinek. Demgegenüber waren die Wertungen in den österreichischen Medien vergleichsweise milde, wo man den Preis, selbst wenn man ihn der Autorin kaum zugestehen wollte, tendenziell als allgemeine Ehrung der österreichischen Literatur oder auch der Nation auffasste.[43] So reklamierte etwa die *Kronen*

---

43 Für eine Zusammenfassung aller literaturkritischen Beiträge mit ausschnittsweisen Zitaten vgl. Janke et al., *Literaturnobelpreis Elfriede Jelinek*, hier bes.: S. 35-49 (deutsche Medien) sowie S. 82-96 (österreichische Medien).

Zeitung, die mit Jelinek eine jahrzehntealte Hassbeziehung pflegte, durch die Aufmachung ihrer Titelseite am 08.10.2004 den Preis vor allem für die Obersteiermark, wo sie 1946 geboren wurde.[44]

Von Seiten der Literaturwissenschaft wurde die Aufmerksamkeit, die Jelineks Nobelpreisehrung zukam, als außergewöhnlich eingeschätzt und deshalb mehrfach exemplarisch untersucht. So hat sich Andrea Geier mit den literaturkritischen Reaktionen auf die Nobelpreisvergabe an Jelinek befasst, um die dabei eingesetzten Wertungspraktiken zu analysieren. Ihr zufolge lasse sich eine „Form ambivalenter Anerkennung" in den journalistischen Reaktionen auf die Nobelpreisverkündung ausmachen: „Der kurz bekundeten Freude über eine deutschsprachige Preisträgerin folgen Darstellungen, die darauf zielen, die Auszeichnung zu marginalisieren oder gar die Preiswürdigkeit des Werks zu negieren."[45] Interessant ist ihr Hinweis auf die entgegengesetzt polarisierte Resonanz der Nobelpreisverleihungen an Jelinek und Günter Grass. Dass nur bei letzterem die Reaktionen einhellig positiv ausfielen, wird von Geier hervorgehoben, weil sie die beiden Autoren im Grunde vergleichbar fand: „zwei politisch engagierte und für ihr Werk preisgekrönte Schriftsteller, deren Texte regelmäßig öffentliche Aufmerksamkeit finden."[46] Implizit gab Geier damit nicht nur einen Hinweis auf die Schwierigkeit, die Kriterien zu objektivieren, die literarischen Werturteilen zugrunde liegen; vor allem illustriert ihr Vergleich, dass die Kategorie Geschlecht bei der Bewertung von Literatur um die Jahrtausendwende nach wie vor wirkmächtig war. Dieser Beobachtung ist Barbara Becker-Cantarino nachgegangen, die durch ihre Analyse der Reaktionen auf die Nobelpreisvergabe an Jelinek zeigen konnte, in welcher Hinsicht die Kategorie Geschlecht bei den Wertvorstellungen wie Wertungspraktiken eine Rolle spielte. Im literaturkritischen Diskurs habe sie eine spezifische Relevanz einerseits mit Blick auf die Sexualitätsdarstellung in Jelineks Werk sowie andererseits in Bezug auf die „Talentfrage", die bei männlichen Schriftstellern zu dieser Zeit in der Weise, wie sie bei Jelinek aufkam, gar nicht mehr gestellt worden sei.[47]

Zwei Artikeln, die beide einige Tage nach der Nobelpreisverkündigung in großen deutschen Wochenzeitungen erschienen sind, soll hier besondere

---

44 Vgl. ebd., S. 86.

45 Geier, Andrea, *Das ist doch keinen Nobelpreis wert! Über literarische Wertung und Kanonisierung am Beispiel der Nobelpreisverleihung an Elfriede Jelinek im Jahr 2004*, in: *Der Deutschunterricht* 58/1 (2006), S. 91-96, hier: S. 93.

46 Ebd., S. 91.

47 Vgl. Becker-Cantarino, Barbara, *Ästhetik, Geschlecht und literarische Wertung, oder: Warum hat Elfriede Jelinek den Nobelpreis erhalten?*, in: Nicholas Saul/Ricarda Schmidt (Hg.), *Literarische Wertung und Kanonbildung*, Würzburg 2007, S. 125-149, hier: S. 147.

Aufmerksamkeit zukommen. Diesen regelrechten Abrechnungen – bezeichnenderweise weniger mit dem Werk als vielmehr mit der Autorin – kommt eine besondere Geltung zu, da sich Jelinek in ihrem Roman *Neid*, wie noch zu zeigen sein wird, in grundlegender Weise auf sie bezogen hat.

Zum ersten ist die im *Spiegel* am 11.10.2004 von Matthias Matussek veröffentlichte Kritik *Alle Macht den Wortequirlen!* zu nennen. Matussek machte keinen Hehl daraus, die Stockholmer Preisvergabe nicht nur für ein „Quotenurteil", sondern in ihrer Begründung auch für „ganz[] [g]rauenhaft[]" zu halten.[48] Auffällig an seiner vierseitigen Kritik ist die Vielzahl satirischer Etikettierungen, die nur spärlichen Zitaten und einer einzigen Werkbeschreibung (der *Klavierspielerin*) gegenüberstehen. So habe Jelinek „eher schwer verdauliche Sadomaso-Schinken" und „nervöse Aufgeregtheiten" produziert, repräsentiere eine „ziemlich abgelatschte Feminismus-Front" und sei „eine thematisch ziemlich eingeengte Lieferantin von Theaterskandalen".[49] Gleich dreimal, und aufgrund dieser Wiederholung offensichtlich ironisch zu verstehen, versah er Jelineks Namen zudem mit dem ausschließlich auf ihre Person zielenden Attribut „sympathisch".[50] Von den Texten wurden vor allem die Theaterstücke (genannt werden: *Raststätte, Ein Sportstück* und *Die Alpen*) von Matussek scharf kritisiert. Sie seien „bisweilen Schocker, weil sie schockierend schlecht sind."[51] Ob Matussek die Theatertexte überhaupt gelesen hat und sich nicht nur auf die Inszenierungen vor allem von Castorf und Schleef bezog, scheint angesichts von Kommentaren wie dem, dass *Ein Sportstück* nur „aus Tiraden und Chören"[52] bestehe, eher zweifelhaft.

Formale Aspekte von Jelineks Schreiben blieben in Matusseks Artikel weitgehend ausgeblendet. Dafür wurde sein Text von einer einseitigen Stellungnahme des in seiner literarischen Expertise offenbar für über Zweifel erhaben gehaltenen Marcel Reich-Ranicki unterbrochen, dessen Beitrag primär jedoch auch nur auf das Herausstellen von Jelineks „eher bescheiden[em]" Talent abzielte.[53] Immerhin in Form einer rhetorischen Frage machte Matussek deutlich, was ihn an der Sprache von Jelineks Theaterstücken irritierte: „Wer kann denn solchen Sätzen Leben einhauchen?"[54] Offenbar störte sich der Kritiker also daran, dass die sprachliche Gestaltung der Texte – er zitierte zuvor einen

48 Matussek, Matthias, *Alle Macht den Wortequirlen!*, in: *Der Spiegel* 42 (11.10.2004), S. 178-182, hier: S. 179.

49 Ebd., S. 178, 179, 181.

50 Ebd., S. 178, 179.

51 Ebd., S. 182.

52 Ebd.

53 Reich-Ranicki, Marcel, *„Die missbrauchte Frau"*, in: *Der Spiegel* 42 (11.10.2004), S. 180.

54 Matussek, *Alle Macht den Wortequirlen!*, S. 182.

Halbsatz aus den *Alpen* – den Erwartungen an Sprechsituationen, wie sie im dramatischen Theater üblich sind, zuwiderläuft. Dass Matussek dies durch die Metapher einer ‚leblosen' Sprache ausdrückte, lässt sich in *Neid*, in dem sich Jelinek selbst als Untote darstellt, reflektiert sehen. Ein noch deutlicheres Echo im Roman fanden zwei andere Urteile, die Matussek ex negativo aussprach, indem er sein Unverständnis darüber erläuterte, dass Philip Roth den Preis wieder nicht erhalten hatte. Wenn der Artikel mit einem Foto von Roth sowie der Huldigung an den amerikanischen Schriftsteller endet, dass dieser auf das Preisgeld gar nicht angewiesen sei, weil er erzählen könne und sein Publikum gebannt zuhöre, stellte Matussek im Umkehrschluss auch seine Vorwürfe an Jelinek klar: nicht erzählen zu können und ihre Leser/innen zu langweilen. Es wird zu zeigen sein, wie sich diese Urteile in *Neid* niederschlagen.

Einen vergleichbaren Ton wie Matussek hat, zum zweiten, auch Iris Radisch in der *Zeit* angeschlagen, wo am 14.10.2004 ihr Artikel *Die Heilige der Schlachthöfe* erschien. Darin heißt es, der Literaturnobelpreis für Jelinek sei „ein Schock, von dem sich noch niemand ganz erholt hat."[55] Auch Radisch entwarf zunächst Etiketten, als sie Jelinek „eine mutige, unerschrockene Heldin des innerösterreichischen Widerstandes" nannte, deren Werke sie als „inbrünstige[] Ekstasen des Negativen" bezeichnete.[56] Und auch Radisch nannte in einer Aufzählung der „großen Autoren der Weltliteratur", die den Preis eher verdient hätten, Philip Roth an erster Stelle.[57] Ihre Begründung, weshalb sie die Entscheidung der Nobelpreisakademie für „staunenswert[]"[58] hält, fällt allerdings stringenter aus als bei Matussek, wobei auch insgesamt festzuhalten ist, dass Radischs Abrechnung mit Jelinek fundierter ist. Anstoß nahm sie explizit nicht an der Moral, die Jelinek verkörperte, wohl aber an ihrer literarischen „Methode", die Radisch zufolge auf eine „schrille, hochmotorisierte und vorauseilende, in jedem Fall totale Identifikation mit dem ins Groteske verzerrten Aggressor" abziele.[59] Ästhetisch, so stellte sie klar, halte sie die Akademieentscheidung für Jelinek für eine „Kapitulation":

> Ihre Bücher sind leer. Und wollen es sein. Leer an Erfahrung, leer an Gefühlen, leer an Poesie. Es gibt in ihnen keinen Himmel, keine Liebe, keine Gedanken, keine Farben, keine Töne, keinen Geruch, kein Licht, keine irdische und keine überirdische Welt. Es gibt nur eine einzige Materie und von dieser wie zum Ersatz unerschöpflich viel: Müll. Menschenmüll, Naturmüll, Beziehungsmüll, Liebesmüll, Familienmüll, Medienmüll, Sprachmüll.[60]

55 Radisch, *Heilige der Schlachthöfe*, S. 44.
56 Ebd.
57 Ebd.
58 Ebd.
59 Ebd.
60 Ebd.

Dass Jelinek ihrem Roman *Neid* den Untertitel „(mein Abfall von allem)" gegeben hat, lässt sich demnach auch als Referenz auf das Urteil von Radisch verstehen, es gebe in ihrem Werk nur „Müll".[61]

Ein zweites Argument, mit dem die *Zeit*-Kritikerin ihre Vorbehalte gegenüber der Akademieentscheidung bekräftigte, lautet, dass Jelineks Themen und die Art und Weise, wie sie diese bearbeitete, nur einer begrenzten Leserschaft verständlich werden könnten, weshalb der weltweit angesehene Preis für sie nicht angemessen sei. In polemischer Überspitzung formulierte sie:

> Österreich ist ein sehr kleines Land und Elfriede Jelinek eine große regionale Schriftstellerin. Ob es wohl in Bukarest, in Baltimore eine junge Leserin gibt, die noch versteht, was es mit den ungezählten zerhackten Geschlechtsteilen, den Sperma-Hostien, den vergewaltigenden Skifahrern und überhaupt mit dem ganzen surrenden und klingenden Jelinekschen Motivteppich aus Zerstörung, Lodenjoppen, Fäulnis, Lederhosen, Fernsehbildern und Apokalypse im Einzelnen auf sich hat?[62]

Diese rhetorische Frage ist, ungeachtet ihrer Überspitzung, nicht von der Hand zu weisen. Auch Jelinek selbst hat häufiger beklagt, schon in Deutschland nicht verstanden zu werden, wo man keinen Sinn für die spezifisch österreichische Ironie habe bzw. die Tradition des österreichischen Volkstheaters nicht kenne, von der sie sich herschreibe.[63] Bei Radisch wird das Argument zum latenten Vorwurf, dass die von Jelinek beschriebene Wirklichkeit allzu begrenzt sei. Zwar würde man die Wirkung ihrer Sätze auf Jelinek wohl überschätzen, wenn man den plötzlichen Ortswechsel, den Jelinek vornahm, als sie *Neid* aus der österreichischen Provinz auf der letzten Seite noch nach „Cleveland, Ohio" (also keine Tagesreise von „Baltimore" entfernt) verlegte. Unzweifelhaft ist dagegen, dass *Neid* das Thema der Wirklichkeitsferne, gekoppelt einerseits an das Gefühl, vom Leben ausgeschlossen zu sein, andererseits auch an den Wohnort, immer wieder aufgreift. Wenn es heißt, „ich lebe ja nicht in Hamburg-Eppendorf oder in Berlin-Mitte, wo man wirklich etwas zu erzählen hätte [...]" (N 440), so spielte Jelinek damit jedenfalls explizit auf zwei Stadtviertel an, in denen die *Zeit*-Redakteurin einen Teil ihres Lebens verbracht hat.[64] Welchen Sinn haben diese umfangreichen, zum Teil für die Romankomposition integralen Anspielungen auf „Frau R." oder „Herrn M.", wie sie

61 Auf andere Bedeutungen des Untertitels werde ich in Kap. 7 eingehen.

62 Radisch, *Heilige der Schlachthöfe*, S. 44.

63 Vgl. Müller, André, *„Ich bin die Liebesmüllabfuhr". Interview mit Elfriede Jelinek*, in: *Profil* 35/49 (2004), S. 130-137; online verfügbar: www.elfriedejelinek.com/andremuller/elfriede%20jelinek%202004.html.

64 Diese Information entnehme ich dem Artikel: Domizlaff, Svante, *Frau Radischs Gespür*, in: *Welt am Sonntag* (31.12.2000).

im Roman heißen, nachdem die Autorin den Dialog zwischen sich und den Akteuren und Akteurinnen ihrer Rezeption bereits in ihrer Rede *Im Abseits* für gescheitert erklärt hat? Dies zu erörtern, nimmt sich das abschließende Kapitel dieser Untersuchung vor.

***

Wenn es eine Einschätzung gibt, mit der Matthias Matussek Recht behalten sollte, so ist dies die Wirkung der Konsekration durch den Nobelpreis: „Eines ist sicher: Mit Jelineks Krönung ist der Skandal ihrer Schriftstellerei abgeschafft, endgültig, falls er je einer war. Er ist in der gemütvollen Mitte angekommen und nun eine Zeit lang alpenländischer Exportschlager."[65] Die Neutralisierung, die ihr Werk infolge der Preisvergabe erfassen sollte, konnte Matussek also voraussehen. Tatsächlich ist die Kontroverse um den Nobelpreis der letzte Skandal, den die Autorin mit ihrem Werk erlebt hat. Seitdem haben sich Literaturkritiker/innen wie Radisch oder Matussek, die zur Skandalisierung wesentlich beigetragen haben, indem sie mit teilweise persönlich diffamierenden Schmähtexten auf die Verleihung reagierten, jedenfalls nicht mehr in einem größeren Umfang kritisch über Jelinek geäußert.

65 Matussek, *Alle Macht den Wortequirlen!*, S. 179.

Nach dem Nobelpreis: Radikalisierung autofiktionaler Verfahren in Jelineks „Privatroman" *Neid* (2007/2008)

Neid, Elfriede Jelineks erste größere Prosaveröffentlichung nach dem Nobelpreis, gilt als autobiographischer Roman. Was die Terminologie betrifft, herrscht zwar keine Einigkeit, doch stimmen die Literaturkritiker/innen, die sich zum Text geäußert haben, überein, dass das Neue an dem Text in einer unverhüllten Selbstbeschreibung liege. So meinte etwa Klaus Kastberger, Jelinek habe noch nie so „derart direkt von sich selbst" geschrieben.[1] Paul Jandl zufolge „spürt man eine filigrane Anwesenheit der Autorin", die „auch von ihrer eigenen Verletzlichkeit [spricht]."[2] Und Daniela Strigl kam im *Jelinek-Handbuch* zum Fazit: „Auch wer den Romancharakter von *Neid* betont, kommt um die Autobiographie nicht herum: Hier spricht die Autorin."[3] Nach allem nun also doch die Autobiographie?

So einfach lässt sich das nicht sagen. Schon die eigenwillige Gattungsbezeichnung „Privatroman", mit der Jelinek *Neid* versehen hat, ist nicht nur vieldeutiger, als es in den meisten Rezensionen wahrgenommen wurde, sondern auch auf eine Weise ambivalent, die Jelinek, wie so oft in der Vergangenheit, durch nur vermeintlich klare Interview-Aussagen sogar noch verschärft hat. So gab sie einmal die Auskunft, die Bezeichnung „Privatroman" bedeute, „dass der Roman nur privat erscheint, sozusagen im Selbstverlag, aber auch, dass, umgekehrt, mehr Privates in den Text einfließt als sonst."[4] Die in der öffentlichen Rezeption ausgebreitete autobiographische Deutungsfolie konnte sich mit dieser Aussage sowohl bestätigt wie auch parodiert sehen. Wenn man sich vor Augen hält, dass Jelinek früher schon einem ihrer Stücke den Untertitel „Eine Handarbeit"[5] gab und außerdem *Gier* als einen „Unterhaltungsroman"[6] lancierte, so wird klarer, dass sie auch in der paratextuellen Rahmung von *Neid* sowie ihrer öffentlichen Selbstinszenierung im Kontext der Romanveröffentlichung mit den klassischen Vorbehalten gegenüber weiblichem Schreiben

1 Kastberger, Klaus, *Herzstich, ganz ohne Messer*, in: *Die Presse* (10.05.2008).

2 Jandl, Paul, *Mit Tricktinte*, in: *Neue Zürcher Zeitung* (26.04.2007).

3 Strigl, Daniela, *Neid*, in: Pia Janke (Hg.), *Jelinek-Handbuch*, Stuttgart 2013, S. 119-124, hier: S. 121.

4 Gropp, *Dieses Buch ist kein Buch*, S. 35.

5 Jelinek, *Stecken, Stab und Stangl*, S. 15.

6 Jelinek, Elfriede, *Gier. Ein Unterhaltungsroman*, Reinbek bei Hamburg 2000, S. 3.

 | DOI:10.30965/9783846767542_008

spielte. Hier nun betrifft dieses Spiel – wie schon zu Zeiten der *Klavierspielerin* (vgl. Kap. 3.3) – die mit der Wertung der Trivialität verknüpfte Zuschreibung, dass das Schreiben von Frauen per se autobiographisch sei. Die Bezeichnung „Privatroman" hat daher auch eine ironisch abwertende Bedeutung, weil sie an die Geschichte der Produktionsbedingungen schreibender Frauen erinnert, deren „Wirkungskreis", wie schon Silvia Bovenschen festhielt, für eine lange Zeit „auf das Häuslich-Private zugeschnitten war".[7] Die weiblicher Autorschaft auferlegte Beschränkung hat das Verhalten von Schriftstellerinnen dabei natürlich geprägt. Über die noch zu Beginn des 19. Jahrhunderts schreibenden Frauen hob Inge Stephan hervor: „Auch wo sie den Männern an Bildung überlegen waren, scheuten sie sich, ihren Anspruch auf Autorschaft öffentlich zu vertreten."[8] Im Jahr 2007 gefragt, ob sie der Nobelpreis von den Zwängen des Buchmarkts befreit habe, antwortete Jelinek: „Es ist eine Befreiung, sicher, auch weil ich Öffentlichkeit in keiner Form ertragen kann, was sicher pathologisch bei mir ist."[9] Wieder einmal zeichnet sich damit in der öffentlichen Selbstinszenierung der Autorin eine „Dramaturgie des Mißverständlichen" ab, bei der die allzu modellhaften Antworten Zweifel an ihrer Aufrichtigkeit auslösen.[10] Die Angststörung, von welcher sie im Interview sprach, hatte Jelinek schon als Grund angegeben, weshalb sie nicht nach Stockholm reisen konnte; in *Neid* hat sie diese Angst aber auch zu einem zentralen Motiv verarbeitet, was trotz aller Parodiesignale wiederum für die Autobiographie spricht: Die hier gezeigte Autorinnenfigur kann wegen einer solchen Angst nicht mehr das Haus verlassen und schreibt daher in ihrem privaten Raum einen offensiv mit Trivialitätsmustern aufwartenden Roman darüber, dass sie einen „Neid auf die Lebenden" (N 198) entwickelt habe. Jelineks Kunst, negative Zuschreibungen zu thematisieren, indem sie diese zwiespältig verkörperte, hat mit *Neid* offenbar einen neuen Höhepunkt erreicht.

Doch selbst mit dieser missverständlichen Verkettung generischer Vorbehalte und ihrer ambivalenten Reaktionen darauf, war es der Autorin noch nicht genug. Hinzu kommt noch ihre bereits angesprochene Entscheidung für den „Selbstverlag": *Neid* kann nur auf der Homepage der Autorin gelesen und heruntergeladen werden. Fehlte es Autorinnen früher oft u. a. an der materiellen Ausstattung, die zur Durchsetzung auf dem literarischen Markt notwendig war,[11] so ist es nun der bewusste Verzicht auf Einnahmen durch ihre

7 Bovenschen, *Imaginierte Weiblichkeit*, S. 210.

8 Stephan, Inge, *Frauenliteratur*, in: Klaus Weimar (Hg.), *Reallexikon der deutschen Literaturwissenschaft*, Band I, Berlin/ New York 2007, S. 625-629, hier: S. 627.

9 Gropp, *Dieses Buch ist kein Buch*, S. 35.

10 Vogel, *Oh Bildnis*, S. 149.

11 Vgl. Stephan, *Frauenliteratur*, S. 627.

literarische Produktion, der sie als Nobelpreisträgerin – also als Autorin, die es sich leisten kann – zu einer ‚abseitigen' Publikationsform veranlasste. Dabei wird die behauptete Privatheit durch den Rückzug auf die private Homepage einerseits buchstäblich umgesetzt (und damit auch um- und aufgewertet), andererseits ist ihr angesichts der allgemeinen Verfügbarkeit und kostenlosen Verbreitung im allzu öffentlichen Medium Internet eine weitere Spannung eingetragen, die der Gattungsbezeichnung einen zusätzlichen ironischen Beiklang gibt.[12] Mithin prononciert der Roman, dass die Gegenüberstellung von Privatheit und Öffentlichkeit im Medienzeitalter problematisch geworden ist.[13]

Dass das Konzept der Autofiktion für die Beurteilung von *Neid* trotz dieser vielschichtigen literarischen Verhandlung des Lebens seiner Autorin und dessen, was „privat" eigentlich heißt, bislang kaum eine Rolle gespielt hat, ist erstaunlich. Lediglich Jeanine Tuschling-Langewand hat zurecht die „widersprüchliche Ausgangslage" des Werkes hervorgehoben, als sie die Frage aufwarf, ob man *Neid* tatsächlich als autobiographischen Text verstehen sollte oder ob es sich nicht vielmehr „um eine Inszenierung im Modus des Biografischen und damit um eine Parodie des Genres [handelt]".[14] Mithin fordert der Text dazu

---

12 Vgl. Kapfer, Herbert, *Der Privatroman Neid – 36 Antworten von Elfriede Jelinek auf Fragen von Herbert Kapfer*, Tonaufnahme des *Bayerischen Rundfunks* (2011), online verfügbar: www.br.de/mediathek/podcast/artmix-galerie/der-privatroman-neid-36-antworten-von-elfriede-jelinek-auf-fragen-von-herbert-kapfer/31172. Dieses Audio-Interview hat eine bemerkenswert artifizielle Form: Jelinek und Kapfer lasen dafür Nachrichten aus ihrer E-Mail-Korrespondenz vor, die von den beiden Beteiligten in getrennten Studios aufgezeichnet wurden.

13 Vgl. Müller, Burkhard, *Der blasse Neid*, in: *Süddeutsche Zeitung* (17.04.2007).

14 Tuschling, *Autofiktionale Erzählstrategien in „Neid"*, S. 247, 241. Es ist allerdings festzuhalten, dass Tuschlings Aufsatz methodisch nicht überzeugen kann und diverse irrtümliche Behauptungen enthält. Ihr Autofiktionsverständnis kann dem rezeptionszentrierten Ansatz zugeordnet werden, der auf Autor/innen, die qua ontologischer Unterscheidung strikt von Erzählinstanzen getrennt werden, im Grunde nicht reflektieren kann (vgl. Kap. 2.1). Dieses Defizit wird im Aufsatz sichtbar. Die umständliche Differenzierung, die eingangs noch vorgenommen wird – „Die Erzählerin des Romans ist eine im Lichte der Öffentlichkeit stehende Schriftstellerin mittleren bis fortgeschrittenen Alters, die mit der realen Autorin die Initialen teilt und mehrfach als ‚Elfi' oder ‚Elfriede' bezeichnet wird." (S. 238) –, wird später von ihr unterlaufen, wenn immer wieder auch auf „die Schreibende" (ebd.) bzw. „die Autorin" (ebd., S. 250, 253, 260) als Textsubjekt verwiesen wird. Darüber hinaus verstrickte sich Tuschling in einen Widerspruch, als sie sich zunächst von Janz' These abgrenzte, es gehe bei Jelinek um eine „Auflösung von Person und Autor" (ebd., S. 244), um später doch genau für eine solche Auflösung des Autorsubjekts sowie eine „Demontage der Autorfigur" zu argumentieren (ebd., S. 257f.). Schließlich weist ihr Aufsatz mehrere Fehler auf: Die Texte, die Jelinek auf ihrer Internetseite veröffentlichte, wurden und werden durchaus „als Rezensionen oder direkte persönliche Stellennahmen"

auf, die für Autofiktion maßgebliche Frage spezifisch zu klären, warum und in welcher Weise die Grenze zwischen Autobiographie und Roman verwischt wurde.

7.1 Zum Publikationskontext des Romans

Es ist unbestreitbar, dass seine Online-Veröffentlichung dem Roman als Text einen besonderen Status gibt. Hubert Spiegel hatte Recht, als er meinte, dass „die Aushöhlung des klassischen Werkbegriffs, die in Elfriede Jelineks Schaffen immer schon angelegt war, im Netz auf die Spitze getrieben [wird]."[15] Die Folgen dieses veränderten Werkbegriffs aber sind nicht so leicht abzusehen. Immer wieder wurde etwa behauptet, Jelinek behalte durch die Wahl der Publikationsform eine größere Verfügungsgewalt über ihren Text, weil sie die Macht habe, ihn nicht nur jederzeit zu ändern, sondern auch zu löschen.[16] Freilich provozierte die Autorin solche Gedankenspiele wiederum durch Interview-Aussagen wie die folgende:

> Außerdem behalte ich mir vor, falls ich scheitere oder zu scheitern glaube, den Roman als Torso einfach so stehenzulassen, ihn nachträglich umzuschreiben oder ihn einfach aus dem Netz zu nehmen, falls ich das möchte beziehungsweise falls ich es nicht aushalte, dass er da einfach so steht und blöd aus dem Bildschirm herausglotzt.[17]

Tatsächlich hat Jelinek den Roman nicht nur abgeschlossen, sondern ihn seither auch kaum verändert. Selbst ihre Ankündigung, ihre ganze Internetseite www.elfriedejelinek.com nach ihrem Tod löschen zu lassen,[18] hat angesichts der bislang bestehenden Möglichkeit, *Neid* kostenfrei herunterzuladen, nicht den Sinn, die befristete Existenz ihres Textes zu prophezeien. Dies war auch

---

verstanden (ebd., S. 236); nicht „von 2006 bis 2008" hat Jelinek den Roman auf ihrer Homepage veröffentlicht, sondern von 2007 bis 2008 (ebd.); nicht „2005", sondern 2004 hat Jelinek den Nobelpreis erhalten (ebd., S. 243). Bemerkenswerterweise fehlt in der größeren Ausarbeitung, welche die Verfasserin einige Jahre später zu den „Todsündenromanen" vorgelegt hat, der Bezug auf das Konzept der Autofiktion, obwohl sie sich dort noch ausführlicher zu *Neid* äußerte. Vgl. Tuschling-Langewand, *Autorschaft und Medialität*, S. 157-201.

15 Spiegel, Hubert, *Frauen, Männer, Klischees*, in: *Frankfurter Allgemeine Zeitung* (13.05.2008).

16 Vgl. Souchuk, Anna C., *From Printed Page to Webpage: Elfriede Jelinek's „Neid" and the Creation of Virtual Place*, in: Michael Boehringer (Hg.), *Zeitenwende. Österreichische Literatur seit dem Millennium: 2000-2010*, Wien 2011, S. 338-351, hier: S. 340.

17 Gropp, *Dieses Buch ist kein Buch*, S. 35.

18 Vgl. Kapfer, *36 Antworten von Elfriede Jelinek*.

Jelinek bewusst, die darum meinte, dass ihr Text nach der Löschung ihrer Seite „kryptisch weiterleben“ werde: „Denn was das Netz einmal hat, das gibt es ja nie wieder her.“[19]

Weniger die spekulative Möglichkeit, dass Jelinek ihren Text retrospektiv ändern könnte, als die produktionsästhetisch besondere Situation größtmöglicher Unabhängigkeit beim Schreiben macht den besonderen Werkstatus von *Neid* aus.[20] Wie auch Degner bemerkte, stand für Jelinek offenbar „[n]icht eine möglichst große Verbreitung ihrer Texte [...] im Vordergrund, sondern der Wunsch, gänzlich unabhängig von Vorgaben und Einschränkungen zu sein.“[21] In diesem Sinne konnotiert die Gattungsbezeichnung „Privatroman“ also auch den Umstand, dass die Autorin die Rechte an ihrem Text an keinen Verlag abgetreten hat. Dabei geht die Befreiung von ökonomischen oder ästhetischen Normen der Verlagspolitik, die vor der Veröffentlichung hätten wirksam werden können, mit einer Befreiung von Beurteilungen ihres publizierten Werks einher.[22] Denn dass Jelinek allein das Eigentumsrecht an diesem Text beansprucht, macht auf ihrer Homepage auch ein mehrfach, u. a. am Ende eines jeden Kapitels von *Neid* angebrachter Hinweis deutlich, der den Kritiker/innen das Rezensieren des Romans zumindest erschwert, wenn nicht verleidet haben mag: „Sämtliche hier wiedergegebenen Texte sind urheberrechtlich geschützt und dürfen ohne ausdrückliche Erlaubnis in keiner Form wiedergegeben oder zitiert werden.“[23] Ohne den Nobelpreis, der Jelinek erst die nötige finanzielle Unabhängigkeit verschafft hat, wäre eine solche privilegierte Veröffentlichungspraxis nicht möglich gewesen.

Die Publikationsgeschichte von *Neid* lohnt eine genauere Betrachtung. Als am 03.03.2007 das erste Kapitel online ging, geschah dies zunächst unbemerkt. Jedenfalls folgte der erste Bericht, der die Veröffentlichung zur Kenntnis nahm, erst über einen Monat später.[24] Sollte es nur ein Zufall gewesen sein, dass Jelinek das zweite *Neid*-Kapitel an eben jenem Tag auf ihrer Internetseite veröffentlichte, an dem Strigl in *Der Standard* zuerst auf den neuen Roman aufmerksam gemacht hat?[25] Die zeitliche Koinzidenz vom Erscheinen des

19 Ebd.

20 Diesen Aspekt hob auch Spiegel hervor: „Frei von jeglichen Verwertungszwängen herrschen hier autonome Innerlichkeit und Privatheit in ihrer denkbar öffentlichsten Form. So ist ein Werk entstanden, das die Mittel des Blogs benutzt, um nahezu sämtliche Fesseln des Romans abzustreifen.“ Spiegel, *Frauen, Männer, Klischees.*

21 Degner, *Kinder der Quoten*, S. 164, Anm. 38.

22 Vgl. Kapfer, *36 Antworten von Elfriede Jelinek.*

23 www.elfriedejelinek.com – Für diese Arbeit wurde eine solche Erlaubnis beim Rowohlt-Verlag eingeholt.

24 Vgl. Strigl, Daniela, *Das Buch, das keines sein will*, in: *Der Standard* (07./08.04.2007).

25 Vgl. Strigl, *Neid*, S. 119.

zweiten Kapitels, das den ersten Zeitungsartikel sogleich überholt erscheinen ließ, legt nahe, dass die Autorin hier ein bewusstes Spiel mit den Akteuren ihrer Rezeption trieb. Setzte die Autorin so in Szene, dass ihre Kritiker/innen und sie aneinander vorbeiredeten? Der salopp formulierte Beginn des zweiten Kapitels stützt Vermutungen dieser Art: „So, hier fangen wir wie neu an, oooch, wieso hier, es war grad so spannend, nein, war es nicht [...]." (N 59) Später folgten mit je einigen Monaten Abstand die weiteren Kapitel, bis am 24.04.2008 anstelle der aus älteren Serien bekannten Formel „Fortsetzung folgt" schließlich das Wort „Ende" am Schluss des hochgeladenen Textes auftauchte. Insgesamt ging die literaturkritische Rezeption in zwei Wellen vonstatten: Die erste Welle schloss sich an Strigls ersten Artikel an und umfasst diverse Artikel zu den beiden ersten Kapiteln; die zweite Rezeptionswelle folgte nach Abschluss des Romans.

Während sich die Publikationsgeschichte auf den Tag genau rekonstruieren lässt, reicht die Produktionszeit, wie man aus einigen Interviews weiß, schon weiter zurück.[26] Den Plan für eine Bearbeitung des Stoffes hatte Jelinek schon vor der Verleihung des Nobelpreises gefasst. So bekannte sie bereits im Jahr 2000 in einem Interview zu *Gier*, dass sie ihr mit *Lust* begonnenes „Todsündenprojekt" noch erweitern wolle: Zwar habe, wie Jelinek lakonisch bemerkte, die Völlerei zu viele Silben, „aber der Neid kommt schon noch".[27] Auch wenn davon auszugehen ist, dass es große Unterschiede gibt zwischen der Form, die der Roman letztlich angenommen hat, und dem, was sie sich Jahre zuvor unter seinem Titel vorgestellt haben mag, deutet die Aussage auf einen programmatischen Zug in Jelineks Poetik, der einen Kontrapunkt zu den Aktualitätsbezügen ihrer Arbeit setzt. Auch innerhalb des Romans findet sich dieser Kontrast wieder: So ist von *Neid* bekannt, dass, als das erste Kapitel online gestellt wurde, schon fast der gesamte Roman in einer ersten Fassung vorlag. Das Tagebuchhafte, das der Publikationsform eignet und auf das *Neid* auch zweimal explizit Bezug nimmt – u. a. heißt es gleich zu Beginn: „[...] mein liebes Tagebuch, dir hier vertraue ich es alleine an [...]" (N 4, vgl. 163) –, erscheint so durch die tatsächliche Produktionsweise gebrochen.

Auf die besonderen technischen Möglichkeiten, die eine Internetveröffentlichung bietet, hat Jelinek beim Schreiben von *Neid* nur spärlich zurückgegriffen. Wie Ralph Müller anhand einer Reihe von Beobachtungen nachgewiesen hat, setzt „der Roman so wenig Interaktivität voraus[], dass

26 Vgl. Strigl, *Buch, das keines sein will.*

27 Nüchtern, Klaus, *Erlösung gibt es nicht*, in: *Falter* (06.09.2000).

eine traditionelle Veröffentlichung möglich gewesen wäre."[28] Zwar handelt es sich bei *Neid* nicht um einen Hypertext, der eine direkte Beteiligung durch die Leserschaft ermöglicht.[29] Dennoch fallen einige Unterschiede zwischen jener Version ins Auge, die kapitelweise auf Jelineks Homepage gelesen, und jener, die in Form eines PDFs heruntergeladen werden kann. Daher ist es sinnvoll, die Online-Fassung des Romans von der PDF-Fassung zu unterscheiden.

Die PDF-Fassung präsentiert den Text zusammenhängend, in lediglich sieben Kapitel unterteilt (Kapitel 1; 2; 3; 4; 5a; 5b; Cleveland, Ohio), und schließt mit einem waagerechten Strich, setzt also (vorerst) einen Schlussstrich unter die Romanproduktion der Autorin. Die Online-Fassung hat demgegenüber eine komplexere Struktur. Zunächst fällt ins Auge, dass es deutlich mehr voneinander abgegrenzte Kapitel gibt: insgesamt 14 (Kapitel 1; 2; 3; 4a-c; 5a-h). Ein weiterer wesentlicher Unterschied besteht in den Abbildungen, die nur hier, und zwar jeweils am Anfang und am Ende der Kapitel zu finden sind. Dabei handelt es sich um Ausschnitte aus Hieronymus Boschs Werken *Die Sieben Todsünden, Garten der Lüste* und *Das Narrenschiff* sowie aus dem Gemälde *Der Triumph des Todes* von Pieter Bruegel d. Ä., um Motive also, die einen Bezug zum „Todsündenprojekt" stiften. Jeweils am Seitenanfang wird das Radbild der sieben Todsünden von Bosch präsentiert, an dessen Rand sieben Genreszenen die einzelnen Sünden illustrieren und in dessen Mitte die Figur des auferstandenen Christi gleichsam in einem Auge auf seine Wundmale zeigt. Die Figuration von Gottes Auge wird durch die lateinische Inschrift unterstützt: „Cave cave deus videt" (Hüte dich, hüte dich, Gott sieht).[30] Auch bei Jelinek ist diese Inschrift gut zu erkennen, versteht sich durch die Transponierung des Bildes auf ihre Website zudem aber auch als Anspielung auf die mögliche Überwachung sämtlicher im Internet unternommener Schritte. Überdies sind in den Zwischenkreis, der in Boschs Werk die Genreszenen von der Christusabbildung trennt, bei Jelinek Seitenzahlen eingelassen, die eine Verknüpfungsstruktur auf regelmäßig nummerierte Einschübe innerhalb des Fließtextes herstellen.[31] Durch diese Einschübe wird in der Online-Fassung eine Seitengestalt imitiert, wobei die Paginierung erheblich von der

---

28 Müller, Ralph, *Narrativität vs. Interaktivität. Zur Gattungsdifferenzierung von Hyperfiction und Computergames*, in: *DIEGESIS. Interdisziplinäres E-Journal für Erzählforschung / Interdisciplinary E-Journal for Narrative Research* 3/1 (2014), S. 24-39, hier: S. 29.

29 Vgl. Strigl, *Neid*, S. 119.

30 Vgl. Pokorny, Erwin, *Die sogenannte Tischplatte mit den Sieben Todsünden und den vier letzten Dingen*, in: *Frühneuzeit-Info* 21/1+2 (2010) (= *Sonderband: „Die Sieben Todsünden in der Frühen Neuzeit"*), S. 35-43.

31 Vgl. Müller, *Narrativität vs. Interaktivität*, S. 29.

PDF-Fassung abweicht (936 Seiten in der Online-Fassung stehen 630 Seiten in der PDF-Fassung gegenüber).[32]

Bis auf eine Ausnahme sind die Seiten in beiden Fassungen gleichmäßig gefüllt. Der im Flattersatz formatierte Text weist, von den Kapiteleinteilungen abgesehen, keinerlei Zäsuren auf. Bei der Ausnahme handelt es sich um eine Seite, die nur in der Online-Fassung auffällig gestaltet ist. Die vorherige Seite endet mit den Worten: „Doch hier, an dieser Stelle, lasse ich also ein Schlupfloch offen, da ist ein Loch im Text. Bitte füllen Sie es aus, dann merken Sie, wie schwer das geht!" Auf der nächsten Seite heißt es dann lediglich, hervorgehoben durch mehrere Leerzeilen ober- wie unterhalb: „Diese Stelle wurde absichtlich freigelassen, an meiner Stelle."[33] In der PDF-Fassung sind die Sätze in den normalen Fließtext eingefasst, der dort also kein „Loch" aufweist (vgl. N 604). Dass die Vakatseite nur in der Online-Fassung eingerichtet wurde, wo es gerade keinen drucktechnischen Anlass für sie gibt, führt die mediale Differenz der beiden Fassungen ad absurdum.[34]

Besondere Beachtung verdienen die Textunterschiede, die zwischen den beiden Fassungen von *Neid* bestehen. Nur in der Online-Fassung finden sich die paratextuellen Kommentare „Fortsetzung folgt" bzw. „Ende", verschiedene Datumsangaben sowie der genannte juristische Vermerk zum Zitierverbot. Nach dem Wort „Ende" findet sich außerdem nur hier neben einer weiteren Datumsangabe und einer Danksagung auch noch die folgende Aufforderung: „Unvollständige oder fehlerhafte Sätze bitte (jeder für sich selbst) ergänzen bzw. korrigieren!"[35] Dass das Lektorat hier an die Leserschaft übergegangen sei, wie Hubert Spiegel pointierte, ist allerdings unzutreffend.[36] Zum einen wurde der Roman, Interview-Aussagen Jelineks zufolge, durchaus professionell

32 Ein seltsames Detail der Paginierung der PDF-Fassung stellt dabei die Auslassung der „7" an der ersten Stelle der Seitenzahlen dar (gezählt wird also: […], 5, 6, , 8, […], 15, 16, 1, 18, […]). Zu kurios für die Annahme eines technischen Fehlers unterstreicht auch diese ‚ausgesiebte' Sieben die besondere Symbolik der Todsünden.

33 Jelinek, *Neid* [Online-Fassung], Kap. 5g, S. 57f.; online verfügbar: www.elfriedejelinek.com/fneid-5b4.htm#57.

34 Von einer „zutiefst düsteren Sichtweise auf Identitätskonstruktionen in den digitalen Medien", die Björn Hayer zufolge in Jelineks späteren Texten *Rein.Gold* und *Winterreise* auszumachen ist, lässt sich angesichts solcher spielerischen Kommentare in *Neid* noch nichts erkennen. Hayer, Björn, *Das multiple Ich. Gegenwartsliterarische Identitätskonstruktionen im Spiegel der neuen Medien: Jelinek, Kehlmann, Glavinic, Meinecke*, in: Monika Wolting (Hg.), *Identitätskonstruktionen in der deutschen Gegenwartsliteratur*, Göttingen 2017, S. 65-77, hier: S. 70.

35 Jelinek, *Neid* [Online-Fassung], Kap. 5h, S. 30; online verfügbar: www.elfriedejelinek.com/fneid-5b5.htm#30.

36 Vgl. Spiegel, *Frauen, Männer, Klischees*.

lektoriert.[37] Zum anderen, und wesentlicher, lässt die Online-Fassung gar keine interaktiven Eingriffe durch Lesende zu. Solange man den Roman also nicht ausdruckt – und in der PDF-Fassung fehlt die Aufforderung, wie gesagt –, hat man gar keine Möglichkeit, ihn zu korrigieren. Demgegenüber ließe sich nur in der ausgedruckten PDF-Fassung das „Loch" der vakanten Seite füllen, das in dieser Fassung jedoch gerade fehlt. Man wird als Leser/in also dazu aufgefordert, sich an der Textkonstitution zu beteiligen, obwohl sie einem technisch verwehrt bleibt. Es ist zu überlegen, wie sich diese Struktur einer Aktivierung der Lesenden, deren selbstständiger Eingriff gleichzeitig verweigert wird, zu der Autorschaftskonzeption von *Neid* verhält.

Neben den knappen paratextuellen Bemerkungen von den Rändern der Online-Fassung gibt es schließlich eine einzelne Passage im Text, nach der man in der PDF-Fassung vergeblich sucht. Bezeichnenderweise handelt es sich dabei lediglich um eine inhaltliche Ergänzung, die von aktuellen Nachrichten angeregt wurde. So hat Jelinek dem Fall von Amstetten noch eine Anspielung von fünf Sätzen gewidmet, die sie nachträglich in ihren Textkorpus montierte.[38] Die ungeheuerlichen Verbrechen, die an Elisabeth Fritzl und ihren Kindern begangen wurden, kamen kurz nach der ersten Fertigstellung von *Neid*, die am 24.04.2008 erfolgte, ans Tageslicht. Schon am 01.05.2008 reagierte Jelinek darauf in dem separat auf ihrer Website veröffentlichten Text *Im Verlassenen*. Um diese Zeit herum fügte sie auch ihrem Online-Roman noch die kurze Passage an einer Stelle hinzu, die um den ähnlich gelagerten Fall von Natascha Kampusch kreist.[39] Die bislang einzige signifikante Veränderung

---

37 Vgl. Kapfer, *36 Antworten von Elfriede Jelinek*. Wobei angemerkt sei, dass der Text nicht gerade wenige Tippfehler aufweist.

38 Vgl. Strigl, *Neid*, S. 119f. Im Ganzen lautet die Passage: „Und hier, in Amstetten, kommt schon die nächste Tür, nein, sie kommt nicht, dafür ist sie zu schwer und ungelenk, trotz ihrer Gelenke, sie trotzt auf unerklärliche Weise der Schwäche des Menschen und wird, diesmal overkill, gleich 300 kg schwer gemacht, um den dahinter Eingesperrten das Leben möglichst schwer zu machen, und mit modernster Elektronik ausgestattet, im eigens ausgebauten Keller eingebaut, die Hochleistungstür, acht Hochleistungstüren, jede versperrbar, dahinter die Tochter eingesperrt und drei Kinder, die gleichzeitig Kinder wie Enkel sind, alle vier daruntergekehrt, streckenweise auf allen Vieren kriechend, denn diese Kellerräume sind nicht hoch, sie sind niedrig. So. Alle wissen es. Jetzt sind aber schon wieder wir dran. Wir haben kurz geatmet, und dann waren wir wieder dran." Jelinek, *Neid* [Online-Fassung], Kap. 4a, S. 64b.; online verfügbar: www.elfriedejelinek.com/fneid4a.htm#64b. In der PDF-Fassung findet sich lediglich der Text vor und nach der zitierten Passage, vgl. N 168.

39 Die Einfügung lässt sich ungefähr zeitlich datieren aufgrund eines am 13.05.2008 erschienenen Zeitungsartikels, der auf sie hinweist, vgl. Gropp, Rose-Maria, *Hier gilt das Wort des Vaters. Testfall Österreich: Elfriede Jelinek deutet Amstetten*, in: *Frankfurter Allgemeine Zeitung* (13.05.2008), S. 45. Lesenswert im Zusammenhang mit den genannten

von *Neid* nahm Jelinek also unmittelbar nach dessen Veröffentlichung vor.[40] Mithin lässt sich auch folgern, dass die PDF-Fassung, welche die Amstetten-Ergänzung nicht enthält, seit ihrer ersten Verfügbarmachung unverändert geblieben ist.

Bemerkenswerterweise enthält auch die PDF-Fassung einen einzelnen Textbestandteil, der nur in ihr enthalten ist, nämlich den markanten Titelzusatz „(Mein Abfall von allem)", der zwischen dem Titel und der Gattungsbezeichnung „Privatroman" steht. Auch dabei handelt es sich um einen beziehungsreichen und ambivalenten Untertitel, der nicht nur darauf verweist, dass nur diese Fassung, die als Datei heruntergeladen oder als Text ausgedruckt werden kann, einen realen Platz bei den Leser/innen von *Neid* einnimmt, sich also, nicht eben wertschätzend ausgedrückt, als Abfall materialisiert. In offensichtlicher Anspielung auf Rainald Goetz' Blog-Projekt *Abfall für alle* – das allerdings später auch in Buchform herausgebracht wurde – wird darüber hinaus auf die Besonderheit des Mediums Web-Publikation abgehoben. Ebenso wie Goetz' Titel lässt sich auch Jelineks Untertitel dabei einerseits rhematisch als (selbstironisches) Qualitätsurteil wie auch als Hinweis auf ihre „abfällige" Rede verstehen, andererseits aber auch thematisch, in Variation der Redewendung „vom Glauben abfallen", als ernst zu nehmendes Bekenntnis zu einer desillusionierten Haltung.[41] Schließlich lässt sich in diesem Untertitel,

---

Verbrechen ist nach wie vor ein kurzer Artikel von Susanne Gaschke, der diese mit einer Reflexion unseres Medienkonsums verbindet. In den Vordergrund wird von ihr nicht die übliche Frage nach der Motivation, gar Inspiration des Täters gestellt, sondern die nach der Form eines aufrichtigen Mitleids mit den Opfern, denen eine Ergötzung an extremen Gewaltdarstellungen – genannt werden u. a. die Romane von Bret Easton Ellis – Hohn spreche. Vgl. Gaschke, Susanne, *Wenn kein Tabu mehr gilt*, in: *Die Zeit* (08.05.2008), S. 1. Im Anschluss daran stellt sich freilich die Frage, wie Jelineks Texte in diesem Licht zu bewerten wären. Die Fälle Fritzl und Kampusch hat sie jedenfalls in mehreren Theatertexten seither ausführlich verhandelt, vgl. Jelinek, Elfriede, *Die Winterreise*, Reinbek bei Hamburg 2011; Dies., *Tod-krank.Doc*, 2014, online verfügbar: www.elfriedejelinek.com/ftodkrank.htm; Dies., *Schnee Weiß*.

40 Eine anderslautende Interview-Aussage der Autorin, der zufolge sie immer wieder nachträglich etwas geändert habe (vgl. Niermann, Ingo, [Interview mit] *Elfriede Jelinek*, in: *Fiktion* (27.02.2014), online verfügbar: www.fiktion.cc/elfriede-jelinek/), kann ich nicht verifizieren.

41 In *Neid* werden beide Bedeutungen im Textverlauf direkt aufgegriffen: „Sie und kein andrer, liebe Mitmenschen, sind dafür verantwortlich, wenn ich eine Abfolge von Entscheidungen traf, die für mich persönlich gar nicht gut waren, dafür aber wahrscheinlich für Sie, […] diese Entscheidungen waren doch mein Abfall von allem und jedem, und wer will schon Abfall sein, wenn er nicht muß? […] Jetzt kann ich nicht mehr zurück." (N 97; vgl. Kap. 7.4); „Ich weiß es nicht, mir haben sie den Papiercontainer […] entfernt […]. Sie sehen hier die Folgen: Da ich nichts wegschmeißen kann, weil ich kein Behältnis dafür habe, muß ich alles sagen, was mir in den Sinn kommt. […] und so schmeiße ich alles

wie bereits ausgeführt, eine Anspielung auf den Verriss von Radisch entdecken, die anlässlich des Nobelpreises für Jelinek über ihr Werk geschrieben hatte, es enthalte anstelle von Erfahrungen, Gefühlen und Poesie vor allem „Sprachmüll".[42]

Als knappes Fazit zum Publikationskontext lässt sich festhalten, dass sich *Neid*, obwohl nur online veröffentlicht, weitgehend herkömmlich als ebenso geschlossener wie abgeschlossener Roman präsentiert. Virtualität wird im Text eher simuliert als tatsächlich umgesetzt. Zwar hat die öffentliche Rezeption den Text schon früh, wenn nicht von Beginn an beeinflusst; im Unterschied zu einem interaktiven Text konnten sich die Lesenden in *Neid* jedoch zu keinem Zeitpunkt aktiv einschreiben. In Bezug auf Jelineks Autorschaft stellt die Produktionsästhetik des Romans heraus, dass eben nicht alle gemeinsam an einem Bild der Autorin arbeiten. Wenn nichtsdestotrotz in der Schlussbemerkung der Online-Fassung gefordert wird, dass „jeder für sich selbst" aktiv in den Text eingreifen solle, so lässt sich dies als Hinweis auf die Abhängigkeit interpretieren, in der das Bild der Autorin stattdessen von individuellen Lektüren steht. Diese Reflexion wird auch durch den Fassungsvergleich gestützt, bei dem sich ergab, dass sowohl die Online-Fassung auf Jelineks Homepage als auch das dort herunterzuladende PDF originäre Textteile beinhalten, weshalb keine der beiden Fassungen als verbindlich gelten kann. In diesem Sinne entspricht die Wahl einer Fassung durch die Rezipierenden einer eigenmächtigen Entscheidung, die ihre Interpretation beeinflusst.

Die Besonderheiten des Publikationskontextes legen nahe, dass in *Neid* eine Trennung von Produktions- und Rezeptionsperspektive unterlaufen wird, um ein Spiel mit den Erwartungen des Publikums zu gestalten. Im Zentrum dieses Spiels steht offensichtlich eine Inszenierung der Autorin selbst, wie es schon die beiden Quasi-Gattungsbezeichnungen „Privatroman" und „(mein Abfall für alle)" nahelegen. Da Jelinek anstelle der etablierten Bezeichnung „Autobiographie" diese schillernden Ausdrücke verwendete, bleibt ihr Verweis auf das eigene Leben allerdings uneindeutig. Die autofiktionale Verwischung der Grenze zwischen Autobiographie und Fiktion wird in *Neid* also schon auf Gattungsebene betrieben. Damit deutet sich bereits an, dass Jelinek mit ihrem Online-Roman die autofiktionalen Verfahren ihres Schreibens radikalisiert hat. Es stellt sich die Frage, welche weiteren Verfahren, Motive und Ziele mit dieser Radikalisierung verbunden sind.

---

zusammen, wie es sich ja auch in meinem Körper und in meinem Geist so über die Jahre angesammelt hat, ohnehin alles nur Dreck, so kommt es aufs gleiche hinaus, ist doch egal, Hauptsache, es kommt raus." (N 309)

42 Radisch, *Heilige der Schlachthöfe*, S. 44.

Evident scheint, dass diese Radikalisierung in einem engen Zusammenhang mit der Ehrung durch den Nobelpreis steht. Schon auf der ersten Seite des Textes wird die damit verbundene Veränderung der Produktions- und Rezeptionsbedingungen ihres Schreibens in Erinnerung gebracht. Wenn es heißt: „[I]ch verdiene ja nichts daran, und Sie verdienen es nicht besser." (N 1), wird einerseits auf die durch das Preisgeld erreichte ökonomische Unabhängigkeit angespielt, die es Jelinek ermöglichte, ihren Roman kostenfrei zu publizieren; andererseits wird hier gleich zu Beginn ein Zweifel an der literarischen Qualität angedeutet, der angesichts der Auszeichnung irritiert und mithin Ambivalenz erzeugt: Kann man denn etwas Besseres lesen als den neuen Roman einer Literaturnobelpreisträgerin? Der noch im *Sportstück* akzentuierte Konflikt um Jelineks Geltung als Autorin scheint in *Neid*, wie sich im weiteren Textverlauf zeigt, einem Eingeständnis ihres Scheiterns gewichen zu sein. Dieses Scheitern, das als explizit artikulierte sowie implizit gestaltete Erzählunfähigkeit leitmotivischen Charakter in *Neid* hat, schließt an den in *Im Abseits* thematisierten gescheiterten Dialog mit den Akteur/innen ihrer Rezeption an. Meiner These zufolge handelt es sich bei *Neid* um eine autofiktionale Fortschreibung der Nobelpreisrede.

***

In der folgenden Untersuchung des Romans gehe ich, wie schon in den Kapiteln zu *Lust* und dem *Sportstück*, von einem Dreischritt aus. Zunächst soll ein interpretativer Teil das Konstruktionsprinzip von *Neid* veranschaulichen und den werkimmanenten Kontext der hier gestalteten literarischen Selbstinszenierung Jelineks bestimmen. Zentral wird dabei die selbstreferentielle Problematisierung des Erzählens nachgezeichnet, die doppelsinnig ebenso eine schlechte Qualität des Textes ausweist, wie sie seine metasprachliche Behandlung als Erzählung infrage stellt. Was dahinter steht, zeigt sich im Zusammenhang mit dem Titelmotiv, mit dem Jelinek zugleich ihre Nobelpreisrede autofiktional fortgeschrieben hat: Die innerhalb des Romans in Szene gesetzte Autorin will aus „Neid auf die Lebenden" im Abseits verschwinden, womit sie erneut ein ambivalentes Kalkül auszeichnet, das hier zwischen Klage und Anklage oszilliert (Kap. 7.2).

Wie sich dieses Kalkül bewerten lässt, soll die genaue Analyse der literarischen Selbstinszenierung zeigen. Eine Untersuchung der Autorinnenfigur des Romans ergibt, dass Jelinek auf Selbstzuschreibungen in *Neid* verzichtet hat. Indem ihre Selbstinszenierung in einer reinen Wiederspiegelung des öffentlichen Bildes der Autorin aufgeht, wird nicht nur an die Geschichte der Produktionsbedingungen weiblicher Autorschaft erinnert, sondern auch ihr Wunsch zu verschwinden auf Ebene ihrer Autorschaft vollzogen. Im Anschluss an die zuvor dargelegte Deutung von *Im Abseits* werde ich darlegen, dass diese Selbstinszenierung den gescheiterten Dialog mit den Kritiker/innen motivisch aufgreift und schließlich, durch eine rigorose Entwertung souveräner Rede, an ein Ende führt (Kap. 7.3).

Angesichts der prominenten Rahmung, dass es sich um den ersten Roman der Autorin seit ihrer Auszeichnung handelt, ist die geringe literaturkritische wie -wissenschaftliche Resonanz, die er ausgelöst hat, bemerkenswert. Die Gründe für das schwache Medienecho sowie die auffällige Forschungslücke hängen meiner Ansicht nach eng mit der literarischen Selbstinszenierung der Autorin zusammen: In der zurückhaltenden öffentlichen Rezeption lässt sich eine Folge des von Jelinek abgebrochenen Dialogs sehen. Den Umstand, dass Jelinek mit *Neid* nicht mehr bereit war, ein überzeugendes Bild von sich zu geben, und stattdessen alle Verantwortung ihren Lesenden übertragen hat, werde ich abschließend versuchen, auch kritisch zu bilanzieren (Kap. 7.4).

7.2 Erzählen als Problem

Es ist nicht leicht, *Neid* zu beschreiben. Schwierigkeiten ergeben sich schon bei der Bezeichnung des Werkes, denn es stellt sich die Frage, worum es sich bei diesem selbstreflexiven Text eigentlich handelt. Dass *Neid* „kein Buch" (N 84, 323) sei, ist noch unmittelbar einsichtig und hängt mit den schon erläuterten Besonderheiten seiner ausschließlich online, auf der Homepage der Autorin erfolgten Publikation zusammen. Auch die Gattungsbezeichnung Roman, durch den Untertitel „Privatroman" mit eigensinniger Spezifikation bekräftigt, erweist sich als unsicher, wenn sie im Textverlauf zurückgenommen wird: *Neid* sei ein „Roman, der gar keiner ist, nicht einmal eine Novelle, nicht einmal eine kleine" (N 601). Wofür man *Neid* schließlich erst recht nicht halten solle, das ist eine Erzählung. In einer paradoxen Formulierung, analog zu der, die später auch den Roman betrifft, wird zunächst das Erzählen als Praxis negiert: Es handle sich um ein „Erzählen, das keins ist" (N 46). Wie im Folgenden zunehmend häufig festgestellt und beklagt wird, gründet die Paradoxie in einer Unvereinbarkeit von Anspruch und Vermögen:

> Ich merke, daß ich das schon wieder sehr ungeschickt erzähle, wahrscheinlich, weil es mir gleichgültig ist, noch wahrscheinlicher aber, weil ich es nicht besser kann. […] Weiter! Erzählen! Kann nicht, wie oft soll ich es denn noch sagen […] einfach erzählen, wieso kann ich das nicht? […] Was wollte ich sagen? Egal was, eine Erzählung wird das nie, das steht jetzt fest […]. (N 129, 151, 183, 210; vgl. passim)

Die Redundanz der wiederkehrenden Aussagen zum nicht gelingenden Erzählen ist nicht nur symptomatisch für das Beklagte, sondern verdeutlicht, dass der Zusammenhang motivischen Charakter hat. Es unterstreicht also die Bedeutung der selbstreferentiellen Dimension des Textes, wenn immer wieder ein Versagen im Erzählen konstatiert und das Scheitern der Erzählung vorgeführt wird. Allgemein und neutral formuliert bietet es sich an, von *Neid* als einem Text zu sprechen, in dem Erzählen als Problem dargestellt wird. Was hat es damit auf sich?

Auf den ersten Blick wird die Bezeichnung „Erzählung" im Sinne eines literaturkritischen Urteils zurückgewiesen: *Neid* setzt eine Autorin in Szene, deren Unfähigkeit zu erzählen ausgestellt wird. Wird diese Unfähigkeit aber nur gezeigt oder wird sie nicht vielmehr selbstironisch für die Lesenden inszeniert? Dass eine Erzählunfähigkeit nicht nur – mit dem nötigen literaturkritischen Selbstvertrauen – am Text beobachtet werden kann, sondern durch ihn selbst exponiert wird, deutet jedenfalls auf ein bestimmtes Kalkül hin. So drängt sich beim Lesen neben der naheliegenden Frage, woran es denn liegt, dass die Autorin, von der man in *Neid* erfährt, nicht einfach erzählen kann, auch die nach dem Status des Textes auf: Wenn in *Neid* nicht oder nur leidlich die vorgebliche Geschichte um die Protagonistin Brigitte K. erzählt wird, handelt der Text dann vielleicht von etwas anderem? Sollte man *Neid* gar als etwas anderes als eine Erzählung betrachten?

Mit der Problematisierung des Erzählens wird ein charakteristischer Zug von Jelineks Poetik verschärft. Schon in ihrem Roman *Die Klavierspielerin* arbeitete sie an den Voraussetzungen figuraler Darstellung, indem sie den Konstruktcharakter des narrativen Geschehens betonte und die Souveränität der auktorialen Perspektive infrage stellte (vgl. Kap. 3). Schon der ältere Roman irritierte dadurch Erzählkonventionen. Dennoch war nicht zu bezweifeln, dass es sich grundlegend um einen Roman, also einen narrativ strukturierten Text handelte, der sich entsprechend analysieren ließ. Wenn in *Neid* jedoch vielfach geleugnet wird, dass dem Text der Status einer Erzählung zukommt, so wird damit auch die zentrale metasprachliche Kategorie zurückgewiesen, auf der die Beurteilung von Prosatexten heute für gewöhnlich aufbaut. Es stellt sich die Frage, wie sich dies bei der Beschreibung und Interpretation des Textes berücksichtigen lässt.

7.2.1 *Das Konstruktionsprinzip des Textes, veranschaulicht an drei Lesarten*

Zunächst soll das Konstruktionsprinzip von *Neid* grundlegend bestimmt werden. Anders als viele von Jelineks früheren Romanen setzt *Neid* nicht *in medias res* mit einer Beschreibung der Hauptfigur ein, die den Text (im Sinne eines Fiktionssignals) klar als Erzählung markiert.[43] Am Anfang steht stattdessen ein deutungsoffener, antithetischer Aphorismus: „Kleine Lebenswelten stürzen nach außen, die dazupassenden kleinen Lebensweisheiten nach innen. In der Mitte treffen sie einander." (N 1) Exemplarisch lassen sich an diesem Einstieg drei unterschiedliche Lesarten von *Neid* aufzeigen, die auch das Konstruktionsprinzip des Textes erhellen. Diese Lesarten orientieren sich an den verhandelten Themen, an der fiktionalen Handlung sowie am selbstreferentiellen Vollzug des Schreibens.

Themenbezogene Lesart: Die auf den Aphorismus folgenden Sätze legen es zunächst nahe, ihn auf gewisse „[t]ouristische Aktivitäten" (ebd.) zu beziehen, die an einem vorerst ungenannt bleibenden Ort in Form von umfangreichen Baumaßnahmen österreichische Kultur vermitteln sollen. Geplant sind ein „Gasthaus namens Stadl", ein „Langlauf-Loipenprojekt" sowie neue „Liftanlagen" (N 2f.), die das österreichische Lebensgefühl repräsentieren und einen „Werteverfall" (N 2) stoppen sollen. Das rhetorische Missverhältnis zwischen den zum Teil philosophisch aufgeladenen Begriffen und den allzu konkreten Maßnahmen, mit denen versucht wird, auf „Lebenswelten" (Husserl, Schütz), „Lebensweisheiten" sowie den „Werteverfall" (Broch) einzuwirken, erscheint dabei als Mittel einer satirischen Überzeichnung. Auf diese Weise gelesen setzt *Neid* also mit einer Katachrese ein: einem Bildbruch, der durch die Rede vom Stürzen auch inhaltlich gespiegelt wird. Ob sich Lebenswelten und -weisheiten tatsächlich treffen können und wie diese Begegnung zwischen Innen und Außen aussehen sollte, wird offengelassen.

Bei konventionellen Romanen, in denen umstandslos eine Geschichte erzählt wird, ließe sich davon sprechen, dass die anfängliche Setzung des Schauplatzes auf dessen Bedeutung im späteren Handlungsverlauf vorausweist. In *Neid* wird diese Konvention nicht nur explizit gemacht, sondern auch als Erwartungshaltung vorgeführt. So heißt es zu Beginn des zweiten Kapitels im Rückblick auf das erste:

> Aber es geht nicht weiter, es stockt das Rad des Erzählens schon wieder, eigentlich dauernd, […] und erzählt muß doch werden, das muß sein, das ist das einzige, was alle verlangen, sogar von mir! Von mir! Ausgerechnet. Man stelle sich vor, […] sie verlangen Erzählung, weil sie glauben, überhaupt etwas verlangen zu dürfen, da sie ja nichts haben, und wenn schon, und wenn sie schon eine

43 Zum Vergleich hier die ersten Sätze einiger von Jelineks Romanen: „Die Klavierlehrerin Erika Kohut stürzt wie ein Wirbelwind in die Wohnung, die sie mit ihrer Mutter teilt." (K 7); „Vorhängeschleier spannen sich zwischen der Frau in ihrem Gehäuse und den übrigen, die auch Eigenheime und Eigenheiten besitzen." (L 7); „Der Gendarm Kurt Janisch schaut sich heut wieder einmal das Foto an, auf dem sein Vater, Oberst Janisch, dreißig Jahre zuvor vor dem König salutiert hat." Jelinek, *Gier*, S. 7.

> Erzählung wollen, denn das, was hier beschrieben ist, ist doch nur der Schauplatz von etwas, und nicht einmal das steht fest, denn erstens gibts da nichts zu schauen und zweitens: Ist das überhaupt der Platz, den ich meine? Jetzt habe ich diesen Platz erfunden und weiß nicht, was ich drauf machen soll. (N 62)

Das gesamte erste Kapitel also habe, weil es über die Beschreibung des Schauplatzes noch nicht hinausgekommen sei, auch noch nicht angefangen, eine Erzählung zu entfalten; selbst die metasprachliche Feststellung, dass es diesen Schauplatz gebe, sei zweifelhaft. So wird, anstatt zu erzählen, nur das Gerüst des Erzählens bloßgelegt, um es in derselben Bewegung zu erschüttern. Lässt man die Zweifel an der metasprachlichen Qualität der Metapher „Schauplatz" zunächst beiseite, ist festzuhalten, dass die bereits mit den ersten Sätzen figurierte Entscheidung für einen bestimmten Ort im ersten Kapitel immerhin mit verschiedenen Themenfeldern verknüpft ist. Pointiert gesagt: Zu Beginn des Textes scheint eine topologische Struktur wirkmächtiger zu sein als eine narrative.

Wie schon in Jelineks früheren Romanen ist die Handlung von *Neid* – wenn man denn davon sprechen kann – in der Steiermark angesiedelt. Der zentrale Schauplatz ist die österreichische Kleinstadt Eisenerz. Wie an späterer Stelle „aufgedeckt" wird, wurde dieser Ort „erwählt, um Hoffnungslosigkeit im allgemeinen auszudrücken" (N 159). Ein Blick auf die demographische Entwicklung der Stadt, auf die zu Beginn des Textes mehrfach angespielt wird, verdeutlicht, was damit gemeint ist: Die schon seit den Sechzigern rückläufige Zahl von etwa 13.000 auf heute kaum noch 4.000 Einwohner/innen führt in besonders drastischer Weise das unter englischem Namen bekannt gewordene Phänomen der *shrinking cities* vor. Schon 2007 galt Eisenerz außerdem als Stadt mit dem höchsten Durchschnittsalter in Österreich.[44] Wie auch in anderen schrumpfenden Städten weltweit ist der Bevölkerungsrückgang primär als eine Folge von Deindustrialisierung zu sehen, genauer: einem Strukturwandel der Stahl- und Eisenindustrie in der Region. Um dieser Entwicklung entgegenzuwirken, hatten verschiedene Politiker der regierenden SPÖ in der Tat mittels touristischer Aktivitäten versucht, die Abwanderung der Einheimischen durch die Schaffung neuer Arbeitsplätze einzuhegen und Menschen aus anderen Regionen anzulocken. In *Neid* werden diese Maßnahmen zur Belebung des Fremdenverkehrs und damit auch der eigenen Wirtschaft als wenig erfolgsversprechend beurteilt. Die „sterbende Stadt", wie Eisenerz hier häufig genannt wird (N 2, 3, 6, passim), lässt sich auf diese Weise nicht reanimieren.

---

44 Vgl. Fernsebner-Kokert, Bettina, *Schrumpf-Town Eisenerz*, in: *Der Standard* (13./14.10.2007).

Hoffnungslosigkeit vermittelte Eisenerz aber nicht nur in der jüngeren Vergangenheit, sondern auch schon zur Zeit des Nationalsozialismus. So wurden zwischen 1939 und 1945 nicht nur tausende Kriegsgefangene zur Arbeit im Erzberg sowie knapp 200 Juden zu Straßenbauarbeiten eingesetzt; ab 1944 stand in Eisenerz auch eines der größten Nebenlager des KZ Mauthausen.[45] In den letzten Kriegswochen führte außerdem ein Todesmarsch durch die Stadt: Ungarische Juden sollten vor der heranrückenden Roten Armee nach Mauthausen deportiert werden, wobei es in Eisenerz zu einem Massenmord an mehr als 200 von ihnen kam.[46] Dass das KZ nach Kriegsende für mehr als 50 Jahre einfach mit Schutt zugedeckt wurde, steht symptomatisch für das Thema österreichischer Vergangenheitsverdrängung, das Jelinek auch schon in früheren Werken wie *Die Kinder der Toten* behandelte. Erwähnenswert ist allerdings auch, dass sich bereits im Jahr 2000 verschiedene Akteur/innen zusammengeschlossen haben, um eine Aufarbeitung dieser Ereignisse zu initiieren. Von dem „beispielhafte[n] Gedenkprojekt der Schulen" (N 17) ist auch in *Neid* im Zusammenhang mit den Ereignissen aus der NS-Zeit die Rede.

Allgemein kommt es in *Neid*, ähnlich wie dies schon für das Spiel im Spiel des *Sportstücks* herausgestellt wurde, anstelle eines Handlungsaufbaus eher zu einer assoziativen Vernetzung von Themen, die hier maßgeblich über den Ort erfolgt. Neben den bereits genannten Themen wird vielfach auf aktuelles Zeitgeschehen referiert. So werden verschiedene Affären in der österreichischen Politik (u. a. zur großen Koalition aus SPÖ und ÖVP) oder der Wirtschaft (z. B. die BAWAG-Affäre) sowie Meldungen von besonderer Bedeutung (etwa der Fall von Natascha Kampusch) im Textfluss ebenso kommentierend eingebunden wie Klatschnachrichten über Prominente.

Handlungsbezogene Lesart: Zumindest in der Anlage lässt sich in *Neid* aber auch eine Handlung erkennen, in deren Zentrum die Protagonistin Brigitte K. steht. Seit ihrer Scheidung lebt Brigitte allein in einem Eisenerzer Haus, das ihr von ihrem Ex-Mann vermacht wurde. Sie arbeitet als Geigenlehrerin und hat eine Affäre mit einem Nachbarssohn, den sie durch das Versprechen, ihm

45 Vgl. Halbrainer, Heimo, *Zwangsarbeit in Eisenerz & Konzentrationslager in Eisenerz*, in: Institut für Strukturforschung und Erwachsenenbildung der AK-Steiermark (Hg.), *Zwischen den Fronten. Die Region Eisenerz von 1938-1945*, Leoben 2000, S. 30-33, online verfügbar: https://jelinetz.com/2009/03/16/heimo-halbrainer-zwangsarbeit-und-konzentrationslager-in-eisenerz.

46 Vgl. Freiinger, Gerhard/Niederhofer, Gerhard, *Gedenkprojekt Todesmarsch Eisenstraße 1945. Die Stadt Eisenerz errichtet mit Jugendlichen ein Mahnmal am Präbichl*, in: Heimo Halbrainer (Hg.), *Todesmarsch Eisenstraße 1945. Terror, Handlungsspielräume, Erinnerung: Menschliches Handeln unter Zwangsbedingungen*, Graz 2005, S. 15-18, online verfügbar: https://jelinetz.com/2009/08/27/gerhard-freiinger-gerhard-niederhofer-und-christian-ehetreiber-das-eisenerzer-gedenkprojekt.

einen Gebrauchtwagen zu schenken, an sich gebunden hat. Nachdem Brigitte klar geworden ist, dass der junge Mann sie wegen einer neuen Freundin nicht mehr sehen will, fasst sie den Plan, die jüngere Frau zu ermorden. „Neid" ist in diesem Zusammenhang das offensichtliche Tatmotiv (vgl. N 444f.). Nach ihrem Mord begräbt Brigitte die Leiche neben ihrem Haus, was schließlich jedoch entdeckt wird, als dieses – ein wahrlich unerhörtes Ereignis zum Finale des Textes – sich zu bewegen beginnt.

Auch in Bezug auf die Gestaltung der Hauptfigur ist das Prinzip assoziativer Vernetzung wirksam. Denn Eisenerz ist nicht nur Schauplatz der verschiedenen Ereignisse um die Protagonistin, sondern auch allegorisch mit dieser verbunden, und zwar in einem doppelten Sinne: Auf der figurierten Ebene ist markant, dass die „sterbende[] Stadt" Wohnort einer „sterbenden Geigenlehrerin" ist (N 229); auf der Ebene der Figuration dagegen ist „Brigitte, eine erfundene Figur, zum Erzählen in der Erzstadt entwickelt und sofort wieder stillgelegt, wie jene Stadt" (N 207). Die Rede von der Stilllegung der Figur kommentiert den kontinuierlichen Aufschub ihrer Geschichte. Bereits auf der ersten Seite begegnet Brigitte den Lesenden als eine, „von der die Rede ist, nein, noch nicht, aber bald." (N 1f.) Das „noch nicht", das ihren Auftritt zugleich ankündigt und verschiebt, wird im gesamten Textverlauf, von spärlichen narrativen Einschüben abgesehen, variiert.[47] Nur wenig später heißt es etwa: „[D]a kommt die Geigenlehrerin Brigitte K. ins Spiel, spät genug, und sie geht gleich wieder" (N 4).

Die Motivation des beständigen Aufschubs ihrer Geschichte changiert im Textverlauf. Einerseits wird, wie Ralph Müller argumentierte, die „potenzielle Ereignishaftigkeit [...] auf der *discours*-Ebene durch die Vermittlungsinstanz unterwandert, die die Relevanz der erzählten Ereignisse im Verhältnis zur eigenen momentanen Befindlichkeit in den Hintergrund rückt."[48] Andererseits wird die Figur Brigitte aber auch immer wieder als unverfügbar charakterisiert und scheint somit einer gewissen Autonomie zu unterliegen. So heißt es etwa: „Ich würde hier, an dieser Stelle, die ich mir selber ausgesucht habe, Brigitte K. benötigen, die Geigenlehrerin, um an ihr etwas demonstrieren zu können, doch das mag sie gar nicht, und deswegen kriege ich sie derzeit nicht in die Finger." (N 7) Die Geschichte einer unverfügbaren Figur kann mit einem Diskurs geschwächter Narrativität, wie Müller ihn in *Neid* ausgemacht hat, nicht

47 Der Figur mit dem bezeichnend abgekürzten Nachnamen wird somit eine gewisse Verwandtschaft mit Kafkas „Mann vom Lande" attestiert. Vgl. Kafka, Franz, *Die Erzählungen und andere ausgewählte Prosa*, Frankfurt a. M. 1996, S. 162f. Zu einer Deutung von *Vor dem Gesetz*, die das „noch nicht" im Sinne einer *différance* betont, vgl. Derrida, Jacques, *Préjugés. Vor dem Gesetz*, Wien 1992.

48 Müller, *Narrativität vs. Interaktivität*, S. 30.

ohne Weiteres gleichgesetzt werden. Auch wenn sich für die zweite Lesart deutlich mehr Belege finden lassen, bleibt festzuhalten, dass auch erstere signifikant motiviert wird.

Auch die Gattungsbezeichnung „Privatroman" erhält einen Bezug zu auf Brigittes Geschichte, wenn es heißt: „Brigittes alltägliche Lebenswelt ist privat." (N 29) Der Aphorismus, mit dem *Neid* beginnt, gewinnt damit eine weitere Bedeutung: In diesem Sinne lässt sich die Bewegung von nach außen stürzenden Lebenswelten als abstrakte Beschreibung für die Veröffentlichung ihrer (und anderer) bislang zurückgehaltener Geschichten deuten. Der Sturz verweist dabei sowohl auf die Bewegung ihres Hauses wie auch metaphorisch auf den plötzlichen Zusammenbruch ihres Lebens, nachdem aufgedeckt wird, dass sie die junge Freundin ihres Geliebten ermordet hat. Geht man davon aus, dass Brigitte nach der Aufdeckung ihres Verbrechens bestraft wird, so ließe sich der nach innen gerichtete Sturz von Lebensweisheiten als Prozess interpretieren, in dem Brigitte eine Einsicht in ihr falsches Handeln erlangt – so zumindest wird es schließlich erwartet von Rechtssystemen wie dem österreichischen, die Strafen im Sinne positiver Spezialprävention verhängen.

Der Stellenwert des Verbrechensmotivs in *Neid* erweist sich nicht nur durch Jelineks allgemeines Interesse für Kriminalfälle, die vielen ihrer Prosatexte zugrunde liegen. Auch die Einarbeitung der, zumal was den Aspekt der Heimlichkeit betrifft, ähnlich gelagerten Fälle um Kampusch und Fritzl spricht für dessen zentrale Bedeutung. In all diesen Fällen sind die Motive des Verbrechens und der Privatheit miteinander verknüpft. Dass Brigitte sich nicht zeigen will, kann, so gesehen, auch als Indiz einer begründeten Verschwiegenheit gelten. Im Licht ihrer Straftat wird verständlich, weshalb sie durch den diskreten Verweis auf ihre Privatsphäre für die Erzählung ihrer Lebensgeschichte weitgehend unverfügbar bleiben will. So kann der „Privatroman" *Neid* auch als Psychogramm einer Mörderin gelesen werden.

Schreibprozessbezogene Lesart: Die Kehrseite der Unverfügbarkeit der Hauptfigur ist, dass die Ebene der Figuration gegenüber der figurierten Geschichte vordergründig ist. Wie schon angedeutet wurde, dominieren metasprachliche Kommentare über das nicht gelingende Erzählen in eklatanter Weise die Erzählung. Neben einer themen- und einer handlungsbezogenen Lesart lässt sich so schließlich noch eine dritte ausmachen, die im Text den selbstreferentiellen Vollzug des Schreibens fokussiert. Als zentral erweist sich dabei die Problematisierung narrativer Praktiken: das Versagen im Versuch, zu erzählen, das sich die Autorin ausdrücklich selbst zuschreibt. Auf grundlegender Ebene wird damit die für Autofiktion charakteristische Grenzverwischung zwischen einer fiktionalen Erzählerrede und einer autobiographischen Rede der Autorin in Szene gesetzt.

Immer wieder wird in *Neid* der Anfang einer Erzählung simuliert, von der die Autorin (un-)zuverlässig nach wenigen Sätzen wieder abkommt. Als stilkonstitutives Merkmal von *Neid* ist daher die Abschweifung zu sehen. Sie bildet das Komplement einer thematischen Unklarheit, die auch in der leitmotivischen Klage der Autorin, nicht zu wissen, was sie sagen will (vgl. N 9, 37, 43, 49, 56 passim), einen Ausdruck findet. Die behauptete äußerste Schwierigkeit einer planmäßigen Umsetzung (vgl. N 55) bringt Abschweifungen in solcher Fülle hervor, dass der Plan, „eine Handlung zu erfinden" (N 331f.), ihr schließlich undurchführbar scheint. Dass die Erzählung gescheitert ist bzw. immer wieder scheitert, ist der Autorin, wie sie durch die Nennung ihrer Initialen authentisch bekräftigt, auch selbst bewusst: „Ich sage hier: ich (E. J.), das Ganze, welches ich zu schaffen versuchte, ist eine einzige Abschweifung geworden, ich weiß es selber, Sie müssen es mir nicht eigens mitteilen [...]." (N 161) Die epanaleptische Emphase unterstreicht, dass hier nicht mehr sinnvoll von einem nur abstrakten Erzählsubjekt die Rede sein kann. Das Scheitern ihrer Erzählung will bzw. muss die Autorin augenscheinlich selbst verantworten.

Auch was die Thematik des scheiternden Erzählens betrifft, ergibt sich eine signifikante Verbindung zum Ort der Handlung. Eisenerz steht als reale Stadt nicht nur exemplarisch für das Phänomen der *shrinking cities* und ist auf der Handlungsebene auf verschiedene Weisen mit Brigitte verbunden; darüber hinaus tritt der Name der Stadt auch in eine allegorische Beziehung zur Meta-Thematik der scheiternden Erzählung. Denn nicht nur die Industrie um das Erz ist hier mit der Zeit verfallen, sondern eben auch das Erz-ählen. In diesem Sinne ist der Schauplatz Eisenerz also auch Sinnbild einer erzählten Welt, die keinen festen Bestand mehr hat. Diesen Umstand bezieht die Autorin auch auf sich selbst und erkennt darin, eingedenk ihres Alters, eine Ähnlichkeit zwischen sich und der von ihr als Schauplatz bestimmten Stadt: „Diese Stadt stirbt, und ich frohlocke, weil mir das ja auch bevorsteht, und zwar bald, balder als bald." (N 6)

Wiederholt wird ein Bruch mit Erzählkonventionen inszeniert. Markant sind etwa die redundanten Aussagen, die einen schlechten oder falschen Ausdruck kommentieren. Häufig gesteht die Autorin ein, dass nicht stimme, was sie gesagt habe (vgl. N 10, 18, 126 passim), oder vermerkt, sie müsste gerade Behauptetes erst noch überprüfen (vgl. N 10, 39 passim). Angesichts solcher Aussagen, die auch auf eine potentielle Veränderung des Textes Bezug nehmen, ist daran zu erinnern, dass Jelinek bislang kaum Gebrauch von der Möglichkeit gemacht hat, *Neid* umzuschreiben. Demnach geht es nicht darum, *Neid* noch zu verbessern oder zu finalisieren, als vielmehr die mangelhafte Qualität des Textes zu behaupten. In seiner Selbstreferentialität demonstriert der Roman, dass er kalkuliert schlecht geschrieben ist. Die häufig umgangssprachliche oder vulgäre Wortwahl stützt diesen Befund ebenso wie jene Stilmittel, die dezidiert einen Eindruck von Mündlichkeit bewirken: Immer wieder stößt man auf Anakoluthe, Correctiones und Onomatopoetika. Auch die Paronomasie, die schon lange zum festen rhetorischen Inventar Jelineks zählt und allgemein die Materialität der Sprache betont, ist eine Stilfigur, von deren zu häufigem Gebrauch Rhetorikkompendien einhellig abraten[49] – und die man doch vielfach in *Neid* findet.

In syntaktischer Hinsicht korrespondiert der Abschweifung die Bevorzugung der Hypotaxe. Viele bisweilen prononciert überlange Parenthesen – schon im ersten Kapitel findet sich ein Satz, der sich über fast zwei Seiten erstreckt und von fünf Parenthesen unterbrochen wird (vgl. N 22f.) – oder gar Parenthesen in einer Parenthese (vgl. N 24) zerstückeln den Fließtext. Im Vergleich zu älteren Prosawerken Jelineks, die stellenweise auch schon durch einen stark hypotaktischen Stil charakterisiert waren, ist dabei festzuhalten, dass die Parenthesen im Online-Roman als spezifisch motiviert verstanden werden können. Hier wird durch deren Einsatz nämlich nicht nur ein mündlicher Redeverlauf imitiert, sondern auch die Struktur von Hypertextualität in einer linearen Form. Einzelne Wörter, Phrasen oder Syntagmen werden sozusagen mit dem Inhalt verlinkt, der ihnen in Klammern folgt. Ein Novum im stilistischen Repertoire Jelineks, das ebenfalls auf die Online-Veröffentlichung verweist, ist außerdem der Einsatz von Chatsprache mit geläufigen Abkürzungen wie ROFL, LOL, 2L8, SRY etc. Das Kalkulierte des Verfahrens tritt hier besonders deutlich zutage, und zwar nicht nur weil dieser Netz-Jargon in literarischen Texten unüblich ist, sondern weil sich die meisten dieser Abkürzungen nur genau einmal in *Neid* finden.[50]

Den stärksten Anlass zu einer Lesart, die den Vollzug des Schreibens im Text fokussiert, geben schließlich jene Passagen, die selbstreferentiell eben darauf oder auf die Autorin verweisen. Verschiedentlich ist dem Text, wie bereits anklang, etwa der Name der Autorin oder auch eines seiner Abfassungsdaten eingeschrieben (vgl. N 42). Zwar finden sich ähnliche Verweise, wie diese Untersuchung ergeben hat, schon in älteren Texten Jelineks; in *Neid* sind sie jedoch ungleich emphatischer ausgeprägt. Außerdem ist die Dimension des Schreibens allein quantitativ deutlich präsenter als in ihren anderen Werken.

49 Vgl. Kastberger, Klaus, *Die Haut der neuen Medien. Vier Thesen zu Elfriede Jelinek*, in: Thomas Eder/Juliane Vogel (Hg.), *Lob der Oberfläche. Zum Werk von Elfriede Jelinek*, München 2010, S. 117-130, hier: S. 129.

50 Da man sich zumal in der PDF-Fassung von *Neid* leicht durch die Wortsuche orientieren kann, wird an dieser Stelle auf Einzelnachweise verzichtet.

Das allgemein für Jelineks Texte charakteristische schnelle Changieren zwischen verschiedenen Aussagesubjekten (ich, Sie, sie, wir) mündet nicht mehr nur manchmal in Leser/innenansprachen und Inszenierungen des Schreibens, wie es beispielsweise in *Lust* zu beobachten war, sondern auf annähernd jeder Seite. Allein das Wort „schreiben" findet sich in seinen verschiedenen Konjugationsformen 441-mal im Text, überwiegend in Verbindung mit der ersten Person Singular.

Stellenweise wird auch in diesen explizit selbstreferentiellen Passagen ein Kalkül beim Scheitern der Erzählung deutlich. Vor allem gegen Ende des Textes wird ausgestellt, dass die Abschweifungen der Autorin nicht einfach im Vollzug ihres Schreibens unterlaufen, sondern vielmehr bewusst eingesetzt werden. Der verschiedenartig gestaltete Bruch mit Erzählkonventionen stellt demnach weniger ein Manko bei der narrativen Ausformung des Textes dar, als vielmehr das Ziel einer anti-narrativen Strategie: „Bitte, ich will ja gar nicht mehr erzählen, ich will umschreiben, daß ich es nicht kann [...]." (N 576) Die Erwartung eines Erzählverlaufs im Sinne einer sich entwickelnden Handlung wird im Rahmen einer solchen Strategie parodiert: „[...] glauben Sie etwa, JETZT tut sich endlich was? Vergessen Sies, und wenn, dann nicht hier, hier tut sich nichts, und ich habe ja auch schon alles vergessen [...]." (N 620)

Sobald man erfasst hat, wie zentral Fragen des Schreibens in *Neid* sind, lässt sich eine selbstreferentielle Dimension des Textes auch in Aussagen erkennen, die auf den ersten Blick noch eine fiktive Textwelt zu figurieren schienen. Schon die deutungsoffenen ersten Sätze bieten sich dann auch einer selbstbezüglichen Lesart an. In diesem Sinne verweist die Formulierung, dass kleine Lebenswelten nach außen stürzen, auf die Arbeit der Autorin, welche die im Schreiben imaginierten Erfahrungsräume ihrer Figuren vergegenständlicht. Bei dieser Arbeit nach innen stürzende Lebensweisheiten können, so gesehen, auch auf die gemeinhin an die Literatur gestellte Erwartung anspielen, sie möge ihren Leser/innen bestimmte tiefere Einsichten vermitteln. In dieser dritten Lesart des Eingangsaphorismus wird auch die anschließende Aussage konkretisierbar: Die Mitte, in der sich Lebenswelten und -weisheiten treffen, wäre dann nämlich nichts anderes als der Text selbst, eingespannt in die einander entgegen gerichteten Dynamiken des Schreibens und Lesens, Brennpunkt der Perspektiven von der Autorin und ihrer Lesenden.

Für das Konstruktionsprinzip von *Neid* ist die selbstreferentielle Inszenierung des Schreibvollzugs grundlegend. Ebenso die behandelten Themen wie auch die dargestellte Handlung werden in Abhängigkeit vom Schreiben dargestellt, wobei es zu zahlreichen Überschneidungen zwischen den Ebenen kommt.[51] Besonders sichtbar werden die Interferenzen zwischen der Handlungsebene und der Metaebene des Schreibens. Dabei wird das Verhältnis zwischen der Autorin und ihrer Figur immer wieder durch widersprüchliche Aussagen verschleiert. Am Anfang betont die Autorin im Wortspiel noch ihre Differenz: „[I]ch bin jetzt ganz bei ihr, dafür aber leider nicht ganz bei mir" (N 32). Später wird der Unterschied aufgeweicht: „Brigitte, eine Frau, ähnlich mir, nein, ähnlich sieht sie mir nicht, aber sie hat ein Wesen, das meinem nicht unähnlich ist" (N 99). Zweideutig nennt die Autorin daraufhin Brigitte „mein altes Ego" (N 100), ein Wortspiel, das viele Seiten später wieder aufgegriffen wird, wenn sie mit dem Prinzip eines Schlüsselromans spielt: „Ich schreibe nun weiter nur über mich unter dem Namen Brigitte, weil ich Brigitte nicht kenne, und wenn ich mich mit ihr beschäftigen würde, bräuchte ich mehr Zeit, die ich nicht habe, also beschäftige ich mich mit mir." (N 232) Resümierend heißt es schließlich zum Ende: „Sie blieb mir fremd, meine Hauptfigur, das muß ich leider zugeben, das hätte nicht so sein müssen, ich hätte eine andre wählen können, denn diese ist mir fremd geblieben [...]." (N 599) Kurzum, die Autorin nimmt gegenüber ihrer Figur keine souveräne Erzählposition ein.

Die Erzählung und deren Kommentierung im Schreibvollzug durchdringen einander, was die Hierarchie der Ebenen verwischt. Die Struktur von Rahmen- und Binnenerzählung lässt sich nur noch in einer deformierten Gestalt ausmachen. Vergleicht man diese Struktur mit der Komposition des *Sportstücks* fällt deren markante Gemeinsamkeit auf: War es dort der gestörte

---

51 Eine vergleichbare narrative Struktur hat Wolf Schmid bei Fjodor Dostojewskis früher Erzählung *Dvojnik. Peterburgskaja poėma* (*Der Doppelgänger*, 1846) ausgemacht. Schmid sprach dabei von einer „Interferenz von Erzählertext und Personentext": „Der innere Aufbau der Textinterferenz resultiert also daraus, daß in ein und derselben Aussage gewisse Merkmale auf den Erzähler, andere wiederum auf die Person [gemeint ist: die Figur Jakov Petrovič Goljadkin; S.L.] als die verantwortliche Sprechinstanz verweisen." Schmid, Wolf, *Die Interferenz von Erzählertext und Personentext als Faktor ästhetischer Wirksamkeit in Dostoevskijs „Doppelgänger"*, in: *Russian Literature* 4 (1973), S. 100-113, hier: S. 106f. Auch hinsichtlich der von Schmid herausgestellten Wirkung lässt sich das Verfahren mit dem Jelineks vergleichen: „Diese Ambivalenz scheint das Strukturgesetz der Textinterferenz zu sein. Das Erzählen appelliert an den Rezipienten, auktorial-personal gemischte Segmente von rein auktorialen Stellen zu scheiden." (Ebd., S. 111.) Schmid hielt dabei fest, dass die diesbezüglichen Entscheidungen „nicht mit letzter Sicherheit" (ebd., S. 112.) getroffen werden können. Vor dem Hintergrund der zurückhaltenden Rezeption von *Neid* (vgl. Kap. 7.4) ist bemerkenswert, dass auch Dostojewskis *Doppelgänger* eine „schroffe Ablehnung" (ebd., S. 102.) erfahren hat. Schmid zufolge sei die Textinterferenz als deren Hauptursache anzusehen. Dass es gerade ein Text Dostojewskis war, der solche Überlegungen angeregt hat, ist bezeichnend, hat doch auch Bachtin sein Konzept der Dialogizität an Romanen Dostojewskis entwickelt.

Ereigniszusammenhang im Spiel im Spiel, der die Autorinnenfigur ‚auftauchen' ließ (vgl. Kap. 5.2), so ist es nun das Scheitern der Erzählung, das auf die Autorin zurückfällt. Diese metaleptische Übertragung, bei der die Autorin auf sich selbst zurückgeworfen wird, ist wesentlich für den Text und verbindet wie ein Scharnier immer wieder die Narration mit einer Schreib- bzw. Selbstreflexion, der auch das Moment antizipierter Interpretation eignet. Daniela Strigl hat Ähnliches beobachtet und festgehalten, dass Jelinek in *Neid* durch scheinbare Abschweifungen aus dem Brigitte-Plot immer wieder zu Themen ihrer Autobiographie gelangte. Sie mutmaßte gar, „die Geschichte um die Geigenlehrerin und ihre Geisterstadt sei nur der narrative Vorwand für eine entschlossene Selbsterforschung und -entblößung."[52] Ob es berechtigt ist, von einer gar so emphatisch ausgeprägten autobiographischen Intention zu sprechen, ist diskutabel. Zumindest dem Anschein nach aber kennzeichnet es das autofiktionale Verfahren von *Neid*, durch vielgestaltige Assoziationen, die den Abschweifungen bzw. Übertragungen zugrunde liegen, Roman und Autobiographie zu verbinden.

Wenn Jelinek in *Neid* Erzählen als Problem dargestellt hat, statt eine einfache Erzählung oder Autobiographie zu schreiben, so lässt sich folgern, dass gerade die Verbindung zwischen ihrer Literatur und ihrem Leben hier als bedeutend dargestellt wird. Demnach bestimmt eine Haltung der Rechtfertigung die Form des Textes. Am deutlichsten zeigt sich dies angesichts des fingierten Dialogs mit den Lesenden des Textes.

7.2.2 *Autofiktionale Fortschreibung der Nobelpreisrede: Aus „Neid auf die Lebenden" im Abseits verschwinden*

Welche Motive stehen, dem Text zufolge, hinter der Unfähigkeit der Autorin, zu erzählen? Sie kommt in *Neid* direkt darauf zu sprechen, weshalb es ihr nicht gelingt, ihre Erzählung um Brigitte zu entfalten:

> Also erzählen kann ich deswegen noch lang nicht von ihr, dieser Person, nur weil Sie das von mir wünschen, wie soll ich denn auch erzählen lernen, wenn mir keiner was erzählt, da ich ja keine Erfahrungen mache [...]. Ich kann nur von Dingen sprechen, die allgemein bekannt sind, denn andre erfahre ich ja nicht, für eine Erzählung reicht das nie im Leben, eine Erzählung können Sie also AIS von mir nicht verlangen [...]. (N 200, 203)

Das Scheitern der Erzählung, das den selbstreferentiellen Vollzug des Schreibens hervortreten lässt, wird also darauf zurückgeführt, dass es der Autorin vorgeblich verwehrt ist, Erfahrungen zu machen. Wenn sie daraus

52 Strigl, *Neid*, S. 121.

folgert, dass ihr „Schreiben keinerlei Verbindlichkeit besitzt, da es mit der richtigen Welt ja überhaupt nicht verbunden und also ungültig ist [...]" (N 233), kommt dabei auch jenes problematische Verhältnis von Wirklichkeit und Schreiben zum Ausdruck, das Jelinek bereits in ihrer Nobelpreisrede thematisierte.

Die Erfahrungsarmut bzw. der vollkommene Erfahrungsmangel, den sich die Autorin bescheinigt, ist in einen größeren Motivzusammenhang eingelassen. Als Ursprung davon wird immer wieder auf eine Angststörung verwiesen, die es ihr unmöglich macht, das Haus zu verlassen. Sie habe „Angst, [s]ich von der Stelle zu bewegen [...]." (N 11) Sie „fürchte[t] [s]ich vor allem" (N 52), „[gerät] leicht in Panik" (N 244), „ha[t] ja immer Angst." (N 272) Aufgrund dieser Angst könne sie nicht wegfahren (vgl. N 40), um selbst Erfahrungen zu machen, oder sich mit anderen Menschen treffen, um von deren Erfahrungen zu hören: „Ich habe kaum je über Wien geschrieben, weil mir graust, aber vor allem andren graust mir auch. Wie soll man schreiben, wenn man nirgends anstreifen mag? Es geht nicht. Und trotzdem gebe ich mir immer wieder einen Ruck und sage was. Und es ist Ihnen, wie alles, egal." (N 322)[53] Die soziale Phobie, mit der Jelinek begründete, weshalb sie nicht zur Preisverleihung nach Stockholm fahren konnte, wird hier motivisch ausgeweitet: Ihre Krankheit macht die Autorin zu einer gesellschaftlich Ausgeschlossenen, die nicht reisen, ja, die überhaupt nicht mehr am gemeinschaftlichen Leben teilhaben kann.

In *Neid* wird die Angst der Autorin mit verschiedenen pathologischen Befunden verknüpft. Als grundlegend erscheint eine alles entwertende Depression, die als Begleiterin der Autorin figuriert wird und im Dialog mit ihr steht: „Macht nichts, es ist egal, wie alles, das sagt mir meine liebe Depression" (N 133). Darüber hinaus werden immer wieder spezifischere Zusammenhänge zwischen ihrem Krankheitsbild und ihrer Unfähigkeit, sich auszudrücken, hergestellt. Selbstreflexiv nimmt sie eine Pathologisierung des eigenen Schreibens vor, die zwischen Amnesie, Dysphasie und Logorrhoe, zwischen

53 Es wäre vielleicht lohnend, die poetologischen Überlegungen, die an die Motive von Jelineks Nobelpreisrede anschließen, mit den Äußerungen zu vergleichen, die Bachmann im Rahmen ihrer Poetikvorlesungen getroffen hat. Schon wegen der besonderen intertextuellen Anlage von *Gier* liegt der Gedanke nahe, dass sich Jelineks Text häufiger als eine Kontrafaktur verstehen könnte. Auch Bachmann hatte das Verhältnis von Sprache und Wirklichkeit mit einem – allerdings ganz anders gearteten – „Ruck" zusammengebracht: „Mit einer neuen Sprache wird der Wirklichkeit immer dort begegnet, wo ein moralischer, erkenntnishafter Ruck geschieht, und nicht, wo man versucht, die Sprache an sich neu zu machen, als könnte die Sprache selber die Erkenntnis eintreiben und die Erfahrung kundtun, die man nie gehabt hat." Bachmann, Ingeborg, *Frankfurter Vorlesungen: Probleme zeitgenössischer Dichtung*, München/Zürich 1980, S. 16.

Gedächtnis- und Sprachverlust sowie einer krankhaften Geschwätzigkeit, jedoch sehr vage bleibt:

> Ich kann mich an nichts erinnern. Wie soll ich weiterkommen, wie soll ich als Wiedergängerin wiederkommen, wenn ich mich an nichts erinnern kann. Man hat einfach nichts zu schreiben, wenn man nichts hat, was man in sich lesen kann, um es herauszulassen. [...] Ich weiß nicht mehr, wie etwas gesagt werden muß und mit welchen Worten. Weil ich nicht weiß, wie die Menschen es und sich aussprechen können. Ich beherrsche leider die Ausspracheregeln nicht mehr und habe auch keine Lust, mich mit jemandem auszusprechen, das wäre ein Alptraum!, hätte auch keinen Sinn, in mir ist nichts drin, was ich zu geben hätte. [...] ich muß immer alles sagen und viel zu oft, das ist meine Krankheit [...]. (N 75, 139, 148)

Später ist auch von einer „Dissoziation" die Rede, wenn die Autorin ihr „Gefühl" beschreibt, dass es sie „gar nicht gibt" (N 174). In diesem Sinne ist die Autorin also auch sich selbst gegenüber unverfügbar und sie gibt an, dass ihr grundlegend die Möglichkeit zur reflexiven Einsicht fehlt. Mehrfach kommt es in diesem Zusammenhang zu einer Verballhornung des berühmten Satzes von Arthur Rimbaud: „Ich ist ein anderer."[54] So heißt es an einer Stelle: „[I]ch habe ja nicht einmal die Grundvoraussetzung dafür, eine andre zu sein, ich weiß ja nicht einmal, wer ich jetzt bin." (N 36; vgl. 114f., 232) Zugespitzt werden derlei Aussagen schließlich durch den Befund einer Schizophrenie. Eine solche, so legt die Autorin nahe, manifestiert sich in dem insgesamt diffusen Verhältnis zu ihrer Hauptfigur:

> [...] diese Frau, die nicht ich ist und die ich zu beschreiben versuche, was mir so schlecht gelingt, weil sie natürlich in der Hauptsache, im Hauptberuf ich ist und ich daher keinen Abstand zu ihr habe, so gern ich eine andre wäre, da kann ich machen, was ich will, denn mich möchte ich zu allerletzt betrachten, kann es aber auch gar nicht, weil ich, glaube ich, in irgendeiner Form oder in mindestens zwei Formen schizoidal bin, in Bezug auf andere Menschen ungefähr wie eine lose Sandale bin, aus der ich immer wieder rausschlüpfe, eine Schizo bin und daher gleich zwei in einer, und ich weiß nicht, wohin ich schauen soll, auf die eine oder auf die andre. Seien Sie doch froh, Sie dürfen mir zwar nicht in die Nähe kommen, aber dafür bekommen Sie zwei Stück E. J. für eine, und dabei wollen Sie nicht einmal eine, nein, keine der beiden gefällt Ihnen wirklich, na, mir auch nicht, das kommt ja noch dazu, daß ich aus meiner Haut nicht herauskann. (N 467)

---

54 Rimbaud, Arthur, *Die Seher-Briefe*, in: Ders., *Die Zukunft der Dichtung*, Berlin 2010, S. 17-35, hier: S. 21.

Ihren bedenklichen mentalen Zustand führt die Autorin auf die Ablehnung zurück, die sie mit ihrem Werk erfahren hat: „[...] weil mir für mein Schreiben, das sich eine Gegenleistung von Ihnen erhoffen könnte, stattdessen so oft wehgetan worden ist, daß ich jetzt gar nichts mehr kann, nicht sitzen, nicht stehen, nicht liegen, und das ist allein Ihre Schuld." (N 468)

Erst die Einsicht in das Gefühl der Autorin, ausgeschlossen zu sein, das in der geschilderten Krankheitsgeschichte einen ernsten Hintergrund erhält, macht über die rudimentäre Handlungsebene hinaus verständlich, was es mit dem titelgebenden Neid auf sich hat. Blieb dieser im ersten Kapitel noch unerwähnt, heißt es zu Beginn des zweiten Kapitels: „O wie ich die Lebenden beneide, so, jetzt ist es raus, dafür das Ganze, ich beneide die Lebenden! [...] ach, wäre ich doch eine von ihnen! Ich bin es nicht." (N 68) Mit dem in der Folge leitmotivisch wiederholten „Neid auf die Lebenden" wird die Gefühlshaltung jener vom Leben ausgeschlossenen Kranken gegenüber den gesunden Anderen gefasst. Im Unterschied zu diesen betrachtet sich die Autorin, die selbst keine Erfahrungen machen und am Leben der Anderen nicht teilhaben könne, als eine lebende Tote (vgl. N 398, 505).

Nach Lust (eigentlich Wollust) und Gier ist Neid das dritte Todsündenmotiv, welches Jelinek zentral in ihren Werken verhandelt hat. Im Unterschied zu den ersten beiden wird diese Sünde als ambivalentes Motiv ausgestaltet. Dem korrespondiert, dass Neid auch allgemein als zweischneidige Empfindung gilt. So wird häufig zwischen der negativ bewerteten Missgunst und einer konstruktiven Form des Neids differenziert, bei der die Erkenntnis, in einer schlechteren Position als Andere zu sein, ein Ausgleichsbestreben initiiert. Vergleichbar schwankt auch der von der Autorin formulierte Neid zwischen einer Klage über das mit ihrer Angst und Krankheit verbundene Unvermögen und einer Anklage von vermeintlich Schuldigen.

Wenn die Autorin festhält, „keinen Platz auf der Welt" zu haben (N 111), greift sie einen literarischen Topos auf. Allerdings steht diese Einsicht bei ihr, im Unterschied zu anderen Schriftsteller/innen, nicht als Fazit eines unglücklichen Lebens vor dem Freitod.[55] Vielmehr führt sie hier zu einer denkwürdigen Zwischenform, die zu ihrer Empfindung passt, lebendig tot zu sein. Wenn die Autorin festhält, sie „plane, selber vollständig zu verschwinden." (N 157, vgl.

55 Man denke etwa an den berühmten Abschiedsbrief Heinrich von Kleists an die Schwester Ulrike vom 21.11.1811 oder auch den Brief an seine Förderin Marie von Kleist vom Juni 1807: „Wo ist der Platz, den man jetzt in der Welt einzunehmen sich bestreben könnte, im Augenblicke, wo alles seinen Platz in verwirrter Bewegung wechselt?" Kleist, Heinrich von, *Sämtliche Werke und Briefe*, 2. Bd., München 2001, S. 782, vgl. S. 887.

337), ist das entsprechend nicht als Suizidwunsch misszuverstehen, sondern als Ausdruck ihres Versuches zu deuten, sich dem Diskurs zu entziehen:

> Aus Neid auf die Lebenden verschwinde ich jetzt in das Zwischenreich der Scheintoten [...]. Ich bleibe demnach genau dort, wo ich bin, nur sehen können Sie mich nicht mehr. So würde ich Verschwinden definieren, die meisten vermeintlich Verschwundenen tauchen ja wieder auf, aber ich fürchte, dann bleiben auch Sie, wo Sie sind, liebe Frau K., und das ist mir zu nahe, aber ich: Woanders kann ich nicht hin. Also muß wohl dieser Kritiker meines armen Werks gehen, wie ich ihm bereits anschuf, oder nicht mehr in der Zeitung schreiben, das verbiete ich ausdrücklich [...]. (N 198)

Das Verschwinden der Autorin zielt also darauf ab, von den Kritiker/innen ihres Werks nicht mehr erreicht werden zu können. Die Anerkennung dieser Intention der Autorin plausibilisiert auch das kalkuliert schlechte Schreiben, das im Roman vorgeführt wird. Demnach geht es für die Autorin eben darum, nicht wiederaufzutauchen, sich nicht – man denke an ELFI ELEKTRAS unfreiwillige Rückkehr im *Sportstück* – wieder auf die Bühne zerren zu lassen, sondern sich dem Publikum und den Kritiker/innen endgültig zu entziehen. Entsprechend wird die Selbstverortung „im Abseits", die Jelinek in ihrer Nobelpreisrede vorgenommen hatte, in *Neid* konsequent affirmiert:

> dies hier schmeiße ich Ihnen vor die Füße, wischen Sie meine Kotze gefälligst selber weg, wenn Sie sich vom Gestank belästigt fühlen, aber bedenken Sie: Das ist meine insgesamte Existenz, die Sie da wegputzen, sie ist immer im Abseits gewesen, schon bevor Sie sie zur Kenntnis genommen haben [...]. (N 344; vgl. 514)

Vulgarität trifft hier unmittelbar auf das Eingeständnis der eigenen Verletzlichkeit. Die Ambivalenz ihrer Rede sieht sich so potenziert. Aggressionen werden in *Neid* ebenso deutlich wie erlittene Kränkungen artikuliert. Doch wer mit Waffen nach Trost sucht, dem ist schwer zu helfen. In der Konsequenz entsteht durch die Vermischung heftiger Gefühlsregungen das Bild einer unnahbaren Person. Bezieht man die Intention, keine Nähe zuzulassen, auf die rhetorischen Verfahren, so ließe sich deuten, dass die genutzte Vielfalt einander ausschließender Sprachregister darauf abzielt, dass sich kein kohärentes Bild von ihr als Autorin mehr einstellen kann. Ebendies macht sie auch explizit:

> Was glauben Sie, warum ich das alles hier mache? Damit mir niemand mehr was tun kann! So einfach ist das. Ich bleibe im Verborgenen, damit Sie mich nicht finden und mir nichts antun können. Also hier lege ich einmal keinen Wert auf

> das Beschreiben, hier nicht, denn es geht Sie nichts an, wie ich mich fühle, hier werden Sie gewiß nichts finden, das einem Gefühl auch nur ähnlich schaut, es schaut etwas auf Sie heraus, es ist mein Schreiben, da können Sie ruhig oder zornig mit der Axt auf Ihren Bildschirm losgehen, Sie werden keinen Tiefgang finden [...]. (N 536)

Die Autorin knüpft hier an bekannte poetologische Metaphern ihres Werkes an: Ihre Rede vom „Tiefgang" lässt sowohl an das Taucher-Arrangement von *Ein Sportstück* als auch den Essay *Ich möchte seicht sein* denken; die „Axt" hat bei Jelinek die Konnotation eines Schreibinstruments.[56] Wenn sie zugesteht, hier keinen Wert auf das Beschreiben zu legen, sieht sich der Eindruck, dass *Neid* bewusst schlecht geschrieben ist, bestätigt. Demnach liegt diesem Kalkül der Versuch zugrunde, sich gegenüber der Kritik zu immunisieren. Ihr Text soll gewissermaßen keiner weiteren Rede wert sein. Schon im ersten Kapitel hielt sie in diesem Sinne fest: „[E]s ist für den raschen Verzehr, aber es ist total ungenießbar, das werden Sie bereits gemerkt haben, oder sagen wir besser: zum alsbaldigen Verfall, am besten wäre es, die Zeilen lösten sich unter meinen Fingern auf, wie Tricktinte" (N 36). Der Wunsch, dass auch ihr Werk verschwinden solle, wird zum Ende noch weiter ausgeführt (vgl. N 565f.). Dass dies nicht nur metaphorisch zu verstehen ist, deutet die Erwähnung einer testamentarischen Verfügung an: „[E]s wird nichts Schriftliches übrigbleiben dürfen, habe ich schriftlich festgelegt" (N 601), wobei das Polyptoton zugleich ein Paradoxon in Szene setzt, das man ähnlich auch von anderen Schriftstellertestamenten kennt. Mit dem wirklichen Tod der Autorin soll also auch die Vernichtung des Werkes vollzogen werden. Noch aber ist die Autorin nicht tot. Bis es so weit ist, gibt sie ihrem Wunsch nach, im Abseits zu verschwinden, indem sie mit der imaginären Vorwegnahme ihres Ablebens experimentiert.[57]

Auch die Entscheidung für die Online-Publikation des Textes wird durch den Wunsch der Autorin motiviert, zu verschwinden:

> Sie werden nur einen Fingerabdruck abgeben, das Ix, das Kreuzerl dort oben rechts erwischen, und schon bin ich weg, ich bin weg, verschwunden, und mit mir mein Textkörper, durch den ich leben muß und er durch mich, ich Arme, ich muß ja gar nicht, Sie erhalten mich dort, aber ich will nicht, es passiert nichts,

---

56 An einer anderen Stelle in *Neid* wird diese Bedeutung von „Axt" deutlicher aktiviert (vgl. N 97). In Kap. 7.4 gehe ich darauf ausführlich ein.

57 Lang ist zuzustimmen in ihrer Beobachtung, dass das „biographische Narrativ und die theoretische Denkfigur [...] im Bild der ‚lebenden Toten' vielfach ineinander[laufen]." Lang, *Elfriede Jelineks digitale Selbstinszenierung*, S. 2.

> es passiert auch mir nichts, und jetzt haben Sie mich ganz entfernt, wunderbar, genau das hab ich mir mein Leben lang gewünscht, und Sie ermöglichen es mir, endlich weg zu sein, ich danke Ihnen! Ein Buch hätten Sie zahlen müssen und eigens in den Papiermüll schmeißen, hier können Sie mich total rückstandslos entfernen, aaah! (N 42)

Im Phantasma der Autorin verfügen ihre Leser/innen über die Macht, sie verschwinden zu lassen. Dass *Neid* eben nicht als Buch erschien, sondern nur online und „privat" veröffentlicht wurde, versteht sich dabei – neben anderen Gründen – als Reaktion auf die in der Vergangenheit erfahrene Ablehnung des Werkes. In diesem Rahmen entfaltet sich die ambivalente, zwischen Klage und Anklage schwankende Wirkung des Neids, der das Schreiben der Autorin vorgeblich antreibt: Ihr Privatroman bestätigt zugleich ihre Kränkung, wie er von ihr auch als Möglichkeitsraum entdeckt wird, um sich über Urteile ihrer Kritiker/innen zu erheben. Produktiv wird dabei die Legitimität der ästhetischen, selbst grammatischen Normverletzungen beim Schreiben verhandelt:

> [...] was muß ich hier lesen, ohne Subjekt und Prädikat? Das kann ich hier so nicht stehen lassen, doch, ich kann, dies ist ja kein Buch [...]. In einem schönen Buche würde ich das alles, was gegen mich zu Buche schlägt, schon gar nicht sagen können, deswegen ist dies hier ja vollständig privat, ich habe mich privatisieren lassen, damit ich Dinge aussprechen kann, die ich sonst nicht über die Lippen brächte [...]. Laber, laber, laber, so geht es hier jetzt immer weiter, in einem Buch würde ich das alles wegstreichen, aber hier ist Privatgelände, unvermintes Privatgebiet, hier kann ich machen, was ich will. Und Sie können auch machen, was Sie wollen. (N 323, 402, 420)

Die erneute Variation der Nicht-Anweisung des *Sportstücks*, „Machen Sie was Sie wollen", bringt die ambivalente Gleichsetzung von Resignation und Provokation in Erinnerung. Nun aber gilt die Enttäuschung und die Kritik nicht mehr nur vornehmlich dem selbstherrlichen Walten eines Regisseurs – nun sind wir alle gemeint. Im Übrigen beschränken sich die Parabasen nicht auf diese Passage; und auch auf das genannte Motto wird in *Neid* mehrfach angespielt (vgl. N 116, 120 passim). Als Leser/in des Textes wird meine eigene Entscheidung gefordert, ob und wie ich mich zu ihm verhalten will. Dem korrespondiert die im Zusammenhang mit der Online-Publikation gemachte Beobachtung, dass der Text, statt in einer verbindlichen Fassung vorzuliegen, seine Leser/innen vor die Wahl stellt, welche seiner unterschiedlichen Fassungen sie lesen wollen.

Um ein knappes Interpretationsfazit für eine Lesart zu ziehen, die den selbstreferenziellen Vollzug des Schreibens in *Neid* fokussiert, lässt sich festhalten, dass sich die Autorin hier autofiktional ins Abseits geschrieben hat. Die ambivalente Tragweite ihres Projekts reicht von einer Schreibreflexion, die ihre Unfähigkeit, zu erzählen, zum Thema hat, bis hin zur Geschichte ihres kalkulierten Scheiterns: Die Autorin, der das Erzählen zum Problem geworden ist, scheint so einerseits in einen abseitigen Raum der Bedeutungslosigkeit geraten zu sein; als inszenierte Problematisierung des Erzählens wirkt ihre Erzählunfähigkeit andererseits bewusst ausgestellt, da sie das Abseits offenbar willentlich aufsucht, um unerreichbar zu werden. Zu dieser Ambivalenz passt das zwischen einer Klage und Anklage oszillierende Motiv des Neids.

7.3 Im Dialog verschwinden: Jelineks literarische Selbstinszenierung in *Neid*

Bislang wurde nachvollzogen, dass der Vollzug des Schreibens thematischen Stellenwert in *Neid* erhält. Im Folgenden soll anhand einer Untersuchung der literarischen Selbstinszenierung im engeren Sinne geklärt werden, wie sich der autofiktionale Verweis auf die Autorin, der zu einer autobiographischen Lesart einlädt, beurteilen lässt. Ich gehe dieser Frage anhand von zwei Aspekten nach: zum einen Jelineks Umgang mit Biographemen sowie ihrem Namen, zum anderen ihrer Selbstdarstellung im Rahmen eines in *Neid* figurierten Dialogs mit verschiedenen Literaturkritiker/innen.

7.3.1 *Zum Umgang mit Biographemen und dem Namen der Autorin*

Schon durch ihre Selbstinszenierung als Autorin im Abseits, also durch den Anschluss an die Metaphorik ihrer Nobelpreisrede, die sie in *Neid* autofiktional fortgeschrieben hat, machte Jelinek deutlich, dass es hier nicht um irgendeine Autorin geht. Die Autorin aus *Neid* ist mit all ihren Insignien ausgestattet, allem voran ihrer Eigenschaft, Nobelpreisträgerin zu sein. So ist vielfach von den Preisen, die sie gewonnen hat, die Rede: „[...] und für das, was ich nicht kann, bekomme ich nichts, außer Preise, hohe Preise, niedrige Preise, mittlere Preise, also wirklich!, ich kann dennoch nichts, leider." (N 374; vgl. N 49, 188, 219, 403f.) Darüber hinaus greift ihre literarische Selbstinszenierung auf viele Elemente zurück, die schon aus älteren Werken Jelineks bekannt sind. Wie im *Sportstück* werden auch hier wieder diverse Themen aufgegriffen, die mit der Biographie Jelineks verknüpft sind und deren Verhandlung autobiographisch wirkt: Es werden die Geschichten über den „geisteskranke[n] Vater" (N 26 passim) sowie während der Shoah ermordete Verwandte erzählt (vgl. N 42 passim); sie schildert die Schwierigkeit des Geigespielens, die sie „aus Erfahrung" kenne (N 41); ihren Hass auf Österreich (vgl. N 82) und so fort. Gleichfalls wie im

Sportstück spielen in *Neid* außerdem die Erwartungen eine Rolle, die sich für einen neuen Text Jelineks ergeben. Die Autorin macht sich diese Erwartungen bewusst, indem sie auf verschiedene Aspekte ihres Schaffens zurückblickt. So resümiert sie, von welchen Themen in ihren Werken bisher „schon oft" oder „verhältnismäßig selten" die Rede war (N 2), und bemerkt, wie häufig sie manche Sätze schon benutzte (vgl. N 12, 29, 103). Freimütig gesteht sie ein, „immer dasselbe" zu sagen (N 110). Entsprechend liegt es nahe, auch im Namen der Protagonistin nur eine Wiederholung zu sehen: Brigitte hieß schon eine der Hauptfiguren aus den *Liebhaberinnen* und der initialisierte Nachname K. lässt an die Klavierspielerin Erika Kohut denken.[58] Jelineks Anspielungen auf ihr Werk und Aspekte ihrer Biographie unterstreichen also die autobiographische Dimension von *Neid*.

Demgegenüber lassen sich aber auch andere Aspekte anführen, welche die Fiktionalität des Werkes betonen. Dass in *Neid* immer wieder thematisiert wird, dass der Roman gescheitert sei, weil die Autorin nicht erzählen könne, kontrastiert etwa mit Jelineks vor der Fertigstellung ihres Textes in einem Interview geäußerten Vorbehalt, dass sie die Arbeit am Roman abbrechen oder ihren Text nachträglich umarbeiten oder löschen würde, sollte sie das Gefühl haben, damit gescheitert zu sein.[59] Da sie bislang keine dieser Konsequenzen gezogen hat, muss man davon ausgehen, dass sie – im Unterschied zu ihrer Autorinnenfigur – eben nicht der Auffassung war, mit *Neid* gescheitert zu sein. Mehr noch: Jelinek hat den Text nach seiner Fertigstellung offenbar als ihr neues Hauptwerk betrachtet. Dafür spricht nicht nur, dass *Neid* an prominenter Stelle auf ihrer Website www.elfriedejelinek.com zu finden ist. Nachdem der Bayerische Rundfunk sie eingeladen hat, ein „Jelinek-Großprojekt zu realisieren" und ihr anbot, ihren Roman *Die Kinder der Toten*, der gemeinhin als ihr Opus Magnum gilt, als Hörspiel zu bearbeiten, schlug sie stattdessen eine Bearbeitung von *Neid* vor, die im Jahr 2011 mit der Schauspielerin Sophie Rois umgesetzt wurde.[60] Allgemein war das Spiel mit Publikumserwartungen, das sich in der Ankündigung zeigte, möglicherweise mit einem Roman zu scheitern, natürlich kein neues in der Geschichte von Jelineks öffentlicher Selbstinszenierung. Vielmehr handelte es sich dabei um die Re-Inszenierung eines Stückes, das schon der Veröffentlichung von *Lust* voranging (vgl.

58 Vgl. Strigl, *Neid*, S. 120.

59 Vgl. Gropp, *Dieses Buch ist kein Buch*, S. 35.

60 Vgl. Kapfer, *36 Antworten von Elfriede Jelinek*. Im Zusammenhang des Hörspielprojekts hat Eva Meyer einen inspirierenden Radio-Essay zu *Neid* aufgenommen: Vgl. Meyer, Eva, *Das digital geborene Ich – Zu Jelineks „Neid. Privatroman"*, Tonaufnahme des Bayerischen Rundfunks (2011), online verfügbar: www.br.de/radio/bayern2/sendungen/hoerspiel-und-medienkunst/artmix-zu-jelinek-neid-privatroman-digital100.html.

Kap. 4.1). Vor diesem Hintergrund stellt sich die Frage, ob der Befund, dass *Neid* im Rahmen von Jelineks Werk kaum etwas Neues behandelt, nicht auch noch anders bewertet werden kann. Wieder einmal geht es um zeitgenössische Verbrechen in der steirischen Provinz; die Hauptfigur wirkt wie ein Verschnitt aus älteren Texten; ja selbst die Hinweise auf eine verdrängte Geschichte österreichischer Untaten im Zweiten Weltkrieg erübrigen sich eigentlich, weil sie im Rahmen eines auch ausdrücklich erwähnten Gedenkprojektes schon von Anderen aufgedeckt wurden. Passt es aber nicht auch zur selbstreferentiellen Erzählproblematik, dass hier immer nur die „ewigen Themen von Jelineks literarischen Landschaften“[61] behandelt werden? Ließe sich der Umstand, dass die Autorin „immer dasselbe“ (N 110) sagt, nicht auch so interpretieren, dass sie sich in einem emphatischen Sinne in *Neid* an keiner Stelle mehr zeigt? Was im *Sportstück* schon angelegt war, wäre hier demnach konsequent vollzogen.[62] So gesehen erleben die Lesenden statt eines neuen Auftritts von Jelinek hier nur noch die Widerspiegelung ihres öffentlichen Bildes, statt Originalität nur ausgestellte Selbstzitate, statt einer präsenten Autorin nur eine zur Figur gewordene Autorimago. Das Neue in *Neid*, so ließe sich zuspitzen, besteht vor allem im Exponieren der mit ihrer Autorschaft verbundenen Klischees, die im Rahmen des „Privatromans“ fiktionalisiert werden.

Eine derartig radikale Verwischung der Unterscheidung von Fiktion und Autobiographie wird im Rahmen von Jelineks Poetik der Ambivalenz sinnfällig. Denn das für das Konstruktionsprinzip des Romans maßgebliche Motiv eines scheiternden Erzählens steht den Erwartungen an das neue Werk einer Literaturnobelpreisträgerin scharf entgegen:

> Alle können es sagen, und warum kann gerade ich es nicht?, gerade ich sollte es doch können, man hat mir ja voreilig bestätigt, daß ich es könne, es wird geradezu von mir erwartet, man hat mir Vorschußlorbeeren an den Kopf geworfen, aber sie haben nicht gehalten, was sie versprachen, sie sind mir über die Ohren gerutscht, und ich sehe die Welt jetzt nicht mehr [...]. (N 441)

Das Bild der Autorin, das in *Neid* vor allen anderen herausgefordert wird, ist das einer Nobelpreisträgerin, deren Texte in ihrer literarischen Qualität über allen Zweifel erhaben scheinen. Mit dem ostentativ schlechten Schreiben, das die Autorin in *Neid* vorführt, hat Jelinek einen Ikonoklasmus an diesem Bild betrieben. Schon in der inszenatorischen Rahmung wie dem Inhalt ihrer Nobelpreisrede *Im Abseits* ließ sich die Strategie erkennen, die Wirkung der Konsekration, die fast unabdinglich mit der Ehrung verbunden ist,

---

61 Jandl, Paul, *Ich bin raus!*, in: *Neue Zürcher Zeitung* (08.05.2008).

62 Vgl. Vogel, *Elfriede Jelinek und die Atriden*, S. 442; vgl. Kap. 5.3.

einzuschränken. Mit *Neid* wird der symbolische Akt, der aus ihrem Namen, wie es an einer Stelle heißt, „ein Gütesiegel" (N 184) werden ließ, vollends bloßgestellt. Nicht als Referenz auf ein Individuum, sondern als vermeintlicher Garant literarischer Qualität wird der Bezug auf den Namen hier gestaltet.

Auch allgemein kennzeichnet *Neid* eine besondere Aufmerksamkeit für den Namen. Schon *Lust* wies einzelne, *Gier* gar eine Vielzahl selbstreflexiver Einschübe auf, in denen sich eine Autorinnenfigur vernehmen ließ. Während diese Figur in den beiden Romanen jedoch noch unbenannt blieb, wird in *Neid* vielfach auf ihren Namen referiert.[63] Er fehlt allerdings ausgerechnet an der Stelle, wo seine Angabe eigentlich verbindlich ist: auf der Titelseite. In der Online-Fassung, die ja nur auf der Internetseite www.elfriedejelinek.com zu lesen ist, mag diese Auslassung nicht weiter auffallen; dass ihr Name auch in der PDF-Fassung fehlt, die jedem Druck des Textes zugrunde liegt, ist dagegen bemerkenswert, nicht zuletzt vor dem Hintergrund der von Jelinek angekündigten Löschung ihrer Internetseite nach ihrem Tod. Sollte es tatsächlich so kommen, läge nur noch eine Fassung des Textes vor, in welcher die Verbindung zur Autorin gekappt ist. Dieses avancierte Spiel mit einer zukünftigen Anonymität lässt sich als Hinweis auf die „schwierige Autorschaft der Frauen" deuten, wozu auch der Befund passt, dass Jelineks Name im Text niemals ganz ausgeschrieben ist.[64] Wie auch bei vielen anderen Personen, auf die hier referiert wird, erfolgt der Verweis zumeist anhand der Initialen, manchmal in Verbindung mit der weiblichen Anredeform.[65] Die Abbreviation der Namen kann als eine Geste der Scham verstanden werden, wie sie besonders in der Inszenierung einer förmlichen Vorstellung der Autorin wahrzunehmen ist: „Also, gestatten: J., das ist mir jetzt zu persönlich" (N 37). Ambivalent wird damit eine Öffentlichkeitsscheu inszeniert, der vorgebliche Wunsch nach Anonymität und Privatheit aber auch parodiert.

Demgegenüber stehen bekenntnishafte Formulierungen, die auf eigenen Leistungen insistieren und andeuten, dass sich Jelinek mittlerweile einen

---

63 Vgl. Tuschling-Langewand, *Medialität und Autorschaft*, S. 160.

64 Vgl. die beiden einschlägigen Veröffentlichungen zu diesem Zusammenhang: Hahn, Barbara, *Unter falschem Namen. Von der schwierigen Autorschaft der Frauen*, Frankfurt a. M. 1991; Kord, Susanne, *Sich einen Namen machen. Anonymität und weibliche Autorschaft 1700-1900*, Stuttgart 1996.

65 Von dieser Regel finden sich in *Neid* nur zwei Ausnahmen. Im ersten Fall dürfte die Nennung des Vornamens vor allem metrisch bzw. durch die sich damit ergebende Assonanz motiviert sein: „[…] hier haben wir nicht einmal ein Klohäuschen von der bekannten Firma dixi, Elfriede dixit." (N 25); im anderen Fall kommt es zu einer seltsamen Mischung des aus dem *Sportstück* bekannten Kosenamens Jelineks mit ihrem initialisierten Nachnamen, welche eine an den Vater gerichtete Passage einleitet: „Ich bin es doch, Elfi! Ich, Frau Elfi J., deine liebe Tochter" (N 368).

Namen, oder besser: Initialen gemacht hat. Schon die erste Nennung des Autorinnennamens ist auffällig in ihrer Emphase: „Also wenn man heute zu meinem eigenen Haus, meinem eigenen Haus (E. J.), das mir gehört, so hinschaut, […].“ (N 12) Eingebettet zwischen Gemination und Pleonasmus, die durch die Personalpronomen in der ersten Person Singular ebenfalls auf die Sprechende verweisen, hat die Nennung der Initialen hier eine besonders nachdrückliche Wirkung. Ähnlich ist die bereits zitierte epanaleptische Emphase zu werten: „Ich sage hier: ich (E. J.) […].“ (N 161) In einer kurzen Passage, die von Ernst Jünger handelt, provoziert die Schreibweise mit Initialen zunächst ein Missverständnis, das, indem es explizit gemacht wird, die Identität der Autor*in* jedoch umso stärker unterstreicht: „[…] auch der nette Herr E. J. (bloß kein Mißverständnis jetzt, nicht ich bin gemeint, ich bin kein Herr, ich bin ja nicht einmal ein Mann! […])“ (N 327). Als Mittel der authentischen Bekräftigung wird die Namensreferenz auch im Zusammenhang mit dem Krankheitsmotiv genutzt, und zwar bei dem besonders heiklen Thema der selbstattestierten Schizophrenie: „Sie [bekommen] zwei Stück E. J. für eine“ (N 467).

Schließlich, und mit der Schizophrenie-Thematik verbunden, finden sich im Text noch mehrere fingierte Ansprachen der Autorin. Hier ist der Namenseinsatz weniger signifikant, da sich an seiner Stelle auch andere Bezeichnungen wie etwa „Autorin“ (N 91, 142 passim) oder pronominale Anredeformen einsetzen ließen. Insofern ist die Autoreferenz an diesen Stellen weniger auffällig als andere stilistische Besonderheiten, die allerdings für viele von Jelineks Texten charakteristisch sind. Allgemein sind die fingierten Ansprachen der Autorin seit *Lust* Teil eines Schreibverfahrens, bei dem es selbst innerhalb von Sätzen zu einem Changieren zwischen verschiedenen Aussagesubjekten kommt. Wo es in *Neid* dabei zu einer Autoreferenz kommt, steht dies zum einen in Verbindung mit einer irrealen Rhetorik, die den Neid selbst als Aussagesubjekt entwirft oder den Tod der Autorin ankündigt: „Hallo, hier spricht der Neid, könnte ich bitte Frau J. sprechen? […] Sie sterben jetzt, Frau J., danke, aber das hätten Sie mir wirklich etwas früher sagen können […].“ (N 190f., 502) Zum anderen lässt sich hier eine Form markierter Intertextualität erkennen, in der ein Dialog akzentuiert wird, der durch eine kränkende Ansprache der Autorin eröffnet wird:

> Sie konnten es doch noch nie, Frau J., und aus Rücksicht auf uns Leser haben wir Ihnen das immer wieder gesagt […]. Mein Gott, was redest du da, du blöde alte Ziege E. J., kurz Die Oide genannt, ev. auch gschissene Oide, wie mich der Bruder meiner Freundin N. einst nannte […]. (N 323, 582)

Insbesondere der gescheiterte Dialog zwischen Jelinek und den Kritiker/innen, deren Namen ebenfalls in initialisierter Form wiedergegeben werden, wird in

Neid ausführlich gestaltet. Bevor ich mich damit noch eingehender befasse, sei ein knappes Fazit gezogen, um Jelineks Umgang mit ihrem Namen zu bewerten. Unverkennbar hat sie eine Gleichsetzung mit der Autorinnenfigur herausgefordert. Wenn Jelinek die Trennung zwischen ihrer Person und ihrer Repräsentationsfigur aufhebt, so zielt diese Operation jedoch offenbar nicht darauf ab, ein kohärentes Bild zu entwerfen. Vielmehr wird die Autoreferenz von ihr auf so unterschiedliche Weise gebraucht, dass man von einer Divergenz der Namensbezüge sprechen kann. Außerdem muss die textinterne Referenz auf den eigenen Namen mit der Anonymität zusammengedacht werden, auf welche die Auslassung des Namens auf der Titelseite abzielt. So wird ein unversöhnlicher Widerspruch geprägt, der auch im folgenden Oxymoron anklingt: „[A]lles gedichtet, glauben Sie mir nur ja nicht!, bitte glauben Sie mir, es geht um mein Leben" (N 341f.). Die Formel souveräner Bekräftigung selbst wird hier entwertet, indem das logisch nicht aufzulösende Verfahren der Autofiktion auf den Punkt gebracht wird. Gestaltet ist somit eine Rede, die sich, mit Darrieussecq gesprochen, „in der Zweideutigkeit behauptet: zugleich ‚täuschend' und ‚aufrichtig'."[66] Die Auffassung, dass es ein richtiges Verständnis des Textes geben, und weitergehend: eine Autorin, die man hier autobiographisch repräsentiert sehen könnte, wird mit aller Macht zurückgewiesen.

Zwei Aspekte der literarischen Selbstinszenierung treten im autofiktionalen Verfahren von *Neid* hervor. Zum einen: Anstatt direkt von ihrem Leben zu erzählen, zeigt sich die Autorin hier nur in ihrem Schreiben. Mithilfe typologischer Begriffe von Roland Barthes wird dieser Unterschied greifbar: Während Autofiktionen zumeist die „Persona" eines Schriftstellers darstellen, also „die bürgerliche, zivile, alltägliche Privatperson, die ‚lebt', ohne zu schreiben", zeigt Jelinek das „Scribens": „das Ich in seiner Schreibpraxis, das dabei ist zu schreiben, das das Schreiben Tag für Tag lebt."[67] Dass das Ich sein Schreiben lebt, ist in Bezug auf *Neid* eine besonders treffende Charakterisierung. Serge Doubrovsky, der den Begriff der Autofiktion geprägt hat, bekannte sich einmal zu der Devise: „Mein verfehltes Leben wird ein literarischer Erfolg werden."[68] Für Elfriede Jelinek scheint Ähnliches zu gelten: Ihr literarischer Erfolg hat sie ein Leben jenseits des Schreibens verfehlen lassen. Der zweite auffällige Aspekt ist, dass sich Jelinek immer wieder auf ein konkretes Gegenüber bezogen zeigt. Stärker als in anderen Texten der Autorin wird dabei ein Widerstreit in diesem Bezug hervorgehoben. Ihr Selbstbild kommt nicht zur Deckung mit der Art und Weise, wie sie von Anderen gesehen wird. Diese Einsicht kulminiert im

66 Darrieussecq, *L'autofiction*, S. 378 [Übers. S.L.].
67 Barthes, *Vorbereitung des Romans*, S. 325.
68 Doubrovsky, *Nah am Text*, S. 123.

Text in einer Passage, in der sich die Autorin in einer reinen Differenz zu den Vorstellungen behauptet, die man sich von ihr macht:

> [...] ich bin es ja gewohnt, daß Sie nicht meinen, was ich meine, und Sie meinen eben, daß ich nichts heiße, auch wenn ich meinen teuren Namen auf ein Schild schreibe und, als Werbung für mich, ins Fernsehn hänge. Danke für die Mitteilung. Meinen lieben Namen wollen Sie demnach nicht. Ich könnte aber auch ganz etwas andres meinen, dann wären Sie baff, was, denn ich bin nicht mehr gemeint, Sie können mich heißen, was Sie wollen, ich fühle mich damit nicht mehr gemeint, und ich bin es auch nicht. (N 115f.)

In der Aussage, sich nicht mehr gemeint zu fühlen, wird die Referenzialität des eigenen Namens entkräftet. Dies weitergedacht, kann es als das Ziel von Jelineks Selbstinszenierung in *Neid* angesehen werden, sich nach einem gescheiterten Dialog für Deutungen jedweder Art nicht mehr vereinnahmen zu lassen.

7.3.2 *Süße Rache: Ein Dialog und sein Ende*

Schon Jelineks Nobelpreisrede *Im Abseits* konnte als Fazit eines gescheiterten Dialogs mit ihren Lesenden, allen voran gewissen Literaturkritiker/innen verstanden werden. Das bewusste Spiel mit den Akteur/innen ihrer Rezeption, das sich in der Publikationsgeschichte des Online-Romans erkennen lässt, legte bereits nahe, dass dieser Dialog auch in *Neid* selbst thematisiert werden würde. Wenn sich die dialogische Bezogenheit von Jelineks Schreiben hier ausdrücklich erweist, so wird allerdings zugleich angedeutet, dass dieser Dialog nun an ein endgültiges Ende gekommen ist.

Wie schon in der literarischen Selbstinszenierung, die Jelinek im Rahmen der mehrstimmigen Autorinnenfigur des *Sportstücks* gestaltete, so werden auch in *Neid* immer wieder die Vorwürfe explizit gemacht, mit denen sich die Autorin öffentlich konfrontiert sah. Neben dem dominanten Vorwurf, nicht erzählen zu können und kaum Interessantes zu sagen zu haben (vgl. N 5 passim), betrifft dies im thematischen Feld etwa ihr Verhältnis zu Österreich („Es hat keinen Sinn, dauernd zu sagen, daß man dieses Land haßt", N 52) und ihre allgemeine Misanthropie (vgl. N 218). Ein weiterer Vorwurf lautet, dass sie ihre Familiengeschichte ausnutzen würde, um sich als Opfer zu inszenieren (vgl. N 338). Ähnlich wird auch auf ihre feministische Einstellung rekurriert, wenn es heißt: „Wird nicht schon gewußt, wonach man fragt, bzw. wird nicht schon gesehen, wonach man sucht? Das ist mir so oft vorgeworfen worden, daß ich es gar nicht mehr zählen kann, Sie können daher auf mich nicht mehr zählen, wenn Sie wissen wollen, welches Geschlecht denn jetzt gewonnen hat." (N 28)

Ebenfalls wie schon in früheren Texten Jelineks so klingt auch in *Neid* eine Resignation über die Wert- und Wirkungslosigkeit ihres Schaffens an (vgl. N 6, 47 passim). In *Neid* wird dieses Motiv allerdings ungleich häufiger und drastischer eingesetzt und, wie bereits anklang, als ein Initiationsmoment des Privatromans inszeniert: „Ich hätte allen folgen sollen, die mein Schreiben für unwert hielten, für lebensunwert, ich meine zumindest für schreibensunwert. Es ist meine Schuld, daß ich nicht auf sie gehört habe. Sehen Sie, und genau deswegen schreibe ich nun hier, rein privat [...]." (N 325) Hier zeigt sich eine typische Geste des weiblichen Schreibens, das schon zum Ende des 18. Jahrhunderts als genuin autobiographisch abgewertet wurde.[69] Bei Jelinek kommt es im Rückblick auch zu einer Entwertung ihrer älteren Texte. So findet sich, in eine Parenthese eingeschoben, einmal die düstere Bemerkung: „[I]ch hoffe, Sie haben ‚Lust' gelesen, nein? Macht nichts, das ist auch von mir, aber es macht trotzdem nichts, es ist zum Kotzen, daß es nichts macht, aber ich habe mich längst daran gewöhnt [...]" (N 281). Dass neben *Lust* auch ein Text namens *Macht nichts* von ihr ist, verstärkt die Aussage der Wirkungslosigkeit noch auf eine abgründige Weise.[70] Auch auf *Gier* wird vergleichbar in *Neid* Bezug genommen (vgl. N 538).

Dass die Autorin sich an die Folgenlosigkeit ihrer Werke und zumal auch die mit ihrer Rezeption einhergehenden Vorwürfe gewöhnt habe, lassen viele andere Aussagen in *Neid* indes eher bezweifeln. Dem Literaturkritiker Paul Jandl zufolge eröffnet *Neid* „ein neues Kapitel" in Jelineks Werk, indem der Text offen „von ihrer eigenen Verletzlichkeit" spricht.[71] Dies belegende Aussagen ziehen sich in der Tat durch den gesamten Text:

> Ich weiß ja auch nicht, warum man mich nicht mag, aber ich wüßte es gern. Das ist jetzt ein wichtiger Punkt, wenn auch nur für mich, Sie können weiterlesen, ich muß leider bleiben, wo ich bin. [...] Sie reden so verächtlich über mich. Es kümmert mich [...] es ist kaum noch zu ertragen, nicht geliebt zu werden, und zwar von allen, ja, von allen, von jedem einzelnen von Ihnen [...]. (N 108, 274, 395)

---

69 So musste sich Sophie von La Roche, selbst nachdem sie sich den Stand der ersten Berufsschriftstellerin Deutschlands erarbeitet hatte, noch damit abfinden, dass ihr Freund und zeitweiliger Verlobter Christoph Martin Wieland ihr letztes Werk *Melusinens Sommerabende* (1806) mit einem autobiographischen Lebensabriss sowie einem Porträt der Autorin auf dem Titelblatt veröffentlichte. Vgl. Becker-Cantarino, Barbara, *„Muse" und „Kunstrichter": Sophie La Roche und Wieland*, in: *Modern Language Notes* 99/3 (1984), S. 571-588, hier: S. 587.

70 Vgl. Jelinek, Elfriede, *Macht nichts. Eine kleine Trilogie des Todes*, Reinbek bei Hamburg 1999.

71 Jandl, *Mit Tricktinte*.

Getroffen zeigt sich die Autorin vor allem ob der persönlichen Angriffe, bei denen nicht nur ihr Werk Verachtung erfuhr. Dies wird schon durch die Wiederholung nahegelegt, mit der sie immer wieder auf eine dubiose Zeitungsumfrage zurückkommt, der zufolge sie an 21. Stelle der unbeliebtesten Menschen Österreichs stehe (vgl. N 200, 324, 354, 356, 392). Auch auf das berüchtigte Plakat der FPÖ-Kampagne, das sie neben anderen Künstler/innen diffamierte, wird wieder angespielt (vgl. N 175, 392). Des Weiteren wird mehrfach an das Gedicht erinnert, das Wolfgang Martinek (alias Wolf Martin) in der *Neuen Kronenzeitung* veröffentlicht hatte und in dem Jelineks Name auf „Dreck" gereimt wird.[72] Der entsprechende Jargon wird mehrfach aufgegriffen: „Es sollte eine Novelle werden, bloß eine kleine Geschichte, so zum drüber Hinweglesen, zum rasch unter die Hufe Nehmen, und was ist das jetzt? Ein Scheißdreck. Ein Garnichts." (N 344; vgl. 60, 277) Das Eingeständnis erlittener Kränkungen schlägt dabei häufig um in eine wütende Abrechnung:

> Ich nehme hier auf nichts mehr Rücksicht, denn auf mich ist ja auch nicht oft Rücksicht genommen worden, auch wenn ich über Gebühr ausgezeichnet wurde [...]. Nun, man würde einen Germanisten, keinen Richter brauchen, um aus diesem Satz wieder rauszufinden, und ich will keinen, ich lehne ihn ab, ich will keinen Germanisten oder gar einen Kritiker bei mir haben, nur um einen Satz zu vollenden oder einen vollendeten Satz mit Hypotheken zu belasten, das wäre wirklich das Letzte, nicht ums Verrecken [...]. Es haben schon zuviele aus Überheblichkeit ausgerechnet mich zu kritisieren versucht, wo ich gar nichts dafürkann [sic!] und gar nichts dagegen habe, doch jetzt erhebe ich mich kreischend, kreisend und nach ihnen, meiner Beute, spähend, über sie wie der Pleitegeier. [...] Leserin, Leser, ihr könnt mich mal! (N 49, 176, 335, 379)

Dass die Autorin durch Angriffe, welche auf ihre Person abzielten, getroffen wurde, wird noch deutlicher, wenn sie das Mittel der Personalisierung selbst einsetzt und bestimmte Kritiker/innen direkt adressiert: „Ich habe mit Ihnen, auch wenn Sie eine Frau sind, nichts gemein, warum also sind Sie dann so gemein zu mir, Frau R., oder vielleicht Sie, Frau C.?" (N 33) Dass anstelle der Namen meist nur die Initialen oder auch Namensverballhornungen angegeben werden, dürfte vor allem einen juristischen Hintergrund haben. Wie ebenfalls in *Neid* erwähnt wird, wurde Jelinek angeklagt, weil sie „die Persönlichkeitsrechte von einem Menschen verletzt haben soll" (N 14; vgl. 20).[73] Um

---

72 Martin, Wolf, *In den Wind gereimt*, in: *Neue Kronenzeitung* (15.02.1998). Jelinek hat einen Scan des Textes unter dem Titel „Ein Gedicht" auf ihre Homepage gestellt, vgl. www.elfriedejelinek.com/fkrone1.htm.

73 Bei diesem Menschen handelt es sich um die Publizistin Bettina Röhl, die Tochter Ulrike Meinhofs, die sich im 2005 uraufgeführten Stück *Ulrike Maria Stuart* entstellt sah. Vgl. Nölke, Swantje, *Nicolas Stemanns „Ulrike Maria Stuart". Die RAF als diskursive*

solche Klagen zukünftig zu vermeiden und nicht „verboten" zu werden, greift die Autorin also auf Namensabkürzungen oder Pseudonyme zurück, was als Verfahren insbesondere im Zusammenhang mit einem bestimmten „Blogger" deutlich wird, der in den teilweise drastischen Beleidigungen der Autorin auch als „Blogwart", „Bloggy"[74] oder ähnlich tituliert wird (vgl. N 447-455):

> Noch eher können Sie dem Universal Blogger glauben, ich sage nicht, welchem. Ich will keinen speziell verletzen und ein Persönlichkeitsrecht dazu, sonst werde ich verboten, also sage ich ausdrücklich, daß dies nur mein armseliger künstlerischer Ausdruck ist und sonst nichts. (N 454)

Die Thematik des explizit schlechten Schreibens zeigt sich damit auch an einen juristischen Kontext gebunden, wo sie der Autorin in Verbindung mit ihrer Berufung auf die Freiheit des künstlerischen Ausdrucks Straffreiheit zusichern soll. In einer bemerkenswerten Zuspitzung wird sogar zu verstehen gegeben, dieses Kalkül wäre der Grund für die geschwächte Narrativität in der Geschichte um Brigitte, wenn es salopp heißt: Die „Wirklichkeit [meiner Heldin] kann ich nur in Andeutungen beschreiben [...], sonst kapiert noch jemand, wer gemeint ist." (N 536f.) Dessen ungeachtet ist festzuhalten, dass die Pseudonymisierung von Personen in *Neid* diese weniger unkenntlich werden lässt, als sie vielmehr, ähnlich einem Schlüsselroman, aus deren Identifizierung ein Ratespiel macht. Folgt man den Spuren, so lässt sich als Blogger/Universal Bloggy etwa Rainald Goetz erkennen – ein Bezug, der bereits durch den Untertitel der PDF-Fassung von *Neid* nahegelegt wurde.[75] Auch bei den Kritiker/innen, die am häufigsten genannt werden, bleibt meist erkennbar, wer gemeint ist. Explizit wurden von Jelinek demnach jene Journalist/innen angesprochen, die eine Kritik ihres Werkes mit spekulativen und wenig schmeichelhaften Beschreibungen ihrer Person verbunden haben. Jelineks Antwort auf die von ihnen geschriebenen

---

Projektionsfläche weiblicher politischer Macht, in: Nina Birkner/Andrea Geier/Urte Helduser (Hg.), *Spielräume des Anderen. Geschlecht und Alterität im postdramatischen Theater*, Bielefeld 2014, S. 165-176, hier: S. 165.

74 Die geschlechtsneutralisierende y-Endung hat Jelinek von Hermes Phettberg übernommen (vgl. N 286, 292, 456, 555f.).

75 In *Abfall für alle* nahm Goetz auch auf Jelinek Bezug und hielt zu deren Büchnerpreisrede fest: „Frau Jelinek hat behauptet, Büchner wäre unerreichbar. Stimmt doch gar nicht. Büchner ist herrlich, gerade wenn man jung ist, und extrem erreichbar." Goetz, Rainald, *Abfall für alle*, Frankfurt a. M. 2003, S. 669 (Notiz vom 20.10.1998). Darauf entgegnet nun wiederum die Autorin in *Neid*: „Universal Bloggy ist selbstverständlich ewig jung, der bricht uns nicht zusammen, ums Verrecken nicht. Ich bin es nie gewesen, jung meine ich, und breche dafür jetzt dauernd zusammen." (N 466) Vgl. Lang, *Elfriede Jelineks digitale Selbstinszenierung*, S. 15. Degner hat sich eingehend mit Goetz als Vorbild in *Neid* beschäftigt. Vgl. Degner, *Eine ‚unmögliche' Ästhetik*, S. 315-323.

Artikel adaptiert diese Methode. Ihre Kritikerkritik schwankt dabei zwischen dem (satirischen) Zugeständnis der Unterlegenheit und einer wütenden Abrechnung und greift die titelgebende Thematik auf: „Ich ärgere mich so über Journalisten, aber aus mir spricht der pure Neid, daß sie immer andere mehr loben als mich." (N 194) Die an das Neid-Motiv gekoppelte Ambivalenz von Klage und Anklage wird in diesem Zusammenhang besonders virulent.

Maßgeblich richtet sich die Autorin in *Neid* gegen drei Journalist/innen. Zum einen lässt sich als „Frau S." Jeanne Szilit erkennen, die in der *Süddeutschen Zeitung* einen indiskreten Artikel über Jelinek veröffentlicht hat, auf den ich noch näher eingehen werde. Zum anderen werden mit „Frau R." und „Herr M." jene beiden Kritiker adressiert, die auf die Nachricht, dass Jelinek der Literaturnobelpreis 2004 zugesprochen wurde, in zwei großen deutschen Wochenzeitungen mit Schmähungen reagiert haben (vgl. Kap. 6.3). Der gemeinsame Hauptvorwurf der Artikel von Iris Radisch und Matthias Matussek lautete, dass Jelinek nicht erzählen könne. *Neid* ist nicht nur in seiner allgemeinen Konzeption, die Erzählen als Problem vorführt, auf diese beiden Artikel bezogen, sondern figuriert im Rahmen fingierter Dialoge immer wieder die Perspektive der Kritiker/innen auch ausdrücklich:

> Bitte, können Sie mir sagen, warum ich es plötzlich nicht mehr kann? […] Sie werden sagen: Sie konnten es doch noch nie, Frau J., und aus Rücksicht auf uns Leser haben wir Ihnen das immer wieder gesagt, sogar in der Zeitung haben wir es veröffentlicht, wir haben es so laut verlautbart, öfter und lauter, ich meine lauterer, wäre nun wirklich nicht mehr gegangen, und Sie haben es uns nicht geglaubt! Sie haben der Zeit und ihrem Spiegel, in dem Sie sich doch sehen konnten, nicht geglaubt! Ha! Das haben Sie jetzt davon! Sie können es immer noch nicht, aber wir sind nicht schuld daran. Wieso wir? Immer geben Sie uns die Schuld an dem, was Sie nicht können! Wir haben Sie gewarnt: Schreiben Sie nicht! (N 323f.)

Mittels einer spielerischen Allusion werden hier die Wochenzeitungen *Zeit* und *Spiegel*, in denen die genannten Artikel erschienen sind, direkt genannt. Dabei wird nicht auf die Eigennamen, sondern auf die Begriffe referiert, welche den metaphorischen Namensgebungen der Zeitungen zugrunde liegen. Insbesondere der Wahrheitsgehalt von Matusseks Artikel wird durch dieses Wortspiel beglaubigt, da das Bild, das er von Jelinek zeichnete, scheinbar ihrem Spiegelbild entspricht. Matussek hatte Jelinek vorgeworfen, sie langweile ihre Lesenden, und (offensichtlich ironisch) hervorgehoben, wie sympathisch sie sei. Außerdem hielt er fest, dass Jelineks Skandal mit dem Preis „in der gemütvollen Mitte angekommen" sei.[76] In *Neid* heißt es nun:

---

76 Matussek, *Alle Macht den Wortequirlen!*, S. 179.

> ich bin hier der Maßstab, der Maßstab für den absoluten Durchschnitt, der braucht ja auch seinen Maßstab, sonst weiß er nicht, wo die Mitte ist, nicht einmal ungefähr, und ich bin immer eher darunter, ein klein wenig unter dem Durchschnitt, [...] meine Mitte habe ich jetzt auch wieder nicht gefunden, ich brauch sie eh nicht; [...] ich bin jetzt aber ganz bei meiner Hauptperson, ich bin jetzt ganz bei Ihnen, ich weiß, wie eine Hauptperson kommen Sie sich nicht vor, wenn Sie Ihr armes Leben so betrachten, aber bei mir könnten Sie eine werden, das ist Ihr Vorteil, sonst schreibt keiner über Sie, lieben Sie mich, los, lieben Sie mich sofort! [...] Liebe allein ist mir fast zuwenig, kein Wunder, daß ich so unsympathisch wirke, ich will Sie und diese Person, welche ich erfunden habe, jetzt zusammenführen, kann es aber nicht BS, irgendwann werde ich es vielleicht können, nein, derzeit gelingt es mir noch nicht, das haben Sie natürlich schon vor hundert Seiten gesehen, macht ja nichts, ich habs jedenfalls nicht gesehen, ich hatte damals noch die besten Vorsätze, Ihnen etwas Schönes und Interessantes vorsetzen zu können, aber leider: Also erzählen kann ich deswegen noch lang nicht von ihr, dieser Person, nur weil Sie das von mir wünschen, wie soll ich denn auch erzählen lernen, wenn mir keiner was erzählt, da ich ja keine Erfahrungen mache [...]. (N 199f.)

Matussek, den man aufgrund der Anspielungen hier als Angesprochenen erkennen kann, wird in dieser Passage gar zur Hauptperson deklariert. Dem vorgeblichen Scheitern seiner Zusammenführung mit der eigentlichen Hauptfigur widersprechen dabei die vielfachen Bezüge. Während die Autorin in der Passage nahelegt, dass sein „armes Leben" einer Hauptperson nicht würdig sei, gibt sie gleichzeitig selbstreflexiv zu verstehen, wie sich eine personalisierte Kritik anfühlt. So lässt sich bereits erahnen, dass es Teil einer abgründigen Ironie ist, wenn sie ausdrücklich seinen Vorwurf bestätigt, nicht erzählen zu können. An dieser Stelle ist es der Duktus, in dem zugespitzt von „besten Vorsätze[n]" die Rede ist, der auf eine Ironie aufmerksam macht; später wird das uneigentliche Sprechen offengelegt. So wird in einer Passage, die Iris Radisch adressiert, das Scheitern im Erzählen als ein kalkuliertes dekuvriert, das der „süße[n] Rache" der Autorin an jenen Kritiker/innen dient, die ihr nur Verachtung entgegengebracht haben:

> Damit sie keinen Genuß daraus ziehen können, die verachtenden Menschen, welche einst selber verachtet wurden, sonst wüßten sie ja nicht, wie das ist, man kann echt süchtig danach werden, weiß man einmal, wie das ist, verachtet zu werden, schreibe ich nur über Dinge, die grundsätzlich niemanden interessieren. Das ist meine süße Rache. Nur keinen Neid! Es ist eh keiner mehr da, ich habe allen Neid für mich allein verbraucht. Und jetzt liest das alles wieder kein Schwein, auch Sie nicht, Frau R.! Ich verbiete es Ihnen nämlich. So, und was machen Sie jetzt? Nichts. (N 339)

Das hier ausgesprochene Leseverbot lässt sich als ein Höhepunkt eines Dialogs zwischen der Autorin und ihren Kritiker/innen verstehen, dem sein

Ende bereits eingeschrieben ist: Zwar wird die Kritikerin direkt angesprochen, äußern aber dürfe sie sich nicht. Dass sich ein solches Verbot nicht durchsetzen lässt, erscheint dabei nachrangig angesichts des artikulierten Wunsches, alles zu tun, um der Kritikerin zu missfallen. Indem sie den Vorwürfen der Kritikerin vorauseilend entspricht, gibt sie ihr keinen Grund, sich auch über diesen Text noch zu äußern. Später wird das auch explizit gemacht: „[I]ch plane nämlich eine Entgegnung, noch bevor jemand mir etwas vorgeworfen hat" (N 482).

Was könnten ihre Kritiker/innen zu *Neid* noch sagen, ohne sich zu wiederholen? Radisch hatte Anstoß an Jelineks schriftstellerischer Methode einer „totale[n] Identifikation mit dem ins Groteske verzerrten Aggressor"[77] genommen. Ebendiesem Verfahren, bei dem sich die Autorin aneignet, was ihr vorwurfsvoll zugeschrieben wurde, sieht Radisch sich nun selbst ausgesetzt. Dies manifestiert sich auch an ihrem Namen, der in einer Anlehnung an das Märchen einmal als „Rumpelstilz" ausgeschrieben wird. Das selbstreflexive Pseudonym macht nicht nur den bewusst diskreten Umgang mit Namen sinnfällig, sondern wird sogleich auch noch wortspielerisch gewendet. Ein ostentativ sperriger Satzbau, der mit langen Parenthesen und Anakoluthen arbeitet, zeigt sich dann als intendiertes ‚Rumpeln des Stils', wie es die Kritikerin monieren würde:

> [...] falls man das entgegenkommende (nein, entgegenkommend ist es nun wirklich nicht, es spart einen nicht aus!), ausscherende Auto vor lauter Plappern nicht rechtzeitig sieht und im Spital geschoren wird, am Köpfchen geschoren, aber voll, nein, leer, man wird nicht ungeschoren davongekommen sein, ja, ja, ich weiß, Frau Rumpelstilz, will sagen Rumpelstil, was, sowas gefällt Ihnen nicht?, zu holprig?, zu unverständlich?, was ich Ihnen hier darbiete?, weil Sie es schon kennen?, tja, jeder kennt es, und doch hat es viel Arbeit gemacht, das aufzuschreiben, auch wenn es immer dasselbe ist [...]. (N 372, vgl. 401)

Der Dialog mit ihren Kritiker/innen, wie er hier exemplarisch anhand der Verweise auf Matussek und Radisch nachvollzogen wurde, ist zentral für die literarische Selbstinszenierung der Autorin. Auf provokante Art bestimmt er durch und durch die Form des Schreibens in *Neid* und motiviert die autofiktionale Anlage des Textes. Jelineks Selbstinszenierung als Autorin, die nicht mehr erzählen könne, lässt sich demnach als eine Reaktion auf die ihr gemachten Vorwürfe verstehen, die sie, im Rahmen ihrer Poetik der Ambivalenz, konsequent zweischneidig bekräftigt:

> Vielleicht eine ganz kurze Novelle hätte das sein können, aber wahrscheinlich wäre es so und so gar keine geworden. Ich kann es doch nicht. Ich sehe es ein. Sie

77 Radisch, *Heilige der Schlachthöfe*, S. 44.

> haben recht, Frau S., und Sie, Frau R., auch, Sie haben genauso recht, Herr M.!, Sie haben ja so recht! Ich erzähle nicht, möchte es aber doch so gern, bitte helfen Sie mir [...]. (N 388)[78]

Ein anderer Fall als bei Radisch und Matussek stellt der von Jeanne Szilit dar, die nicht als Literaturkritikerin, sondern als Drehbuchautorin tätig ist und auch deshalb aus einer anderen Perspektive auf die Autorin blickte. Ihr in der *Süddeutschen Zeitung* veröffentlichter Artikel *Allein mit Elfriede* versuchte gar nicht erst, sich als Werkbesprechung auszugeben.[79] Was Szilit dagegen auf zwei Dritteln einer ganzen Zeitungsseite beschrieb, war eine Bahnreise, die sie auf der Strecke von München nach Wien zufällig allein in einem Abteil mit Jelinek verbracht hat. Das zentrale Thema ihres Artikels sind die Effekte, welche Szilits übersteigerte Selbstwahrnehmung angesichts der prominenten Mitfahrerin bei ihr ausgelöst hat – zu einer Unterhaltung oder einem nennenswerten Ereignis kommt es nicht. Da Jelinek offensichtlich weniger Eindruck auf Szilit gemacht hätte, wenn sie nicht Nobelpreisträgerin gewesen wäre, illustriert ihre Beschreibung sehr plastisch die Wirkung der Konsekration. In Form einer Metabeobachtung (sie beobachtete sich, wie sie eine Nobelpreisträgerin beobachtete) nahm Szilit dabei Zuschreibungen vor, welche das – eigentlich völlig unauffällige – Verhalten Jelineks bedeutsam in Szene setzen. So bemerkte sie etwa Jelineks „Versuch [...], in Unsichtbarkeit zu versinken".[80] Ohne starke interpretative Eigenleistung dürfte ein solcher Versuch, der das Abseits-Motiv der Nobelpreisrede aufgreift, kaum sichtbar sein. Der geschmacklose Höhepunkt des Artikels ist die Beschreibung der Brotzeit, die sich die Autorin genehmigt, als handelte es sich dabei um eine besondere schriftstellerische Leistung, die entsprechend zu würdigen ist: „Man aß Wurstsemmel. Elfriede hielt sie in der Hand wie einen Tabernakel, verzehrte sie lautlos. Die Semmel war rund, knackte kein bisschen, spie keine Brösel, nur ein dunkler Wurstlappen hing etwas heraus. Es war die perfekte literarische Semmel."[81] In einem derart banalen Zusammenhang durch eine exaltierte Schilderung exponiert zu werden, ist sicher nicht angenehm. So fällt es auch nicht schwer, nachzuvollziehen, weshalb diese Beschreibung in *Neid* mehrfach

78 Wer sich hinter der dritten genannten Journalistin „Frau S." verbirgt, konnte ich trotz umfangreicher Recherchen nicht mit Sicherheit ausmachen. Eventuell ließe sich darin Marga Swoboda erkennen, eine Kolumnistin der *Kronen Zeitung*, die gleichfalls auf die Verkündigung reagiert hatte, dass Jelinek den Nobelpreis erhalten sollte. Ebenso wie Radisch und Matussek wird Frau S. häufiger in *Neid* genannt, vgl. N 111, 359, 382, 388, 401-404, 410.

79 Vgl. Szilit, Jeanne, *Allein mit Elfriede*, in: *Süddeutsche Zeitung* (01.03.2007), S. 14.

80 Ebd.

81 Ebd.

satirisch aufgegriffen wird: „Wer war die Frau, die mit mir in der Eisenbahn fuhr, und dann in einer Zeitung beschrieb, wie mir die Wurstblätter aus dem Mund hingen wie die Wedel einer verwachsenen Palme?“ (N 148, vgl. 155, 159f., 432)

Szilits Artikel ist aber nicht nur geschmacklos und, seinem Untertitel entgegen, sogar höchst indiskret. Interessanterweise setzt er auch die für Autofiktion charakteristische Unschärfe zwischen Fiktion und Wirklichkeit in Szene. Diese Unschärfe manifestiert sich hier zum einen in der bleibenden Unsicherheit, ob es sich bei Szilits Reisegefährtin wirklich um Jelinek handelte. Nachdem es anfangs nur heißt, dass die Frau im Abteil Szilit an jemanden erinnere, kann die folgende Identifikation nicht mehr gänzlich überzeugen. Ihren Zweifel, dass es „vielleicht [...] doch nicht Elfriede“ war, gesteht Szilit im Folgenden außerdem gleich zweifach ein. Zum anderen wird die Begegnung, ob nun bewusst oder unbewusst, durch ein markantes Biographem Jelineks motiviert, dessen narrative Plausibilität dem realen Vorkommnis eine gewisse Unwahrscheinlichkeit beigibt (wobei natürlich gerade auch Zufälle Erzählenswertes stiften können). Szilits Reiseerlebnis setzt nämlich ein mit der Schilderung eines „Kerl[s]“: Dieser versperrte ihr den schmalen Gang im ICE auf eine Weise, dass sie „begriff, dass [sie] genötigt wurde, [sich] ihren Weg durch ein Almosen freizukaufen.“[82] Auf ihrer Flucht vor der männlichen Zudringlichkeit findet sie in Jelinek, der ersten Mitreisenden, auf die sie stößt, ihre „Rettung“.[83] So wurde Szilit zu einer Schutzbedürftigen gerade bei jener Autorin, die „ja immer so für die Opfer“ (S 50) ist.

Noch vor der wohl realen Begegnung wird also schon eine Eigenschaft von Jelineks öffentlichem Bild aktiviert, während ihre Präsenz andersherum auch Zweifel an ihrer Identität stiftet. Mögen diese beiden Momente auch nur zufällig an die für Autofiktion typische Grenzverwischung gemahnen; Szilits Artikel führt doch vor, wie sehr die Existenz öffentlicher Bilder die Autorin als Person überlagern können. Auch in der Aufmachung des Artikels findet dieser Sachverhalt eine bemerkenswerte Entsprechung: Über dem Text zeigt eine große Schwarz-Weiß-Fotografie eine der Kamera abgewandte Frau im Zug; aus der Kabine heraus fotografiert steht sie vor einem Gangfenster und blickt, wie suggeriert wird, in sich gekehrt in die Landschaft. Dass es sich dabei nicht um eine Fotografie Jelineks handelt und die Abbildung daher – noch viel weniger als der Artikel – beanspruchen kann, sie wirklich treffend zu beschreiben, ändert kaum etwas an seiner Wirkung. Wird die infrage stehende Repräsentativität von Bild und Text nicht näher bedacht, so beglaubigen sich

82 Ebd.
83 Ebd.

Seite 14 / Süddeutsche Zeitung Nr. 50

LITERATUR

Donnerstag, 1. März 2007

Brücken nach England

Ernst Troeltsch wirbt für die europäische Kultursynthese

AGENDA

Züge bringen Menschen zusammen

Allein mit Elfriede

Wer ein Abteil mit einer Literaturnobelpreisträgerin teilt, achtet auf Diskretion / Ein Reiseerlebnis von Jeanne Szilit

In die pazifistische Zukunft

Ich will nicht für die Gier-Leserin eines Schicksalsschinkens gehalten werden

Ich mag modebewusste Frauen, wenn sie gleichzeitig klug sind.

Die österreichische Autorin und Dramatikerin Elfriede Jelinek

Zurückgezogen

Souverän in Plettenberg. Schmitt-Förderverein gegründet

Hans-Ulrich Treichel

„Preis der Frankfurter Anthologie"

Abb. 2 Aufmachung von Jeanne Szilits Artikel *Allein mit Elfriede* in der *Süddeutschen Zeitung* (01.03.2007), S. 14.

beide wechselseitig. Der von Szilit auf Jelinek projizierte Wunsch, zu verschwinden, wird als ihre Eigenschaft in Szene gesetzt und mithin das Bild einer verletzlichen Autorin gestärkt.

Wenn Jelinek in *Neid* wiederholt auf die Begegnung mit Szilit anspielte, so eröffnete sie den Leser/innen damit, ebenso wie bei den Referenzen auf die Literaturkritiker/innen, eine Gelegenheit, einen assoziierten Artikel zu recherchieren und sich ein eigenes Bild von der Art und Weise zu machen, wie sie darin dargestellt wurde. Ob sie eine dezidiert kritische Aufmerksamkeit gegenüber einem so fragwürdigen Text wie *Allein mit Elfriede* provozieren wollte, der sichtlich von ihrem öffentlichen Bild beeinflusst ist und dessen Glaubwürdigkeit noch verstärkt, mag dahingestellt bleiben. Vor allem mokiert sich die Autorin sichtlich über ihre „Späherin im Zug", die „an sich schon eine Ausnahmefrau" sei (N 231). Worin die eigentliche Pointe des wiederholten Verweises auf die Eskapade um die Wurstsemmel liegt, lässt sich dabei fast übersehen: Wenn Szilit Jelinek „in der Eisenbahn" beobachtete, so wird damit nämlich ausgerechnet das wichtige Motiv aus *Neid*, dass die Autorin nicht reisen könne, folgenreich in Abrede gestellt. Zwar ist vorstellbar, dass die soziale Phobie, die Jelinek sich selbst attestierte, gerade auch durch Begegnungen wie die mit Szilit genährt wird; grundlegender erscheint aber dennoch, dass das biographische Wissen um ihre Krankheit, wie es auch in *Neid* verhandelt wird, durch den Beleg einer erst kürzlich unternommenen Zugfahrt zumindest mit Fragezeichen versehen, wenn nicht gar als einer der vielen Mythen im öffentlichen Bild Jelineks angesehen werden muss.

Der mehrfache Verweis auf die Begegnung mit Szilit steht, da sich diese während einer Bahnfahrt ergab, also in einem scharfen Kontrast zu einem Kernelement ihrer Selbstinszenierung. So lässt sich folgern, dass Jelinek auch in diesem so heiklen Aspekt ihrer vermeintlichen Lebensbeschreibung, den man sich als Außenstehender kaum anzuzweifeln getraut, lediglich fremde Zuschreibungen verarbeitet. Wenn aber selbst die intimsten Biographeme als Konstrukte aus ihrem öffentlichen Bild erscheinen, dann lässt sich annehmen, dass die literarische Selbstinszenierung hier letztlich in einer völligen Identifikation mit den Erwartungen und Projektionen derjenigen aufgeht, die ihre Rezeption beeinflussen, so wie es sich *in nuce* im Dialog mit den Kritiker/innen zeigt. Die abgründige Ironie ihrer „süßen Rache" macht zwar deutlich, dass Jelineks literarische Selbstinszenierung nicht als aufrichtige Präsentation verstanden werden sollte. All den fraglichen Bildern, welche die Autorin im Roman von sich gibt, wird dabei jedoch nichts Glaubwürdiges und Authentisches mehr entgegensetzt. Nicht eine Vermischung von Selbst- und Fremdzuschreibungen, wie sie noch im *Sportstück* auszumachen war, lässt sich in *Neid* erkennen, sondern ein nurmehr scheinhafter Dialog. Jelineks Bezogenheit auf ihre Rezeption ist hier derart radikalisiert, dass von der Autorin selbst nichts mehr zu sehen ist. Mittels einer autofiktionalen Fortschreibung ihrer Nobelpreisrede verschwindet sie vollends im Abseits, behauptet sich nur noch durch die zweifelhafte Affirmation der über sie bestehenden Vorstellungen und setzt einem Dialog, der schon seit langer Zeit von Missverständnissen bestimmt war, damit schließlich ein Ende. Zwar findet sich noch die folgende Aufforderung in *Neid*: „[W]er will, soll sich bitte schriftlich mit mir in Verbindung setzen" (N 87). Wie eine nachgeschobene Ergänzung liest man später jedoch auch: „Ich antworte niemandem." (N 210) Hier hat Jelinek also ein letztes Wort gesprochen. Dass *Neid* (bislang) ihr letzter Roman geblieben ist, scheint insofern nur konsequent.

Mit *Neid* nahm Jelinek ihre Kritiker/innen zwiespältig beim Wort: In ein und derselben Bewegung bestätigte die Autorin qua Satzbau und Ausdruck die Vorwürfe ihrer Kritiker/innen, nicht richtig erzählen bzw. schreiben zu können, wie sie sich gleichzeitig ironisch darüber erhob. Der ganze Roman ist somit von der Ambivalenz beherrscht, gerade aus der Bestätigung negativer Erwartungen die Kraft formaler Innovation und thematischer Zuspitzung zu schöpfen. Dabei hat Jelinek dieses Mal, anders als beim *Sportstück*, wirklich alle negativen Attribute, die ihr zugeschrieben wurden, auch in ihrer literarischen Selbstinszenierung aufgenommen. Auch das vulgäre Bild, das sie als Frau mit perversen sexuellen Phantasien ausmalt, das in der Selbstcharakterisierung von ELFI ELEKTRA markanterweise fehlte, wird in *Neid* wiederholt bestätigt (vgl. N 190, 593). Wenn all die widersprüchlichen Bilder der Autorin zugleich aktiviert werden – die unfähige Erzählerin und die ausgezeichnete Satirikerin, die Kranke und die Kritikerin, die Verletzte und die Tobsüchtige etc. –, so ergibt das am Ende gar kein Bild mehr, weil jeder Rahmen der Darstellung gesprengt wird. Auf diese Weise vollzog Jelinek, meine ich, schließlich wirklich ihren Plan zu verschwinden. Indem sie ihre autofiktionalen Verfahren mit *Neid* radikalisierte, zielte sie nicht mehr auf die Zerstreuung nur eines bestimmten Bildes, das in einer bewussten Grenzverwischung von Fiktion und Wirklichkeit seine Konturen verlieren sollte, sondern sabotierte rigoros den Prozess, in dem sich ein Bild der Autorin konstituiert. Auch wenn das herausgeforderte Bild der Nobelpreisträgerin in der Anlage des Textes einen hervorgehobenen Stellenwert besitzt, geht die Wirkung der autofiktionalen Verfahren im Text über dessen Zerschlagung hinaus. Es mag einigen Rezipient/innen von *Neid* so vorkommen, als ob die Autorin hier allzu bereitwillig autobiographische Auskünfte gegeben hätte.[84] Die Frage aber, wer Elfriede Jelinek eigentlich ist,

84 Vgl. Strigl, *Neid*, S. 121.

stellt sich mit diesem Text nicht weniger, sondern stärker denn je. Ob hier eine Erzählfigur oder die Autorin spricht, ob man einen Roman oder eine Autobiographie liest, ob man es mit Fiktionen oder Authentischem zu tun hat – in *Neid* kann sich zu diesen Fragen letztlich keine Gewissheit einstellen. Eine Auseinandersetzung mit dem „Privatroman" führt damit vor Augen, dass sich nicht am Text selbst manifestiert, was Inszenierung und Realität, was Wahrheit und Fiktion ist. Schon diese grundlegende Entscheidung wird als eine profiliert, die den Lesenden überantwortet bleibt.

7.4 Kollaps der Autorimago. Über die zurückhaltende öffentliche Rezeption von *Neid*

Sollte es das Ziel gewesen sein, das Jelinek mit der autofiktionalen Komposition von *Neid* und ihrer spezifischen literarischen Selbstinszenierung im Text verband, als Autorin hinter ihrem Werk zu verschwinden, so könnte man in Anbetracht der bisherigen Rezeption bilanzieren, dass ihr dies gelungen ist. Nicht nur fiel die literaturkritische Berichterstattung über den Roman im Anschluss an die Mitteilung vom Ende des Schreibprozesses am 22.04.2008 vergleichsweise schmal aus;[85] inzwischen lässt sich auch festhalten, dass in den ersten Jahren nach seiner Veröffentlichung kaum Deutungsansätze zu *Neid* vorgebracht wurden. Bislang gibt es noch keine einzige ausführliche und ernsthafte Auseinandersetzung mit dem Text. Angesichts der prominenten Rahmung, dass es sich um den ersten Roman der Autorin seit dem Nobelpreis handelt, stellt die geringe literaturkritische wie -wissenschaftliche Resonanz, die er ausgelöst hat, selbst einen bemerkenswerten Befund dar. Im Folgenden möchte ich darüber spekulieren, welche Gründe hinter dem schwachen Medienecho und der Forschungslücke zu vermuten sind.

7.4.1 *Gründe, nicht über den Roman zu schreiben*

Die erste Frage, die sich in diesem Zusammenhang stellt, ist, ob eine bestimmte Norm die Auseinandersetzung mit Jelineks Werk verhindert. Tatsächlich hat die Autorin auf verschiedenen Ebenen von einem Zitier- bzw. Kritisierverbot von *Neid* gesprochen. Auffällig ist der bereits erwähnte rechtliche Hinweis

85 Dies bestätigte auch Sigrid Löffler 2011 im Interview: „*Neid* ist in der deutschen Literaturszene so gut wir gar nicht wahrgenommen und rezensiert worden." Vgl. Löffler, Sigrid/ Kapfer, Herbert, *Der Roman „Neid" in Jelineks Werk*, Tonaufnahme des *Bayerischen Rundfunks* (2011), online verfügbar: www.br.de/radio/bayern2/sendungen/hoerspiel-und-medienkunst/gespraech-zu-jelinek-neid-sigrid-loeffler-kapfer100.html.

auf ihrer Internetseite: „Sämtliche hier wiedergegebenen Texte sind urheberrechtlich geschützt und dürfen ohne ausdrückliche Erlaubnis in keiner Form wiedergegeben oder zitiert werden.“[86] Eine vergleichbare Passage findet sich auch in *Neid* wieder: „[...] ich blödle hier nur so herum, dazu wurde ich verführt, weil keiner dieses Buch, das keins ist, kaufen kann oder muß, und weil keiner es kritisieren darf, zumindest nicht mit meinem Wissen.“ (N 554) Die *FAZ*-Redakteurin Rose-Maria Gropp vermutete schon nach Veröffentlichung des zweiten Kapitels, dass die Norm des Zitierverbots die Rezeption lenken werde:

> Kategorisch ist das Zitieren von der Website – ohne ausdrückliche Erlaubnis – verboten; ‚das sind die Spielregeln‘, sagt Elfriede Jelinek dazu. Und diese eben verderben gewiß manchem ihrer schärfsten Kritiker das gewohnte Spiel; denn jetzt ist es nicht mehr so einfach, aus ihrem an und abschwellenden Sprachstrom einzelne Passagen eliminiert an den eigens aufgerichteten Pranger zu stellen.[87]

Hat das Zitierverbot die öffentliche Rezeption von *Neid* gesteuert? Mehrere Gründe sprechen eher dagegen. Primär wird die Bedeutung des Verbots schon dadurch relativiert, dass seine Geltung, wie auch Jörg Sundermaier bemerkte, in juristischer Hinsicht umstritten ist. Es konfligiert nämlich mit dem Grundsatz, dass „Veröffentlichtes [...] – im Rahmen – auch zitiert werden [darf]“.[88] Dass man die Bedeutung der Bemerkung nicht überschätzen sollte, meinte auch Nils Tabert, der Leiter des Rowohlt Theater Verlags: Die strenge Formulierung hänge mit der reinen Veröffentlichung im Internet zusammen, wo die Geltung des Urheberrechts weniger anerkannt sei als bei gedruckten Texten.[89] Schließlich kann auch noch ein Umstand hervorgehoben werden, der in der Diskussion, in der durchgängig von einem „Verbot“ gesprochen wurde, eher untergegangen ist: Zumindest bei dem Vermerk auf der Website handelt es sich, genau betrachtet, weniger um ein Verbot als vielmehr um die Aufforderung, eine Erlaubnis einzuholen. Warum aber sollte eine solche Aufforderung zum Dialog – wohlgemerkt nicht mit Jelinek selbst, sondern ihrem Verlag – so abschreckend wirken?

---

86 www.elfriedejelinek.com.

87 Gropp, Rose-Maria, *Elfriede Jelineks Netzbaustelle*, in: *Frankfurter Allgemeine Zeitung* (16.04.2007).

88 Sundermaier, Jörg, *Elfriede Jelinek: Privatroman zum Runterladen*, in: *taz* (21.04.2007).

89 „Hauptsächlich ist der Vermerk auf Jelineks Homepage vor allem deshalb so streng, weil Texte, die im Netz stehen, bisweilen quasi als ‚verfügbare Masse‘ betrachtet werden. Dabei gelten für sie dieselben urheberrechtlichen (Spiel-) Regeln wie für gedruckte Werke, nicht mehr, nicht weniger.“ E-Mail von Nils Tabert an den Verf. vom 09.03.2020.

Da der Einfluss der Norm wohl eher über- als unterbewertet wird, ist nach anderen Gründen zu fragen, welche die zurückhaltende Rezeption von *Neid* erklären können. Auch Ina Hartwig stellte sich diese Frage und hob in ihrer Antwort das besondere Medium des Textes hervor. Dabei ging sie von einer Interview-Äußerung Jelineks aus, die 2011 ihre Absicht bekannt hatte, durch die alleinige Online-Publikation von *Neid* das Buch dem deutschen Feuilleton zu entziehen.[90]

> [D]er Roman einer Nobelpreisträgerin im Netz? Hier zeigt sich, wie hilflos, wie störrisch oder konservativ der Literaturbetrieb an seinen Spielregeln festhält. Das Buch ist ganz offenkundig sein Fetisch, allem Fortschrittsgeplänkel hinsichtlich elektronischer Lesegeräte zum Trotz. Wenn der Roman zwar da ist, allen frei zugänglich im Netz, aber DAS BUCH fehlt, dann passiert etwas Interessantes, nämlich – nichts. Elfriede Jelinek, Diva und Phobikerin zugleich, hat bekommen, was sie wollte: keine Kritiken, so gut wie keine Aufmerksamkeit, keine (neuen) Preise. […] [M]an [muss] diese gewollte Verweigerung einer Berühmten doch als einschneidendes Ereignis sehen, dem die Literaturkritik nicht gewachsen ist.[91]

Wurde die Literaturkritik von *Neid* schlicht überfordert? Hartwigs Kommentar unterstreicht die Bedeutung der schwachen medialen Resonanz auf Jelineks Roman. Ihre Diagnose zu deren Ursache bleibt jedoch einigermaßen vage. Die bedenklichen Attribute, die sie dem Literaturbetrieb in Folge seines Schweigens über *Neid* attestierte, wirken etwas leichtfertig, denn was genau den Buch-Fetisch auszeichnen sollte, wird nicht geklärt. Dass Kritiker/innen gar nicht erst angefangen haben, *Neid* zu lesen, nur weil sie kein gebundenes Rezensionsexemplar erhalten haben, ist mit Blick auf die erste Welle der literaturkritischen Rezeption im Anschluss an den ersten Artikel über den Roman jedenfalls nicht anzunehmen.

Auch wenn man den Verweis auf einen Fetisch deshalb eher als Scheinargument ansehen sollte, wäre in dieser Perspektive doch immerhin überlegenswert, ob die nachträgliche Veränderbarkeit eines nur im Netz erschienenen Textes einen wichtigen Unterschied macht: Während Kritiker/innen für gewöhnlich gegenüber den von ihnen beurteilten Werken das letzte Wort behalten, ist *Neid* aufgrund seiner Online-Existenz die Möglichkeit zur Revision eingeschrieben, die ihr Urteil obsolet werden lassen könnte. Mehr noch: Wer sich in den Augen der Autorin unangemessen über *Neid* äußert, könnte von ihr – die vorhandene Kritikerkritik legt das durchaus nahe – bei der nächsten Überarbeitung auch selbst noch im Text verballhornt werden. Sollten die Kritiker/innen vor dieser Möglichkeit zurückgeschreckt sein und

---

90 Vgl. Kapfer, *36 Antworten von Elfriede Jelinek*.

91 Hartwig, Ina, *Das Geheimfach ist offen. Über Literatur*, Frankfurt a. M. 2012, S. 14f.

sich deshalb nicht über *Neid* geäußert haben? Bedenken dieser Art wären nachvollziehbar. Aus ihnen eine allgemeine Überforderung der Literaturkritik abzuleiten, scheint mir aber doch übertrieben.

Skepsis gegenüber dem medial-psychoanalytischen Argument für die zurückhaltende *Neid*-Rezeption ist nicht nur angebracht, weil andere ebenfalls nur online erschienene Texte Jelineks – worauf Hartwig auch hingewiesen hat – sehr wohl aufmerksam durch das Feuilleton wahrgenommen wurden.[92] Noch entschiedener gegen ihr Argument spricht, dass Hartwig selbst sich zunächst unbeeindruckt von der Netzveröffentlichung gezeigt hatte: Gleich zweimal, sowohl nach der Veröffentlichung des zweiten Kapitels als auch nach der Fertigstellung des Romans, hatte sie ihn für die *Frankfurter Rundschau* rezensiert.[93] Dass sich Hartwig vier Jahre später, im Vorwort eines Buches, das eine Auswahl ihrer Rezensionen enthält, wieder über *Neid* äußerte, ihre eigenen Besprechungen des Textes dann jedoch ausließ (und stattdessen eine zu *Gier* wiederabdruckte), also ihre eigenen *Neid*-Rezensionen quasi verleugnet hat, um eine Kapitulation der Literaturkritik zu behaupten, erscheint doch weitergehend erklärungsbedürftig.

Am Elfriede-Jelinek-Forschungszentrum der Universität Wien gab *Neid* den Anlass zu einem neuen Projekt, das Hartwigs Hypothese eines enttäuschten Buch-Fetischs seitens der Lesenden (in diesem Fall: nicht Literaturkritiker-, sondern -wissenschaftler/innen) konträr gegenübersteht: Schon dem Namen nach verheißt das „JeliNetz" eine durch die Autorin ausgelöste Online-Euphorie. Im Interview mit dem ORF gab der Projektbetreuer Christoph Kepplinger zu Protokoll, dass die Idee mit dem Beginn des Erscheinens von *Neid* aufkam: „Unmittelbar nach dem Auftauchen der ersten Kapitel wussten wir: Da muss man reagieren. Da muss man was Interaktives dazu machen."[94] Das Forschungszentrum initiierte daraufhin ein Wiki-Projekt, in dem Forschende ihre ersten Eindrücke des Romans vermitteln sollten. Bemerkenswerterweise zeigte sich dabei, dass deren Engagement daran geknüpft war, dass sich *Neid* noch im Entstehen befand. So konstatierte Kepplinger, gefragt nach den Erfahrungen, die er mit dem Wiki gemacht habe:

92 Hartwig führte hier den Amstetten-Text *Im Verlassenen* an. Vgl. Hartwig, *Das Geheimfach ist offen*, S. 14. Kurz nach dem Erscheinen von *Neid* widmete sie außerdem dem am 14.09.2008 auf Jelineks Homepage publizierten Text *Krankheit und der moderne Mann* eine Rezension, vgl. Hartwig, Ina, *Verlorenheit*, in: *Frankfurter Rundschau* (26.09.2008).

93 Vgl. Hartwig, Ina, *Alles muss raus*, in: *Frankfurter Rundschau* (14.04.2007); Dies., *Die Kunst der Angst*, in: *Frankfurter Rundschau* (17.05.2008).

94 Christoph Kepplinger, hier zit. n.: Hack, Günter, *Auf der Jagd nach Jelinek*, in: *ORF.at* (22.11.2008); online verfügbar: www.fuzo-archiv.at/artikel/1500278v2.

> Da gab es ein reges Interesse, solange dieser Roman in Teilen entstanden ist. Das merkte man an den Zugriffszahlen. Das war für uns ein Ansporn. [...] Als *Neid* dann fertig war, hat man gesehen, dass die letzten Medienmeldungen kamen, nach dem Motto: Roman fertig. Da hat man dann auch schon gemerkt, dass die Rezeption nachgelassen hat. Das hat man auch online gemerkt. Ich glaube, dass sich so ein Wiki-Projekt zu einem einzelnen Werk dann auszahlt, wenn man parallel zur Autorin arbeitet. Wenn man das aber als längerfristige Ressource nutzen will, dann muss man das Projekt auf das ganze Werk ausdehnen.[95]

Kepplingers Argument, dass die Simultanität von Romanproduktion und dessen öffentlicher Rezeption einen besonderen Anreiz für die beteiligten Forscher/innen darstellte, ist wenig überzeugend. Denn nach einer ganzen Reihe von Beiträgen, die *Neid* allesamt im Verfertigungsstand der ersten beiden Kapitel kommentierten, sind nach Juni 2007 kaum noch Beiträge zu *Neid* hinzugekommen; das Wort „Ende" setzte Jelinek aber erst im April 2008 unter ihren Text.[96] Was die Veröffentlichungsplattform, so gesehen, viel eher dokumentiert, ist, dass der Wille, sich zu *Neid* zu äußern, mit wachsender Textmenge spürbar nachgelassen hat, und zwar nach einer vom Online-Medium zunächst nicht getrübten, sondern vielmehr zusätzlich animierten Kommentierfreude. Aus diesem Blickwinkel erscheint die Situation im Forschungskontext jener der Literaturkritik also vergleichbar. Welcher Widerstand, so lässt sich nun spezifischer fragen, hat den anfangs vorhandenen Elan, sich professionell mit *Neid* auseinanderzusetzen, so merklich gehemmt?

Natürlich müssen Fragen dieser Art zu einem gewissen Grad spekulativ bleiben. Ich stelle diese Überlegungen dennoch an, nicht nur weil die bislang vorgebrachten Gründe nicht hinreichend sind, um das auffällige Schweigen über *Neid* zu erklären. Wichtiger ist noch, dass das Schweigen selbst – was die vorgebrachten Gründe allerdings überdecken – einiges über die spezifische Wirkung dieses Textes verrät. In diesem Zusammenhang könnte man zunächst an eine Reihe eher schlichter Gründe denken, nicht über *Neid* zu schreiben, die psychologischer Natur wäre und sich wie folgt zuspitzen ließe: Vielleicht hatten diejenigen, die sich sonst verlässlich zu Jelineks Texten äußerten, einfach keine Lust, zu *Neid* zu publizieren. Auch Kritikerinnen, die der Autorin

95 Ebd.

96 Das ursprünglich angelegte Wiki existiert noch immer, ist inzwischen aber eine Ruine fehlleitender Links: www.univie.ac.at/elib/index.php?title=Elfriede_Jelinek_1946; die aufgeführten Beiträge können, mit Ausnahme der Überblicksdarstellungen nach wie vor auf der neuen Internetseite des Projekts abgerufen werden, die dem Gesamtwerk der Autorin verschrieben ist: Elfriede Jelinek-Forschungszentrum, *JeliNetz*, online verfügbar: https://jelinetz.com.

sonst sehr zugetan waren, haben *Neid* als „Lektüre-Zumutung“[97] beschrieben, wobei dieser Ausdruck vorgeblich nur auf die Schwierigkeit abzielte, den Text entweder als kaum zu bändigenden Papierstapel – laut Hartwig: „fünf Kilo“ schwer – oder, trotz seiner Länge, am PC zu lesen.[98] Dass *Neid* nicht als kompaktes Buch erschienen ist, sorgt sicherlich für widrige Umstände bei der Lektüre; von Hindernissen zu sprechen, geht aber doch zu weit. Auch wenn ein solcher Zweifel an der literarischen Qualität von *Neid* – im Gegensatz zu Werken, die Jelinek vor dem Nobelpreis veröffentlicht hatte – nachvollziehbarer Weise nicht offen artikuliert wurde, finden sich dennoch bemerkenswerte Indizien, die für diesen Verdacht sprechen. So bekannte Strigl in ihrem *Handbuch*-Artikel, dass sie es „erlösend[]“ fand, das Wort „Ende“ unter dem Text von *Neid* zu lesen.[99] Schließlich wäre es immerhin möglich, dass die omnipräsente Kritikerkritik in *Neid*, die an einer Stelle auch als Germanistenschelte daherkommt (vgl. N 176), tatsächlich zu einer Kränkung derjenigen geführt hat, die sich hier angesprochen fühlten. Allerdings stellen solche Ausfälle von Autor/innen gegenüber anderen Akteur/innen des Literaturbetriebs, solange sie unpersönlich bleiben, nichts Ungewöhnliches dar. Es gibt nicht wenige Autor/innen, die sich enttäuscht bis höchst abfällig über ihre Rezipient/innen geäußert haben. Als Interpretationshindernis werden solche Äußerungen gemeinhin aber nicht aufgefasst.[100] Dass das ausgerechnet bei dem ersten neuen Roman der Nobelpreisträgerin anders sein sollte, deren frühere Texte so viel Aufmerksamkeit bekamen, ist unwahrscheinlich. Und sollten wirklich einige, die früher regelmäßig über neue Texte Jelineks berichteten, sich nun getroffen gefühlt haben, dann bliebe immer noch die Frage, warum sie sich nicht zumindest verteidigten oder die verbalen Attacken als etwas darstellten, was einer Nobelpreisträgerin nicht würdig wäre. Dass der Preis die Autorin gegenüber dieser Art von Kritik immunisiert hat, ist angesichts der kontroversen Aufnahme der Verkündung nicht anzunehmen. Wie aber ist dies dem Text gelungen?

---

97 Strigl, *Neid*, S. 119.

98 Vgl. Hartwig, *Die Kunst der Angst*.

99 Strigl, *Neid*, S. 119.

100 Um nur ein prominentes Beispiel zu geben, sei auf Wolfgang Herrndorf verwiesen, der in seinem Testament festgehalten hatte: „Keine Fragmente aufbewahren, niemals Fragmente veröffentlichen. Niemals Germanisten ranlassen, Freunde bitten, Briefe etc. zu vernichten. Journalisten mit der Waffe in der Hand vertreiben.“ Vgl. Herrndorf, Wolfgang, *Bilder deiner großen Liebe*, Berlin 2014, S. 136. Weder die Publikation von Nachgelassenem noch dessen kritische Besprechung wie wissenschaftliche Untersuchung wurde durch diese Zeilen verhindert.

Der entscheidende Grund, weshalb kaum über *Neid* geschrieben wurde, liegt, so vermute ich, in einer anderen, ungleich spezifischeren Wirkung des Textes, die im Zusammenhang mit der literarischen Selbstinszenierung steht und in der Konsequenz dazu führt, dass sich *Neid* einem konventionell verstehenden Lesen entzieht. Man braucht nämlich eine stimmige Vorstellung von der Autorin, um auch zu einer kohärenten Lesart ihres Textes zu gelangen. Die Selbstinszenierung Jelineks ist jedoch dergestalt ambivalent, dass sie die vorhandenen Bilder der Autorin einerseits aufruft und ihnen andererseits widerspricht. Wie ausgeführt, kann man es als Ziel dieser Selbstinszenierung ansehen, den Prozess zu sabotieren, in dem sich leserseitig eine Autorimago konstituiert und erhält. Die spezifische von *Neid* hervorgerufene Wirkung könnte man entsprechend als Kollaps der Autorimago bezeichnen. Was sich in der so zurückhaltenden öffentlichen Rezeption von *Neid* demnach primär dokumentiert – andere Ursachen für das Schweigen aber auch nicht ausschließt –, wäre also die außerordentliche Schwierigkeit, ein Bild der Autorin aufrechtzuerhalten bzw. neu zu zeichnen, das eine kohärente Deutung von *Neid* zulässt und die Artikulation einer bestimmten Intention in dem Text erkennt. Prägnant gesagt: Indem der Text rigoros Zuschreibungen infrage stellt, verunsichert *Neid* die eingespielten Zugriffe, ein literarisches Werk Jelineks zu verstehen.

Auch Hartwigs Verleumdung ihrer eigenen Rezensionen kann meines Erachtens am besten erklärt werden, wenn man annimmt, dass sie von ihrer eigenen Deutung nicht mehr überzeugt war und sie aus diesem Grund nicht reproduzieren wollte. Insofern scheinen die Akteur/innen des Literaturbetriebs wirklich an dem Text gescheitert – aber nicht, weil dessen Online-Veröffentlichung nicht ihren Fetisch bedient hätte, sondern weil sie ihn, trotz des ausgesprochenen Begehrens, nicht verstehen konnten. Wie anders sollte man auch die eben nur anfängliche Rezeptionseuphorie des Jelinek-Forschungszentrums erklären? Mir scheint, dieser Text hat die beteiligten Wissenschaftler/innen schlicht vor den Kopf gestoßen, weil sie sich die Intention der Autorin nicht mehr erklären konnten. Beim Lesen kommt kein Bild mehr von ihr auf.

Noch angesichts des *Sportstücks* ließ sich das Bild von Jelinek als Kritikerin aufrechterhalten. Zwar thematisierte die Rahmenhandlung bereits die ambivalente Geltung der Autorin; das Spiel im Spiel, das in Schleefs einflussreicher Inszenierung im Zentrum stand, zeigte jedoch noch ein Geschehen, das man sich in denunziatorischer Absicht ausgestellt denken konnte. Wenn man demgegenüber in *Neid* überhaupt ein vordergründiges Thema erkennen kann, an dem sich eine Mythenkritik Jelineks exemplifizieren ließe, so wäre dies nichts anderes als ihr eigenes Bild als Schriftstellerin, die in ihren Texten eine kritische Intention verfolgt. Dass die Literaturwissenschaftler/innen, die in älteren Interpretationen noch das Engagement Jelineks herausstellten und damit dazu beitrugen, sie als feministische Autorin durchzusetzen, sich an einer Profilierung dieser Art von Kritik bislang nicht beteiligt haben, kann nicht verwundern. Andersherum überrascht es aber auch nicht, dass Jelineks Gegner/innen, die sich der kritischen Lesart nicht anschließen wollten und der Autorin stattdessen vor allem ihre Erzählunfähigkeit vorwarfen, nicht die Gelegenheit ergriffen haben, darauf hinzuweisen, dass die Autorin nun selbst ihre Auffassung bestätigt habe. Aus ihrer Perspektive ist wohl das ironische Kalkül hinter der ausgestellten Erzählunfähigkeit allzu deutlich geworden. Indem Jelinek ihren Vorwürfen ausdrücklich entsprochen hat, kam sie den Versuchen, ihre literarischen Mängel aufzudecken, jedenfalls zuvor. Man denke an die bereits zitierte Aussage: „[...] [D]as Ganze, welches ich zu schaffen versuchte, ist eine einzige Abschweifung geworden, ich weiß es selber, Sie müssen es mir nicht eigens mitteilen [...].“ (N 161) Wer dies hingegen nicht ironisch aufnehmen wollte, für den kam erschwerend hinzu, dass die Erzählunfähigkeit in *Neid* explizit auf eine Krankheit bzw. auf schwerwiegende Kränkungen zurückgeführt wird, die frühere Kritiken bei der Autorin bewirkt haben sollen. Dem etwaigen literaturkritischen Versuch, *Neid* als einen gescheiterten Roman zu brandmarken, steht damit auch der moralische Konflikt entgegen, dass man mit einem solchen Urteil die geschilderte Dynamik nur verschärfen könnte und somit eine Mitschuld am desolaten psychischen Zustand der Autorin auf sich nähme. Ob man *Neid* also verteidigen oder kritisieren will: Einer kohärenten Lesart stehen enorme Widerstände im Weg.

Dass Jelineks Texte einfachen Deutungen solche Widerstände entgegensetzen, konnte auch schon anhand der *Klavierspielerin* und *Lust* nachgewiesen werden. Im Vergleich mit den älteren Texten sind die Schwierigkeiten, über ihren Text zu urteilen, in *Neid* jedoch verschärft. Auf ebendiese Verschärfung zielt die Radikalisierung der autofiktionalen Verfahren. Zu Zeiten der *Klavierspielerin* konnte man, um eine zweifelhafte Deutung des Romans abzusichern, noch auf die gewiss erscheinende Biographie der Autorin verweisen, die dann – je nach Sichtweise – eine kritisch oder psychologisch bzw. psychoanalytisch orientierte Lesart untermauern konnte. Was als textexterne Erzählung ehemals noch weitgehend der Imagination der Lesenden überlassen war, ist mit *Neid* aber vollends zum Material von Jelineks Schreiben geworden. Dabei wird ihre Biographie weniger als eine dargestellt, die kontrastive Akzente aufweist. Vielmehr hat Jelinek ihre Lebensgeschichte durch die Entwertung der authentischen Redeweise offen der Fiktionalisierung preisgegeben. Aus diesem Grund lässt sich auf Jelineks Biographie nach *Neid* nicht mehr im Sinne einer gewiss erscheinenden Sozialisationsgeschichte rekurrieren, die bestimmte Schreibintentionen verbürgt. Ob die Klage der Autorin ein ironisches Element darstellt, welches das Missverständnis ihrer Kritiker/innen verdeutlichen soll, oder umgekehrt die Anklage ihrer Kritiker/innen als verzweifelter Ausdruck erfahrener und prägender Kränkungen angesehen werden muss – wer wollte darüber urteilen? Geht man davon aus, dass beides, Klage wie Anklage, ernst zu nehmen ist: Welche Reaktion wäre gegenüber solcher Ambivalenz angemessen? Soll man Empathie für eine gekränkte Autorin aufbringen, die einen zugleich ihre vehemente Aggression spüren lässt?

Bei der Erörterung des Konstruktionsprinzips von *Neid* wurde festgehalten, dass die Geschichte und ihre Kommentierung im Schreibvollzug einander durchdringen. Dabei wurde die metaleptische Übertragung hervorgehoben, durch die eine Verbindung der Textebenen gestiftet wird. Zielt diese Übertragung aber wirklich von der Narration aus auf eine Schreib- und Selbstreflexion der Autorin oder nimmt sie nicht vielmehr in parodistischer Absicht mögliche Interpretationen vorweg? Diese Frage bleibt schwer zu entscheiden. Die Untersuchung der literarischen Selbstinszenierung hat ergeben, dass die Autorin ein fingiert-dialogisches und ein autobiographisches Motiv, die man gleichermaßen hinter der Anlage des Textes vermuten kann, zur Deckung gebracht hat. *Neid* ist demnach als ein Text zu lesen, der neben einer (angedeuteten) Geschichte zugleich alle möglichen antizipierten und durchaus widersprüchlichen Interpretationen mitliefert. Durch eine Affirmation und literarische Zuspitzung aller bestehenden Vorurteile, noch bevor diese in Form von Besprechungen und Interpretationen erneut artikuliert werden konnten, hat Jelinek aber nicht nur ein zutiefst ambivalentes Bild von sich gezeichnet, sondern auch die Inkohärenz der im öffentlichen Diskurs nebeneinander bestehenden Autorimagines in ihr Werk hineingespiegelt. Dabei bleibt die Bekräftigung, dass sie und ihr Werk missverstanden wurden, ohne Klärungsansatz, der die vermeintlich falschen Bilder korrigieren und auflösen könnte. Gerade das bedeutet ein Ende des Dialogs: Jelinek zeigte sich in *Neid* nicht mehr und blieb in dem Abseits, in das sie mit ihrer Nobelpreisrede getreten ist. Dort aber kann sie von den meisten Akteur/innen ihrer Rezeption nicht mehr gefunden werden.

Bislang bin ich auf die Gründe eingegangen, die Literaturkritiker/innen wie -wissenschaftler/innen veranlasst haben mögen, nicht über *Neid* zu schreiben. Dies sollte nicht den Eindruck erwecken, es wäre überhaupt nicht zu *Neid* publiziert worden. Sollte die Annahme zutreffend sein, dass die zurückhaltende öffentliche Rezeption von *Neid* maßgeblich einem Kollaps der Autorimago geschuldet ist, so müsste sich in den wenigen vorhandenen

Rezeptionszeugnissen eine Strategie zeigen, mit dieser Wirkung des Textes umzugehen. Entsprechendes möchte ich an zwei Rezeptionszeugnissen abschließend nachweisen.[101]

Wie schon zu Beginn des Kapitels erwähnt, herrscht im Rezeptionsdiskurs von *Neid* eine Einigkeit dahingehend, dass der Text einen gewissen autobiographischen Anteil aufweist. Gleichzeitig hat niemand das Werk rein autobiographisch gelesen. Die für das autofiktionale Verfahren charakteristische Verwischung der Grenzen von Autobiographie und Roman wurde also anerkannt. Einzuwenden ist nun aber, dass offenbar niemand diese Grenzverwischung als solche reflektiert hat. So kommt es, dass bislang an den entscheidenden Stellen der jeweiligen Deutungen eine Trennung zwischen der Autorin und einer Erzählinstanz aufrechterhalten bleibt.

Sicherlich wäre ein *Jelinek-Handbuch* ohne eigenständigen Artikel zum ersten Roman nach dem Nobelpreis nicht denkbar gewesen. Daniela Strigl, die diesen Artikel verfasst hat, machte deutlich, worin sie das Novum von *Neid* im Rahmen von Jelineks Gesamtwerk erkannte: „Wirklich neu an diesem Roman ist die Offenheit und Ausführlichkeit, mit der die Ich-Erzählerin nicht bloß als Erzählinstanz, sondern als Person E.J. über Persönlichstes spricht."[102] Schon in dieser zentralen Beobachtung ist die Differenzierung von Textsubjekten unklar. Im Weiteren schwankte Strigl augenfällig in ihrer Wahl der Bezeichnungen. Auf nur drei Seiten sprach sie, damit jeweils auf dasselbe referierend, vom „Roman", der „Autobiographie" und „Jelineks Rede"; als verantwortliche Instanzen rekurrierte sie auf die „Figur der Erzählerin", das „Ich", „die Schreiberin" sowie die „Autorin". Können die Begriffe in Bezug auf den Text also als austauschbar gelten, wie es auch deren Kontamination an Stellen nahelegt, an denen sich Strigl offenbar nicht festlegen wollte, weshalb sie von „das Ich bzw. E.J." sowie „die Erzählerin/Autorin" sprach? Wie ich es im Rahmen meiner Deutung von *Neid* versucht habe, ließe sich dafür argumentieren. Bei Strigl jedoch zeigt sich, dass die Begriffe nur scheinbar willkürlich gebraucht werden:

> Ohne jede Verbrämung stellt *Jelinek*, verknüpft mit der Geschichte ihrer kindlichen Misere und der spannungsreichen Ehe ihrer Eltern, mit insistierender Anrede klar, dass die Kränkung an ihre, *der Autorin*, Substanz geht: ‚Das ist meine insgesamte Existenz, die Sie da wegputzen, sie ist immer im Abseits gewesen, schon bevor Sie sie zur Kenntnis genommen haben […].' Die von Radisch

101 Allgemein muss festgehalten werden, dass viele der bislang zu *Neid* publizierten Forschungsbeiträge qualitative Mängel aufweisen. Die einzige bislang vorliegende Monographie zum Text von Bärbel Lücke kann ich nicht als ernst zu nehmenden wissenschaftlichen Beitrag ansehen. Vgl. Lücke, Bärbel, www.todsuende.com. *Lesarten zu Elfriede Jelineks ‚Neid'*, Wien 2009.

102 Strigl, *Neid*, S. 120.

> monierte fehlende Welthaltigkeit ihres Werks setzt *die Erzählerin* de facto gleich mit ihrem Versagen im allenthalben geforderten klassischen Erzählen: ‚Sie können doch einem Gelähmten im Rollstuhl nicht vorwerfen, daß er nicht gehen kann!'[103]

Die Wiederentdeckung gewisser Biographeme aus Jelineks Lebensgeschichte stiftet hier zunächst die Identifikation einer autobiographischen Aussage, die „ohne jede Verbrämung" vorgetragen worden sei. Strigls gesamte Schilderung dient daraufhin der Evokation des Bildes von einer persönlich verletzten Autorin, die zugleich in ihrem Schreiben unangreifbar bleibt. Um diese Imago aufrechtzuerhalten, sind allerdings größere Eingriffe vonnöten gewesen. Hingewiesen sei hier nur zum einen auf die entscheidende Kürzung des ersten Zitats;[104] zum anderen auf den Umschlag der Referenz, wenn plötzlich statt der Autorin die Erzählerin eingesetzt wird, um das exponierte Erzählversagen zu verantworten.

Aufschlussreich, um noch ein zweites Beispiel zu geben, ist auch die „Wer schreibt?" betitelte Rezension, die Kai Köhler im Anschluss an die Veröffentlichung des zweiten Kapitels von *Neid* publizierte. Köhler wies zurecht auf die Ambivalenz hin, die das Zusammenspiel starker Souveränitätsgesten auf der Ebene der Textkonstitution und -kommentierung mit dem auf der Inhaltsebene geschilderten Erzählunvermögen auslöst. Markanterweise aber fällt der Begriff der Ambivalenz nicht. Stattdessen wird künstlich eine Trennung zwischen einer souveränen Autorin und einem ohnmächtigen „Erzähl-Ich" behauptet:

> Es gibt keinerlei Einladung zur Diskussion, der Fortgang des Romans oder auch, wie angedroht, der Abbruch – alles wird allein von *der Autorin* entschieden, die zudem einen eingeschränkteren Gebrauch ihres Texts durchsetzt als er im Umgang mit gedruckten Büchern gängig ist. Kurz: Dem Jammern *des Erzähl-Ich*, missachtet zu sein, steht die äußerste Souveränität *der Autorin* gegenüber; und *das Erzähl-Ich* selbst widersteht fortgesetzt Erwartungen der Leser, indem eben doch wiederholt, abgeschweift, gemäkelt und genervt wird. So vereint der ‚Privatroman' Zerknirschung und Auftrumpfen, Ohnmacht und Macht in bewusstem Spiel.[105]

---

103 Ebd., S. 123 [Herv. S.L.].

104 Angesichts eines vollständigeren Wortlauts, wie er bereits weiter oben wiedergegeben wurde (vgl. Kap. 7.2), kann von einer Feststellung „[o]hne jede Verbrämung" keine Rede sein.

105 Köhler, Kai, *Wer schreibt? Elfriede Jelineks „Privatroman" vereint Gesten von Ohnmacht und Macht*, in: *literaturkritik.de* (30.05.2007) [Herv. S.L.], online verfügbar: www.literaturkritik.de/id/10821.

Die Differenzierungen, die Strigl wie Köhler vorgenommen haben, und die sich auch bei anderen Rezipient/innen mehr oder weniger deutlich zeigen, lassen sich nicht durch Textbefunde stützen. Insofern profilieren sie eine eigenmächtige Setzung der Interpret/innen. In *Neid* wird der Textstatus als Erzählung problematisiert sowie in Gestalt der Autorinnenfigur die Grenze zwischen der Erzählinstanz und der Autorin Jelinek rückhaltlos verwischt. In den genannten Rezeptionszeugnissen wird diese Grenzverwischung einerseits zur Kenntnis genommen, die Trennung zwischen der Autorin und dem „Erzähl-Ich" andererseits aber beibehalten und bei der Interpretation bewusst eingesetzt. Die Strategie der Rezipient/innen, *Neid* trotz seiner Ambivalenz und Widersprüchlichkeit zu verstehen, bestand demnach darin, den Text gewissermaßen aufzuteilen, sodass zitierte Aussagen teilweise direkt der Autorin, teilweise einer nur abstrakten Erzählinstanz zugeschrieben werden konnten. Diese Aufteilung des Textes lässt sich als Versuch ansehen, an ihrer jeweiligen Vorstellung von Jelinek festzuhalten, indem sie all das, was nicht zu ihrem Bild der Autorin passte, als fiktionale Einlassung auswiesen. Strigl charakterisierte auf diese Weise den von Jelinek verantworteten Text eher als Klage, Köhler dagegen eher als Anklage. Damit aber haben die Interpret/innen *Neid* letztlich zu ihrem eigenen Privatroman gemacht. Ihre Rezeptionszeugnisse dokumentieren Einschreibungen, die sie selbst vorgenommen haben, indem sie über das Verhältnis von Fiktion und Wahrheit entschieden.[106] Methodisch kann eine solche Strategie, den Kollaps der Autorimago zu verhindern, nicht überzeugen. Eine plausible Deutung von *Neid*, die über die abstrakt bleibende Beobachtung der Ambivalenz – wie ich sie hier angestrebt habe – hinausgeht, so darf man vielleicht zuspitzen, ist also nur auf Kosten ihrer Stimmigkeit zu erreichen. Dies mag erklären, dass kaum jemand über *Neid* geschrieben hat.

7.4.2 *Alle Verantwortung den Lesenden?*

„Ich habe das Gefühl, etwas zum Privatroman *Neid* sagen zu müssen. Jetzt flehen mich schon seit Wochen meine besten Freundinnen und Freunde an, fast weinend, das Buch *Neid*, das gar kein Buch ist, nicht lesen zu müssen."[107] Mit diesen Worten beginnt ein kurzer Text, den Jelinek wenige Monate nach dem Abschluss von *Neid* auf ihrer Homepage veröffentlicht hat und der im Untertitel „Ein paar Anmerkungen zu ‚Neid'" (KA) versprach. Dieser Text

106 Auf ähnliche Einschreibungen konnte man auch schon in Interpretationen älterer Texte Jelineks stoßen, wenn etwa allzu sicher klargestellt wurde, was dort buchstäblich und was lediglich ironisch zu verstehen sei.

107 Jelinek, Elfriede, *Keine Anweisung, keine Auszahlung, kein Betrag, kein Betrug*, online verfügbar: www.elfriedejelinek.com/fanmerk.htm (im Folgenden mit der Sigle KA zitiert).

belegt nicht nur, dass die Schwierigkeiten und Widerstände bei der Lektüre von *Neid* auch direkt an die Autorin herangetragen wurden. Indem Jelinek die Äußerungen ihrer Freundinnen und Freunde zum Anlass nahm, sich zu *Neid* zu äußern, kam sie offenbar auch den Bedürfnissen professioneller Lesender entgegen. Dies wird einsichtig, wenn man genauer betrachtet, wie in den wenigen vorhandenen Forschungstexten bisher auf Jelineks Anmerkungen referiert wurde: Von einer „Gebrauchsanweisung"[108] bzw. „Gebrauchs- und Lektüreanweisung",[109] einem „Nachwort"[110] oder auch – kurioserweise – einem „Vorwort[] zu *Neid*"[111] ist hier die Rede. Diese Bezeichnungen unterstreichen den Orientierungsbedarf, der sich mit der Lektüre von *Neid* eingestellt hat, konterkarieren zugleich aber auch die Intention des kurzen Textes.

Jelinek hat in ihrem Epitext ausdrücklich nicht vorgegeben, wie man ihren Roman lesen oder überhaupt nur behandeln soll: „Keine Anweisung, keine Auszahlung, kein Betrag, kein Betrug" (KA) sind ihre Anmerkungen überschrieben. Der Titel weist nicht nur das Verlangen nach einer Autorität zurück, sondern suggeriert darüber hinaus auch einen Zusammenhang zwischen der freien Verfügbarkeit ihres Textes („kein Betrag") und dem Umstand, dass er seine Leser/innen nicht täuscht („kein Betrug"). In diesem Sinne bekräftigen Jelineks Anmerkungen, dass sie keine souveräne Autorschaftsposition einnehmen wollte. Statt dass die Autorin darüber aufklärte, wie *Neid* zu lesen sei, übertrug sie den Lesenden die „Vollmacht" über ihren Text:

> Ich habe mit Entschiedenheit das Machtmittel Buch und Buchbetrieb zurückgewiesen, nur für mich, ich mache ja keine Regel draus, ich bin für mich da, sonst ist es ja keiner. Genau: Keine bin ich auch! Ich bin auch für Sie da, wenn Sie das wollen, und wenn Sie es nicht wollen, bin ich sofort wieder weg. Ich will keine Macht mit diesem Text entfalten wie Buchseiten, im Gegenteil, ich will jede Macht aufheben und Ihnen dafür die Vollmacht übertragen: Machen Sie damit, was Sie wollen. Ich gebe mich ganz in Ihre Hand, schmeißen Sie mich weg oder behalten Sie mich ein wenig, eine Weile, ganz wie Sie wollen. (KA)

Nachdrücklich wird im Epitext also die Veröffentlichungsform von *Neid* betont und als Verweigerung einer mit Buchpublikationen verbundenen Macht in

---

108 Strigl, *Neid*, S. 119; Tuschling-Langewand, *Autorschaft und Medialität*, S. 159.

109 Pinto, Vito, *Hörbuch oder Hörspiel? Zur radiophonen Realisation von Elfriede Jelineks „Neid"*, in: Stephanie Bung/Jenny Schrödl (Hg.), *Phänomen Hörbuch. Interdisziplinäre Perspektiven und medialer Wandel*, Bielefeld 2016, S. 85-101, hier: S. 86.

110 Pecka, Zdeněk, *Alte und neue Medialität an der Schwelle zur digitalen Wende. Das mediale Echo Thomas Bernhards und die Selbstinszenierung Elfriede Jelineks*, in: *Brünner Beiträge zur Germanistik und Nordistik* 32/2 (2018), S. 111-124, hier: S. 117, Anm. 23.

111 Strigl, *Neid*, S. 123.

Szene gesetzt.[112] Dabei kann der Wunsch der Autorin, „keine Macht mit diesem Text [zu] entfalten", auch als Versuch interpretiert werden, alle Verantwortung für *Neid* abzugeben. Vollkommen soll es den Leser/innen demnach überlassen bleiben, wie sie mit dem Text und seiner Autorin umgehen. Dieser Autoritätsverzicht korrespondiert offensichtlich mit Jelineks Selbstverortung im Abseits. So erweist sich ihre Reaktion auf die Deutungsschwierigkeiten, die zunächst als persönliches Statement erscheint – „Mir ist das ja egal, ob es jemand liest oder nicht, und meine Freunde bleiben weiterhin meine Freunde, ob sie meine Sachen nun lesen oder nicht." (KA) –, im Weiteren als thematisch eng mit ihrer Nobelpreisrede und *Neid* verknüpft.

Angesichts der neuen Variation der Nicht-Anweisung aus dem *Sportstück*, die auch *Keine Anweisung …* enthält, fällt der einzige ausdrückliche Wunsch, der hier formuliert wird, besonders auf: Man soll den Text nicht ausdrucken.

> Dieser Text mit Namen ‚Neid' gehört nicht in ein Buch. Er gehört nicht auf Papier, er gehört in den Computer hinein, dort habe ich ihn hineingestellt, dort habe ich ihn deponiert, dort kann er in Ruhe verderben wie Müll (nur auf Wunsch und mit Hilfe einiger Knopfdrückereien können Sie ihn sich aber holen, wann Sie sollen, solang Sie und soviel davon wie Sie Wollen [sic!]), und bin dann einfach weggegangen. (KA)

Der Wunsch, den Online-Roman nicht auszudrucken, wurde auch schon in *Neid* selbst explizit (vgl. N 433). Darüber hinaus greift der Epitext die vorgebliche Abwertung des Textes durch den Vergleich mit Müll wieder auf und vollzieht diese sogleich durch die fehlerhafte Orthographie und die fragwürdige Syntax des Kommentars. Der schief an das Satzgefüge anschließende Zusatz, sie sei dann einfach weggegangen, nachdem sie ihren Roman auf ihrer Internetseite deponiert habe, reproduziert dabei nicht nur die Erzählproblematik

---

112 Es ist weiterführend zu überlegen, ob in der bewussten Entscheidung für die Netzpublikation auch eine Reflexion auf die Geschichte des Romans als Gattung gesehen werden kann. Nachdem Christian Friedrich von Blanckenburg wirkmächtig die innere Geschichte eines Helden als Gegenstand der Gattung bestimmt hatte, ging mit der allgemeinen Durchsetzung des Romans um 1800 ein neues Verständnis des Subjekts als (männlich gedachtes) Individuum einher, das nicht nur auf die Konzeption von literarischer Autorschaft sowie den sich konstituierenden Buchmarkt Einfluss nahm, sondern auch die sich in dieser Zeit ausbildende Differenzierung der Sphären von Öffentlichkeit und Privatheit prägte – Themen, die für den „Privatroman" eine Rolle spielen. Vgl. Steinecke, Hartmut, *Romantheorie*, in: Jan-Dirk Müller (Hg.), *Reallexikon der deutschen Literaturwissenschaft*, Bd. III, Berlin/New York 2007, S. 322-326. Grundlegend für die feministische Perspektive auf den Zusammenhang ist: Meise, Helga, *Die Unschuld und die Schrift. Deutsche Frauenromane im 18. Jahrhundert*, Frankfurt a. M. 1992, hier bes.: S. 140-169.

des Romans, sondern führt sie auch mit ihrem Anlass eng: dass die Autorin nämlich nicht mehr bereit war, sich in *Neid* zu zeigen.

Jelinek führte aus, weshalb man *Neid* nicht ausdrucken soll. Demnach soll der Roman keine endgültige, materielle Fixierung bekommen, weil die Autorin auf seinen ephemeren Charakter in poetologischer Hinsicht Wert legte:

> Es soll da sein und verschwinden, gleichzeitig oder hintereinander, es soll eine gespensterhafte Erscheinungsform haben, dieses Geschriebene da vor Ihnen. Die gespenstische Existenz eines Wesens, das da ist und auch wieder nicht, ein Phänomen, das mich schon immer interessiert hat: lebende Tote, die nicht wissen, daß sie tot sind [...]. (KA)

Sie habe sich „für die Flüchtigkeit entschieden" (KA), weil sie, wie zumindest fragend angedeutet wird, selbst nicht fliehen könne. Das in *Neid* verarbeitete Biographem um die soziale Phobie, die es der Autorin nicht erlaubt, ihr Haus zu verlassen, wird in seiner Wirkmacht also noch gesteigert, wenn sie auch die Entscheidung für die ausschließliche Online-Publikation daran knüpft. Auch die zahlreichen Aktualitätsbezüge in *Neid*, die das Verständnis des Textes zeitlich beschränken und dadurch ebenso eine gewisse Flüchtigkeit bewirken – eine Intention, von der ebenso schon in *Neid* zu lesen war (vgl. N 483) –, werden in dieser Hinsicht motiviert. So bestimmte Jelinek ihren Privatroman in *Keine Anweisung ...* schließlich als Ge-, oder besser: Verbrauchstext: „Es soll so schnell verzehrt sein wie ein Hamburger oder eine Leberkässemmel. Es ist zum raschen Verbrauch bestimmt." (KA)

Dem Titel des Epitextes entgegen könnte man versucht sein, diese Anweisung wörtlich zu nehmen. Wie üblich jedoch zielt Jelineks ambivalente Poetik auch hier auf die Vereitelung einer eindeutigen Botschaft. Ihr eigensinniger Vergleich folgt auf ein Bekenntnis: „Ich hätte vieles, das mir zu intim war, niemals in einem Buch schreiben wollen und können." (KA) Demnach ist die Flüchtigkeit, die *Neid* qua geringerer Persistenz und Wertigkeit des Mediums Internet im Vergleich zum Buch zukommt, als eine Maßnahme zu verstehen, die einen persönlicheren Ausdruck erlaubt. Auf eben eine solche intime Geschichte wird aber auch schon durch das Fast-Food-Motiv selbst verwiesen, das auf Szilits Artikel aus der *Süddeutschen Zeitung* anspielt. Die indiskrete Schilderung einer gemeinsam mit der Autorin verbrachten Zugfahrt gipfelte in der grotesken Beschreibung eines Jelinekschen Wurstsemmelverzehrs.[113] Die Assoziation dieses Artikels wird durch das Bild unterstützt, das unter dem Text von *Keine Anweisung ...* angebracht ist. Edward Hopper Gemälde *Compartment C Car* (1938) zeigt eine elegant gekleidete, lesende Dame in einem Zugabteil,

113 Vgl. Szilit, *Allein mit Elfriede*, S. 14.

und zwar, wie es Strigl pointiert hat, „in dem Moment, bevor der Eindringling die Szene betritt".[114] Entsprechend schillert Jelineks Aussage, *Neid* sei zum raschen Verbrauch bestimmt, zwischen einer Geringschätzung ihres eigenen Werkes und einem hämischen Kommentar, der ein fehlgeleitetes Interesse der Öffentlichkeit in Erinnerung bringt, das sich an banalen Anekdoten zu ihrer Person aufhält, statt sich mit ihrem Werk zu befassen. Der Epitext nimmt also nicht nur das zentrale und ambivalente Motiv um die Erzählproblematik wieder auf, sondern auch die autofiktionale Konfiguration aus *Neid*, um sie im Rahmen eines Textes, der konventionellerweise – wie die Referenzen auf *Keine Anweisung ...* verdeutlichen – als direkte Äußerung der Autorin verstanden wird, noch einen Grad weiterzutreiben. Jelinek hat das Medium des Epitextes also weniger genutzt, um ihr eigenes Verschwinden im Dialog, so wie es in *Neid* gestaltet ist, zu erklären, sondern es vielmehr über den Online-Roman hinaus fortgeschrieben. Ihre Anmerkungen zu *Neid* geben nur wenige Erläuterungen, die sich nicht auch schon im Roman selbst gefunden hätten. Vor allem bringen auch sie kein Bild hervor, das die widersprüchlichen Vorstellungen von der Autorin, die der Roman evoziert, klären würde. So bleibt die Ambivalenz ihrer literarischen Selbstinszenierung bestehen.

Das einzige, dessen man hier versichert wird, ist die fortdauernde Positionierung im Abseits, die die Autorin für sich gewählt hat. Die hervorgehobene Trennung zwischen sich und ihren Lesenden soll bestehen bleiben. *Keine Anweisung ...* endet mit den Worten: „Bleiben wir getrennt! Das ist gut so. Aber das Bleibende möchte ich nicht geschaffen haben, also bitte nicht ausdrucken! Lassen Sie es laufen. Es genügt, daß ich derweil noch dableiben muß." (KA) Mit der Anspielung auf den berühmten Hölderlin-Vers: „Was bleibet aber, stiften die Dichter."[115], rekurrierte Jelinek noch einmal auf die dezidiert männliche Autorschaftsposition, die sie in ihrer Nobelpreisrede mit dem ausschließlichen Bezug auf den „Dichter" umschrieben hat (vgl. Kap. 6.2). Sie „möchte" diese Autorschaftsposition offenbar nicht einnehmen, weshalb es folgerichtig ist, dass sie auch auf die Art und Weise, wie sie verstanden wird, keinen Einfluss mehr nehmen will.

Soll die den Lesenden übertragene „Vollmacht" über den Text also bedeuten, dass allein diesen die Verantwortung für die Bedeutung von *Neid* zukommt? Einer Interview-Aussage, die Jelinek im Zusammenhang mit der Hörspielbearbeitung des Bayerischen Rundfunks gemacht hat, lässt sich ein solches Verständnis von Verantwortung entnehmen. Dort heißt es: „Man ist nichts

---

114 Strigl, *Neid*, S. 123.

115 Hölderlin, Friedrich, *Andenken*, in: Ders., *Sämtliche Werke*, Bd. 2, Stuttgart 1951, S. 188f., hier: S. 189.

und niemandem verantwortlich als sich selbst. Man muss mit dem Text keine Normen mehr erfüllen, jedenfalls keine, die irgendwelche Kritiker aufgestellt hätten."[116] Der ostentative Verstoß gegen Erzählkonventionen, der im Konstruktionsprinzip von *Neid* bemerkbar ist, wird hier bestätigt. Im Zusammenhang mit der Interview-Aussage könnte man gar meinen, es sei der Autorin beim Schreiben ihres Romans primär darum gegangen, durch das gezielte Unterlaufen oder Bloßstellen von literaturkritischen Normen deren Unwirksamkeit vorzuführen, um damit zugleich ihre Selbstverantwortung als Autorin zu bekräftigen. Eine solche Selbstverantwortung erwartete sie nun offenbar auch von den Lesenden im Umgang mit ihrem Text.

Ich möchte betonen, dass das angedeutete Konzept einer Selbstverantwortung in einem scharfen Kontrast zu der dialogischen Konzeption von Autorschaft steht, der Jelineks Werk bis hierhin nachweislich verschrieben war. Zwar verkündete sie in ihrer Nobelpreisrede das Ende eines Dialoges mit ihren Kritiker/innen und setzte dieses Dialogende in *Neid* dann auch autofiktional um. Noch mit dieser im Rückblick formulierten Absage an ihre Leser/innen aber hielt sie, der vorgeschlagenen Deutung nach, am Rahmen der Begegnung fest. So ist nicht erst die Geste, einige Anmerkungen zu *Neid* zu veröffentlichen, mit der sie auf die Irritationen ihrer Freundinnen und Freunde antwortete, auf ein Gegenüber bezogen. Von ihrem „Privatroman" selbst lässt sich sagen, dass er den dialogischen Bezug auf bestimmte Kritiker/innen ja weniger getilgt als vielmehr radikalisiert hat, auch wenn diesem Bezug eine satirische Intention zugrunde liegen mag. So führte Jelineks erkennbarer Versuch, sich der Vereinnahmung zu entziehen, sie gerade nicht zu einer selbstverantworteten und souveränen Autorschaft.

Was die Seite der Rezeption betrifft, zeigt sich ein ähnliches Bild: Obwohl sich die Autorin als verschwindende inszenierte, ist auch bei den Leser/innen kein Versuch zu erkennen, ihren Roman allein zu verantworten, also souverän über dessen Bedeutung zu urteilen. Vielmehr verdeutlichen die wenigen Artikel, die über *Neid* geschrieben wurden, dass deren Verfasser/innen weiterhin versucht haben, ein bestimmtes Bild von der Autorin aufrechtzuerhalten, um den Text zu verstehen. Dieser dialogische Bezug zur Autorin, den die Rezeptionszeugnisse dokumentieren, ist dabei nicht als Manko zu sehen, das einem souveränen Umgang mit dem Text im Weg stünde. Dass die Verbindung zum Anderen selbst angesichts erheblicher Widerstände nicht einfach preisgegeben wird, gibt vielmehr Anlass zur Hoffnung. So lässt sich den zu *Neid* vorliegenden Rezeptionszeugnissen, selbst wenn diese methodologisch nicht zu überzeugen vermögen, dennoch die wesentliche Einsicht entnehmen, dass

116 Elfriede Jelinek, hier zit. n.: Kapfer, *36 Antworten von Elfriede Jelinek*.

niemand dazu bereit war, die Verantwortung für den Text von der Autorin abzulösen. Niemand schrieb über *Neid*, ohne dabei zu bedenken, was die Autorin mit ihrem Text aussagen wollte; und wer ihr Werk beurteilte, tat dies vor dem Hintergrund einer bestimmten Autorimago, die durch die Rezeption ihres Werkes gleichsam verbürgt ist.

Jelinek selbst forderte in ihrem Werk häufig dazu auf, Verantwortung im Dialog zu denken – eben nicht als Selbstverantwortung der Autorin oder ihrer Lesenden. Entgegen ihrer Interview-Äußerung und dem in *Keine Anweisung …* artikulierten Wunsch, ihren Lesenden alle Verantwortung für ihren Roman zu übertragen, findet sich nämlich auch in *Neid* eine Passage, die eine dialogisch gedachte Verantwortung zunächst ausbuchstabiert, bevor der Dialog auch hier abbricht. Mit ihr lässt sich die Geschichte eines Verantwortungsverständnisses, das sich im Rahmen von Jelineks Autorschaft geändert hat, nachzuvollziehen. Diese Passage, deren Stellenwert auch durch die explizite Nennung des Untertitels unterstrichen ist, soll daher einem abschließenden *close reading* unterzogen werden:

> Die sehen immer nur das Schlechte. Ich sehe das anders, aber ich sehe inzwischen leider auch etwas schlechter, denn in meinem ganzen Leben haben die Leute noch nie zwischen den autonomen Entscheidungseinheiten von mir als Frau und den Interaktionen mit andren Menschen, meinen lieben Lesern, meinen lieben Kritikern und der übrigen Umwelt, die auch nicht schön ist, unterscheiden können, dabei waren meine Entscheidungen stets dermaßen autonom, fast schon automatisch, daß ich es nicht einmal zu einem eigenen Auto gebracht habe, ja, sogar vor dem Autofahren habe ich schon Angst […]. Aber mich für meine autonomen Entscheidungen verantwortlich machen und auch noch entscheiden, daß sie falsch waren – das hab ich schon gern! Das geht zu weit. […] Sie und kein andrer, liebe Mitmenschen, sind dafür verantwortlich, wenn ich eine Abfolge von Entscheidungen traf, die für mich persönlich gar nicht gut waren, dafür aber wahrscheinlich für Sie, ich wüßte nicht wie, so, jetzt ist mir die blöde Axt zerbrochen, das haben allein Sie zu verantworten, diese Entscheidungen waren doch mein Abfall von allem und jedem, und wer will schon Abfall sein, wenn er nicht muß? […] Jetzt kann ich nicht mehr zurück. (N 97)

Die Rede der Autorin von ihren „autonomen Entscheidungseinheiten" weist eine deutliche ironische Färbung auf. Der paronomastische Anschluss, sie sei so autonom, ja automatisch, dass sie sich nicht einmal ein Auto zugelegt habe, betreibt eine Verballhornung der Vorstellung von Autonomie, noch bevor die Autorin auch ausdrücklich zu verstehen gibt, dass sie zu Unrecht für Entscheidungen verantwortlich gemacht wurde, die im Rahmen gewisser „Interaktionen mit andren Menschen" standen. Was die Autorin hier beklagt, ist eine Praxis ungerechter Beurteilung: dass sie „als Frau" Zuschreibungen und darauf aufbauenden Verurteilungen ausgesetzt war, ohne dass die Kontexte beachtet wurden, in denen ihre Äußerungen standen. Mithin zielt ihre Klage auf ein Motiv ab, das sich ähnlich schon in der metadramatischen Konzeption des *Sportstücks* erkennen ließ, die als Hinweis auf die geteilte Verantwortung für ein Theaterstück gewertet wurde, weil die Autorin bei dessen Aufführung nicht das alleinige Sagen hat. Die unsouveräne Rede der Autorinnenfigur machte dort auf die Abhängigkeit der Autorin von anderen am Theater beteiligten Akteur/innen aufmerksam und der sich zum Ende des Stückes rasant verschlechternde Zustand von ELFI ELEKTRA veranschaulichte, wie kräftezehrend ihr Widerstand war. In *Neid* wird an dieser Stelle deutlich, dass die Urteile der Anderen ihre Spuren hinterlassen haben, wie die kausale Verbindung zwischen dem abnehmenden Sehvermögen der Autorin und den allzu kritischen Einschätzungen der Leute nahelegt.

Im Unterschied zum *Sportstück* geht es in *Neid* nicht um andere am Schaffensprozess beteiligte Akteur/innen. Nicht nur hatte dabei kein/e Regisseur/in ein Wort mitzureden; der „Privatroman" zeichnet sich ja gerade durch die Unabhängigkeit bei der Publikation aus, insofern die Textgestalt durch keinen Verlag direkt beeinflusst wurde. Mitverantwortliche in diesem Sinne kommen für den Text daher nicht in Betracht. Die eigenwillig zwischen Singular und Plural changierende Parabase, „Sie und kein andrer, liebe Mitmenschen" (N 97), weist dagegen die Lesenden als verantwortlich aus, und zwar als allein verantwortlich. Nicht einmal eine Teilverantwortung für ihre Entscheidungen mag die Autorin hier noch übernehmen.

Von welcher Art von Entscheidungen sie spricht, von persönlichen oder etwa ästhetischen, bleibt offen. Da der selbstreferentielle Vollzug des Schreibens allgemein in *Neid* so vordergründig ist und ihre Leser/innen und Kritiker/innen immer wieder direkt adressiert werden, liegt es jedoch nahe, an schriftstellerische Entscheidungen im engeren Sinne zu denken. Diese Entscheidungen, so stellt sie klar, „waren doch mein Abfall von allem und jedem" (N 97). Dies ist die einzige Stelle, an der man dem anspielungsreichen Untertitel von *Neid* im Text selbst begegnet. Dabei liegt hier eine buchstäbliche Deutung näher als eine, die sich auf seine Allusionen bezieht. So ließe sich die Aussage einerseits als Hinweis auf das intertextuelle Schreibverfahren verstehen, das lediglich Überreste anderer Texte zusammenstellt; Überreste, die als unbrauchbare, nur noch zu entsorgende – eben als Abfall – zugleich eine negative Konnotation erhalten. Andererseits lässt sich die Aussage auch als eine Lossagung von Gedanken und Menschen („allem und jedem") auffassen. Die Apostasie, der Abfall vom rechten Glauben, hat auch die Bedeutung des Wegtretens, die an das zentrale Motiv vom Verschwinden im

Abseits anschließt. Vor allem aber versteht man unter dem Abfall im Sinne der Apostasie allgemein eine Auflehnung gegen die bestehende Ordnung.[117] Zusammengenommen legen die Bedeutungen eine Autorschaftskonzeption nahe, bei welcher der Gesellschaft ein Spiegel vorgehalten wird, um ihre Verbrechen und Schandtaten zu zeigen.

In einem Interview, das Jelinek 1996 zu ihrem Stück *Stecken, Stab und Stangl* gehalten hat, wurden diese beiden Bedeutungen des ‚Abfallens' bereits artikuliert: Schon der Titel des Interviews, „Ich bin im Grunde ständig tobsüchtig über die Verharmlosung", unterstreicht die Auflehnung, die Jelinek im Stück etwa durch die Verarbeitung von Kolumnen aus der *Neuen Kronenzeitung* ins Werk gesetzt hat.[118] Dabei fällt auf, dass eine Tobsucht kein kontrollierbares Verhalten ist: „[W]er will schon Abfall sein, *wenn er nicht muß*?" (N 97; Herv. S.L.) Die rhetorische Frage legt nahe, dass sie aus einer Notwendigkeit heraus nur Abfall in ihren Texten wiedergegeben habe, statt nach einem anderen Ausdruck zu suchen. Es mag vage bleiben, was positiv unter dem „Abfall von allem und jedem" zu verstehen ist; ein Negativbefund aber liegt auf der Hand: nichts Schönes offenbar, und vor allem: nichts Eigenes.

Die um die Frage der Verantwortung kreisende literarische Selbstinszenierung der Passage aus *Neid* schließt in ihren Motiven des Wegtretens und Abschreibens, der Verleumdung und schließlich des Sprachverlusts direkt an Jelineks Nobelpreisrede *Im Abseits* an, in der sie bekannte:

> Ich habe den Weg verlassen. Ich habe immer nur nachgesagt. Man hat mir vieles nachgesagt, aber das stimmt fast alles nicht. Ich habe selber nur nachgesagt, und ich behaupte: das ist jetzt das eigentliche Sagen. Wie gesagt – einfach sagenhaft! [...] Ich schaue dem Leben immer nur nach, meine Sprache zeigt mir den Rücken, damit sie fremden Leuten den Bauch zum Liebhaben hinhalten kann, schamlos, mir zeigt sie den Rücken, wenn überhaupt irgend etwas. Zu oft gibt sie mir kein Zeichen und sagt auch nichts. Manchmal sehe ich sie dort drüben gar nicht mehr, und jetzt kann ich nicht einmal sagen ‚wie gesagt', denn ich habe es zwar schon öfter gesagt, aber ich kann es jetzt nicht mehr sagen, mir fehlen die Worte. (IA)

In *Neid* heißt es nun: „[S]o, jetzt ist mir die blöde Axt zerbrochen, das haben allein Sie zu verantworten [...]." Die verborgene paronomastische Bewegung

117 Vgl. Grübel, Nils, *Apostasie*, in: Christoph Auffarth et al. (Hg.), *Metzler Lexikon Religion*, Stuttgart 2005, S. 83f.

118 Vgl. Carp, Stefanie, *Ich bin im Grunde ständig tobsüchtig über die Verharmlosung. Ein Gespräch mit Elfriede Jelinek*, online verfügbar: www.elfriedejelinek.com/fstab.htm. Die Fassung auf Jelineks Homepage gibt das vollständige Interview wieder, das zunächst gekürzt erschienen war, vgl. Carp, Stefanie, *Das katastrophalste Ereignis der Zweiten Republik*, in: *Theater der Zeit* 51/3 (1996), S. 90f.

vom Abfall zum (Holz-)Fällen führt hier zu einer zentralen Metapher: der „Axt", mit der Jelinek schon früher ihr Schreibinstrument bezeichnete.[119] Auf den in der Nobelpreisrede konstatierten Sprachverlust folgt in *Neid* also eine Schilderung des nicht mehr gelingenden Schreibens, die im Leitmotiv der Erzählproblematik im gesamten Text präsent ist. Dabei kommentiert die zerbrochene Axt hier direkt einen schwerfälligen Binnenreim: „Sie und kein andrer, liebe Mitmenschen, sind dafür verantwortlich, wenn ich eine Abfolge von Entscheidungen traf, die für mich persönlich gar nicht gut waren, dafür aber wahrscheinlich für *Sie*, ich wüßte nicht *wie*, so, jetzt ist mir die blöde Axt zerbrochen [...]." (N 97; Herv. S.L.) In der Vergangenheit hat die Autorin ihre Entscheidungen offenbar zu sehr von den Adressaten ihrer Rede abhängig gemacht. Nun führt sie der Gedanke an ihre Lesenden („wahrscheinlich für Sie") zu einer Frage, auf die sie keine Antwort mehr weiß („wüßte nicht wie"), woraufhin der Satz im Anakoluth abgebrochen wird. Formal wird diese Bewegung hin zur Zäsur durch den folgenlos bleibenden Reim gespiegelt. Salopp gesagt: Hier hat sich jemand verirrt. Folgt man dem Weg der Autorin bis zum Satzabbruch, der in der Metapher der zerbrochenen Axt auf ihre allgemeine Fähigkeit zu schreiben übertragen wird, so ließe sich folgern, warum dieser Bruch „allein" von den Lesenden zu verantworten sei. Offenbar weiß sich die Autorin nicht mehr mit ihren Lesenden zu verbinden. Zwar folgt das „ich" direkt auf das „Sie", dann jedoch zerbricht die Axt und es stockt das Schreiben. Unumkehrbar hat sie „den Weg verlassen": „Jetzt kann ich nicht mehr zurück."

Verdichtet findet sich hier die Geschichte einer Autorschaft, deren Ende fatal ist. Die Passage aus *Neid* wiederholt *in nuce* die in der Nobelpreisrede beschriebene Entwicklung von Jelineks Schreiben. Extreme Publikumsbezogenheit einerseits und fortwährendes Missverständnis andererseits haben die Autorin zu einer unwägbaren Position geführt: ins Abseits, wo sich der Dialog nicht mehr aufrechterhalten lässt. So zumindest deute ich ihre Texte im Zusammenhang und so entscheide ich mich, Elfriede Jelinek zu vertreten – mag die Autorin infolge der Nobelpreisverleihung auch keine Hoffnung mehr gehabt haben, noch verstanden zu werden.

119 Vgl. Jelinek, *„Ich schlage sozusagen mit der Axt drein"*, S. 14-16; vgl. Sander, Margarete, *Textherstellungsverfahren bei Elfriede Jelinek. Das Beispiel „Totenauberg"*, Würzburg 1996, S. 22. Bei der Axt-Metapher handelt es sich vielleicht auch um eine Anspielung auf die feministische Zeitschrift *Die schwarze Botin*, bei der Jelinek ab der zweiten Ausgabe mitarbeitete, und die auf dem Cover für viele Ausgaben eine Kriegerin mit einer Axt in der Hand zeigte. Für Jelineks Engagement bei der Zeitschrift vgl. Degner, *Eine ‚unmögliche' Ästhetik*, S. 171-193.

KAPITEL 8

Fazit

Jelineks Geschichte der Autofiktion

Autofiktion erhält bei Elfriede Jelinek eine Geschichte. Verfahren, welche die Grenze von Fiktion und Autobiographie verwischen, lassen sich in ihrem Werk nicht nur erstaunlich früh nachweisen, sondern auch in ihrer Veränderung und Fortschreibung nachvollziehen. Der Einsatz dieser Verfahren begleitet bei ihr eine kontinuierliche Reflexion über die Bedeutung von (ihrer eigenen) Autorschaft. Dass sie diese selbstreflexive Auseinandersetzung über die Geltung und Wirkung ihres Schreibens nicht nur in dezidiert poetologischen Arbeiten oder Interviews, sondern mittels Autofiktion auch vielfältig im Rahmen ihrer literarischen Texte gestaltete, verleiht dieser eine bemerkenswerte Komplexität. Thematisch ist dabei der Zusammenhang von Autorschaft und Verantwortung zentral, der in immer neuen Anläufen von ihr bedacht wird. Jelineks Texte provozieren nicht nur die Frage, wer die Autorin ist, die sie verantwortet (d. h., welcher Intention entsprechend die Texte zu verstehen sind), und stellen über sie vorhandenes Wissen als Vorurteil und Zuschreibung der Lesenden aus. Darüber hinaus thematisieren sie die Abhängigkeit der literarischen Produktion von Maßgaben der Rezeption. Der vorgetragenen These zufolge hat Jelinek mittels autofiktionaler Verfahren ihre Rezipient/innen dazu aufgefordert, die Art und Weise zu reflektieren, wie man sich über sie als Autorin ein Urteil bildet.

Um die Geschichte der Autofiktion in Jelineks Werk nachzuzeichnen, wurde zunächst allgemein und in systematischer Hinsicht danach gefragt, wie es zu deuten ist, wenn sich Autor/innen figurativ in ihre Romane einschreiben (Kap. 2). Es wurden die einschlägigen theoretischen Konzeptionen des Phänomens vorgestellt und auf ihre methodische Stimmigkeit sowie ihren Erkenntniswert hin befragt. Dabei ergab die Gegenüberstellung von fiktions- und gattungstheoretischen Ansätzen, dass das Phänomen aufseiten der Produktion wie der Rezeption eine charakteristische Bestimmung erfährt. Um beide Seiten zu berücksichtigen, wurde vorgeschlagen, Autofiktion als ein konstellatives Phänomen zu betrachten, das sich in der Begegnung beider an der Bedeutungskonstitution beteiligten Subjekte ergibt. Somit konnte dem Umstand Rechnung getragen werden, dass die Bedeutung von Autofiktion zugleich von der spezifischen Poetik eines Autors/einer Autorin wie von der Einschätzung der Lesenden abhängt, denen die Deutung in markanter Weise

© BRILL FINK, 2022 | DOI:10.30965/9783846767542_009

überantwortet bleibt. Mithin wurde sie verstanden als Zusammentreffen einer Schreibweise, welche die Grenze zwischen Autobiographie und Roman bzw. faktualem und fiktionalem Erzählen verwischt, und einem durch solche Verfahren anhaltend verunsicherten Lesemodus. Der neu erarbeitete Definitionsvorschlag lautet: Autofiktion bezeichnet literarische Verfahren, welche die Grenze zwischen der Literatur und dem Leben von Autor/innen verwischen, sofern sie die Interpretation verunsichern.

Diesem Verständnis von Autofiktion kann nur eine hermeneutische Lektürehaltung entsprechen, die der Unsicherheit des autobiographischen Gehalts Signifikanz einräumt. Zumal die hermeneutische Position des faktischen Intentionalismus zeigt sich empfänglich für die von autofiktionalen Konstellationen angeregten Reflexionen. Dass diese Reflexionen eine spezifisch ethische Prägung haben, wurde mit Rekurs auf Klaus Weimars theoretische Konzeption von Autorschaft verdeutlicht, in der Lesen als Akt der Vertretung eines/einer abwesenden Autors/Autorin aufgefasst wird. Drei relevante Aspekte von Autofiktion waren in dieser Perspektive auszumachen: Als *konflikthafte Repräsentation* wurde die auf thematischer Ebene virulente Problematisierung der Existenz, des Status sowie des Umgangs mit Subjekten bezeichnet. Die *Ambivalenz der Autorimago* zielte auf den Umstand, dass die Autorfunktion der Disambiguierung von Textbedeutung durch autofiktionale Verfahren infrage gestellt wird, weil diese das bekannte Bild des Autors/der Autorin zweifelhaft werden lassen. Schließlich wurde als *Verantwortung im Dialog* eine von Autofiktion eröffnete Perspektive auf den literarischen Dialog gefasst, der sich zwischen der Produktion und Rezeption von Werken ergibt. Demnach kann Autofiktion die wechselseitige Bezugnahme von Autor/innen und Leser/innen aufzeigen, indem sie die progressive Wirkung der öffentlichen Rezeption auf die Poetik bzw. das Werk von Autor/innen darstellt. Diese drei Aspekte buchstabieren auf verschiedenen Ebenen das genuin ethische Moment der Autofiktion aus. Negativ gesehen, liegt dieses Moment in der Zurückweisung von vermeintlich universellen Verfahren der Textdeskription und -interpretation, die ihr gegenüber unangemessen erscheinen. Positiv gesehen, entspricht ihm die Forderung einer induktiv verfahrenden Methode, welche die Frage nach dem Sinn autofiktionaler Verfahren für jede/n Autor/in und jedes Werk spezifisch aufwirft. Das ist die der Autofiktion eigene Weise, Rechenschaft zugleich davon zu geben und dafür zu fordern, dass die Auseinandersetzung mit Literatur den Charakter einer Begegnung hat.

Die systematische Perspektive auf Autofiktion galt es, durch die Beschäftigung mit einem literarischen Werk, für das autofiktionale Verfahren konstitutiv sind, nicht nur zu erproben, sondern gleichsam zu vollziehen. Im Rahmen meiner eigenen Begegnung mit dem Werk Jelineks rekonstruierte ich dafür den literarischen Dialog, der sich um die bekanntesten Texte der Autorin ergeben hat. Die drei herausgestellten Aspekte von Autofiktion, die ihre Affinität für ethische Reflexionen ergeben, haben dabei vielfach Konkretisierungen erfahren und zugleich zu einem besseren Verständnis von Jelineks Texten beigetragen.

Die Geschichte der Autofiktion in Jelineks Werk begann hier mit ihrem Roman *Die Klavierspielerin*, der im Zusammenhang mit seiner Rezeption und der öffentlichen Selbstinszenierung der Autorin analysiert wurde (Kap. 3). Anhand des Romans wurde die für Jelineks spätere Texte insgesamt charakteristische Poetik der Ambivalenz exemplarisch dargelegt, die sich in der zentralen Briefpassage sowohl auf der Handlungs- wie auch der rhetorischen Ebene entfaltet. Spezifisch zeigte sich der poetische Ansatz hier in der Problematisierung von Auktorialität sowie einer ausgestellten Selbstreferentialität. Als Essenz dieser Poetik galt das Kalkül, Urteile und Bewertungen zu einem abgründigen Romangeschehen zu provozieren, die sich nicht auf eine neutrale Beschreibung gegebener Verhältnisse verlassen können. Ebendiese Wirkung manifestierte sich auch in den Rezeptionszeugnissen des Romans, in denen bestimmte Entscheidungen der Rezipient/innen markant hervortraten. An den beiden einschlägigen Lesarten der *Klavierspielerin* wurde fokussiert, auf welche Weise sie mit der Ambivalenz umgegangen sind. Dabei ergab sich, dass die irritierende Offenheit des Romans, der die dargestellte Gewalt auch affirmiert, nicht anerkannt wurde, weil sich die Deutungen an bestimmten Vorstellungen von der Autorin orientierten. Nur mit ihrer Orientierung am Bild der genialen, aber verletzlichen Künstlerin einerseits sowie am Bild der marxistischen Gesellschaftskritikerin andererseits konnten sie die fragliche Darstellungsintention vereindeutigen. In der Folge etablierten sich diese Bilder als maßgebliche Autorimagines, die auch die Deutung der folgenden Texte Jelineks prägten. Schon in ihrer öffentlichen Selbstinszenierung im Zusammenhang mit der *Klavierspielerin* griff Jelinek diese Bilder auch selbst auf. Dabei ließ sich eine ‚Urszene' für die Verwendung autofiktionaler Verfahren in ihrer künstlerischen Arbeit erkennen. An Jelineks Strategie, widersprüchliche Aussagen zum autobiographischen Gehalt ihres Romans zu treffen, die insgesamt als Versuch gewertet wurde, die Ambivalenz des Romans aufrechtzuerhalten, ließ sich erkennen, wie die Autorin zum ersten Mal die Grenze zwischen Realität und Fiktion spielerisch verwischte.

Die ersten autofiktionalen Verfahren in Jelineks literarischem Werk wurden in ihrem Roman *Lust* untersucht (Kap. 4). Die multiperspektivische Darstellung, an der sich die Autorin schon in früheren Texten orientiert hatte, zeigte sich hier signifikant erweitert: Neben Passagen, die aus der Perspektive der ersten Person das Schreiben thematisieren und die als literarische

Selbstinszenierungen Jelineks einem *close reading* unterzogen wurden, sind auch Ansprachen der Lesenden charakteristisch für seine Komposition. Die autofiktional gestaltete literarische Selbstinszenierung wurde hier zunächst als Komplement von Jelineks öffentlicher Selbstinszenierung gesehen, die im Umfeld von *Lust* eine Verstärkung erfahren hatte. Entsprechend ließ sich das selbstreferentielle Verfahren, durch das sie ihre Romanfiktion mit einem unsicheren autobiographischen Anteil versah, als Kehrseite des fiktionalisierten Bildes betrachten, das die Autorin bei der Gelegenheit von Interview-Auftritten von sich entwarf. Zu einem profunderen Verständnis ihrer literarischen Selbstinszenierung führte sodann eine Betrachtung des werkimmanenten Kontexts, die auf Beziehungen zwischen der Selbstdarstellung mit dem allgemein verhandelten Themenkreis abhob. Indem Jelinek sich in das von ihr geschaffene Romangeschehen eintrug, prononcierte sie die sich aus Rezeptionsperspektive ergebende Frage nach ihrem eigenen Standpunkt (*Ambivalenz der Autorimago*). Ähnlich wie bei der *Klavierspielerin* zeichnete sich auch in der akademischen Rezeption von *Lust* die Tendenz ab, die Ambivalenz des Romans, der sich nicht eindeutig als Pornographie oder Antipornographie bestimmen lässt, durch die Orientierung an einer Autorimago zu entkräften. Innovativ an *Lust* war nun, dass Jelinek diesen Reflex im Roman schon gleichsam vorgeführt hatte, indem sich die Schriftstellerin autofiktional in einer Abhängigkeit vom Papier inszenierte, das, der Romanfiktion zufolge, von einem ebenso mächtigen wie gewalttätigen Mann kontrolliert wird, der den phallischen Diskurs symbolisiert. Dazu passt, dass Jelinek im Rahmen ihrer literarischen Selbstinszenierung von *Lust* ein Bild von sich entwarf, das sie als Autor*in* sich selbst enteignet und machtlos zeigt (*konflikthafte Repräsentation*). Die Analyse dieser Selbstinszenierung betonte indes nicht nur den resignativen Gestus, der sich konkret im Hinblick auf die Wirkungslosigkeit ihres Schreibens ergab, sondern akzentuierte auch das konstruktive Potential der vorgeführten Enteignung. So wurde anhand der zentralen Szene ihrer literarischen Selbstinszenierung auch die Deutung gewonnen, dass die literarische Sprache von Autor/innen konstitutiv von Anderen ausgelegt wird.

Im Zusammenhang mit den vielen dialogisch gestalteten Passagen des Romans ließ sich diese Deutung zu einer ersten Reflexion von Verantwortung entfalten. Grundlegend dafür war die Beobachtung, dass sich Jelinek nicht nur an der bereits erfolgten Rezeption ihrer Werke orientierte, wie ein durchtriebenes Spiel mit den eigenen Autorimagines verdeutlicht, sondern auch vorausschauend die Reaktionen von Leser/innen antizipiert und den Prozess des Textverstehens thematisiert hat. Die Rekonstruktion dieser auf den Dialog verweisenden Verfahren kulminierte in der Frage, von wessen *Lust* eigentlich gesprochen wird, wenn die Bedeutung des Romans zur Disposition steht.

Indem die Autorin auf die Einnahme einer souveränen auktorialen Position verzichtete, sorgte sie dafür, dass alles, was man über sie bzw. die Intention des Romans sagen konnte, als Zuschreibung hervortrat. Eine Engführung der vom Roman angestoßenen Reflexion mit einigen Rezeptionszeugnissen hat dies konkret werden lassen, da sich nachvollziehen ließ, wie unterschiedliche Imagines von der Autorin die Lektüren determinieren. Zusammenhängend wurde der Einsatz von autofiktionalen Verfahren und Parabasen als Hinweis auf ein Autorschaftsverständnis gedeutet, das den wechselseitigen dialogischen Bezug zwischen der Autorin und ihren Leser/innen akzentuiert (*Verantwortung im Dialog*).

Auch auf der Theaterbühne gewann ein Dialog zwischen Jelinek und den Akteur/innen ihrer Rezeption in den folgenden Jahren an Kontur. Um auch dieses Feld ihres künstlerischen Schaffens in den Blick zu nehmen, wurde zunächst ein Schlaglicht auf die Erfahrungen geworfen, die Jelinek in den 90er-Jahren mit einigen Protagonisten des späten Regietheaters gemacht hatte. Insbesondere Frank Castorfs Inszenierung von *Raststätte oder Sie machens alle* ist für den Autofiktionszusammenhang von großer Bedeutung, wurde die Autorin darin doch in Form einer Puppe vorgeführt, die sie zu einem vom Regisseur kontrollierten Teil der Szene machte. Dass diese Puppe ausgerechnet nach Karin Rocholls Fotografie von Jelinek modelliert war, illustrierte dabei noch einmal die Wirkmacht des im Umfeld von *Lust* entstandenen Bildes der Autorin.

Jelinek reagierte auf die Regiearbeit, die aus ihr eine lächerliche Figur gemacht hatte. In ihrem postdramatischen Theatertext *Ein Sportstück* kommt ihrer literarischen Selbstinszenierung, die hier wiederum als Reflexion auf ihre Autorschaft untersucht wurde, erstmals zentraler Stellenwert zu (Kap. 5). Auf Basis einer grundlegenden Kompositionsanalyse des Stückes konnte nachgewiesen werden, dass die Autorschaftsthematik dessen integralen Bestandteil bildet. Demnach hat *Ein Sportstück* die Struktur eines autofiktionalen Metadramas, bei dem ein quantitativ dominierendes Spiel im Spiel in eine selbstreflexive Rahmenhandlung eingebettet ist. Dabei zeigte sich diese Struktur verkompliziert durch den Umstand, dass die verschiedenen Sequenzen des Textes nicht klar voneinander abgegrenzt sind: Sowohl die Regieanweisungen als auch die ersten und letzten Textpassagen, die als Pro- und Epilog des Stückes betrachtet werden können, wie schließlich punktuell auch Aussagen und Passagen im dazwischen liegenden Haupttext sind selbstreflexiv zu verstehen. Dass sich auf den unterschiedlichen Ebenen des Textes eine mehrstimmige Autorinnenfigur artikuliert bzw. diese von Figuren adressiert wird, lässt sich, der dargelegten Interpretation nach, als prozesshafte Verhandlung von Jelineks eigener Geltung als Theaterautorin verstehen, die in Form eines

Konfliktes exponiert wird (*konflikthafte Repräsentation*). Versinnbildlicht durch das Bühnenarrangement, das verfeindete Fanmassen vorsieht, und konkret ausgetragen im agonalen Widerstreit zwischen der Autorinnenfigur und den männlichen Figuren des Stückes, adressiert dieser Konflikt die Frage, ob die Autorin im Rahmen ihrer Textproduktion für das Theater überhaupt in der Lage ist, ihre eigenen Vorstellungen umzusetzen. Pointiert ließ sich diese Frage auch in den ambivalenten Nebentextbemerkungen wahrnehmen, denen zufolge es der Autorin „egal" sei, wie ihr Stück inszeniert wird. Sowohl als buchstäbliche Resignation wie auch als ironische Provokation verstehbar, wird anhand dieser Bemerkungen auch im *Sportstück* eine Problematisierung von Auktorialität wahrnehmbar: Die Intention, mit der Jelinek den Text geschrieben haben mag, wird – statt sie zu postulieren – gezielt in Abrede gestellt, und mithin seine Bedeutung den an der Inszenierung beteiligten Akteur/innen bzw. jenen, die das Stück sehen oder lesen, überantwortet.

Für die Beurteilung von Jelineks literarischer Selbstinszenierung im *Sportstück* war die Beobachtung zentral, dass deren Gestaltung nicht darauf abzielt, sie als Autorin ‚verschwinden' zu lassen. Im Gegenteil sorgt die Selbstinszenierung in Form einer mehrstimmigen Autorinnenfigur zunächst einmal für eine Überpräsenz, auch wenn das autofiktionale Verfahren eine Unterscheidung von autobiographisch und fiktional zu verstehenden Aussagen unterläuft. Die Rede der Autorinnenfigur wurde als unsouverän charakterisiert. Demnach verwischt die Selbstinszenierung konsequent die Grenze zwischen dem Selbstbild der Autorin und den Autorimagines ihrer Lesenden. Dass Jelineks Konturen im Text entsprechend vage bleiben, führt das Stück auch auf die Wirkung von Abhängigkeitsverhältnissen zurück, welche zwischen der Autorin und dem/der Regisseur/in einerseits, dem Publikum andererseits bestehen. Mit einem Akzent auf deren Dialog zielt das Metadrama darauf ab, diese Verhältnisse sichtbar und so einer Reflexion über die gemeinsame Verantwortung für die Bedeutung von Theatertexten zugänglich werden zu lassen.

Ein Ausblick auf einige nach *Ein Sportstück* von Jelinek geschriebene Theatertexte zeigte, dass ihre Autorschaftsreflexion bereits mit diesem Text einen vorläufigen Endpunkt erreicht hat, insofern sie dessen Gleichgültigkeitsbekundungen später immer wieder nahezu unverändert aufgegriffen hat. Dem Konflikt um ihre Geltung auf der Theaterbühne hatte die Autorin, so gesehen, nichts mehr hinzuzufügen. Was von ‚Jelinek-Stücken' zu erwarten ist, scheint seither ausgemacht, ohne dass die Autorin daran noch etwas ändern könnte. Trotz der prononcierten Ambivalenz ihrer Texte weist das Bild der Autorin zu dieser Zeit – wie kritisch bemerkt wurde: auch im literaturwissenschaftlichen Diskurs – keinen Plural mehr auf.

Dessen ungeachtet kam es im Jahr 2004 noch einmal zu einem Ereignis, das eine wesentliche Veränderung von Jelineks Autorschaftskonzeption nach sich zog. So hat ihr Werk nach der Konsekration durch den Literaturnobelpreis eine grundlegende Neutralisierung erfahren. Der vorgetragenen Deutung nach hat Jelinek in ihrer medial inszenierten komplexen Preisrede *Im Abseits* (Kap. 6) diese Wirkung reflektiert und zugleich versucht, ihr entgegenzuwirken. Dabei konnte erstmals die autofiktionale Dimension auch dieses Textes herausgestellt werden, der nicht im poetologischen Register einer ausgestellten Sprachkritik verbleibt, sondern unter unsicheren Vorzeichen auch eine autobiographische Reflexion enthält. Jelinek charakterisierte in ihrer Rede zunächst allgemein das Verhältnis von Wirklichkeit und Schreiben als ein problematisches, bezog eine spezifische Entfernung des „Dichters" vom Geschehen und der Sprache, über die dieser nicht in einem instrumentellen Sinne verfügen könne, sodann aber auch auf sich selbst. In den Augen der Autorin mag ihrer Selbstverortung „im Abseits" somit eine gewisse Notwendigkeit zugekommen sein. In autobiographischer Hinsicht, auf die bei der Textdeutung der Schwerpunkt gelegt wurde, erschien sie darüber hinaus als resignatives Fazit zu den Erfahrungen, die sie mit ihrer Autorschaft gemacht hat. Demnach lässt sich ihre Selbstverortung zum einen als Ausdruck der Reue verstehen, insofern Jelinek mit ihrem intertextuellen Verfahren des „Nachsagens" keinen Weg gefunden hat, um sich sprachlich auszudrücken; zum anderen schwang darin – gleichsam als Kehrseite dieser Sprachlosigkeit – aber auch der Vorwurf an ihre Rezipient/innen mit, sie missverstanden zu haben. Jelinek antizipierte als Wirkung des Preises, dass es nunmehr unmöglich sein würde, die Missverständnisse bezüglich ihrer Sprache noch zu korrigieren: In diesem Licht wirkte die Auszeichnung wie ein Stigma, das einen anderen Sinn ihres Werkes zukünftig verstellen musste. Dass sie ihre literarische Selbstinszenierung in der Rede ohne positives Attribut gestaltete, wurde so gedeutet, dass sie den Dialog mit den Akteur/innen ihrer Rezeption fortan als gescheitert betrachtete. In diesem Sinne steht das Abseits, in das sie sich stellte und gestellt sah, für eine reine Differenz, die, statt noch auf einen Ort oder eine Person zu verweisen, nur noch Andersheit behauptet. Insofern sich dieser rein negative Modus der Selbstinszenierung grundsätzlich gegen Vereinnahmung richtet, kann darin ein letzter Moment des Widerstands erkannt werden.

Schließlich wurde Jelineks „Privatroman" *Neid* (Kap. 7) als autofiktionale Fortschreibung der Nobelpreisrede interpretiert, in der sie literarische Verfahren, mit denen die Grenze zwischen Autobiographie und Fiktion verwischt wird, radikalisiert hat. Leitmotivisch wird hier von dem Wunsch gesprochen, aus „Neid auf die Lebenden" im Abseits zu verschwinden. Was das für die Poetik des Textes bedeutet, wurde zunächst im Zusammenhang mit dem Publikationskontext sowie dem an drei Lesarten veranschaulichten Konstruktionsprinzip des Romans dargelegt. Dabei ergab sich, dass auch *Neid* die für Jelineks spätere Texte allgemein charakteristische Ambivalenz aufweist, die hier in Gestalt einer zwiespältigen (An-)Klage die selbstreferentielle Problematisierung des Erzählens betrifft. Einerseits scheint die Autorin, die darüber klagt, dass ihr das Erzählen zum Problem geworden sei, unwillentlich in einen abseitigen Raum der Krankheit und der Bedeutungslosigkeit geraten zu sein; andererseits versteht sich die ausgestellte Erzählunfähigkeit als satirische Anklage von Akteur/innen ihrer Rezeption, die den Zweck verfolgt, in einem bewusst aufgesuchten Abseits für deren Urteil künftig unerreichbar zu werden (*Ambivalenz der Autorimago*). Die Autorin verschmilzt in ihrer literarischen Selbstinszenierung mit dem Bild, das in der Folge der Nobelpreisverkündung öffentlich von ihr erzeugt wurde. Zwar ließ sie an der Aufrichtigkeit dieser Inszenierung Zweifel bestehen; zugleich zeichnete sie aber kein Gegenbild, sondern stimmte vielmehr die allgemein mit ihr assoziierten Biographeme darauf ab. Auf diese Weise unterläuft *Neid* konsequent eine Trennung von Produktions- und Rezeptionsperspektive und gestaltet mit autofiktionalen Verfahren eine Gleichsetzung zwischen dem Leben der Autorin und dem untoten Dasein einer fiktiven Kunstfigur, in der sich ihr Selbstbild mit fremden Zuschreibungen mischt. Wenn der motivische Wunsch zu verschwinden damit auch auf Ebene der Autorschaft vollzogen wird, kommt es zu einer rigorosen Entwertung souveräner, aufrichtiger Rede und das Scheitern des Dialogs, das schon *Im Abseits* beschrieb, wird performativ bekräftigt.

Mit *Neid* gelang es Jelinek, ihre Autorimagines kollabieren zu lassen. Vor allem die durch die Nobelpreiskonsekration erzeugte Vorstellung von ihr als Autorin unzweifelhaft wertvoller Texte forderte sie heraus, indem sie ihr einen Roman des ostentativen Scheiterns entgegenhielt. Die äußerst geringe literaturkritische wie -wissenschaftliche Resonanz, die *Neid* bisher ausgelöst hat, belegt den Erfolg dieser zweifelhaften Strategie eindrucksvoll. In ihr lässt sich eine Folge des durch Jelinek abgebrochenen Dialogs erkennen. Dass die Autorin mit *Neid* nicht mehr bereit war, ein überzeugendes Bild von sich zu geben, und alle Verantwortung für die Bedeutung ihrer Literatur ihren Lesenden übertragen hat, ist der bedenkliche Schlusspunkt ihrer Geschichte der Autofiktion. Dass sie seither auf das Schreiben von Romanen verzichtet hat, ist bezeichnend.

Im Werk von Elfriede Jelinek wird eine ethische Frage, mit der autofiktionale Verfahren konfrontieren, besonders deutlich vernehmbar: Auf welcher Grundlage urteilt man über die Person des Autors/der Autorin? Jelineks Texte fordern ihre Leser/innen dazu auf, das Bild zu überprüfen, das sie sich von ihr gemacht haben und lassen im Rahmen einer Poetik der Ambivalenz verschiedene Strategien erkennen, um die Stimme, die man in ihnen wahrnehmen mag, als zugeschriebene kenntlich zu machen. Mit dieser auf das Gegenüber bezogenen Haltung gab Jelinek eine Form von Autorschaft zu denken, die nicht als souverän begriffen werden kann.[1] Demnach reflektierte sie durch den Bezug auf die vergangene Rezeption ihres Werkes, der zugleich eine Antizipation ihrer kommenden Wirkung war, auf eine dialogische Konstitution von Autorschaft, die nicht nur durch die Verantwortung des Schreibens, sondern auch die des Lesens ausgezeichnet ist.

1 Meine einen Dialog akzentuierende Lesart von Jelineks Werk ist selbst eingelassen in ein über Jahre reichendes Gespräch, das Anne Fleig mit mir und Anderen geführt hat. Für die Berührungspunkte, aber auch Differenzen in unserem Blick auf Jelineks Texte vgl. insbesondere Fleig, *Elfriede Jelinek* (2004), S. 193-203.

Literaturverzeichnis

Alle Internetquellen, die im Literaturverzeichnis ausgewiesen sind, wurden am 30.06.2022 das letzte Mal besucht und geprüft.

Siglen

Die folgenden Texte von Elfriede Jelinek sind im Text mit Siglen ausgewiesen:

IA *Im Abseits*, 2004, online verfügbar: www.elfriedejelinek.com/fnobel.htm; www.nobelprize.org/prizes/literature/2004/jelinek/25215-elfriede-jelinek-nobelvorlesung [heruntergeladen am 02.07.2013].

K *Die Klavierspielerin*, Reinbek bei Hamburg 1983.

KA *Keine Anweisung, keine Auszahlung, kein Betrag, kein Betrug*, online verfügbar: www.elfriedejelinek.com/fanmerk.htm [heruntergeladen am 15.11.2019].

L *Lust*, Reinbek bei Hamburg 1989.

N *Neid*, 2007/2008, online verfügbar unter: www.elfriedejelinek.com/fneid1.htm; www.elfriedejelinek.com/NEID.pdf [heruntergeladen am 13.10.2013].

S *Ein Sportstück*, Reinbek bei Hamburg 2004.

Primärtexte

Abramović, Marina/Kaplan, James, *Walk through Walls. A memoir*, New York 2016.

Angot, Christine, *L'inceste*, Paris 2000 [*Inzest*, übers. v. Christian Ruzicska, Frankfurt a. M. 2002].

Bachmann, Ingeborg, *Frankfurter Vorlesungen: Probleme zeitgenössischer Dichtung*, München/Zürich 1980.

Bachmann, Ingeborg, *Malina*, Frankfurt a. M. 1996.

Beigbeder, Frédéric, *99 Francs*, Paris 2000 [*39,90*, übers. v. Brigitte Grosse, Reinbek bei Hamburg 2001].

Celan, Paul, *Der Meridian*, in: Ders., *Der Meridian und andere Prosa*, Frankfurt a. M. 1988, S. 40-62.

Celan, Paul, *Todesfuge*, in: Ders., *Die Gedichte*, Frankfurt a. M. 2005, S. 40f.

Doubrovsky, Serge, *Fils*, Paris 1977.

Ellis, Bret Easton, *Lunar Park*, London 2005 [*Lunar Park*, übers. v. Clara Drechsler/Harald Hellmann, Köln 2006].

Ellis, Bret Easton, *White*, London 2019 [*Weiss*, übers. v. Ingo Herzke, Köln 2019].

Goetz, Rainald, *Abfall für alle*, Frankfurt a. M. 2003.

Herrndorf, Wolfgang, *Bilder deiner großen Liebe*, Berlin 2014.

Hofmannsthal, Hugo von, *Ein Brief*, in: Ders., *Gesammelte Werke in zehn Einzelbänden*, Band 7: *Erzählungen, erfundene Gespräche und Briefe, Reisen*, Frankfurt a. M. 1979, S. 460-471.

Hölderlin, Friedrich, *Andenken*, in: Ders., *Sämtliche Werke*, Bd. 2, Stuttgart 1951, S. 188f.

Houellebecq, Michel, *La carte et le territoire*, Paris 2010 [*Karte und Gebiet*, übers. v. Uli Wittmann, Köln 2011].

Houellebecq, Michel, *Soumission*, Paris 2015 [*Unterwerfung*, übers. v. Norma Cassau/ Bernd Wilczek, Köln 2015].

Jelinek, Elfriede, *Die Liebhaberinnen*, Reinbek bei Hamburg 1975.

Jelinek, Elfriede, *bukolit. hörroman*, Wien 1979.

Jelinek, Elfriede, *Die Ausgesperrten*, Reinbek bei Hamburg 1980.

Jelinek, Elfriede, *Die Klavierspielerin*, Reinbek bei Hamburg 1983.

Jelinek, Elfriede, *Der Krieg mit anderen Mitteln. Über Ingeborg Bachmann*, in: *Die schwarze Botin* 21 (1983), S. 149-153.

Jelinek, Elfriede, *Clara S. – Musikalische Tragödie*, in: Dies., *Theaterstücke*, Köln 1984, S. 63-101.

Jelinek, Elfriede, *„Ich schlage sozusagen mit der Axt drein"*, in: *TheaterZeitSchrift* 7 (1984), S. 14-16.

Jelinek, Elfriede, *Begierde & Fahrerlaubnis*, in: *Manuskripte* 93 (1986), S. 74-76; online verfügbar: www.elfriedejelinek.com/fbegierd.htm.

Jelinek, Elfriede, *Lust*, Reinbek bei Hamburg 1989.

Jelinek, Elfriede, *Ich möchte seicht sein*, in: Christa Gürtler (Hg.), *Gegen den schönen Schein. Texte zu Elfriede Jelinek*, Frankfurt a. M. 1990, S. 157-161.

Jelinek, Elfriede, *Krankheit oder Moderne Frauen*, in: Dies., *Theaterstücke*, Reinbek bei Hamburg 1992, S. 191-265.

Jelinek, Elfriede, *Die Kinder der Toten*, Reinbek bei Hamburg 1995.

Jelinek, Elfriede, *Stecken, Stab und Stangl*, in: Dies., *Stecken, Stab und Stangl. Raststätte oder Sie machens alle. Wolken.Heim. Neue Theaterstücke*, Reinbek bei Hamburg 1997, S. 15-68.

Jelinek, Elfriede, *Raststätte oder Sie machens alle*, in: Dies., *Stecken, Stab und Stangl. Raststätte oder Sie machens alle. Wolken.Heim. Neue Theaterstücke*, Reinbek bei Hamburg 1997, S. 69-134.

Jelinek, Elfriede, *Wolken.Heim.*, in: Dies., *Stecken, Stab und Stangl. Raststätte oder Sie machens alle. Wolken.Heim. Neue Theaterstücke*, Reinbek bei Hamburg 1997, S. 135-158.

Jelinek, Elfriede, *er nicht als er. (zu, mit Robert Walser). Ein Stück*, Frankfurt a. M. 1998.

Jelinek, Elfriede, *Macht nichts. Eine kleine Trilogie des Todes*, Reinbek bei Hamburg 1999.

Jelinek, Elfriede, *Das Lebewohl* (*Les Adieux*), in: Dies., *Das Lebewohl. 3 kl. Dramen*, Berlin 2000, S. 7-35.

Jelinek, Elfriede, *Gier. Ein Unterhaltungsroman*, Reinbek bei Hamburg 2000.

Jelinek, Elfriede, *Die Puppe*, in: *Das allerletzte Schauspielhaus Magazin. Eine Rückschau von Oktober 1993 bis Juni 2000*, Mai 2000, S. 184.

Jelinek, Elfriede, *Das Werk*, in: Dies., *In den Alpen. Drei Dramen*, Berlin 2002, S. 89-251.

Jelinek, Elfriede, *Der Tod und das Mädchen IV* (*Jackie*), in: Dies., *Der Tod und das Mädchen I-V. Prinzessinnendramen*, Berlin 2003, S. 63-100.

Jelinek, Elfriede, *Der Tod und das Mädchen V* (*Die Wand*), in: Dies., *Der Tod und das Mädchen I-V. Prinzessinnendramen*, Berlin 2003, S. 101-143.

Jelinek, Elfriede, *Ein Sportstück*, Reinbek bei Hamburg 2004.

Jelinek, Elfriede, *Im Abseits*, 2004, online verfügbar: www.elfriedejelinek.com/fnobel.htm; www.nobelprize.org/prizes/literature/2004/jelinek/25215-elfriede-jelinek-nobelvorlesung.

Jelinek, Elfriede, *Neid*, 2007/2008, online verfügbar: www.elfriedejelinek.com/NEID.pdf.

Jelinek, Elfriede, *Keine Anweisung, keine Auszahlung, kein Betrag, kein Betrug. Ein paar Anmerkungen zu „Neid"*, 2008, online verfügbar: www.elfriedejelinek.com/fanmerk.htm.

Jelinek, Elfriede, *Die Kontrakte des Kaufmanns*, in: Dies., *Drei Theaterstücke*, Reinbek bei Hamburg 2009, S. 207-349.

Jelinek, Elfriede, *Rechnitz* (*Der Würgeengel*), in: Dies., *Drei Theaterstücke*, Reinbek bei Hamburg 2009, S. 53-205.

Jelinek, Elfriede, *Schlechte Nachrede: Und jetzt?*, 2009, online verfügbar: www.elfriedejelinek.com/fepilog.htm.

Jelinek, Elfriede, *Schlechte Nachrede: Und jetzt?*, in: Claudia Honegger/Sighard Neckel/Chantal Magnin (Hg.), *Strukturierte Verantwortungslosigkeit. Berichte aus der Bankenwelt*, Berlin 2010, S. 317-332.

Jelinek, Elfriede, *Winterreise*, Reinbek bei Hamburg 2011.

Jelinek, Elfriede, *Wer oder was?* (*zu André Müllers Interviews*), 2011, online verfügbar: www.elfriedejelinek.com/fandremuller.htm.

Jelinek, Elfriede, *Her not all her. on/with Robert Walser*, London/Paris 2012.

Jelinek, Elfriede, *Textflächen*, 2013, online verfügbar: www.elfriedejelinek.com/ftextf.htm.

Jelinek, Elfriede, *Tod-krank.Doc*, 2014, online verfügbar: www.elfriedejelinek.com/ftod-krank.htm.

Jelinek, Elfriede, *Ich muß noch weg*, in: Susanne Breuss (Hg.), *Mit Haut und Haar. Frisieren, Rasieren, Verschönern*, Wien 2018, S. 315-318.

Jelinek, Elfriede, *Wut*, in: Dies., *Die Schutzbefohlenen. Wut. Unseres. Theaterstücke*, Reinbek bei Hamburg 2018, S. 227-405.

Jelinek, Elfriede, *Schnee Weiß*, 2019, online verfügbar: www.elfriedejelinek.com/fschneeweiss.htm.

Kafka, Franz, *Die Erzählungen und andere ausgewählte Prosa*, Frankfurt a. M. 1996.

Kleist, Heinrich von, *Sämtliche Werke und Briefe*, 2 Bd., München 2008.

Kraus, Karl, *Die letzten Tage der Menschheit. Tragödie in fünf Akten* (= *Werke*, Bd. 5), München 1957.

Louis, Édouard, *Histoire de la violence*, Paris 2016 [*Im Herzen der Gewalt*, übers. v. Hinrich Schmidt-Henkel, Frankfurt a. M. 2017].

Nizon, Paul, *Am Schreiben gehen. Frankfurter Vorlesungen*, Frankfurt a. M. 1985.

Plath, Sylvia, *Daddy/Papi*, in: Dies., *Ariel. Gedichte deutsch und englisch*, übers. v. Erich Fried, Frankfurt a. M. 1974, S. 106f.

Rimbaud, Arthur, *Die Seher-Briefe*, in: Ders., *Die Zukunft der Dichtung*, übers. v. Tim Trzaskalik, Berlin 2010, S. 17-35.

Tieck, Ludwig, *Die verkehrte Welt. Ein historisches Schauspiel in fünf Aufzügen*, Stuttgart 1996.

Sekundärtexte

Texte zum Werk von Elfriede Jelinek

Annuß, Evelyn, *Elfriede Jelinek. Theater des Nachlebens*, München 2005.

Annuß, Evelyn, *Flache Figuren – Kollektive Körper*, in: Thomas Eder/Juliane Vogel (Hg.), *Lob der Oberfläche. Zum Werk von Elfriede Jelinek*, München 2010, S. 49-71.

Appelt, Hedwig, *Die leibhaftige Literatur. Das Phantasma und die Präsenz der Frau in der Schrift*, Weinheim 1989, S. 111-132.

Baackmann, Susanne, *Erklär mir Liebe. Weibliche Schreibweisen von Liebe in der Gegenwartsliteratur*, Hamburg 1995.

Bartens, Daniela, *Vom Verschwinden des Textes in der Rezeption. Die internationale Rezeptionsgeschichte von Elfriede Jelineks Werk*, in: Dies./Paul Pechmann (Hg.), *Dossier extra: Elfriede Jelinek. Die internationale Rezeption*, Graz 1997, S. 28-51.

Barthofer, Alfred, *Vanishing in the Text, Elfriede Jelinek's Art of Self-Effacement in ‚The Piano Teacher' and ‚Children of the Dead'*, in: Nicholas J. Meyerhofer (Hg.), *The Fiction of the I. Contemporary Austrian Writers and Autobiography*, Riverside, CA 1999, S. 138-163.

Becker-Cantarino, Barbara, *„Muse" und „Kunstrichter": Sophie La Roche und Wieland*, in: *Modern Language Notes* 99/3 (1984), S. 571-588.

Becker-Cantarino, Barbara, *Ästhetik, Geschlecht und literarische Wertung, oder: Warum hat Elfriede Jelinek den Nobelpreis erhalten?*, in: Nicholas Saul/Ricarda Schmidt (Hg.), *Literarische Wertung und Kanon-bildung*, Würzburg 2007, S. 125-149.

Bönnighausen, Marion, *Die Klavierspielerin*, in: Heinz Ludwig Arnold (Hg.), *Kindlers Literatur Lexikon*, Bd. 8, Stuttgart/Weimar 2009, S. 333f.

Busch, Nicolai, *Ethische Ambivalenz bei Elfriede Jelinek*, in: *Sprachkunst* 46/1 (2016), S. 53-68.

Carp, Stefanie, *Das katastrophalste Ereignis der Zweiten Republik*, in: *Theater der Zeit* 51/3 (1996), S. 90f.

Carp, Stefanie, *Ich bin im Grunde ständig tobsüchtig über die Verharmlosung. Ein Gespräch mit Elfriede Jelinek*, 1996, online verfügbar: www.elfriedejelinek.com/fstab.htm.

Carp, Stefanie, *Die Entweihung der heiligen Zonen*, in: Brigitte Landes (Hg.), *stets das Ihre. Elfriede Jelinek* (= *Theater der Zeit. Arbeitsbuch*), Berlin 2006, S. 48-52.

Cejpek, Lucas, *UND SIE. Jelinek in „Lust"*, Graz/Wien 1991.

Cerny, Karin, *Elfriede Jelinek: Ein Sportstück*, in: *Literaturhaus Wien* (28.01.1998), online verfügbar: www.literaturhaus.at/index.php?id=2625.

Chamayou-Kuhn, Cécile, *Darstellung der Autorität bei Elfriede Jelinek im Lichte zweier Selbstinszenierungsformen*, in: Delphine Klein/Aline Vennemann (Hg.), *„Machen Sie was Sie wollen!" Autorität durch-setzen, absetzen, umsetzen. Deutsch- und französischsprachige Studien zum Werk Elfriede Jelineks*, Wien 2017, S. 200-216.

Clar, Peter, *Selbstpräsentation*, in: Pia Janke (Hg.), *Jelinek-Handbuch*, Stuttgart 2013, S. 21-26.

Clar, Peter, *‚Der Rest ist aber auch nicht von mir'. Die Autorinnenfigur in Elfriede Jelineks ‚Bambiland' und ‚Babel'*, in: Herbert Bannert/Elisabeth Klecker (Hg.), *Autorschaft. Konzeptionen, Transformationen, Diskussionen*, Wien 2013, S. 295-316.

Clar, Peter, *‚Da ist die eine Wirklichkeit, die der Zeit, da ist die andere: ich'. Die Autorinnenfigur in Elfriede Jelineks ‚Winterreise'*, in: Ders. et al. (Hg.), *Zeitgemäße Verknüpfungen. Ergebnisse des DoktorandInnenworkshops der Wiener Germanistik, 10.11.-12.11.2012*, Wien 2014, S. 287-310.

Clar, Peter, *„Ich bleibe, aber weg." Dekonstruktionen der AutorInnenfigur(en) bei Elfriede Jelinek**, Bielefeld 2017.

Degner, Uta, *Die Kinder der Quoten. Zum Verhältnis von Medienkritik und Selbstmedialisierung bei Elfriede Jelinek*, in: Markus Joch et al. (Hg.), *Mediale Erregungen? Autonomie und Aufmerksamkeit im Literatur- und Kulturbetrieb der Gegenwart*, Tübingen 2009, S. 153-168.

Degner, Uta, *„Non, vous ne pouvez pas dire ça, madame l'auteur. Censure d'auteur chez Elfriede Jelinek*, in: Danièle James-Raoul et al. (Hg.), *La parole empêchée*, Tübingen 2012, S. 402-415.

Degner, Uta, *Eine ‚unmögliche' Ästhetik – Elfriede Jelinek im literarischen Feld*, Wien 2022.

Detering, Heinrich, *Mit dem Hammer erzählt. Elfriede Jelinek komponiert den Soundtrack einer mopsfidelen Bestialität*, in: *Literaturen* (11/2000), S. 15-18.

Domizlaff, Svante, *Frau Radischs Gespür*, in: *Welt am Sonntag* (31.12.2000).

Dröscher-Teille, Mandy, *Autorinnen der Negativität. Essayistische Poetik der Schmerzen bei Ingeborg Bachmann – Marlene Streeruwitz – Elfriede Jelinek*, Paderborn 2018.

Dürbeck, Gabriele, *„Machen Sie was Sie wollen". Zum Verhältnis von Autorin und Regietheater in den Inszenierungen von Elfriede Jelineks „Raststätte" (Castorf), „Ein Sportstück" (Schleef) und „Das Werk" (Stemann)*, in: Inge Arteel/Heidy Margrit Müller (Hg.), *Elfriede Jelinek – Stücke für oder gegen das Theater*, Brüssel 2008, S. 107-122.

Elfriede Jelinek-Forschungszentrum, *JeliNetz*, online verfügbar: https://jelinetz.com.

Erdle, Birgit R., *„Die Kunst ist ein schwarzes glitschiges Sekret." Zur feministischen Kunst-Kritik in neueren Texten Elfriede Jelineks*, in: Mona Knapp/Gerd Labroisse (Hg.), *Frauen-Fragen in der deutschsprachigen Literatur seit 1945*, Amsterdam/Atlanta 1989, S. 323-341.

Federmair, Leopold, *Sprachgewalt als Gewalt gegen die Sprache. Zu Jelineks »Lust«*, in: *Weimarer Beiträge* 52/1 (2006), S. 50-62.

Fernsebner-Kokert, Bettina, *Schrumpf-Town Eisenerz*, in: *Der Standard* (13./14.10.2007).

Fleig, Anne, *Zwischen Text und Theater. Zur Präsenz der Körper in „Ein Sportstück" von Jelinek und Schleef*, in: Erika Fischer-Lichte/Anne Fleig (Hg.), *Körper-Inszenierungen. Präsenz und kultureller Wandel*, Tübingen 2000, S. 87-104.

Fleig, Anne, *Königinnendrama und Postdramatisches Theater: Zur Eskalation der Rede in Friedrich Schillers Maria Stuart und Elfriede Jelineks/Nicolas Stemanns Ulrike Maria Stuart*, in: Nina Birkner/Andrea Geier/Urte Helduser (Hg.), *Spielräume des Anderen und Alterität im postdramatischen Theater*, Bielefeld 2014, S. 143-163.

Fleig, Anne, *Texttheatralität und dramatische Form. Plädoyer für eine historische Perspektivierung von Text und Aufführung bei Elfriede Jelinek*, in: Pia Janke/Teresa Kovacs (Hg.), *„Postdramatik". Reflexion und Revision*, Wien 2015, S. 283-294.

Fleig, Anne, *Die Stimme der Autorin – Elfriede Jelinek zum 70. Geburtstag*, in: *blog feministische studien* (2016), online verfügbar: https://blog.feministische-studien.de/2016/10/die-stimme-der-autorin-elfriede-jelinek-zum-70-geburtstag.

Fleig, Anne, *Zitierte Autorität – Zur Reflexion von Autorschaft in Rosamunde, Ulrike Maria Stuart und den Sekundärdramen*, in: Delphine Klein/Aline Vennemann (Hg.), *„Machen Sie was Sie wollen!" Autorität durchsetzen, absetzen, umsetzen. Deutsch- und französischsprachige Studien zum Werk Elfriede Jelineks*, Wien 2017, S. 148-157.

Fleig, Anne, *Elfriede Jelinek: „Ein Sportstück" (1998) [Sports Play]*, in: Martina Wagner-Egelhaaf (Hg.), *Handbook of Autobiography/Autofiction*, Volume III: *Exemplary Texts*, Berlin/New York 2019, S. 1989-2001.

Fleig, Anne, *Elfriede Jelinek* (2004), in: Claudia Olk/Susanne Zepp (Hg.), *Nobelpreisträgerinnen. 14 Schriftstellerinnen im Porträt*, Berlin/Boston 2019, S. 193-211.

Fliedl, Konstanze, *Im Abseits. Elfriede Jelineks Nobelpreisrede*, in: Françoise Rétif/Johann Sonnleitner (Hg.), *Elfriede Jelinek. Sprache, Geschlecht und Herrschaft*, Würzburg 2008, S. 19-31.

Fliedl, Konstanze, *Narrative Strategien*, in: Pia Janke (Hg.), *Jelinek-Handbuch*, Stuttgart 2013, S. 56-61.

Freiinger, Gerhard/Niederhofer, Gerhard, *Gedenkprojekt Todesmarsch Eisenstraße 1945. Die Stadt Eisenerz errichtet mit Jugendlichen ein Mahnmal am Präbichl*, in: Heimo Halbrainer (Hg.), *Todesmarsch Eisenstraße 1945. Terror, Handlungsspielräume, Erinnerung: Menschliches Handeln unter Zwangsbedingungen*, Graz 2005, S. 15-18, online verfügbar: https://jelinetz.com/2009/08/27/gerhard-freiinger-gerhard-niederhofer-und-christian-ehetreiber-das-eisenerzer-gedenkprojekt.

Gaschke, Susanne, *Wenn kein Tabu mehr gilt*, in: *Die Zeit* (08.05.2008), S. 1.

Geier, Andrea, *Das ist doch keinen Nobelpreis wert! Über literarische Wertung und Kanonisierung am Beispiel der Nobelpreisverleihung an Elfriede Jelinek im Jahr 2004*, in: *Der Deutschunterricht* 58/1 (2006), S. 91-96.

Geier, Andrea, *„Was aber bleibt, stiften die Dichter"? Über den Umgang mit der Tradition in Text und Inszenierungen von „Wolken.Heim."*, in: Inge Arteel/Heidy Margrit Müller (Hg.), *Elfriede Jelinek – Stücke für oder gegen das Theater*, Brüssel 2008, S. 143-154.

Geitner, Ursula, *„The real thing". Selbst, Leben, Schreiben bei Elfriede Jelinek*, in: Jörg Dünne/Christian Moser (Hg.), *Automedialität. Subjektkonstitutionen in Schrift, Bild und neuen Medien*, München 2008, S. 99-125.

Grabienski, Olaf/Kühne, Bernd/Schönert, Jörg, *Stimmen-Wirrwarr? Zur Relation von Erzählerin- und Figuren-Stimmen in Elfriede Jelineks Roman „Gier"*, in: Andreas Blödorn/Daniela Langer/Michael Scheffel (Hg.), *Stimme(n) im Text. Narratologische Positionsbestimmungen*, Berlin/New York 2006, S. 195-232.

Graff, Max, *Literarische Dimensionen der Menschenwürde: Exemplarische Analysen zur Bedeutung des Menschenwürdebegriffs in der deutschsprachigen Literatur seit der Frühaufklärung*, Tübingen 2017.

Gropp, Rose-Maria/Spiegel, Hubert, [Interview mit E.J.] *„Ich renne mit dem Kopf gegen die Wand und verschwinde"*, in: *Frankfurter Allgemeine Zeitung* (08.11.2004), S. 35f.

Gropp, Rose-Maria, *Elfriede Jelineks Netzbaustelle*, in: *Frankfurter Allgemeine Zeitung* (16.04.2007).

Gropp, Rose-Maria, *Dieses Buch ist kein Buch. Gespräch mit Elfriede Jelinek über ihren Internetroman*, in: *Frankfurter Allgemeine Zeitung* (17.04.2007), S. 35.

Gropp, Rose-Maria, *Hier gilt das Wort des Vaters. Testfall Österreich: Elfriede Jelinek deutet Amstetten*, in: *Frankfurter Allgemeine Zeitung* (13.05.2008), S. 45.

Gross, Roland, *Nichts ist möglich zwischen den Geschlechtern. Ein Gespräch mit Elfriede Jelinek*, in: *Süddeutsche Zeitung* (20.01.1987).

Gruber, Bettina (Hg.), *Weiblichkeit als politisches Programm? Sexualität, Macht und Mythos*, Würzburg 2005.

Hack, Günter, *Auf der Jagd nach Jelinek*, in: *ORF.at* (22.11.2008), online verfügbar: www.fuzo-archiv.at/artikel/1500278v2.

Halbrainer, Heimo, *Zwangsarbeit in Eisenerz & Konzentrationslager in Eisenerz*, in: Institut für Strukturforschung und Erwachsenenbildung der AK-Steiermark (Hg.), *Zwischen den Fronten. Die Region Eisenerz von 1938-1945*, Leoben 2000, S. 30-33, online verfügbar: https://jelinetz.com/2009/03/16/heimo-halbrainer-zwangsarbeit-und-konzentrationslager-in-eisenerz.

Hartwig, Ina, *Sexuelle Poetik. Proust. Musil. Genet. Jelinek*, Frankfurt a. M. 1998.

Hartwig, Ina, *Erscheinung aus dem Dunkel*, in: Brigitte Landes (Hg.), *stets das Ihre. Elfriede Jelinek* (= *Theater der Zeit. Arbeitsbuch*), Berlin 2006, S. 70f.

Hartwig, Ina, *Alles muss raus*, in: *Frankfurter Rundschau* (14.04.2007).

Hartwig, Ina, *Die Kunst der Angst*, in: *Frankfurter Rundschau* (17.05.2008).

Hartwig, Ina, *Verlorenheit*, in: *Frankfurter Rundschau* (26.09.2008).

Hartwig, Ina, *Das Geheimfach ist offen. Über Literatur*, Frankfurt a. M. 2012.

Hartwig, Ina, *Wer war Ingeborg Bachmann?*, Frankfurt a. M. 2017.

Haß, Ulrike, *Grausige Bilder. Große Musik. Zu den Theaterstücken Elfriede Jelineks*, in: Heinz Ludwig Arnold (Hg.), *Text + Kritik. Zeitschrift für Literatur* 117 (1993) (= *Sonderheft Elfriede Jelinek*), S. 21-30.

Haß, Ulrike, *Ein Sportstück*, in: Pia Janke (Hg.), *Jelinek-Handbuch*, Stuttgart 2013, S. 162-167.

Hayer, Björn, *Elfriede Jelinek – Die ewige Provokateurin. Macht, Ideologie und Faschismus: Skandalösität zwischen Schreibweise und dekonstruktiver Rezeption*, in: Andrea Bartl/Martin Kraus (Hg.), *Skandalautoren. Zu repräsentativen Mustern literarischer Provokation und Aufsehen erregender Autorinszenierung*, Bd. 1, Würzburg 2014, S. 185-200.

Hayer, Björn, *Das multiple Ich. Gegenwartsliterarische Identitätskonstruktionen im Spiegel der neuen Medien: Jelinek, Kehlmann, Glavinic, Meinecke*, in: Monika Wolting (Hg.), *Identitätskonstruktionen in der deutschen Gegenwartsliteratur*, Göttingen 2017, S. 65-77.

Heidemann-Nebelin, Klaudia, *Rotkäppchen erlegt den Wolf. Marieluise Fleißer, Christa Reinig und Elfriede Jelinek als satirische Schriftstellerinnen*, Bonn 1994.

Heselhaus, Herrad, *‚Textile Schichten'. Elfriede Jelineks Bekenntnisse einer Klavierspielerin*, in: Markus Heimann/Thomas Wägenbaur (Hg.), *Im Bann der Zeichen. Die Angst vor Verantwortung in Literatur und Literaturwissenschaft*, Würzburg 1998, S. 89-103.

Höckner, Gloria, *Queeres Nomadentum*, in: *Syn. Magazin für Theater-, Film- und Medienwissenschaft* 6 (2013), S. 67-76.

Höfler, Günther A., *Sexualität und Macht in Elfriede Jelineks Prosa*, in: *Modern Austrian Literature* 23/3-4 (1990), S. 99-110.

Jandl, Paul, *Mit Tricktinte*, in: *Neue Zürcher Zeitung* (26.04.2007).

Jandl, Paul, *Ich bin raus!*, in: *Neue Zürcher Zeitung* (08.05.2008).

Janke, Pia (Hg.), *Die Nestbeschmutzerin: Jelinek & Österreich*, Salzburg et al. 2002.

Janke, Pia et al. (Hg.), *Literaturnobelpreis Elfriede Jelinek*, Wien 2005.

Janke, Pia (Hg.), *Jelinek-Handbuch*, Stuttgart 2013.

Janke, Pia, *Debatten und Skandalisierung*, in: Dies. (Hg.), *Jelinek-Handbuch*, Stuttgart 2013, S. 335-340.

Janke, Pia/Kovacs, Teresa (Hg.), *„Postdramatik". Reflexion und Revision*, Wien 2015.

Janke, Pia, *Stigmatisierung und Skandalisierung Elfriede Jelineks in Österreich*, in: Veronika Hofeneder/ Nicole Perry (Hg.), *Germanistik grenzenlos*, Wien 2018, S. 184-193.

Janz, Marlies, *Elfriede Jelinek*, Stuttgart 1995.

Janz, Marlies, *„Die Geschichte hat sich nach 45 entschlossen, noch einmal ganz von vorne zu beginnen ...". Elfriede Jelineks Destruktion des Mythos historischer ‚Unschuld*, in: Daniela Bartens/Paul Pechmann (Hg.), *Dossier extra: Elfriede Jelinek. Die internationale Rezeption*, Graz 1997, S. 225-238.

Janz, Marlies, *Das Verschwinden des Autors. Die Celan-Zitate in Elfriede Jelineks Stück „Stecken, Stab und Stangl"*, in: Hans-Michael Speier (Hg.), *Celan-Jahrbuch 7 (1997/98)*, Heidelberg 1999, S. 279-292.

Janz, Marlies, *Elfriede Jelinek: Die Klavierspielerin*, in: o. Hg., *Interpretationen. Romane des 20. Jahrhunderts*, Bd. 3, Stuttgart 2003, S. 108-135.

Janz, Marlies, *Mütter, Amazonen und Elfi Elektra. Zur Selbstinszenierung der Autorin in Elfriede Jelineks „Sportstück"*, in: Bettina Gruber (Hg.), *Weiblichkeit als politisches Programm?*, Würzburg 2005, S. 87-96.

Janz, Marlies, *Arbeitsbibliographie zu Elfriede Jelinek 1986-2008*, online verfügbar: www.geisteswissenschaften.fu-berlin.de/v/jelinek/primaerliteratur/interviews/index.html.

Jezierska, Agnieszka, *Die passionierten LeserInnen: Lust an Elfriede Jelineks „Lust"*, in: Paweł Piszczatowski (Hg.), *Diálogos: Das Wort im Gespräch*, Göttingen 2018, S. 127-138.

John-Wenndorf, Carolin, *Der öffentliche Autor. Über die Selbstinszenierung von Schriftstellern*, Bielefeld 2014.

Kandioler, Nicole, *Radikales und mimetisches Ich des Kollektivs. Elfriede Jelinek und Christine Angot*, in: Françoise Rétif/Johann Sonnleitner (Hg.), *Elfriede Jelinek. Sprache, Geschlecht und Herrschaft*, Würzburg 2008, S. 141-151.

Kapfer, Herbert, *Der Privatroman Neid – 36 Antworten von Elfriede Jelinek auf Fragen von Herbert Kapfer*, Tonaufnahme des *Bayerischen Rundfunks* (2011), online verfügbar: www.br.de/mediathek/podcast/artmix-galerie/der-privatroman-neid-36-antworten-von-elfriede-jelinek-auf-fragen-von-herbert-kapfer/31172.

Kastberger, Klaus, *Herzstich, ganz ohne Messer*, in: *Die Presse* (10.05.2008).

Kastberger, Klaus, *Die Haut der neuen Medien. Vier Thesen zu Elfriede Jelinek*, in: Thomas Eder/Juliane Vogel (Hg.), *Lob der Oberfläche. Zum Werk von Elfriede Jelinek*, München 2010, S. 117-130.

Kerlin, Alexander, *Hand in Hand durch den Text – Zur Zusammenarbeit von Elfriede Jelinek und Einar Schleef. Ein Gespräch mit der Dramaturgin Rita Thiele*, in: *Thewis* 2006 (= *Schleefblock I*), online verfügbar: www.theater-wissenschaft.de/hand-in-hand-durch-den-text-zur-zusammenarbeit-von-elfriede-jelinek-und-einar-schleef.

Klein, Delphine/Vennemann, Aline, *Einleitung*, in: Dies. (Hg.), *„Machen Sie was Sie wollen!" Autorität durchsetzen, absetzen, umsetzen. Deutsch- und französischsprachige Studien zum Werk Elfriede Jelineks*, Wien 2017, S. 8-19.

Klettenhammer, Sieglinde, *Welcome to Pornotopia? Literarische Sexualästhetik und Skandal seit 1968*, in: Stefan Neuhaus (Hg.), *Literatur als Skandal. Fälle – Funktionen – Folgen*, Göttingen 2009, S. 412-428.

Köhler, Kai, *Wer schreibt? Elfriede Jelineks „Privatroman" vereint Gesten von Ohnmacht und Macht*, in: *literaturkritik.de* (30.05.2007), online verfügbar: www.literaturkritik.de/id/10821.

Kremer, Detlef, *Groteske Inversionen. Elfriede Jelineks und Elfriede Czurdas Vernichtung des phallischen Diskurses*, in: Markus Heilmann/Thomas Wägenbaur (Hg.), *Im Bann der Zeichen. Die Angst vor Verantwortung in Literatur und Literaturwissenschaft*, Würzburg 1998, S. 75-88.

Lahann, Birgit, *„Männer sehen in mir die große Domina"*, in: *Stern* (08.09.1988), S. 76-81.

Lamb-Faffelberger, Margarete, *Valie Export und Elfriede Jelinek im Spiegel der Presse. Zur Rezeption der feministischen Avantgarde Österreichs*, New York 1992.

Lang, Lena, *Elfriede privat?! Elfriede Jelineks digitale Selbstinszenierung*, in: *Textpraxis* 12/1 (2016), S. 1-20, online verfügbar: www.uni-muenster.de/textpraxis/lena-lang-elfriede-jelineks-digitale-selbstinszenierung.

Larrivée, Stéphane, *La lecture coupable*, in: *Salon double. Observatoire de la littérature contemporaine* (2010), online verfügbar: http://salondouble.contemporain.info/lecture/la-lecture-coupable.

Lehmann, Hans-Thies, *„Ich mache ja nicht das, was Menschen sind oder tun, zu meinem Thema ..." Postdramatische Poetiken bei Jelinek und anderen*, Göttingen 2017.

Löffler, Sigrid, *Herrin der Unholde und der Gespenster*, in: *Literaturen* 12 (2004), S. 6-15.

Löffler, Sigrid, *Die Masken der Elfriede Jelinek*, in: Heinz Ludwig Arnold (Hg.), *Text + Kritik. Zeitschrift für Literatur* 117 (2007) (= *Sonderheft Elfriede Jelinek*, 3. Aufl.: Neufassung), S. 3-14.

Löffler, Sigrid/Kapfer, Herbert, *Der Roman „Neid" in Jelineks Werk*, Tonaufnahme des *Bayerischen Rundfunks* (2011), online verfügbar: www.br.de/radio/bayern2/sendungen/hoerspiel-und-medienkunst/gespraech-zu-jelinek-neid-sigrid-loeffler-kapfer100.html.

Lücke, Bärbel, www.todsuende.com. *Lesarten zu Elfriede Jelineks ,Neid'*, Wien 2009.

Lüder, Sven, [Rez.] *Uta Degner: Eine ,unmögliche' Ästhetik – Elfriede Jelinek im literarischen Feld. Böhlau Verlag, Wien 2022, 371 S.*, in: *Zeitschrift für Germanistik* Neue Folge XXXIII/1 (2023) [im Erscheinen].

Lüder, Sven, *(Mit) Autorität Beanstanden: „Die Kontrakte des Kaufmanns" von Elfriede Jelinek oder: Vom Wert des Werkes*, in: Delphine Klein/Aline Vennemann (Hg.), *„Machen Sie was Sie wollen!" Autorität durchsetzen, absetzen, umsetzen. Deutsch- und französischsprachige Studien zum Werk Elfriede Jelineks*, Wien 2017, S. 170-178.

Mahler-Bungers, Annegret, *Der Trauer auf der Spur – Zu Elfriede Jelineks „Die Klavierspielerin"*, in: Johannes Cremerius (Hg.), *Masochismus in der Literatur*, Würzburg 1988, S. 80-95.

Martin, Wolf, *In den Wind gereimt*, in: *Neue Kronenzeitung* (15.02.1998), online verfügbar: www.elfriedejelinek.com/fkrone1.htm.

Matussek, Matthias, *Alle Macht den Wortequirlen!*, in: *Der Spiegel* 42 (11.10.2004), S. 178-182.

Mayer, Verena/Koberg, Roland, *Elfriede Jelinek. Ein Porträt*, Reinbek bei Hamburg 2006.

Mertens, Moira/Günther, Elisabeth, *„,Ich will kein Leben.' Elfriede Jelineks Ästhetik des Untoten. Tagungsbericht zum gleichnamigen Workshop am Kongress und Festival* Die Untoten – Life Sciences & Pulp Fiction, in: Pia Janke (Hg.), *Jelinek[Jahr]Buch. Elfriede Jelinek-Forschungszentrum 2012*, Wien 2012, 83-103.

Meurer, Petra, *Theatrale Räume. Theaterästhetische Entwürfe in Stücken von Werner Schwab, Elfriede Jelinek und Peter Handke*, Berlin 2007.

Meyer, Adolf-Ernst, *Elfriede Jelinek im Gespräch mit Adolf-Ernst Meyer*, in: Elfriede Jelinek/Ders./Jutta Heinrich, *Sturm und Zwang. Schreiben als Geschlechterkampf*, Hamburg 1995, S. 7-74.

Meyer, Anja, *Elfriede Jelinek in der Geschlechterpresse. „Die Klavierspielerin" und „Lust" im printmedialen Diskurs*, Hildesheim et al. 1994.

Meyer, Eva, *Versprechen. Ein Versuch ins Unreine*, Frankfurt a. M. 1984.

Meyer, Eva, *Das digital geborene Ich – Zu Jelineks „Neid. Privatroman"*, Tonaufnahme des *Bayerischen Rundfunks* (2011), online verfügbar: www.br.de/radio/bayern2/sendungen/hoerspiel-und-medienkunst/artmix-zu-jelinek-neid-privatroman-digital100.html.

Müller, André, [Interview mit E.J.] *Ich lebe nicht*, in: *Die Zeit* (22.06.1990), online verfügbar: www.elfriedejelinek.com/andremuller/elfriede%20jelinek%201990.html.

Müller, André, *„Ich bin die Liebesmüllabfuhr". Interview mit Elfriede Jelinek*, in: *Profil* 35/49 (2004), S. 130-137, online verfügbar: www.elfriedejelinek.com/andremuller/elfriede%20jelinek%202004.html.

Müller, Burkhard, *Der blasse Neid*, in: *Süddeutsche Zeitung* (17.04.2007).

Müller, Ralph, *Narrativität vs. Interaktivität. Zur Gattungsdifferenzierung von Hyperfiction und Computergames*, in: *DIEGESIS. Interdisziplinäres E-Journal für Erzählforschung / Interdisciplinary E-Journal for Narrative Research* 3.1 (2014), S. 24-39.

Muston, Edward, *Der Teilnehmende Zuschauer: Spectatorship, Community, and Violence in Elfriede Jelinek's „Ein Sportstück"*, in: *Journal of Austrian Studies* 48 (2015), S. 51-71.

Neelsen, Sarah, *Genealogie der Autorschaft: Elfriede Jelinek, die 1968er-Generation und das literarische Feld Österreichs*, in: Aline Vennemann/Delphine Klein (Hg.), *„Machen Sie was Sie wollen!": Autorität durchsetzen, absetzen und umsetzen*, Wien 2017, S. 32-44.

Niermann, Ingo, [Interview mit] *Elfriede Jelinek*, in: *Fiktion* (27.02.2014), online verfügbar: www.fiktion.cc/elfriede-jelinek.

Nölke, Swantje, *Nicolas Stemanns „Ulrike Maria Stuart". Die RAF als diskursive Projektionsfläche weiblicher politischer Macht*, in: Nina Birkner/Andrea Geier/Urte Helduser (Hg.), *Spielräume des Anderen. Geschlecht und Alterität im postdramatischen Theater*, Bielefeld 2014, S. 165-176.

Nüchtern, Klaus, *Erlösung gibt es nicht*, in: *Falter* (06.09.2000).

Pecka, Zdeněk, *Alte und neue Medialität an der Schwelle zur digitalen Wende. Das mediale Echo Thomas Bernhards und die Selbstinszenierung Elfriede Jelineks*, in: *Brünner Beiträge zur Germanistik und Nordistik* 32/2 (2018), S. 111-124.

Pełka, Artur, *Elfriede Jelinek. Die österreichische (Literatur-)Insiderin aus dem, über das und im Abseits*, in: Krzysztof Ruchniewicz/Marek Zybura (Hg.), *Die höchste Ehrung, die einem Schriftsteller zuteil werden kann. Deutschsprachige Nobelpreisträger für Literatur*, Dresden 2007, S. 303-326.

Pewny, Katharina, *Das Prekäre lesen. Ein kontextanalytischer Zugang zu Elfriede Jelineks „Ein Sportstück"*, in: Hans-Peter Bayerdörfer (Hg.), *Vom Drama zum Theatertext? Zur Situation der Dramatik in Ländern Mitteleuropas*, Tübingen 2007, S. 142-150.

Pflüger, Maja Sibylle, *Vom Dialog zur Dialogizität. Die Theaterästhetik von Elfriede Jelinek*, Tübingen/ Basel 1996.

Pinto, Vito, *Hörbuch oder Hörspiel? Zur radiophonen Realisation von Elfriede Jelineks „Neid"*, in: Stephanie Bung/Jenny Schrödl (Hg.), *Phänomen Hörbuch. Interdisziplinäre Perspektiven und medialer Wandel*, Bielefeld 2016, S. 85-101.

Pokorny, Erwin, *Die sogenannte Tischplatte mit den Sieben Todsünden und den vier letzten Dingen*, in: *Frühneuzeit-Info* 21/1+2 (2010) (= *Sonderband: „Die Sieben Todsünden in der Frühen Neuzeit"*), S. 35-43.

Pontzen, Alexandra, *„Lust – keine Lust." Der weibliche Körper im erotischen Roman von Ulla Hahn bis Elfriede Jelinek*, in: Wieland Freund/Winfried Freund (Hg.), *Der deutsche Roman der Gegenwart*, München 2001, S. 53-76.

Pontzen, Alexandra, *Beredte Scham – Zum Verhältnis von Sprache und weiblicher Sexualität im Werk von Elfriede Jelinek und Marlene Streeruwitz*, in: Bettina Gruber (Hg.),

Weiblichkeit als politisches Programm? Sexualität, Macht und Mythos, Würzburg 2005, S. 21-40.

Radisch, Iris, *Die Heilige der Schlachthöfe*, in: *Die Zeit* (14.10.2004), S. 44.

Reich-Ranicki, Marcel, *„Die missbrauchte Frau“*, in: *Der Spiegel* 42 (11.10.2004), S. 180.

Renz, Thilo, *Elfriede Jelinek. Die Klavierspielerin*, in: Claudia Benthien/Inge Stephan (Hg.), *Meisterwerke. Deutschsprachige Autorinnen im 20. Jahrhundert*, Köln 2005, S. 176-200.

Riedel, Nicolai, *Elfriede Jelinek. Eine Auswahlbibliographie 1967-1992*, in: Heinz Ludwig Arnold (Hg.), *Text + Kritik. Zeitschrift für Literatur* 117 (1993) (= *Sonderheft Elfriede Jelinek*), S. 104-115.

Riedle, Gabriele, *They call her Elfie*, in: *Literatur Konkret* 12 (1987/88), S. 6-9.

Riedle, Gabriele, *Sie nicht als sie*, in: *Du. Zeitschrift der Kultur* 700 (= *Elfriede Jelinek. Schreiben. Fremd bleiben*), Zürich 1999, S. 26-28.

Rinnert, Andrea, *Körper, Weiblichkeit, Autorschaft*, Königstein 2001.

Rocholl, Karin, *Bilderlust. Lustbilder*, München 2002.

Roeder, Anke, *Ich will kein Theater. Ich will ein anderes Theater. Gespräch mit Elfriede Jelinek*, in: Dies. (Hg.), *Autorinnen: Herausforderungen an das Theater*, Frankfurt a. M. 1989, S. 141-160.

Runte, Annette, *Postfeministisches Schreiben? Zu Elfriede Jelineks satirischer Prosa*, in: Katharina Baisch et al. (Hg.), *Gender Revisited*, Stuttgart 2002, S. 75-97.

Sander, Margarete, *Textherstellungsverfahren bei Elfriede Jelinek. Das Beispiel „Totenauberg“*, Würzburg 1996.

Schachtsiek-Freitag, Norbert, *Perversionen der Liebe*, in: *Frankfurter Rundschau* (02.07.1983).

Schaffrick, Matthias, *„Das wird man ja wohl noch sagen dürfen“: Rhetorik und Poetik der populistischen Phrase*, in: Stefan Neuhaus/Immanuel Nover (Hg.), *Das Politische in der Literatur der Gegenwart*, Berlin/Boston 2019, S. 79-108.

Schenkermayr, Christian, *Interviews und Porträts*, in: Pia Janke (Hg.), *Jelinek-Handbuch*, Wien 2013, S. 341-347.

Schirrmacher, Frank, *Jelinek, Elfriede: Lust*, in: *Frankfurter Allgemeine Zeitung* (22.04.1989).

Schirrmacher, Beate, *Ambivalenz verspüren. Musik, Gewalt und der Körper in Elfriede Jelineks „Die Klavierspielerin“ und Anthony Burgess' „A Clockwork Orange“*, in: Dagmar von Hoff/Brigitte E. Jirku/Lena Wetenkamp (Hg.), *Visualisierungen von Gewalt. Beiträge zu Film, Theater und Literatur*, Berlin 2018, S. 125-143.

Schlich, Jutta, *Phänomenologie der Wahrnehmung von Literatur. Am Beispiel von Elfriede Jelineks „Lust“ (1989)*, Tübingen 1994.

Schmidt, Christina, *Tragödie als Bühnenform. Einar Schleefs Chor-Theater*, Bielefeld 2010.

Schnell, Ralf, *„Ich möchte seicht sein" – Jelineks Allegorese der Welt: „Die Kinder der Toten"*, in: Waltraud Wende (Hg.), *Nora verläßt ihr Puppenheim. Autorinnen des zwanzigsten Jahrhunderts und ihr Beitrag zur ästhetischen Innovation*, Stuttgart 2000, S. 250-268.

Scholz, Anna-Lena, *Sprechende Blicke. Entwürfe zu einer Poetik und Grammatik des Blicks (Elfriede Jelinek: ‚Die Klavierspielerin')*, in: Kenneth S. Calhoon et al. (Hg.), *„Es trübt mein Auge sich in Glück und Licht". Über den Blick in der Literatur*, Berlin 2010, S. 242-256.

Schößler, Franziska, *Augen-Blicke: Erinnerung, Zeit und Geschichte in Dramen der neunziger Jahre*, Tübingen 2004.

Schößler, Franziska, *Elfriede Jelinek – Aporien der Kritik und der Kampf um Rederechte*, in: Ingrid Gilcher-Holtey (Hg.), *Eingreifende Denkerinnen*, Tübingen 2015, S. 187-198.

Schwarzer, Alice, *Ich bitte um Gnade. A. Schwarzer interviewt Elfriede Jelinek*, in: *Emma* 7 (1989), S. 50-55, online verfügbar: www.aliceschwarzer.de/artikel/ich-bitte-um-gnade-264784.

Schwedische Akademie, *Der Nobelpreis in Literatur des Jahres 2004 – Pressemitteilung*, in: *NobelPrize.org* (2004), online verfügbar: www.nobelprize.org/prizes/literature/2004/7959-press-release-german.

Schwedische Akademie, *Elfriede Jelinek – Facts*, in: *NobelPrize.org* (2004), online verfügbar: www. nobelprize.org/prizes/literature/2004/jelinek/facts.

Souchuk, Anna C., *From Printed Page to Webpage: Elfriede Jelinek's „Neid" and the Creation of Virtual Place*, in: Michael Boehringer (Hg.), *Zeitenwende. Österreichische Literatur seit dem Millennium: 2000-2010*, Wien 2011, S. 338-351.

Spiegel, Hubert, *Frauen, Männer, Klischees*, in: *Frankfurter Allgemeine Zeitung* (13.05.2008).

Stanitzek, Georg, *„Elfriede Jelinek": Fiktion und Adresse*, in: Heinz Ludwig Arnold (Hg.), *Text + Kritik. Zeitschrift für Literatur* 117 (1999) (= *Sonderheft Elfriede Jelinek*, 2. erw. Aufl.), S. 8-16.

Strigl, Daniela, *Das Buch, das keines sein will*, in: *Der Standard* (07./08.04.2007).

Strigl, Daniela, *Neid*, in: Pia Janke (Hg.), *Jelinek-Handbuch*, Stuttgart 2013, S. 119-124.

Sundermaier, Jörg, *Elfriede Jelinek: Privatroman zum Runterladen*, in: *taz* (21.04.2007).

Svandrlik, Rita, *Oh Wildnis, oh Schutz vor ihr; Lust; Gier*, in: Pia Janke (Hg.), *Jelinek-Handbuch*, Stuttgart 2013, S. 102-113.

Svandrlik, Rita, *„Die Autorin ist weg. Sie ist nicht der Weg". Vom vergeblichen Verschwinden der Autorin („Gier" und „Im Abseits")*, in: Aline Vennemann/Delphine Klein (Hg.), *„Machen Sie was Sie wollen!": Autorität durchsetzen, absetzen und umsetzen*, Wien 2017, S. 85-95.

Szilit, Jeanne, *Allein mit Elfriede*, in: *Süddeutsche Zeitung* (01.03.2007), S. 14.

Tacke, Alexandra, *‚Sie nicht als Sie'. Die Nobelpreisträgerin Elfriede Jelinek spricht „Im Abseits"*, in: Christine Künzel/Jörg Schönert (Hg.), *Autorinszenierungen: Autorschaft und literarisches Werk im Kontext der Medien*, Würzburg 2007, S. 191-209.

Tacke, Alexandra, *Die Klavierspielerin*, in: Pia Janke (Hg.), *Jelinek-Handbuch*, Stuttgart 2013, S. 95-102.

Tuschling, Jeanine, *„Ich, eine Figur, die zu nichts taugt?" Autofiktionale Erzählstrategien in Elfriede Jelineks Internetroman „Neid"*, in: Martina Wagner-Egelhaaf (Hg.), *Auto(r) fiktion. Literarische Verfahren der Selbstkonstruktion*, Bielefeld 2013, S. 235-260.

Tuschling, Jeanine, *Im Sprechen nachdenken. Elfriede Jelineks Zwiesprachen mit André Müller*, in: Torsten Hoffmann (Hg.), *Echt inszeniert. Interviews in Literatur und Literaturbetrieb*, Paderborn 2014, S. 257-274.

Tuschling-Langewand, Jeanine, *Autorschaft und Medialität in Elfriede Jelineks Todsündenromanen „Lust", „Gier" und „Neid"*, Marburg 2016.

Vogel, Juliane, *Oh Bildnis, oh Schutz vor ihm*, in: Christa Gürtler/Alexander von Bormann (Hg.), *Gegen den schönen Schein. Texte zu Elfriede Jelinek*, Frankfurt a. M. 1990, S. 142-156.

Vogel, Juliane, *Harte Bandagen. Vorläufige Anmerkungen zu Elfriede Jelineks „Ein Sportstück"*, in: Markus Knöfler/Peter Plener/Péter Zalán (Hg.), *Die Lebenden und die Toten. Beiträge zur österreichischen Gegenwartsliteratur*, Budapest 2000, S. 171-181.

Vogel, Juliane, *Elektra vor dem Palast. Jelinek und die Atriden*, in: Martin Vöhler/Bernd Seidensticker (Hg.), *Mythenkorrekturen. Zu einer paradoxalen Form der Mythenrezeption*, Berlin/New York 2005, S. 437-448.

Vogel, Juliane, *Intertextualität*, in: Pia Janke (Hg.), *Jelinek-Handbuch*, Wien 2013, S. 47-55.

Wilke, Sabine, *‚Ich bin eine Frau mit einer männlichen Anmaßung': Eine Analyse des ‚bösen Blicks' in Elfriede Jelineks „Die Klavierspielerin"*, in: *Modern Austrian Literature* 25/1 (1993), S. 115-144.

Wilke, Sabine, *Dialektik und Geschlecht. Feministische Schreibpraxis in der Gegenwartsliteratur*, Tübingen 1996.

Wortmann, Thomas, *Elemente einer negativen Ästhetik des Obszönen: Jelinek, Haneke, die Klavierspielerin und das pornographische Sujet*, in: Paul M. Lützeler (Hg.), *Gegenwartsliteratur. Ein germanistisches Jahrbuch* 14 (2015), S. 197-222.

Wright, Elizabeth, *Eine Ästhetik des Ekels. Elfriede Jelineks Roman ‚Die Klavierspielerin'*, in: Heinz Ludwig Arnold (Hg.), *Text + Kritik. Zeitschrift für Literatur* 117 (1993) (= *Sonderheft Elfriede Jelinek*), S. 51-59.

Forschungstexte zur Autofiktion

Abenstein, Edelgard, *Die große Lust am Versteckspiel*, in: *Deutschlandfunk Kultur* (13.03.2019).

Acker, Marion/Fleig, Anne, *Die Aufrichtigkeit der Mehrsprachigkeit: Autofiktion, Autonarration oder das Konzept dialogischer Autorschaft bei Yoko Tawada*, in: Sonja Arnold et al. (Hg.), *Sich selbst Erzählen. Autobiographie – Autofiktion – Autorschaft*, Kiel 2018, S. 19-36.

Arnold, Sonja (Hg.), *Sich selbst erzählen: Autobiographie – Autofiktion – Autorschaft*, Kiel 2018.

Benne, Christian, *Was ist Autofiktion? Paul Nizons erinnerte Gegenwart*, in: Christoph Parry/Edgar Platen (Hg.), *Autobiographisches Schreiben in der deutschsprachigen Gegenwartsliteratur*, Bd. 2: *Grenzen der Fiktionalität und der Erinnerung*, München 2007, S. 293-303.

Colonna, Vincent, *Autofiction & autres mythomanies littéraires*, Paris 2004.

Darrieussecq, Marie, *L'autofiction, un genre pas sérieux*, in: *Poétique* 107 (1996), S. 369-380.

Darrieussecq, Marie, *Je est unE autre, Rome 2007* [Manuskript], online verfügbar: www.mariedarrieussecq.com/sites/default/files/2018-01/confe%cc%81rence%20donne%cc%81e%20a%cc%80%20Rome%20a%cc%80%20un%20colloque%20sur%20l'autofiction.pdf.

Delhey, Yvonne/Parr, Rolf/Wilhelms, Kerstin, *Autofiktion als Utopie. Zur Einleitung*, in: Dies. (Hg.), *Autofiktion als Utopie // Autofiction as Utopia*, Paderborn 2019, S. 1-8.

Doubrovsky, Serge, *Nah am Text*, in: *Kultur & Gespenster* 7 (2008), S. 123-133.

Farron, Ivan, *Die Fallen der Vorstellungskraft*, in: *Neue Zürcher Zeitung* (31.05.2003).

Gasparini, Philippe, *Est-il je ? Roman autobiographique et autofiction*, Paris 2004.

Gasser, Peter, *Autobiographie und Autofiktion. Einige begriffskritische Bemerkungen*, in: Elio Pellin/Ulrich Weber (Hg.), *„... all diese fingierten, notierten, in meinem Kopf ungefähr wieder zusammengesetzten Ichs". Autobiographie und Fiktion*, Göttingen 2012, S. 13-27.

Glauser, Nina-Maria, *Bewegtes Sprachleben. Zum poetologischen Stellenwert des Autofiktionskonzepts im Werk Paul Nizons*, in: Matthias Schaffrick/Marcus Willand (Hg.), *Theorien und Praktiken der Autorschaft*, Berlin/Boston 2014, S. 439-460.

Gronemann, Claudia, *‚Autofiction' und das Ich in der Signifikantenkette: Zur literarischen Konstitution des autobiographischen Subjekts bei Serge Doubrovsky*, in: *Poetica* 31/1-2 (1999), S. 237-262.

Gronemann, Claudia, *Postmoderne/Postkoloniale Konzepte der Autobiographie in der französischen und maghrebinischen Literatur. Autofiktion – Nouvelle Autobiographie – Double Autobiographie – Aventure du texte*, Hildesheim 2002.

Gronemann, Claudia, *„lui dire que j'étais* [...] *un homme comme lui": Autofi(c)ktionales intermediales Schreiben bei Abdellah Taïa*, in: Jutta Weiser/Christine Ott (Hg.), *Autofiktion und Medienrealität. Kulturelle Formungen des postmodernen Subjekts*, Heidelberg 2013, S. 91-106.

Gronemann, Claudia, *Autofiction*, in: Martina Wagner-Egelhaaf (Hg.), *Autobiography/Autofiction. An International and Interdisciplinary Handbook*, Volume I: *Theory and Concepts*, Berlin/Boston 2019, S. 241-246.

Gronemann, Claudia, *Autofiktion. Zur Entstehung und Fortschreibung eines Textmodells mit Autorbezug*, in: Michael Wetzel (Hg.), *Grundthemen der Literaturwissenschaft: Autorschaft*, Berlin/Boston 2022, S. 332-349.

Ingold, Felix Philipp, *Ego_Firmen im Alltagsdiskurs*, in: *Perlentaucher. Das Kulturmagazin* (07.07.2008), online verfügbar: www.perlentaucher.de/artikel/4757.html.

Kawashima, Kentaro, *Dekonstruktion und Autofiktion – Über Paul de Mans Theorie zur Autobiographie*, in: Leopold Schlöndorff (Hg.), *Autofiktion heute. Zur literarischen Konstitution des autobiographischen Subjekts in der deutschen Gegenwartsliteratur* (= *Studienreihe der japanischen Gesellschaft für Germanistik* 122/5 (2017)), S. 7-21.

Kraus, Esther, *Faktualität und Fiktionalität in autobiographischen Texten des 20. Jahrhunderts*, Marburg 2013.

Krumrey, Birgitta, *Der Autor in seinem Text. Autofiktion in der deutschsprachigen Gegenwartsliteratur als (post-)postmodernes Phänomen*, Göttingen 2015.

Nünning, Ansgar, *Metaautobiographien: Gattungsgedächtnis, Gattungskritik und Funktionen selbstreflexiver fiktionaler Autofiktionen*, in: Christoph Parry/Edgar Platen (Hg.), *Autobiographisches Schreiben in der deutschsprachigen Gegenwartsliteratur*, Bd. 2: *Grenzen der Fiktionalität und der Erinnerung*, München 2007, S. 269-292.

Ott, Christine/Weiser, Jutta, *Autofiktion und Medienrealität. Einleitung*, in: Dies. (Hg.), *Autofiktion und Medienrealität. Kulturelle Formungen des postmodernen Subjekts*, Heidelberg 2013, S. 7-16.

Pellin, Elio/Weber, Ulrich (Hg.), *„... all diese fingierten, notierten, in meinem Kopf ungefähr wieder zusammengesetzten Ichs". Autobiographie und Autofiktion*, Göttingen 2012.

Pellin, Elio/Weber, Ulrich, *Einführung*, in: Dies. (Hg.), *„... all diese fingierten, notierten, in meinem Kopf ungefähr wieder zusammengesetzten Ichs". Autobiographie und Autofiktion*, Göttingen 2012, S. 7-11.

Pontzen, Alexandra, *Autofiktion als intermediale Kommunikation: Französische und deutschsprachige Ich-Narrationen der Gegenwart im Vergleich (M. Houellebecq, T. Glavinic, G. Grass, F. Hoppe, M. Köhlmeier, D. Leupold und C.J. Setz)*, in: Heribert Tommek/Christian Steltz (Hg.), *Vom Ich erzählen. Identitätsnarrative in der Literatur des 20. Jahrhunderts*, Frankfurt a. M. 2016, S. 275-302.

Pottbeckers, Jörg, *Der Autor als Held. Autofiktionale Inszenierungsstrategien in der deutschsprachigen Gegenwartsliteratur*, Würzburg 2017.

Röhnert, Jan (Hg.), *Autobiographie und Krieg: Ästhetik, Autofiktion und Erinnerungskultur seit 1914*, Heidelberg 2014.

Schaefer, Christina, *Die Autofiktion zwischen Fakt und Fiktion*, in: Irina O. Rajewsky/Ulrike Schneider (Hg.), *Im Zeichen der Fiktion. Aspekte fiktionaler Rede aus historischer und systematischer Sicht* (= *Festschrift für Klaus W. Hempfer zum 65. Geburtstag*), Stuttgart 2008, S. 299-326.

Schenk, Klaus, *Autofiktionale Aspekte in der gegenwärtigen Migrationsliteratur*, in: Jean-Marie Valentin (Hg.), *Migrations-, Emigrations- und Remigrationskulturen. Multikulturalität in der zeitgenössischen deutschsprachigen Literatur*, Bern et al. 2007, S. 355-362.

Schmitt, Arnaud, *Je réel/Je fictif. Au-delà d'une confusion postmoderne*, Toulouse 2010.

Schmitt, Arnaud, *La perspective de l'autonarration*, in: *Poétique* 149/1 (2007), S. 15-29.

Stemberger, Martina, *„L'autofiction [...] un geste politique"? Poetik und Politik der Autofiktion im Zeitalter des Storytelling*, in: *Lendemains* 38/149 (2013), S. 29-45.

Tholen, Toni, *Facetten autofiktionalen Schreibens seit den 1970er Jahren – die Automelanchographie*, in: Ders./ Patricia Cifre Wibrow/Arno Gimber (Hg.), *Fakten, Fiktionen und Fact-Fictions*, Hildesheim 2018, S. 39-57.

Vollmer, Hartmut, *Nizon, Paul. Das erzählerische Werk*, in: Heinz Ludwig Arnold (Hg.), *Kindlers Literatur Lexikon*, Bd. 12, Stuttgart/Weimar 2009, S. 152-154.

Wagner-Egelhaaf, Martina, *Autofiktion – Theorie und Praxis des autobiographischen Schreibens*, in: Johannes Berning/Nicola Keßler/Helmut H. Koch (Hg.), *Schreiben im Kontext von Schule, Universität, Beruf und Lebensalltag*, Berlin et al. 2006, S. 80-101.

Wagner-Egelhaaf, Martina, *Autofiktion oder: Autobiographie nach der Autobiographie. Goethe – Barthes – Özdamar*, in: Ulrich Breuer/Beatrice Sandberg (Hg.), *Grenzen der Identität und der Fiktionalität* (= *Autobiographisches Schreiben in der deutschsprachigen Gegenwartsliteratur*, Bd. 1), München 2006, S. 353-368.

Wagner-Egelhaaf, Martina, *Autofiktion & Gespenster*, in: *Kultur & Gespenster* 7 (2008), S. 135-149.

Wagner-Egelhaaf, Martina (Hg.), *Auto(r)fiktion. Literarische Verfahren der Selbstkonstruktion*, Bielefeld 2013.

Wagner-Egelhaaf, Martina, *Einleitung: Was ist Auto(r)fiktion?*, in: Dies. (Hg.), *Auto(r)-fiktion. Literarische Verfahren der Selbstkonstruktion*, Bielefeld 2013, S. 7-21.

Wagner-Egelhaaf, Martina, *Kartographische Projektionen: Zur autofiktionalen Medialität der Gegenwartsliteratur*, in: *Gegenwartsliteratur. Ein germanistisches Jahrbuch* 15 (2016), S. 15-39.

Wagner-Egelhaaf, Martina (Hg.), *Handbook of Autobiography/Autofiction*, 3 Bde., Berlin/Boston 2019.

Wagner-Egelhaaf, Martina, *Preface: The Concept of this Handbook*, in: Dies. (Hg.), *Handbook of Autobiography/Autofiction*, Volume I: *Theory and Concepts*, Berlin/Boston 2019, S. XV-XVIII.

Wagner-Egelhaaf, Martina, *Introduction: Autobiography/Autofiction Across Disciplines*, in: Dies. (Hg.), *Handbook of Autobiography/Autofiction*, Volume I: *Theory and Concepts*, Berlin/Boston 2019, S. 1-7.

Weiser, Jutta, *Der Autor im Kulturbetrieb: Literarisches Self-Fashioning zwischen Selbstvermarktung und Vermarktungsreflexion*, in: *Zeitschrift für französische Sprache und Literatur* 123/3 (2013), S. 225-250.

Weiser, Jutta, *„Fiktion streng realer Ereignisse und Fakten" – Tendenzen der literarischen Autofiktion von „Fils" (1977) bis „Hoppe" (2012)*, in: Monika Fludernik/Nicole Falkenhayner/Julia Steiner (Hg.), *Faktuales und fiktionales Erzählen. Interdisziplinäre Perspektiven*, Würzburg 2015, S. 159-180.

Wolf, Norbert Christian, Lust *im journalistischen Feld, Unlust an der Lektüre. Zur Funktion der Werkpolitik und Kritik an Jelineks Roman*, in: Uta Degner/Christa Gürtler (Hg.), *Elfriede Jelinek: Provokationen der Kunst*, Berlin/Boston 2021, S. 133-161.

Zipfel, Frank, *Autofiktion*, in: Dieter Lamping (Hg.), *Handbuch der literarischen Gattungen*, Stuttgart 2009, S. 31-36.

Zipfel, Frank, *Autofiktion. Zwischen den Grenzen von Faktualität, Fiktionalität und Literarität?*, in: Fotis Jannidis et al. (Hg.), *Grenzen der Literatur. Zu Begriff und Phänomen des Literarischen*, Berlin/New York 2009, S. 285-314.

Forschungstexte zu anderen literaturtheoretischen oder konzeptionellen Aspekten

Albrecht, Andrea/Differding, Annika/Spoerhase, Carlos, *Editorial: „Nachtaster eines Tastenden"? Zur Geschichte der germanistischen Gegenwartsliteraturwissenschaft*, in: *Internationales Archiv für die Sozialgeschichte der deutschen Literatur* 41 (2016), S. 412-430.

Altenhofer, Norbert, *Der erschütterte Sinn. Hermeneutische Überlegungen zu Kleists „Das Erdbeben in Chili"*, in: David Wellbery (Hg.), *Positionen der Literaturwissenschaft. Acht Modellanalysen am Beispiel von Kleists „Das Erdbeben in Chili"*, München 1985, S. 39-53.

Attridge, Derek, *Innovation, Literature, Ethics: Relating to the Other*, in: *MLA* 114/1 (2009) (= *Special Topic: Ethics and Literary Study*), S. 20-31.

Bachtin, Michail M., *Das Problem des Textes*, in: Stephan Kammer/Roger Lüdeke (Hg.), *Texte zur Theorie des Textes*, Stuttgart 2005, S. 172-183.

Barthes, Roland, *Die Lust am Text*, Frankfurt a. M. 1974.

Barthes, Roland, *Sade, Fourier, Loyola*, Frankfurt a. M. 2002.

Barthes, Roland, *Der Tod des Autors*, in: Ders., *Das Rauschen der Sprache (Kritische Essays IV)*, Frankfurt a. M. 2006, S. 57-63.

Barthes, Roland, *Vom Werk zum Text*, in: Ders., *Das Rauschen der Sprache (Kritische Essays IV)*, Frankfurt a. M. 2006, S. 64-72.

Barthes, Roland, *Die Vorbereitung des Romans. Vorlesung am Collège de France 1978-1979 und 1979-1980*, Frankfurt a. M. 2008.

Bartl, Andrea/Kraus, Martin (Hg.), *Skandalautoren. Zu repräsentativen Mustern literarischer Provokation und Aufsehen erregender Autorinszenierung*, Bd. 1, Würzburg 2014.

Bein, Thomas et al. (Hg.), *Autor – Autorisation – Authentizität*, Tübingen 2004.

Berndt, Frauke/Kammer, Stephan, *Amphibolie – Ambiguität – Ambivalenz. Die Struktur antagonistisch-gleichzeitiger Zweiwertigkeit*, in: Dies. (Hg.), *Amphibolie – Ambiguität – Ambivalenz*, Würzburg 2009, S. 7-30.

Bode, Christoph, *Ambiguität*, in: Klaus Weimar (Hg.), *Reallexikon der deutschen Literaturwissenschaft*, Band I, Berlin/New York 2007, S. 67-70.

Booth, Wayne C., *Die Rhetorik der Erzählkunst 1*, Heidelberg 1974.

Booth, Wayne C., *The Company We Keep. An Ethics of Fiction*, Berkeley 1988.

Booth, Wayne C., *Der implizite Autor*, in: Fotis Jannidis et al. (Hg.), *Texte zur Theorie der Autorschaft*, Stuttgart 2000, S. 142-152.

Bovenschen, Silvia, *Die imaginierte Weiblichkeit*, Frankfurt a. M. 2003.

Buber, Martin, *Das dialogische Prinzip*, Heidelberg 1984.

Buell, Lawrence, *What We Talk About When We Talk About Ethics*, in: Marjorie Garber/Beatrice Hanssen /Rebecca L. Walkowitz (Hg.), *The Turn to Ethics*, New York/London 2000, S. 1-13.

Burke, Seán, *The Death and Return of the Author. Criticism and Subjectivity in Barthes, Foucault and Derrida*, Edinburgh 1992.

Butler, Judith, *Gewalt, Trauer, Politik*, in: Dies., *Gefährdetes Leben. Politische Essays*, Frankfurt a. M. 2005, S. 36-68.

Butler, Judith, *Kritik der ethischen Gewalt*, Frankfurt a. M. 2007.

de Man, Paul, *Allegorien des Lesens*, Frankfurt a. M. 1988.

de Man, Paul, *Autobiographie als Maskenspiel*, in: Ders. *Die Ideologie des Ästhetischen*, Frankfurt a. M. 1993, S. 131-146 [*Autobiography as De-facement*, in: *Modern Language Notes* 94/5 (1979), S. 919-930].

Davis, Todd F./Womack, Kenneth (Hg.), *Mapping the Ethical Turn. A Reader in Ethics, Culture and Literary*, Charlottesville/London 2001.

Derrida, Jacques, *Wie Meeresrauschen auf dem Grund einer Muschel ... Paul de Mans Krieg. Mémoires II*, Wien 1988.

Derrida, Jacques, *Préjugés. Vor dem Gesetz*, Wien 1992.

Derrida, Jacques, *Politik der Freundschaft*, Frankfurt a. M. 2000.

Derrida, Jacques, *Mémoires. Für Paul de Man*, Wien 2005.

Detering, Heinrich (Hg.), *Autorschaft. Positionen und Revisionen*, Stuttgart/Weimar 2002.

Dücker, Burckhard et al., *Literaturpreisverleihungen: ritualisierte Konsekrationspraktiken im kulturellen Feld*, in: *Forum Ritualdynamik* 11 (2005), S. 1-63.

Durst, Uwe, *Realitätssystemisch einfache und komplexe Varianten der Spiel-im-Spiel-Struktur*, in: *Neohelicon* 37 (2010), S. 489-507.

Finck, Almut, *Subjektbegriff und Autorschaft: Zur Theorie und Geschichte der Autobiographie*, in: Miltos Pechlivanos et al. (Hg.), *Einführung in die Literaturwissenschaft*, Stuttgart 1995, S. 283-294.

Foucault, Michel, *Was ist ein Autor?*, in: Fotis Jannidis et al. (Hg.), *Texte zur Theorie der Autorschaft*, Stuttgart 2000, S. 198-229.

Foucault, Michel, *Was ist ein Autor? (Vortrag)*, in: Ders., *Schriften in vier Bänden. Dits et Écrits*, Bd. 1: *1954-1969*, Frankfurt a. M. 2001, S. 1003-1041.

Freud, Sigmund, *Der Dichter und das Phantasieren*, in: Fotis Jannidis et al. (Hg.), *Texte zur Theorie der Autorschaft*, Stuttgart 2000, S. 35-45.

Frings, Susanna, *„A la recherche de l'homme perdu". Literarische Ethik in den Romanen von Jean Echenoz, Jean-Philippe Toussaint und Michel Houellebecq*, Heidelberg 2014.

Früchtl, Josef/Zimmermann, Jörg, *Ästhetik der Inszenierung. Dimensionen eines gesellschaftlichen, individuellen und kulturellen Phänomens*, in: Dies. (Hg.), *Ästhetik der Inszenierung. Dimensionen eines gesellschaftlichen, individuellen und kulturellen Phänomens*, Frankfurt a. M. 2008, S. 9-46.

Gadamer, Hans-Georg, *Und dennoch: Macht des Guten Willens*, in: Philippe Forget (Hg.), *Text und Interpretation*, München 1984, S. 59-61.

Garber, Marjorie/Hanssen, Beatrice/Walkowitz, Rebecca L. (Hg.), *The Turn to Ethics*, New York/ London 2000.

Genette, Gérard, *Paratexte. Das Buch vom Beiwerk des Buches*, Frankfurt a. M./New York 1992.

Genette, Gérard, *Implizierter Autor, implizierter Leser?*, in: Fotis Jannidis et al. (Hg.), *Texte zur Theorie der Autorschaft*, Stuttgart 2000, S. 233-246.

Gisi, Lucas M. (Hg.), *Medien der Autorschaft: Formen literarischer (Selbst-)Inszenierung von Brief und Tagebuch bis Fotografie und Interview*, München 2013.

Greenblatt, Stephen, *Was ist Literaturgeschichte?*, in: Ders., *Was ist Literaturgeschichte?*, Frankfurt a. M. 2000, S. 9-50.

Griem, Julika, *Standards für Gegenwartsliteraturforschung*, in: *Germanisch-Romanische Monatsschrift* Neue Folge 65/1 (2015), S. 97-114.

Grübel, Nils, *Apostasie*, in: Christoph Auffarth et al. (Hg.), *Metzler Lexikon Religion*, Stuttgart 2005, S. 83f.

Grüne, Matthias, *Das vergessene Erbe. Zur Konzeption einer Geschichte der Erzähltheorie*, in: *DIEGESIS. Interdisziplinäres E-Journal für Erzählforschung/Interdisciplinary E-Journal for Narrative Research* 3/2 (2014), S. 50-65.

Hahn, Barbara, *Unter falschem Namen. Von der schwierigen Autorschaft der Frauen*, Frankfurt a. M. 1991.

Hamacher, Werner, *Unlesbarkeit*, in: Paul de Man, *Allegorien des Lesens*, Frankfurt a. M. 1988, S. 7-26.

Hamacher, Werner/Hertz, Neil/Keenan, Thomas (Hg.), *Paul de Man: Wartime Journalism: 1939-1943*, Lincoln et al. 1988.

Hamacher, Werner/Hertz, Neil/Keenan, Thomas (Hg.), *Responses. On Paul de Man's Wartime Jour-nalism*, Lincoln et al. 1989.

Hamacher, Werner, *Das Beben der Darstellung. Kleists „Erdbeben in Chili"*, in: Ders., *Entferntes Verstehen. Studien zu Philosophie und Literatur von Kant bis Celan*, Frankfurt a. M. 1998, S. 235-279.

Hartling, Florian, *Der digitale Autor. Autorschaft im Zeitalter des Internets*, Bielefeld 2009.

Heinen, Sandra, *Literarische Inszenierung von Autorschaft. Geschlechtsspezifische Autorschaftsmodelle in der englischen Romantik*, Trier 2006.

Heinze, Rüdiger, *‚The return of the repressed'. Zum Verhältnis von Ethik und Literatur in der neueren Literatur-kritik*, in: Jutta Zimmermann/Britta Salheiser (Hg.), *Ethik und Moral als Problem der Literatur und Literaturwissenschaft*, Berlin 2006, S. 265-281.

Hempfer, Klaus W., *Gattung*, in: Klaus Weimar (Hg.), *Reallexikon der deutschen Literaturwissenschaft*, Band I, Berlin/New York 2007, S. 651-655.

Herrmann, Britta, *„So könnte dies ja am Ende ohne mein Wissen und Glauben Poesie sein?" – Über ‚schwache' und ‚starke' Autorschaften*, in: Heinrich Detering (Hg.), *Autorschaft: Positionen und Revisionen*, Stuttgart/Weimar 2002, S. 479-500.

Hilmes, Carola, *Das inventarische und das inventorische Ich. Grenzfälle des Autobiographischen*, Heidelberg 2000.

Jakobson, Roman, *Linguistik und Poetik* [*1960*], in: Ders., *Poetik. Ausgewählte Aufsätze 1921-1971*, Frankfurt a. M. 1979, S. 83-121.

Jannidis, Fotis et al. (Hg.), *Rückkehr des Autors. Zur Erneuerung eines umstrittenen Begriffs*, Tübingen 1999.

Jannidis, Fotis et al., *Rede über den Autor an die Gebildeten unter seinen Verächtern. Historische Modelle und systematische Perspektiven*, in: Dies. (Hg.), *Rückkehr des Autors. Zur Erneuerung eines umstrittenen Begriffs*, Tübingen 1999, S. 3-35.

Jannidis, Fotis, *Einführung: Der Autor in Gesellschaft und Geschichte*, in: Ders. et al. (Hg.), *Rückkehr des Autors. Zur Erneuerung eines umstrittenen Begriffs*, Tübingen 1999, S. 297-301.

Jannidis, Fotis et al., *Einleitung. Wayne C. Booth: Der implizite Autor*, in: Dies. (Hg.), *Texte zur Theorie der Autorschaft*, Stuttgart 2000, S. 138-141.

Jannidis, Fotis, *Zwischen Autor und Erzähler*, in: Heinrich Detering (Hg.), *Autorschaft. Positionen und Revisionen*, Stuttgart/Weimar 2002, S. 540-556.

Kindt, Tom/Müller, Hans-Harald, *Der ‚implizite Autor'. Zur Explikation und Verwendung eines umstrittenen Begriffs*, in: Fotis Jannidis et al. (Hg.), *Rückkehr des Autors. Zur Erneuerung eines umstrittenen Begriffs*, Tübingen 1999, S. 273-287.

Kindt, Tom/Müller, Hans-Harald, *The Implied Author. Concept and Controversy*, Berlin/New York 2006.

Kleinschmidt, Erich, *Autor und Autorschaft im Diskurs*, in: Thomas Bein/Rüdiger Nutt-Koforth/ Bodo Plachta (Hg.), *Autor – Autorisation – Authentizität*, Tübingen 2004, S. 5-16.

Kluge, Friedrich, *Etymologisches Wörterbuch der deutschen Sprache*, Berlin/Boston 2011.

Kord, Susanne, *Sich einen Namen machen. Anonymität und weibliche Autorschaft 1700-1900*, Stuttgart 1996.

Kroll, Renate, *Autorin, weibliche Autorschaft, Frauenliteratur. Betrachtungen zu schreibenden und „geschriebenen" Frauen*, in: Corinna Schlicht (Hg.), *Genderstudies in den Geisteswissenschaften. Beiträge aus den Literatur-, Film- und Sprachwissenschaften*, Duisburg 2010, S. 39-53.

Künzel, Christine, *Einleitung*, in: Dies./Jörg Schönert (Hg.), *Autorinszenierungen. Autorschaft und literarisches Werk im Kontext der Medien*, Würzburg 2007, S. 9-23.

Kyora, Sabine (Hg.), *Subjektform Autor. Autorschaftsinszenierungen als Praktiken der Subjektivierung*, Bielefeld 2014.

Lehmann, Hans-Thies, *Postdramatisches Theater*, Frankfurt a. M. 1999.

Lehmann, Jürgen, *Dialogizität*, in: Klaus Weimar (Hg.), *Reallexikon der deutschen Literaturwissenschaft*, Band I, Berlin/New York 2007, S. 356f.

Lejeune, Philippe, *Der autobiographische Pakt*, Frankfurt a. M. 1994.

Lohmeier, Anke-Marie, *Schriftstellers ‚Verantwortung' und Autors ‚Tod'. Autorkonzepte und offene Gesellschaft am Beispiel des deutsch-deutschen Literaturstreits*, in: Heinrich Detering (Hg.), *Autorschaft. Positionen und Revisionen*, Stuttgart/Weimar 2002, S. 557-569.

Löwith, Karl, *Das Individuum in der Rolle des Mitmenschen*, Darmstadt 1962.

Lubkoll, Christine, *Einführung in die IV. Sektion*, in: Heinrich Detering (Hg.), *Autorschaft. Positionen und Revisionen*, Stuttgart/Weimar 2002, S. 455-460.

Lyotard, Jean-François, *Das postmoderne Wissen*, Wien 2012.

Martinez, Matias, *Einführung: Autor und Medien*, in: Fotis Jannidis et al. (Hg.), *Rückkehr des Autors. Zur Erneuerung eines umstrittenen Begriffs*, Tübingen 1999, S. 433-441.

Martinez, Matias/Scheffel, Michael, *Einführung in die Erzähltheorie*, München 2009.

Martyn, David, *Unmögliche Notwendigkeit (Die Ethik des Lesens)*, in: Jürgen Fohrmann/Harro Müller (Hg.), *Literaturwissenschaft*, München 1995, S. 311-329.

Meise, Helga, *Die Unschuld und die Schrift. Deutsche Frauenromane im 18. Jahrhundert*, Frankfurt a. M. 1992.

Menke, Bettine, *Prosopopoiia. Stimme und Text bei Brentano, Hoffmann, Kleist und Kafka*, München 2000.

Miller, J. Hillis, *The Ethics of Reading. Kant, de Man, Eliot, Trollope, James, and Benjamin*, New York 1987.

Nadj-Guttandin, Julijana, *Die fiktionale Metabiographie. Gattungsgedächtnis und Gattungskritik in einem neuen Genre der englischsprachigen Erzählliteratur. Theorie, Analysemodell, Modellinterpretationen*, Trier 2006.

Najdek, Kamilla, *Dialog und Gespräch – kritisch gesehen*, in: Paweł Piszczatowski (Hg.), *Diálogos: Das Wort im Gespräch*, Göttingen 2018, S. 13-21.

Nebrig, Alexander, *Disziplinäre Dichtung. Philologische Bildung und deutsche Literatur in der ersten Hälfte des 20. Jahrhunderts*, Berlin/Boston 2013.

Nebrig, Alexander, *Neue Studien zu Moral und Ethik der Literatur und ihrer Kritik*, in: *Orbis Litterarum* 71/6 (2016), S. 549-560.

Neuhaus, Stefan (Hg.), *Literatur als Skandal. Fälle – Funktionen – Folgen*, Göttingen 2009.

Nieberle, Sigrid, *Rückkehr einer Scheinleiche? Ein erneuter Versuch über die Autorin*, in: Fotis Jannidis et al. (Hg.), *Rückkehr des Autors. Zur Erneuerung eines umstrittenen Begriffs*, Tübingen 1999, S. 255-272.

Nussbaum, Martha C., *Love's Knowledge. Essays on Philosophy and Literature*, New York 1990.

Pfeifer, Wolfgang (Hg.), *Etymologisches Wörterbuch des Deutschen*, Berlin 1993.

Pfister, Manfred, *Das Drama. Theorie und Analyse*, München 1997.

Platen, Edgar, *Perspektiven literarischer Ethik. Erinnern und Erfinden in der Literatur der Bundesrepublik*, Tübingen/Basel 2001.

Schaffrick, Matthias, *In der Gesellschaft des Autors. Religiöse und politische Inszenierungen von Autorschaft*, Heidelberg 2014.

Schaffrick, Matthias/Willand, Marcus (Hg.), *Theorien und Praktiken der Autorschaft*, Berlin/Boston 2014.

Schaffrick, Matthias/Willand, Marcus, *Autorschaft im 21. Jahrhundert*, in: Dies. (Hg.), *Theorien und Praktiken der Autorschaft*, Berlin/Boston 2014, S. 3-148.

Schenk, Klaus, *Erzählen – Schreiben – Inszenieren. Zum Imaginären des Schreibens von der Romantik zur Moderne*, Tübingen 2012.

Schleiermacher, Friedrich D. E., *Hermeneutik und Kritik*, Frankfurt a. M. 1977.

Schmid, Wolf, *Die Interferenz von Erzählertext und Personentext als Faktor ästhetischer Wirksamkeit in Dostoevskijs „Doppelgänger"*, in: *Russian Literature* 4 (1973), S. 100-113.

Scholtz, Gunter, *Ethik und Hermeneutik*, in: Ders., *Ethik und Hermeneutik. Schleiermachers Grundlegung der Geisteswissenschaften*, Frankfurt a. M. 1995, S. 126-146.

Scholz, Anna-Lena, *Kleist/Kafka. Diskursgeschichte einer Konstellation*, Freiburg i. Br./ Berlin/Wien 2016.

Schößler, Franziska, *Einführung in die Dramenanalyse*, Stuttgart/Weimar 2012.

Schultze, Brigitte, *Meta-Theater*, in: Erika Fischer-Lichte/Doris Kolesch/Matthias Warstat (Hg.), *Metzler Lexikon Theatertheorie*, Stuttgart/Weimar 2014, S. 210-212.

Schulz, Genia, *Anmerkungen zum Verschwinden des Autors und zum Erscheinen der Autorin*, in: Inge Stephan/Sigrid Weigel (Hg.), *‚Wen kümmert's, wer spricht'. Zur Literatur- und Kulturgeschichte von Frauen aus Ost und West*, Köln/Wien 1991, S. 57-62.

Schulz, Kristina, *„wort um wort, begriff um begriff". Weibliches Schreiben als Praxis der Veränderung. Überlegungen zu den kulturellen Wirkungen der neuen Frauenbewegung*, in: *Internationales Archiv für Sozialgeschichte der deutschen Literatur* 37/2 (2012), S. 307-322.

Seeger, Stefan A., *Verantwortung. Tradition und Dekonstruktion*, Würzburg 2010.

Sexl, Martin, *Poesie als Medienkritik. Die Jugoslawien-Kriege im Werk Peter Handkes*, in: *Handke Online* (04.03.2013).

Sontag, Susan, *Die pornographische Phantasie*, in: Dies., *Kunst und Antikunst. 24 literarische Analysen*, Frankfurt a. M. 1982, S. 48-87.

Spoerhase, Carlos, *Autorschaft und Interpretation. Methodische Grundlagen einer philologischen Hermeneutik*, Berlin/New York 2007.

Steinecke, Hartmut, *Romantheorie*, in: Jan-Dirk Müller (Hg.), *Reallexikon der deutschen Literaturwissenschaft*, Bd. III, Berlin/New York 2007, S. 322-326.

Stephan, Inge, *Frauenliteratur*, in: Klaus Weimar (Hg.), *Reallexikon der deutschen Literaturwissenschaft*, Band I, Berlin/New York 2007, S. 625-629.

Turner, Victor, *Das Ritual. Struktur und Anti-Struktur*, Frankfurt a. M. 2000.

Verbeeck, Ludo/Philipsen, Bart (Hg.), *Die Aufgabe des Lesers. On the Ethics of Reading*, Leuven 1992.

Waldow, Stephanie, *Mich kümmert's, wer spricht. Literaturwissenschaft als ethischer Dialog*, in: Christine Lubkoll/Oda Wischmeyer (Hg.), *‚Ethical Turn'? Geisteswissenschaften in neuer Verantwortung*, München 2009, S. 119-135.

Weimar, Klaus, *Enzyklopädie der Literaturwissenschaft*, München 1980.

Weimar, Klaus, *Doppelte Autorschaft*, in: Fotis Jannidis et al. (Hg.), *Rückkehr des Autors. Zur Erneuerung eines umstrittenen Begriffs*, Tübingen/Berlin 1999, S. 123-133.

Weimar, Klaus, *Modifikation der Eindeutigkeit. Eine Miszelle*, in: Frauke Berndt/Stephan Kammer (Hg.), *Amphibolie – Ambiguität – Ambivalenz*, Würzburg 2009, S. 53-59.

Weimar, Klaus, *Lesen: zu sich selbst sprechen in fremdem Namen*, in: Heinrich Bosse/Ursula Renner (Hg.), *Literaturwissenschaft. Einführung in ein Sprachspiel*, Freiburg i. Br./Berlin/Wien 2010, S. 53-65.

Weimar, Klaus, *Literaturwissenschaftliche Texte als Modelle des Sozialverhaltens*, in: Heinrich Bosse/Ursula Renner (Hg.), *Literaturwissenschaft. Einführung in ein Sprachspiel*, Freiburg i.Br./Berlin/Wien 2010, S. 367-380.

Weimar, Klaus et al., *Über die Ethik des Verstehens. Ein schriftliches Gespräch zwischen Heinrich Bosse, Ursula Renner und Klaus Weimar*, in: *Der Deutschunterricht. Beiträge zu seiner Praxis und wissenschaftlichen Grundlegung* LXII/4 (2010), S. 14-25.

Welling, Florian, *„Vom Anblick der Amseln". Paul Celans Kafka-Rezeption*, Göttingen 2019.

Werner, Micha H., *Verantwortung*, in: Marcus Düwell/Christoph Hübenthal/Ders. (Hg.), *Handbuch Ethik*, Stuttgart/Weimar 2011, S. 541-548.

Williams, Linda, *Hard Core. Power, Pleasure, and the „Frenzy of the Visible"*, Berkeley/Los Angeles/ London 1989.

Zapf, Hubert, *Zur Epistemologie und Ethik der Geisteswissenschaften*, in: Christine Lubkoll/Oda Wischmeyer (Hg.), *‚Ethical Turn'? Geisteswissenschaften in neuer Verantwortung*, München 2009, S. 57-78.

Zimmermann, Jutta, *Einleitung: Ethik und Moral als Problem der Literatur und Literaturwissenschaft*, in: Dies./Britta Salheiser (Hg.), *Ethik und Moral als Problem der Literatur und Literaturwissenschaft*, Berlin 2006, S. 9-23.

Abbildungsverzeichnis

Dank

Die Danksagung zum Ende einer Qualifikationsschrift erfüllt nicht nur eine Konvention, sondern bietet auch eine seltene Gelegenheit. Mag er auch klein sein – ich freue mich, den folgenden Menschen hier einen Platz einräumen zu können. Mein Dank gebührt an erster Stelle meiner langjährigen Chefin Alice Stašková, die mich 2016 eingeladen hat, ihr als wissenschaftlicher Mitarbeiter nach Jena zu folgen, und mir damit einen komfortablen Rahmen für die Entstehung dieser Arbeit bot. Egal wie beansprucht sie von anderer Seite auch war, konnte ich mir ihrer Bereitschaft zu anregenden Diskussionen und ihrer Unterstützung stets sicher sein. Sodann danke ich Anne Fleig, die den Weg zur Promotion entscheidend für mich angebahnt hat und unseren für mich und meine Arbeit so lehrreichen fachlichen Austausch zum Glück auch nach meinem Uni-Wechsel nicht abbrechen ließ. Beiden meinen Betreuerinnen danke ich dafür, dass sie den Fortgang der Arbeit mit so großem Wohlwollen, zugewandt und aufmerksam begleiteten. Dank gilt außerdem Evelyn Annuß, die sich kurzfristig bereit erklärte, in meinem Promotionsverfahren als kompetente Drittgutachterin zu wirken. Großer Dank gilt allen Mitgliedern meiner beiden Kolloquien an der Freien Universität Berlin und der Friedrich-Schiller-Universität Jena, die mir über viele Jahre hinweg eine Rückmeldung zu Kapiteln meiner Arbeit gegeben haben. Der kluge Rat und freundschaftliche Zuspruch ebenso wie die kritischen Fragen, die ich in den Kolloquien erhalten habe, waren mir immer sehr wertvoll. Meinen Freunden danke ich dafür, mir durch ihr Interesse geschmeichelt und durch alles andere kostbare Ablenkung geschenkt zu haben. Für ihr Korrekturlesen danke ich insbesondere: Marion Acker, Melanie Hillerkus, Robin Mantei, Anna-Lena Scholz, Laura Bella Theis und Dagmar Weiss. Andreas Knop vom Brill-Verlag danke ich für sein Vertrauen in dieses Buch und eine unerwartet hürdenlose Zusammenarbeit. Mein größter Dank gilt Marie Giest sowie meiner Familie für ihre liebevolle Unterstützung, die Bereitschaft, mir zu helfen, wann und wobei auch immer Hilfe nötig war, und einige Gespräche, die einen manchmal allzu solitären Arbeitsprozess so angenehm für mich belebt haben.